国家自然科学基金面上项目 （71974206）

湖南省自然科学基金重点项目 （2024JJ3034）

中南大学研究生教改项目 （2023JC011）

中南大学商学院学术著作资助项目

LÜYOU

XINGFU GUANLIXUE

旅游幸福管理学

粟路军 ◎等 著

中国财经出版传媒集团

经济科学出版社
Economic Science Press

·北京·

图书在版编目（CIP）数据

旅游幸福管理学 / 粟路军等著 . -- 北京 ： 经济科
学出版社，2024.10. -- ISBN 978 - 7 - 5218 - 5991 - 1

Ⅰ. F59；B82

中国国家版本馆 CIP 数据核字第 2024UU9657 号

责任编辑：李　雪　陈赫男　袁　澂
责任校对：刘　娅
责任印制：邱　天

旅游幸福管理学

粟路军　等著

经济科学出版社出版、发行　新华书店经销
社址：北京市海淀区阜成路甲 28 号　邮编：100142
总编部电话：010 - 88191217　发行部电话：010 - 88191522
网址：www. esp. com. cn
电子邮箱：esp@ esp. com. cn
天猫网店：经济科学出版社旗舰店
网址：http：//jjkxcbs. tmall. com
固安华明印业有限公司印装
787 × 1092　16 开　38.25 印张　790000 字
2024 年 10 月第 1 版　2024 年 10 月第 1 次印刷
ISBN 978 - 7 - 5218 - 5991 - 1　定价：160.00 元
（图书出现印装问题，本社负责调换。电话：010 - 88191545）
（版权所有　侵权必究　打击盗版　举报热线：010 - 88191661
QQ：2242791300　营销中心电话：010 - 88191537
电子邮箱：dbts@ esp. com. cn）

前　　言

自托马斯·库克在 1841 年组织商业性旅游活动后，旅游业逐渐成为世界上一项较为广泛的经济活动并得到了蓬勃的发展。目前，旅游业已成为世界上最具活力和成长潜力的产业之一。预计到 2025 年，旅游业将为全球经济贡献 10% 的 GDP，并提供 1/11 的就业机会。与此同时，旅游学科也伴随着事业和产业的发展而逐渐从勃兴走向成熟，特别是随着旅游高等教育的拓展和旅游学科在"学科目录"中地位的确立，旅游学科逐步具备了完善的教材体系和专业的话语体系，确立了较为明确的研究对象、概念体系、理论基础和研究方法。进入新时代以来，人民对美好生活的向往日益强烈，旅游的社会功能和福祉效应受到空前关注。在此背景下，旨在让旅游更好地满足人民美好生活需要的旅游幸福管理学应运而生。

本书以旅游学相关理论和幸福管理理论为基础，在研究幸福个体和幸福产业逻辑的基础上提出了旅游幸福管理理论框架和实践策略。全书内容共分为八章：第 1 章"什么是旅游幸福管理学"描述了旅游幸福管理兴起与发展的时代背景，介绍了旅游幸福管理的概念内涵、性质任务、研究对象和研究方法。首次提出了旅游幸福管理学的学科体系，建立了旅游幸福管理研究的全新范式。本章旨在为读者全面了解旅游幸福管理作系统的介绍，帮助读者认识到旅游过程中的幸福其实是可以通过管理来实现的。第 2 章"旅游幸福管理学的理论基础"主要厘清了幸福感研究的起源与发展过程，在了解不同学科和文化背景的基础上探讨了旅游学研究中的幸福感，并对旅游幸福管理学的相关理论进行了提炼总结。本章内容可以帮助读者深度思考旅游幸福的本质和意义，树立正确的幸福观从而应对生活中的难题和挑战。

第 3 章"旅游幸福管理——旅游者视角"主要从需求侧对旅游者幸福感的缘起、发展、定义、测量、影响因素和形成机制进行了探讨，系统地阐明了旅游者幸福感在旅游前、中、后全过程的绝对变化、相对变化和条件变化规律。读者据此可以思考旅途中如何通过改变自己的认知、态度和情感等来实现幸福感的最大化。第 4 章"旅游幸福管理——旅游地居民视角"聚焦旅游地核心利益相关者——旅游地居民，阐释了旅游地居民生活质量的缘起、发展、定义、测量、影响因素和形成机制，介绍了旅游地居民生活质量的倒"U"型变化观律和一系列下游效应。本章内容可以加深读者对旅游社会功能和福祉效应的理解，旅游地居民也可以据此思考如何有效提升自己的幸福生活。第 5 章 "旅游幸福管理——旅游从业者视角"关注旅游供给侧的重要群体——旅游从业者，阐释了旅游从业者幸福感的缘起、发展、定义、测量和形成机制，将旅游从业者幸福感的影响因素归纳为个人因素、工作特征因素和组织因素三个方面。本章内容可以启发旅游从业者如何在工作与生活中管理好自己的幸福感。

第 6 章 "旅游幸福管理学理论建构与实践框架"对全书的内容进行了凝练和提升，分别从 "旅游者 – 旅游地居民 – 旅游从业者"的个体横向视角和 "个体 – 产业 – 区域"的跨层纵向视角提出了 "三位一体"的旅游幸福管理理论框架和实践策略，全面、系统、整体地构建了旅游促进幸福的多重逻辑和理论体系。第 7 章 "旅游幸福管理学对旅游实践的启示"以旅游者、旅游从业者、旅游地居民等视角总结提炼了旅游幸福管理学对旅游实践的启示，并提出了提高旅游者幸福感、旅游地居民生活质量和旅游从业者幸福感的相关建议。第 8 章 "旅游幸福管理学未来发展方向"则从交叉学科、不同文化背景、数字技术、时空规律等方面提出了旅游幸福管理学的未来发展方向，为后续的研究提供了新的启示。

全书融理论与实践于一体，在写作过程中主要突出以下特色。

第一，创新性与时代性同时彰显。本书在广泛吸收已有研究的基础上创新性地提出了旅游幸福管理学的概念，并构建了相应的学科知识体系。同时本书根植于我国旅游业发展的现实实践，以问题意识为导向，关注并回应旅游幸福中的现象问题，突出著作的时代性。

第二，理论与实践结合的紧密性。本书在写作时坚持理论适用为度，紧密联系旅游实际，充分运用旅游幸福相关理论的原理分析旅游现象，深入浅出地帮助读者认识旅游幸福问题，理解幸福现象的本质和内涵，进而引导读者形成管理幸福的能力。

第三，既注重借鉴其他学科，又关切旅游学科构建。本书充分借鉴哲学、心理学、管理学、营销学和经济学等多学科的基础理论和研究成果，并结合旅游活动本身的独特性和情境性开展跨学科研究，能够帮助确立旅游学科自身属性、完善旅游学科基础理论体系构建。

第四，既有思想高度，又有人文关怀。本书第一次从管理视角构建旅游幸福研究的全新范式，从旅游体验的全过程、旅游地发展的全阶段和旅游企业的全阶层切入，高度概括构建了旅游幸福管理理论框架，并且立足于人民对幸福美好生活的追求，探索旅游促进美好生活的路径，能够引发读者对旅游幸福和人生幸福的思考，推动旅游发展向人本主义回归。

第五，本书具有较强的可读性和自学指导性，既有学理分析，也有实践启示，注重对读者思维能力的提升和增进对幸福的理解。因而本书既可以作为高等院校旅游管理专业本科生、研究生的阅读参考书籍，也可以作为旅游研究机构和旅游行业管理者的理论指导书，还可作为旅游幸福的大众参考读本。

由于作者的水平有限，再加上旅游幸福管理学本身作为一门新学科，发展时间较短，所形成的成果相对不够丰富，资料也相对有限，很多新思想和新观点尚在讨论中，因而尚未形成完整的理论体系和实践管理框架。因此恳请专家、学者和使用本著作的广大师生及其他读者不吝赐教、批评指正。未来我们会及时吸取最新研究成果，进一步完善、丰富《旅游幸福管理学》，让其在旅游学科理论体系中发挥更为重要的作用，更好地指导旅游地经营管理实践。同时，我们也会不断构建旅游促进美好生活的中国旅游理论体系，形成"文旅和合·共美生活"的话语体系，让旅游促进人民美好生活更加丰富和充实，助力推动物质文明和精神文明相协调的中国式现代化，继而为实现人类美好生活贡献中国旅游智慧和中国旅游方案。

粟路军
2024 年 3 月
于中南大学江湾楼

目　　录

第 1 章　什么是旅游幸福管理学

幸福一直以来是人类最深层次的需求，作为表征人类主观体验和感受的概念，幸福具有多元性、多层次和主观性等特点。从古至今，人们对"幸福是什么"的讨论从未停止，苏格拉底认为幸福是由智慧和知识决定的；而富兰克林·罗斯福认为幸福来自成就感，来自富有创造力的工作。事实上，对幸福话题的探讨已经从哲学拓展至心理学、经济学、管理学、教育学等多个领域，学者们对幸福的本质问题进行深入的探讨，极大地丰富和拓展了幸福概念的内涵和外延。可以肯定的是，幸福对人类的重要意义和价值毋庸置疑，但问题在于我们怎样才能获得幸福。

获得幸福有多种方式，随着物质生活的不断满足，通过旅游来获得身心愉悦、精神满足和人生幸福逐渐成为人们生活的重要方式。文旅产业作为幸福产业，其重要意义在于提升国民幸福和福祉。幸福感被认为是旅游者在旅行中所期望实现的终极目标。旅游不仅能够给旅游者带来快乐，而且能够让旅游者实现自我发展和价值追求。旅游所造成的时空变换让人们身处非惯常环境下能够改善和调节日常生活心态，为人们体验幸福感提供了契机。但是，人们发现幸福又是没有标准答案的，旅游者在旅途中可以通过改变自己的认知、态度和情感来获得不同的幸福感，即幸福是可以管理的。

与其他幸福管理不同，旅游幸福管理强调通过满足人们的精神需求和提高自身价值认知，利用旅游的经济效应和社会效应来提升旅游者、旅游地居民和旅游从业者等利益相关者的生活质量和主观幸福感。旅游所追求的幸福不是你站在原地就能够实现的。从某种意义上说，旅游幸福是通过管理来实现的。本章将回顾旅游产业发展和理论研究基础，对旅游幸福管理作出科学的概念界定并阐释其核心内涵，并首次提出建立旅游幸福管理学的学科体系，构建旅游幸福管理的全新范式，旨在促进旅游业可持续发展和实现利益相关者的幸福最大化（见图 1－1）。

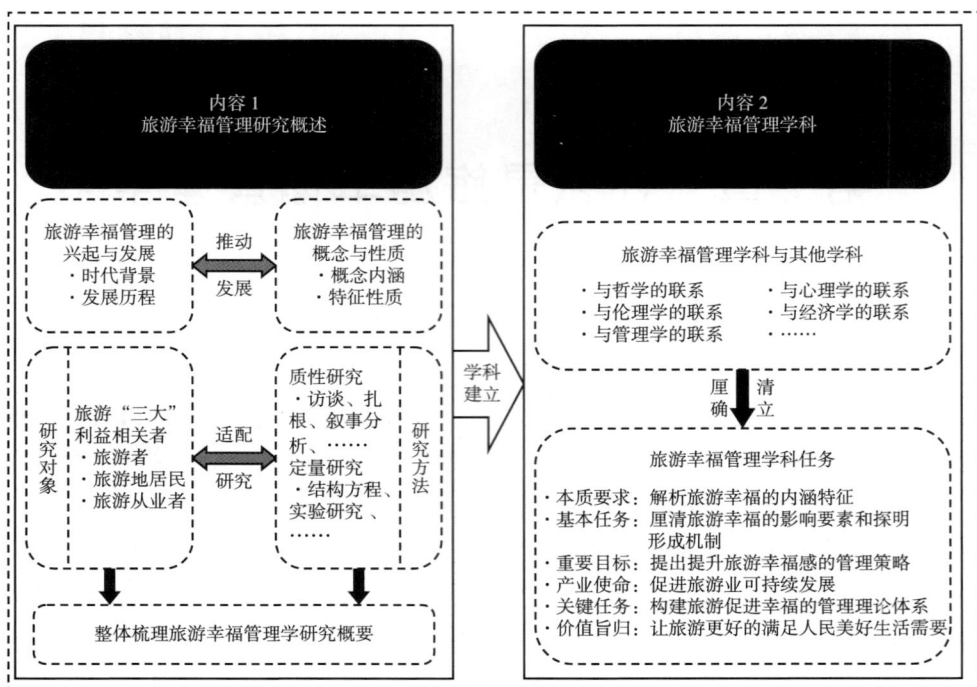

图 1-1　第 1 章研究内容结构

章 节 概 览

旅游幸福管理的兴起与发展

旅游幸福管理研究的时代背景

旅游幸福管理的提出

旅游幸福管理研究的发展历程

旅游幸福管理的概念与内涵

什么是旅游幸福管理

旅游幸福管理的内涵

旅游幸福管理的性质

具身性

空间性

时间性

动态性

互动性

多维性

旅游幸福管理学的研究对象

旅游者视角——旅游者幸福感

旅游地居民视角——旅游地居民生活质量

旅游从业者视角——旅游从业者幸福感

旅游幸福管理学的研究方法

质性研究方法

定量研究方法

旅游幸福管理学与其他学科的联系与区别

与哲学的联系与区别

与心理学的联系

与伦理学的联系

与经济学的联系

与管理学的联系

与其他旅游管理学科的联系

旅游幸福管理学的任务

本质要求：解析旅游幸福的内涵特征

基本任务：厘清旅游幸福的影响要素并探明形成机制

重要目标：提出提升旅游幸福感的管理策略

产业使命：促进旅游业可持续发展

关键任务：构建旅游促进幸福的管理理论体系

价值旨归：让旅游更好地满足人民美好生活需要

1.1　旅游幸福管理的兴起与发展

随着社会经济的发展，旅游发展的福祉效应日渐显著的同时，旅游活动的多样性和复杂性也日益凸显，如何实现旅游幸福感的最大化，已成为一个亟待解决的重要课题。要深入探讨这一问题，首先需要追溯旅游幸福管理的起源。下面，本书将从旅游幸福管理研究的时代背景、旅游幸福感管理的提出和旅游幸福感管理研究的发展历程三方面，系统阐述旅游幸福管理的兴起与发展状况，以期形成对旅游幸福管理的初步认识。

1.1.1　旅游幸福管理研究的时代背景

旅游幸福管理不仅紧密契合当前社会经济的演进趋势，更是对民众日益增长的美好生活追求深度呼应。深入理解和把握研究的时代背景，对于我们把握旅游幸福管理的本质和开展旅游幸福管理研究具有重要意义。

1.1.1.1　人民已经从满足物质需要过渡到追求美好生活

党的十八大以来，以习近平同志为核心的党中央高度重视民生福祉，坚持以人民为中心的发展思想，围绕使人民获得感、幸福感、安全感更加充实、更有保障、更可持续，提出一系列新理念、新部署、新要求。党的十九大报告明确指出中国特色社会主义进入新时代，我国社会的主要矛盾已经转化为人民日益增长的美好生活需要和不平衡不充分的发展之间的矛盾。2020年10月，党的十九届五中全会审议通过的《中共中央关于制定国民经济和社会发展第十四个五年规划和二〇三五年远景目标的建议》提出"坚持把实现好、维护好、发展好最广大人民根本利益作为发展的出发点和落脚点，……不断增强人民群众获得感、幸福感、安全感，促进人的全面发展和社会全面进步"。让人民生活幸福是"国之大者"。党的二十大报告更是指出"坚持把实现人民对美好生活的向往作为现代化建设的出发点和落脚点……"，强调了增进民生福祉，提高人民生活品质，更好满足人民对美好生活的向往在全面建设社会主义现代化国家新征程中的重要性，为有效化解新时代社会主要矛盾，着力推动高质量发展，扎实推进中国式现代化建设提供了方向指引和根本遵循。

改革开放40年来，特别是进入新时代以来，人民群众的衣、食、住、行、用等方面的物质需求已经得到了极大的满足，消费已经实现了从"量"的满足向"质"的提升。当前，我国的经济实力明显提升，中等收入群体比例明显提高，随着人民物质生活不断丰富，居民的精神文化需求不断发展，多元化、多层次文化消费格局逐渐形成，人民对美好生活的向往也越来越强烈。与此同时，消费升级也正推动市场升级。在供给侧，我国正积极培育各类市场主体，不断创新公共文化服务的理念与形式，大力引入数字化技术，运用数字赋能提升文化产品的供给品质，不断为文化产品注入新的生命力。因此，在当前我国发展进入新时代的背景下，人民对美好生活的向往日益多样化。如何紧紧围绕人民群众多元需求，坚持在发展中提升人民福祉成为重要的研究课题。

1.1.1.2　旅游的社会功能和福祉效应日益受到关注

我国已经进入大众旅游时代，旅游日益成为人民群众美好生活和精神文化需求的重要组成部分。文旅产业作为幸福产业，肩负着提升人民福祉的历史使命和时代重任。旅游业作为五大幸福产业之首，近年来更是成为了人民群众的"小康生活标配"和"美好生活必备"。一些城市提出了"幸福旅游线路"和"幸福旅游产业"的发展标语，其目的是让旅游发展更好地为民服务。根据中国旅游研究院发布的《2012—2022 年全国游客满意度调查报告》显示，2012年至 2022 年游客综合满意度指数从 2012 年第四季度的 74.56 提升到 2022 年第三季度的 79.35。在过去的十年里，人民旅游幸福感、获得感不断提升。由此可见，当前人们除了关注旅游所产生的经济效益之外，更加注重协调旅游的经济效益和社会效益的关系，引导旅游发展更好地为民服务。在当前中国式现代化的进程中，旅游成为了提升人民幸福感的重要途径之一，它不仅可以提供文化体验，促进身心健康，还有助于实现社会和谐和人的全面发展。

我国十分重视旅游产业在增进社会福祉方面的作用。国家始终坚持旅游为民发展，让旅游成为城乡居民美好生活的闪光点的定位，大力推动发挥旅游的综合效应。《国民旅游休闲纲要（2013—2020 年）》和《国务院关于促进旅游业改革发展的若干意见》均明确提出要通过发展旅游业来提升国民生活水平和质量。《"十四五"旅游业发展规划》中也着重强调了旅游业作为幸福产业的重要职能，强调要充分发挥旅游业在利民、富民、乐民方面的积极作用。习近平总书记也曾多次作出关于发展旅游以提高人民生活水平，满足人民美好生活需要的重要论述，强调旅游的社会功能和福祉效应。与此同时，学术界也积极探讨旅游和幸福感的关系，国内旅游学权威期刊《旅游学刊》在 2019 年第 9 期专门组织笔谈探讨"旅游与社会福祉"，传达了学术界对旅游发展促进人民幸福和美好生活的关注。因此，随着人们在旅游活动中越来越注重个体体验的品质和质量，旅游幸福管理研究也将会迎来更加光明的前景。将幸福问题纳入旅游研究之中，必将大大拓宽旅游研究范围，丰富旅游研究内容，并为旅游研究提供崭新的视角。

1.1.2　旅游幸福管理的提出

随着物质生活水平的不断提高，人们对精神文化的消费需求和对美好生活的向往日益强烈，对幸福感的追求也在不断提升。一方面，作为一种显性的精神消费，旅游业的幸福效应已成为社会共识。1980 年，世界旅游组织的《马尼拉宣言》指出，旅游的根本目的是"提高生活质量并为所有人创造更好的生活条件"。旅游业已经被认为是一个有助于增进社会福祉的现代新兴产业。另一方面，因旅游业关联性强、劳动性大的综合特点，特别是在当前文旅深度融合和世界百年未有之大变局的时代背景下，旅游业在促进社会福祉方面的作用已经发生了巨大变化，如何结合内外部因素管理旅游利益相关者群体实现幸福最大化成为重要的时代课题。携程在 2017 年对外公布的《中国旅游者点评与幸福指数报告 2017》中首次使用"旅游幸福指数"来定量评价旅游者在旅游体验活动中的幸福度，并列出了一系列影响游客旅游幸福指数的因素。随后各地纷纷效仿，通过旅游幸福指数来提升城市的知名度并以此来发现城市旅游的短板。显然，在实践上使用量化手段来科学管理旅游幸福已经迫在眉睫。

从理论研究方面来看，学者们关于旅游提升人民幸福感的内涵尚未形成共识。在旅游产业增进人民幸福感的经济维度上，学者们分别从宏观、区域和产业层面论证了旅游经济发展对幸福感的促进效应，并阐释了经济发展提高幸福水平的直接和间接效应。但同时学者们对旅游地不同空间结构下幸福感变化规律的探讨还有待深入，研究结论存在较大差异甚至相互矛盾。此外，旅游经济发展的"公地悲剧"、"荷兰病"效应及"漏损效应"等问题还有待进一步阐释。在旅游产业增进人民幸福感的社会维度上，旅游产业能够促进社会福利、促进文化交流和实现价值创造，但同时也存在过度消费和服务失范等降低幸福感的问题。在旅游产业增进人民幸福感的环境维度上，尽管旅游发展通过促进自然环境改善和人文环境和谐提升了人民幸福感，但旅游发展产生的过度开发与环境破坏影响幸福感问题尚未得到充分解决。因此，在学理上厘清旅游发展影响幸福感的内涵与逻辑，建立旅游与幸福感研究的基本分析框架，从管理视角考量旅游利益相关者群体幸福感的实现机制具有重要意义。

从旅游幸福的主体来看，应该包括旅游者、旅游地居民和旅游从业者，这些群体的幸福感实现机制和影响机制存在差异。第一，作为旅游活动的主体，旅游者在旅游过程中幸福感的变化实际上经历了旅游前、旅游中和旅游后三个不同阶段（邵琪伟等，2015）。旅游者旅游前的预期体验是幸福感的期待，旅游中的在场体验是幸福感的沉浸，而旅游后的追忆体验则是幸福感的转化，因而三个阶段旅游者的幸福感水平可能存在显著差异，但当前从旅游活动的过程来构建较为系统的旅游幸福管理的理论框架的研究相对较少，这在一定程度上阻碍了对旅游社会功能和价值的发现。第二，旅游地居民因为在旅游地生活时间更长和了解程度更深，其生活质量成为衡量旅游业社会功能的重要标准。尽管学者们关注到了旅游地居民生活质量等相关问题，并且对旅游地居民生活质量的影响前因、形成机制和作用结果积累了一定的认识，但相关研究仍然缺乏整体性归纳和整理，导致学术研究成果对旅游地的客观实践的指导作用十分有限。最后，作为旅游业服务者的从业人员，他们的幸福感对于旅游业的可持续发展至关重要，幸福的旅游从业者在工作、生活中更具创造性。尽管相关研究从个体和群体层面揭示了旅游从业者幸福感的影响机制和作用边界，但相关研究较为零散，呈现碎片化特征，尚未从管理的视角建立一个涉及组织与个体层面的理论体系。

从管理的角度来看，旅游产业不仅要实现经济效益的最大化，更要实现旅游利益相关者群体的幸福最大化。不仅要关注旅游的经济属性和经济价值，更应该将旅游视作一种社会文化现象，探索旅游对于人的真正意义所在。为此，政府、旅游企业和旅游目的地管理机构应该从幸福的视角来审视自己的管理模式，探索提升这些群体幸福感的路径和策略，以充分发挥旅游的福祉效应，促进旅游业可持续发展。因此，可以说，传统的旅游幸福研究在时代发展过程中已无法完全适应新的时代要求。时代的发展呼唤旅游幸福研究必须整合已有的框架和思路，从管理的角度建构旅游幸福研究的全新范式。旅游幸福管理的提出，符合这一时代要求，必将在管理理论中凸显重要地位。

1.1.3 旅游幸福管理研究的发展历程

旅游幸福管理是在幸福学、幸福管理、旅游幸福感等相关研究交叉融合的基础上逐渐产生的。20 世纪 90 年代，凯恩乔恩教授在 *Journal of Business Research* 专刊中探讨旅游者主观幸福感、社区居民幸福感等相关研究议题，旅游幸福感研究逐渐受到国内外学者们的关注，相关研究成果陆续呈现，旅游幸福感成为旅游领域的重要研究议题。另外，21 世纪初对幸福心理学和心本管理的研究极大地推动了幸福管理的形成，学者们从组织管理层面逐步确立幸福管理的概念，认为幸福管理是充分发挥和利用每个人的智慧和优势来协调组织的资源，以增进组织利益相关者幸福最大化的机制运行过程（王书玲等，2013）。研究认为，幸福可以通过培养积极心态、管理需求等系列管理活动来实现，企业可以通过营造积极的工作环境，给予员工挑战但兼具愉悦性的工作，促进员工的积极情感体验以培养员工的幸福感。受幸福管理概念界定和实证研究的影响，学者们相继提出了员工幸福管理、组织幸福管理、企业幸福管理（Sirgy，2019；王书玲等，2013）等概念，极大地拓展了幸福管理研究的深度和广度。

在幸福管理理论和幸福感理论的影响下，部分旅游学者们开始借鉴管理学的基本思想和研究范式研究旅游幸福问题，如何使用管理理念和管理模式提升旅游者、旅游地居民和旅游从业者幸福感和实现旅游利益相关者群体幸福最大化成为学者们关注的主题（Kim et al.，2013）。尽管相关研究成果并没有明确提出旅游幸福管理的核心概念，但实际上其核心内容均在探讨旅游幸福感的影响前因、过程和结果，这些研究为旅游营销人员和管理者对于如何利用幸福感提供了重要启示。归纳起来，旅游幸福管理研究历程大致呈现出"以旅游者主观幸福感为核心的影响机制的探索—对旅游者主观幸福感的批判和反思—对旅游利益相关者群体生活满意度、积极情感和生活质量等的探索"等发展阶段。

首先，心理学领域对幸福感的研究为旅游幸福管理的兴起奠定了重要的理论基础，学者们首先聚焦旅游者群体，借用心理学领域对幸福感概念的界定和测量，探索了影响旅游者幸福感的前因变量、中介变量和结果变量。例如，积极情绪、正念、感恩、幽默、专注等前因变量；自然与环境的相互作用、恢复性体验、积极社会互动等中介变量；内在自我和归属感的提高、重游意愿和积极口碑等结果变量（Kim et al.，2015；Knobloch et al.，2017）。学者们借助实证方法对旅游者幸福感的形成机制和影响要素进行了大量探讨，为如何调动资源提升旅游者幸福感提供了重要启示，但此阶段与旅游者幸福感相关的术语常出现混用的情况，导致相关研究结论的适用性还有待进一步加强。

其次，随着研究的不断深入，学者们发现主观幸福感并不能完全概括旅游者幸福感的内涵，也不能包括旅游者在旅游体验过程中的情感和意义部分（张晓等，2018）。为了准确表达旅游者幸福感的含义，学者们开始尝试用定性方法探索旅游者幸福感的内涵，积极情绪、人际关系、个人成长、自我实现等维度相继被提出（Filep et al.，2010；Laing et al.，2017）。旅游幸福感的维度逐渐实现了从主观幸福感向更有意义的心理幸福感的过渡，相应的应用场景也拓展到了博物馆旅游等情境中，使得旅游体验活动之于旅游者的积极效用的解释力度和范围得到了进一步拓展。

最后，伴随着旅游需求和供给的不协调现象日益频发，人们意识到旅游地居民和旅游从业者也是旅游系统的核心利益相关者，要想实现旅游者幸福感的最大化，还必须整合这些群体幸福感的实现机制，以整体推进旅游提升国民幸福的研究进度。相关研究相继提出了旅游地居民生活质量（destination resident quality of life）、旅游从业者幸福感（tourism employee well-being）的概念，并围绕着这些概念的定义、维度结构与测量、影响因素及形成机制、产生的结果及其作用机理进行了大量研究（Su et al.，2022），旅游幸福管理研究正走向全面化和系统化。

1.2 旅游幸福管理的概念与内涵

1.2.1 什么是旅游幸福管理

管理是对组织的资源进行有效整合以达成组织既定目标与责任的动态创造性活动，管理的核心在于对现实资源的有效整合。在历史上，管理思想一共经历了从古典管理理论到行为科学理论再到现代管理理论的发展，管理思想的每一次发展都是随着时代的发展而与时俱进。学者研究表明，无论哪种管理理论都只是说明了管理的某种追求，探讨的问题都是达到幸福的手段与过程，没有反映出管理问题的根本，即人生活的、工作的最本质的追求和终极目标及管理的终极之善——幸福。为此，学界逐渐兴起了幸福管理的思潮，认为管理的终极之善是改变人们的生活，使人获得幸福与快乐。管理学认为幸福就是在管理活动中个体充分发挥个体优势以获得自身发展，并认识到自己的快乐和理想得到实现时的一种主观反映和心理体验。我国学者蒲德祥最早提出"幸福管理"的理念，认为幸福管理就是充分发挥和利用每个人的智慧和优势来协调组织资源以增进组织利益相关者幸福最大化的机制运行过程。郑国娟认为幸福管理就是企业以心本管理为基础，努力通过营造和谐的团队氛围，给员工提供有挑战性并兼顾愉悦性的工作，使员工对企业有一种成长感、归属感和价值感，同时在工作中感受到自由、充实和乐趣，以增进组织利益相关者幸福最大化的机制运行过程。

在旅游体验过程中，旅游者可以改变自己的认知、态度和情感获得更多的幸福感。管理者也可以通过改变旅游刺激物和社区环境因素提高旅游地居民的生活质量。同样，旅游企业的组织氛围的改善和奖励制度的改进对旅游从业者幸福感也具有重要影响，因此旅游幸福可以通过管理实现。本书在幸福管理和旅游幸福研究的基础上，尝试对旅游幸福管理作出如下界定：

旅游幸福管理是指从旅游体验的全过程、旅游地发展的全阶段和旅游企业的全阶层切入，通过研究个体视角的旅游者幸福感、旅游地居民生活质量和旅游从业者幸福感和跨层视角的个体、产业和区域的幸福感逻辑，最终实现旅游者、旅游地居民和旅游从业者等利益相关者群体幸福最大化的机制运行过程。

旅游幸福管理可被视为一种系统性的、综合性的管理过程，其主要目的在于通过对旅游目的地、旅游企业和旅游者的需求和期望进行有效整合、协调和管理来最大化地提升旅游幸福感。这种管理不仅要求关注影响旅游者幸福感的外部因素和内部条件，还涉及旅游从业人员的培训和鼓励，以及旅游地居民的引导和管理等各方面的措施。

1.2.2 旅游幸福管理的内涵

鉴于旅游产业综合性强、关联性广，且旅游幸福在不同阶段可能存在差异，以及旅游幸福的价值包括审美、愉悦、人际、成就等多元维度，要实现幸福的最大化需要统筹协调各种资源进行管理，因此旅游幸福管理具有丰富的内涵，主要包括以下几个方面。

旅游幸福管理涉及旅游者、旅游地居民和旅游从业者等多个利益相关者群体。旅游者是旅游幸福管理最重要的主体，旅游者幸福管理主要着眼于旅游者的需求和期望，充分关注旅游者幸福感的影响因素、旅游者幸福感的结果变量、旅游者幸福感的概念和内涵以及旅游能否提升旅游者的幸福感。旅游地居民是旅游活动中供给的重要群体，其生活质量、生活满意度和主观幸福感等广受关注，其中主要以旅游地居民生活质量为核心，关注解析旅游地居民生活质量的内涵、厘清其影响机制和探明其形成机制为主要内容。旅游幸福管理还着重于旅游从业者的幸福管理，要求旅游企业为旅游从业者提供公平薪酬、良好的工作环境和职业发展机会，增强旅游从业者的归属感和幸福感。

旅游幸福管理是全过程和多阶段的管理。幸福不是一蹴而就、一劳永逸的事情，它是一个动态的过程，旅游幸福管理更是一个持续、动态的过程。首先，由于旅游者体验贯穿整个旅游过程，旅游者在旅游前接受营销刺激产生预期体验，在旅游中体验旅游产品或服务后产生在场体验，在旅游后回忆旅游经历产生追忆体验，旅游提升旅游者幸福感存在时间上的动态变化性，这在客观上要求旅游幸福管理必须涵盖旅游体验的全过程，根据动态变化规律进行针对性的管理。另外，旅游地发展也存在生命周期，不同阶段旅游地居民的生活质量往往会存在不同的影响因素和形成机制（粟路军等，2020），这就要求旅游地居民幸福管理立足于多阶段视角，构建综合的管理体系。最后，由于旅游从业者伴随着旅游企业的成长与发展，影响其幸福感的外部条件也存在差异（Radic et al.，2020），这就要求旅游幸福管理关注旅游从业者幸福感的成长规律，进行全过程管理。

旅游幸福管理注重对享乐幸福和实现幸福的整体关注。积极心理学是旅游幸福管理重要的理论基础，旅游幸福管理继承了积极心理学中关于幸福享乐论和实现论的基本观点，认为旅游幸福感除了与放松、愉悦和享乐主义的积极情绪有关，还与意义结果和心理健康等长期积极效应有关，注重对旅游的乐生价值、康体价值、伦理价值、审美价值、文化价值和教育价值的综合引导（Vada et al.，2020；Chang et al.，2022）。因此，旅游幸福管理既是一种价值观，也是一种方法论，其核心在于通过科学的管理策略达到管理的终极之善——旅游利益相关者群体的幸福最大化。

1.3 旅游幸福管理的性质

旅游幸福管理除了具有幸福管理的人本性、科学性、普遍性和目的性等基本特征以外，还具有以下性质。

1. 具身性

旅游幸福是人们在满足各种感官需求和实现旅游目标过程中获得的情感愉悦和自我成长的内在感受，包括认知、情感及精神达到阈值所产生的美好感觉，涉及视觉、听觉、嗅觉、味觉、触觉等体验的感受，是一种建立在具体的身体感知基础上的综合感受（蔡礼彬等，2020）。旅游幸福管理需要人们通过管理和控制自身的感官体验来调节情绪和感受以提升幸福感。不论是旅游者、旅游地居民还是旅游从业者，均可以通过具身的感官管理来应对压力、焦虑和其他负面情绪，以更好地处理复杂的情境和任务，并促进身体健康和提升能量水平。

2. 空间性

空间性是旅游幸福管理区别于其他管理最显著的特点。作为旅游活动的主体，旅游者体验是从惯常环境（居住地）前往非惯常环境（旅游地），然后再回到惯常环境（居住地）的完整体验过程，因此涉及惯常环境和非惯常环境两种空间（张凌云，2019）。由于非惯常环境意味着与惯常环境截然不同的文化、人群、语言等环境，因此导致产生幸福感的条件和过程具有复杂性，继而需要进行针对性的管理。此外，不同旅游地居民幸福感还存在核心—边缘的空间结构差异，不同尺度空间下旅游幸福感也具有一定的变化规律（Su et al.，2020）。

3. 时间性

旅游幸福感与时间具有重要的联系，主要体现在客观时间与主观时间两个方面。在客观时间方面，由于旅游涉及大尺度的空间移动并受到客观的时间约束，从而导致了旅游利益相关群体往往为了追求幸福最大化而进行时间管理。此外，因为旅游存在淡旺季的季节性，不同季节旅游者—旅游地居民—旅游从业者的多元互动对旅游幸福感影响具有显著差异，这种季节性变化规律同样是旅游幸福管理研究的重点（Gursoy et al.，2002）。在主观时间方面，主观心理时间对旅游者的认知、态度和行为具有重要影响，旅游幸福管理强调可以通过改变时间知觉和时间节奏获得心灵疗愈，缓解疲惫和焦虑并提升幸福感。

4. 动态性

旅游幸福感并不是一直保持不变，而是随着时间与周围环境的变化而不断变化。一方面，旅游幸福感会随着旅游的不同时间阶段而产生不同的变化（邵琪伟等，2015）。旅游开始前会产生预期体验，通常会产生期待、兴奋和期盼等积极情绪。旅游开始时会产生在场体验，与之伴随的是在旅游探索过程中的新鲜感和探索感。旅游结束后的追忆体验则会产生获得美好的回忆、产生积极的心态，以及好的工作状态等。时间的顺序性、持续性、时间标志赋予旅游幸福感丰富的动态内涵。另一方面，自然和人为因素的不断变化会影响旅游者和旅游地居民的情绪和生理反应，相应地也产生了幸福感动态的变化过程，这就需要寻找客观规律进行动态管理。

5. 互动性

旅游幸福感的互动性表明，旅游幸福感不是独立存在的，而是与旅游利益相关者及其周围人和环境之间的相互关系紧密相连的（Wang et al.，2022；Su et al.，2022）。旅游生产与消费的同时性特征，决定了旅游者体验的整个过程都在不断地以直接或间接的方式与旅游地居民和旅游从业者产生互动，这种互动方式多种多样，主要由旅游者的出游动机、旅游目的地的发展与演化阶段和旅游地居民的旅游参与度来决定。在这种多元互动中，旅游利益相关者对旅游的态度、期望、看法及生活方式都在不断发生改变。因此，这种互动性要求旅游从业者、旅游者、政府和社会组织密切合作，共同促进旅游业的可持续发展和提高旅游幸福感。

6. 多维性

旅游幸福管理的多维性是指旅游幸福感受到多个维度的影响，因此管理需要涵盖多个方面，从而提高旅游利益相关群体的幸福感和满意度。首先，旅游幸福感的多维性包括生理、心理和情感层面（Chen et al.，2013）。旅游可以带来生理上的健康、心理上的宁静、放松和快乐，情感上的联系、认同和成长。旅游幸福管理需要考虑这些多维度因素的影响，从而提供包含心理支持、情感联结和生理疗养等多方面的旅游服务和体验。另外，旅游幸福管理的多维性还包括旅游者个体差异的因素。不同的旅游者有着不同的性格、兴趣和需求等个体差异，这些因素也会影响其旅游幸福感。因此，旅游幸福管理需要根据不同旅游者的特点，量身定制旅游服务和体验，让旅游者在旅游过程中感受到更多的关爱和满足。

1.4 旅游幸福管理学的研究对象

旅游幸福管理学是在幸福感、幸福管理、旅游幸福感等相关研究的基础上，以幸福管理理论和旅游学基本理论交汇、融合和创新而产生的一门新兴的学科。旅游幸福管理学不仅研究旅游者、旅游地居民和旅游从业者幸福感的概念内涵、影响要素、形成机制和变化规律，而且遵循管理学的范式和思维提出了涉及旅游利益相关者幸福最大化的管理策略，构建一套完整的旅游幸福研究框架和体系。

毛泽东同志曾经提出："科学研究的区分，就是根据科学对象所具有的特殊的矛盾性。因此，对于某一现象的领域所特有的某一矛盾的研究，就构成了某一学科的研究对象。"[①] 每个学科都具有特有的、不同于其他学科的研究对象。旅游幸福管理学是一门新兴的不断发展的学科，随着我国旅游业的持续高质量发展及人们对幸福美好生活的追求日益强烈，旅游幸福管理学的时代背景和研究主题也在不断变化，相应的研究对象也将随之发生变化以适应旅游业蓬

---

① 毛泽东. 毛泽东选集：第一卷 [M]. 北京：人民出版社，1991.

勃发展的需要。由于旅游者、旅游地居民和旅游从业者是旅游幸福的主体,因此旅游幸福管理则主要聚焦于这些群体的幸福现象和行为,主要包括以下内容。

1.4.1　旅游者视角——旅游者幸福感

旅游者是旅游活动的主体,随着人们对旅游所带来的情感升华及生活疗愈有了更高的要求,旅游者幸福感的研究成为旅游幸福管理重要的研究方向。旅游者本身所具有的能动性及在体验过程中的情感、态度和心理与幸福感具有高度契合的关系,使其可以作为旅游幸福管理重要的研究窗口。对旅游者幸福感的关注、研究和实践,对于旅游者个体成长、各类旅游企业发展及政府治理具有重要的意义和价值。旅游幸福管理对旅游者幸福感的研究主要体现在以下几个方面:①旅游者幸福感的概念内涵与测量。旅游者幸福感是一个多层次、多维度的复杂概念,早期的旅游者幸福感借用心理学领域对幸福感的定义,但近些年从旅游者视角阐释旅游者幸福感的本质与内涵变得愈发重要。对旅游者幸福感本质与内涵的统一性认识,特别是旅游者幸福感与生活满意度、生活质量、主观幸福感的关系,以及旅游者幸福感测量维度的建立对旅游者幸福感的后续研究具有重要意义(张晓等,2018;蔡礼彬等,2020;妥艳娟等,2020)。②旅游者幸福感的影响因素。探索不同的影响因素是旅游者幸福感研究的重要方向。在这方面,旅游类型和特征因素、旅游者相关因素(行为者)和旅游地相关因素(环境和关系)等方面是研究的主题(孙佼佼等,2021)。③旅游者幸福感的形成机制。旅游活动怎样提升旅游者幸福感这一问题的回答关乎旅游社会功能和积极意义的体现。目前这一方面的研究主要聚焦于互动体验、情境因素、感知因素等中介变量;旅游停留时间长度、出游次数、旅行阶段等调节变量和社会比较、心理适应、旅游期望等理论视角(Neal et al.,2007;邵琪伟等,2015)。④旅游者幸福感的积极影响。研究旅游幸福感对生活和工作等方面的影响是旅游福祉效应的重要领域,目前主要从生活价值、工作价值、经济价值、生态价值和灵性价值等方面进行总结(Vada et al.,2020)。

1.4.2　旅游地居民视角——旅游地居民生活质量

相对于其他利益相关者,旅游发展对旅游地居民的积极和消极影响最为深远,因为他们生于斯长于斯,对于旅游发展的影响感知最有代表性和发言权,自然也就构成了旅游幸福管理重要的研究对象。在旅游地居民幸福感方面,学者们大多习惯采用旅游地居民生活质量这一术语描述其幸福感。旅游地居民生活质量是衡量旅游发展对居民生活所产生的积极效益的重要指标之一，是旅游目的地发展的主要目的之一。旅游地居民生活质量的提升对于旅游地可持续发展至关重要。因此，对旅游地居民生活质量的研究成为旅游幸福管理的研究热点和前沿。

旅游幸福管理对旅游地居民生活质量的研究主要体现在以下几个方面：

①旅游地居民生活质量的测量指标与维度结构。当前主要围绕多维度和多层次进行定义和测量。旅游地居民生活质量可以采用客观和主观的维度进行定义。客观指标用来反映居民需求得到满足的程度，而主观量表调查的是对幸福和生活满意度的自我报告或主观评估。维度结构方面，当前主要从个人、旅游社区和国家等维度阐释旅游地居民生活质量的单维度和多维度结构（Yolal et al.，2016）。②旅游地居民生活质量的影响因素和形成机制。识别旅游地居民生活质量的影响因素对提高其生活质量至关重要，该方向同样构成了本领域的研究重点。目前主要围绕旅游影响、个体因素和旅游社区环境因素进行了广泛研究（黄克己等，2021），并基于溢出理论、多重差异理论、地方依恋理论、旅游增权理论等多种理论框架提出了一系列形成机制（梁增贤，2018；王舒媛等，2017）。③旅游地居民生活质量产生的结果及其作用机理。由于提升旅游地居民生活质量是旅游目的地提升竞争力和实现可持续发展的一项重要举措，当前支持旅游发展、环境责任行为和主—客价值共创行为等结果变量是其主要研究内容（Suess，2018；Liang et al.，2016）。④旅游地居民生活质量的变化规律。由于生活质量主要侧重于从感知视角定义和测量，这种主观判断受到旅游地发展阶段等因素的影响而呈现出相应的动态变化规律。当前主要从旅游地不同发展阶段、旅游地不同空间结构和旅游地不同旅游季节等三个方面探讨变化规律（Lee et al.，2019；Uysal et al.，2016），对旅游地管理者制定良好的管理策略具有重要指导意义。

1.4.3 旅游从业者视角——旅游从业者幸福感

旅游从业者是旅游业发展的重要组成部分，他们的幸福感不仅关乎他们自身的生活质量和工作权益，同时也会影响旅游服务的质量和旅游者满意度。旅游从业者作为旅游企业行使旅游经营行为的主体，其认知和行为对旅游者乃至整个旅游业的发展有着显著的影响。旅游从业者的幸福感是旅游业成功的基石之一。如果旅游从业者的心理状态不佳，他们不仅会将负面情绪传递给旅游者，而且还会影响他们的工作态度和创造力。与此相反，如果员工感到快乐和充满热情，他们会更愿意提供高品质的旅游服务，提高旅游者满意度。研究旅游从业者幸福感，不仅能够为解决旅游从业者幸福感相关问题提供策略，还能够提高旅游服务质量、促进旅游服务创新、提升旅游企业市场竞争力。因此，学者们对旅游从业者幸福感的相关话题产生了浓厚的兴趣，旅游从业者幸福感研究在旅游幸福管理研究中的重要性不断凸显。

旅游幸福管理对旅游从业者幸福感的研究主要体现在以下几个方面：①旅游从业者幸福感的概念内涵和维度结构。旅游从业者幸福感从属于员工幸福感概念，当前主要从期望满足、情感及客观条件等方面对其进行定义，并且相关概念如主观幸福感（包括对生活整体的满意度、积极情感和消极情感）、心理幸福感、工作相关的情感（work-related affect）和工作满意度等都被用来描述旅游从业者幸福感的内涵（Yu et al.，2020）。在维度结构方面，大体上呈现出享乐主义视角下的旅游从业者幸福感测量维度、自我实现视角下的旅游从业者幸福感测量维度和整合视角下的旅游从业者幸福感测量维度三个方面（Al-rawadieh et al.，2020）。②旅游从业者幸福感的影响因素。旅游从业者幸福感是一个涉及个人与组织的概念，即外部环境要素和内部个体因素均会影响旅游从业者幸福感，当前主要从个人因素、工作特征因素和组织因素等方面阐释其影响因素。③旅游从业者幸福感的形成机制。在幸福管理实践中，正确理解旅游从业者幸福感的形成机制及其与管理过程的关系对于科学提出管理策略具有重要作用。当前自我决定理论、资源保存理论、社会交换理论和情感事件理论是解释旅游从业者幸福感形成机制的 4 种主要理论。以上理论从个体需要与动机、资源、社会资源交换及认知评价角度解释旅游从业者幸福感的形成过程，构成该领域的主要研究内容。

1.5 旅游幸福管理学的研究方法

随着旅游幸福管理的多学科交叉属性日益明显，学者们开始借鉴经济学、管理学、社会学等学科方法探索旅游幸福问题，研究方法的规范性和适用性得到了提高。归纳起来，旅游幸福管理学的研究方法可以概括为质性研究方法和定量研究方法两类。

1.5.1 质性研究方法

质性研究方法也称定性研究方法，是社会科学领域的一种基本研究方法，也是科学研究的重要步骤和方法之一。质性研究方法通常是指研究者采用多种资料收集方法对社会现象进行整体性探究，对所获取的资料进行分析形成理论，通过与研究对象的互动对其行为和意义建构获得解释性理解的一种研究方法。质性研究方法通常用来解决"为什么"的问题，能够帮助当前知识体系发展新概念和理论。由于旅游幸福感的概念内涵极其丰富，且不同旅游利益主体对幸福具有不同的想法、感受和意义，因此学者们经常使用质性研究方法来探索旅游幸福问题，常用的质性研究方法有以下几种。

（1）访谈法

访谈法（interview）是一种最古老、最普遍的收集资料的方法，也是社会研究方法中最具有说服力和价值的研究方法。访谈法要求尽可能从受访者的观点了解世界、展现其经验的意义，以解释其所生活的世界，而不对其作出任何科学的解释。访谈法因研究目的、性质或对象的不同，而有不同的方式。访谈法主要包括结构式访问、无结构式访问、深度访谈、座谈会和焦点小组等。在旅游幸福管理研究中，访谈法的使用主要是为了获取在不同情境下不同主体幸福感的内涵和差异。访谈法可以了解受访者的过去经历如何影响其对幸福的感受，能够多维度和更细致地描述受访者幸福感的形成机制。例如，黄克己等（2021）在研究遗产地居民幸福感时，主要采用深度访谈法从积极情绪、参与感、人际关系、意义和成就感 5 个维度获得旅游发展与居民幸福感的关系，并确定了对居民幸福感产生负面影响的旅游扶贫因素。麦肯齐氏等（2020）在研究女性冒险者的幸福感时，采用半结构式访谈法探索了性别互动如何通过能力、自主性和关联性影响女性冒险旅游者的心理幸福感。瓦达等（2023）使用半结构式访谈法确定了重复访问和熟悉度在增强旅游者幸福感方面的重要作用。

（2）扎根理论

扎根理论（grounded theory）作为一种质性研究方法，可以帮助研究者从大量的数据和文本中挖掘研究对象的经验、观念和情感，进而获得深入的理解和阐释，并最终尝试建立理论（井润田等，2021）。扎根理论存在多个流派，如建构主义扎根理论、解释主义扎根理论和实证主义扎根理论等。扎根理论分析方法主要有三个核心步骤：开放性编码、主轴性编码与选择性编码。开放性编码主要是从原始材料中贴标签、提炼重点，以建立范畴化。主轴性编码是将开放性编码进一步归纳，将开放性编码中形成的初始范畴进一步抽象形成主范畴。选择性编码则是进一步处理范畴之间的关系，建立核心范畴与其他范畴之间的关联，并使用"讲故事"的方法串联不同主范畴之间的关系。

扎根理论方法由于其科学性、严谨性、有效性与合法性而被学者们应用于不同学科领域。在旅游幸福管理研究领域中，近些年由于新媒体、新技术和新场景的出现，人们在旅行过程中的幸福感也发生了较大程度的变化，其内涵和形成机制也得到了进一步拓展。学者们运用扎根理论力图寻找旅游幸福新现象背后的答案，为理解该领域的研究问题提供更加准确和全面的解决方案。例如，学者采用扎根理论分析了旅游直播和旅游者心理幸福感之间的联系，并将旅游直播情境下的心理幸福感分为六个维度：情感修养、环境掌控、自我与社会认同、现实支撑、灵感与唤醒和自我超越（Zhang et al.，2023）；使用扎根理论探讨了变革型旅游活动（如背包客旅游、志愿旅游和研学旅游）如何提升旅游者的享乐和实现幸福感，并构建了"活动—需求—幸福感"的概念框架揭示其中的联系（Huang et al.，2023）；基于为旅游者带来了全新的、丰富的旅游体验的虚拟旅游技术的应用。贾慧敏等（2022）运用扎根理论研究方法探索了虚拟旅游产品体验与旅游者幸福感之间的关系，认为虚拟情境下的旅游者幸福感由幸福感生成和幸福感沉淀两个阶段组成，虚拟情境在旅游体验的不同阶段发挥不同作用。

（3）叙事分析方法

叙事研究（narrative approach）是一种重要的质性研究方法，它将人们的生活故事作为研究的核心。叙事研究是指以文字（口头与书面）、视觉等方式，通过讲故事来理解和赋予生活意义。叙事研究旨在关注故事的构建方式，为谁及为什么构建。叙事研究主要有以下特点：首先，叙事研究以讲故事为结构去创造和交流意义；其次，叙事研究强调个人真实事件的讲述，而不是强调个人意见或者抽象观点，因此较为适合社会学的研究；再次，叙事体现人生活的长期过程，而不是短时间或者固定时间段的经历，因此往往体现经历的复杂性，是属于以主观与解释为主的研究方法。

根据叙事研究方法的特点，叙事研究比较适合于社会科学领域的相关研究，在意义建构、沟通、学习/变革、身份认同等方面具有较好的适用性。由于旅游幸福问题长期以来与人们的生活息息相关，是人在体验旅游相关的活动中形成的，具有深厚的故事背景。因此，学者们常常用叙事研究方法寻找不同经历旅游者的人生故事，并以此进行意义的建构与生成。例如，研究表示女性旅游叙事可以塑造旅游者对地方的想象，并且是了解旅游体验的有用工具（Laing & Rost，2017）。学者在研究老年人旅游幸福感时，通过对老年人旅游经历的叙事分析发现回忆过去、与家庭成员建立联系、重新发现自我和形成非正式护理网络是老年人的旅游具体意义（Zhang，2023）。

（4）现象学方法

现象学研究（phenomenological approach）以德国哲学家胡塞尔和马丁的哲学观为基础，认为只有当某个体经历了这个情境，现象才有存在的意义。现象学提供了一种系统的方法来解释意识的本质和个人对世界的参与。现象学与科学调查的区别在于它强调主观经验，试图通过仔细描述一个人在生活世界中的体验来理解该经历的内在含义或本质，而不是提供因果解释，即现象学分析的目的不是统计概括，而是理解人类经验（Volo，2016）。现象学方法主张从个别到一般的知识建构方式，往往都是从现象分析开始，从现象的基本要素或本质出发逐步提出理论主张（Laing et al.，2017）。

现象学方法因其对现象本质和规律分析的彻底性成为旅游学研究中重要的质性研究方法。旅游幸福管理研究中往往涉及对众多旅游现象背后内涵和意义的探讨，因此学者们将现象学作为揭示幸福过程和建构幸福理论的重要方法。例如，在使用现象学研究方法研究旅游业对岛屿居民幸福感的贡献时，有学者发现旅游业为岛屿居民带来了富有挑战性的经历，促使他们自我发现以及为未来美好生活而努力（Volo，2017）。有学者采用现象学方法探索了旅游社区节日活动中的幸福感，研究发现旅游社区节日唤起了参与者自豪、欣赏和奉献等愉快的情感，在节日中感受到幸福感的旅游者可能会产生快乐和同理心（Mesana et al.，2022）。

（5）民族志方法

民族志研究方法（ethnography approach）植根于人类学研究和跨文化研究，主要用于描述一个种族或团体中人的生活方式，并解析文化中人、事、物各个因素相互影响的过程。民族志研究方法需要研究者参与研究对象的日常生活，通过亲身经历记录特定族群的生活方式、价值观和行为模式，从而获得对当地人及其文化的理解。民族志主要由三大部分组成：其一为作为研究者/作者的专业人员，即人类学者；其二为以参与观察为主要内容的田野调查研究方法；其三为对研究对象进行整体性描述的文本写作方法。

旅游对幸福感的影响呈现出阶段性特征，不同阶段旅游者幸福感的变化存在复杂的机制。对于旅游地居民来说，其生活质量的影响因素呈现复杂性，并且也会因不同旅游目的地类型而存在差异，因此民族志研究方法的运用为深入探索这些变化规律提供了机会。例如，有学者运用自我民族志和网络民族志的方法探索了满月旅游促进幸福感的过程，发现准妈妈们的旅游幸福感来源于共同创造，参加旅游社区的活动和日常活动可以带来幸福感并提高生活质量（Vespestad，2023）。其中，自我发展、赋权、人际互动及融入当地文化都能激发幸福感。学者运用网络民族志研究沙漠旅游的文化生态系统价值时发现，沙漠中的团体旅游者通过"自我沉浸"增强了对自然环境的同理心，创造了深刻的幸福感。在沙漠中，团体旅游者可以进行多重感官的沉浸和精神上的转变（Gutberlet，2022）。

1.5.2 定量研究方法

定量研究方法是基于观察和试验取得的大量事实、数据，利用统计推断的理论和技术，而且引进数量模型，对社会现象进行数量分析的一种方法，其目的在于揭示各种社会现象的本质联系。相比质性研究方法，定量研究方法主要进行定量分析，依据数据说话，使其对社会问题的研究更精确、更科学。旅游幸福管理学中存在许多变量的因果关系或相关关系，这就为定量研究方法的运用提供了合理性前提。具体而言，旅游幸福管理学中常用的定量实证研究方法有如下几种。

（1）结构方程模型

结构方程模型（structural equation modeling，SEM），是表征自变量与因变量之间的直接或间接关系的一种类似于网络分析的统计分析方法。与传统的回归方程不同的是：SEM 可以同时考虑多个自变量与因变量间的关系，并且结构方程模型在了解变量之间的共变关系的同时，还能够解释模型中变量尽可能多的变异。它可以替代多元回归、路径分析、因子分析、协方差分析等方法，清晰分析单项指标对总体的作用和单项指标间的相互关系。

在旅游幸福管理研究中，因为不同主体幸福感的影响因素存在多种路径，并且不同环境、阶段和文化情境下不同概念之间的影响关系也存在差异。因此，大量学者运用结构方程模型对旅游幸福的前因变量、中介变量和结果变量进行了探讨，结构方程模型成为目前旅游幸福管理研究中的主流方法。由于研究众多，在此并不一一列举，但总体上可将幸福感的前因或自变量归纳为情境因素、主体因素、互动因素、感知因素和事件因素；中介变量可归纳为情感因素、体验因素和态度因素；结果变量也可以归纳为价值因素、行为因素和情感因素。

（2）实验研究方法

实验研究是指经过精心的设计，高度控制某些条件，并通过操纵某些因素，来研究变量之间因果关系的方法。作为定量研究的一种特定类型，实验研究方法相比于其他定量研究方法更能直接地体现实证主义的背景和原理。在实验研究中，进行严谨周密的实验设计必不可少，通常包括前实验设计、真实验设计、准实验设计、单一被试设计、多变量实验设计 5 种模式，并且根据需要还可以进行组间设计和组内设计。在管理学研究中，实验研究具有如下优点：第一，实验研究方法可以严谨地检验自变量与因变量的因果关系。因为实验研究方法可以通过对其他条件的控制使自变量发挥的作用独立出来以判断自变量与因变量之间有多大程度的因果关系。第二，实验研究方法可控性较强。为了验证变量之间的因果关系，实验研究方法需要对其他因素进行严格的控制，以确保实验研究得出的因果关系比较干净。第三，实验研究方法可重复检验性较强。因为实验研究设计的过程通常都会有比较清晰的交代，这就为实验研究的复制提供了可能，有助于进一步检验研究结论的有效性。但实验研究方法也存在一定的不足，例如，实验研究方法往往都是在较为理想的情况下得出的，但现实情况往往都是错综复杂的，因此实验研究方法的外部效度问题常常受到质疑。尽管如此，作为检验因果关系最为严谨的方法，实验研究方法在管理学研究中仍然得到了大量运用。

近几年来，实验研究方法在旅游领域中的应用越来越广泛。在旅游幸福研究领域，学者们开始用实验方法深入地剖析旅游活动与幸福感的内在规律，从而进一步拓展与深化现有研究的广度与深度。例如，有学者采用实验法验证了旅游活动类型对于旅游体验分享类型的影响，其中实现幸福感和享乐幸福感是产生这一影响的双路径中介机制，并且当考虑旅游者外出旅游的社交情境时，实现幸福感与享乐幸福感在不同的旅游活动类型中均能相互转化，且其转化的方向因社交情境的变化而不同（Su，Tang，& Nawijn，2021）。通过两个实验探索不同类型的环境体验与主观幸福感的关系时发现，相比于城市公园，国家公园产生了更高的主观幸福感，感知恢复在其中发挥了中介作用（Zhang et al.，2023）。采用3个现场实验验证了过往旅游经历对老年人心理问题的疗愈作用，研究表明回忆过往旅游经历一方面通过提升积极情绪增强老年人当下幸福感，另一方面通过提升存在意义感增强老年人回溯幸福感，对老年心理问题具有疗愈作用，并且相比于回忆过往生活经历，回忆过往旅游经历的治愈效果更好（吕兴洋等，2023）。

（3）面板数据分析法

面板数据分析法是计量经济学和统计学中的常用方法，它可以用来研究多个时间和多个个体之间的关系。相比于纯粹的横截面数据或者时间序列数据，面板数据同时包括了横截面和时间序列两个维度上的数据，可以提高估计的精确度，并且面板数据通常都是大样本，可以提高统计的代表性，可以提供更多个体的动态信息。旅游幸福管理研究除了要关注个体的幸福问题，还应该在区域和社会层面上研究旅游促进幸福的逻辑。因此，学者们常常基于统计数据，通过构建幸福水平评价指标体系，使用面板数据分析方法研究旅游地幸福感的时空特征和增进逻辑。例如，蔡定昆等（2023）通过三次对海南省博纵村的入户调查，构建基准回归模型对农村居民幸福感间的差异进行分析，发现乡村旅游能够明显提高旅游地居民的幸福感，利益感知、相对剥夺感和旅游资源产权在其中发挥着中介作用。于伟等（2019）使用中国综合社会调查的数据，通过构建验证旅游幸福增进效应的基准回归方程发现，旅游通过充实参与者社会资本和提升社会经济地位等方式促进幸福，并且这种效应存在区域和城乡异质性。

1.6　旅游幸福管理学与其他学科的联系与区别

旅游幸福管理学是一门新兴学科，其建立的背景基于行业的发展趋势。从整体上来说，旅游幸福管理学属于旅游管理学的分支，参照曹诗图（2008）对旅游学科体系的构建，旅游幸福管理实则是旅游学科应用层次中旅游管理学的分支学科（见图 1 - 2）。与此同时旅游幸福管理学本身具备交叉学科基因，旅游幸福研究最早根植于哲学和心理学，然而随着旅游幸福管理学科的发展，旅游幸福研究开始呈现出跨学科的特征。跨学科的多元视角为旅游学者全面认识旅游幸福现象提供了窗口和工具，旅游学者们充分吸收其他学科的养分，博采众家之长，逐步建立了一门具有特定研究对象和研究方法的独立学科，逐步构建学科内部广泛认可的概念体系、理论框架和管理策略，并据此为旅游教育、旅游企业、行业组织和政府机构提供全方位智力支撑，旅游幸福管理学的社会认同和社会效益日益提高。但随着新技术在旅游业的不断渗透，旅游幸福的新现象和新问题层出不穷，旅游幸福管理学亟须与其他学科广泛交叉与深度融合，构建用于指导解决各种新现象、新问题的新理论框架。

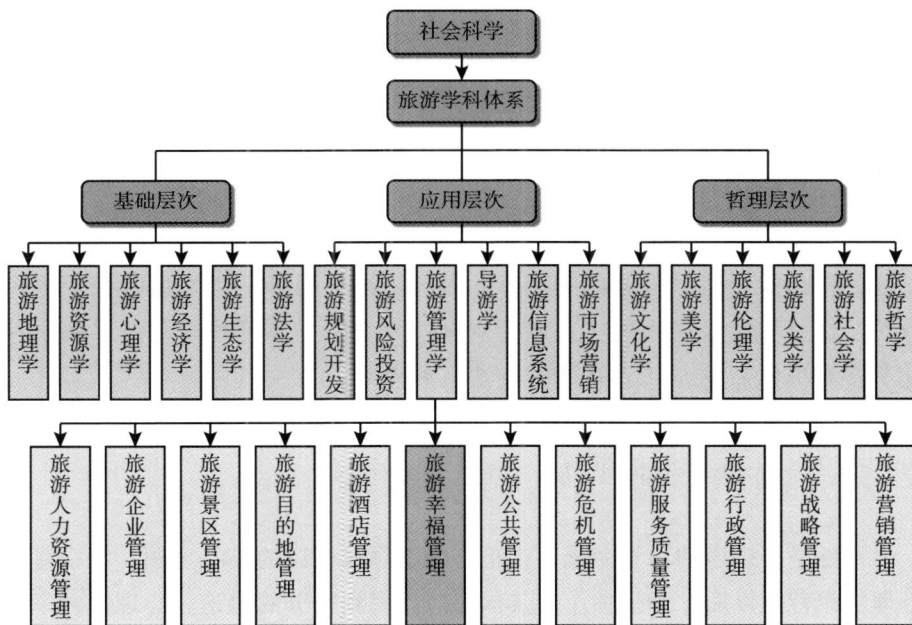

图 1 - 2　旅游幸福管理学在旅游学科体系中的位置

1.6.1　与哲学的联系与区别

哲学是一门研究人类本质、意义和思想体系的学科，主要任务是探讨存在、真理、价值及其关系的普遍规律。哲学主要聚焦于研究人类的本源和终极问题，如人类意识和存在的本质是什么，怎样才能获得正确的知识和智慧等。与此同时，幸福也是哲学研究中的核心主题，常被表征为美好生活的各个方面。哲学家们围绕什么是幸福进行了一系列哲学反思，并形成了享乐论、生活满意度、实现论、欲望实现论和非实现论客观清单等哲学幸福观。在哲学的启发下，旅游研究开始关注旅游中的幸福问题。旅游幸福管理研究是以哲学为基础而展开的，旅游幸福在哲学研究中属于形而上的层面，是哲学探讨的最基础也是最重要的问题。哲学家常采用思辨的方式探索旅游幸福感的内涵，认为旅游与幸福有着天然的内在相关性，旅游幸福既是过程，又是目的；既是存在的，又是意义的。

从总体上来说，旅游幸福管理与哲学的关系可以表述为旅游幸福管理与哲学是一种生成关系，哲学是旅游幸福管理学的母体，旅游幸福管理的理论创新离不开哲学，哲学是旅游幸福管理构建科学理论顶层架构的思想之源。在对旅游幸福相关问题进行描述和解读时离不开哲学思想的指导，每个研究问题的展开、探索都有特定的哲学观作为基础，只有以哲学思想作为思想根基才能发现真正的科学理论。在哲学思维的引导下，旅游幸福管理从本体论、认识论与方法论的层面进一步完善自己的研究体系，形成对旅游幸福的本质认识，并逐步拥有自己的研究内核，最终成为旅游学术共同体的一部分。因此，以哲学为基础所建立的旅游幸福管理学才有科学的基础，才能够把握旅游幸福的本质，才能有扎实的学科基石，从而衍生出旅游幸福管理自身的理论和思想。但旅游幸福管理学与哲学在研究内容与研究方法上也存在差异。哲学学科主要侧重于探讨人类存在和生活的终极问题，而旅游幸福管理学是将基础的哲学问题具体化，往往围绕某个哲学问题的某个方面展开探讨。另外，哲学通常采用逻辑语言分析、思想实验及思辨的方式进行研究，而旅游幸福管理学则是采用质性和量化等多种方法，这是二者在研究方法上的差异。

1.6.2 与心理学的联系

幸福感是心理学的科学命题，也是心理学领域探讨的核心主题，特别是在积极心理学派建立以后，幸福感作为其核心概念得到充分的讨论。心理学对幸福感的内涵和本质进行了大量探讨，并相继产生了主观幸福感、心理幸福感、实现幸福感、PERMA 幸福模型［积极情绪（Positive Emotion）、投入（Engagement）、关系（Relationships）、意义（Meaning）和成就（Achievement）］、DRAMMA 幸福模型［脱离（Detach）、恢复（Recover）、自主（Autonomously）、掌控（Master）、意义（Meaning）和归属感（Affiliation）］等代表性观点。鉴于心理学学者对主观幸福感概念研究已相对完善，早期的旅游幸福研究多数采用拿来主义方式，即直接借用心理学中成熟的幸福感概念的内涵和量表，并在此基础上探索旅游情境下幸福感的内涵。因此，心理学特别是积极心理学是旅游幸福管理研究重要的基础和土壤，心理学对旅游幸福的研究成果是推进旅游幸福实证研究的重要动力。心理学与旅游幸福管理学有密切的联系，具体关系如下。

第一，心理学提供了诸多分析旅游幸福的工具和方法。这包括与幸福感有关的旅游者人格特质、情感、动机、感知和态度等相关变量的量表。积极心理学中的这些测量幸福感的方法和工具，可以帮助研究者更好地探究旅游幸福感的影响因素，进而预测旅游者的心理和行为变化。

第二，心理学提供了旅游幸福管理研究的理论基础。旅游幸福是一种与主体感受和认知有关的心理体验，因而需要精细地分析旅游利益相关者的心理过程和心理机制。而心理学中的自我决定理论、积极情绪拓展理论、自我一致理论等均可以为旅游幸福管理研究提供理论支持和解释框架，可以帮助理解幸福感的形成机制。

综上所述，旅游幸福管理和心理学是相互依存、相互影响的两个学科。一方面，通过心理学的理论体系和方法，可以更深入地探究旅游幸福管理中的心理过程、影响因素和形成机制；另一方面，旅游幸福管理中的旅游者特殊消费心理也为心理学研究提供了重要的研究对象，通过对旅游者消费心理的剖析有助于心理学科研究体系的构建。

1.6.3 与伦理学的联系

伦理学是一门研究人类社会道德现象的科学，主要包括道德原则、行为准则、价值观念和决策方法等。它探讨如何在不同的语境和情境中找到平衡点，以兼顾个人和群体的利益，促进人类的良性发展。在伦理学中，幸福也是一个重要核心概念。旅游幸福管理的伦理学研究主要聚焦于回答旅游幸福的可为性与可实现性。一方面，通过旅游获得幸福是可达的。旅游带给人们的愉悦、放松、休闲和治愈等方面的心理益处，使得旅游可以成为个人提升幸福感的有效途径。同时，旅游还在社会和文化层面具有可为性，旅游可以促进不同地区、不同文化之间的交流与互动，增强文化认同感，丰富人们的文化素质，提升社会幸福感。另一方面，道德哲学家以"道德与美好生活密切相关"为价值旨归，其基本含义是发展自身德行完善的品格，而通过旅游人们可以陶冶情操，不断提升自我的伦理精神境界。从这个意义上说，伦理学应用于旅游学科的目的是更好地服务于旅游者的旅游体验和人性成长，旅游幸福管理学和伦理学是相互影响的两门学科。主要表现在以下几方面。

第一，旅游幸福管理学涉及旅游幸福体验的道德准则、社会规范、伦理道德等，而伦理学中的道德规范也可以为旅游幸福管理研究中的道德规范提供支撑和指导。因此，旅游幸福管理学和伦理学都同时关注旅游行为是否符合旅游道德，这是旅游幸福管理学的价值基础。

第二，旅游幸福管理学和伦理学还关注旅游行为的社会责任和社会影响。旅游是一个具有全球重要意义的产业，它对经济、社会、文化等方面会产生广泛的影响。旅游幸福管理学和伦理学都强调旅游业行为应该遵守公正、公平、可持续和环保等方面的伦理原则，尽可能减少对环境、文化和社会的负面影响。

第三，旅游幸福管理学和伦理学关注的是旅游行为的理念和人本价值的关系。在伦理学视角中，旅游行为不仅要满足人类对欲望的寻求和满足，也要满足人类对人本价值的追求，如尊重当地文化、遵守当地风俗、尊重旅游地社区、保护当地环境等。旅游幸福管理学认为旅游行为本质上是一种追求幸福的行为，幸福应该包含人本价值的实现和追求。

因此，旅游幸福管理学和伦理学是两个相互关联、相互影响的学科。伦理学为旅游幸福管理学提供了思考框架和规范，旅游幸福管理学需要依赖伦理学的基础来进行研究和规范。旅游幸福管理学是伦理学的应用，为伦理学基本思想的规范的展开提供了实际应用的场景。

1.6.4　与经济学的联系

旅游产业发展是保证民生幸福的重要条件，旅游产业的一项重要功能是创造就业机会，促进社会经济发展。经济发展是旅游产业增进社会福祉的重要维度之一。因此，旅游幸福的经济属性就决定了旅游幸福管理学与经济学的密切联系。经济学主要认为旅游者幸福感与经济增长正向关联，但同时也会存在"伊斯特林悖论"，即物质财富和幸福感之间呈现相反的发展趋势。因此，旅游者幸福感应该主要由旅游者特质、人口统计学特征、经济水平、旅游需求和制度环境共同决定。在旅游者幸福感的测量上，经济学主要采用收入、消费、就业等综合指标来测量旅游者总体幸福感，如绝对收入、相对收入差距、家庭消费支出、消费类型、就业状况和失业风险等。幸福与快乐的实现离不开经济基础，但经济又不是决定旅游幸福的唯一条件，因此旅游幸福管理学和经济学同样是两个相互关联、相辅相成的重要学科。主要表现在以下几方面。

第一，旅游幸福管理学和经济学对旅游幸福的研究都是以旅游产业作为研究的主要对象，但旅游幸福管理学更加注重从微观层面上探索不同主体旅游幸福感的影响因素和形成机制，进而建立完整的框架体系；而经济学更加注重从宏观、区域和产业层面上探索旅游产业增进社会福祉的经济内涵。

第二，旅游幸福管理学和经济学对旅游幸福的主要研究内容不同。旅游幸福管理学主要从主观的视角研究主体的心理、态度、情感、行为等，研究如何提升主体的幸福感和生活质量，而经济学则主要从客观的视角重点研究旅游产业与幸福感之间的关系，制度因素、文化因素和政治因素等是常考虑的条件。

第三，旅游幸福管理学和经济学对旅游幸福的主要研究方法也不同。旅游幸福管理学主要采用问卷调查、心理测量等方法研究主体的幸福感，而经济学主要采用国家统计数据、计量经济学等方法分析经济发展数据和幸福感的关系。

尽管二者在研究内容和研究方法上存在不同，但学者们在研究中总是会借鉴彼此学科的优点和长处，通过互相学习，吸收彼此的理论和方法，寻找对自身领域复杂现象的描述和解释，逐步建立完整的学科体系。

1.6.5 与管理学的联系

管理学是一门研究企业、组织和管理者行为的学科，主要研究如何通过协调和监督他人的活动，有效率和有效果地完成工作。管理学发展至今，一共经历过三次革命："物本管理—人本管理—心本管理"，这一发展脉络基本遵循从管理他人向自我管理的转变，主要强调管理自我，管理好自我的心灵，重点是突出对员工和利益相关者在心理上的激励和引导。从这个意义上说，幸福管理则是对心本管理的体现和延伸。在旅游研究中，旅游幸福管理学主要是研究旅游者、旅游地居民和旅游从业者等群体有关幸福问题的一门学科，属于旅游管理学的一个分支，自然也就属于是管理学科中的一个分支学科。因此，旅游幸福管理学与管理学是从属关系，两者之间关系密切，主要体现在以下几方面。

第一，旅游幸福管理学需要借鉴管理学的一些理论和方法，如组织管理、人力资源管理、营销管理等方面的管理理论和方法，以实现旅游幸福的目标。相较于管理学的发展，旅游幸福管理学仍然是一个新兴的发展学科，相关概念界定的严谨性、研究内容的系统性和理论框架的科学性都需要借鉴管理学的研究成果，必须以管理学为基础。

第二，旅游幸福管理学作为管理学重要的分支，研究领域相对独特，面临诸多挑战。在理论上，可以运用管理学领域的研究理论和方法研究旅游者，有关员工幸福管理的现象也可以在旅游情境下进一步检验，可以帮助管理学探索发现不同的作用机制和边界条件，进而促进管理研究的创新。

第三，现代旅游业已成为全球范围内的跨国性行业。在国际化发展方面，管理学研究了企业跨国经营和国际战略等方面，而旅游幸福管理学则可以深入探讨跨国旅游企业经营中的幸福问题，进而为旅游跨国企业幸福管理提供策略参考。

总之，作为旅游幸福管理学的母学科，管理学对旅游幸福管理学发展起到了积极的推动作用，可以帮助旅游幸福管理学更好地应对挑战，促进旅游业的可持续发展。

1.6.6 与其他旅游管理学科的联系

（1）与旅游景区管理的联系

旅游景区管理是指景区的管理者通过合理地组织人力、物力、财力，高效率地实现预定管理目标的过程。根据研究内容，旅游景区管理可以分为旅游者管理、旅游地居民管理、管理者管理、旅游景区环境管理、旅游景区经营管理和旅游景区安全管理等部分，是包括景区管理者系统（主体系统）、景区系统（客体系统）、管理职能系统、景区目标系统在内的综合管理。旅游景区管理旨在通过对景区内各要素的控制与协调，实现保护旅游景区资源、培育资源生态环境、为旅游者提供良好服务的目标、实现经济效益、社会效益和环境效益的多赢局面。在现阶段，旅游景区管理的重要任务包括创新旅游景区的管理模式（如垂直管理模式、职能型管理模式、参谋型管理模式、事业部型管理模式）、改革旅游景区的管理体制（如属地管理、分级管理和多重管理等）和解决产品同质化、优化旅游者体验等。从旅游景区管理的研究内容和目标来看，旅游景区管理与旅游幸福管理存在天然的联系。

旅游景区管理与旅游幸福管理在产业和主体方面存在密切联系。旅游景区作为旅游产业链的重要一环，肩负着促进旅游经济发展和增强人民福祉的重要使命，更关注如何通过景区的规划、开发、运营和监管以满足旅游者的需求和期望，提升旅游者幸福感，这一导向高度契合旅游幸福管理的宗旨。例如，旅游景区管理关注如何通过景区门票降价为全民旅游增进福祉，通过定价、限价、优惠价和弹性价等管理措施降低旅游者的门票负担，提高旅游者的获得感和满意度。旅游景区还通过产业的开发丰富产业业态，促进资源整合以更好地满足人民对美好生活的追求。在主体层面上，旅游景区管理主张通过丰富多样的活动和项目，吸引旅游者参与和互动。而旅游幸福管理强调旅游者的参与度和个性化需求，在旅游活动中为旅游者提供更多的自主选择和个性化体验，让其在旅游中获得自我实现和愉悦感。两类学科在满足旅游者需求和为其创造价值方面高度相关，旅游景区管理通过资源整合和业态开发为旅游幸福管理提供了良好的基础和保障，而旅游幸福管理则通过提升旅游者的满意度和幸福感，实现了旅游景区管理的价值和目标。

（2）与旅游目的地管理的联系

旅游目的地管理就是对旅游目的地的吸引物系统、产品与服务系统和支持系统进行统筹与协调，以提升旅游目的地的竞争力和维持旅游目的地可持续发展的一系列活动。其主要内容包括三大方面，即利益相关者管理、旅游目的地运营管理和战略管理，分别对立旅游目的地"人"的管理、"事"的管理和发展战略管理。从学科研究目标、学科研究方法和学科研究内容上可以看出，旅游幸福管理与旅游目的地管理既相互联系，又相互区别。在学科研究目标方面，两者都遵循科学研究的基本目标，并且在最终目标上是一致的，即促进旅游目的地的可持续发展。不同的是，旅游目的地管理侧重于从环境、文化、政策、管理措施等角度实现这一目标，而旅游幸福管理则主要通过对不同主体的幸福管理自下而上地促进旅游地可持续发展。在研究方法上，旅游目的地管理和旅游幸福管理都采用定量和定性的研究方法，但不同的是旅游目的地管理可以通过大量的案例研究对某些现象、事物进行描述和探索，可以深入和全面地从某个具体案例中抽象出普遍性的结论。而旅游幸福管理则根据研究问题的需要常常以定量研究为主，通过研究幸福感影响因素的关系总结普适性的结论。

从学科的研究对象上看，旅游目的地管理以旅游目的地为研究对象，旅游目的地不同的主体及其利益关系为具体的细分领域，而旅游幸福管理则主要以旅游者、旅游地居民和旅游从业者为主体，围绕这三大主体进行并拓展到其他领域。从研究内容上看，旅游目的地管理主要研究旅游目的地系统的功能、分类、竞争力及开发和规划，而旅游幸福管理则聚焦个体幸福相关的因素。另外，两者在关于旅游地居民生活质量方面存在不同的侧重点。作为旅游目的地管理学科分支领域的一个研究主题，旅游目的地管理主要将旅游地居民生活质量提升作为其旅游目的地管理成效的一个方面，更加注重从宏观的视角研究对旅游地居民生活质量的影响因素，而旅游幸福管理则更微观、更直接和更集中地从旅游地居民角度出发，探索影响因素及形成机理，这是两者既存在联系又相互区别的重要方面。

（3）与旅游营销管理的区别与联系

旅游营销管理与市场营销学的联系紧密，它借鉴了市场营销学的许多概念和理论，甚至会被看作是市场营销学的分支，但严格来说旅游营销管理并不是市场营销学的分支，它更属于管理学的范畴，是主要关注旅游市场行为和消费者需求的学科，旨在通过市场营销原理和方法，满足旅游消费者的需求，推动旅游产品和服务的销售和推广，提升旅游目的地和旅游企业的市场竞争力和盈利能力。按照研究内容的不同，旅游营销管理又可具体划分为旅行社营销管理、旅游目的地营销管理、旅游景区营销管理和旅游企业营销管理等。从学科定义、学科目标、学科研究内容上看，两者存在一定的联系与区别。

从学科定义上看，旅游营销管理作为其理论基础，以市场、价值和旅游者为基础框架，关注如何发现或发掘潜在消费者需求，让消费者了解该产品进而购买该产品。鉴于旅游业的多元属性，旅游营销管理除了整体上研究旅游者作为消费者的特殊性之外，还会关注不同行业属性的差异，达到精准营销的目的。但旅游幸福管理则综合借鉴了管理学、营销学、经济学等多学科管理，以人本理论和幸福管理理论为基础，重点是关注旅游利益相关者的幸福活动。从学科目标上看，两者的目标相互交叉，旅游营销管理通过研究个体或群体如何创造产品价值，并通过沟通、传播和传递等渠道为旅游者、客户、合作伙伴及整个社会带来经济价值，最终实现双赢或多赢，而旅游幸福管理则具体地将幸福最大化作为最终目标。从学科研究内容上看，两者在幸福营销管理方面存在一定程度的联系。二者本质上都是企业以实现利益相关者的幸福为目标，选择关注幸福的目标顾客和幸福的营销定位点，通过市场营销的过程设计完成创造幸福的使命。从营销视角看，旅游幸福管理秉持幸福营销的使命，确定幸福营销的目标，寻找目标顾客与营销定位的差距，提出幸福营销的流程，最终形成幸福营销的框架，因此从这个意义上说，旅游幸福管理是旅游营销管理在幸福营销方面的进一步拓展和延伸。

（4）与旅游酒店管理的区别与联系

作为一门以实践为导向的学科，旅游酒店管理主要研究旅游业与酒店、住宿业的发展，能为旅游与酒店住宿业的相关企事业单位、各级旅游行政管理部门、咨询策划机构、相关旅游网络平台及旅游新业态等企业中的经营管理、发展规划、设计、创意、产品开发等提供相关指导。旅游酒店管理主要研究内容包括酒店业概论、酒店经营管理、酒店财务管理、酒店房务管理、酒店市场营销、酒店人力资源管理、酒店工程技术应用与管理、酒店管理信息系统、酒店餐饮管理。作为旅游产业的重要一环，旅游酒店管理中员工的工作幸福感也是重要的研究课题，因此与旅游幸福管理学既有交叉又有区别。

从学科目标上看，旅游酒店管理致力于研究酒店和住宿行业的管理原理和方法，提供高质量的酒店产品和服务，满足旅游者在住宿方面的需求，并提高酒店的竞争力和盈利能力，而满足旅游者的幸福需求和提升工作幸福感是其目标中的重要一环。而旅游幸福管理旨在提升三大主体的幸福感，促进旅游产业可持续发展，让旅游更好地满足人民对美好生活的需要。旅游酒店员工作为旅游从业者的重点关注群体，提升其工作幸福感也是旅游幸福管理的重要目标。从研究方法上看，旅游幸福管理学和旅游酒店管理学的研究方法在总体上并不存在显著差异，均是根据具体研究问题综合选择定量与质性研究方法。从研究内容上看，旅游酒店管理往往会从酒店的市场定位、营销策略、人力资源管理、财务管理、客户关系管理等方面来分析酒店员工幸福感和旅游者幸福感的影响因素，而旅游幸福感也突破具体的行业限制，主要从个体、组织、群体的角度研究员工幸福感。

1.7 旅游幸福管理学的任务

旅游幸福管理学不是简单地对旅游活动中的幸福现象进行描述，而是希冀通过探讨不同主体在旅游体验中或旅游影响下实现幸福的可能途径，并进一步探究如何以幸福的名义推动旅游业更好地发展，让旅游真正成为美好生活的重要组成。当然作为一门学科，旅游幸福管理学的一个重大使命，就是要为旅游教育提供有力的学科支撑，而要完成这一使命，就首先要构建旅游幸福管理学科体系。因此，在当前文旅深度融合背景下，为了充分发挥旅游业提升人民幸福感的社会效应，旅游幸福管理学任重而道远。

1.7.1 本质要求：解析旅游幸福的内涵特征

解析旅游幸福的内涵特征是整个旅游幸福管理研究的基础，如果在本学科内不能形成对旅游幸福感的本质和内涵的统一性认识，就会导致研究结果呈现离散割裂甚至相互矛盾的情况。鉴于旅游幸福研究大多采用心理学领域对幸福感的测量，因此未来应探索旅游情境下旅游幸福的内涵特征。

首先，结合旅游的异地性、暂时性、具身性、时空性和互动性等特殊性，探索幸福感的旅游学意义。在借鉴吸收其他学科理论成果的基础上，需要将旅游者幸福感、旅游地居民生活质量和旅游从业者幸福感的定义同哲学、心理学、社会学等其他学科中对生活质量的定义区别开来。其次，探明不同主体旅游幸福感的维度。多学科视角给予了不同主体旅游幸福感的不同维度（粟路军等，2023），例如，心理学的主观幸福感、心理幸福感或生活满意度和积极情绪；哲学的享乐幸福感和实现幸福感；经济学的整体幸福感。虽然已有学者对旅游者幸福感的维度进行了探索，但总体上仍然比较薄弱。学界对旅游幸福感仍未有统一认识，且不同学科的应用容易导致概念间的模糊。亟须梳理现有研究成果，立足旅游利益相关者群体，科学开发相应的测量量表。再次，完成跨文化情境下旅游幸福感内涵的探索。多数研究表明，幸福感是由文化与个体两者相互作用、共同决定。中西方文化的特征决定了幸福感存在文化差异，中国文化情境下，儒家的天下情怀与道德理性是中国文化中的基石，且中国历来比较强调集体主义，认为个人应满足社会团体需要和承担团体责任，而西方文化则普遍推崇个人主义，强调个体目标的实现、个体独特性和自由。这就导致了中西方文化情境下对幸福感受的能力与维度存在差异。为了避免单一文化的局限性，就需要引入跨文化的旅游幸福研究范式，结合中国特色国情阐释旅游幸福感的内涵。最后，深入探索旅游者、旅游地居民和旅游从业者不同主体旅游幸福感之间的区别和联系，阐释旅游幸福感认知属性、情感属性、情境属性在旅游研究中的具体功能，最终建立旅游幸福感内涵研究的定义、属性、测量和变化规律体系框架。

1.7.2 基本任务：厘清旅游幸福的影响要素并探明形成机制

科学研究的主要目标之一是理解自然和社会现象背后的原因和机制，阐释影响机制意味着我们试图揭示现象是如何发生的，并确定它们与其他因素之间的关系。通过了解影响机制，我们可以更好地理解现象的本质，为我们理解研究问题提供了更深入的见解，使我们能够更加准确地预测结果和作出决策。诚然，旅游幸福管理学必须厘清旅游幸福的影响要素并探明形成机制，这是旅游幸福管理学不可推卸的任务和使命。尽管当前关于不同主体旅游幸福感的影响因素已经得到了广泛的关注和研究，并积累了大量成果，但存在的突出问题是整体研究结果较为分散，甚至出现了相互矛盾的结论，其原因就是未建立旅游幸福感影响因素的理论框架，并未从更高层次上对旅游幸福感影响因素进行科学分类。因此，未来研究需要对现有影响因素进行整合，识别不同影响因素的类别关系，进而探索不同影响因素之间的相互关系，挖掘不同影响因素作用于旅游主体的强度和方向。此外，日趋复杂、动态的旅游幸福管理现象也给传统的影响因素研究带来了诸多挑战，大量实践已经证明了这些影响作用已经发生了从线性影响到非线性影响的变化，影响因素间呈现"联合效应"和"互动关系"，体现了并发条件与结果间的复杂集合关系。因此未来关于旅游幸福影响因素的研究需要发展适应复杂管理系统的新理论、新方法和新范式，目前管理学界兴起的定性比较分析方法（qualitative comparative analysis，QCA）可以成为未来的有力工具。

最后，探明旅游幸福感的形成机制对于制定科学有效的管理策略至关重要，因而也是旅游幸福管理研究必须承担的使命。目前学者们用来研究旅游者幸福感形成机制的理论主要有积极情绪拓展—建构理论、心流理论、PERMA幸福模型、正念理论、自我决定理论及自上而下和自下而上的幸福感理论等；用于解释旅游地居民生活质量形成机制的理论主要有溢出理论、多重差异理论、地方依恋理论、旅游增权理论等；用于解释旅游从业者幸福感形成机制的主要理论有自我决定理论、资源保存理论、社会交换理论和情感事件理论等。但由于这些理论均从其他领域引入，对于旅游的特殊情境把握不清，导致管理学文献对幸福感的本质属性和形成机制的认识存在偏差，研究者只是将其作为一种理论视角来解释旅游幸福问题，但并没有在此基础上形成旅游幸福感理论，因此，旅游幸福感的理论探索仍需要进一步发展。由于旅游幸福感作为一种综合的心理现象，其形成具有复杂的机制，因此未来关于形成机制的探索可以从外部环境因素（产业背景、政策制度、旅游影响、旅游社区环境）、组织因素（事件、信息、资源和支持）和个体因素（性格、年龄、身份）等入手，在逐步探索中化解旅游幸福感形成机制中的分歧，进而形成和发展旅游幸福感理论。

1.7.3　重要目标：提出提升旅游幸福感的管理策略

旅游幸福管理的根本目标是帮助旅游利益相关者群体在旅游影响下或旅游发展中获得最大化的幸福感，这是旅游产业和旅游管理者应该追求的最高目标。旅游幸福管理学作为应用学科，实践属性特征更加明显，管理研究者的使命也正是从实践中发现研究问题，进而在实践中构建理论，最后反过来指导实践。随着文旅融合的深度推进和人民对美好生活的向往日益强烈，人们日益关注旅游业的社会福祉效应，研究旅游业如何提升民众福祉已成为旅游业的愿景和使命。因此，在深入探索旅游幸福感影响因素和形成机制的基础上提出提升旅游幸福感的管理策略是旅游幸福管理的重要目标。由于旅游幸福管理主要涉及旅游者、旅游地居民和旅游从业者，因此未来可以从这三个主体入手，提出相应的管理策略。

在旅游者方面，未来研究可以从游前预见幸福、游中感受幸福和游后追念幸福三个阶段分别打造增强旅游者幸福感的实现路径。基于旅游者在体验过程中幸福感的差异变化，未来研究应重点关注这种动态变化规律，根据不同阶段体验的差异针对性地提供相应的保障措施。在游前阶段，相应策略应集中于关于旅游目的地的营销信息、旅游目的地的形象推广、旅游预订服务和旅游线路建议等方面，提升旅游者的幸福期待。在游中研发，相应的策略应聚焦于食、住、行、游、购、娱信息的服务体验、旅游者的安全和健康、旅游者的具身体验等方面，提升旅游者的幸福沉浸。在游后阶段，相应策略应聚焦于为旅游者提供回忆和延续体验、便捷的反馈和评价服务等方面，提升旅游者的幸福回忆。

在旅游地居民方面，未来研究应从环境影响、旅游地居民认知和制度保障三方面分别打造提高旅游地居民生活质量的实现路径。在环境影响方面，未来可以主要聚焦于经济影响、社会影响和文化影响三个方面，相对应地从增加旅游地居民经济收入、改善生活环境和增加文化交流等方面提出相应的管理策略。在旅游地居民认知方面，旅游发展会带来旅游地居民的积极影响感知和消极影响感知，未来可以进一步提升积极影响感知，如经济条件改善和精神生活日益丰富；减少消极影响感知，如物价上涨、交通拥挤。最后，在制度保障方面，制度保障因素是提升旅游地居民生活质量的外生动力，能够有效遏制旅游目的地发展过程中的空间正义、环境破坏和旅游地居民利益受损现象，政府政策的扶持和制度的规范为旅游地居民生活提质升级提供了有力保障。

在旅游从业者方面，未来研究应从社会层面、组织层面和个体三个层面分别打造增强旅游从业者幸福感的实现路径。在社会层面，近年来层出不穷的旅游乱象给整个旅游行业带来了极其严重的污名化，特别是以导游群体为代表的旅游职业污名化给旅游从业人员的幸福感造成了显著的负面影响。未来可以从增强社会支持入手，政府和社会组织共同发力，在全社会构建职业平等的价值观。在组织层面，应从领导风格、绩效压力、工作需求、组织支持和组织氛围等方面入手，探索提升旅游从业者幸福感的管理策略。在个体层面，应从工作控制、心理资本、心理韧性等方面入手，探索有效提升旅游从业者幸福感的管理策略。

1.7.4 产业使命：促进旅游业可持续发展

旅游幸福管理希冀通过对旅游增进社会福祉的探讨，使旅游发展不仅能够带来经济增长，而且能够实现良好的文化、政治、环境等综合效益，旨在建立持久、包容和可持续的旅游业发展模式。因此，促进旅游业可持续发展是旅游幸福管理学的重要产业使命。要持续释放旅游增进社会福祉的功能效应，未来旅游幸福管理应在经济发展、社会进步和环境改善三个方面助力旅游业可持续发展。

第一，在经济发展方面，未来旅游幸福管理应重点研究如何在经济发展方面促进旅游业可持续发展。在区域层面，旅游要素（如旅游者、资本、技术、产品、信息等）在区域间的流动对于地区经济发展具有很大的促进作用，有利于地区加快产业转型和升级，特别是能够推动偏远地区和贫困地区的经济实力提升。未来应研究如何在构建跨区域、多层次的旅游交通体系、优化区域旅游空间结构等方面精准发力，通过区域旅游经济发展破解区域发展不平衡问题，提升旅游整体幸福感。在产业层面，旅游经济发展带来了包括文化旅游、康养旅游、休闲度假等具体的细分业态，未来应主要关注如何在这些细分的业态中进行资本投入和政策扶持，通过产业发展来直接或间接提升旅游幸福感。

第二，在社会进步方面，未来旅游幸福管理应重点研究如何在社会保障、社会福利水平、旅游地居民社会关系和生活方式等方面促进旅游业可持续发展。未来应重点关注老年人、残疾人等弱势群体，在团体旅游和个性化旅游定制上为这些弱势旅游者群体提供更多有帮助的信息，积极培育弱势群体正确的旅游价值观和世界观，提升弱势群体的旅游幸福感。针对旅游发展带来的旅游目的地社会关系变化，应采用纵向时序调查法，通过不同案例地的访谈调研，总结社会关系变迁的方向、强度、影响因素、作用机制和变化规律，进而提出降低负面影响的有效策略。在面对旅游发展带来的消极和积极社会福利效应时，旅游目的地管理部门要构建完善的产业结构支撑体系，通过其他产业的相互牵制降低负面影响，提升总体幸福感。

第三，在环境改善方面，良好的旅游环境保护是旅游可持续发展的前提和保障，美好的环境也是人们幸福感的重要依托。未来旅游幸福管理应重点关注旅游发展对环境产生的负面影响，通过有效的制度规范、产业驱动和旅游者参与创造和谐美满的人地关系，提升旅游地居民的旅游支持意愿，增强旅游地居民的生活满意度和生活质量。未来旅游幸福管理在环境改善方面应做到以下几点：一是重点关注旅游发展对生态保护区、文化遗产旅游地和少数民族旅游地的环境影响，通过挖掘旅游对旅游目的地环境的作用路径制定合理的保护制度；二是重点关注如何结合旅游社区的地方性知识和科学知识，在合理开发和利用旅游资源的基础上提高居民的生活质量；三是重点关注如何建立旅游地居民有效参与旅游社区环境保护的体制机制，增强旅游地居民的地方归属和地方依恋，从而实现旅游发展造福于民，实现旅游目的地可持续发展。

1.7.5 关键任务：构建旅游促进幸福的管理理论体系

在对涉及旅游幸福的本质内涵、影响因素、作用机制和管理策略进行充分的探讨之后，旅游幸福管理学的任务是构建包括旅游者、旅游地居民和旅游从业者等主体在内的，具有中国特色适应中华文化情境的旅游幸福管理理论体系，为满足人民美好生活需要贡献旅游力量、旅游方案、旅游智慧。旅游幸福管理理论的建立对于认识旅游幸福背后的动因和相应的因果关系、促进旅游幸福管理学科知识的系统化和结构化、指导旅游幸福管理实践和预测旅游幸福现象具有重要意义。理论体系具有客观真理性、系统性、全面性、逻辑性等基本特征，这些特征赋予了我们深入把握旅游幸福现象背后真相的能力。因此，构建旅游幸福管理的理论体系是旅游幸福管理的关键任务。

鉴于旅游幸福的独特特征和性质，未来的理论体系建构应从多视角、多层面、多阶段和多要素的角度出发，形成三位一体的旅游幸福管理理论体系。在个体视角层面，应充分考虑到旅游者、旅游地居民以及旅游从业者幸福感内涵及其差异。综合考虑影响旅游者幸福感的环境因素、体验因素以及个体因素；探索影响旅游地居民生活质量的外部影响、个体因素以及社区环境因素；厘清影响旅游从业者幸福感的社会因素、组织因素以及个体因素。在跨层视角上，从个体、产业和区域这三个层面出发，系统归纳和总结幸福感的提升逻辑。总之，未来研究需要综合考量幸福个体、幸福产业和幸福区域的特征，全方位、多层次、立体化地构建旅游幸福管理理论体系。

1.7.6 价值旨归：让旅游更好地满足人民美好生活需要

当前，我国已经顺利完成全面建成小康社会的第一个百年奋斗目标，人民的生活蒸蒸日上，对美好生活的期待全面升级，人民更加追求生活的质量，高品质生活成为人民对美好生活的新期待。美好生活突出体现在：更优美的自然环境、更丰富的精神文化生活和更多样化的需求。三年的疫情给全球范围内的旅游业带来了强烈的冲击，人们被迫长时间待在家中，隔离措施的实施让很多人失去了出行的自由和机会，长时间的自我隔离和社交距离限制引起了人们的心理疲劳和身体健康问题。随着疫情的逐渐结束，旅游业的业态和结构发生了新变革，近距离的出行、高频次的休闲和多场景的消费成为旅游市场的显著特征。疫情后，人们对旅游的渴望和期待愈益强烈，人们愈加认识到生命是宝贵的，更加珍惜时间和机会，更深刻地感受到旅游对我们身体和心灵的滋养，更加渴望通过旅游来感受美好生活。

进入新时代以来，党和国家高度重视人民幸福，习总书记多次强调："必须以满足人民日益增长的美好生活需要为出发点和落脚点，把发展成果不断转化为生活品质，不断增强人民群众的获得感、幸福感、安全感"。与此同时，学科的发展应该立足于党和国家发展的时代背景，紧跟国家重大发展战略和前沿命题，与国家的发展思想一脉相承，与祖国同呼吸共命运。作为研究旅游幸福问题的学科，顺应人民对旅游美好生活的向往是旅游幸福管理学科的价值旨归和应有之义。通过对旅游幸福相关问题的研究，希冀能够建构旅游促进美好生活的体系，总结旅游促进美好生活的路径，推动旅游发展向人本回归，让旅游者在旅途中实现自我成长，最终达到人与自然、人与社会、人与自身和谐的目的。

第2章 旅游幸福管理学的理论基础

幸福是一个古老而恒久的话题，是人类从古至今不懈追求和努力探索的时代命题。在不同的文化和时代背景下，人们对幸福不同的理解和探讨，奠定了其丰富的内涵和外延，形成当代幸福管理研究中各式各样的幸福观。随着社会的不断发展，人们追求幸福的愿望愈益强烈，幸福感这一关乎人类精神和内心的话题也在世界范围内获得了广泛关注，越来越多的理论研究逐渐着眼于对个体幸福和社会福祉的思考，以及对提升人类幸福感实践的探索。

旅游业的蓬勃发展使得休闲旅游成为积极情绪的重要来源，并被认为可能促进幸福感的提升。这对人们的社会生活产生了深远影响，引发国内外研究者对旅游者幸福感的关注，幸福感这一概念被引入旅游研究中。学者们一方面致力于挖掘旅游研究中对幸福感的独立界定与评价，企图厘清旅游研究中幸福感与其他学科概念之间的区别；另一方面，也在着重探讨旅游是否能够促进幸福感的问题。旅游活动和旅游业是否会促进旅游者及其他个体的幸福，以及旅游对幸福感形成的影响机理成为当下研究的热点。

本章通过对旅游幸福管理学的理论基础进行全面系统的梳理，归纳总结国内外旅游幸福管理方面的现有研究成果，以期厘清幸福感研究的起源与整个发展过程。在了解不同学科和文化背景的基础上，进一步探讨旅游研究中的幸福感，从旅游利益相关者的视角出发，并将旅游幸福管理学的相关理论进行总结提炼，重构旅游幸福感研究的理论框架和基本范式，为今后的研究提供丰富的理论参考（见图2-1）。

章 节 概 览

幸福感研究概述

幸福感研究的起源

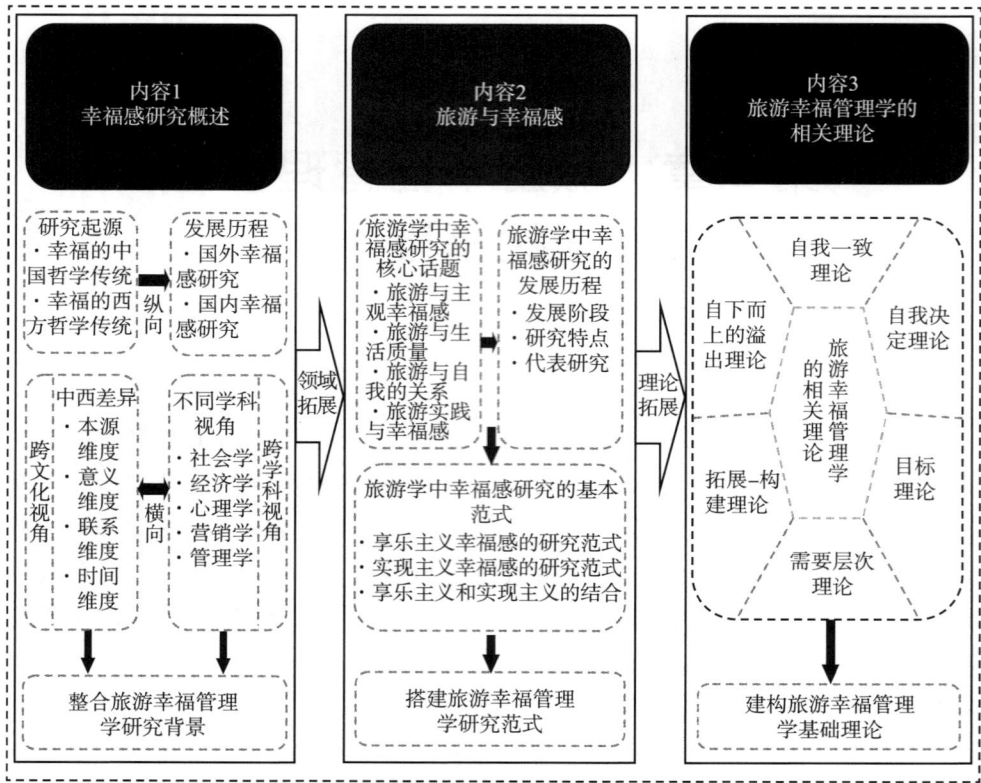

图 2-1　第 2 章研究内容结构

幸福感研究的发展历程

幸福感研究的中西差异

不同学科视角下的幸福感研究

旅游与幸福感

旅游学中幸福感研究的核心话题

旅游学中幸福感研究的发展历程

旅游学中幸福感研究的基本范式

旅游幸福管理学的相关理论

自我一致理论

自我决定理论

目标理论

需要层次理论

拓展—建构理论

自下而上的溢出理论

2.1 幸福感研究概述

关于幸福感的最早探讨始于哲学领域。早在两千多年前，古希腊的道德哲学家便着手探索幸福之道。他们的研究主要集中在"人生应当如何度过"这一命题。回溯幸福感的研究历程，早期西方哲学家主要从享乐主义和实现主义出发。而我国儒家、道家和佛家在长久的历史发展中也积累了对于幸福感的不同认识。通过比较中西方文化对幸福感的不同认识，总结各自的发展历程，可以深入探讨不同文化背景下人们对幸福的认知演变。经历了漫长的积累，国内外关于幸福感的研究达到了空前的繁荣，关于"幸福感"的命题俨然成为当前研究的一个热点。与此同时，随着相关理论研究的深入，幸福感研究在具体领域中的应用也越来越受重视，这使得幸福感的内涵和体系得到丰富和拓展，并逐渐产生了新的分析框架和方法体系。

2.1.1 幸福感研究的起源

2.1.1.1 幸福的中国哲学传统

中国文化对幸福感的讨论主要融合在儒、释、道三家的思想中。其重视人生体悟，探寻幸福之源，强调天人合一、和谐、人道、人生、求善、修身、心性、内省，形成独特的幸福概念，以儒、释、道为核心的幸福理论，深刻影响了当代中国人的幸福观。

先秦儒家代表孔子和孟子提出的幸福观可以概括为道德和精神层面的快乐及普世共同的幸福。"乐"在儒家思想中占据重要地位，认为只有具备德行的人才能获得快乐。他们认为，快乐来自人们在精神方面的体验和感受，强调在道德范畴中的自我肯定、评价和享受。宋明儒家提倡超越功利的幸福感，将人仁相统一作为"至乐"，主张修身、齐家、治国、平天下，展现了追求普世幸福的愿景。儒家对人生幸福的理解是积极的，强调幸福不仅是个人的追求，也与人际关系密切相关。儒家的幸福观强调对内个人修身养性，同时主张向外齐家、治国、平天下，积极促进人际关系和谐。

道家学派，以老子、庄子为代表，提倡自然无为的幸福观。他们要求人们超越现实生活，达到无忧无惧的理想精神状态。道家认为，人应当顺应自然规律，充分发挥自身的本性，追求内心的平静与安宁，实现无知、无欲、无私、无为、无争等美德，让自己与周围环境达到和谐共生的状态。在这种境界下，个体可以超越功利与欲望的束缚，达到心无旁骛的境界，从而获得真正意义上的幸福。道家认为简化人与人之间的人际关系可以降低纷争与利益冲突，从而实现和谐幸福的生活（曾红等，2012）。

佛教的幸福观注重个人内心的平静与和谐，认为真正的幸福源自从内心深处实现解脱与平和，是通过修行和领悟而得来的。修行者通过觉察自身内心的欲望与执着，逐渐放下世俗的执念，达到超脱苦难的境界。在内心深处实现平静与解脱后，个体才能体验到无条件的幸福，超越世俗的起伏，享受到永恒的宁静与安详。佛教强调心灵的宁静与超然，认为幸福源于心灵，并提出了因果轮回、普度众生的思想，使有财富的人怀有仁爱之心，使贫困者保持心灵的宁静。与儒家人际和谐、道家顺其自然所得幸福观不同，佛家思想强调通过修行消除障碍来实现幸福，"出世主义"是其与儒家、道家根本区别之处。

我国儒、道、佛三家对幸福的论述强调，追求幸福是人最终目的，且幸福涵盖个人、国家和社会。从儒家的"仁者爱人"、道家的"小国寡民"到佛教"普度众生"，三者观点各异。虽然各种思想路径不同，但它们都强调了克制的重要性，认为只有控制本能的欲望才能实现善行。中国文化中的三大思想更加强调个体的欲望克制，认为通过培养德行可以获得个人和集体的幸福。各家在追求理想人格、审美过程中相互融合，深刻影响了中国人的幸福观念。

2.1.1.2 幸福的西方哲学传统

幸福感早在古希腊哲学时期就已经作为一种学说被广泛讨论。这一时期的幸福论具有朴素的自然主义、物质主义思想的萌芽，主要以"追求幸福"和"克制欲望"这两个道德原则为中心进行论述。基于对幸福的不同理解，长期以来西方哲学史上主要存在两种有代表性的幸福观，即享乐主义（hedonism）和实现主义（eudaimonism）幸福观。

享乐主义主张幸福即为个体内在的愉悦心理体验。古希腊的昔勒尼学派认为，人类有能力感受到痛苦和快乐，而所有生物都倾向于追求快乐并避免痛苦。亚里斯提卜（Aristippus）最早提出了"享乐主义"，主张追求幸福和避免痛苦，将快乐最大化作为人生目标和幸福源泉，由人的自然本性决定，但因其过度宣扬肉体享乐遭到诟病。

伊壁鸠鲁（Epicurus）学派也遵循了这一主题，提出"快乐是生活的开始和目的。幸福是我们天生的善，我们的一切取舍都从快乐出发，我们的终极目的仍是得到快乐。"他将快乐作为人生目的，区分了肉体与精神快乐，人生一切行为必须围绕这个目标。然而，他反对盲目追求，认为快乐应有条件，是身体无痛苦和心灵无纷扰，持久且少痛苦或无痛苦的快乐。如果快乐带来未来痛苦，就忽略它；如果当前痛苦能增加未来快乐，宁愿选择当前痛苦。这种心灵的快乐无须外物支撑，也不会因缺少而烦扰，实现真正自由。这与现代主观幸福感概念密切相关。

到了 19 世纪，伦理学家们进一步发展了幸福思想，逐渐在原有基础上形成了更为成熟的幸福理论，并以功利主义为突出代表。英国功利主义哲学家本瑟姆（Bentham）进一步发展了快乐主义的幸福观，演化为功利主义幸福观，以"趋乐避苦"为论证原则，并提出了"最大幸福原则"。他认为，幸福的价值由快乐和痛苦的强度、持续时间、确定程度等因素决定。将幸福定义为个体在快乐和痛苦之间的差异，认为这种差异越大，个体的幸福感就越高。

可以看出，快乐论通常从经验角度将自然属性视为人的本性，将追求快乐、避免痛苦、寻求利益和回避危害作为人类行为的主要动力。然而，这并不代表这些哲学家鼓励人们不计后果地追求感官欲望的满足，即使像伊壁鸠鲁这样的快乐主义者也强调感官的快乐都只是暂时的，而内心的满足才是持久的。他们认为，真正的高尚和永恒的幸福来自内心的满足和精神层面的生活。快乐的人生并不等同于感官纵欲、沉湎享受的人生。这样的观点在今天仍然具有价值。

"实现主义"幸福观（eudaimonism）是另一种观点，源于亚里士多德（Aristotle）的思想。20 世纪 80 年代，美德伦理学复兴，亚里士多德的幸福观得到完善。作为理性主义幸福论代表，亚里士多德认为"至善是幸福"，个人生活的美德程度是评价标准。幸福的核心是自我实现，即与个人成长和发展相关的活动，淡化了对享乐的追求。幸福应从人类主体自身找寻，而不是从外部秩序中寻求。有学者提出"幸福本身不是感觉的功能，而是美德的功能"（McMahon，2004），这种观点将美德和努力作为幸福的重要组成部分，避开了享乐主义的模棱两可，幸福被视为可以通过正确的行动赢得。即便如此，对亚里士多德来说，美好的感觉是幸福的一部分。

在实现论（eudaimonia）的观点中，幸福是客观存在的，不受个人主观意志的影响，它是个体自我完善、自我成长和潜能释放的全面展现。他们认为，享乐主义的快乐是庸俗的，使人成为欲望的奴隶，幸福的人应该是将功能发挥至完善境界者，追求以理性为主导的目标。人们应该不断地调整自己，付出一定的努力，以追求最高目标的善，最终达到幸福。这一理念融合了人本主义和现实主义的观点。伊壁鸠鲁的幸福观和亚里士多德的幸福观遵循不同理论路线，前者基于感性主义的享乐观，强调幸福来源于感性的自然欲望满足所获快乐。而后者遵循理性主义伦理学，幸福和快乐的生活有同样效果。学者们对这两种观点的看法不一，对幸福的定义和来源也不同，但这些观点共同丰富了对幸福本质的理解。

2.1.2 幸福感研究的发展历程

2.1.2.1 国外幸福感研究的进展

西方将幸福作为研究命题的历史由来已久，从早期的哲学理解到现代主义的阐释，幸福感的概念内涵随着不同学者的探讨而逐渐发生变化。自从1967年温纳威斯尔森（Wanner Wislson）的《自称幸福的相关因素》（*Correlates of avowed happiness*）发表以来，西方学者们逐渐开始将对幸福感的探讨从哲学层面提升到理论层面，将社会学的认知幸福感模型和心理学的情感幸福感模型融合为主观幸福感（Subjective Well - Being，SWB）理论模型，成为幸福感研究的主流。在接下来的几十年的研究中，这一综合模型得到了广泛应用并逐步完善，涌现了大量相关的学术成果，幸福感的研究也在逐渐走向成熟。总的来说，国外幸福感的研究经历了三个阶段：第一阶段是20世纪50年代至80年代幸福感研究的形成时期；第二阶段是20世纪80年代至90年代幸福感研究迅速发展的时期；第三阶段则是从20世纪90年代至今，随着科学技术的进步，幸福感研究迎来了更深入的探索阶段，进入了跨学科、跨文化研究时期。

第一阶段：幸福感研究形成时期（20世纪50~80年代）

在这一研究阶段，生活质量研究运动的推动对其产生了积极影响。第二次世界大战后，以美国为代表的西方国家经济快速崛起，但与此同时却暴露出了人们日益严重的心理问题。经济学家加尔布雷思（Galbraith）在他的著作《富裕社会》（*The Affluent Society*）中首次提出了生活质量概念。自那时起，人们不仅在乎经济的发展，同时还会关注个体精神生活的变化。一些经济学家、心理学家和社会学家开始探索和建立人们生活质量的主观指标体系和评估方法。他们通常从人口统计学角度出发，采用单一项目的简单测量，针对特定群体进行研究，如老年人、学生、心理疾病患者、囚犯等。在此基础上，研究人员进一步探讨影响幸福感的主观和客观因素，并试图描述和评价其幸福感水平。

第二阶段：幸福感研究迅速发展时期（20世纪80~90年代）

在这一阶段，幸福感研究融合了西方社会指标运动，各个学科对幸福感问题的研究也逐渐深入。从早期的描述和比较逐渐转向理论建构。研究者开始探索、建构和验证理论模型，建立了许多幸福感解释理论或模型，包括适应理论、气质与人格理论、目标理论、评价理论、心流学说等。理论的多样性一方面反映了幸福感研究的兴起，另一方面也揭示了幸福感心理本质与机制的复杂性。这些理论模型从多个角度解读主观幸福感，虽然在一定程度上解释了幸福感，但它们各自存在一些不足和缺陷。与此同时，幸福感研究与幸福感测量的发展密切相关，后者在这一阶段已经基本形成。

第三阶段：幸福感研究跨学科、跨文化研究时期（20 世纪 90 年代至今）

近年来，各学科之间积极交流，相互借鉴幸福感研究成果。许多学者认识到幸福感测量存在文化差异，因此他们从多个角度展开了跨国、跨地域的调查研究。心理学、社会学等学科从学术角度深入探讨了幸福感。在早期调查描述和理论建构的基础上，幸福感测量取得了长足发展，成为研究的重点。逐步构建和应用具有更高信度、效度的多种测量技术和方法，形成了多样化的测量体系，这不断加深了对幸福感的全面理解和把握，力求从多个层面和侧面把握幸福感，并思考、了解、测量和评估幸福感在人格、社会和其他情境之间的交互关系。

2.1.2.2 国内幸福感研究的进展

国内幸福感和生活质量研究在研究主题和研究内容上经过了近三四十年的发展，逐步走向完善。概括来说，我国对主观幸福感的研究大致分为三个主要的阶段。

第一阶段，学者们主要从西方关于幸福感的研究中汲取思想，引入幸福感测量的工具，投入我国主观幸福感的研究。并且最开始主要聚焦于一些特殊群体，如老年人、大学生和心理疾病患者的幸福感研究。这一阶段国内学者引入了大量国外理论和量表，并将其应用于实践。他们对不同人群的幸福状况进行了小规模调查研究，分析了幸福差异及其影响因素。然而，整体而言，与国际研究相比，存在研究方法简单、对象单一、缺乏适合中国人的测量工具等差距。

第二阶段，我国学者在引入和应用国外关于幸福感研究的理论和测量工具的基础上，开始独立探索适合中国国情的主观幸福感的理论模型。代表学者的观点如下：苗元江等（2009）通过分析生理机制、社会比较机制、动机机制和稳态机制等研究成果，对主观幸福感的心理机制进行了探讨。严标宾等（2004）分析了幸福感研究的两种取向，并探讨了它们的不同特点及相互关系。池丽萍和辛自强（2002）调查了城市成年人的幸福感现状及影响因素。

第三阶段，主观幸福感的研究蓬勃发展，研究成果丰富多样。许多学者进行了实证研究，采用多种测量方法，不仅探究了主观幸福感的内外部影响因素，还深入研究了它们之间的相互关系。他们还开展了适应中国社会文化特点的本土化研究，设计了符合我国情境的评估测量工具和相关理论。在充分借鉴相关研究成果的基础上，他们编制了适用于中国城市居民的主观幸福感调查表，并提出了中国民众幸福指数的评估体系。

2.1.3　幸福感研究的中西差异

已有许多研究表明，文化对个人幸福感会产生重要的影响。文化不仅可以直接塑造幸福观，还会通过自我建构，影响人们追求幸福的思想、情感和行为，从而影响主观幸福感。幸福的定义和评价也在很大程度上是由文化规范和价值观决定的。由于文化环境的差异，个体所持的幸福观也各不相同，而这种观念差异会进一步影响到人们对幸福的感受和体验（曾红等，2012）。这促使一些学者开始着眼于幸福感的跨文化研究，对不同文化情境下的幸福感进行探讨。纵观国内外幸福感研究现有成果，中西方幸福感研究在对幸福的本源、意义、联系和时间等方面都呈现出不一样的特点，其与中西方所固有的文化背景和特点有着密切的联系。

2.1.3.1　本源维度：和谐性和自主性

中国传统文化源自儒家、佛家和道家三大流派，它们普遍认为幸福是一种"和谐"的状态。儒家强调社会和谐，认为和谐是社会秩序的基石。在儒家看来，个体通过遵守道德规范、尊重他人、恪守礼仪等方式，建立良好的人际关系，构建和谐的社会环境，才能获得真正的幸福感。因此，和谐在儒家文化中被视为幸福感的一个重要特征，因为它体现了社会秩序的稳定和个体在社会中的融洽与安全感。佛家强调内心和谐，认为和谐源自内心的平静与解脱。佛家通过修行觉察自己的欲望与执着，超越世俗的忧虑与纠结，达到内心的平和与解脱。在这种内心和谐的状态下，个体能够摆脱痛苦，体验到真正的幸福感。道家强调自然和谐，认为和谐来自人与自然的统一。道家倡导顺应自然，顺势而为，不与自然力量相抗争，而是与之相融合。在与自然的和谐共生中，个体能够实现无为而治的境界，体验到内心的宁静与安详，从而获得幸福感。因此，和谐被认为是中国传统文化中幸福感的一个重要特征。

这涉及与主观幸福感密切相关的一个文化维度——个人主义/集体主义，迄今为止的跨文化比较绝大多数是围绕所谓的"个人主义"和"集体主义"文化之间的对比进行的。西方国家的主观幸福感理论牢牢地建立在高度个体自我概念的基础上，是关键的自我表征特点，在高度个人主义的文化中（如美国、西欧/北欧），每个人的权利、自由和独特的情感被强调，而不是一个群体（如家庭）的期望和需求。在集体主义社会（如东亚），重要群体的目标和需求往往优先于个人的思想、价值观和偏好。从理论上讲，个人自由既有好处，也有代价。在个人主义文化（高度自由）中，人们自由选择个人的目标和生活方式，但由于缺乏强有力的社会支持，不良生活事件可能会产生严重的负面后果（如自杀）。另外，在集体主义文化中，强大的社会支持可能会缓冲有压力的事件，但缺点是追求个人奖励目标的自由较少。

迪纳（Diener）和他的同事断言，在控制了统计误差之后，个人主义是幸福唯一的可靠来源。他们还认为，自尊是个人主义文化中生活满意度的有力预测。研究发现许多东亚文化的成员报告的自尊和心理幸福感低于西方文化下成员（Spencer - Rodgers et al.，2004）。与其他文化群体相比，日本人、中国人和韩国人报告的生活满意度较低，报告更多的负面情绪（如内疚和羞耻），以及更多的焦虑、抑郁和悲观。这主要是因为，相对于西方文化，东方人更倾向于承认和接受心理矛盾，因而在自我态度上表现出比西方综合型文化更大的"矛盾心理"或评价矛盾（Diener et al.，1995）。

2.1.3.2 意义维度：价值本位与情感本位

不同的文化对"幸福"有不同的标准，因此，个体对幸福的追求也呈现出多样化的意义。儒家、道家和佛家都认为幸福是一种精神上的满足，是内心世界的平和与和谐。这三家都主张通过减少物质欲望来追求幸福。儒家强调通过修身养性，追求内心的淡泊与清静。儒家思想强调节制欲望，追求"中庸之道"，即适度而不过度地追求物质享受，避免过分执着于物质利益而忽视道德修养。道家更进一步认为，欲望的满足不仅不能带来幸福，甚至是一种罪过，老子曾说："罪莫大于可欲，祸莫大于不知足，咎莫大于欲得"（《道德经》）。佛家认为，欲望是引发痛苦和困扰的根源，只有通过超越欲望，放下对世俗物质的执着，才能真正摆脱苦难，获得内心的平静与解脱。特别是，中国人对幸福的追求不仅局限于个人的幸福，而是包括"修身、齐家、治国、平天下"这一终身追求的最高理想。在中国文化情境下，群体、社会层面的幸福远远高于个体层面，这反映了中国人对幸福的普遍追求。

心理学的实证研究也显示，个人情感与社会价值在不同的文化环境中对幸福感产生的影响各不相同。在对两个大型国际样本研究发现，人们是通过一些特定的线索来对自己的生活满意度作出判断的，个人主义者倾向于根据他们的情绪来判断他们的生活满意度，而集体主义者可能会根据规范信息频繁地评估他们的生活（Suh et al.，1998）。在集体主义文化中，社会规范通常比个人快乐更能够影响个体的幸福感，因为社会规范反映了集体价值观。相比之下，在西方个人主义文化中，情感的重要性更加突出，因为情感能够直接提供个人与目标、现实事件之间的适宜程度反馈。在个人主义文化中，每个人独特的、自我定制的幸福标准或理由受到其他人的高度尊重。然而，在集体主义文化中，值得个人幸福的成就类型更多地由群体或社会决定，而不是由每个人决定。

2.1.3.3　联系维度：关联自我与独立自我

在东方文化背景下，幸福往往与人际联系高度相关，生活在这种文化下的人渴望在积极和消极影响之间保持某种平衡，认为通过参与社会关系来获取幸福感是最好的。而西方文化不同于此，人们通常认为幸福与个人成就高度相关，参与这种文化的个人被激励去最大限度地体验积极的情感。从跨文化的角度来看，不同文化背景的人对社会中的自我、他人及自我与他人之间的关系会有截然不同的理解（Markus et al.，1991）。他们进一步将个体对自我–他人关系的不同看法概念化为两种截然不同的自我建构——依存性自我（interdependent self）和独立性自我（independent self）。其中，独立性自我源于对每个人内部属性结构的整体性和独立性信念。这种解读侧重于"自我实现"、"实现自我"、"表达自己独特的需要、权利和能力结构"和"发展自己的独特潜能"，将展现自己独特的内在特质视为重要的生活目标；而依存性自我则源于对个人与他人的联系和相互依赖的信念。它倾向于在社会关系中找到关键的自我表征，将与所属群体保持和谐关系作为重要生活目标。

中国社会呈现出一种差序格局，其中先赋性关系在差序格局中扮演着主导角色。中国人的社会关系不是仅仅通过社会交换活动建立的，而是以血缘、亲缘、地缘关系为纽带，形成的带有宗族血缘伦理色彩的社会关系。因此，这就导致中国人所追求的幸福不可避免地与他人、家庭、集体的联系紧密。以儒家为例，他们不仅强调追求个人幸福，还主张追求更多人的幸福，儒家学者被要求不仅照顾自己，还要有兼顾天下的胸怀。此外，研究表明在集体主义文化中，个人更愿意牺牲小我来成全集体，自愿放弃牺牲自己的部分利益来满足群体利益（Markus et al.，1996）的。也就是说，个体的主观幸福感受到与他人相互关系的影响。相反，在西方个人主义文化中，大多数幸福感理论更倾向于内在控制方式，强调幸福感是个人主观判断的结果。因此，西方人更加注重个体独立的幸福。

2.1.3.4　时间维度：未来取向与当前取向

主观幸福感的另外一个重要条件是幸福的动机。美国最近的一项纵向研究表明，那些追求娱乐和享受的人在达到目标之后会随着时间的推移而变得更加快乐，与之相对的是，为了取悦他人而获取幸福感的人不会随着时间的推移而变得更快乐，即使他们已经达到了目标（Sheldon et al.，1998）。也有学者对此提出了挑战，他们认为东、西方人在追求幸福的问题上呈现出相反的特点，对于东方人来说，追求目标让他人快乐会在达到目标后随着时间的推移而变得更快乐（Oishi & Diener，2001）。这些发现表明中西方不同文化背景下的人们在"现在"和"将来"快乐的动机上存在文化差异,即有不同的时间取向。

过去、现在和未来三种时间取向可细分为五种时间观,有学者认为这种时间观与主观幸福感之间存在紧密联系(Drake et al.,2008)。其中,现在—享乐主义反映了对时间和生活的享乐主义和冒险态度,很少考虑未来的后果,他们倾向于享受当下的快乐,喜欢冒险,喜欢激烈的活动,寻求刺激,对友谊持开放态度。而未来取向关注未来的目标和回报,未来取向的人重视当前决策和行动带来的未来结果。

中国人自古以来就渴望幸福,敬重幸福,对幸福有深厚的情感认同。从汉字构造中的示部可以看出"福"与祭祀、神明、祈祷和人们内心的企盼有着紧密的联系。在甲骨文中,"福"被归为会意字,意味着"两手奉献在祭台前",是古代祭祀的图像,表达了人们对美好未来的愿望和祈求。这间接说明了中国人幸福感的未来导向。相比之下,在西方文化中,幸福被视为欲望的实现,持续的愉悦。西方幸福感研究者关注个体当前的幸福,尤其是享乐主义学派的观点。他们主张的幸福和快乐是追求感官上的愉悦,避免感官上的痛苦,更倾向于追求可见、即时的愉悦。这也表明了西方幸福感研究者关注个体当前幸福的特点。

2.1.4 不同学科视角下的幸福感研究

由于每个人的独特性和生活经历不同,他们对幸福的感受和体验也是独一无二的,这一特质决定了人们对幸福理解的多样性和异质性。随着研究的不断深入,幸福研究也逐渐建立了自己的研究范式和体系,并随着学科的拓展慢慢呈现出跨文化、跨学科研究的趋势。长期以来,来自不同学科的学者们从多个视角对幸福进行了探讨,这不仅展现了当代社会科学对幸福感理论和实证研究的关键方向,对于加深我们对幸福感理论研究的认识和未来的研究拓展也具有更加深远的意义。

2.1.4.1 社会学视角下的幸福感研究

随着经济发展水平的提高,提升居民幸福感愈发成为政策关注的重点。在这样的背景下,自 20 世纪 90 年代以来,探讨幸福感背后的决定因素和内在机制成为许多学科的研究重点,包括社会学领域。作为一门强调社会民生的经验性社会科学,社会学的目标在于改善人们的生活品质和幸福感。作为社会中的个体,个人会自觉或不自觉地进行各种横向和纵向的比较,因此,社会比较是幸福感研究的重要视角之一。我们检索社会学领域的几本核心期刊(如 American Journal of Sociology,American Sociological Review,Annal Review of Sociology,Social Network),通过对主要文献的梳理和分析发现,近年来学者们一直关注民众的幸福感和社会福祉。相关研究的被引指数呈逐年增长的趋势（见图 2 - 2）。

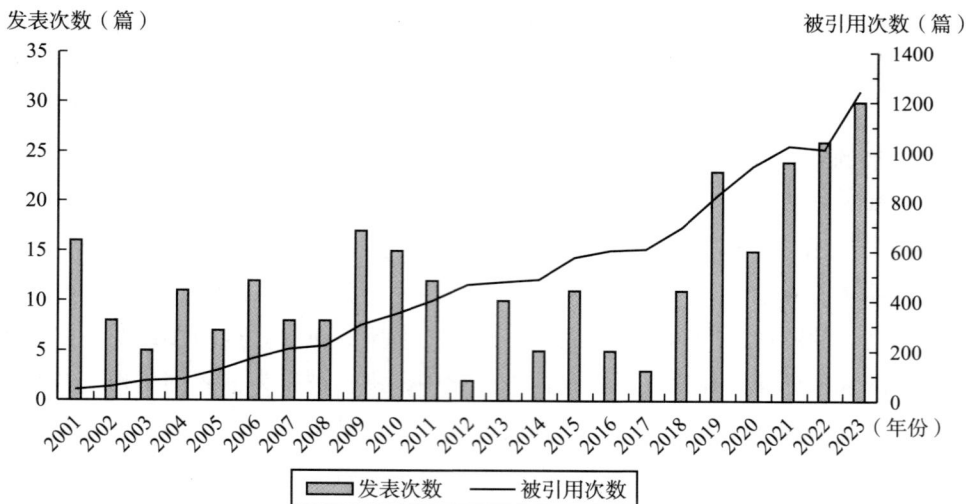

发表次数（篇）　　　　　　　　　　　　　　　　　　被引用次数（篇）

图 2 - 2　社会学领域幸福感研究的出版物和被引次数走势

资料来源：根据 Web of Science 检索数据整理而成。

　　社会指标研究已有几十年历史，随着时间推移，其增长和地位得到显著提高。这种研究侧重于生活质量与社会特征之间的关系。大多数研究是在总体水平上进行的，而不是个体水平。例如，对主观幸福感的个人研究可能关注家庭收入、婚姻状况和性别对生活质量的影响，而典型的社会指标研究则着眼于人均国内生产总值、结婚率和妇女政治权利等。社会指标研究的两个主要方面是监测生活质量随时间变化的趋势和跨国比较研究，这些研究展现了宏观社会结构和社会变迁过程对生活质量的影响。

　　从 20 世纪 30 年代开始，社会学家一直在研究推动社会整体水平提升的措施。在传统社会学中，包括幸福感在内的情感问题虽然有所关注，但仍然十分薄弱。直到 20 世纪 60 年代，美国社会学家坎特里尔（Cantril）进行了一次全球性的以"幸福感"为主题的大规模社会调查，这促进了社会学家在分析方法和数据收集方面的进步。一些社会学家提出了统计时间序列的想法，用于测量、监测、评估和预测人类状况。随后，学者们开始探讨和建立生活质量的主观指标体系和测评方法，以满足个体对生活质量的自我评估需求。这种研究主要着眼于人们的态度、期望、情感、愿望及价值观等方面，即幸福感研究。

　　20 世纪 70 年代，研究学者开始将生活质量指标引入调查研究。1975 年，一些研究者针对生活满意度及家庭生活、社会生活等 13 个具体方面的满意度展开了一项覆盖全美国的大规模抽样调查。受实证范式的影响，这一时期的生活质量研究开始注重数据规范，通过数据来研究幸福感，从而使得生活质量的测量逐渐摆脱哲学和心理学的范畴，虽然取得了显著进展，但仍存在一些局限性。

尽管在社会学领域有关生活质量的研究越来越深入，但生活质量的概念在社会学研究中却没有形成统一的观点。在一些社会学家的观点中，生存阶段的生命质量被视为一种必需，而生活阶段的生活质量则被视为一种愿望。前者满足了人们最基本的维持其生物、生理或生命功能的需求，而后者则满足了人们更广泛的愿望、理想、目标和抱负。因此，需要与欲望这两个概念的对应，在生活质量评估中体现为客观幸福感与主观幸福感。

总的来说，社会学对幸福感的研究可以划分为三种不同的流派。首先是以美国学者为代表的主观生活质量感研究，他们强调个体根据自身主观感受来评价生活状态的满意度和幸福感。这种方法主要通过个人对生活各个方面的主观评价来测量幸福感，涵盖了家庭、社会、工作及个人健康等方面的 14 个领域。其次是以欧洲斯堪的纳维亚模型为代表的客观生活质量感研究。研究将生活质量定义为个人资源的利用情况，并强调了客观指标在评估中的重要性。这一模式的经典定义包括居民生活的自然环境美化和社会环境改善。例如，瑞典社会学家自 1968 年起展开的人类生活质量连续研究中，几乎所有生活水平指标都是客观指标，涵盖健康服务、就业和工作条件等方面。

幸福感研究的第三种方法是综合考量主客观生活质量，比如，德国生活质量感指标研究采用了以客观指标为主、主观指标为辅的测量体系。这种方法涉及了 14 个主要生活领域，包括人口、收入与分配、交通、健康、环境、闲暇等，通过人们对这些领域的主观评价和满意度来评估幸福感。

综上所述，社会学视角下的幸福感研究通过对个人生活质量的多方面评估，形成了积极的情感体验，反映了社会规范对幸福的肯定态度。

2.1.4.2 经济学视角下的幸福感研究

幸福感的研究在经济学中有着悠久的历史。早期（新古典主义）经济学家通过财富、消费或其他货币总量来衡量个人幸福感，并由此发展出一系列以偏好和效用来代替幸福感的研究，走上了一条注重财富增长和收入增加的功利主义道路。1958 年，美国经济学家加尔布雷斯（Galbraith）提出了"生活质量"的概念，这引发了经济学界对人们生活质量的研究兴趣。随后，1974 年，伊斯特林（Easterlin）首次提出了"幸福的悖论"，指出经济增长并不一定带来人们幸福感的提升，这一观点激起了后续研究者对这一话题的广泛关注，并深入探讨了幸福感的形成因素。因此，幸福感的概念逐渐与福祉、生活满意度及生活质量等概念联系在一起。随着学者们对幸福经济学的拓展和丰富，幸福经济学也逐渐受到理论界和实践界的广泛关注。在对经济学主要期刊［例如《经济学季刊》（*Quarterly Journal of Economics*）、《经济展望杂志》（*Journal of Economic Perspectives*）、《美国经济评论》（*American Economic Review*）］进行检索发现，自 2001 年以来，经济学领域对幸福感这一主题的研究热度持续高涨，研究和引用相关内容的文章数量也在逐年攀升（见图 2 - 3）。

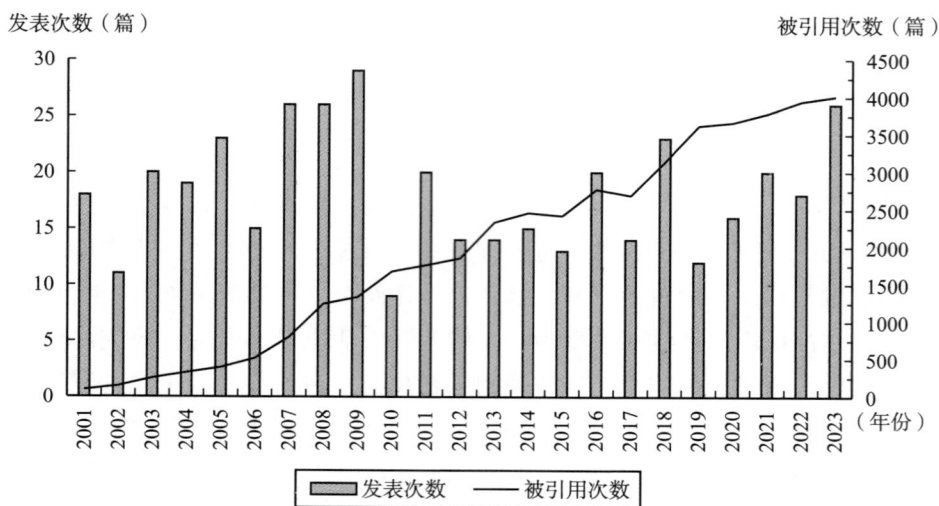

图 2 - 3　经济学领域幸福感研究的出版物和被引次数走势

资料来源：根据 Web of Science 检索数据整理而成。

早期的"幸福经济学"研究，可以追溯到 19 世纪时期，以本瑟姆（Bentham，1776）和米尔（Mill，1863）为代表的哲学家提出的功利主义幸福主张。他们提出了"最大幸福原则"，认为幸福或效用就是个体所产生的快乐与痛苦之差。弗朗西斯·埃奇沃斯（Francis Edgeworth）甚至设想了一种"体温计"——一种测量快乐和痛苦生理表现的装置。

对幸福感的研究起源于边际效用学派的先驱杰文斯。他从消费的角度探讨幸福，认为人们在消费时追求的是最大化幸福和最小化痛苦。他还将边际效用理论应用于劳动时间的分配，认为劳动虽然带来痛苦，但也产生正向效用。因此，理想的劳动时间应该使劳动的边际效用等于边际成本。杰文斯的最大贡献是将经济学的量化方法与心理学的幸福研究相结合。在经典著作《经济学原理》中，马歇尔用"满足"取代了"快乐"，用"损害"代替"痛苦"，来研究对人类行为影响最有力、最坚定的日常生活动机。

在 20 世纪 20 年代的《福利经济学》（*The Economics of Welfare*）一书中，英国经济学家庇古（Pigou），作为现代福利经济学的奠基者之一，把国民收入作为衡量经济福祉的首要指标，认为福利指的是个人心灵状态的满足程度。他将福利划分为经济福利和非经济福利两个方面，并强调了经济福利可以通过金钱来衡量，而非经济福利则无法用金钱来衡量。为了增加经济福利，他主张通过扩大生产、提高国民收入总量和实现更加公平的收入分配等措施来实现；而要增加非经济福利，则需要满足公众的精神需求，实现个人自由等方面的目标。

真正系统的幸福研究由"二战"后美国对生活质量的探讨开启。在 20 世纪五六十年代，美国经济快速复苏并蓬勃发展，进入了"黄金时代"，人们的物质生活水平大幅提高。在这个背景下，人们开始对更广泛的生活质量问题产生兴趣。1958 年，美国经济学家加尔布雷思首次提出了"生活质量"的概念，在他的著作《富裕社会》（*The Affluent Society*）中，他强调了生活质量包括精神上的享受和生活的舒适便利。此后，美国政府发表的《总统委员会国民计划报告》和鲍尔等（Bauer et al.，1966）发表的有关美国社会第二次全国规划的报告都提及了生活质量，将这个议题提升到了国家层面。鲍尔（Bauer）在 1966 年出版了《社会指标》一书，启动了美国建立用于评估生活质量的社会指标体系的运动。这个运动在欧洲迅速得到响应。美国和欧洲在生活质量研究上的先行推动了其他国家对这个领域的关注，全球范围内的生活质量研究由此展开。这个浪潮的兴起使得经济学研究的重点从"物"转向"人"。

然而，真正引发人们对经济发展目标进行反思的人物应属美国经济学家伊斯特林。20 世纪 70 年代，他研究了美国"二战"后居民收入与幸福感的变化情况，发现尽管收入水平大幅提高，但美国居民的幸福感并没有同步提升。这一发现促使他在 1974 年提出了"伊斯特林悖论"。理查德·伊斯特林（Easterlin，1974）"开创性著作《经济增长会改善人类命运吗？一些经验证据》（*Does economic growth improve the human lot？Some empirical evidence*）"的发表，打破了传统经济学家坚信的"幸福与经济增长正相关"的观点。这一悖论的提出开启了现代经济学幸福的研究大门，自此以后，经济学界对幸福问题的关注程度也逐渐加深。

当时，由于标准经济理论对幸福感主观衡量标准的否定，只有少数研究人员采用他的观点。直到 1997 年，《经济杂志》开展了一次专题讨论会，才增进了经济领域对主观福祉的普遍认识，驱动经济学家对不同国家和时期的主观幸福决定因素进行了实证研究（Frey et al.，2002），2008 年全球金融危机后，对主观幸福感的经济学研究激增。

2.1.4.3 心理学视角下的幸福感研究

心理学视角下的幸福感研究的背景是多方面的，首先，它源自积极心理学的兴起；其次，与现代生活质量密切相关；再次，蕴含着"以人为中心"的现代发展理念。随着积极心理学的发展，当代心理学正在经历一场历史性的转变，心理学家在其中扮演着至关重要的角色，并担负着新的使命：促进个人和社会的发展，助力人们追求幸福。心理学对幸福感的研究始于 20 世纪 60 年代，开始有学者对其进行系统理论阐述和概括性总结（Wanner Wilson，1967）。此后，越来越多的心理学家加入了幸福感的讨论，并为后续研究的体系化奠定了基础。通过对心理学领域的核心期刊，如《心理学公报》（*Psychological Bulletin*）、《心理学年鉴》（*Annual Review of Psychology*）以及《人事心理杂志》（*Personnel Psychology*）等进行检索，可发现生活满意度和工作满意度等相关词汇，表明幸福感作为心理学概念一直备受研究关注（见图 2 - 4）。

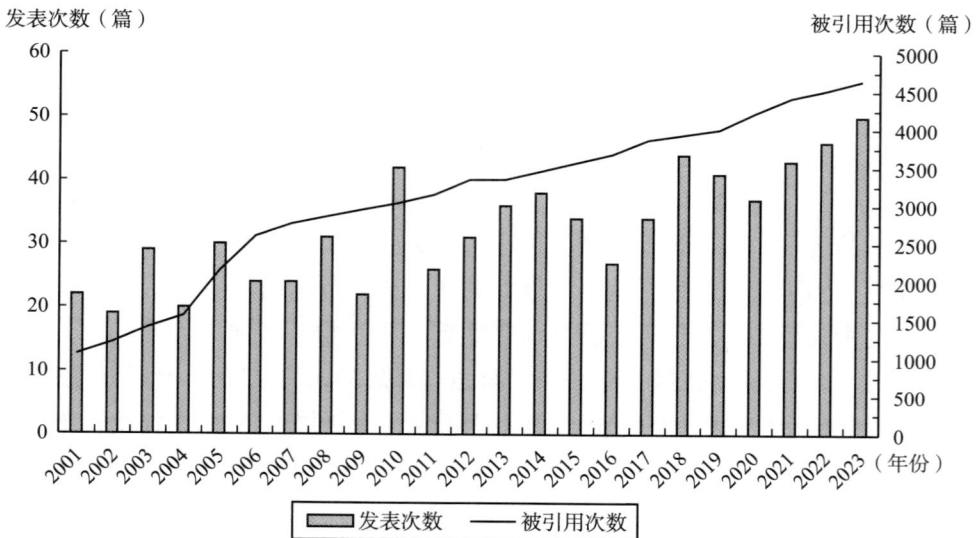

图 2 - 4　心理学领域幸福感研究的出版物和被引次数走势

资料来源：根据 Web of Science 检索数据整理而成。

随着心理学的进步，"主观幸福感"逐渐成为其专业术语之一。在心理学领域，幸福代表了个体意识到自身需求的满足和理想的达成，构成了一种情感状态。这种状态涉及需求、认知、情感等心理要素的相互作用。主观幸福感则是个体根据个人标准对生活质量进行整体评价的能力，是评估个人生活质量的关键心理指标。人们在不同领域使用各种术语来描述这种状态，如喜悦、幸福、自我实现及成就感，这些都是表达主观幸福感的方式。

对于幸福感的理解，众多学者从不同侧重点进行了阐释，幸福的理解需要考虑个人对特定生活领域的认知和情感反应（Dolnicar et al.，2012）；主观幸福感是对生活的评价性反应，主观生活质量的一部分通常以对生活的满意度为表征（Vitters\ø，2004；Neal，2007），很大程度上受到个人期望和要求的影响，当这些期望得到满足时，人们会感到幸福（Michalkó & Rátz，2010）。

在主观幸福感的研究中出现了三种主要理论，分别是幸福设定点理论、认知理论和情感理论。幸福设定点理论认为，幸福是一个稳定的特质，特定体验最多只能暂时提升幸福感；认知理论将幸福感视为个体对生活中的积极体验和整体满意度的主观评价；情感理论强调幸福更多地反映了个体感受，只有在需求得到满足时才会增加幸福感。在心理幸福感的研究领域中，早在古希腊哲学家亚里士多德时代，就有幸福是自我实现的观点。后来学者提出了自我决定论，将能力需求、关系需求和自主需求看作构成幸福感的核心因素（Ryan & Deci，2000）。有学者表示主观幸福感由正性情感、负性情感和认知水平三个维度构成（Andrews & Withey，1976），但目前更多学者倾向于将其划分为正性情感、负性情感和生活满意度三个维度。近期，一些新观点将正性情感和负性情感合并为情感平衡度。

2.1.4.4 营销学视角下的幸福感研究

消费者幸福感是宏观营销中的一个重要概念，其焦点在于如何让消费者在他们的消费行为中获得更多的满足感和积极情感体验。而市场营销作为一种社会交换活动，通过向消费者提供商品和服务来满足他们的需求，也对人们的生活质量产生重要的影响。在国外学术研究中，学者们常常使用各种术语来描述消费者幸福的概念。例如，消费者幸福（consumer well-being）、消费者生活质量（quality of consumer life）、消费者生活满意（consumer life satisfaction）、消费者福利（consumer welfare）等词汇都经常出现在与消费者幸福相关的研究文献中。通过对市场营销领域的核心期刊，"如《营销科学院学报》（*Journal of the Academy of Marketing Science*）、《消费者研究杂志》（*Journal of Consumer Research*）和《市场营销杂志》（*Journal of Marketing*）等"，进行消费者满意度和幸福感相关词汇的系统检索，发现近二十年来的市场营销领域与幸福感有关的研究呈现先增后减的趋势，体验消费背景下的消费主义在促进消费者幸福感的研究中发挥了重要作用（见图 2-5）。

消费者幸福感源自个体对生活各领域满意度的深切体验（Day，1987），当主观幸福感的概念被引入消费研究领域时，消费者的幸福感便涵盖了他们对消费活动的个人评价和情感体验。这种幸福感体现了消费者对消费活动的全面满意程度及积极或消极情感的反映（Desmeules，2002）。因此，消费者的幸福感融合了消费过程中的喜悦与痛苦、欢笑与泪水、满足与失落等持续不断的体验，这种感受仅限于消费生活领域的个人心理表达。后续研究进一步指出，消费者幸福感体现了个人消费需求的满足程度，满足程度越高，情感体验则越趋积极（Sirgy et al.，2006）。然而，这种满足程度在数量和质量上存在差异。因此，席吉（Sirgy）、李（Lee）和贝（Bae）等学者从感知价值的角度出发，重新阐释了消费者幸福感的内涵。他们认为，消费者幸福感实际上是个体对于工作、休闲、家庭等生活领域中特定商品或服务所感知的主观价值体现。这样的理解更全面地揭示了消费者幸福感的多维性和复杂性。

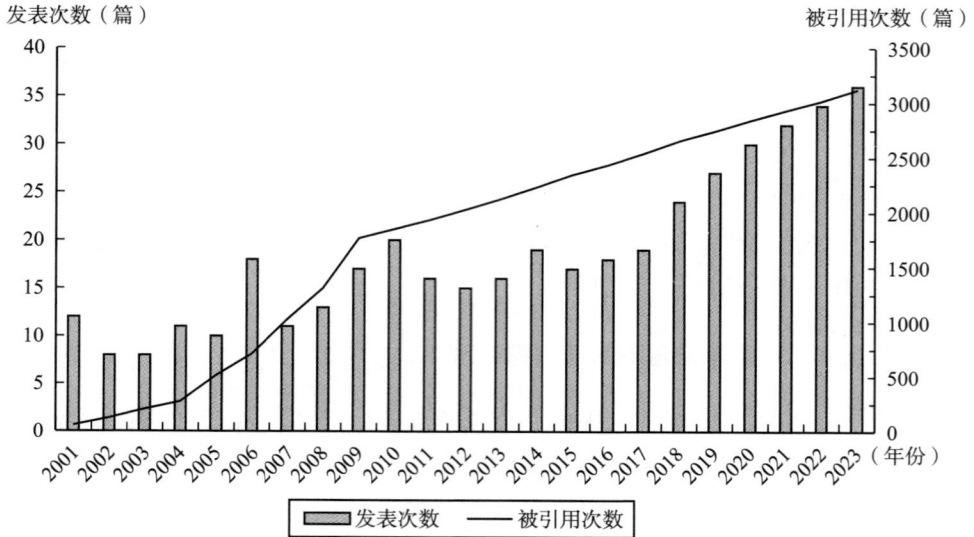

图 2-5　营销学领域幸福感研究的出版物和被引次数走势

资料来源：根据 Web of Science 检索数据整理而成。

先前的研究通过衡量对财产的满意度和对零售商的满意度来测量消费者的幸福感，这些研究将消费者幸福感概念化为单一维度。戴（Day）和他的同事（1987）进一步从多维度来探讨消费者幸福感，将消费者幸福感概念化为两个不同的维度，即对购买和拥有消费品和服务的满意度。其他学者在此基础上进一步研究开发并测试了一种衡量消费者幸福感的指标，该衡量指标反映了消费者对整个消费过程的满意度。

生活满意度理论认为，满意是分层级的，生活领域的具体活动可以通过自下而上的形式来影响该领域的生活满意度和整体生活满意度。依据这种理论，消费者幸福感表示消费者在各个消费生活子域内的满意度。因此，要衡量消费者的幸福感，需要明确消费者生活的子领域。对此，学者提出了一种衡量消费者幸福感的指标，即消费者幸福感由消费者对消费品和服务的获取满意度决定，称为总体消费者满意度－综合指数（Meadow，1983）。这一指数是基于消费者在零售机构购买食品、住房、家庭经营、家居用品、服装和配饰、个人护理、医疗保健、娱乐、交通和教育方面的经验。此外，根据相关研究，特定产品（品牌或服务）可能会对消费者生活的多个方面（如工作、休闲、家庭等）的质量产生积极影响。因此，消费者的幸福感在很大程度上受他们对这些积极影响感知程度的影响（Sirgy et al.，2006）。

相较于消费者满意度和生活质量，消费者幸福感（Consumer Well – Being，CWB）是一个衍生自这两个维度但又独具特色的概念。虽然与消费者满意度和生活质量紧密相连，但它在内涵上又有所区别。具体而言，消费者满意度主要聚焦于消费者对特定产品或服务的直接感受和评价，是对购买经历满意度的直观反映。而消费者幸福感则更为宽泛，它涵盖消费者在较长时间内对生活的全面感受，包括情感波动、对生活的整体满意程度和对生活质量的深入认知。从性质上看，消费者幸福感是一种更为综合性的主观体验，它不仅超越了消费者满意度的范畴，在内涵上更为丰富，而且相较于生活质量这一客观指标，它更侧重于消费者的内心感受和主观评价。因此，消费者幸福感能够更为全面、深入地揭示消费者的心理状态，为相关研究提供更为细致和深入的视角。

2.1.4.5　管理学视角下的幸福感研究

在组织行为学和管理学领域，研究者主要关注人们在工作环境中的主观幸福感，即工作幸福感。1987 年，沃尔（Warr）首次提出了工作幸福感的概念（Job-related well-being 或 Work well-being，WWB），将幸福感的研究重点放在工作情境中。这一概念的提出使工作幸福感研究从原本较为宽泛的幸福感范畴中独立出来，明确地聚焦在工作领域，引起了研究者们的广泛关注。随着这一趋势的发展，"幸福感" 和 "快乐" 的概念频繁出现在心理学尤其是组织心理学的文献中，迅速成为积极组织心理学研究的核心议题。本书通过对管理学和产业/组织心理学领域的核心期刊，如《美国管理学会学报》（*Academy of Management Journal*）、《管理科学季刊》（*Administrative Science Quarterly*）和《组织科学》（*Organization Science*）等，进行系统的文献检索，重点关注这些期刊摘要中涉及生活满意度和工作满意度的相关词汇。通过对这些词汇的深入分析和挖掘，可以看出，管理学领域下学者们对工作幸福感的讨论热度在逐年提升，特别是 21 世纪以来，工作幸福感的概念正在不断演进，涌现了各种理论和模型，同时也引起了对其动态跨水平研究的关注（见图 2 – 6）。

工作幸福感，作为个体在工作中达成目标和施展潜能后所获得的内心满足与愉悦感受，是一个需要组织和个人不断投入与培育的动态过程。这种心理状态涵盖了工作投入、心流体验、工作热情、工作满意度以及积极情感等多重维度。根据不同的情境背景，幸福感可分为一般幸福感和具体情境幸福感两种类型。沃尔（Warr，1992）曾明确指出，一般幸福感是与个体的整体生活状态紧密相连的幸福感，而具体情境幸福感则更为细致地体现了在特定情境下个体的幸福感受，它与具体的环境或场景紧密相连。因此，工作幸福感是一个多层次、多维度的概念，它随着个人与组织的互动和情境的变化而不断演变。

发表次数（篇）　　　　　　　　　　　　　　　　　　被引用次数（篇）

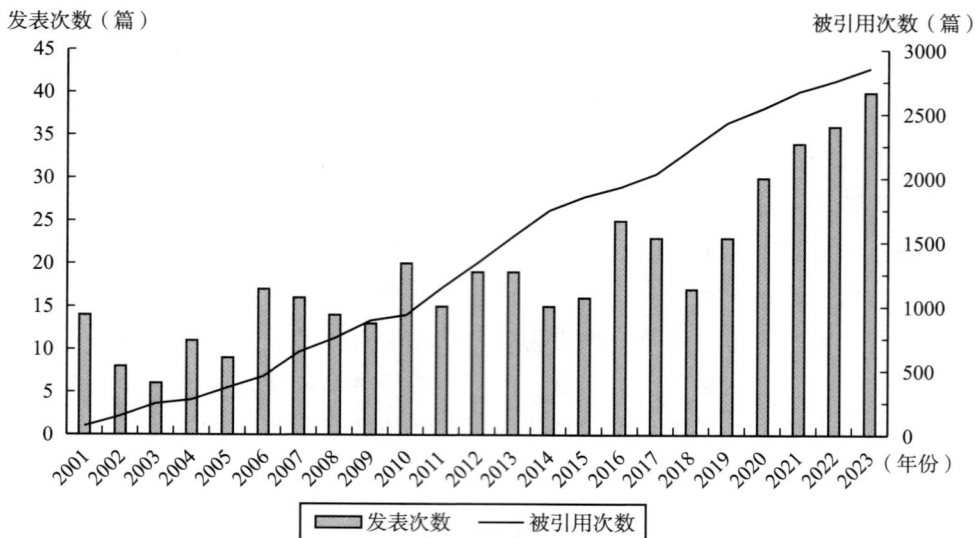

图 2 - 6　管理学领域幸福感研究的出版物和被引次数走势

资料来源：根据 Web of Science 检索数据整理而成。

有学者将积极工作幸福感定义为一种从低唤醒状态到高唤醒状态的愉悦体验，其中包括工作满意度、工作投入、工作卷入和积极情绪等方面的感受。根据积极情绪的拓展—构建模型，目标和积极情绪被视为幸福感的两个主要构成因素（Xanthopoulou et al. ，2012）。基于这一理论框架，学者们将工作幸福感定义为"在工作中体验到的情绪和目标感"（Robertson & Fint - Taylor，2009）。个体的工作幸福感不仅涵盖了主观幸福感所强调的情感因素，还应包含工作抱负、工作自主性和胜任感等行为因素。这些行为因素分别与心理幸福感中的自主性、个人成长和目标意义相对应，是心理幸福感的行为体现。另外，结合两种情绪结构理论，可将工作幸福感定义为"对工作的愉悦判断或愉悦体验"（Fisher，2010）。这一定义将工作幸福感置于广泛的结构术语中，包括对工作满意度、情感承诺、工作投入、工作卷入等方面的快乐体验、喜好或积极信念。

职业幸福感、员工幸福感和工作幸福感是三个相关但又有所不同的概念。职业幸福感更侧重于个体对整个职业生涯的感受和评价，包括对职业发展、成就感和个人成长的满意度；员工幸福感则考虑到了整体的工作和生活平衡，关注个体在工作和非工作领域的情感体验和感受，包括对组织文化、工作氛围及个人生活品质的评价。而工作幸福感则聚焦于个体在特定工作环境中的感受和体验，强调对工作任务、工作环境和工作关系的满意度。衡量工作幸福感的变量很多，与具体情况有关，主要包括两个方面：情绪状态和心理功能。情绪状态包括工作满意度、工作压力、情绪耗竭和活力；心理功能主要包括工作动机、胜任力、工作意义和效能感。研究者对工作幸福感结构的分析常在不同的层次上展开。工作投入是整体单位水平的现象，代表着相对稳定的个体特征（Salanova et al.，2005）。然而，其他研究则更侧重于将工作投入定义为一种临时状态，着重强调工作投入的日常波动（Bakker et al.，2010）。此外，典型的工作满意度测量通常反映了个体之间的稳定差异，而反复报告的临时满意度则展示了工作满意度随时间的变化趋势（Ariani，2012）。

2.2 旅游与幸福感

自古以来，幸福一直是哲学和社会学的关注热点，哲学家们广泛探讨人类生活满意度和幸福的意义。随着时间的推移，这种对人类福祉的理解已经扩展到心理学、社会学和经济学等学科，而作为综合学科的代表——旅游学，在过去的几十年中也逐渐意识到幸福感研究的重要性，旅游学者通过多种术语来研究并丰富了幸福感的意义和内涵，如生活质量、生活满意度、可持续性等（Uysal et al.，2016），但总体而言，相关研究仍处于起步阶段。由于幸福感的复杂性和旅游研究的综合性，学者们从旅游的理论和发展实践的视角探讨各种类型的幸福感与旅游目的地和旅游体验之间的关系。理解旅游学中幸福感研究的核心话题，梳理旅游学中幸福感研究的发展历程，明确旅游学中幸福感研究的基本范式，这些问题也逐渐成为了当前研究的热点，对旅游研究和实践有重要意义。

2.2.1 旅游学中幸福感研究的核心话题

2.2.1.1 旅游与主观幸福感

主观幸福感是旅游领域幸福感研究的重要主题，心理学家塞利格曼（Seligman）和克森特米哈伊（Csikszentmihalyi）于 2000 年正式提出要开发一门涉及研究人类的繁荣、幸福、卓越和健康的新的积极心理学科学（Positive Psychology）。澳大利亚旅游心理学家观察到积极心理学和旅游学都追求个体和社会的整体幸福和发展，因此他将这两者的相关理论相结合，以丰富和深化旅游活动对个体幸福感影响的认识（Pearce，2007）。自此，越来越多的旅游研究学者将旅游体验与积极的心理结果和幸福感联系起来。

纵观幸福感研究领域现有文献，将主观幸福感与幸福感联系起来的先驱之一是迪纳（Diener），他从情感和认知水平上将生活满意度概念化，并进一步指出主观幸福感的概念化应涵盖三个特点：①它是主观的，存在于个人经历中；②采取积极措施而不是消极措施；③它是对一个生命领域的全局评估。基于此，迪纳假设"一个拥有愉快情感体验的人更有可能认为他的生活是令人满意的和积极的"。因此，主观幸福感不仅由认知成分（如幸福感）组成，还由情感体验组成，而这些体验很有可能会影响个体幸福感的稳定性（Diener，1994）。

一系列的旅游研究致力于探究旅游与主观幸福感的内在关系。早在1980年，鲁本斯坦（Rubenstein）在他的研究中指出，假期可以成为快乐和放松的源泉，旅游有效地减少了旅游者的疲倦和烦躁。相关定性研究显示，度假对一组癌症患者的个人健康、社会效率、个人身份和恢复独立性有积极影响，通过提升旅游体验各个方面的满意度，有助于提高休闲旅游者的整体生活满意度（Hunter - Jones，2003）。基于积极情绪的拓展—建构理论，旅游的经历改善了一个人在生活中各个领域的心理状态，从而提高了生活满意度（Diener et al.，1999；Sirgy et al.，2011）。因此，旅游被用来改善一个人的生活质量，进而促进主观幸福感（Neal et al.，1999；Uysal et al.，2016）。

此外，有研究表明，旅游对旅游者旅行前、旅游中和旅游后各个方面均会产生影响。旅游不仅对旅游者旅游过程中的幸福感有所影响，而且由于旅游前的期待和旅游后的回忆，人们也会感到幸福。当旅游作为一种休闲活动定期进行时，它会增加主观幸福感并调节休闲满意度（Woo et al.，2015）。有研究通过调查假期对生活满意度、睡眠质量、身体不适和情绪的影响发现，尽管度假之后个体的总体生活满意度没有变化，但假期后的情绪和睡眠质量得到了一定的改善，与非度假对照组的比较表明，对假期旅行的预期和实际的假期经历都会影响受访者的整体生活满意度、对特定生活领域的满足感和情感（Strauss - Blache，Ekmekcioglu，& Marktl，2000）。

2.2.1.2　旅游与生活质量

凯恩乔恩（Kaye Chon）教授在《商业研究期刊》（*Journal of Business Research*）第44卷第3期组织特刊探讨旅游生活质量的相关主题，从那时起，旅游期刊中有关生活质量的研究迅速增长，一些书籍和论文着眼于解决旅游和酒店管理中的生活质量问题。《健康与健康旅游》（*Health and Wellness Tourism*）是最早专门讨论旅游（酒店业）健康和生活质量问题的书籍之一，在此基础上，2014年他们又进一步出版了《健康、旅游和款待：水疗、健康和医疗旅行》（*Spas，Wellness and Medical Travel*）。迄今为止，由萨尔、珀杜和瑟吉（Uysal、Perdue & Sirgy，2012）编辑的关于生活质量和旅游的最全面的书是《旅游和生活质量研究手册：提高游客和接待社区居民的生活》（*Handbook of Tourism and Quality-of – Life Research：Enhancing the Lives of Tourists and Residents of Host Communities*）。越来越多地与旅游和酒店业背景下生活质量相关的学术出版物表明人们对该主题的兴趣不断增加（Kim et al.，2018；Lee et al.，2019）。这些研究的出现表明生活质量研究已经在旅游学术文献中取得了重大进展，并日渐成为国际旅游学术研究的热点。

在休闲、娱乐和旅游领域，已有许多研究关注到休闲生活对幸福感和生活满意度的影响（Smith & Diekmann，2017），与主观幸福感的其他成分相比，生活满意度是一个相对稳定的概念。自 1960 年以来，许多研究人员一直在争论生活质量的含义，在当前的国际旅游研究中，学者们交替使用"生活质量"（quality of life）和"幸福感"（well-being）等一些概念。有学者指出，生活满意度受到家庭、社交生活、休闲娱乐、健康、工作、财务和旅游满意度的影响（Kruger，2012）。生活质量研究人员认为，主观幸福感意味着对生活领域和整体生活的满意度。

现有与生活质量和幸福感相关的研究表明，生活质量有客观和主观维度两个指标。其中，客观指标是反映各种客观生活质量因素的指标，包括经济、社会文化和环境指标，而主观指标包括对感知生活质量的评估，侧重于个人对整体生活或某些生活领域的满意度（Diener et al.，1999）。正如一些学者（Uysal et al.，2016）所指出的，仅使用客观或主观指标来衡量旅游影响的研究结果应谨慎解释。客观指标对旅游影响的评价可能呈正相关，表明旅游发展水平越高，生活质量越好；不同旅游利益相关者对同一问题的主观评估可能截然不同（Uysal et al.，2016）。随着时间的推移，发展与生活质量感知之间的关系可能会受到发展阶段（引入、成长、成熟、衰退、干预和恢复）的影响。

关于生活质量的测量主要借鉴了心理学和社会学研究成果，衡量整体生活满意度的常见做法通常是询问受访者如何评估他们的整体生活（Uysal et al.，2016），总体上有单一维度测量和多维度测量两种方法（Andereck et al.，2011）。单一维度视角通常使用单项调查问题来定义生活质量。如，仅使用一个问题来定义生活质量，例如"您对整个生活的感觉如何？"（Andrews & Withey，1976）；而从多维的角度来看，总体生活满意度在功能上与个人诸多生活领域的满意度相关。换言之，生活质量是一个总括概念，指的是一个人生活的各个方面，包括身体健康、心理健康和社会福祉。在以幸福感为重点的旅游研究中，专注于多个领域是很常见的。例如，通过身体健康，心理健康和社会福祉等生活领域测量旅游者的主观幸福感（Dolnicar et al.，2012）。史密斯（Smith）和普齐科（Puczkó）将拉赫曼等（Rahman et al.，2005）的生活质量研究应用于旅游业（包括健康、工作和生产力、感觉自己是旅游社区的一部分、个人安全、环境质量、情感健康及与家人和朋友的关系），他们还将精神福祉和社会福祉添加到此列表中，认为旅游业可以为大多数领域作出贡献，特别是健康、工作和生产力，精神健康以及与家人和朋友的关系（Smith & Puczkó，2012）。

2.2.1.3　旅游与自我

人文心理学侧重于对有自由意志和做出影响其福祉的选择的研究，已经有许多研究试图捕捉旅游和幸福之间的关系，特别是与自我的关系。自我决定理论（Self-determination theory，SDT）增加了决定幸福感的三种心理需求：自主性、能力和关联性。这些可能和旅游者在旅游过程中的自我发展、掌握技能及与他人的互动密切相关（Ryan & Deci，2000）。在此基础上，有学者提出实现主义幸福感有四个共同的元素——成长、真实、意义和卓越（Huta & Waterman，2014）。成长包括个人成长、发挥潜能和充分发挥作用、自我实现和成熟等概念；真实性虽然在客观意义上经常用于旅游文献中，但在这里更多是指存在性概念，例如，身份、自主性、正直和个人表现力或发现他们的真实自我。意义常指个体的目标、价值和使命，这种意义可以来源于个人的信仰、价值观、职业追求或社会贡献等方面。卓越指的是个体在某一领域或方面达到超出一般水平的成就和表现。这种卓越可以是学术、职业、艺术或体育等方面的杰出表现，也可以是个人品质和道德方面的卓越。其他实现主义相关元素包括积极的关系或相关性，这可能涉及友谊或爱情、环境掌握或能力，人们可以选择和控制自己的环境或找到一个"适合个人需求和能力的环境"以及参与，通常是指人完全沉浸并专注于他们正在做的事情。其中，自我超越对幸福具有重要作用，如果一个人要充分发挥自己的潜力，不断地自我完善是必不可少的（Wong，2016）。

旅游为个人提供了一个接触真实自我的空间，一种拥抱自由、逃离焦虑和促进真实的生活方式。旅游不仅可以提供身体、心理、认知情感和精神体验，改变一个人的期望、世界观和自我的基本结构，还能提供一个新的意识、发展和成长的旅程。这段旅程创造了新的意义，满足了不满意的需求，并发展了新的真实体验。享乐适应理论提出，好的和坏的事件可能会暂时影响幸福感，但大多数人最终会回到他们所谓的"设定点"。

有许多研究试图捕捉旅游与幸福之间的关系，特别是与自我的关系。其中特定类型的旅游对增强自我、实现幸福有重要意义。例如，健康旅游是幸福旅游的一个重要的例子，在身体、情感/心理、存在、精神、社会、文化和环境方面具有潜在变革力量（Smith，2013）。因此，学者认为幸福感包括身体和精神健康、自我责任、社会和谐、环境敏感性、智力发展、情感健康和职业满意度等领域（Smith & Puczké，2013）。特定旅游目的地或假期类型甚至活动的时间选择对幸福结果的影响不同，如在志愿旅游中，旅游者通过参与旅游社区工作（建筑和装修援助、照顾动物）或与旅游社区合作（教学、在孤儿院工作、照顾孩子等）来帮助旅游社区的同时，对旅游者的个人自我实现也有重要意义，这种旅游的主要焦点之一是改善自我，从而改善精神或情感健康。

2.2.1.4　旅游实践和幸福感

在探讨旅游业对人们幸福的作用的同时，越来越多的旅游目的地及企业逐渐将目光聚焦于旅游与幸福感的结合。越来越多的研究表明，旅游有利于身心健康，并指出任何能够导致积极情绪和认知的旅游活动都有助于旅游幸福感增强，其中有些类型的旅游活动会比其他类型更能促进旅游者幸福感的产生（Su et al.，2020）。为更好地指导旅游营销管理实践，有学者提出了综合幸福旅游体验模型（Kay Smith & Diekmann，2017）（见图 2 - 7），基于幸福感实现的不同形式和时间阶段，旅游者在不同的时间有不同的需求，而旅游能够在多重维度和关联领域中诱导幸福体验。

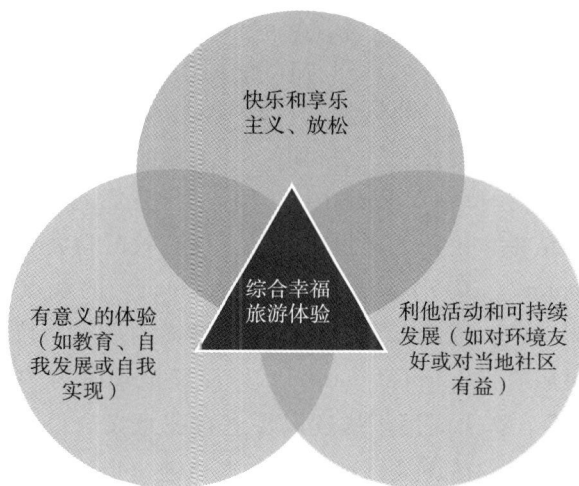

图 2 - 7　综合幸福旅游体验模型

旅游企业关注如何在旅游过程中为人们提供良好的体验和服务，让人们可以体验到享乐或实现的幸福。旅游目的地关注到幸福感作为一种重要旅游产品资源的作用（Pyke et al.，2016）。其中自然旅游就是一个例子，如特定的自然资源和气候可以明显影响人们的福祉水平。例如，在对芬兰乡村旅游者的旅游动机进行调查时，发现多数旅游者希望从平凡中放松，逃离繁忙的日常生活，获得一种舒适感，并有机会比其他旅游获得更多的幸福感（Pesonen & Komppula，2010）。此外，社会旅游研究领域也深入探讨了假期对幸福感的影响。旅游业被认为对老年人的主观健康感、生活品质、自我健康评估和生活满意度产生了积极的影响，无论旅游类型或持续时间如何。社会旅游的创造、分享记忆和回忆被公认为有利于促进和维护老年人的心理健康，因为它参与记忆和促进社会互动（Morgan et al.，2015）。学者以来自韩国老年旅游者的样本为研究对象，探讨了老年旅游者的旅游行为与整体生活质量之间的关系（Kim，2015），考察了六个主要结构之间的相互关系：参与、感知价值、旅行体验满意度、休闲生活满意度、整体生活质量和重温意图。

尽管将幸福感与其他类型的旅游或假日期间的特定活动联系起来的研究仍然很少，在开发新的旅游产品尤其是享乐型旅游产品时，由于这些旅游产品是针对特定消费者群体或特定需求而设计和提供的旅游服务或体验，可能在不同程度上影响旅游者的福祉，对福祉的长期或短期影响可能会引起旅游政策制定者和旅游开发商的兴趣（Smith et al.，2017）。事实上，越来越多的旅游公司试图将他们的产品和套餐结合起来，让旅游者享受一种有意义的体验（如志愿服务），同时享受一种文化体验及一些放松或纯粹的享乐体验。此外，随着西方社会对更具幸福感的旅游体验项目的日益关注和需求，新的旅游产品也在不断开发，以满足旅游者在这方面的需求。基于旅游投资者的视角，相关学者通过定性研究方法，了解旅游投资者如何看待与旅游业有关的幸福感概念，以及其利用旅游产品资源的潜力（Pyke et al.，2016）。此外，也有研究进一步关注到身体和精神健康、自我责任、社会和谐、环境敏感性、智力发展、情感健康和职业满意度等领域（Smith & Puczké，2013）。学者们通过实证考察精神旅游与冥想旅游的实践结果，论证了冥想旅游是一种有效的自我管理的幸福干预手段（Norman & Pokorny，2017）。根据洛曼（Norman）的观点，旅游实践是由自我完善的欲望驱动的，或者以寻求生活问题答案的欲望为特征，往往与宗教实践相吻合。心灵旅游（Spiritual tourism）因而又被理解为"以改善自我意识为特征的精神旅游"，这个词用于描述以促进自我意义、目的和认同感，从而促进个人的健康和福祉的旅游实践或行为，本书进一步列举了幸福感的概念和实践案例（见表 2 - 1）。

表 2 - 1　　　　　　　　　幸福感相关概念与旅游实践

幸福感相关概念	主要支持者	旅游实践举例
功利主义（为最多的人创造最大的利益）	本瑟姆（Bentham）；米尔（Mill）	可持续、负责任和合乎道德的旅游，为旅游地居民带来积极利益，同时让旅游者满意
享乐幸福（体验尽可能多的快乐）	亚里斯提卜（Aristippus）；霍布斯（Hobbes）	有娱乐和消遣好处但对健康没有什么好处的旅游形式（如过度聚会和饮酒）
实现主义幸福（采取良好和有意义的行动；自我实现）	亚里士多德（Aristotle）；博尼韦尔（Boniwell）	道德和利他形式的旅游（如志愿工作，慈善徒步）；冒险旅游和极限运动，旅游者实现终身抱负或推动他们的身体和精神的极限；使旅游者更好地适应或欣赏自己生活的旅游形式

幸福感相关概念	主要支持者	旅游实践举例
积极心理学（幸福或主观幸福）	皮尔斯（Pearce）；德里（Deery）；菲莱普（Filep）；纳维恩（Nawijn）；米塔斯（Mitas）；陈（Chen）	从理论上讲，所有形式的旅游都可以促进幸福感和主观幸福感，无论是短期的还是长期的
生活质量	瑟吉（Srgy），萨尔（Uysal）	所有形式的旅游都有助于提高旅游者的生活质量（如多种形式的自然旅游）
原真幸福模式（愉快的生活，美好的生活，有意义的生活）	塞利格曼（Seligman）	为旅游者提供乐趣和意义但也有益于环境和当地人民的旅游形式（如生态旅游、土著文化旅游）
存在真实性	海德格尔（Heidegger）；萨特（Sartre）	帮助旅游者发现真实自我的旅游（如健康旅游、精神旅游）
客观幸福感的理论清单（一些让人们生活得更好的因素是独立于他们的特殊兴趣、爱好和关心之外的）	希斯任德（Heathwood），亚历山德罗娃（Alexandro-va）	某些形式的健康旅游，包括最终让人感觉更好但并不愉快的医疗
主观幸福感的理论清单（只有当他她想要、喜欢、关心某件事时，才会让人受益）	卡内曼（Kahneman），迪耶内（Diener）	在假期只参加那些自己喜欢的活动，那些在当时能给你带来欲望满足和最大快乐的活动（参见 Hedonic wellness）

2.2.2　旅游学中幸福感研究的发展历程

与哲学和心理学领域相比，旅游学对幸福感的研究起步较晚。陈（Chen）和彼得里克（Petrick）两位学者在关于旅游积极效应的研究综述中提到，现有的旅游者幸福研究尚处于起步阶段，旅游者幸福研究最早可追溯到 1986 年朗伯里（Lounsbury）和胡普丝（Hoopes）对旅游者生活满意度的研究。直到 20世纪 90 年代旅游期刊中对生活质量的研究数量才有了巨大的增长，一些书籍和研究逐渐开始关注旅游和酒店管理中的幸福感话题。

一些其他书籍涉及生活质量问题和旅游体验的某些方面，如布德鲁克（Budruk）和菲利普斯（Phillips）于 2011 年发表的著作《公园娱乐和旅游管理的生活质量社区指标》（*Quality of Life Community Indicators for Parks Recreation and Tourism Management*），《旅游者、旅游和美好的生活》（*Tourists，Tourism and the Good Life*）（Pearce & FilepRoss，2010）等，这些作品的发表表明支持了这样一种观点，即生活质量研究在学术旅游文献中取得了重大进展，并且正在获得越来越大的发展动力。

从 20 世纪 50 年代初的产品概念追溯到 70 年代末到 80 年代初的服务概

念，再到 90 年代的体验经济，从体验经济到非凡的、有意义的、共同体验的创造，旅游的幸福感研究和生活质量的研究一直以不同形式的概念存在着。这表明旅游如何影响整体和个人幸福感以及生活满意度是一个重要但研究相对较少的问题（Uysal et al.，2012；Uysal et al.，2016）。此外，人们越来越关注旅游业作为社会和经济政策工具的价值。旅游业的价值观已经从注重经济指标演变为更加注重生活品质和满意度等非经济指标，并且近年来对抽象价值形式的关注日益增加，包括感知生活品质、健康、幸福感及可持续性（Perdue，Tyr-rell & Uysal，2010）。旅游业在促进和支持生活质量政策要求方面，如旅游社区的扶贫、社区遗产和文化的振兴、文化和自然资源的保存和保护及可持续性，这一系列的问题的有效性越来越成为重要的研究课题。旅游的长期目标不仅是提供优质的旅游体验，也要避免过度开发资源，从而造福子孙后代，这意味着生活质量研究必须关注当代和后世。

乌伊萨尔等（Uysal et al.，2012）提出了有关旅游和生活质量之间的两个模式：一方面可从系统的角度审查旅游活动及其后果，这一模型侧重于研究与旅游相关的变量对旅游者福祉的影响。具体来说，该模型的重点是如何通过旅游特征、对生活领域的满意度、对生活整体满意度和消费生命周期来预测旅游者的生活质量。旅游特点是指直接影响旅游者的因素，揭示了旅游对生活质量影响方式的个体差异。而另一方面，从制度角度审视旅游活动及其后果，意味着旅游业的供需双方之间存在相互作用。旅游者和旅游地居民受到旅游活动的影响程度可能导致不同类型的影响（文化、身体、经济和环境），进而影响旅游者和旅游地居民的福祉，并影响旅游目的地的度假体验质量和感知生活质量。这种模式侧重于与旅游有关的变量对旅游地社区居民和其他利益相关者的福祉的影响。此模型描述了居民如何看待他们的生活条件（作为旅游目的地景点），以及这些条件如何影响各种生活领域和整个生活的幸福感（Chen et al.，2019；Uysal et al.，2012）。

2.2.3 旅游学中幸福感研究的基本范式

基于快乐论与实现论两种哲学观点，当前幸福感研究存在两种不同的研究范式与取向，即享乐主义幸福感（Hedonia）和实现主义幸福感（Eudaimonia）（Tsai，2021；Su et al.，2020）。其中，享乐主义幸福感认为人的幸福源自于个体的情感体验，幸福被定义为对生活的满意度，即拥有更多的积极情感和更少的消极情感。这种观点强调追求个人享受、快乐和舒适，无论这些目的是否得到实现。而实现主义幸福感则更注重个体的潜能实现与个人发展，从这个角度来理解和诠释幸福感，把自我实现、人类发展、个人目标、美德等多样化的指标与变量纳入幸福感研究视野（Ryff，1989）。与此同时，近年来，两种观点也逐渐呈现出一种整合的趋势，为更加全面地认识人们的幸福感提供了新的视角（Rahmani et al.，2018）。

2.2.3.1 享乐主义幸福感的研究范式

享乐主义的思想源于亚里斯提卜（Aristippus）的享乐观，早期的学者把幸福等同于享乐、快乐，认为人生的目标就在于享受巨大的快乐，而幸福就是所有快乐的总和，他建议人们应该尽可能地寻求快乐和避免痛苦。享乐作为幸福感的愉悦方面，与旅游者的情绪有关，因此，幸福感又被定义为拥有更多的快乐、更少的负面情绪（Rahmani et al.，2018）。

尽管有多种方式可以评估人们的愉悦或痛苦体验，但学者们更倾向于将三观幸福感等同于整体的幸福感，作为评价人们生活状态和生活质量的一种指标（见表2－2）。享乐幸福理论主要提倡人们以积极的方式体验他们的生活。这意味着对快乐的追求和对痛苦的避免，从而将幸福等同于积极情感体验对消极情感体验的支配（Bradburn，1959；Smith et al.，2017）。通常与这些情感体验相关联的还有认知性因素，即个体对整体生活的评价性判断（满意度）（Andrews，1974），有关享乐幸福感的测量如表2－3所示。

表 2－2　　　　　　　　　　　主观幸福感的构成

积极情感	消极情感	整体生活满意	具体生活领域满意
高兴	内疚和羞愧	想要改变生活	工作
振奋	伤心	对当前生活满意	家庭
满意	焦虑和担心	对过去生活满意	休闲健康
骄傲	生气	对未来生活满意	经济状况
喜爱	压力	重视别人对自己生活的看法	所属群体
幸福	沮丧		
狂喜	嫉妒		

资料来源：ARGYLE M，KAHNEMAN D，DIENER E，et al. (1999). *Causes and correlates of happiness well-being：the foundations of hedonic psychology* [M]. New York，NY US：Russell Sage Foundation，353 – 373.

在旅游学领域，哈米特（Hammit）在1980年对克劳森（Clawson）和克内奇（Knetsch）的经典休闲体验模型进行了验证，是早期与旅游者情感维度相关的研究之一。他的研究结果显示，旅游活动能够显著增加旅游者的积极情感。此后的研究也不断验证了这一结论。例如，实证研究发现，人们在度假期间通常会体验到比日常生活更多的积极情绪（Nawijn et al.，2010）。他们还发现，在一年中特定的时间段进行旅行会带来更多的积极情绪。这些积极情绪在旅行前开始，一直持续到旅行结束，而且会在旅行过程中达到高峰，在旅游过程中的其他时间里围绕高峰点波动（Kirillova et al.，2015；Nawijn，2010）。

法伯等（Farber et al.，2007）对旅游者积极情感的具体构成要素作出了深入剖析，发现旅游活动中的积极情感主要表现为愉悦、爱和惊喜等方面。与积极情感相对，现有研究中对旅游体验的消极情感关注却不够。人们普遍认为，消费者的情绪对他们的体验评价有很大的影响，积极的情绪会与旅游者难忘的经历体验相关，因而将积极情绪认为是决定旅游者满意度和未来行为的关键因素，但这在一些特定的旅游情境中却得不到解释。学者指出，旅游研究人员应该避免将情绪过于简单地分为积极情绪和消极情绪（Knobloch et al.，2017）。在特定的旅游环境下，尽管消极情绪可能会出现，但其产生对于旅游者未来积极行为意向的影响却是积极的。

表 2-3   享乐主义幸福感的内涵及测量维度

学者	年份	主观幸福感内涵	维度
迪耶内（Diener）	1999	是一个宽泛的现象范畴，包括人们的情感反应、领域生活满意度，以及对生活满意度的综合判断	情感反应、领域生活满意度、总体生活满意度
古铁雷斯等（Gutierez et al.）	2004	积极情绪次数多于消极情绪的结果	积极情绪、消极情绪
布鲁德（Brulde）	2007	人们以一种积极的方式来评价自己现在、过去、未来的生活，能够对自己的生活感到满意，且喜欢这种生活状态	生活满意
克里斯多夫（Christopher）	2008	个体正面或负面的享乐体验	正面情绪、负面情绪
亚历山德拉（Alexandra）普拉纳乔（Pranaccio）	2009	包括幸福感或生活满意度，以及相对存在愉悦情绪或缺乏负面情绪	生活满意、积极情绪、负面情绪

除了研究情感反应，学者们对于旅游活动与旅游者生活质量或生活满意度之间的关系也产生了浓厚的兴趣。早在 1986 年，朗斯伯里（Lounsbury）和胡普斯（Hoopes）便开始关注旅游活动对生活质量的影响，他们发现旅游活动能够提升工作满意度和生活满意度。随后的研究进一步验证了旅游活动在特定生活领域（如健康、社交、家庭、工作等）以及不同旅游群体（如老年人、社会旅游者等）中的积极效应。例如，一项研究社会公益旅游时发现，旅游能够为他们提供超越短期享受的其他体验，从而提高了他们的长期生活满意度（McCabe & Johnson，2013）。然而，也有一些学者对这一结论提出了质疑，发现旅游并未显著提升旅游者的整体生活质量。此外，旅游活动对旅游者生活满意度的影响还受到旅游频率、停留时间、生活阶段等因素的调节。

综合来说，主观幸福感的评价主要涉及情感方面（如人们体验的积极情绪和消极情绪）和认知（如生活满意或者婚姻满意），无论是关注主观幸福感的单一维度（情感或生活满意度）还是双重维度（整合的主观幸福感），旅游学者都对这些概念进行了深入的探讨，但主要是通过直接借用相关理论和概念来进行研究。现有成果基于享乐主义的幸福感研究主要具有这样几个特征：①主观性，主观幸福感是从个体视角界定，在主观幸福感研究领域，人们关于自己是否幸福的评价完全依赖于个体的标准；②整体性，它是一种综合评价，关注个体在主观幸福感水平上的差异，是对生活的总体满意度；③相对稳定性，对主观幸福感的研究侧重于长期状态而非瞬时状态，主观幸福感并不随时间的推移或环境的总体变化而发生显著变化。

2.2.3.2 实现主义幸福感的研究范式

实现主义幸福观是以亚里士多德为代表的实现论为哲学依据，早期哲学家实现论（Eudaimonia）观点中所提及的幸福并不仅仅是一种心智状态，他们认为幸福感不能简化为愉悦和满足的主观体验，而是强调人的能力和潜力的充分发展（Huta et al.，2010；Rahmani et al.，2018）。从这个角度来看，"美好生活"意味着一个人的真实本性（Daimon）在一个"繁荣"的过程中实现，这个过程并不局限于追求积极的情绪状态，而是关注卓越的成就（Ryff et al.，2008）。因此，很多研究学者认为实现主义幸福感更能够表达出人们长期的积极发展，它关注个人层面的幸福感成果，并涉及自我实现、人类发展、个人目标、美德及一个充分发挥个人作用程度的活动，在这种状态下个人拥有更多的自主权、对外部环境的掌控、个人成长、与他人的积极关系、生活目标和自我接纳对实现主义幸福感的相关研究，如表 2-4 所示。

表 2-4　　　　　　　　　　　实现主义幸福感的内涵及测量维度

学者	年份	主观幸福感内涵	维度
里夫（Ryff）	1995	通过发挥潜能努力达到完美的体验	发挥潜能
莱恩（Ryan）	2000	心理幸福感的定义一方面包括自我实现，另一方面试图指明自我实现的意义及途径	自我实现
雷迪格（Riediger）	2006	心理幸福感是个体内在积极精神概念的整合，促使个体拥有一种积极生活态度，充满活力，与个体基本需要是一致的	积极精神整合个体需要
沃特曼（Waterman）	2008	与真实自我的协调一致，发生在人们从事与深层价值观最匹配的活动中，是一种全身心地投入	自我实现
伍德等（Wood et al.）	2009	关注人们潜能的同时，还注重个人与外界积极的交互作用方式	潜能实现、与外界的交互作用

里夫（Ryff）强调幸福不仅仅是快乐的体验，而是一个更广泛的概念，批判了之前幸福感研究对情感方面的过度强调，认为单纯从情感角度评估幸福感无法充分揭示其真正含义，这样的定义忽略了对个人独特潜能追求的关注（Ryff et al.，1995；Ryff et al.，2008）。因此，里夫等（Ryff et al.，2008）整合了发展心理学、临床心理学、存在主义心理学和人本主义心理学等理论的相关要素，提出关于幸福感的多维模型，并通过实证研究证实了心理幸福感（PWB）的六个不同的维度：个人成长（personal growth）、自我接受（self-acceptance）、生活目的（purpose in life）、良好关系（positive relation with other）、情境把握（environmentmaster）、独立自主（autonomy），从理论和实践两个方面来定义幸福感。尽管实证研究表明，"幸福生活"的标准和本质在不同的文化中会有所区别，但他更强调对人生目标的追求和与他人保持良好关系的普遍意义。这种关于人类福祉的观点与亚里士多德的观点是一致的，即幸福是"人类最高的善"，它超越了欲望和愉悦体验的满足，强调的是关注一个人的真实本性和充分潜力的实现。

自我决定理论（self-determination theory，SDT）聚焦于个体内在的动机和心理需求，强调了这些因素对幸福感的重要性（Ryan & Deci，2000）。自我决定理论认为，人们天生具有追求内在成长和自我实现的倾向，这种内在驱动力促使他们寻求与自身价值观和兴趣相符的行为。理论强调了自主性、能力提升和个体对行为的内在动机性，认为这些因素是实现幸福感的重要条件。莱恩（Ryan）从追求幸福生活和实现幸福的过程出发，总结出了三种基本需要——能力需要（need for competence）、关系需要（need for relatedness）和自主需要（need for autonomy）。这三种基本需要不仅是个体发展和整合的关键，也是社会进步和个人幸福的关键。实现内在的（相对于外在的）生活目标或愿望，自主的（相对于受控的）行为规范，以及与基本需求满足和幸福有关的意识或正念，才能使人们体验到一种持续的整合感和幸福感。

结合相关研究，实现主义视角的旅游者幸福感研究可以追溯到"有意义的旅游体验"的研究，由于实现主义方法与个人成长、自我实现和自我发展以及有意义行为等相关联（Hao et al.，2021），这些基本目标可以与几种类型的旅游联系起来。进一步有学者强调了志愿旅游如何对参与者的自我意识、身份及他们如何看待自己与他人的关系产生重大影响（Coghlan，2015）。从实现主义幸福感的视角探讨侨民旅游与幸福感之间的关系，发现在这种移民家庭前往其祖先的原籍地的特殊旅游中，旅游者的幸福感来自自我接受、个人成长、有兴趣进一步探索、感知联系、控制感以及生活的意义（Li & Chan，2017）。这些研究从不同旅游形式和细分市场对实现主义幸福感进行探究，以更加丰富的视角诠释了实现主义幸福视角下旅游的意义所在。

2.2.3.3 享乐主义与实现主义的结合

享乐主义和实现主义这两种幸福观是建立在不同的哲学基础上的。主流研究通过两个核心概念来定义幸福，即享乐幸福和实现幸福（Huta et al.，2010；Knobloch et al.，2017）。这些概念在某些情况下可能会重叠，但从整体福祉上来看是两个可区分的方面。现有研究当中，享乐主义（寻求快乐和舒适）和实现主义（寻求利用和发展自己最好的一面）通常被视为对立的追求，许多学者试图对两种不同研究范式的幸福感在含义、模型、与人格特质关系、不同群体对两种幸福感的体验等方面进行比较和区分。

尽管享乐幸福和实现幸福均源于人类对"美好生活"的共同追求，但自古希腊时期以来，人们一直认为他们在本质上是不同的并且采用不同的观点看待享乐幸福和实现幸福（Lengieza et al.，2019）。享乐幸福通常与情绪有关，而情绪源于对生活环境的不断评介，所以享乐幸福的判断是情绪波动后的直接反应（Diener，1994），而实现幸福通常与意义有关，是一个思考和自我反省的过程（Filep et al.，2019）。

胡塔和莱恩（Huta & Ryan，2010）通过一系列的实证研究发现，享乐幸福追求更多地与积极情感和无忧无虑相关，而实现幸福追求更多地与意义相关。在人际交往中，实现幸福更多地与提升体验相关，如敬畏、灵感和更大整体的联系感；在个体内部，享乐幸福与积极情绪的关系更密切。这两种追求都显示出与生活满意度的某种联系。研究表明，在短期随访中，享乐产生了更多的享乐幸福感，而在三个月的随访中产生了更多的实现幸福感。从更长远的旅游休闲过程来看，享乐幸福和实现幸福既占据不同的生态位又存在重叠，它们的结合可能与最大的幸福感有关。

之后的研究显示，虽然享乐主义幸福感和实现主义幸福感表现出诸多的差异，但是它们已经表现出一种相互整合的趋势，这也是未来幸福感研究的一个主要趋势（严标宾等，2004）。人们仍然认为，享乐主义幸福感和实现主义幸福感相互重叠（Ryan et al.，2001），二者可能以不同的方式促进个体幸福。沃特曼（Waterman）也认为，幸福可以分为两种：一种是个人展现（personal expressiveness）的幸福，是自我实现的幸福；还有一种是尽情享乐（hedonic enjoyment）的幸福取向，并通过实证研究验证了两者之间的联系。沃特曼（Waterman）及其同事的观点是：如果一个人经历了幸福的生活，他或她必然也会经历享乐的幸福，但并非所有的享乐都来自幸福的生活（Waterman，1993）。

幸福与旅游之间的关系是复杂的，在旅游环境中，旅游者的幸福感通常与放松、愉悦和积极情绪联系在一起（Lengieza et al.，2019；Rahmani et al.，2018），例如，在旅游目的地体验舒适的环境、迷人的风景或美味的食物。从实现幸福的角度来看，旅游者的幸福感通常与意义结果和心理健康相关（Pols et al.，2007；Rahmani et al.，2018；Su et al.，2020），例如，亲自制定理想的旅行路线，克服旅游活动挑战，在度假期间找到志同道合的朋友。可以说，大多数人需要一个机会来逃避、放松和休养度假，而享乐需要是其中不可分割的一部分，但从更长远的角度来说，自我发展或转变的结果是需要的。

2.3 旅游幸福管理学的相关理论

随着幸福感研究在旅游领域的不断深入，越来越多的学者试图为幸福感的形成寻求理论上科学和规范化的解释，这不仅有利于丰富旅游幸福管理学相关理论体系，也为未来相关研究拓展理论视角。同时，对于旅游与酒店行业发展实践也具有重要的指导意义，为组织与管理者更好地促进和提升旅游者幸福感提供坚实的理论基础。

2.3.1 自我一致理论

2.3.1.1 自我一致理论基本内容

自从 1974 年，兰德勒强调了自我概念在消费者行为中的作用以来，消费者行为领域的研究者开始从个人自我形象与个人对某一特定产品或服务的感知形象之间的关系来解释各种各样的构念（包括态度、偏好、选择、忠诚等）。自我一致性被定义为品牌形象和个人自我概念之间的匹配（Sirgy et al.，2000），消费者将他们对品牌形象（更具体地说，品牌个性或品牌用户形象）的看法与个人自我概念（如实际自我、理想自我、社会自我）进行比较（Sirgy，2018）。其中，自我概念被认为是消费者行为的一个重要驱动力，罗森博格（Rosenberg，1979）将自我概念定义为"个人的思想和感受的总和，这些思想和感受与作为对象的自己有关"。它与个人对自身身份、生活方式和偏好的认知有关，因此对消费者品牌认同产生积极影响（Rather et al.，2019），并对消费者的购买行为和价值感知产生重要的影响，这也是消费者行为和营销领域研究中的重要概念。

罗森博格（Rosenberg，1979）最早在自我认知领域引入了自我概念（Self-concept）的概念，并将其定义为人们对自己的认识。早期的研究将自我概念视为单一结构，并将其视为个体实际自我的反映。学者进一步提出了自我概念的两个重要驱动因素（Epstein，1980）：自我连贯性（self-consistency）和自我尊崇（self-esteem）。在此基础上，学者提出了一个综合模型，将自我概念分为四种类型：实际自我、理想自我、社会自我和理想社会自我（Sirgy，1986），见表 2-5。其中，实际自我是个体对自己的实际认知，理想自我涉及个体希望如何看待自己，社会自我则涉及个体对他人如何看待自己的认知，而理想社会自我代表个人期望被他人感知的方式或形象属性。前两个一致性强调维持内部一致性（例如我如何看待自己），而社会自我和理想社会自我概念一致性强调维持外部一致性（如我认为别人怎么看我）。在消费者评估市场上的商品和服务时，会唤起消费者自我概念的四个维度。这四个维度也成为评价品牌用户形象或品牌个性相对吸引力的重要比较标准或参照点。

表 2-5 自我概念的维度

维度	内涵
实际自我	我实际是如何看待自己
理想自我	我希望如何看待自己
社会自我	我认为别人如何看待自己
理想社会自我	我希望别人如何看待自己

斯肯布里等（Schembri et al.，2010）认为，个体有一种内在的渴望去表达他们是谁，他们通过使用嵌入日常生活中的符号操纵这种渴望来沟通自我。在消费情境中，消费者可以通过购买、拥有或与品牌关联来强化自己的自我概念，这些品牌的象征性形象往往与自己最相关的方面相一致（Belk，1988）。艾克（Aaker，1999）认为，消费者可以利用品牌作为表达自己的符号，因为他们能够在品牌中分辨并看到人类的个性特征。因此，自我概念和品牌形象之间的一致性认为，个体不断地经历一个过程，即个人的自我概念和市场上品牌的自我概念之间的相似性或差异性作出决定。

自我一致性会对消费者的价值感知和购买前行为产生重大影响，如品牌评估和品牌选择。消费者倾向于选择购买和使用符合自我形象的商品和服务，这样可以使得消费者加强自己的个人身份，以及对自我的认识（即他们的自我概念），而与自我概念不协调往往会导致不和谐和心理不适，威胁到一个人对自我的信念（Sirgy，1986）。此外，消费者的自我一致性影响消费者的购买后行为，如客户满意度、对品牌的信任和承诺及口碑。换言之，品牌用户形象和个性与消费者自我概念的匹配越高，消费者对品牌满意度就越高，对品牌信任度就越高，并产生回购和推荐给他人的意愿。

2.3.1.2 自我一致理论的应用

肖恩（Chon，1992）首次将自我一致理论应用于旅游研究当中，随后国内外学者们基于自我一致理论开展了一系列的研究。旅游自我一致性的研究主要集中在利用旅游者自我概念的四个方面来解释和预测旅游行为，即实际自我形象、理想自我形象、社会自我形象和理想社会自我形象。已有研究表明自我一致对消费者福祉有着直接或间接的影响，在将旅游者的自我概念与旅游目的地形象的匹配（典型旅游者的典型形象）的过程中，自我概念与旅游目的地形象之间越匹配，旅游者前往旅游目的地的可能性就越大，在到达旅游目的地后，自我一致的旅游者也更容易感知到对旅游目的地的满意，进而产生个人幸福及其他积极的行为结果如对旅游目的地的忠诚、重游意愿及对旅游目的地的积极评价和口碑传播（见图 2 - 8）。因此，在旅游情境下，自我概念与旅游目的地一致性对于旅游者态度行为的预测、旅游目的地的管理有着积极深刻的影响（Murphy et al.，2007）。与此同时，我们仍需要通过后续的实证研究进一步验证自我一致性与个人幸福之间的联系，以及自我一致性在什么条件下，对个人幸福的积极影响会更加显著，情境、个性、文化及制度等因素都可能是潜在的调节因素（Sirgy，2017）。

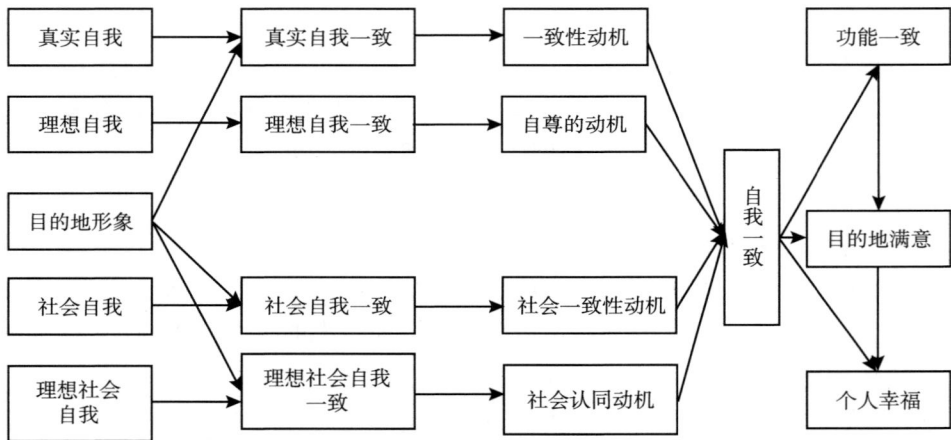

图 2 - 8 旅游中的自我一致模型

2.3.2 自我决定理论

2.3.2.1 自我决定理论的基本内容

自我决定理论（self-determination theory，SDT）是一种关注人类内在动机和自我调节的理论方法，强调人类进化过程中形成的内在资源对于塑造个体的人格和行为表现至关重要（Ryan et al.，1997）。该理论假设人类是活跃的有机体，具有内在的、深刻的心理成长和发展倾向，它深入研究了个体内在的成长倾向和心理需求，这些需求是个体自我激励和人格整合的基石，同时也是促进这些积极发展过程的重要驱动力（Ryan et al.，2019；Ryan，2009）。这一理论对于个人福祉至关重要。

自我决定理论指出，人们从事的活动（如精神旅游）有助于提升幸福感，前提是满足了三个基本的心理需求。这三种心理需求分别是：自主性（即参与反映个人利益或价值观的行为）、能力（即在富有挑战性和有意义的追求中表现出有效性）和关联性（即建立亲密而令人满意的人际联系，感受到被他人接受和关心，以及关注他人的情感）。满足以上三个基本需求能够激发个人的兴趣、信心和创造力，进而增强绩效、自主动机和整体幸福感。（Ryan et al.，2000；Ryan et al.，2017）。该理论还强调，心理需求的满足是相互关联的整体，只有当环境因素或个体自身因素促使基本心理需求得到满足时，个体才能朝着积极的方向发展、动机增强，幸福感提升；反之则会损害幸福感。

根据自我决定理论，个体具有自我决定的倾向，这种倾向引导个体的发展和内在成长。个体的积极倾向在多大程度上得以发展取决于外部环境的影响。当外部环境满足个体的心理需求时，个体就能够实现成长，并获得幸福感（Ryan et al.，2000）。提供能够促进个体满足三种基本心理需要的机会对于个体的正常运转至关重要，因为这些机会有助于实现内在价值，为个体的成长、进步和幸福提供有效的支持。心理幸福感的产生正是源于个体内在价值的实现。因此，提升基本心理需求的满足水平能够促进个体内在价值的实现，从而使个体感受到更强的心理幸福感。

2.3.2.2　自我决定理论的应用

营销文献中的早期研究通过结合外在动机（如价格、质量、耐用性和包装）广泛预测了消费者行为。然而，内在动机（如满足自主性、能力和关联性需求）在消费者行为形成中的作用被忽视了。自我决定理论表明消费者行为不能仅仅通过提供外在的激励和利益来解释。例如，消费者可能更喜欢某个特定的品牌，因为它可能使他们感到被欣赏、被赋予权力，并能够表达自己的个性（如自主性需求）；或者消费者可能会依附于一个品牌，使他们感到有能力、成功，并且能够表现良好（如能力需求），或者消费者可能会对一个似乎关心他们的品牌产生情感依恋，并提供开放和接受的温暖感觉（如关联性需求）。内在的消费者动机是由满足自主性、能力和关联性的基本心理需求所塑造的，它进一步表明，当这些自然需求得到满足时，它们提供了创造情感依恋所需的"情感安全感"，从而导致随后的购买行为（Gilal et al.，2019）。

旅游情境中的动机概念吸引了研究人员的关注，而自我决定理论为旅游中的动机讨论提供了一个对话的平台（Ahn et al.，2019；White et al.，2009）。先前的研究表明，顾客能力与他们对品牌的依恋有关。研究证实，消费者的心理需求满足与依恋之间存在正相关关系（Deci & Ryan，2000），基本需求的满足会加深消费者与品牌的情感联系（Yu et al.，2019），在旅游情境中，度假品牌可以有针对性地协助实现客户成就，以确保获得品牌忠诚和客户保留。例如，提供豪华酒店、正宗餐厅、赌场和会议中心可以满足客户放松、舒缓压力或社交的需求。

2.3.3　目标理论

2.3.3.1　目标理论的基本内容

基于目标（如目标选择、预期和实现）相关构念，有学者提出了有关休闲旅游满意度的生活质量理论（Sirgy，2010），并进一步拓展了旅游者的目标是如何影响主观幸福感的研究。该理论的基本假设认为，如果旅游者选择具有积极效价和高期望的休闲旅行目标，他们可以体验到更高水平的主观幸福感（生活满意度或整体生活幸福）；旅游者会采取某些行动来实现这些目标，并体验这一目标实现的过程。具体来说，该理论有以下四个核心原则。

①目标效价（goal valence）：休闲旅游满意度随着休闲旅游目标的选择和实现而提高，其中目标达成可能会在主要生活领域中诱发高水平的积极影响。目标效价原则指出，人们通过选择追求休闲旅行的目标来提高休闲旅游的满意度，其中目标的实现可能会带来对社会生活、休闲生活、爱情生活、文化生活、精神生活、家庭生活、工作生活等主要生活领域的积极影响，而这些主要生活领域的积极影响又直接有助于生活满意度或整体幸福。因此，休闲旅游的目标选择对提高主观幸福感具有重要意义。既往对主观幸福感的研究已经证明了目标因素的影响，这些目标包括内在与外在目标（Diener et al.，1995）、高层次与低层次目标、基本和增长需求相关的目标、接近期望状态与避免不期望状态、被剥夺需求相关的目标、产生流动的目标和目标自主性。

②目标预期（goal expectancy）：选择追求有可能实现的休闲旅游目标，可以提高休闲旅游满意度，而这种选择目标的倾向就是社会心理学家所说的"目标期望"。当个人努力实现现实可行的目标时（高成功预期），比实现不现实和不可行的目标能体验到更大的满足感（Vallacher & Wegner，1989）。因此，如何选择最有可能实现的目标成为人们所关注的重要话题。一种方法是将目标设定得较低，相比于高目标，低目标更容易实现。特别地，研究发现老年人比

年轻人拥有更高水平的幸福感。对这一发现的解释是,老年人往往有更低、更现实的抱负,因此缩小了目标与成就的差距(Argyle,1999)。

③目标实施(goal implementation):通过采取行动实现休闲旅游目标,可以提高休闲旅游满意度。从某种程度上讲,休闲旅游的满意度相当于休闲旅行目标的实现。制定休闲旅游目标,采取行动追求这些目标并实现它们,旅游者会感到满意。如果这些目标对人很重要,那么休闲旅游满意度就会带来生活满意度。相反,未能实现这些目标会导致休闲旅游的不满,从而导致生活的不满。学者们认为,制定有效策略来实现目标的人往往比策略较差的人体验更高层次的主观幸福感(Cantor,1994)。因此,旅游者主观幸福感的最终决定因素,本质上是实现休闲旅游的重要目标。

④目标达成(goal attainment):休闲旅游满意度通过休闲旅游目标的实现而提升,从而确保在目标生活领域产生积极影响的体验。当人们达到目标的时候(休闲旅游目标和其他目标)会产生积极的影响,相反,当他们没有达到目标时,他们会产生负面的影响(Kruglanski,1996)。

2.3.3.2 目标理论的应用

基于目标理论的四项核心原则,引入各项原则的分析维度以更好地说明人们如何使用目标原则来实现个人的幸福感(Sirgy,2010)。通过一系列的研究表明,目标种类结构、向目标接近的过程和目标达成,会影响个人情感和生活满意度。生活有目标使人感到生活有意义,并产生自我效能感。与此同时,努力实现目标的过程帮助人们应对各种日常生活问题,使人们在社会生活和困境中保持良好状态。表 2 - 6 对目标理论各个原则的应用进行了总结。

表 2 - 6　　　　　　　　目标理论应用于休闲旅游的原则总结

主要原则	分析维度	积极影响的目标类型
目标效价	内在目标和外在目标	目标选择的内在性原则
	高目标和低目标	目标选择的抽象性原则
	与基本需求和成长需求相关的目标	成长需要目标选择原则
	想要的状态和避免不想要的状态	目标选择的接近原则
	与剥夺需求相关的目标	目标选择的需要剥夺原则
	目标生产流	目标选择的流程原则
	自主目标	目标选择的自主性原则

主要原则	分析维度	积极影响的目标类型
目标预期	目标—动机一致性	动机一致性原则
	目标—文化价值一致性	文化价值一致性原则
	目标—资源一致性	资源一致原则
	目标冲突	目标冲突原则
目标实施	具体目标	具体性原则
	目标的承诺	承诺原则
目标达成	对目标达成的认可	目标达成的认可原则
	积极反馈的强度和频率	实现目标的频率原则

2.3.4　需求层次理论

需要是人类行为的驱动力和根源，从某种角度来看，需求可以被视为人类一切行动的起点和目标。1943年美国"人本主义心理学之父"马斯洛（Maslow）在《人的动机理论》一书中详细论述了需要层次理论，主要包括生理需要（食物、温度、空气、性等）、安全需要（职业稳定、生活保险、环境有序等）、归属和爱需要（爱、情感、归属、友谊、社交等）、尊重需要（成功、力量、权力、名誉等）、自我实现需要（潜能的发挥、理想的实现、事业的成就等）五个层次的需要，每当一种需要得以满足，另一种需要便会取而代之。

第一，生理需要（psychological needs）是人类最基本、最原始的需求，包括对食物、水分、空气和睡眠等基本生存条件的追求。这些需求构成了其他需求的基础。

第二，安全需要（safety needs）体现了人们对保护和稳定的渴望，希望获得稳定工作、安全的居住环境以及经济保障等，以满足对生活安全的需要。

第三，归属和爱需要（social needs）指的是人们渴望被社会接受和认可的需要，包括被爱、建立友谊关系及融入社会群体等。这些需要体现了人类对人际关系的追求和社会归属感的渴望。

第四，尊重需要（esteem needs）表现为对自尊和他人尊重的追求，当基本生存和安全需求得到满足后，人们希望获得社会地位、成就感及他人的认可和尊重，从而提升自尊心和自信心。

第五，自我实现需要（self-actualization needs）是个体追求个人理想和潜能的心理需求，体现了对个人成长和发展的渴望。只有在前面的需求得到满足后，人们才能更深层次地探索自己的内在潜力，并追求个人价值的实现。

需求层次理论（Maslow，1943）的核心理论原则是，人类的发展需求主要分为两大类，即高阶需求和低阶需求（见表 2 – 7）。高阶需求包括尊重需求、自我实现需求、知识需求、审美需求。低阶需求包括生理需求、经济需求和社会需求。在满足上述基本需求的过程中，这些需求不仅有层次的区分，而且存在先后顺序。只有在低层次的需求得到满足之后，个体才会转向更高层次的需求。这种层次结构的存在使得人们在追求幸福和满足感的过程中，逐渐实现了个人内在潜能的充分发挥和自我实现的目标。因此，就幸福感而言，相对于满足小部分需求的服务而言，满足人类全面发展需要的旅游服务更应得到高度评价。

表 2 – 7 高低阶需求维度举例

维度	举例
高阶需求维度	（1）探索的需求（"探索"）
	（2）传授知识的需要（"为了孩子的利益"）
	（3）增加知识需要（"增加我的知识"）
	（4）获得新知识的需要（"学习动物"）
	（5）体验的需要（"这是一种灵性体验"）
低阶需求维度	（6）放松的需要（"放松"）
	（7）寻求新鲜事物的需求（"从日常生活中解脱出来"）
	（8）社交的需要（"花时间和朋友们在一起"）
	（9）难忘的住宿和活动需求（"住宿和设施"）
	（1C）需要记录下难忘的事情和事件（"去看五大事件"）

2.3.5 积极情绪的拓展—建构理论

2.3.5.1 积极情绪的拓展—建构理论的基本内容

积极情绪的拓展—建构理论现已经成为解释积极情绪如何给个人和组织带来积极作用的基础理论。芭芭拉·弗雷德里克森（Barbara Fredrickson，1998）最早提出并发展了积极情绪的拓展—建构理论（broaden-and-build theory of positive emotions）。在先前的研究中，情绪与情感有着某种联系，但又有所区别。情绪作为一种强烈的情感，它直接指向人或物，是针对具体客体的心理反应。在积极情绪的拓展—建构理论被发展出来以前，消极情绪（比如愤怒、害怕、厌恶、罪恶感等）得到了心理学家的大量研究。基本而言，每种基本的消极情绪都会引发人们特定的行为倾向，这些行为倾向是情绪反应的一部分，帮助人们应对不同的情境和压力。比如，愤怒可能会激发人们采取攻击性行为，而恐惧可能会促使人们采取逃避或回避的策略。在面临生命威胁的情况下，消极情绪会提升个体的瞬时思维和行动范围，增强了人们作出迅速而果断行动的能力，具有生物进化的意义。举例来说，在危险时刻，消极情绪激发的特定行为倾向挽救了我们祖先的生命，提高了个体的生存概率。有学者指出，尽管消极情绪通常与特定的行为倾向相关联，但对于积极情绪而言，情况则有所不同（Fredrickson，1998，2001）。积极情绪似乎不会直接指导特定的行为，也不总是与特定的应对策略相关联，积极情绪的适应意义与消极情绪不同。因此，弗雷德里克森提出了积极情绪的拓展—建构理论，该理论的示意图如图 2-9 所示（Fredrickson，1998，2001，2013）。

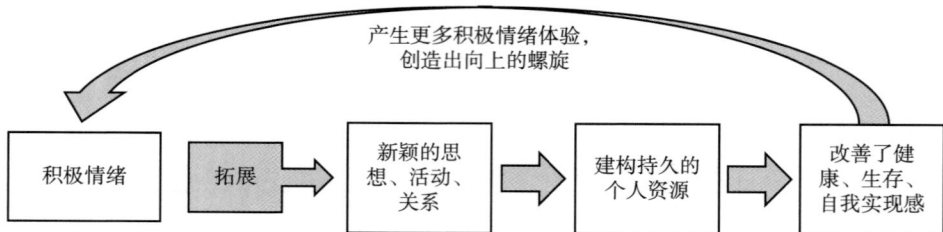

图 2-9　积极情绪的扩展—建构理论的示意图

资料来源：FREDRICKSON B L. (2013). Positive emotions broaden and build ［J］. *In Advances in experimental social psychology* (Vol. 47, pp. 1-53). Academic Press.

总体而言，积极情绪的拓展—建构理论（broaden-and-build theory of positive emotions）是解释积极情绪对个人和组织产生积极影响的基础理论。该理论认为，积极情绪有助于扩展个体的思维和行动范围，建立持久的个人资源（包括智力、生理、心理和社会资源），从而给个体带来长期的适应性益处。

该理论的核心内容包含两个核心假设和两个辅助假设：**核心假设**：①拓展假设，积极情绪可以让个体的思维模式变得不同寻常、灵活、包容、富有创造性、具有整合性、开放、有效率、具有前瞻性和高水平；另外，通过增加个体对多样性的追求倾向及保持对更多行为选项的开放，可以拓展个体的行动倾向（Fredrickson，2013）。②建构假设，拓展了瞬间的思维-行动范围，有助于个体积累更多的个人资源，这些资源在长期发展中体现出了显著的益处。**辅助假设**：①撤销假设，积极情绪对于消极情绪的负面影响具有撤销效应，可以抑制或撤销消极情绪的后续效应；②螺旋上升假设：积极情绪拓展功能和建构功能的关系并非是单向影响的，其通过拓展个体的思维和行动范围，并建立持久的个人资源，个体能够获得长期的益处。这种拓展使得个体更具灵活性和适应性，能够更好地应对挑战并积极应对环境变化。因此，这种持久的资源积累为个体带来了长期的心理健康和幸福感，从而实现个人成长的螺旋上升。

2.3.5.2 积极情绪的拓展—建构理论的应用

社会心理学家对积极情绪进行了大量的研究，积极情绪在工作环境中的好处也已经引起了管理学者和组织学者及从业者的兴趣，积极情绪被越来越多的研究证实是工作场所中的重要资产（Bakker，2013），学者们发现积极情绪与很多重要的工作结果变量相关（如创造力、顾客服务质量、对组织变革的支持等）（Vacharkulksemsuk et al.，2013）。在旅游研究当中，积极情绪往往和幸福感的产生联系起来。主观幸福感本质上是一种情绪状态，而幸福感正是与这种认知—行动范围的拓展和众多方面资源的建构相伴而生的（Fredrickson，2001）。一方面，积极情绪能够改善人们的情绪体验和生活满意度，从而直接增进社会公众的主观幸福感；另一方面，积极情绪能够促进个人成长、实现个人与社会相协调，从而有效提升人们的幸福感，让培育积极情绪成为提升社会公众幸福感的一个有效途径。根据这一理论，积极情绪有助于身体、智力和社会资源的建立。先前的研究表明，积极情绪会触发一系列积极的工作行为，如更大的创造力、冒险努力和绩效，以及亲社会、亲环境或利他行为（Bissing-Olson et al.，2013）。在日常生活场合，对生活更快乐的人往往更外向、精力充沛、善于交际，对探索新事物感兴趣，并参与社交互动（Lyubomirsky et al.，2005）。因此，生活满意度不仅是一个理想的结果，而且是积极行动的重要预测因素，如参与社会互动和与旅游者共同创造价值（Lin et al.，2017）。主观幸福感较高的人也会从较高的自信中受益，这将激励他们分享生活中的重要方面，比如旅游经历（Baloglu et al.，2019）。

积极情绪的拓展—建构理论的撤销效应假设也为组织管理者如何管理组织中的消极情绪提供了理论启示。未来的研究可以集中在酒店或旅游服务相关方面，旅游服务供应商应该思考如何通过创造有利条件来促进旅游者的积极情绪和减少消极情绪，重视对组织中积极情绪的拓展和建构将有助于直接提高旅游者的生活幸福感（Sirgy，2019）。

2.3.6 自下而上的溢出理论

2.3.6.1 自下而上的溢出理论的基本内容

自下而上的溢出理论（bottom-up spillover theory）是个体生活领域和整体生活质量之间关系的模型（Andrews et al.，1976）。该理论假设总体生活满意度受到生活领域各种满意度测度和其子领域满意度的影响，是心理学中应用最广泛的理论（Diener et al.，1985；Sirgy et al.，2006）。溢出理论表明，个体领域的生活质量对整体生活质量具有溢出效应，即在从属的个人生活领域的幸福可以溢出来产生最高的整体幸福。该模型的前提是，总体生活满意度与每个生活领域内的满意度在功能上相关，可以通过对每个生活领域内特定事件的满意度来衡量。

研究人员在很早就意识到人的心理空间是多维的，人们倾向于把自己的生活经历分割成特定的领域，在那个心理空间中存储与特定类型的体验和感受相关的记忆，并且在每个生活领域中，人都有特定的价值信念（Andrew et al.，1976；Campbell et al.，1976）。研究人员确定了多个与整体的生活满意度相关的具体生活领域，包括健康与安全、家庭生活、生活水平、社会关系、闲暇生活、工作生活、爱情生活、居住生活、自我价值和教育生活等（Andrew et al.，1976；Bowling，1995；Diener et al.，1985）。因此，一个人可能拥有与教育、家庭、健康、工作、朋友、恋爱关系等相关的心理生活领域和价值观念，而生活满意度可以从一个人在不同生活领域的满意度中得到解释和预测（Lee et al.，2002）。

自下而上的溢出是指从下级生活领域向上级生活领域的溢出，具体来说是从休闲、家庭、工作、健康等生活领域向整体生活的溢出，在生活体验的整体层次（主观的认知）中，特定生命空间中的感觉从底部（最具体的认知）垂直地溢出到顶部（最抽象的认知）。有学者进一步指出，对特定生活领域的满意度取决于对该领域关注事项的满意度（Diener，2009）。例如，对物质生活领域的满意度取决于对自己房子、汽车、家具、服装、储蓄、珠宝、配件等的货币价值的满意度。一个人对物质领域这些方面的评价（对积极或消极影响的直接经验）可以被视为对物质生活领域内的生活条件或关注的满意/不满意。因此，自下而上的溢出意味着主观幸福感可以通过允许积极的生活领域溢出到最上层的领域（整体生活）而得到提高。积极的情感积累在生活领域中，发挥满足人类发展需要的直接功能。

2.3.6.2　自下而上的溢出理论的应用

随着人们对旅游活动及其对生活质量影响的日益关注，旅游作为一个生活领域对整体生活质量的重要性不断增加（Kim et al.，2020；Uysal et al.，2013）。在旅游研究中，基于自下而上的溢出理论，采用多个生活领域来对旅游者和旅游地居民的生活质量进行测度。图 2 - 10 给出了自下而上溢出理论的图示，展示了自下而上溢出理论被应用于两种不同的旅游环境即旅游者情境和旅游地居民情境。

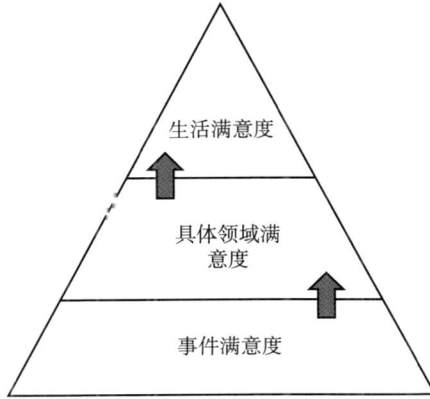

图 2 – 10　生活满意度的自下而上的溢出理论

尼尔（Neal）、瑟吉（Sirgy）和尤萨尔（Uysal）于 1999 年首次在《商业研究杂志》上发表有关基于自下而上的溢出理论的研究（见图 2 – 11），他们在文章中涉及休闲旅游满意度与生活满意度相关的旅游服务的发展。生活满意度被假设为由部分对主要生活领域（休闲生活）的满意度决定。在休闲生活领域内的影响垂直溢出到最高级的领域（总体生活），从而有助于生活满意度的提高。研究结果表明，旅游体验对休闲旅游者的整体生活满意度有直接影响。

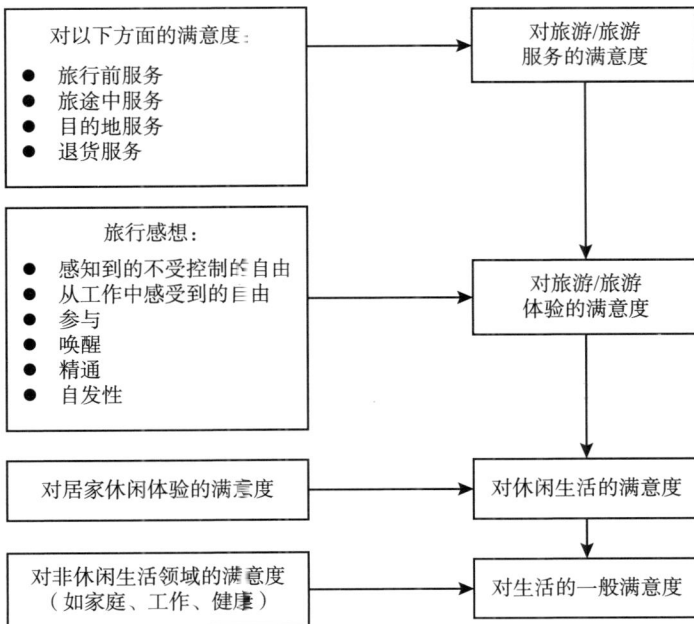

图 2 – 11　休闲旅游/旅游服务对旅游者生活满意度的作用

资料来源：（Neal，Sirgy & Uysal；1999）

未来的研究可能会引入其他的控制因素进行研究。例如，旅游服务满意度的效果可能会影响老年旅游者的休闲福祉，对老年旅游者的生活满意度比年轻旅游者的影响更大。这可能是因为大多数老年人都退休了，他们比年轻人更倾向于将休闲视为重要的生活领域。因此，对旅游服务的满意/不满意可能在休闲生活中扮演更重要的角色，反过来渗透到生活满意度。

金姆等（Kim et al.，2013）又进一步使用生活满意度溢出理论（bottom-up spillover theory of life satisfaction）来解释旅游地居民对旅游影响（经济、社会、文化和环境）的感知如何影响旅游地居民整体生活满意度（Kim et al.，2013）（见图 2 – 12）。旅游地居民生活满意度主要受旅游对物质生活、旅游社区生活、情感生活、健康安全等特定生活领域影响评价的间接影响。旅游对社区居民生活领域的影响感知越积极，对旅游地居民生活领域的积极影响越大。换言之，这些对旅游影响的感知会在社会生活、休闲生活、家庭生活等不同生活领域产生积极或消极的影响。反过来，生活领域中积极或消极情感的变化也会导致总体生活满意度的变化——对社会生活、家庭生活、工作生活、精神生活等的满意度越高，总体生活满意度就越高。

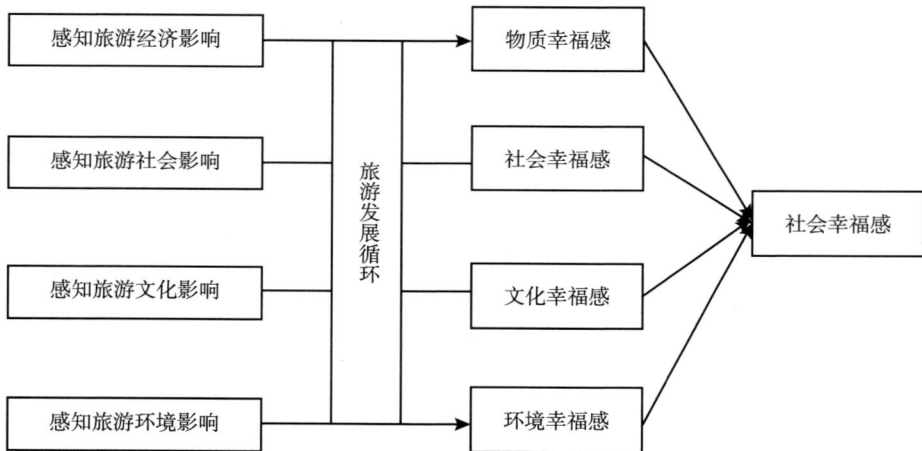

图 2 – 12　社区旅游对旅游地居民生活质量的作用

第3章 旅游幸福管理——旅游者视角

随着旅游活动的大众化和常态化，旅游已经成为人们生活的一部分，对人们的生产生活产生了深远影响，旅游者幸福感也因此受到了国内外学界的广泛关注，成为当前旅游学科领域重要的研究主题和研究前沿。在对旅游者幸福感的相关文献系统梳理后，我们发现现有研究主要探讨了旅游者主观幸福感的概念、构成、旅游活动与旅游者主观幸福感的关系及作用机制等，但仍需要清晰界定旅游者幸福感的概念、确定其构成维度、探明其形成机理，同时在跨文化和跨阶段比较分析、开展多学科和多方法融合研究等方面加以推进，以期形成旅游者幸福感研究理论体系，更好地指导旅游业发展。

本章对旅游者幸福感的理论和实证研究进行了系统的介绍和总结，其中理论部分主要在国内外现有文献的基础上对旅游者幸福感的缘起、发展、定义、测量及影响因素进行梳理，实证部分在不同的学科视角下，探讨并研究了旅游者幸福感的形成机理及变化规律，见图3-1。整体内容旨在帮助读者认识和了解旅游者幸福感的本质，为后续相关研究提供参考。

章节概览

旅游者幸福感研究的缘起

旅游者幸福感研究的发展

旅游者幸福感的定义

旅游者幸福感的测量

旅游者幸福感测量的研究现状

旅游者幸福感的量表开发与实证检验

旅游者幸福感的影响因素

旅游者幸福感的形成机制

服务质量对旅游者幸福感的作用机制

服务公平对旅游者幸福感的作用机制

旅游目的地声誉对旅游者幸福感的作用机制

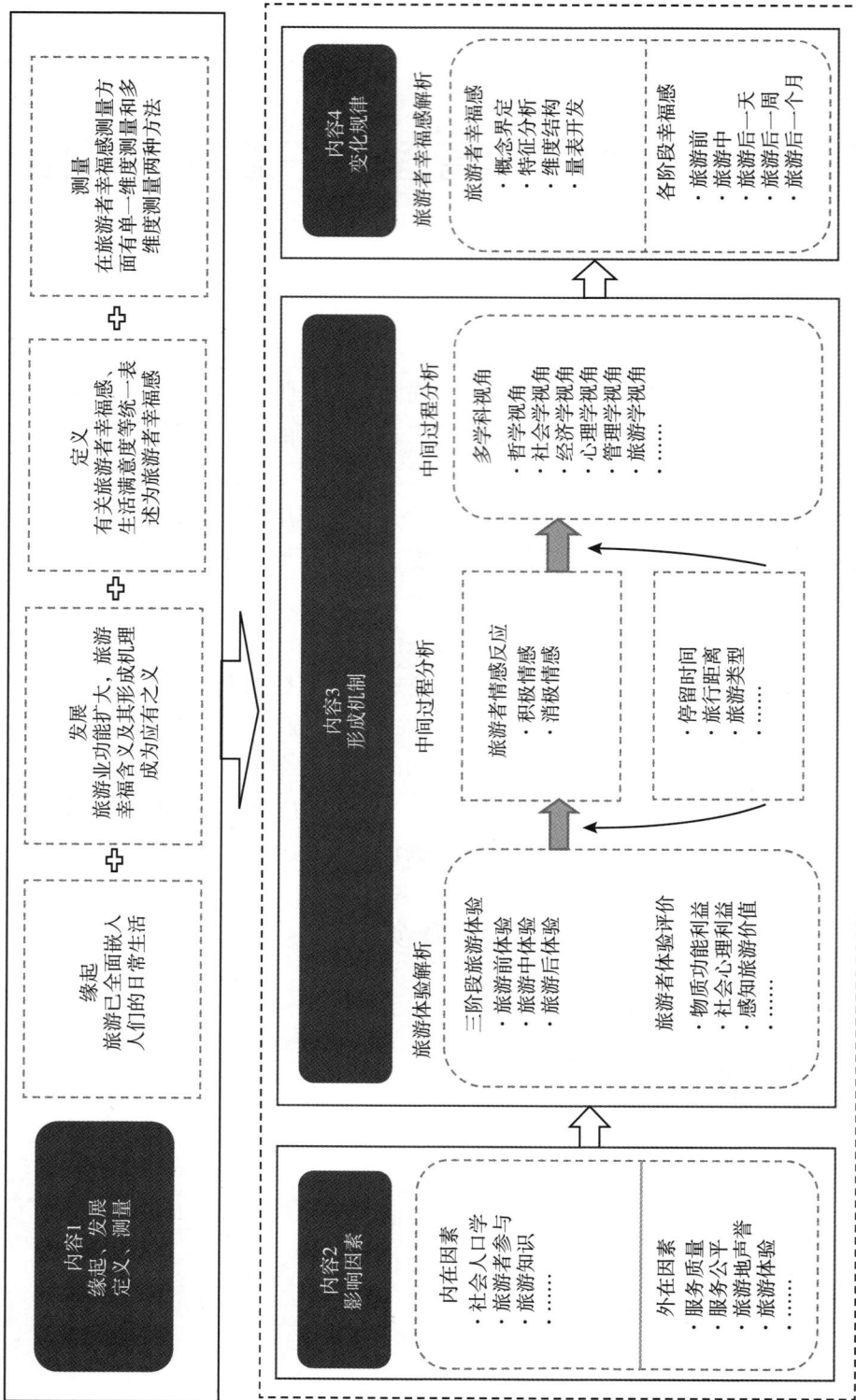

图3—1 第3章研究内容结构

旅游体验对旅游者幸福感的作用机制

旅游者幸福感的变化规律

研究假设与研究模型

实证分析

研究结论与讨论

3.1 旅游者幸福感研究的缘起

过去几十年，幸福感的研究主要集中在社会行为学、经济学等领域，被视为社会运动指标的一个分支（Sirgy et al.，2017）。旅游学领域凯恩乔恩（Kaye Chon）最早关注旅游者幸福感，其涵盖旅游者主观幸福感、旅游地居民幸福感等主题。近年来，国内外旅游和酒店管理领域的期刊、书籍、学位论文等涌现了大量关于旅游者幸福感的研究成果。

随着大众旅游的兴起，旅游已深入人们的日常生活，旅游者幸福感的重要性更加显著（Dolnicar et al.，2012；Su et al.，2016）。因此，一些学者开始研究旅游/休闲幸福感的作用（Dolnicar et al.，2012），认为它是人们生活幸福感的重要组成部分，提升旅游/休闲幸福感是增进人民生活幸福感的重要途径（Andrewa et al.，1976；Campbell et al.，1976）。有学者在美国居民大规模调查中证实了休闲满意度是美国民众生活满意度的重要预测因素（Andrew & Withey，1976），甚至发现非工作满意度（即休闲）可解释生活满意度29%的方差（Campbell，1976）。在对中国、日本和韩国居民的调查中发现，休闲满意度是生活满意度的重要前因变量（Liang at al.，2013）。妥艳娟（2015）认为，与生活中的一般幸福感相比，旅游者幸福感更为强烈，持续时间更长，对个人生活影响更深远。因此，对旅游者幸福感的持续关注和深入研究，是旅游业良性和可持续发展的基石。

3.2 旅游者幸福感研究的发展

近年来，随着我国旅游业的持续快速发展，旅游业已成为我国战略性支柱产业，同时旅游活动的参与普遍化也在不断加深其带来的社会影响（Su et al.，2015）。旅游业是"五大幸福产业"之首。因此，如何凸显旅游业的社会功能，全面认识旅游业的幸福内涵，增强旅游业的幸福功能，是当前我国旅游业发展实践中需解决的重大现实问题。在当前大众旅游背景下，旅游在提升人民幸福感方面的作用日益凸显。随着旅游业社会功能和影响的进一步扩大，探讨旅游幸福含义及其形成机理成为当前旅游研究的应有之义，更是实现旅游业良性和可持续发展的根基（妥艳娟，2015）。因而旅游对幸福感的影响及其作用机制引起了国内外旅游学界的高度关注（Uysal et al.，2016），出现了众多有关旅游者幸福感的研究成果。

3.3　旅游者幸福感的定义

旅游者幸福感是一个抽象概念（Holm et al.，2017），但在旅游者幸福感研究中，由于旅游者对幸福的感知主要基于其主观判断，且绝大多数研究测量时主要采用幸福感的主观指标（Uysal et al.，2016），因而大多数研究者习惯使用旅游者幸福感这一术语（Su et al.，2015；Su et al.，2016；陈晔等，2017）。因此，本节将有关旅游者幸福感、生活质量、生活满意度等相关研究统一表述为旅游者幸福感。

对生活的主观评价可以基于纯粹的认知或情感基础，也可以基于二者的结合（Diener et al.，1985）。现有旅游文献对旅游者幸福感的定义主要来自社会学和营销学科。有学者将旅游者幸福感界定为旅游者对其自身生活满意程度的评价（Su et al.，2016）。陈晔等（2017）采用迪纳等（Diener et al.）对旅游者幸福感的定义，将其界定为人们对自身生活满意程度的认知评价。亢雄（2012）将旅游幸福感定义为"旅游者在旅游活动过程中因体验生发的积极情感，主要表现为主体需求的满足、参与并沉浸于旅游活动中，同时这些活动对于旅游者有一定积极的价值与意义"。妥艳娟（2015）将旅游者幸福感界定为"个体在旅游过程中体验到的，包括情感、体能、智力及精神达到某个特定水平而产生的美好感觉，以及由此形成的深度认知"。

3.4　旅游者幸福感的测量

3.4.1　旅游者幸福感测量的研究现状

在旅游者幸福感测量方面，研究者主要是借鉴社会学和营销学等相关研究成果，总体上有单一维度测量和多维度测量两种基本方法。单一维度测量主要是从整体上测量旅游者总体幸福感（Su et al.，2015；Su et al.，2016；陈晔等，2017），如"你如何评价你的总体生活？"。多维度测量主要是从生活的多个维度来测量旅游者幸福感，比如社会生活、家庭生活、工作生活、社区生活、休闲生活等（Fritz et al.，2006）。学者们使用 13 个指标来测量旅游者主观幸福感（Sirgy et al.，2011），16 个指标来测量旅游者幸福感（Fritz & Son-nentag，2006），24 个情感和体验题项来测试老年人总体幸福感（Wei & Milman，2002）。梳理众多旅游者幸福感文献，旅游者幸福感测量的 15 个生活领域被提取（Donlnicar，Yanamandram，& Clif，2012）。在这些生活领域中，休闲生活领域的满意度及它对生活满意度的重要性受到了休闲旅游领域研究者的重视（Nawijn et al.，2014）。质性现象学研究分析认为，旅游者幸福感包括脱离/恢复、自主、掌握/成就、意义、联系/关系、积极情感 6 个维度（Liang & Frost，2017）。

国内研究学者张天问和吴明远（2014）采用定性研究方法，通过对网络博客文本分析，从时间维度上将旅游幸福感划分为旅游前美好期待体验、旅游中福乐体验、旅游后温馨回忆体验 3 个阶段；从内容维度上将旅游幸福感划分为享受闲适生活、获得旅游福乐体验、提升积极情绪、减弱不良情绪、感受人际美好、提升人生境界等 6 个方面。基于旅游者幸福感理论，黄向（2014）认为旅游体验是旅游情境中的旅游者幸福感，并将旅游体验划分为孤独体验、成就体验和高峰体验 3 因子结构。妥艳媜（2015）认为旅游者幸福感由积极情绪、控制感、个人成长、成就体验、社会联结和沉浸体验等 6 个方面构成。

3.4.2 旅游者幸福感的量表开发与实证检验

旅游活动独特地嵌入整个社会生活中，旅游对社会经济发展的影响日益增强，旅游利益相关者的幸福感也成为当前国际旅游学的研究热点和前沿（如 Sirgy et al.，2017；Su et al.，2019；Su et al.，2020，2021；Uysal et al.，2016；Woo et al.，2016；郭英之等，2007a，2007b；亢雄，2013；梁增贤等，2015；粟路军等，2019；粟路军等，2020；妥艳媜等，2020；张晓等，2018；张晓等，2020）。随着旅游业的幸福产业属性日益凸显，旅游已成为当前人们日常生活的重要组成部分、衡量生活质量的重要标准和提升幸福感的重要手段，旅游者幸福感逐渐受到了研究者的关注，成为当前国际旅游学重要的新兴研究方向（Uysal et al.，2016），并出现了一些相关成果（如 Hwang et al.，2015；Kim et al.，2016；Pyke et al.，2016；Su et al.，2015，2016；Su et al.，2020，2021；Uysal et al.，2016；妥艳媜等，2020；张晓等，2018；张晓等，

2020；张天问等，2014）。

在过去几十年，幸福感研究出现在社会、行为、环境和政策科学中，它被认为是社会运动指标的一个分支，起源于经济学和社会学（Sirgy et al.，2017）。旅游学有关幸福感的研究发轫于 20 世纪 90 现代末期。在旅游者幸福感的测量方面，现有旅游学文献对旅游者幸福感的测量主要是借鉴社会学和营销学等研究成果，总体上有单一维度测量和多维度测量两种方法。然而，由于旅游体验的情境性特别强，从多维度测量相关生活领域时，每个生活领域对旅游者来说不是同等重要，且每个生活领域的重要性随个人和情境的变化而变化，因而需要根据研究情境来调整特定领域的测量（Uysal et al.，2016；蔡礼彬等，2020；粟路军等，2019；妥艳婧等，2020）。但从现有研究成果看，对基本生活领域的考察不尽相同，对特定领域进行考察和测量尚未引起研究者们的关注。因此，本书致力于识别旅游者幸福感维度并开发测量量表，以期所做出的探索性努力能够为将来旅游者心理和行为相关研究提供科学的测量工具，为旅游地践行"幸福管理"理念提供借鉴和参考。

3.4.2.1 研究设计与数据搜集

【问卷设计】

针对旅游者幸福感量表的设计，本研究严格遵循量表设计的步骤。首先，本研究结合现有被广泛引用的研究成果，根据我国当前社会经济发展阶段、状况和我国文化背景，将旅游者共有的生活领域划分为物质、家庭、健康、安全、工作、社区、情感、个人发展等 8 个维度（Cummins，1996，2000；Dolnicar et al.，2012；Sirgy et al.，2010；Mathew & Sreejesh，2017；Pyke et al.，2016）。此外，由于休闲生活已成为人们日常生活的重要组成部分，而旅游又属于休闲的重要组成部分，因而休闲生活领域受到了旅游学者们的关注（Dolnicar et al.，2012；Uysal et al.，2016），因此，本书将休闲生活作为旅游者生活领域的一个重要维度。

同时，确定相关生活领域时，每个生活领域对旅游者来说不是同等重要的，且每个生活领域的重要性随个人和情境而变化（Uysal et al.，2016；蔡礼彬等，2020；粟路军等，2019；妥艳婧等，2020），例如，野生动物旅游情境下，旅游者的特定生活领域的重要性可能与邮轮旅游者不同，前者重要的生活领域可能涉及精神和文化生活，而后者则可能涉及社会、休闲与烹饪生活。医疗旅游者看重的是健康生活领域（Cohen，2012），而探险旅游者可能将休闲生活作为最重要的生活领域（Klaus et al.，2011）。此外，本研究将基本公共生活领域纳入旅游者幸福感测量的同时，还按人群和情境来设定特定生活领域，并根据不同情境对这些维度进行动态调整，这样可以提高对旅游者幸福感测量的准确性。

其次，为保证量表的内容效度，邀请 2 位旅游管理专业教授和 4 名旅游管理博士研究生对测量指标的适当性、维度的全面性、项目的思想性和表达的清晰性等方面进行评估。只有当 6 位专业人员一致认为某个题项不具有代表性或重要性，才删除题项（魏遐等，2012）。再次，在正式调研之前，研究者开展了小范围的预调研，在 2021 年 12 月，以线下调研方式发放了 30 份预调研问卷，根据反馈对题项的语义、措辞进行必要修改与润色，使问卷的语言表达更方便于参与者的理解和填答。最后，形成旅游者幸福感调查问卷。问卷共包括两部分：第一部分是旅游者幸福感测量题项，共 27 项；第二部分为人口统计特征调查，主要包括被试者的性别、年龄、受教育程度、职业、月收入及旅游频率等基本信息调查。量表均采用李克特量表进行打分（1 = 非常不同意，7 = 非常同意）。

【问卷的发放与回收】

参与者是通过中国成年人在线调研平台 Credamo 招募的（Gai et al.，2021），将包含 27 个测量题项的旅游者幸福感初始量表制作成电子问卷，借助 Credamo 平台，进行网络发放。由于本研究聚焦于旅游者幸福感，研究对象应具有一定旅游经历，因而本研究通过使用问卷的作答限定功能对参与者进行了筛选，只有具有旅游经历的旅游者可以填写本问卷。正式调研时间为 2022 年 1 月，共招募了 550 名志愿参与者，作答时，要求参与者回忆最近一次出游的场景和经历，并根据这次体验回答所列题项。得分越高，表示参与者体验到的旅游幸福感越强烈。最终回收问卷 505 份，剔除填写随意和填写不全的无效问卷 6 份，共获得有效问卷 499 份，有效回收率为 91%。

3.4.2.2 数据分析

【描述性统计分析】

由表 3 - 1 可知，从受访者年龄结构上看，18 ~ 25 岁群体占 19.5%；26 ~ 35 岁群体占 65.5%，是本次调查样本中最主要的参与人群；36 ~ 45 岁群体占 12.2%；46 岁以上人群占 2.8%。从受教育程度上看，高中以下学历占比 2.2%；高中及职高占 5.8%；大专及本科学历水平占 84.2%；硕士及以上学历水平占 7.8%。由此可见，受访者的学历集中在本科水平，显示较高的学历层次。从受访者职业来看，公司职员占 64.7%；事业单位人员占 12.6%；学生占 10.4%；公务员、自由职业者、个体户等职业人数相对较少；其他职业还包含离退休人员等，总体来看受访者职业分布相对稳定。从受访者收入水平上看，3000 元及以下者占受访者总数的 11.8%；3001 ~ 4999 元月收入者占受访者总数的 12.0%；5000 ~ 7999 元月收入者占受访者总数的 29.7%；月收入在

8000～9999元之间的受访者占22.0%；10000元及以上的月收入者占24.5%。由此可见，受访者收入超5000元的人数在总体样本中占76.2%，说明多数受访者具有较好的经济基础。从受访者出游次数来看，出游1次者占13.0%；出游2～3次者占48.3%；出游4～5次者占26.9%；出游6～7次者占11.0%；出游8次及以上者占0.8%。综合来看，受访者中出游次数2～3次和4～5次两种情况居多，且占比高达75.2%。最后，从旅游知识来看，非常不了解和不了解的受访者仅占2.8%，对旅游了解的受访旅游者占比高达97.2%，说明受访者的选取质量较高。

表 3-1　　　　　　　　　　　　描述性统计分析结果

分类		样本量（人）	占比（%）	分类		样本量（人）	占比（%）
年龄	18～25 岁	97	19.5	月收入	小于3000 元	59	11.8
	26～35 岁	327	65.5		3000～4999 元	60	12.0
	36～45 岁	61	12.2		5000～7999 元	148	29.7
	46 岁及以上	14	2.8		8000～9999 元	110	22.0
职业	公司职员	323	64.7		10000 元及以上	122	24.5
	公务员	10	2.0	文化程度	高中以下	11	2.2
	事业单位人员	63	12.6		高中/职高	29	5.8
	学生	52	10.4		大专/本科	420	84.2
	自由职业者	15	3.0		硕士及以上	39	7.8
	离退休人员	4	0.8	性别	男	203	40.7
	个体户	18	3.6		女	296	59.3
	其他	14	2.8	旅游知识	非常不了解	2	0.4
出游次数	1 次	65	13.0		不了解	12	2.4
	2～3 次	241	48.3		一般	125	25.1
	4～5 次	134	26.9		了解	293	58.7
	6～7 次	55	11.0		非常了解	67	13.4
	8 次及以上	4	0.8				

【探索性因子分析】

为了探究旅游者幸福感的维度结构，使用 SPSS 25.0 对正式调研数据集进行探索性因子分析。结果表明，KMO 值为 0.905，Bartlett 球形检验显著性为

0.000，近似卡方值为 6453.580，自由度为 351，表明量表适合做探索性因子分析（Hair et al.，2010）。采用主成分分析法和最大变异法进行转轴并提取公因子，选取特征值大于 1、因子载荷大于等于 0.5 的题项，共提取 9 个公因子，共包含 27 个题项，且累计解释方差贡献率 73.272%，表明提取的公因子具有较高的解释度。依据 9 个公因子的具体题项内容分别将其命名为：物质生活幸福感、家庭关系幸福感、个人健康幸福感、社区生活幸福感、个人安全幸福感、个人工作幸福感、情感生活幸福感、自我发展幸福感、休闲生活幸福感。探索性因子分析结果如表 3-2 所示。

表 3-2　　　　　　　　　　探索性因子分析结果

维度与测量题项 （Dimension and Item）		因子载荷 （Factor loading）	克朗巴哈系数 （Cronbach's α）	方差累计献率/% （Cumulative variance/%）
情感生活幸福感	我有较充裕的业余时间	0.882	0.912	32.850
	我经常参与休闲活动	0.912		
	我的精神生活很丰富	0.906		
个人健康幸福感	我的身体很健康	0.823	0.806	41.548
	社区空气质量良好	0.736		
	社区垃圾处理很及时	0.824		
个人安全幸福感	社区意外事件和犯罪率很低	0.824	0.807	47.851
	社区有健全的安全保障	0.769		
	社区有健全的医疗服务	0.732		
社区生活幸福感	我的邻里关系很不错	0.759	0.788	53.601
	我积极参与社区互动	0.712		
	我对社区生活很满意	0.719		
个人工作幸福感	我没有过度的工作压力	0.731	0.812	58.871
	我拥有持续的工作动力	0.730		
	我拥有强烈的工作成就感	0.766		
家庭关系幸福感	我的家庭是和睦的	0.839	0.783	63.315
	我可以获得来自家庭的支持	0.725		
	我有一个良好的家庭关系	0.816		

续表

维度与测量题项 （Dimension and Item）		因子载荷 （Factor loading）	克朗巴哈系数 （Cronbach's α）	方差累计献率/% （Cumulative variance/%）
休闲生活幸福感	我有自主的休闲时间	0.807	0.766	66.969
	我有自由的休闲空间	0.747		
	我有固定的休闲花费	0.678		
物质生活幸福感	我对居住条件很满意	0.693	0.811	70.462
	我对收入和工作很满意	0.764		
	我对生活成本很满意	0.714		
自我发展幸福感	我对接受的教育很满意	0.745	0.752	73.272
	我对个人竞争力很满意	0.651		
	我对个人发展取得的成绩很满意	0.079		

【验证性因子分析】

为了验证探索性因子分析所得到的旅游者幸福感九因子模型，使用 AMOS 24.0 软件采用最大似然法进行验证性因子分析。拟合指标结果显示，该模型拟合数据较好（见表 3 - 3）。χ^2/df 为 1.610（<3；$p < 0.001$），均方根残差（RMR）和近似误差均方根（RMSEA）分别为 0.036 和 0.035。拟合优度指数（GFI）、非规范拟合指数（NFI）、增量拟合指数（IFI）、Tucker - Lewis 指数（TLI）和比较拟合指数（CFI）、调整拟合优度指数（AGFI）均大于 0.9。根据胡和本特勒（Hu & Bentler，1999）提出的模型评价标准，所有指标均可接受。因此，最终确定九因子模型为旅游者幸福感量表的结构及测量题项构成（见图 3 - 2）。

表 3 - 3　　　　　　　　　　验证性因子分析结果

模型 （Model）	绝对适配度指标			增值适配度指标			简约适配度指标				
	χ^2/df	RMSEA	GFI	NFI	RFI	IFI	TLI	CFI	PGFI	PNFI	PCFI
	<3	<0.08	>0.90	>0.90	>0.90	>0.90	>0.90	>0.90	>0.50	>0.50	>0.50
九因子	1.610	0.035	0.937	090	0.914	0.972	0.966	0.972	0.714	0.763	0.797

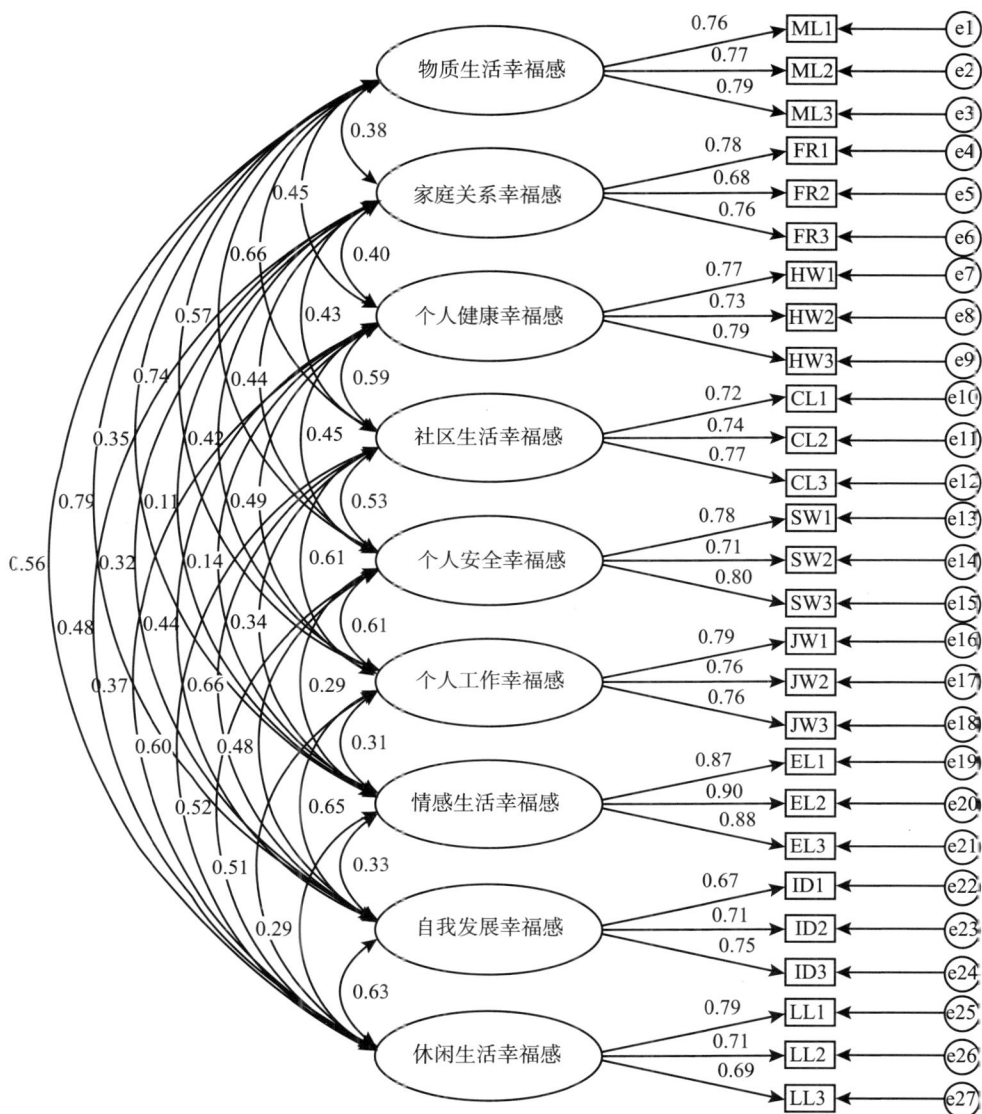

图 3 - 2 旅游者幸福感九维结构模型

【信效度检验】

采用收敛效度和区分效度分析，进一步检验和佐证已经通过验证性因子分析的旅游者幸福感量表。收敛效度反映了量表测量题项对潜变量的贡献，通过平均方差萃取值（AVE）可以直接检验量表的收敛效度，即平均方差萃取量越大相对误差就越小，测量量表的收敛效度就越好。检验结果显示，物质生活幸福感、家庭关系幸福感、个人健康幸福感、社区生活幸福感、个人安全幸福感、个人工作幸福感、情感生活幸福感、自我发展幸福感、休闲生活幸福感 9 个维度的 AVE 值均大于 0.5，表明本研究所构建的旅游者幸福感测量量表聚合效度良好（Fornell et al. , 1981）。

区分效度反映了潜变量之间的差异性。福内尔和拉克尔（Fornell & Larcker, 1981）的研究表明，平均方差萃取值（AVE）的算术平方根大于潜变量之间的相关系数则表明潜变量间具有较高的区分效度。潜变量间的区分效度分析结果显示，平均方差萃取值（AVE）的算术平方根均大于 9 个潜变量之间的相关系数（见表 3－4），表明本研究所构建的旅游者幸福感测量量表具有良好的区分效度。

表 3－4 潜变量间的区分效度分析

因子（Factor）	1	2	3	4	5	6	7	8	9
1. 物质生活幸福感	0. 599								
2. 家庭关系幸福感	0. 191 ***	0. 552							
3. 个人健康幸福感	0. 227 ***	0. 185 ***	0. 583						
4. 社区生活幸福感	0. 303 ***	0. 178 ***	0. 248 ***	0. 555					
5. 个人安全幸福感	0. 321 ***	0. 225 ***	0. 232 ***	0. 25 ***	0. 584				
6. 个人工作幸福感	0. 413 ***	0. 217 ***	0. 255 ***	0. 284 ***	0. 349 ***	0. 593			
7. 情感生活幸福感	0. 355 ***	0. 102 *	0. 127 **	0. 286 ***	0. 297 ***	0. 321 ***	0. 777		
8. 自我发展幸福感	0. 375 ***	0. 137 ***	0. 192 ***	0. 259 ***	0. 23 ***	0. 313 ***	0. 29 ***	0. 506	
9. 休闲生活幸福感	0. 302 ***	0. 237 ***	0. 185 ***	0. 268 ***	0. 286 ***	0. 278 ***	0. 289 ***	0. 291 ***	0. 531
AVE 的平方根	0. 774	0. 743	0. 764	0. 745	0. 764	0. 770	0. 881	0. 711	0. 729

注：对角线左下方为相关系数矩阵，对角线上为各潜在变量的平均方差萃取值（AVE）。
* 表示 $p < 0.05$，** 表示 $p < 0.01$，*** 表示 $p < 0.001$。

【人口统计变量影响下的旅游者幸福感维度差异分析】

由表 3－5 结果可知，方差分析结果表明，不同年龄段旅游者感知的旅游幸福感 9 个维度均存在显著差异，利用最小显著差检验法（LSD）进行事后多重比较，结果发现：18～25 岁旅游者的物质生活幸福感显著低于其他年龄段旅游者，其他年龄段组之间不存在显著差异，而 36～45 岁旅游者的家庭关系幸福感显著高于 18～25 岁和 26～35 岁旅游者，其他年龄段组之间不存在显著差异。不同学历的旅游者感知的旅游幸福感存在差异，其中仅对家庭关系幸福感的感知存在显著差异（$p < 0.001$）。不同收入水平的旅游者感知的旅游幸福感存在差异，利用最小显著差检验法（LSD）进行事后多重比较，结果发现：月收入 10000 元及以上的旅游者的物质生活幸福感、个人工作幸福感和休闲生活幸福感显著高于其他旅游者，而在社区生活幸福感、个人安全幸福感、情感生活幸福感、自我发展幸福感等方面与月收入 8000～9999 元的旅游者并不存在显著差异。不同职业的旅游者感知的旅游幸福感存在差异，利用最小显著差检验法（LSD）进行事后多重比较，结果发现：除了离退休人员外，学生的物质生活幸福感显著低于其他职业。最后，不同旅游次数和旅游知识的旅游者感知的旅游幸福感存在差异，利用最小显著差检验法（LSD）进行事后多重比较，结果发现：出游 8 次及以上的旅游者的物质生活幸福感、个人工作幸福感、休闲生活幸福感均显著高于其他组，但在个人健康幸福感、社区生活幸福感、个人安全幸福感、情感生活幸福感、自我发展幸福感等方面与出游 6～7 次的旅游者无显著差异。此外，对旅游知识非常了解的旅游者的物质生活幸福感、个人安全幸福感、个人工作幸福感均显著高于其他组旅游者。

表 3 - 5　　　　人口统计变量影响下的旅游者幸福感维度方差分析

因子（Factor）	性别	年龄	学历	收入	职业	旅游次数	旅游知识
	F 值	F 值	F 值	F 值	F 值	F 值	F 值
物质生活幸福感	0.454	35.915 ***	0.898	24.346 ***	9.027 ***	21.753 ***	22.106 ***
家庭关系幸福感	0.957	4.093 **	6.264 ***	1.997	2.119 *	2.091	4.06 **
个人健康幸福感	0.756	10.839 ***	0.847	1.216	1.827	3.88 **	7.091 ***
社区生活幸福感	1.809	25.419 ***	0.986	8.972 ***	5.598 ***	10.347 ***	15.968 ***
个人安全幸福感	7.921 **	10.32 ***	1.989	12.346 ***	4.499 ***	9.284 ***	17.653 ***
个人工作幸福感	2.290	20.552 ***	1.899	15.473 ***	4.713 ***	10.084 ***	23.78 ***
情感生活幸福感	1.279	4.199 **	1.274	4.659 **	1.783	5.75 ***	3.296 *
自我发展幸福感	0.574	13.67 ***	1.095	8.02 ***	5.805 ***	15.756 ***	21.847 ***
休闲生活幸福感	0.237	8.238 ***	0.213	6.854 ***	4.362 ***	9.059 ***	13.448 ***

注：* 表示 $p < 0.05$，** 表示 $p < 0.01$，*** 表示 $p < 0.001$。

3.4.2.3　结论与讨论

依据巴戈齐等（Bagozzi et al.，1991）提出的量表开发方法和步骤，本书遵循科学的量表开发原则，严格执行量表开发程序，并融入旅游情境以保证问卷各项指标符合构念的内核。根据旅游者幸福感等前期研究文献，整合现有被广泛引用的研究成果，结合结构性访谈和开放式问卷调研，确定旅游者幸福感维度结构及初始测量题项。基于正式问卷调研数据，通过描述性统计分析、探索性因子分析、验证性因子分析、信效度检验和人口统计变量方差分析，得到旅游者幸福感9维度27个题项的测量量表。研究结果表明量表的信效度指标理想，验证性因子分析结果显示9因子量表的结构模型拟合指数良好。因此，本书开发的旅游者幸福感量表较好诠释了旅游者幸福感的本质，为未来旅游者幸福感研究提供了科学的测量工具。

本书开发的旅游者幸福感量表具有如下特点：首先，本书主要使用定量的方法对旅游者幸福感维度进行了探究，弥补了现有研究仅采用质性研究方法对旅游者幸福感维度进行探究的缺口；其次，在开发的初始阶段，结合了结构性访谈和开放式问卷调研，并且以国内旅游者为研究样本，相比于现有研究机械移植国外量表更加符合中国文化情境，且量表结构完整，测量题项数量适宜；再次，与其他旅游者主观幸福感量表相比，本书开发的旅游者幸福感量表整合了幸福感不同维度的情境性和差异性，即将基本公共生活领域纳入旅游者幸福感测量的同时，还按人群和情境来设定特定生活领域，并根据不同情境对这些维度进行动态调整，这样可以提高对旅游者幸福感测量的准确性。最后，人口统计变量方差分析和事后比较分析结果与我国社会发展和旅游者特征相契合，进一步体现了所开发的旅游者幸福感量表符合中国文化情境。

3.5　旅游者幸福感的影响因素

旅游者幸福感影响因素是当前旅游者主观幸福感研究的重要方向。许多研究已证实了旅游相关活动对旅游者幸福感的影响，发现旅游者幸福感能够通过旅游者特征与个性、旅游特征、对生活领域的满意度、对生活总体满意度、消费生命周期等来预测（Uysal et al.，2016；Uysal Sirgy et al.，2012）。尼尔和云萨尔（Neal Sirgy & Uysal，1999）发现旅游者对旅游服务的满意度将会影响他们的总体生活满意度。粟路军等（2016b）将旅游服务质量和旅游者满意度作为旅游者主观幸福感的影响因素，发现旅游者满意度在旅游服务质量对旅游者主观幸福感的影响中起中介作用。霍尔姆等（Holm et al.，2017）探讨了探险旅游活动与旅游者幸福感的关系，认为它们之间是通过情感联系起来的，并认为探险旅游活动可以增强旅游者幸福感。粟路军等（2021）验证了旅游活动类型对旅游者实现幸福感和享乐幸福感的影响，并且当考虑旅游者外出旅游的社交情境时，实现幸福感与享乐幸福感在不同的旅游活动类型中均能相互转化，且其转化的方向因社交情境的变化而不同。

近年来，国内学者也开展了相关研究，如赵东喜（2015）对大学生外出旅游的幸福感进行了调查研究，发现大学生外出旅游显著提升了其旅游者幸福感的总体水平，但在具体领域又存在差异性。与非度假旅游者相比，度假旅游者具有更高的旅游者幸福感，从而说明度假旅游是提升旅游者幸福感的重要驱动因素。《旅游业对国家经济社会发展的战略性作用》课题组则构建了旅游提升国民幸福的时间－范畴分析框架，实证结果表明旅游过程中的健康、新奇、正面情感和非惯常环境等个人身心方面的体验是旅游者总体幸福感的关键影响因素。陈晔等（2017）对团队旅游者进行调查研究，发现旅游者间积极的互动和社会联结是旅游者幸福感的重要驱动因素。

3.6 旅游者幸福感的形成机制

提升幸福感是旅游者参与旅游活动的重要动机，也是旅游目的地发展的重要目标，更是旅游活动社会功能的重要体现（Su et al.，2016）。因而探析旅游者幸福感的形成机理，成为旅游学领域重要的研究议题，并取得了较为丰富的研究成果。旅游者幸福感的形成机理研究主要涉及影响因素、中间过程及调节变量等。本书将这些主要研究成果按时间先后顺序梳理如表 3 - 6 所示。

表 3 - 6 　　　　　　　　　旅游者幸福感的形成机理主要研究文献

作者（时间）	研究方法	研究情境/数据/样本	关键变量	研究发现
尼尔等（Neal et al.，1999）	横截面问卷调查	休闲旅游者	旅游者满意	旅游者满意在旅游服务满意对旅游者幸福感影响中起中介作用
吉尔伯特和阿布杜拉（Gilbert & Abdullah，2004）	横截面问卷调查	度假群体和非度假群体	度假活动	度假活动调节旅游体验对旅游者幸福感的影响
尼尔等（Neal et al.，2007）	横截面问卷调查	度假旅游者	度假时间	度假时间正向调节度假活动对旅游者幸福感的提升作用
瑟吉等（Sirgy et al.，2011）	横截面问卷调查	休闲旅游者	具体生活领域满意度	旅游者积极和消极记忆影响具体生活领域满意度，进而影响总体生活满意度
张天问，吴明远（2014）	扎根理论方法	中国旅游者	旅游体验过程	旅游体验前、中、后 3 个阶段分别对应于旅游者不同的幸福状态

续表

作者（时间）	研究方法	研究情境/数据/样本	关键变量	研究发现
金姆等（Kim et al.，2015）	横截面问卷调查	老年旅游者	体验满意、休闲满意	体验满意和休闲满意在旅游者参与、感知价值对旅游者幸福感影响中起中介作用
粟路军等（2015）	横截面问卷调查	城市旅游者	旅游者满意	旅游者满意在服务质量和服务公平对旅游者幸福感影响中起部分或完全中介作用
《旅游业对国家经济社会发展的战略性作用》课题组（2015）	横截面问卷调查	中国旅游者	出游次数、旅游阶段、性别、年龄、收入水平和受教育程度等诸多因素	出游次数等诸多因素在旅游对人民幸福感的影响中起调节作用
赵东喜（2015）	实验研究	度假群体和非度假群体	度假活动	度假活动调节旅游体验对旅游者幸福感的影响
陈等（Chen et al.，2016）	横截面问卷调查	美国旅游者	旅游满意	旅游满意在假日康复体验对旅游者幸福感影响中起部分中介作用
粟路军等（2016）	横截面问卷调查	温泉旅游者	关系质量（旅游者满意、旅游者认同）	关系质量在服务质量对旅游者幸福感影响中起部分或完全中介作用
胡等（Woo et al.，2016）	横截面问卷调查	老年旅游者	休闲满意	休闲满意度在旅游动机对旅游者幸福感影响中起中介作用
陈晔等（2017）	横截面问卷调查	中国旅游者	社会联结	社会联结在旅游者间互动与旅游者幸福感的关系中存在部分中介作用

对于旅游者幸福感形成机制的研究，主要分为中介效应分析和调节效应分析两大部分。首先，对于中介效应分析，尼尔（Neal，1999）发现，旅游活动中旅游者满意在旅游服务满意对旅游者幸福感影响中起中介作用。瑟吉等（Sirgy et al.，2011）也发现旅游者积极和消极记忆影响部分生活领域的满意度，进而影响总体生活满意度。在老年旅游者情境下，金姆等（Kim，Woo & Uysal，2015）将旅游者参与、感知价值作为体验满意的影响因素，进而影响了老年旅游者的休闲满意度和旅游者幸福感。同样，在老年旅游者情境下，胡等（Woo，Kim & Uysal，2016）将旅游动机、旅游限制作为休闲满意度和旅

游者幸福感的前因变量，发现旅游动机正向影响休闲领域满意度，而旅游限制没有影响休闲领域满意度，且休闲领域满意度与总体生活满意度相关。在城市旅游情境下，粟等（2015）将服务公平和服务质量作为旅游者幸福感的前因变量，旅游者满意作为中介变量。在航空旅游者情境下，金姆等（2016）将认知评价、情感评价和感官评价作为旅游者幸福感的前因变量，并发现它们正向影响旅游者幸福感。在温泉旅游情境下，粟（2016）将服务质量作为前因变量，关系质量（旅游者满意、旅游者认同）作为中介变量，旅游者幸福感作为结果变量，实证结论表明旅游者满意在服务质量对旅游者幸福感影响中起完全中介作用。陈等（2016）检验了假日康复体验、旅游满意和旅游者幸福感之间的关系，实证研究结论表明旅游满意在假日康复体验对旅游者幸福感影响中起部分中介作用。在团队旅游情境下，陈晔等（2017）发现团队社会联结在旅游者互动与旅游者幸福感的关系中起部分中介作用。

在探讨旅游者主观幸福感形成机理时，除了探讨中介过程外，一些研究还进行了调节效应分析，以便客观全面地反映旅游者幸福感的形成机理。亦有学者比较了度假群体和非度假群体的旅游者幸福感（Gilbert & Abdullah，2004）。结果显示，与非度假群体相比，度假群体相比于度假之前，其旅游者幸福感有所提升。相类似，其他学者也得到相似结论——他们发现度假群体比非度假群体有更高的满意度并探讨了旅游停留时间的调节效应，研究发现服务满意度能提升休闲领域生活满意度，且这种关系随停留时间的增加而加强，迪娜等（Dolniar et al.，2012）认为度假对旅游者幸福感的影响可能依赖于生活的不同阶段及其他背景变量可能影响旅游重要性的程度。国内研究者赵东喜（2015）也发现，度假后，度假群体比非度假群体拥有更高的旅游者幸福感。《旅游业对国家经济社会发展的战略性作用》课题组的实证分析结论表明，出游次数、旅游阶段、性别、年龄、收入水平和受教育程度等诸多因素在旅游对国民幸福感的作用中有影响，即这些因素起相应的调节作用。

旅游活动是一种复杂的社会现象，涉及社会生活的各个方面。目前，研究者们对旅游者幸福感的概念、构成维度、影响因素及形成机理、跨文化背景和跨阶段的旅游者幸福感比较分析及对旅游者幸福感的研究方法这几个方面的认识还有所欠缺。

第一，旅游者幸福感的概念还不够清晰。在现有文献中，旅游者幸福感概念主要来自哲学、心理学、管理学、营销学等不同学科（Holm et al.，2017；亢雄，2012）。由于学科的差异，导致旅游研究者对旅游者幸福感有相类似的概念，如生活质量、生活满意度、幸福感等概念在许多文献中交互使用且不明晰（Holm et al.，2017；Uysal et al.，2016；陈晔，2017）。此外，对旅游者幸福感范畴的认识也存在差异，一些研究者认为旅游者幸福感包括旅游前、中、后 3 个阶段（De Bloom et al.，2010；赵东喜，2015），还有些研究者认为旅游者幸福感仅指旅游中的旅游者幸福感（亢雄，2012；妥艳婧，2015）。从科学研究的严谨性看，旅游者幸福感尚未能构成旅游学的一个学科概念。

第二，旅游者幸福感的构成维度还不够明确。总体上，旅游者幸福感有单一维度总体测量和多维度具体生活领域测量两种方式。由于旅游体验的情境性特别强，在多维度测量相关生活领域时，每个生活领域对旅游者来说不是同等重要，且每个生活领域的重要性随个人和情境的变化而变化，因而需要根据研究情境来调整特定领域的测量（Uysal et al.，2016）。但从现有研究成果看，对基本生活领域的考察不尽相同，对特定领域进行考察和测量尚未引起研究者们的关注。

第三，旅游者幸福感的影响因素及形成机理还不够明晰。现有相关研究验证了旅游者幸福感的诸多影响因素，在此基础上一些研究者开始探讨旅游者幸福感的形成机理（Dolnicar et al.，2012；Filep，2014；Neal et al.，1999）。然而，这些研究成果的研究视角较为分散，研究结论之间难以比较，甚至出现了一些相互矛盾的研究结论，少有研究者从多学科视角和旅游活动过程来构建较为系统的旅游者幸福感形成机理的理论框架，这极大地阻碍了对旅游者幸福感的形成机理及规律的发现，给构建旅游者幸福感理论体系带来巨大挑战。

第四，跨文化背景和跨阶段的旅游者幸福感比较分析还不够丰富。文化背景的差异会导致旅游者对旅游中体验到的各种要素的重要性判断存在差异（Holm et al.，2017）。西方是个人主义文化，偏重个人自我价值的实现，强调自身独立自主性，因而个人成就感和满足感对旅游者幸福感的影响特别大。东方是集体主义文化，关注集体价值的实现，主张自身的高度关联性，因而集体的外在准则、规范等对旅游者幸福感影响显著。这种东西方文化及价值观的差异会影响个人的自我建构，进而产生东西方旅游者在幸福感感知上的差异（高良等，2010）。但从现有成果来看，开展东西方文化背景下的旅游者幸福感的比较研究还十分缺乏。

从旅游活动过程看，旅游体验可划分旅游前、中、后三个阶段。旅游前是期待体验，旅游中是幸福体验，而旅游后是幸福沉浸与转化（张天问等，2014），因而三个阶段的旅游者幸福感水平可能存在显著差异（Su et al.，2016）。尽管一些研究开展了跨期的旅游者幸福感比较研究，但总的来说还不够丰富，特别是对旅游者幸福感的三个阶段及各个具体领域进行比较研究的成果还相当缺乏，导致难以发现旅游者幸福感的变化规律。

第五，旅游者幸福感研究方法较为单一。现有文献对旅游者幸福感研究使用的研究方法以定量研究为主，定性研究为辅。在定量研究中，又以横截面问卷调查为主，纵向调查相对较少。尽管研究方法没有优劣之分，但以单一的横截面问卷调查方法开展对旅游者幸福感的研究，而不进行多视角、全方位的分析，难以剖析其本质，发现其规律。

因而旅游者幸福感需要从多学科视角出发，借鉴这些学科的基础理论和研究成果，结合旅游活动本身的独特性和具体情境，开展跨学科研究，以便对旅游者幸福感形成更清晰、全面的认识。

在研究旅游者幸福感时，针对具体研究问题和不同的研究内容，研究者应选择相应的研究方法。总体上，定性研究方法擅长建构理论，可用于旅游者幸福感的概念界定、相关基础理论建构等；定量研究方法可以科学地检验理论，可用于检验旅游者幸福感的影响因素及其形成机理等。采用实验研究可以更准确明晰变量之间的因果关系，以此探析旅游者幸福感影响因素及其形成机理。

3.6.1 服务质量对旅游者幸福感的作用机制

客户关系，特别是关系营销，已经受到学术界和实践者的广泛关注。关系营销的目标是与有价值的旅游者建立长期、信任、互利的关系（Kim et al.，2002）。根据莱克海尔德和萨瑟（Reichheld & Sasser，1990）的研究，企业只要多留住 5% 流失的客户，就可以增加几乎 100% 的利润。通过减少获取客户的营销成本，通过积极的口碑获得新客户，以及通过对价格不太敏感的忠实客户随着时间的推移而购买更多产品，就可以获得更高的经济回报（Smit et al.，2007）。因此，建立忠诚的客户关系"正日益成为组织在当今高度竞争的环境中努力保持忠诚和满意的客户的一种战略"（Meng et al.，2008）。

社会身份视角有助于建立企业与旅游者之间的关系（Bhattacharya et al.，2003）。因此，旅游者—企业认同是一个潜在有用的结构，可以帮助更好地理解旅游者关系，但很少有研究验证两者的关系（Ahearne et al.，2005）。此外，现有研究较少关注旅游者行为的社会认同的前因（如认同），也没有将其纳入已建立的框架（He et al.，2012；Martínez et al.，2013）。埃亨等（Ahearne et al.，2005）指出，当企业向顾客提供的产品是无形的时候（如服务），旅游者—企业认同可能会对旅游者产生更大影响。因此，在酒店服务的背景下，检验旅游者—企业认同可能是值得研究的方向

酒店可以提供广泛的旅游服务，如住宿、餐饮、娱乐、当地交通、地点推荐和安排当地旅游。因此，酒店服务体验是整个旅游体验的重要组成部分，在某些情况下，可以反映整个旅游业的服务水平。

包括旅游在内的休闲活动及其对生活满意度和幸福感的重要性已经在旅

游/休闲文献中有所涉及（例如，Diener et al.，1997；Dolnicar et al.，2012；Hobson et al.，1994；Karnitis，2006；Neal et al.，2007，2009）。米尔曼（Milman，1998）指出，越来越多的旅游和旅游促销活动表明，旅游、度假或任何旅游体验都可能对旅游者的心理健康产生积极影响。然而，这一领域的研究大多集中在旅游地居民的生活质量或旅游者幸福感之间的关系，很少有研究探讨特定旅游活动对旅游者幸福感的贡献，特别是酒店组织的旅游活动是否有助于旅游者幸福感，目前尚不清楚（Dolnicar et al.，2012）。

2020年，亚洲成为世界上最大的旅游者出入境市场，但令人惊讶的是，对亚洲旅游者的实证研究普遍缺乏。值得注意的是，在1978年中国对外开放之前，中国的旅游业几乎是不存在的，而现在中国已经成为了一个主要的旅游市场（Lee et al.，2007；Qiu et al.，2004）。随着中国人口超过13亿，旅游部门越来越重视发展国内旅游市场（Wang et al.，2004）。目前，国内旅游市场占中国旅游者流量的90%以上，近十年来，国内旅游市场以每年10%左右的速度持续增长（China Travel Guide，2014）。本节的内容以中国旅游者为样本，采用结构方程模型（SEM）对理论模型进行了检验。

本节内容丰富了酒店领域的相关研究。第一，它检验和证明了感知服务质量在酒店住宿情境下对旅游者幸福感会产生显著影响。以往的文献主要关注和检验服务质量对旅游者行为的影响（例如，Babin et al.，2005；Hutchinson et al.，2009；Kozak et al.，2000；Petrick，2004），但尚未研究探讨服务质量对旅游者幸福感的影响。

第二，将旅游者—企业认同作为关系质量构念，检验关系质量在服务质量对旅游者幸福感的影响的中介作用。以往研究尚未检验旅游者—企业认同作为一种关系建构的潜在中介作用。因此，通过加入旅游者—企业认同作为关系建构，拓展了对关系质量的理解。

第三，提出并探讨了旅游者幸福感作为一种服务评价感知所产生的社会结果。本研究扩展了以往基于服务的关系营销研究，拓宽了只关注经济结果的传统研究视角。虽然旅游者幸福感的研究越来越受到旅游研究者的重视（例如，Dolnicar et al.，2012；Gilbert et al.，2004；Neal et al.，1999；Neal et al.，2007；Sirgy et al.，2011），但关于旅游幸福感的影响因素和作用机制的研究还较为缺乏。本书提出感知服务质量是旅游者幸福感的前因变量，而关系质量（即旅游者满意度、旅游者—企业认同）既是旅游者幸福感的前因变量，又是感知服务质量的中介变量。本书提出将感知服务质量作为旅游者幸福感的前因变量，在接下来的内容中，我们首先利用先前的文献构建了一个概念模型，以考察两个关系质量构念（旅游者满意度、旅游者—企业认同）作为中国旅游者住宿服务质量感知与旅游者幸福感之间的中介变量。在文献回顾的过程中，我们也提出了研究假设。最后，我们针对研究结果讨论了管理启示、研究的局限性和未来研究的方向。

3.6.1.1 研究假设与研究模型

【服务质量】

服务质量被定义为旅游者对所要接受的服务的预期与对所接受的实际服务的感知之间的差异（Parasuraman et al.，1988）。基于这一概念，帕拉休拉曼等（Parasuraman et al.，1988）开发了一种服务测量量表（即 SERVQUAL），它包括五个质量维度（可靠性、响应性、保险性、共情性和有形性）。SERVQUAL 已被学者们广泛接受，但也因其在实际应用中存在的缺陷而受到批评（Cronin et al.，1992）。在酒店行业的相关文献中，学者们已经开发了几种特定领域的服务质量量表，如 LODGSERV（Knutson et al.，1990；Patton et al.，1994）、HOLSERV（Mei，Dean，& White，1999）以及《住宿质量指数》（Getty et al.，2003）。

【关系质量】

一些学者认为，关系质量既没有一个正式的定义，也没有确切的维度划分标准（例如，Athanasopoulou，2009；Huntley，2006；Woo et al.，2004），尽管它被认为是几个不同的结构组成的一个高阶结构（Kumar et al.，1995；Lages et al.，2005）。关系质量被广泛认为是发展忠诚旅游者的关键（Walsh et al.，2010），是旅游者购后行为的重要预测因子（Crosby et al.，1990；Kim et al.，2002；Morgan et al.，1994）。服务质量是对企业绩效的全面评价，而关系质量则是一种战略导向，注重改善旅游者关系。

先前的研究已经调查了一些不同的关系质量构念，如承诺（Hennig - Thurau et al.，1997；Rauyruen et al.，2007；Walsh et al.，2010）和信任（Bejou et al.，1996；Kim et al.，2002；Moorman et al.，1992；Morgan et al.，1994；Rauyruen et al.，2007；Walsh et al.，2010）。不同的学者也使用了不同的构念组合来表示关系质量。例如，关系质量定义为信息共享量、沟通质量、长期取向和对关系的满意度（Lages et al.，2005），亦有学者从包容冲突、信任、承诺、对关系投资的意愿和对持续投资的期望上对其进行界定（Kumar et al.，1995）。在本书中，我们专注于探讨两个不同的关系质量维度：旅游者满意度和旅游者—企业认同。

【感知服务质量与旅游者满意度】

旅游者满意度可以概念化为旅游者的满足反应：一种认为产品或服务提供了与消费水平所对应的满足的愉快水平的判断（Oliver，1997）。在旅游/酒店业的文献中，已有研究证实，旅游者满意度是购后忠诚意图和行为的重要前因

（Chen et al.，2010；Chi et al.，2008；Hutchinson et al.，2009；Kozak et al.，2000；Su et al.，2013；Su et al.，2017）。

许多已有研究表明，服务质量是旅游者满意度的关键决定因素（例如，Chi et al.，2008；Cronin et al.，2000；Fornell et al.，1996；Hutchinson et al.，2009；Kozak et al.，2000；Orel et al.，2014）。这已经在许多旅游情境研究中得到证实，如游轮旅游（Petrick，2004）和高尔夫旅游（Hutchinson et al.，2009）。根据这些已有研究的结论，我们假设：

H1a：感知服务质量对旅游者满意度有正向影响。

【感知服务质量与旅游者—企业认同】

旅游者—企业认同源于社会认同理论和组织认同理论。社会认同理论（Brewer，1991；Tajfel et al.，1985）认为，在表达自我意识时，人们通常会超越个人身份，发展社会身份。人与组织的关系概念化为组织认同，即一个人对与组织统一性的感知（Ashforth & Mael，1989）。组织认同是指组织成员认为自己和中心组织具有相同的定义属性的程度（Dutton et al.，1994）。这种认同有助于满足社会认同和自我定义的需要。

巴塔查里亚和生（Bhattacharya & Sen，2003）通过旅游者—企业认同的概念框架，将组织认同建构扩展到营销情境中，他们认为旅游者—企业认同是营销人员寻求与旅游者建立深刻、忠诚和有意义的关系的主要心理基础（Bhattacharya & Sen，2003）。旅游者—企业认同被定义为"一种主动的、有选择的和有意志的行为，其动机是满足一个或多个自我定义的需求"（Bhattacharya et al.，2003）。建立和维持深入的、有承诺的、有意义的旅游者关系应该是对组织有益的，但很少有实证研究调查旅游者—企业认同的前因和（或）后果（Keh et al.，2009），特别是在旅游酒店服务的背景下。

服务质量认知已经与许多积极的旅游者行为联系在一起，然而这种关系并不一定是直接的。从价值利润链的角度来看，旅游者满意度和旅游者—企业认同在很大程度上受到获得优质服务的影响。此外，认知—情绪—行为框架也支持感知服务质量对旅游者—企业认同关系的影响。虽然服务质量对满意度的影响在以前的文献中已经被广泛地研究过，但服务质量对旅游者—企业认同的潜在影响还没有被充分地检验。何和李（He & Li，2011）指出，服务感知越好，对服务企业的认同程度就越高。埃亨等（Ahearne et al.，2005）认为，当旅游者对与他们互动的跨界代理有良好的认知时，认同可能更强（如企业的销售人员、旅游者服务人员、技术代表等）。安德伍德等（Underwood et al.，2001）指出服务环境的特点可能有助于消费者发展社会认同。同样，埃亨等（Ahearne et al.，2005）认为，消费者对销售人员的积极感知也有助于旅游者—企业认同的发展。基于上述发现，我们提出以下假设：

H1b：感知服务质量对旅游者—企业认同有正向影响。

【关系质量与旅游者幸福感】

旅游者幸福感是指人们如何评价他们的生活或者是评价对生活是否满意（Diener et al.，1997）。对生活的主观评价可以单纯的基于认知，可以是单纯地基于情感，也可以是两者的结合（Diener et al.，1985）。旅游者主观幸福感的情感成分是指人们如何感知愉快和不愉快的影响之间的平衡，如快乐和悲伤。这种现象被称为"享乐平衡"（Schimmack et al.，2002）。其他人可能会根据他们认为对实现目标重要的事情来判断他们的幸福感。旅游者幸福感可以根据某一特定领域的经验（如工作、消费、家庭、旅游、健康）或个人当前生活状况的顶点对总体生活的满意度进行概念化（Dagger et al.，2006）。

科特勒等（Kotler et al.，2003）指出，营销人员应该寻求以一种保持和改善消费者和社会福祉的方式向旅游者提供具有卓越价值的服务。从社会营销的角度来看，组织绩效越来越多地由社会效应和财务效应来衡量（Clarke，2001；Tschopp，2003）。因此，用社会营销概念定义营销活动，部分是基于其对旅游者幸福感的影响。在服务背景下，旅游者幸福感可能是消费过程中最相关的结果（Dagger & Sweeney，2006）。旅游业的研究人员最近开始更多地关注旅游发展的社会效应，如旅游者的生活质量（Andereck et al.，2011；Neal et al.，2007）、旅游者幸福感（Filep，2014）和幸福感（Nawijn，2011）。

旅游者幸福感与传统的以经济增长为导向的旅游目的地发展目标并不冲突；相反，它加强了我们对旅游服务潜在影响的理解。管理者、营销人员和政策制定者可以通过提升旅游者幸福感进而对旅游者的生活产生积极影响（Andereck et al.，2011）。

旅游体验对人们的生活质量（Andereck et al.，2011）以及旅游者幸福感（Filep，2014）具有重要影响。虽然旅游体验对旅游者幸福感的影响已经得到公认（例如，Andereck et al.，2011；Neal et al.，2007；Sirgy et al.，2011），但还有一些问题尚待解决。研究发现，旅游者们在旅游开始的那天通常情绪很好（Nawijn，2010，2011），并且和日常生活相比，他们在假期通常感到更加快乐（Nawijn，2011）。虽然在旅游过程中旅游者所体验的互动服务有可能会影响到他们的幸福感，但是目前有关这方面的调查还存在空白（Neal et al.，2007）。

在健康服务环境中，研究发现服务满意度对感知生活质量有积极影响（Dagger & Sweeney，2006），旅游者对旅游体验的满意度对其整体生活质量也存在重要影响（Neal et al.，1999）。随后，学者通过考察旅游服务的作用，扩展了之前的研究，发现对旅游服务体验的满意度、旅游反思及非休闲生活领域都对整体生活满意度产生影响（Nea，Sirgy，& Uysal，2004）。因此，将旅游者满意度作为旅游者幸福感的前因变量是有必要的。研究者根据这些讨论，本研究提出以下假设：

H2：旅游者满意度对旅游者幸福感有正向影响。

很少有研究探讨旅游者—企业认同与旅游者幸福感之间的关系。有学者认为旅游者对企业的认同会导致旅游者在心理上依附和关心企业（Bhatta-charya & Sen，2003）。这样做可以激励旅游者与企业成员积极地互动，帮助他们满足一个或多个重要的自我定义需求（如自我连续性、自我独特性和自我增强）。社会互动是旅游者提高生活质量的一种方式（Dolnicar et al.，2012）。根据归因理论（Weiner，1980，1985，1986，1995），当旅游者的自我定义需求得到满足时，旅游幸福感可能会增加。根据这些讨论，本研究提出以下假设：

H3：旅游者—企业认同对旅游者幸福感有正向影响。

【关系质量的中介作用】

从事休闲活动可能影响个人生活的情感、智力、精神和（或）身体等，进而可能影响个人的整体幸福感（Dolnicar et al.，2012）。具体来说，目前的研究发现，在健康（Dagger et al.，2006）和 IT 服务环境下（Akter et al.，2013），服务满意度在服务质量和生活质量感知之间发挥了关键的中介作用。基于以上研究结果，我们提出旅游者对服务体验质量和整体服务满意度的评价可能会影响中国旅游者的生活质量感知。

H4：旅游者满意度在服务质量感知对旅游者幸福感的影响中起中介作用。

服务质量是旅游者—企业认同的重要预测因子（He et al.，2011；Lam et al.，2012；Underwood et al.，2001）。身份认同的基础是一个人在心理上认为自己与群体的特征交织在一起。强烈的旅游者—企业认同可以帮助旅游者满足一个或多个他们自定义的需求（Bhattacharya et al.，2003）。自我定义需求的满足将会提升旅游者幸福感。我们还没有找到任何已发表的研究来探讨旅游者—企业认同在服务质量和旅游者幸福感之间的潜在中介作用。因此，我们将研究以下假设：

H5：旅游者—企业认同在服务质量感知方面对旅游者幸福感的影响起中介作用。

本节研究的理论模型整理如图 3-3 所示。

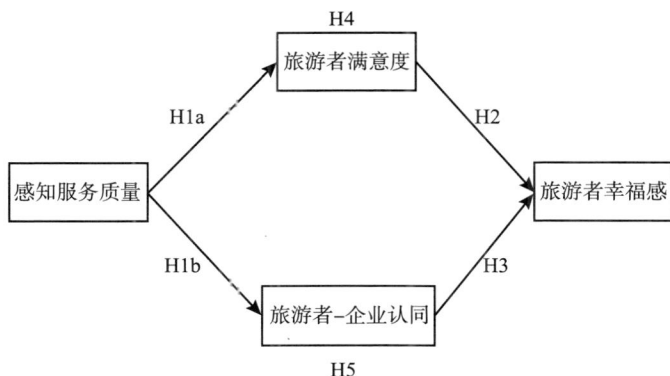

图 3-3　研究的理论模型

3.6.1.2　研究设计与研究流程

【构念测量】

学者认为对酒店质量的评估措施必须包括反映住宿行业独特性质的维度（Getty & Getty，2003）。因此，他们提出了住宿质量指数（LQI）。住宿质量指数是基于 SERVQUAL（Parasuraman et al.，1988），专门设计用于在住宿环境中提供准确的旅游者反馈（Getty et al.，2003；Ladhari，2009）的评估体系。每一个住宿质量指数质量维度（即有形性、可靠性、响应性、信心和沟通）都是用一个试点研究中确定的最具代表性的问题来评估的。

旅游者满意度的测量量表和旅游者—企业认同的模型均参考了已有研究（Maxham & Netemeyer，2002；Mael & Ashforth，1992）。其中，旅游者—企业认同模型之前在酒店行业背景下显示出良好的可靠性（So et al.，2013）。根据测试前的调查结果，从最初的六个题项中选择了三个相关题项（以下是对试点研究的讨论）。旅游者幸福感是通过主观幸福感量表改编的三个题项来衡量的（Lyubomirsky et al.，1999）。上述所有测量均采用李克特量表进行评估，"1"表示完全不同意，"5"表示完全同意。

为了建立翻译对等性，调查问卷首先是用英语编写的，然后利用马伦（Mullen）提出的反译法来检查任何内容或措辞上的错误。具体来说，首先用英语准备问卷，然后由以英语为母语的人翻译成中文。再由另一名志愿者进行中译英，然后将翻译后的英语版本和原始版本进行比较。反向翻译过程利用了掌握中英双语的人来检查是否存在任何内容和措辞错误。

为了更好地保证量表的信度，减少量表的题项总数，本研究首先以华中地区某高校 50 名商科学生为样本进行了试点研究。每一位参与实验的学生都经过了预先筛选，以确保每一位参与实验的学生之前曾经体验过酒店全方位的服务。试点研究的参与者首先提出了一些建议，导致一些量表项目的措辞发生了轻微的变化。采用 SPSS 21.0 进行信度分析，检验 Cronbach's alpha 系数和项目总数统计量，以减少原始问题池。目的是创建一份尽可能简明的问卷，以帮助减少被调查者的疲劳，鼓励被调查者参与。所调查的构念量表在测试中均表现出可接受的信度水平。在最后定稿之前，四名提供全方位服务酒店的经理和三名熟悉本主题领域的教员也审查了问卷。研究者根据他们的建议对措辞作了细微的修改。当没有进一步的修改建议时，调查量表即定稿以供使用。

【数据收集】

数据收集自中国会堂村的中国休闲旅游者。位于乌江河畔的这一地区以风景秀丽和药用温泉而闻名于世。会堂温泉度假酒店管理局的管理人员同意进行这项研究，本研究结果报告也将与该酒店分享。会堂温泉度假村管理局联系了三名酒店经理，他们都同意收集数据。两位训练有素的研究人员进行了实际的数据收集过程。本次调研分别在华天温泉酒店、金太阳温泉度假酒店、紫龙湾温泉国际酒店三家不同的高档酒店大堂进行。

研究人员接触潜在的受试者并询问他们是否有兴趣完成一份简短的问卷调查。如果酒店客人的回答是肯定的，调查人员会询问被调查者是否熟悉酒店，是否体验过酒店提供的服务。有座位可供受访者坐着完成问卷。参与这项研究是自愿的，我们没有统计参与者的姓名和联系信息，以保护受访者的隐私。当受访者完成问卷后，研究人员会检查每份问卷的完成度。完成的问卷将仅供研究使用，不会存在任何商业用途。该调查在每天的早上 9 点到晚上 9 点随机抽取受访者。研究人员在两个月的时间内共发放了 600 份问卷，回收了 451 份完整问卷（75.2% 的回复率）。

受访者均为华裔，女性的比例略高（50.3%）。年龄类别包括 16～24 岁（41.5%）、25～44 岁（42.1%）和 45 岁以上（16.4%）。受访者职业范围广泛（如企业主、农民、公务员、销售人员、军人、学生、教师），受教育程度从高中以下（17.1%）到硕士（5.1%）。大多数受访者的个人月收入低于4000 元。受访者的人口统计学信息如表 3 - 7 所示。

表 3 - 7　　　　　　　　　　受访者的人口统计学信息

分类		人数	占比（%）	分类		人数	占比（%）
性别	女	224	49.7	年龄	16～24 岁	187	41.5
	男	227	50.3		25～44 岁	190	42.1
月收入	低于 2000 元	90	20.0		45 岁及以上	74	16.4
	2000～2999 元	96	21.3	受教育程度	高中以下	77	17.1
	3000～3999 元	114	25.3		高中/中专	14	32.2
	4000～4999 元	69	15.3		本科/大专	206	45.7
	高于 5000 元	82	18.2		硕士	23	5.1

3.6.1.3 数据分析与结果

在检验模型中假设的关系之前，需要对被调查构念的信度、聚合效度和判别效度进行评估。

【测量模型】

为了验证所提出的理论模型中的隐含结构，本研究首先进行了验证性因素分析（CFA）。本研究采用 AMOS 21.0 软件，对服务质量、旅游者满意、旅游者企业认同和旅游者幸福感之间的潜在构念进行可信度、聚合效度和判别效度测试。有学者指出很难为每个契合指数指定一个具体的临界值，因为它在不同的条件下有效程度不同（Hu & Bentler, 1999）。但是，为了更好地对调查结果进行解释，现提供下列讨论。均方根残差（RMR）的值可以从 0 到 1.0，小于 0.08 的值表明拟合程度良好，而本研究的模型得到的值小于 0.05（Diamanto-poulos et al.，2000），证明拟合良好。近年来对于近似均方根误差（RMSEA）临界点的要求逐渐放宽。传统上，RMSEA 值小于 0.05 表示拟合良好；0.05 ~ 0.10 的范围内被认为是合适的，值超过 0.10 被认为是不合适的（MacCallum et al.，1996）。近年来，RMSEA 临界值接近 0.06（Hu et al.，1999）或一个严格的上限 0.07（Steiger, 2007）已经成为普遍的共识。根据已有研究，当样本量小于 750 时，χ^2/df 的比值小于 3：1 表示模型拟合较好（Hair et al.，2010）。拟合优度指数（GFI）和调整后的拟合优度指数（AGFI）$\geqslant 0.90$ 表示模型拟合良好（Hooper et al.，2008）。比较拟合指数（CFI）$\geqslant 0.90$ 表示模型拟合良好（Hu et al.，1999）。对于 250 个或更多的样本及 12 到 30 个观察变量，已有研究认为 CFI 高于 0.92 较好（Hai et al.，2010）。标准匹配指数（NFI）的值学者们意见尚未达成完全一致，但基本上可以概括为大于 0.90 或 0.95 表示拟合良好（Bentler & Bonnet, 1980; Hu & Bentler, 1999）。相对拟合指数（RFI）和增量拟合指数（IFI）应该等于或大于 0.90，而 Tucker – Lewis Index 指数（TLI）应大于 0.80（Hooper et al.，2008）。

（1）拟合优度度量模型

根据前面讨论中提出的模型评价标准，所提模型对数据的整体拟合是可以接受的（见表 3 – 8）。

（2）可靠性测试

研究结果表明，在 Cronbach's alpha 系数超过 0.70 的基础上，所提出的模型中包含的所有结构都达到了可接受的信度水平（Fornell et al.，1981）：服务质量（0.867）、旅游者满意度（0.863）、旅游者—企业认同（0.818）和旅游者幸福感（0.872）。同样，潜在构念的复合可靠性范围为 0.819 ~ 0.933 之间（见表 3 – 8）。

表 3 - 8　　　　　　　　　　　　　验证性因子分析结果

潜在变量和观测变量	均值	标准误差	标准化载荷	t 值	共有关系	AVE	Cronbach's alpha 值
服务质量							
这家旅馆看上去很吸引人	3.62	0.85	0.733	17.211	0.867	0.567	0.867
我的预订得到了有效的处理	3.60	0.79	0.787	19.008			
员工们迅速回应了我的要求	3.62	0.82	0.710	16.452			
这家旅馆提供了一个安全的环境	3.48	0.84	0.761	18.136			
对我的费用作了清楚的说明	3.56	0.86	0.772	18.498			
旅游者满意度							
总的来说，我对（酒店名称）比较满意	3.66	0.80	0.823	20.427	0.864	0.680	0.863
我对（酒店名称）提供给我的整体服务感到满意	3.52	0.79	0.837	20.943			
我对（酒店名称）的整体体验很满意	3.53	0.85	0.814	20.113			
旅游者—企业认同							
我对别人对（酒店名称）的看法很感兴趣	3.60	0.87	0.733	16.547	0.819	0.602	0.818
这家酒店的成功就是我的成功	3.56	0.88	0.842	19.630			
当有人称赞这家酒店的时候，感觉就像是对我个人的赞美	3.21	0.84	0.748	16.966			
旅游者幸福感							
总的来说，我认为自己是一个非常幸福的人	3.86	0.69	0.801	19.510	0.875	0.701	0.872
与大多数同龄人相比，我认为自己更快乐	3.92	0.67	0.896	22.882			
我通常很幸福，享受生活	3.89	0.71	0.811	19.865			

拟合结果良好：$\chi^2/df = 2.031$，RMSEA = 0.048，RMR = 0.025，GFI = 0.945，AGFI = 0.922，NFI = 0.954，RFI = 0.943，IFI = 0.976，TLI = 0.970，CFI = 0.976。

（3）聚合效度测试

如果标准化因子载荷超过 0.400，在 0.001 处显著，并且提取的平均方差（AVE）大于 0.500，则聚合效度满意（Anderson & Gerbing, 1988）。由表 3 - 8 可知，各题项的标准化因子载荷范围为 0.710 ~ 0.896，均具有统计学意义

（$p < 0.001$）。提取的潜在结构的平均方差范围从 0.567 到 0.701。研究结果表明，大部分的差异是由项目解释的，各题项的聚合效度达到标准。

（4）区分效度测试

当 AVE 大于 0.500 时，潜在构念间的校正系数小于 AVE 的平方根，即满足区分效度（Chin，1998）。本研究得到的 AVE 范围从 0.567 到 0.701 都超过 0.500（见表 3 - 8）。构造范围都在 0.753 到 0.837，而潜构造之间的相关系数下降到 0.322 和 0.601 之间（见表 3 - 9），结果显示了适当的区分效度。

表 3 - 9   相关系数及提取的平均方差

变量	感知到的服务质量	旅游者满意度	旅游者—企业认同	旅游者幸福感
服务质量	0.753			
旅游者满意度	0.601	0.825		
旅游者—企业认同	0.436	0.495	0.776	
旅游者幸福感	0.363	0.539	0.322	0.837

注：提取的平均方差（AVE）的平方根显示在矩阵的对角线；结构间的相关性显示在对角线上。

【结构模型试验】

测量模型被验证后将进行结构方程模型（SEM）分析，以支持理论模型和测试假设。

（1）结构模型拟合参数

结构路径模型结果拟合指标如下：$\chi^2/\mathrm{df} = 2.227$，RMSEA = 0.52，RMR = 0.039，GFI = 0.940，AGFI = 0.918，NFI = 0.948，RFI = 0.937，IFI = 0.971，TLI = 0.965，CFI = 0.971。与前面讨论的值进行比较，结果表明模型的拟合是令人满意的。因此，它可以用于测试下一个假设路径。

（2）结构模型结果

服务质量与旅游者满意度（H1a）之间的正向关系得到了支持（$\lambda_{21} = 0.615$，$t = 11.145$，$p < 0.001$）。H1b 预测了服务质量与旅游者—企业认同之间的正向关系，也得到了支持（$\lambda_{31} = 0.462$，$t = 8.291$，$p < 0.001$）。如 H2 所预测，旅游者满意度显著影响了旅游者幸福感（$\beta_{42} = 0.495$，$t = 8.916$，$p < 0.05$）。旅游者—企业认同对旅游者幸福感（$\beta_{43} = 0.101$，$t = 1.966$，$p < 0.05$）也有显著的正向影响。变量关系、标准化路径系数、t 值和假设检验结果如表 3 - 10 所示。

表 3 - 10 设定模型评价指标和假设检验结果

假设	变量关系	路径名称	标准化路径系数	t 值	标准误	假设检验结果
H1a	感知服务质量→旅游者满意度	λ_{21}	0.615[b]	11.145	0.055	支持
H1b	感知服务质量→旅游者—企业认同	λ_{31}	0.462[b]	8.291	0.062	支持
H2	旅游者满意度→旅游者幸福感	β_{42}	0.495[b]	8.916	0.047	支持
H3	旅游者—企业认同→旅游者幸福感	β_{43}	0.101[a]	1.966	0.038	支持

注：a 表示 $p < 0.05$；b 表示 $p < 0.01$。

【模型解释力】

根据肖恩（Cohen，1988），R^2（0.01、0.09 和 0.025）可以作为阈值来展示行为模型中的小、中、大效应。在本研究中，结果表明，模型中对内生变量的影响较大（见图 3 - 4），即旅游者满意度、旅游者—企业认同、旅游者幸福感的方差分别为 37.8%、21.4% 和 28.3%。我们使用已有学者提供的公式 $[f^2 = (R^2_{include} - R^2_{excluded})/(1 - R^2_{include})]$（Lee et al.，2011），通过每个自变量对每个因变量的影响进行检验，计算出效应大小（f^2）。结果显示旅游者满意度对旅游者幸福感的影响量为 0.213。旅游者—企业认同对旅游者幸福感的影响量为 0.010。

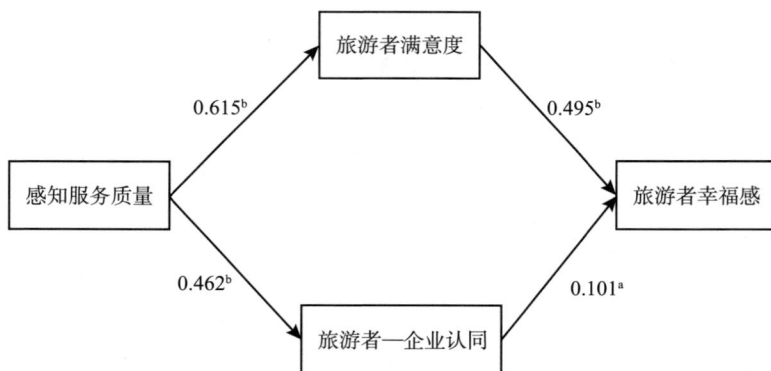

图 3 - 4 结构模型试验结果

注：a 表示 $p < 0.05$；b 表示 $p < 0.01$。

【关系质量的中介效应】

为了检验中介效应，采用回归方法检验（Baron & Kenny，1986）：①中介对自变量的影响；②因变量对自变量的影响；③因变量对自变量和中介的影响。有学者指出结构方程模型方法在检验中介效应方面优于多元回归方法

（Hopwood，2007）。中介模型没有必要指定观察（测量）的变量，在许多情况下指定潜在的变量更有好处。潜在变量通常用于结构方程建模（SEM）等应用中。相较于观测变量，我们使用潜在变量的优势使其评估的预期效果是更可信的，因为任何使用单一观测变量都具有策略误差，因而不能将单一观测变量的值共享给其他观测变量，因此，观测变量的测量值也将不会共享给潜在变量（Hopwoo，2007）。因此，使用 SEM 可以改善中介模型的不可靠性和方法效应（Hopwood，2007）。我们分别测试了旅游者满意度和旅游者—企业认同的中介作用。

为了检验旅游者满意度的中介作用，我们首先构建了旅游者满意度对旅游者幸福感的结构方程模型。该模型适合标准：（$\chi^2/df = 2.867$，RMSEA = 0.064，RMR = 0.025，GFI = 0.965，AGFI = 0.937，NFI = 0.976，RFI = 0.965，IFI = 0.984，TLI = 0.977，CFI = 0.984），标准化路径系数均具有统计学意义（见表 3 – 11）。因此，满足巴龙（Baron）和肯尼（Kenny）的第一个标准。

表 3 – 11　　旅游者满意度与旅游者幸福感之间的标准化路径系数

变量关系	标准化路径载荷	t 值	标准误
旅游者满意度→旅游者幸福感	0.534[a]	9.849	0.047

注：拟合优度良好：$\chi^2/df = 2.509$，RMSEA = 0.058，RMR = 0.027，GFI = 0.945，AGFI = 0.920，NFI = 0.957，RFI = 0.946，IFI = 0.974，TLI = 0.967，CFI = 0.974。a 具有统计学意义（$p < 0.001$）。

其次，构建的感知服务质量与旅游者幸福感的结构方程模型符合标准（$\chi^2/df = 2.501$，RMSEA = 0.058，RMR = 0.043，GFI = 0.960，AGFI = 0.937，NFI = 0.967，RFI = 0.956，IFI = 0.980，TLI = 0.973，CFI = 0.980）。感知服务质量与旅游者幸福感之间的标准化路径系数均具有统计学意义（见表 3 – 12）。因此，满足巴龙（Baron）和肯尼（Kenny）的第二个标准。

表 3 – 12　　感知服务质量与旅游者幸福感之间的标准化路径系数

变量关系	标准化路径载荷	t 值	标准误
感知服务质量→旅游者幸福感	0.375[a]	6.884	0.045

注：拟合优度良好：$\chi^2/df = 2.501$，RMSEA = 0.058，RMR = 0.043，GFI = 0.960，AGFI = 0.937，NFI = 0.956，RFI = 0.956，IFI = 0.980，TLI = 0.973，CFI = 0.980。a 具有统计学意义（$p < 0.001$）。

接下来，我们以旅游者满意度为中介变量，构建包含感知服务质量、旅游者幸福感的结构方程模型（见表 3 – 13）。对所有直接路径和间接路径进行建模（见表 3 – 14），结果表明，总体模型拟合良好（$\chi^2/df = 2.509$，RMSEA =

0.058，RMR = 0.027，GFI = 0.945，AGFI = 0.920，NFI = 0.957，RFI = 0.946，IFI = 0.974，TLI = 0.967，CFI = 0.974）。感知服务质量对旅游者满意度有显著影响，但对旅游者幸福感没有显著影响。旅游者满意度与旅游者幸福感显著相关。根据巴龙和肯尼（Baron & Kenny，1986）提出的中介作用判断标准，结果表明旅游者满意度完全中介了服务质量对旅游者幸福感的影响。使用相同的方法和程序，我们接下来检验了旅游者—企业认同的中介作用。本研究已发现服务质量显著影响旅游者—企业认同与旅游者幸福感之间的结构方程模型拟合（$\chi^2/df = 1.663$，RMSEA = 0.038，RMR = 0.052，GFI = 0.980，AGFI = 0.964，NFI = 0.984，RFI = 0.977，IFI = 0.993，TFI = 0.991，CFI = 0.993）。标准化路径系数均具有统计学意义，满足巴龙（Baron）和肯尼（Kenny）第一标准（见表 3 – 15）。

表 3 – 13　　感知服务质量对旅游者满意度与旅游者幸福感之间的标准化路径系数

变量关系	标准化路径载荷	t 值	标准误
感知服务质量→旅游者满意度	0.599[a]	10.819	0.055
感知服务质量→旅游者幸福感	0.068	1.069	0.053
旅游者满意度→旅游者幸福感	0.494[a]	7.316	0.057

注：拟合优度良好：$\chi^2/df = 2.509$，RMSEA = 0.058，RMR = 0.027，GFI = 0.945，AGFI = 0.920，NFI = 0.957，RFI = 0.946，IFI = 0.974，TLI = 0.967，CFI = 0.974。a 具有统计学意义（$p < 0.001$）。

表 3 – 14　　感知服务质量对旅游者满意度和旅游者幸福感的直接、间接和总影响

变量关系	标准化路径载荷	t 值	标准误
感知服务质量→旅游者满意度	0.599[a]	—	0.599[a]
感知服务质量→旅游者幸福感	0.068	0.296[a]	0.364[a]
旅游者满意度→旅游者幸福感	0.657[a]	—	0.657[a]

注：a 具有统计学意义（$p < 0.001$）。

表 3 – 15　　旅游者—企业认同与旅游者幸福感之间的标准化路径系数

变量关系	标准化路径载荷	t 值	标准误
旅游者—企业认同→旅游者幸福感	0.338[a]	6.094	0.041

注：拟合优度良好：$\chi^2/df = 1.663$，RMSEA = 0.038，RMR = 0.052，GFI = 0.980，AGFI = 0.964，NFI = 0.984，RFI = 0.977，IFI = 0.993，TLI = 0.991，CFI = 0.993。a 具有统计学意义（$p < 0.001$）。

接下来，本研究给出了感知服务质量、旅游者—企业认同下的旅游者幸福感的所有直接和间接路径建模的结果（见表 3 – 16 和表 3 – 17）。整体模型拟合良好（$\chi^2/df = 1.71$，RMSEA $= 0.040$，RMR $= 0.032$，GFI $= 0.962$，AGFI $= 0.945$，NFI $= 0.967$，RFI $= 0.958$，IFI $= 0.986$，TLI $= 0.982$，CFI $= 0.986$），并且 H5 得到验证。感知服务质量对旅游者—企业认同和旅游者幸福感分别有显著影响。

旅游者—企业认同对旅游者幸福感也有显著影响。基于前人的建议，研究结果表明旅游者—企业认同部分中介了感知服务质量对旅游者幸福感的影响（Baron & Kenny，1986）。在表 3 – 18 中，我们总结了关于旅游者满意度和旅游者—企业认同的中介作用的结果。

表 3 – 16   感知服务质量对旅游者—企业认同和旅游者幸福感的标准化路径系数

变量关系	标准化路径载荷	t 值	标准误
感知服务质量→旅游者—企业认同	0.436[a]	7.825	0.062
感知服务质量→旅游者幸福感	0.279[a]	4.698	0.049
旅游者—企业认同→旅游者幸福感	0.208[a]	2.76	0.044

注：拟合优度良好：$\chi^2/df = 1.719$，RMSEA $= 0.040$，RMR $= 0.032$，GFI $= 0.962$，AGFI $= 0.945$，NFI $= 0.967$，RFI $= 0.958$，IFI $= 0.986$，TLI $= 0.982$，CFI $= 0.986$。a 具有统计学意义（$p < 0.001$）。

表 3 – 17   感知服务质量对旅游者—企业认同和旅游者幸福感的直接、间接和总影响

变量关系	直接影响	间接影响	总影响
感知服务质量→旅游者—企业认同	0.436[a]	—	0.436[a]
感知服务质量→旅游者幸福感	0.279[a]	0.094[a]	0.369[a]
旅游者—企业认同→旅游者幸福感	0.208[a]	—	0.208[a]

注：a 具有统计学意义（$p < 0.001$）。

表 3 – 18   关系质量的中介作用

假设	中介变量	路径关系	完全中介	部分中介	无中介
H4	旅游者满意度	感知服务质量→旅游者幸福感	√		
H5	旅游者—企业认同	感知服务质量→旅游者幸福感		√	

3.6.1.4 研究结论与讨论

本研究提供并检验了一个整合模型，该模型检验了两种关系质量构念（旅游者满意度、旅游者—企业认同）在中国旅游者住宿服务质量感知与旅游者幸福感之间的中介作用。以往对关系质量的研究往往忽略了旅游者—企业认同的作用，即使它代表着一种深刻的、有意义的关系（Bhattacharya et al.，2003）。此外，尽管旅游者幸福感研究在旅游研究者中受到越来越多的关注（Dolnicar et al.，2012；Gilbert et al.，2004；Neal et al.，1999，2007；Sirgy et al.，2011），但旅游者幸福感的影响因素研究还是较少。

许多已有研究已经调查了感知服务质量、旅游者满意度和旅游者幸福感之间的关系。然而，这些研究的结果并不一致。一些研究表明旅游者满意度具有部分中介作用（例如，Dagger et al.，2006；Walsh et al.，2013）。本研究发现旅游者满意度具有完全中介作用，这与在中国遗产旅游背景下对旅游者进行抽样调查的结果一致（Su et al.，2014）。未来的研究将有助于澄清这些差异是否与文化、产业类型或其他因素有关。

虽然前人对旅游服务、旅游体验满意度和生活满意度之间的关系进行了探讨（Neal et al.，1999，2004，2007；Sirgy et al.，2011），但本研究的一个贡献是确定了旅游者满意度在感知服务质量和中国旅游者幸福感之间的完全中介作用。这一发现与已有研究结果并不一致（Dagger & Sweeney，2006），他们发现在医疗服务环境中，服务满意度部分中介了服务质量对生活质量的影响。对以上不同结果的一种可能的解释是，旅游者在度假时可能主要关注获得满意的体验，而在健康服务的背景下，旅游者将更重视所接受的服务质量。

本研究将旅游者—企业认同概念引入旅游酒店情境。此前，学者指出尽管旅游者—企业认同的重要性得到了认可，但它对酒店旅游者忠诚度的影响仍未被探索（Martínez，Rodriguez del，Bosque，2013）。现有文献主要关注服务质量和旅游者—企业认同对旅游者忠诚的直接影响，很大程度上忽略了旅游者—企业认同对旅游者忠诚影响的中介机制。这项研究有助于弥补这些文献中的空白。我们提供的研究结论验证了旅游者认同酒店供应商（即住宿）会反过来对旅游者（旅游者幸福感）产生积极影响。这些发现表明，酒店企业可以帮助旅游者满足个人的自我定义需求。本研究通过将旅游者—企业认同的结果纳入旅游者幸福感的研究中，扩展了先前关于旅游者忠诚度的社会认同视角的研究。

3.6.2 服务公平对旅游者幸福感的作用机制

在旅游研究领域，许多研究已经证实，服务质量和旅游者满意度会提高旅游者忠诚度、口碑推荐和回访率，从而为旅游目的地和旅游企业带来经济收益（例如，Chen et al.，2010；Chen et al.，2008；He et al.，2009；Hutchinson et al.，2009）。这些研究提供的经验证据表明，提高服务质量和绩效将为旅游目的地创造理想的经济效应。同样，研究表明，旅游也通过满足旅游者不同层次的需求最终提高他们的生活质量或旅游者幸福感（SWB）来创造心理效应（Dolnicar et al.，2012；Neal et al.，2007；Sirgy，2010）。在当代社会，旅游已经很好地融入了人们的生活中，并且有助于提高人们的生活质量（Neal et al.，2007）。近年来，旅游幸福感、生活质量和旅游者幸福感的研究越来越受到旅游研究者的关注（Uysal et al.，2012）。然而，尽管有这样一种新兴的研究趋势，但目前对旅游者幸福感的研究仍然较少（McCabe et al.，2013）。

虽然已有大量研究考察了旅游服务及其带来的经济效益，但很少有学者将旅游服务的经济效益和社会心理效益结合起来进行综合研究。旅游业一直被认为是一个国家发展的经济工具，同时旅游业也为人民的健康快乐、社会的和谐稳定作出了积极贡献。然而，鲜有研究探讨旅游业发展的社会效应（Deery et al.，2012）。本节提出了旅游服务的经济和社会心理结果，目的是证明旅游服务在多大程度上会影响经济和社会心理结果。我们使用旅游者的行为意向来代表旅游服务的经济结果，因为行为意向是一个已被证明的未来实际行动的代理变量，从市场营销的角度来看，旅游者数量的增加会使旅游目的地的经济收益增加。我们用旅游者幸福感来表征旅游者从旅游体验中获得的社会心理效益。本节从服务公平这个维度对旅游服务进行了评价。我们认识到旅游社区比旅游者更容易受到旅游发展的社会影响；然而，在本节，我们是将旅游者作为旅游的受益者。尽管旅游者动机的社会心理性质已经得到了充分的证明（Iso - Ahola，1982；Mannell et al.，1987），但是旅游者参与旅游活动时感知到的社会心理效益尚未得到广泛的研究。在全面的文献回顾和前文提出需要同时探讨旅游服务的经济和社会心理效益的论点的基础上，我们提出了一个整合的结构模型，并通过实证数据进行了检验。在模型中，服务公平是评价旅游服务的前因变量，行为意向是表征旅游服务产生的经济结果的结果变量，而旅游者幸福感是表征旅游服务产生的社会心理结果的结果变量；旅游者满意度是前因变量和结果变量之间的中介变量。

本节旨在通过旅游者满意度的中介作用，探讨服务公平对旅游者再访意愿和旅游者幸福感的影响。旅游者幸福感作为一种社会心理效益结构被整合到模型中，而旅游目的地旅游经济效益通过再访意愿来衡量。这种扩展的旅游者行为模型有助于学者们更好地理解旅游给旅游目的地和旅游者带来的多方面的积极效应。本节在研究设计和数据分析方法上一般遵循后实证主义。数据收集采用问卷调查，采用典型的后实证研究方法结构方程模型进行数据分析。因此，本节的研究在本体论和认识论上都不能避免任何以后实证主义为研究范式的科学探究的局限性（Ryan，2000）。

3.6.2.1　文献综述和假设发展

【服务公平与旅游者满意度】

旅游业因其增加就业和创收的能力而成为旅游目的地的重要产业或产业集

群。由于这个原因，许多国家将旅游业作为一个关键的第三经济部门，旅游服务则是这一部门的经济活动。从这个意义来看，从旅游者的角度出发对服务进行评估对于预测该行业的经济生存能力和可持续性至关重要。服务评价是影响旅游者行为意向的重要因素，从市场营销的角度，服务评价被认为是旅游营销研究中最重要的变量（Chen et al.，2010；Chen et al.，2008；He et al.，2009；Hutchinson et al.，2009；Žabkar et al.，2010）。与旅游发展的经济效应类似，旅游发展的社会心理效应与结果近年来受到越来越多研究者的关注（Dagger et al.，2006；Zeithaml，2000）。紧跟这一趋势的研究包括关于旅游生活的研究（Andereck et al.，2011；Dolnicar et al.，2012，2013；Neal et al.，2007）、旅游者幸福感（Gilbert et al.，2004；McCabe et al.，2013）、假期期间的愉悦感（Nawijn，2011）、旅游企业社会责任（Sheldon et al.，2011）等。旅游者幸福感是反映旅游对旅游者产生社会心理效应的最优中介。对旅游服务评价而言，服务质量是影响旅游者幸福感的关键变量，是影响旅游者对旅游服务满意度的显著前因（Baker et al.，2000；Hutchinson et al.，2009）。

除了服务质量，服务公平也是服务评价中的一个重要概念。服务公平是旅游者对服务交付过程中公平程度的感知（Seider et al.，1998）。在服务公平研究文献中，"公平"和"正义"这两个术语是可以互换使用的（Su et al.，2013）。旅游者对服务公平的感知对服务企业具有重要意义，因为它可以通过提高服务企业的声誉和信誉，从而提高服务企业的竞争优势（Herbig et al.，1993）。学者借鉴了心理契约的概念，认为个体通过与服务提供者签订心理契约来得到公平对待（Bowen & Schneider，1999）。许多研究认为公平是一个多维结构，包括分配公平、程序公平和互动公平三个维度（Blodgett et al.，1997；Kim et al.，2009）。一些研究认为信息公平也是服务公平的一个维度（Carr，2007）。在旅游研究文献中，服务公平通常被认为是满意度的直接前因（Hutchinson et al.，2009；Kim et al.，2009；Namkung et al.，2007），以及行为意向的前因（Blodgett et al.，1997）。与这一论点一致，我们在本节中假设服务公平影响旅游者满意度和行为意向。

满意度被定义为消费前的期望与消费后的感知之间的差异（Oliver，1980）。在旅游环境中，满意度主要被定义为旅游前期望和旅游后评价的函数（Chen et al.，2010）。当旅游者有超出他们预期的体验时，他们就会感到满足；当体验低于期望时，不满就会产生。

根据已有的探讨服务评价和旅游者满意度之间的因果关系的研究（Chen et al.，2010；Hutchinson et al.，2009；Kim et al.，2009；Petrick，2004），我们认为本节中的服务评价变量（即服务公平）不仅是旅游者满意度的前因（Babin et al.，2005；Chen et al.，2010；Hutchinson et al.，2009），也是行为

意向旅游者幸福感及旅游者满意度的前因（Chen et al.，2010；Hutchinson et al.，2009）。

已有研究表明，服务公平是旅游者满意度的重要影响因素（Carr，2007；Karatepe，2006）。在高档酒店的背景下，研究发现服务公平的三个维度（即分配公平、过程公平、互动公平）显著影响旅游者满意度（Kim，2009）。同样，高尔夫旅游者行为意向的研究发现服务公平对旅游者满意度有直接影响（Hutchinson et al.，2009）。在上述研究的基础上，本研究提出以下假设：

H6a：服务公平对旅游者满意度有正向影响。

【服务公平与行为意向】

研究表明，未能展现公平形象的企业难以获得旅游者信任，因而难以建立忠诚度（即重游、口碑）（Seider & Berry，1998）。服务公平可以促进旅游者的再访意图，降低负面口碑的可能性（Blodgett et al.，1997）。研究发现，在餐厅情境下，互动公平对行为意向有直接影响，并对年轻旅游者的满意度产生间接影响（Namkung & Jang，2009）。在高尔夫旅游的背景下，研究发现公平性通过满意度影响行为意向（Hutchinson et al.，2009）。基于上述讨论，提出以下假设：

H6b：服务公平对行为意向有正向影响。

【服务公平与旅游者幸福感】

近年来，主观幸福感（subjective well-being，SWB）以及生活质量（quality of life）在旅游研究中受到越来越多的关注（Chancellor et al.，2011；Dolnicar et al，2012，2013；McCabe et al.，2010；Nawijn，2011；Neal et al.，2007；Sirgy，2010；Sirgy et al.，2011）。同样，在社会营销的文献中，旅游者幸福感和生活质量都被认为是评价企业成功的关键因素（Dagger et al.，2006）。一般来说，企业业绩不仅越来越多地用财务指标来衡量，同时也越来越多地使用社会指标来衡量（Dagger et al.，2006）。在旅游目的地的发展中，提倡旅游者幸福感的理念与旅游目的地以经济增长为导向的目标并不冲突；相反，它增强了我们对旅游发展潜力的多方面认识。从这一角度来看，向旅游者提供的旅游服务被认为会影响旅游者的福祉，进而影响整个社会的福祉（Dagger et al.，2006）。有学者认为健康旅游应该作为一种放松身心的旅游形式来发展，以提高旅游者幸福感（Smith & Pucko，2009）。旅游管理者、市场营销者和政策制定者必须更好地了解旅游对旅游者幸福感的影响及旅游如何对旅游者的生活产生积极影响（Andereck et al.，2011）。

从社会心理学的角度来看，旅游开发的有效性可以部分通过旅游者幸福感来评估，因为旅游发展与旅游幸福感之间的关系已得到公认（Andereck et al.，2011；Neal et al.，2007；Sirgy et al.，2011），但旅游服务如何与旅游者幸福感相联系尚不清楚。与日常生活相比，旅游者在度假期间通常情绪良好，心情愉快，因此旅游服务对旅游者幸福感的影响尤为重要（Nawijn，2011）。研究认为，旅游服务提供的互动性更有可能使旅游服务对旅游者幸福感产生影响（Neal et al.，2007）。

　　而在旅游目的地，旅游者很大程度上受到旅游服务提供者和其所提供的服务的影响。当旅游者感觉自己得到了高质量的服务，受到了公平的对待时，他们会感到快乐，具有较高的旅游者幸福感。学者认为休闲旅游满意度可以通过休闲旅游目标的达成而获得满足，从而表明体验目标达成对幸福感有正向影响（Sirgy，2010）。在旅游目的地以公平的方式被服务是一种基本需求，因此公平是旅游者的最低限度目标；如果旅游者在服务过程中受到公平的对待，他们就会感受到较高的旅游者幸福感。研究指出，服务各方面的满意度在决定旅游/旅游服务的总体满意度中起着重要作用，而旅游/旅游服务的总体满意度又反过来影响了休闲领域的总体满意度（Neal et al.，2007）。基于以上讨论，我们提出以下假设：

　　H6c：服务公平对旅游者幸福感有正向影响。

【旅游者满意度的中介作用】

　　一般旅游者行为文献表明，满意度是行为意向的重要预测因素（Anderson et al.，1993；Cronin et al.，2000；Oliver，1980；Zeithaml et al.，1996）。在旅游情境下，旅游者满意度与重游意愿和口碑之间存在显著的因果关系（Chen et al.，2010；Chen et al.，2008；Hutchinson et al.，2009；Petrick，2004）。

　　自下而上的生活满意度理论认为，个人总体生活满意度是由主要生活领域（休闲、旅游、工作、健康、家庭生活）的满意度决定的（Neal et al.，2007），并指出"对特定生活领域（如休闲生活）中事件的满意度向上'溢出'，决定了对整个领域（如休闲生活）的满意度，而这反过来'溢出'到最上级领域（一般生活），从而影响生活满意度"。该模型基于自下而上的生活满意度和旅游者幸福感理论（Diener et al.，1985；Meadow，1988；Sirgy，2002），将自下而上的生活满意度理论应用到旅游中，我们假设旅游者对旅游过程中经历的事件的满意度越高，那么这些事件对相应的生活领域的积极影响越大，进而旅游者的幸福感也就越高（Sirgy et al.，2011）。

　　近年来，关于旅游/休闲满意度与生活满意度/旅游者幸福感之间关系的研究较少（Mactavish et al.，2007；Neal et al.，2007；Sirgy et al.，2011）。值得注意的是，已有研究证实休闲满意度对生活满意度有显著影响（Coyle，Lesnik - Emas，& Kinney，1994）。另外，研究发现旅游生活的总体满意度对旅游者幸福感有正向影响（Sirgy et al.，2011）。对在休闲领域内经历的生活事件的满意度似乎会向上影响到更高的生活领域，最终有助于提高生活满意度（Neal et al.，2007）。在本节文献讨论的基础上，提出以下假设：

H7a：旅游者满意度对行为意向有正向影响。

H7b：旅游者满意度对旅游者幸福感有正向影响。

我们提出的包含所有假设的模型如图 3－5 所示。通过旅游者满意度的中介，揭示了服务公平对旅游者行为意向和旅游者幸福感的直接和间接影响。

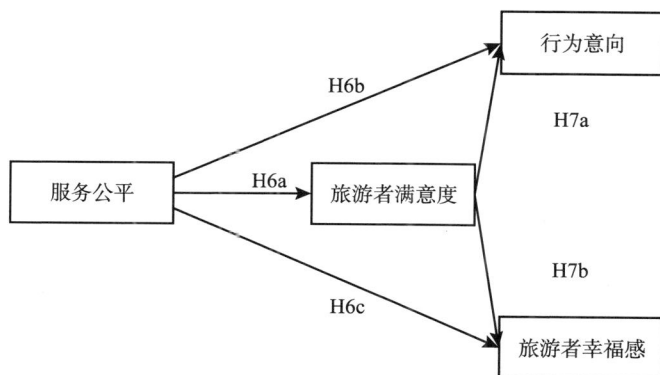

图 3－5　研究的理论模型

3.6.2.2　研究设计与研究流程

【问卷设计】

为了验证上述假设模型，我们采用问卷调查的方式收集数据。问卷量表是在回顾大量的相关高质量文献后产生的。具体来说，我们采用四个测量题项来测量服务公平，分别反映了公平的四个维度（分配公平、程序公平、互动公平、信息公平）（Bies，1986；Leventhal，1980；Shapiro et al.，1991）。表 3－21 列出了测量服务公平性的四项指标。

【数据收集】

在对研究工具（问卷）进行初步测试，并对措辞进行细微修改，确认可以使用后，我们从 2012 年 6 月 20 日到 2012 年 7 月 10 日进行了数据收集。在数据收集中采用了一种方便的抽样方法。共派出 7 个访谈组，每组 4 人，前往厦门市主要旅游景点进行实地问卷发放和收集。福建省厦门市是位于中国东南部沿海的一个港口城市，是深受国内旅游者喜爱的著名旅游城市。数据收集地点包括城区主要旅游景点，如鼓浪屿、南普陀寺、厦门大学校园、岛南路等。这些数据采集地点是旅游者广泛认同的厦门典型的旅游景点。它们代表了厦门不同类型的城市旅游景点，包括滨海自然旅游景点、宗教旅游景点和吸引旅游者的城市长廊景点。在这些景点的旅游者被邀请参加问卷调查。数据收集志愿者在培训期间被告知，不要打扰正在进行旅游活动（如在导游的陪同下）的旅游者，只有在旅游活动结束后，才可以邀请那些没有完全投入旅游活动或正在休息的旅游者进行问卷调查。尽管采取了这些预防措施，还是存在一些发放的问卷被带走而无法回收的情况。最终共发放问卷 700 份，收回 596 份，有效回收率为 85.14%。剔除不完整的问卷后，共计 541 份问卷用于数据分析。

3.6.2.3 数据分析与结果

数据分析采用 SPSS 20.0 和 AMOS 17.0 软件。数据分析过程包括以下步骤：①测量所有潜在构念的信度；②潜在构念的验证性因子分析，是否具有聚合效度和判别效度；③结构方程建模过程后的结构模型检验。

【受访者资料】

关于受访者资料，如表 3-19 所示，研究样本性别比例均衡，女性受访者（52.1%）略多于男性受访者。半数受访者是 25 岁以下的年轻人。考虑到 13 岁以上的初中生通常已经在中国完成了小学教育，因此能够很好地理解这份中文问卷，并且能够熟练地阅读和理解书面的中文，所以我们设计的这份问卷包括 13 岁以上的被调查者。虽然将调查对象的年龄范围扩大到 18 岁以下并不常见，但我们考虑到中国的中学生可能会认为家庭假期可以让他们在学期期间逃离学校生活和学习压力，从而更易产生幸福感。在中国当前的社会环境下，年轻人在日常生活中面临巨大的压力是很常见的（Radio Free Asia，2013）。因此，考虑到中国当前的社会现实和我们的研究目的，尽管我们的研究样本可能会被年轻人高估，但是纳入更多的青少年受访者是合理谨慎的做法。就受教育程度而言，超过半数（52.7%）的受访者接受过大专或以上教育。样本中 60% 的受访者来自福建省（厦门市所在地），22.7% 的受访者是来自大陆其他省份/地区的旅游者，其余（17.2%）认为自己是海外华人。我们注意到，我们的研究样本并不能完全代表中国国内旅游市场。

表 3-19　　　　　　　　　　研究参与者的人口学信息

变量	类别	人数（人）	百分比占比（%）
性别	男	259	47.9
	女	282	52.1
年龄	13~24 岁	272	50.3
	25~44 岁	193	35.7
	45~65 岁	58	10.7
	大于 65 岁	18	3.3

续表

变量	类别	人数（人）	百分比占比（%）
受教育程度	初中及初中以下	77	14.2
	高中	179	33.1
	本科/大专	258	47.7
	硕士	27	5.0
月收入	低于1999元	229	42.3
	2000～2999元	109	20.2
	3000～3999元	74	13.7
	4000～5000元	48	8.9
	高于5000元	81	15.0
职业	工人	40	7.4
	学生	98	17.9
	公务员	26	4.8
	农民	10	1.9
	私人经营者	60	1.1
	教师	37	6.8
	技术员	65	12.0
	企业管理者	57	10.5
	服务/销售人员	52	9.6
	退休人员	22	4.1
	军人	12	2.2
	其他	63	11.7
祖籍	在福建省内	325	60.0
	除福建省以外的其他省份	123	22.7
	海外华人	93	17.2

注：百分数四舍五入到小数点后一位。因此，百分比加起来可能不等于100.0。

【测量模型】

采用 AMOS 17.0 进行整体测量模型检验，评估模型中潜在变量的信度效度。

（1）可靠性测试

可靠性测试让我们知道对变量（如满意度、行为意向）的测量是否一致和可靠；效度指测量工具或手段能够准确测出所需测量的事物的程度。表3－20

所列的测量模型的拟合指标表明，该模型的数据拟合得很好。拟合指数通常用来判断所提出的模型是否确实符合经验数据。模型拟合可采用多个指标。最常用的合适指标包括卡方与自由度的比（即 χ^2/df），近似均方根误差（RMSEA），拟合优度指数（GFI），调整后的拟合优度指数（AGFI），比较拟合指数（CFI），规范拟合指数（NFI），Tucker – Lewis Index 指数（TLI）。一般而言，研究方法学文献表明，可接受的模型 χ^2/df 小于 3，RMSEA 小于 0.08，GFI、AGFI、CFI、NFI 和 TLI 的临界值应不小于 0.90。由表 3 – 20 可知，总体测量模型的 χ^2/df 为 2.254（<3），RMSEA 值为 0.048（<0.08）；GFI、AGFI、CFI、NFI、TLI 均大于 0.90，均表明模型拟合良好。组合信度用来衡量被测结构的信度。如表 3 – 21 所示，潜变量的组合信度值在 0.843 ~ 0.928 之间，均高于 0.70 的阈值，表明测量结果具有足够的信度。另外，所有研究构念的 Cronbach's alpha 值在 0.842 ~ 0.925 之间大于 0.80，进一步证实了测量结果的内部一致性和可靠性。

表 3 – 20   模型检验的拟合指标

模型	χ^2/df	RMSEA	GFI	AGFI	CFI	NFI	TLI
测量模型	2.270	0.048	0.945	0.924	0.973	0.954	0.967
结构模型	2.254	0.048	0.945	0.925	0.974	0.954	0.968

注：RMSEA，近似均方根误差；GFI，拟合优度指数；AGFI，调整后的拟合优度指数；CFI，比较拟合指数；NFI，规范拟合指数；TLI，Tucker – Lewis Index 指数。

（2）聚合效度测试

在可靠性检验后，通过检验每个构念的因子载荷和平均方差提取值（AVE）来评估其聚合效度。如果因子载荷高于 0.40，且 t 值在 0.01 显著，AVE 超过 0.50 的阈值，则一般认为具有聚合效度（Anderson et al.，1988）。由表 3 – 21 可知，标准化因子载荷范围在 0.721 ~ 0.955 之间，远高于 0.40 阈值，t 值在 17.944 ~ 29.483 之间，均在 0.01 处显著；AVE 值在 0.556 ~ 0.813 之间，均大于 0.50，则说明模型满足聚合效度要求。

（3）区分效度测试

区分效度是指模型中的研究构念确实存在差异。根据学者的研究结果，当 AVE 大于 0.500 时，潜在构念间的校正系数小于 AVE 的平方根，则存在区分效度（Chin，1998）。本研究得到的 AVE 范围从 0.574 到 0.813 都超过 0.500（见表 3 – 21）。构造范围都在 0.758 ~ 0.902，而潜构造之间的相关系数下降到 0.362 ~ 0.697 之间（见表 3 – 22），结果显示了适当的区分效度。

表 3－21　　　　　　　　　　　　　测量模型分析结果

潜变量	观测变量	标准化载荷	t 值	组合信度	AVE	Cronbach's Alpha 值
服务公平	考虑到所有因素，旅游目的地的服务报价很公道	0.767	19.975	0.843	0.574	0.842
	在处理你的请求过程中是公平的	0.795	21.015			
	员工对所有旅游者都很礼貌	0.746	19.191			
	员工们都愿意提供及时且具体的信息的解释	0.721	18.325			
旅游者满意度	总的来说，我对到访这个城市感到满意	0.820	22.254	0.863	0.677	0.862
	与我的期望相比，我对这次到访这个城市感到满意	0.828	22.561			
	与理想的情况相比，我对这次到访这个城市感到满意	0.820	22.26			
行为意向	我打算下次继续来参观这个城市	0.796	22.060	0.928	0.813	0.925
	我回到这个城市很可能是为了旅游	0.955	29.483			
	我会乐意向其他人推荐到这座城市旅游	0.945	28.951			
旅游者幸福感	总的来说，我认为自己很幸福	0.801	21.259	0.868	0.686	0.866
	与理想状态相比，我觉得我的生活很幸福	0.880	24.261			
	总的来说，我对我的生活很满意	0.803	21.326			

注：AVE，平均方差提取值。

表 3－22　　　　　　　　　相关系数及提取的平均方差

因子	服务公平	服务质量	旅游者满意度	行为意向	旅游者幸福感
服务公平	（0.758）				
旅游者满意度	0.697	0.595	（0.823）		
行为意向	0.518	0.416	0.673	（0.902）	
旅游者幸福感	0.522	0.396	0.542	0.362	（0.828）

注：提取的平均方差（AVE）的平方根显示在矩阵对角线的括号中；结构间的相关性显示在对角线上。

【结构模型检验】

（1）结构模型拟合参数

表 3 – 20 还显示，结构模型数据拟合较好（$\chi^2/df = 2.270$；$RMSEA = 0.048$；$GFI = 0.945$；$CFI = 0.974$；$TLI = 0.968$）。结构模型试验结果如表 3 – 23 所示。结果表明，服务公平对旅游者满意度（$\lambda_{21} = 0.539$，$p < 0.001$）、行为意向（$\lambda_{31} = 0.102$，$p < 0.05$）和旅游者幸福感（$\lambda_{41} = 0.278$，$p < 0.001$）有直接正向影响。结果发现路径系数大于零且显著。因此，H6a、H6b、H6c 得到了支持。

表 3 – 23　　　　　　　　　　设定模型评价指标

假设	变量之间 关系	路径名称	标准化路径 系数	t 值	标准误
H6a	服务公平→旅游者满意度	λ_{21}	0.539 ***	8.437	0.074
H6b	服务公平→行为意向	λ_{31}	0.102 **	1.965	0.085
H6c	服务公平→旅游者幸福感	λ_{41}	0.278 ***	3.581	0.074
H7a	旅游者满意度→行为意向	β_{32}	0.608 ***	9.097	0.073
H7b	旅游者满意度→旅游者幸福感	β_{42}	0.339 ***	4.849	0.070

注：** 表示 $p < 0.01$；*** 表示 $p < 0.001$。

（2）结构模型结果

由表 3 – 24 可以看出，旅游者满意度的中介作用在行为意向和旅游者幸福感的影响上发挥了显著作用。

表 3 – 24　　　　　　　　直接影响、间接影响和总影响

变量之间的关系	直接影响	间接影响	总影响
服务公平→旅游者满意度	0.539 **	—	0.539 **
服务公平→行为意向	0.102 *	0.328 **	0.430 **
服务公平→旅游者幸福感	0.278 **	0.183 **	0.461 **
旅游者满意度→行为意向	0.608 **	—	0.608 **
旅游者满意度→旅游者幸福感	0.339 *	—	0.339 **

注：** 表示 $p < 0.01$；*** 表示 $p < 0.001$。

【模型解释力】

如图 3 – 6 所示，结构模型显示出良好的预测能力。该模型解释了旅游者

满意度 51.9% 的方差、行为意向 45.6% 的方差和旅游者幸福感 33.2% 的方差。肖恩（Cohen，1988）认为 R^2 值为 0.01、0.09 和 0.25 可以作为阈值来证明行为科学模型中的小、中、大效应。根据肖恩（Cohen，1988），该模型发现了旅游者满意度对行为意向和旅游者幸福感的影响显著。

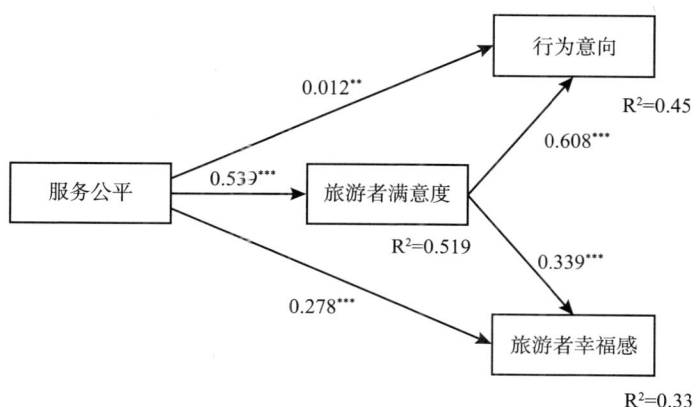

图 3 - 6　结构模型试验结果

注：** 表示 $p < 0.01$；*** 表示 $p < 0.001$。

3.6.2.4　研究结论与讨论

本节在旅游者满意度的中介作用下，考察了服务公平对旅游者行为意向和旅游者幸福感的影响。研究发现，服务公平对旅游者行为意向和旅游者幸福感有显著影响。旅游者满意度在服务公平前因变量和结果变量之间起中介作用。旅游目的地服务可以是满足旅游者社会心理需求的媒介（Crompton，1979）。旅游业可以在社会和心理上发挥作用，帮助人们逐渐从瓦解的日常生活中恢复平衡，这意味着旅游者可以通过消费旅游目的地提供的旅游服务来提高自己的旅游者幸福感。旅游服务对旅游者的情绪产生影响，并影响旅游者满意度，进而影响旅游者幸福感。另外，旅游服务可能会直接影响旅游者幸福感（Neal et al.，1999）。

本研究发现，服务公平不仅对行为意向产生直接正向影响，而且通过旅游者满意度对行为意向间接产生正向影响。这一发现与以往的文献研究并不完全一致，我们认为旅游者幸福感可能更多地受到服务公平的情感贡献而非服务质量的认知贡献的驱动。研究发现，服务公平对旅游者满意度、行为意向和旅游者幸福感的影响比服务质量对这些变量的影响更显著。因此，在旅游目的地营销与管理的背景下，进一步研究服务公平对旅游者满意度、旅游者幸福感的影响十分必要。未来的旅游服务研究应将服务公平作为一个重要的概念，特别是在考虑旅游者幸福感的情况下。由于不同文化对公平的评价标准不同，未来的研究需要检验其他文化背景下，服务公平对旅游者行为意向和旅游者幸福感的影响。

虽然有很多研究探讨了旅游者满意度与行为意向之间的关系，但旅游者满意度与旅游者幸福感之间的关系尚未得到广泛的研究。与以往研究一致，我们发现旅游者满意度是行为意向的重要前因变量（Hutchinson et al.，2009；Chen et al.，2010；Chen et al.，2008；Ptrick，2004）。通过综合服务评价变量对旅游者满意度和行为意向的影响，可以建立服务评价→旅游者满意度→行为意向的因果关系。同时，旅游者满意度和综合服务评价结构对旅游者幸福感有显著影响。我们也证实了服务评价、旅游者满意度与旅游者幸福感之间的因果关系。这种联系扩展了我们对旅游目的地旅游服务的社会心理结果的理解。具体而言，我们的研究发现，"服务公平→旅游者满意度→主观幸福感"比"服务质量→旅游者满意度→主观幸福感"路径更显著。总之，本节通过考察旅游服务对旅游者幸福感的影响，拓展了旅游服务、体验和满意度心理效应的研究文献。

3.6.3 旅游目的地声誉对旅游者幸福感的作用机制

旅游目的地是指一个地理位置，并不是个人的居住场所，个人前往旅游目的地通常是为了娱乐或出于好奇（Buhalis，2000）。旅游目的地往往包括各种设施和以服务为基础的便利设施，以接纳各种旅游者（Buhalis，2000；Murphy et al.，2000；Ritchie et al.，2003），这使得旅游目的地的声誉管理更具有挑战性（Buhalis，2000，2003；Ritchie et al.，2003）。

旅游目的地声誉是一种关于旅游目的地是什么及它能做什么的概念。虽然并不是实体，但是一个积极（消极）的旅游目的地声誉可以作为一种资产（负债）。与目的地形象相比，目的地声誉更具有主观性，它还包含了对目的地的情感认同，对外部利益相关者非常重要（Barnett et al.，2006）。我们将旅游目的地声誉定义为旅游者对一个旅游目的地的综合判断，基于对该旅游目的地在一段时间内产生的经济、社会和环境影响的评估。从旅游者的角度来看，一个旅游目的地的声誉可以传达与地理位置相关产品的独特信息。

声誉是一个实体信誉的基本延伸（Baka，2016）。一个积极的声誉可以增加利益相关者对组织提供负责任行为能力的信心（Rindova et al.，2007）。在企业层面，声誉表明了一个组织的产品和服务的主要价值（Devine et al.，2001），为旅游者服务提供了一种有市场证明的依据（Hansen et al.，2008）。同样，旅游目的地的声誉也是旅游者在选择度假旅游目的地时要考虑的一个重要因素。

因此，获得良好的声誉对旅游业来说变得越来越重要（Han et al.，2010；Han et al.，2015）。本研究以中国自然生态与历史文化旅游目的地为研究对象，研究目的地声誉对旅游者的影响。

本节利用信号理论来建立和检验一个模型，以提高对旅游目的地声誉的洞察。它探究了旅游目的地的声誉如何对重要的关系变量（满意度和认同）产生影响，进而最终对旅游者幸福感产生影响。总体而言，本节对学术界和管理实践的贡献有三方面：第一，旅游目的地声誉的概念来源于组织行为领域的企业声誉。企业声誉在旅游目的地管理和营销中的具体应用扩展了已有研究，并考察了声誉与旅游目的地视角相关的关键变量之间的关系。第二，声誉的经济结果（如旅游者忠诚行为、企业财务绩效）一直是学者关注的焦点。本节首次构建了一个综合模型，以测试和论证旅游目的地声誉感知如何影响旅游者幸福感。第三，为了扩展声誉及其结果的作用，我们研究了关系质量（即满意度和目的地的认同），作为目的地声誉的中介变量和结果变量。

我们首先为我们的研究框架提供理论背景，并提出研究假设。随后介绍了研究方法、测量和数据分析，并在此基础上探讨了研究的启示和营销策略。最后指出了本研究的局限性和未来研究方向。

3.6.3.1 文献综述和假设

【信号理论】

在社会、政治、经济等活动中，当不同的人获取的信息不同时，就会出现信息不对称。内部人是关于公司、品牌或个人的私人信息的传播者（如营销人员、经理）。他们决定是否将该信息传达给想要接收该信息但目前缺乏信息的外部人士。因此，信号理论强调由旅游目的地将组织内部人士持有的积极信息分享给外部人士，作为传递某实体积极属性的一种方式（Connelly et al.，2011）。外部人士或信号接收方就会从所获得的信息中受益。内部人士或信息传递方试图通过接受方的积极回应或行动而获益。在本研究中，将旅游目的地声誉感知作为信号。

旅游者决定去哪个旅游目的地的决策过程受到信息的影响。这些信息可能是私人的，也可能是公开的。当旅游目的地试图吸引旅游者时，特别是对初游者来说，很可能会出现信息不对称的情况，因为潜在的旅游者可能不知道一个特定的旅游目的地的真实服务质量或声誉。我们认为，对于有良好声誉的旅游目的地来说，信号传递可能是一个可行的，差异化的和建立竞争优势的策略。

【旅游目的地声誉感知】

声誉在已有研究中被定义为对企业过去行为和未来前景的感性表征（Fombrun，1996），与其他竞争对手相比，声誉是企业对所有关键要素的总体吸引力。制度理论文献将企业声誉视为一种整体感知，表明一组利益相关者的共同印象。有学者通过文献回顾，确定了声誉的三个不同组成部分：作为一种意识状态、评估和资产（Barnett et al.，2006）。作为意识的声誉是指利益相关者根据对组织的一般熟悉程度形成了对组织的认知。声誉评估是指利益相关者对组织的评估状态。声誉是一种资产，是指声誉作为一种重要的无形资源为组织提供的公认价值。作为一种缺乏实体的资产，声誉可以为企业在市场上提供其他企业难以复制的竞争战略优势（Capozzi，2005；Keh et al.，2009）。

对旅游目的地声誉的全面了解需要对其产生的结果进行考虑。以往研究表明，企业声誉对旅游者行为和意向有直接影响（Bartikowski et al.，2011；Caruana et al.，2010；Keh et al.，2009；Loureiro et al.，2011；Swoboda et al.，2013）。不仅如此，企业声誉还提高了潜在竞争对手的进入壁垒，更易吸引优质投资者，支持新产品介绍，提高危机公关成功概率（Fombrun et al.，1990；Keh et al.，2009），帮助招聘和留住员工，提高促销的成功概率（Guffey et al.，1993），产生更多正面的口碑（Rogerson，1983），获得各种利益相关者团体的支持（Gray et al.，1998），以及降低价格敏感性，从而更容易使用溢价定价（Fombrun et al.，1990）。

这些已有的研究大多集中探讨财务指标或旅游者反应，强调企业发展。然而，正如学者所指出的，城市声誉与企业声誉在同行业内具有可比性（Tobias & Wahl，2013）。据我们所知，很少有人关注从旅游目的地的角度来探索旅游目的地声誉的作用。然而，信号理论表明，旅游目的地声誉可能在旅游者如何感知他们的旅游目的地体验和行为反应方面极为重要。

【关系质量】

关系营销寻求与适当的目标市场建立持续的、以信任为基础的关系，最终使双方共同受益（Kim et al.，2002）。旅游者—企业关系可以为组织带来许多好处，如减少获取新旅游者所需的投资、更好地留住旅游者、改善品牌资产、获得更多利润（Smit et al.，2007）。关系质量包含多种因素，但已有研究大多针对该构念的整体概念进行探讨，目前较少有研究对构成关系质量的维度和因素进行讨论（Athanasopoulou，2009；Huntley，2006；Woo et al.，2004）。关系质量的定义是"随着时间的推移，买家对关系的满意程度"（Huntley，2006）。在酒店环境中，关系质量具体指旅游者对"顾客对个别服务员工的沟通和行为的感知和评价，如尊重、礼貌、温暖、同理心和乐于助人"（Kim & Cha.，2022）。此外，有学者提到弹性关系往往是旅游者通过认同现象满足一个（或几个）基本的自我定义需求的结果（Bhattacharya & Sen，2003）。本节将旅游者对旅游目的地的满意度和认同作为关系质量变量。

【旅游目的地声誉与旅游者满意度】

奥利弗（Oliver）将顾客满意度定义为相对于消费体验而言，顾客对某种商品或服务的满意程度的评价（Oliver，1997）。学者们认为满意度是顾客对产品相对于期望的评估（Bitner & Zeithaml，2003）。因此，满意度被理解为当期望与实际表现相比较时所感受到的结果。旅游者满意度被定义为一种基于现场体验的主观感受（Otto et al.，1996）。在这里，满意度不仅仅关注访问旅游目的地时遇到的具体结果，而是对整个消费体验的整体评估（Loureiro et al.，2014）。在本节的背景下，旅游者满意度是通过比较预期体验与在旅游目的地的实际体验后获得的整体满意度水平。

多名研究人员（Da Silva et al.，2006；Davies et al.，2002）指出，对企业诚信和声誉的评估将会影响旅游者的满意度。部分学者在餐厅（Chang，2013）和酒店（Loureiro et al.，2011）情境下探讨并证实了声誉与满意度的关系。积极的声誉同样可以影响旅游者的期望，具体来说，感知到积极声誉的旅游者将会期待高质量的体验。声誉通过影响访问前的预期，降低了旅游者决策过程中普遍较高的感知风险（Loureiro et al.，2011）。如果满足或超过了这些期望，旅游者的满意度水平将大幅提高（Chang，2013）。一个旅游目的地的声誉代表了旅游者对旅游目的地好坏程度的评估。由于一个好的声誉标志着一个旅游目的地在其实践中表现良好，因此我们假设旅游目的地的声誉将会影响旅游者对该旅游目的地的满意度：

H8a：旅游目的地的感知声誉对满意度有正向影响。

【旅游目的地声誉与旅游目的地认同】

两个最重要的关系营销概念是旅游者满意度和认同（Haumann et al.，2014）。有学者指出，旅游者对实体的认同对于关系营销策略至关重要，因为"增强认同已成为建立深入、有意义、长期关系的重要途径"（Huang，Chen & Chen，2017）。具体来说，对某个实体有强烈认同感的旅游者更有可能参与帮助该实体实现其目标的行为（Bhattacharya et al.，2003）。

社会认同理论（Tajfel et al.，1985）提出，当一个人对自己的属性及他人如何评价这些品质形成信念时，他们通常会跳出自己的私人身份来获得社会身份。社会身份可以通过对组织的认同来获得（Ashfort & Mael，1989）。组织认同是指个人对一个实体的一种归属感，个体认为这个实体具有重要的共同特征或品质（Dutton et al.，1994）。认同可以在个人和组织之间提供联系感（Dutton et al.，1994），这可以起到提高社会认同的作用（Mael et al.，1992）。

基于已有研究成果（Dutton et al.，1994），结合社会认同理论（Tajfel et al.，1985）和组织认同理论（Bergami et al.，2000），有研究将顾客—企业认同定义为一种主动的、有选择性的和有意志的行为，其动机是满足一个或多个自我定义（即我是谁）的需要（Bhattacharya & Sen，2003）。顾客—企业认同建立在帮助顾客更好地满足其自我定义需求的基础之上。研究发现，与顾客满意度相比，顾客认同在一段时间内会对关系产生积极影响，并能更有效地降低顾客对竞争行为的敏感性（Haumann et al.，2014）。相对于顾客满意度而言，顾客—企业认同更有助于建立初始顾客忠诚度（Homburg et al.，2009）。

企业形象的积极吸引力是顾客—企业认同的重要前提（Bhattacharya et al.，2003）。有学者认为顾客—企业认同受到企业声誉的影响（Keh & Xie，2009）。在市场营销文献中，企业声誉被认为是导致顾客—企业认同的重要因素（Stokburger - Sauer et al.，2012）。一个积极的声誉可以作为一个实体吸引力的标志（Keh et al.，2009）。

我们将旅游目的地认同定义为旅游者对旅游目的地的一种归属感。根据社会认同理论，旅游者应该能够与受欢迎的旅游目的地建立联系。我们认为，如果旅游者与旅游目的地有积极的认知关联，有助于实现自我定义过程，满足其对独特性和自我发展的需求，那么他们可能会认同旅游目的地。基于以上讨论，我们提出如下假设：

H8b：旅游目的地的感知声誉与对旅游目的地认同有正向影响。

【关系质量与旅游者幸福感】

旅游者幸福感是一个个体的、体验性的概念，它受到不同学科的广泛关注。SWB 这个词可以和生活质量、生活满意度、体验效用（Dagger et al.，2006），以及更广泛的幸福概念互换使用。有学者认为旅游者幸福感是指对生活满意度的认知评价和对积极情感体验的评价（Diener，1984）。换句话说，这个概念用来形容一个人如何评价自己的生活（Diener et al.，1997）。一些旅游者幸福感的测量在帮助区分旅游者幸福感的情感成分和认知成分方面发挥了重要作用（Diener et al.，1985）。一个人如何选择评价他们的生活可以基于信念、情绪，或一些认知和情感的混合（Diener et al.，1985）。旅游者幸福感可以与特定生活领域（如职业、亲戚、旅游、身体状况）相关的体验联系在一起，也可以作为对生活满意度的总体衡量（Dagger et al.，2006）。从总体上看，旅游者幸福感反映的是一个人对目前生活状况的个人评价（Dagger et al.，2006）。

尼尔，瑟索和尤萨尔（Neal，Sirgy & Uysal，1999）曾表示从整体上看，旅游体验满意度的高低会对生活质量产生影响。随后，该作者继续了这一早期研究（Neal et al.，2004），并提供了确证结果。最近，粟（Su）等学者研究发现，无论是在城市旅游还是在康养旅游背景下，旅游者满意度都是旅游者幸福感的重要决定因素（Su et al.，2015；Su et al.，2016）。因此，我们假设如下：

H9：旅游目的地的满意度对旅游者幸福感有正向影响。

对一家企业的认同可以激动旅游者采取有助于该企业实现其目标的行为（Bhattacharya et al.，2003）。现有研究发现，认同住宿供应商的旅游者，其幸福感会增加（Su et al.，2016）。这是因为认同行为能够协助旅游者满足其主要的自我需要。正如酒店背景下的组织认同能够帮助旅游者满足他们自定义的需求，我们预测对旅游目的地的认同也可以产生类似的影响。因此，我们提出旅游目的地认同会导致旅游者对旅游目的地产生心理依恋，进而影响旅游者幸福感：

H10：对旅游目的地的认同与旅游者幸福感有关。

【关系质量的中介作用】

根据信号理论，一个好的旅游目的地声誉对旅游者来说应该是一个积极的信号，我们预测，这将提高旅游者的满意度。旅游体验满意度也被发现影响上级生活满意度，同时正向影响旅游者幸福感。据我们所知，以往没有研究直接检验满意度在声誉和旅游者幸福感之间的潜在中介作用。

一些研究已经确定了与企业声誉相关的满意度和结果的调节作用。例如，一项针对葡萄牙农村住宿旅游者的研究发现，旅游者满意度中介了企业声誉对忠诚度的影响（Loureiro et al.，2011）。在餐饮情境中，已有研究指出声誉可以提高旅游者满意度（Chang，2013），进而提高旅游者忠诚度，企业声誉通过整体旅游者满意度影响回购和口碑意向（Su et al.，2016）。已有研究证明了企业声誉对重游意向（口碑）的影响受到旅游者满意度的部分（完全）中介作用。最近，在城市旅游背景下的相关研究表明，旅游者满意度完全中介了服务质量对旅游者幸福感的影响，部分中介了服务公平对旅游者幸福感的影响（Su et al.，2015）。虽然满意度对旅游目的地声誉的调节作用尚未被确定，但根据企业层面的已有研究我们可以得出以下假设：

H11：旅游目的地的满意度在旅游目的地的感知声誉对旅游者幸福感的影响中起中介作用。

研究发现，在企业环境下，旅游者—企业认同可以调节企业声誉对未来购买意愿的影响（Keh et al.，2009）。对于服务型企业来说，身份吸引力对多种旅游者行为（如对组织的忠诚、口碑宣传、对负面信息的复原力）的影响受到了旅游者—企业认同的中介作用（Bhattacharya et al.，2003）。洪和杨（Hong & Yang，2009）指出旅游者—企业认同在将组织声誉与旅游者推荐联系起来的过程中所起重要的中介作用。库恩泽尔和韩礼德（Kuenzel & Halliday，2008）发现，品牌认同对品牌推荐和重购的影响受到声誉的完全中介。

声誉是认同的重要预测因子（Keh et al.，2009）。与实体的强烈合一感有助于一个人满足自我定义的需要（Bhattacharya et al.，2003），进而影响一个人的旅游者幸福感。据我们所知，没有一项研究探讨了认同在声誉和旅游者幸福感之间可能发挥的中介作用。已有研究已经证实旅游者—企业认同在多种情境中可以作为中介变量，基于此，我们提出旅游目的地认同也将在我们所提出的模型中发挥中介作用（见图3－7）。

H12：旅游目的地认同在旅游目的地声誉感知对旅游者幸福感的影响中起中介作用。

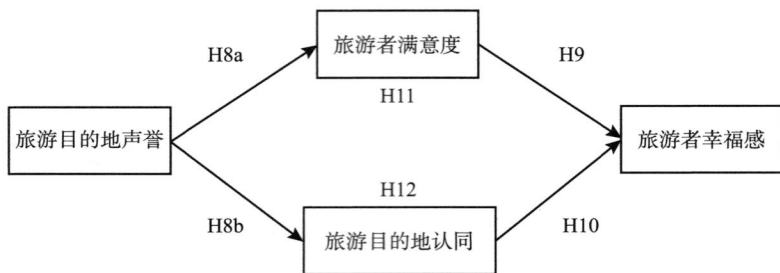

图3－7　研究的理论模型

3.6.3.2　研究设计与研究流程

【问卷设计】

研究使用外斯、安德森和麦金尼斯（Weiss，Anderson & MacInnis，1999）的三题项量表测量旅游者如何感知一个旅游目的地的声誉。在本研究中旅游者满意度是旅游者对旅游目的地的总体评价。基于前人研究，满意度采用三个题项进行测量（Brown，Cowles，& Tuten，1996）。对于旅游目的地认同，本节参考改编已有研究建立的四题项量表（Mael & Ashforth，1992；Keh et al.，2009；So et al.，2013）。旅游者幸福感的测量则采用旅游者幸福感表（Lyubomirsky et al.，1999）。

调查问卷由四名旅游市场推广从业员及五名旅游领域的专家学者进行修改。我们对经过预筛选的中国工商管理专业本科生进行了预测试，并确保他们曾经去过收集数据的旅游目的地（ $n = 40$ ）。

【数据收集与样本调查】

受访者是中国长沙岳麓山国家公园的旅游者。岳麓山以其美丽的自然风光而闻名，并与佛教、儒教和道教有着悠久的历史联系，公园内有诸多历史遗迹，如爱晚亭、麓山、岳麓书院、云麓宫和一座献给皇帝的纪念碑，因此吸引了大量文化旅游者。调查人员主要在公园的三个出口进行了为期10周的问卷调查工作。共发放问卷800份，回收问卷626份，其中有效问卷539份。分析过程主要使用SPSS 22.0和AMOS 22.0软件。

样本中男性（47.3%）与女性（52.7%）的比例相对平衡，受访者多为

44 岁或以下（80.0%）。被调查者的月收入情况存在较大差异。大多数受访者受过某种形式的高等教育，其中77.9%拥有大专及以上学历。受访者既包括第一次来访的旅游者（39.3%），也包括重游旅游者。表 3－25 提供了关于研究参与者的人口统计学信息。

表 3－25　　　　　　　　研究参与者的人口统计学信息

	分类	人数（人）	占比（%）		分类	人数（人）	占比（%）
年龄	18～24 岁	203	37.7	家庭人均月收入	2000 元以下	149	27.6
	25～44 岁	228	42.3		2000～2999 元	91	16.9
	45～64 岁	84	15.6		3000～3999 元	111	20.6
	65 岁及以上	24	4.5		4000～4999 元	63	11.7
性别	男	255	47.3		5000 元及以上	125	23.2
	女	284	52.7	旅游次数	第一次	212	39.3
教育程度	高中以下	31	5.8		第二次	75	13.9
	高中/中专	88	16.3		第三次	58	10.8
	大专/本	358	66.4		第四次	26	4.8
	研究生	62	11.5		五次及以上	168	31.2

3.6.3.3　数据分析与结果

【测量模型】

本研究对所提出的假设进行以下两个阶段的检验。

（1）可靠性检验

可靠性检验用于验证测量模型，然后检验提出的变量关系。测量模型的拟合指标以验证模型是否拟合良好（Hu et al.，1999）。χ^2/df 为 3.184（<5），均方根误差（RMSEA）＝ 0.064（< 0.08）；拟合优度指数（GFI）＝ 0.920，调整的拟合优度指数（AGFI）＝ 0.890，规范拟合指数（NFI）＝ 0.953，相对拟合指数（RFI）＝ 0.943，增量拟合指数（IFI）＝ 0.967，Tucker－Lewis Index 指数（TLI）＝ 0.960，比较拟合指数（CFI）＝ 0.967。Cronbach's alpha 的范围为 0.880～0.944。被检验量表的综合信度在 0.886～0.945 之间（见表 3－26）。

表 3 – 26　　　　　　　　　　　测量模型结果

变量	均值	标准方差	标准化载荷	t 值	组合信度	AVE	Cronbah's alpha 值
旅游目的地声誉					0.887	0.724	0.880
岳麓山的旅游目的地备受推崇	6.04	1.14	0.778	20.808			
岳麓山是一个成功的旅游目的地	5.76	1.24	0.940	27.587			
岳麓山是公认的旅游胜地	5.55	1.31	0.828	22.728			
旅游者满意度					0.943	0.847	0.942
总的来说，我对这次岳麓山之行很满意	5.70	1.25	0.868	25.163			
与我的预期相比，我对这次岳麓山之行感到满意	5.58	1.21	0.951	29.346			
与理想的目的地相比，我对岳麓山之行很满意	5.53	1.27	0.940	28.759			
旅游目的地认同					0.945	0.812	0.944
我很想知道别人对岳麓山作为旅游目的地的看法	5.08	1.59	0.845	24.107			
岳麓山旅游目的地的成功就是我旅游的成功	4.89	1.61	0.940	28.814			
当有人称赞岳麓山的旅游目的地时，感觉就像在赞美自己	4.96	1.64	0.913	27.402			
当有人批评岳麓山的目的地时，我感到很尴尬	5.06	1.57	0.905	26.970			
旅游者幸福感					0.886	0.610	0.880
总的来说，我认为自己是一个非常幸福的人	5.88	1.08	0.897	26.373			
与大多数同龄人相比，我认为自己更快乐	5.94	1.06	0.951	29.145			
我通常很快乐并且享受生活	5.95	1.07	0.868	25.039			

注：拟合良好度 $\chi^2/df = 3.184$，RMR $= 0.064$，RMSEA $= 0.064$，GFI $= 0.920$，AGFI $= 0.890$，NFI $= 0.953$，RFI $= 0.943$，IFI $= 0.967$，TLI $= 0.960$，CFI $= 0.967$。

a 由于标准装载小于 0.40 而删除的项目。

（2）聚合效度测试

评估聚合效度。删除了一个标准载量小于 0.40 的题项后，所有其他项因子负荷均大于 0.686，且在 0.001 水平上显著。所有构念的平均方差提取范围为 0.610 ~ 0.87，大于福内尔和拉克尔（Fornell & Larcker，1981）提出的最小准则 0.500。通过比较 AVE 的平方根与各构念间的相关系数来检验聚合效度。所有相关系数均小于 0.586，AVE 的平方根均大于 0.781（见表 3 - 27）。因为 AVE 大于任何一对构念之间的平方相关性，可以看出聚合效度是好的（Fornell et al.，1981）。

表 3 - 27 相关系数及提取平均方差

	旅游目的地声誉	旅游者满意度	旅游目的地认同	旅游者幸福感
旅游目的地声誉	（0.851）			
旅游者满意度	0.585	（0.920）		
旅游目的地认同	0.487	0.586	（0.901）	
旅游者幸福感	0.469	0.511	0.363	（0.906）

注：提取的平均方差（AVE）的平方根显示在矩阵的对角线上；结构间的相关性显示在对角线上。

【结构模型试验】

（1）结构模型拟合参数

结构模型的拟合优度指标与数据吻合较好：$\chi^2/df = 4.012$，RMSEA = 0.075，GFI = 0.908，AFI = 0.877，NFI = 0.940，RFI = 0.928，IFI = 0.954，TLI = 0.945 以及 CFI = 0.954。旅游目的地声誉对满意度（$\lambda_{21} = 0.619$）和旅游者认同（$\lambda_{31} = 0.520$）的影响均有统计学意义（$p < 0.001$）。H8a 和 H8b 得到支持。旅游目的地满意度显著影响旅游者幸福感（$\beta_2 = 0.467$，$p < 0.001$）。H9 得到支持。旅游目的地认同对旅游者幸福感的影响也具有统计学意义（$\beta_{43} = 0.111$，$p < 0.001$）。H10 也得到了支持（见表 3 - 28 和图 3 - 8）。

（2）结构模型结果

为了探究假设的中介效应，我们使用了 Amos 21.0 中的 bootstrap 程序（Jose，2013）。bootstrap 样本的数量设置为 2000，置信区间设置为 95%。我们使用 Amos 21.0 将间接效应表示为总效应，为每个特定的间接效应生成 p 值和置信区间，以检验中介假设（Macho et al.，2011）。结果如表 3 - 29 所示。通过旅游目的地满意度和旅游目的地认同，发现旅游目的地声誉对旅游者幸福感有显著的间接影响。因此，H11、H12 得到了支持。

表 3 – 28　　　　　　　　　设定模型评价指标和假设检验结果

假设	变量之间关系	路径名称	标准化路径系数	t 值	标准误	假设检验结果
H8a	旅游目的地声誉→旅游者满意度	λ_{21}	0.619***	14.585	0.051	支持
H8b	旅游目的地声誉→旅游目的地认同	λ_{31}	0.520***	11.500	0.061	支持
H9	旅游者满意度→旅游者幸福感	β_{42}	0.467***	10.658	0.035	支持
H10	旅游目的地认同→旅游者幸福感	β_{43}	0.111***	2.611	0.030	支持

注：** 表示 $p < 0.01$；*** 表示 $p < 0.001$.

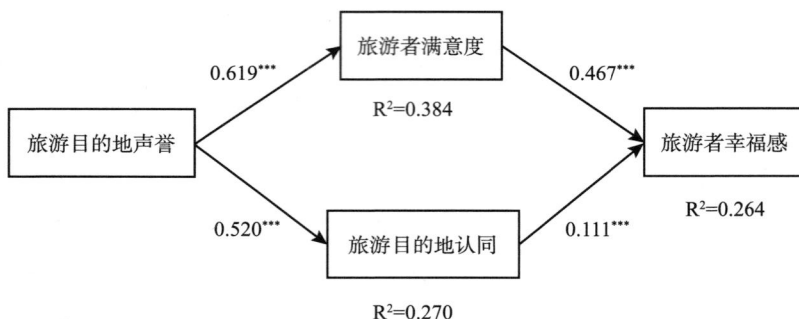

图 3 – 8　研究的理论模型

注：** 表示 $p < 0.01$；*** 表示 $p < 0.001$。

表 3 – 29　　　　　　　　　　　关系质量间接影响

假设	路径	间接影响	Lower-bound 95% CI	Upper-bound 95% CI	p 值	结果
H11	旅游目的地声誉→旅游者满意度→旅游者幸福感	0.212	0.132	0.301	0.001	支持
H12	旅游目的地声誉→旅游目的地认同→旅游者幸福感	0.086	0.036	0.136	0.001	支持

3.6.3.4　研究结论与讨论

本节以中国长沙岳麓山国家公园为研究对象，通过满意度与认同的调节作用，探讨旅游目的地的感知声誉与旅游者幸福感及满意度之间的关系。已有研究证明，从单个企业的角度来理解企业与客户的关系时，声誉是一个关键的组成部分（Chang，2013；Keh et al.，2009）。特别是，学者们倾向于关注声誉产生的经济效应（Gatzert，2015；Koh et al.，2009；Rose et al.，2004；Saeidi et al.，

2015）或在影响旅游者对企业的行为方面的作用（Bartikowski et al.，2011；Caruana et al.，2010；Keh et al.，2009；Loureiro et al.，2011；Swoboda et al.，2013）。本节通过考察声誉如何利用自然和文化旅游目的地环境引发旅游者反应，扩展了这一内容。研究结果表明：①积极旅游目的地声誉与较高的旅游目的地认同和满意度正向相关；②旅游目的地认同增强了旅游者幸福感；③旅游目的地认同和旅游目的地满意度在旅游目的地声誉与旅游者幸福感的关系中起显著中介作用。

如果信号发送者从接收方的响应中获益，则信号发送成功。旅游目的地可以向潜在的旅游者传递自己的声誉，使自己有别于名气较小的旅游景点。信号理论认为，认同和管理那些影响感知声誉的因素，对于提高旅游者的满意度和对旅游目的地的认同至关重要。本节通过对目标的更大满意度和承诺来支持信号理论的战略效应。对于营销人员来说，信号理论的一个重要特点是信号的接收者（即旅游者）受益于信号的发送者。我们的研究结果支持了积极的声誉信号会导致更高的旅游幸福感。

奥托和里奇（Otto & Ritchie，1996）认为，旅游者的体验是可变的和高度主观的，主要以象征性的方面为标志，最终导致对体验的总体满意（Ali et al.，2016）。一个能够实现其所宣称的营销信息的旅游目的地更易获得良好的声誉，并从中获益（Loureiro & Kastenholz，2011）。长期并多次未能实现其所宣称的营销信息的旅游目的地更易获得负面声誉。旅游者们希望一个声誉很好的旅游目的地能满足他们的期望。因此，旅游目的地声誉被认为是一个重要的信号，旅游目的地营销者必须认真对待。

社会认同理论认为，除了个人认同之外，人们还通过获得社会认同来表达自我意识。人们这样做的一种方法是通过将自己与实体联系来定义自己。基于社会认同理论，我们预测旅游者应该倾向于与声誉好的旅游目的地建立联系。研究认为，旅游者对旅游目的地的积极的认知关联，将有助于旅游者的自我定义过程，满足旅游者对独特性和自我发展的需求。具体来说，良好的声誉会表现一个实体的身份吸引力。对旅游目的地的心理依恋可以促进旅游者的支持性旅游行为。通过旅游目的地的认同，旅游者对旅游目的地的支持行为是一种自我表达行为。因此，本研究的结论拓展了社会认同理论的应用范围，有助于加深对社会认同理论的理解。通过考察与旅游目的地相关的声誉、旅游者对旅游目的地的认同及随后的支持行为，最终实现对已有的旅游者—企业认同研究的进一步拓展。

本节建立了一个不同路径的框架，通过这些路径，旅游者幸福感可以作为旅游目的地体验的结果而被进一步推进。随着感知声誉水平的提高，旅游者对旅游目的地的感情和依恋感加深。满意度和认同是影响旅游者幸福感的因素。

本研究证实在旅游目的地声誉对旅游幸福感的影响中存在两个作用路径：旅游目的地声誉→旅游者满意度→旅游者幸福感；旅游目的地声誉→旅游目的地认同→旅游者幸福感。

3.6.4　旅游体验对旅游者幸福感的作用机制

幸福感在人们的生活中扮演着越来越重要的角色，并受到学术界的广泛关注（Dekhili et al.，2020；Manthiou et al.，2015；McCabe et al.，2013；Sthapit et al.，2018）。作为一个被广泛研究的营销概念，消费者幸福感是指消费者感知到的品牌对提高其生活质量的贡献，这极大地影响个人的行为意向（Hwang et al.，2015）。随着消费者追求高品质的产品和服务，他们致力于获得不一样的个人体验（Hwang et al.，2015）。因此消费者的体验对他们的满意度有显著的影响（Tung et al.，2011）。

旅游体验通常被认为是一种需要旅游者积极参与的活动，可以促进旅游者的个人发展。旅游体验也会影响旅游者幸福感（Dekhili et al.，2020），两者之间的关系已成为研究热点。学者们较多关注个人旅游体验、旅游满意度和生活满意度之间的关系（Kastenholz et al.，2018；Sirgy et al.，2011）。旅游/休闲活动可以满足旅游者的心理需求（He et al.，2020），扩大他们的社交网络，并提高他们的技能和知识。积极的假期体验对整体生活满意度也有溢出效应（Zhong et al.，2017；Sirgy et al.，2011）；尤萨尔等（Uysal et al.，2016）强调研究旅游者幸福感在旅游体验中的作用机制是十分必要的（Mitas et al.，2019）。

旅游体验可以通过记忆提升个人的幸福感（Morgan et al.，2009）。与不休假的人相比，休假的人往往拥有更高的幸福感；他们与假期相关的记忆影响着不同的生活领域（Sthapit et al.，2018）。旅游体验被作为脚本储存在旅游者的脑海中（Manthiou et al.，2015），当旅游者从假期返回到日常生活时，他们对旅游的回忆形成了他们对体验的评价，并影响随后的行为（Manthiou et al.，2015；Sthapit et al.，2018）。虽然回忆是旅游者幸福感的关键驱动因素，但学者们大多将回忆与难忘的旅游体验联系起来（Sthapit et al.，2018；Tung et al.，2011）而不是把它当成一个独立的概念。本节进一步验证了回忆在旅游体验与旅游者忠诚度之间的中介作用（He et al.，2020）。因此，相对于旅游者幸福感而言，这种中介作用是值得研究的。

讲故事可以从一个独特的视角捕捉旅游体验（Wan et al.，2020）。个人可以通过口头交流来回忆愉快和非凡的生活时刻（Wan et al.，2020；Zhong et al.，2017）。虽然已有研究发现通过社交媒体分享旅游足迹可以提高人们的幸福感

（Wan et al.，2020），但尚未有研究探讨讲故事在旅游体验或旅游者幸福感中的中介作用。此外，旅游体验各维度对旅游者幸福感的影响尚不明晰（Dekhili et al.，2020）。因此，有必要确定旅游体验的维度，并制定相应的量表来检验其对旅游者幸福感的影响。

本节基于溢出理论和脚本理论，从旅游者旅游体验、回忆、讲故事与旅游者幸福感的关系出发，构建了旅游体验对旅游者幸福感影响的理论模型。此外，本节还考察了旅游者回忆对旅游体验和讲故事的中介作用。本研究的发现对学术界和产业界都有贡献；研究结果鼓励旅游从业人员开发体验式营销方式，为旅游者提供优质体验，激发旅游者分享旅游体验，实现旅游者幸福感最大化。

3.6.4.1 理论基础和假设

【溢出理论】

溢出理论在生活质量、生活满意度和旅游者幸福感等方面的研究中得到了很好的应用（Sirgy et al.，2011）。"溢出效应"指的是个体的情绪状态从一个环境（如工作场所或学校）传递到另一个环境（如家庭）（Erreygers et al.，2019）。这一理论表明，生活中一个领域的满意度会影响另一个领域的满意度（Diener et al.，2003；Sirgy et al.，2011）。例如，休闲满意度可能影响其他生活领域（如家庭、工作或健康）的满意度（Sirgy et al.，2011）。溢出可以是水平的，也可以是垂直的（Sirgy et al.，2011）。水平溢出是指一个生活领域对相邻生活领域的影响；例如，休闲满意度可以影响一个人对工作或家庭生活的满意度（Schmitt et al.，1982）。垂直溢出效应的产生是因为生活领域（如家庭和工作）在人们的头脑中是层次化的结构（Sirgy et al.，2011）。层次结构的顶层代表了上层领域，即整个生命，这个领域包括生活质量（即生活满意度）、个人幸福感和旅游者幸福感（Sirgy et al.，2011）。下层生活领域（如家庭、工作、休闲和社区）会影响上层领域。溢出理论认为，下层生活领域的满意度会溢出到上层生活领域，从而影响生活满意度/旅游者幸福感（Su et al.，2019）。这种溢出效应被称为垂直的自下而上的溢出（Sirgy et al.，2011）；例如，休闲领域的满意度垂直（自下而上）溢出到旅游者幸福感（Sirgy et al.，2011）。在垂直的自上而下的溢出中，上层的生活领域影响下层的领域（如生活满意度影响休闲满意度）（Diener et al.，2003）。旅游者幸福感也可能自上而下地溢出到下层生活领域的满意度，并受到讲故事等行为反应的影响。

【脚本理论】

1978 年，汤姆金斯（Tomkins）在心理学理论的基础上提出了"脚本理论"，即一个人的行为在很大程度上属于"脚本"模式。也就是说，人们在行动过程中的行为类似于书面脚本。营销学者将脚本理论应用于旅游者行为的研究（Bozinoff et al.，1983；Manthiou et al.，2014）。根据认知信息加工理论，知识（经验）以图式的形式储存在记忆中（Lindsay et al.，1977），保存在记忆中的脚本在激活时会指导一个人的行为（Bozinoff et al.，1983）。旅游者在旅游目的地消费旅游产品的体验（Su et al.，2014），会作为图式存储在记忆中（Lindsay et al.，1977）。这些脚本随后会在受到刺激时引发相关行为（Manthiou et al.，2014）。本节采用脚本理论，通过记忆来解释旅游者行为的形成（Su et al.，2020）。旅游体验作为刺激脚本被存储在记忆中，随后的记忆会影响旅游者的行为意图和情绪（如讲故事和旅游者幸福感）。这些关系将在下面内容中进一步讨论。

【旅游体验及其维度】

旅游体验作为管理和营销的一个关键概念，引起了学者们的广泛关注（Fernandes et al.，2016）。研究人员最初关注的是更广泛的旅游体验概念，他们认为人们更关注体验而不是产品（Lemon et al.，2016）。将体验从产品和服务中区分出来，并将旅游体验定义为花时间参与有意义的活动。此后，学者们针对旅游体验的广义概念产生了争议，有学者指出旅游体验通过直接和间接的旅游者—企业沟通来体现（Brakus et al.，2009；Komppula et al.，2016）。旅游体验涉及个人的感官、情绪、社会认知和精神反应（Lemon et al.，2016）。卓越的旅游体验可以带来独特的竞争优势，为企业创造价值（Tung et al.，2011）。旅游体验因对企业有显著的影响而得到了越来越多的关注，并成为各学科的研究焦点（Klaus et al.，2012）。

20世纪70年代以来，旅游体验一直是一个热门的研究课题（Quan et al.，2004）。相较于其他行业，在旅游业中为旅游者创造积极的体验更为重要（Hwang et al.，2016）；旅游本质上是一个体验市场，它为旅游者提供了一个体验发生的精神场所（Volo，2009）。因此为旅游者创造难忘的旅游体验已成为旅游企业的重要目标（Fernandes et al.，2016）。随着旅游体验概念的日益普及，研究人员致力于对其进行定义和测量（Godovykh et al.，2020）。社会科学家认为，由于旅游景点的吸引力，旅游体验代表了日常生活中的一个高峰（Walls et al.，2011），它为旅游者提供不同于普通生活的体验（Komppula et al.，2016；Quan et al.，2004）。这些难忘的经历只有在旅游活动之后才能获得（Kim et al.，2012；Komppula et al.，2016）。

基于对旅游行业消费者体验的研究，考虑到旅游活动、产品和服务的独特性，我们将旅游体验操作化：旅游体验涉及旅游者在与旅游目的地（如风景、产品、服务、环境文化）直接和间接接触过程中的主观反应和行为反应。当旅游者与旅游产品和服务互动时，就会产生旅游体验。旅游体验本质上是多维的

（Lemon et al.，2016），包括感官体验（Barnes et al.，2014；Fenandes et al.，2016）、情感体验（Fernandes et al.，2016；Godovykh et al.，2020）、行为体验（Barnes et al.，2014；Godovykh et al.，2020）和知识体验（Barnes，2020；Fernandes et al.，2016；Godovykh et al.，2020）。在本节研究中，我们也考虑补充了其他三个体验维度，以更全面地衡量旅游体验：真实性（Fernandes et al.，2016；Gilmore et al.，2007；Hwang et al.，2016）、体验共同创造（Barnes，2020；Kim et al.，2012；Klaus et al.，2012；Walls et al.，2011）和新颖性体验（Kim et al.，2012；Rageh et al.，2013）。

【感官体验】

感官体验是指旅游者通过视觉、听觉、触觉、味觉和嗅觉所产生的体验（Schmitt，1999）。企业和产品可以通过美学或刺激来激励旅游者（Schmitt，1999），例如，露天市场活动的声音，食物的气味和味道或城市天际线的美丽（Barnes et al.，2014）。旅游体验是通过个体与环境的交互作用体现出来的，多种感官塑造了旅游者对周围环境的感知（He et al.，2019）。

【情感体验】

旅游的一个关键功能是情感的产生（Barnes et al.，2020），因为旅游者在旅游活动中的情绪直接影响他们对这些活动的评价（Barnes et al.，2020）。具有体验方面才能的旅游从业者能够识别旅游者的需求，特别是情感需求（Brnes et al.，2020；Baum，2006），并创造独特的情感体验，以帮助旅游者更好地理解旅游的本质（Barnes et al.，2020）。例如，酒店的热情好客可以让旅游者有宾至如归的感觉，从而带来积极的情感体验（Barnes et al.，2014）。

【行为体验】

如果旅游者遇到一种新的生活方式或行为，他们可以享受到更动态的、鼓舞人心的体验（Schmitt & Bernd，1999）。在旅游中，行为维度包括旅游者在旅游时的身体参与和行为反应（Brakus et al.，2009；Yoon et al.，2013）。当给定的产品及其消费与公司所体现的价值观和消费者共享的价值观相一致时，消费者就会享受行为体验（Yoon & Sung-Joon，2013）。

【知识体验】

旅游可以满足一个人学习新事物的欲望（Fernandes et al.，2016）。智力开发是难忘旅游体验的重要组成部分（Tung & Ritchie，2011）。知识体验包括旅游中获得的历史、地理、文化和语言知识（Barnes et al.，2020）。旅游者和旅游从业者的互动可以促进知识交流，丰富旅游体验（Barnes et al.，2020）。

【真实性】

真实性涉及旅游者对体验、服务或产品的感知（Gilmore et al.，2007）。

旅游行业从业者可以通过真诚的情感来表达体验的真实性，传达真实的氛围，提升企业的竞争优势（Hwang et al.，2016）。已有研究发现体验当地文化是旅游中令人难忘的一部分，了解旅游地居民的生活方式可以增强旅游体验的记忆性（Kim，2014）。

【体验共同创造】

在购物时，旅游者与销售人员和周围环境互动，形成一种全面的体验（Brakus et al.，2009；Komppula et al.，2016）。人际互动也会影响旅游者对旅游产品消费的感知（Hwang et al.，2016；Komppula et al.，2016）。因此，研究人员开始更加关注体验的共同创造（Fernandes et al.，2016）：旅游者—旅游地居民互动使旅游者沉浸在旅游目的地环境中（Kim，2014），有助于培养难忘的体验（Barnes et al.，2020）和潜在的重游意图（Barnes et al.，2020）。

【新颖性体验】

新颖性寻求是指一个人对新奇刺激的渴望，如对新产品的渴望（Hirschman，1980）。新颖是旅游体验的一个宗旨：旅游者经常选择不同于他们家乡文化的旅游目的地（Kim，2014），以满足新奇的需要（Hirschman，1980），无论是有关美食、住宿、语言或习俗（Kim，2014）。

【旅游者回忆】

记忆是一种心理活动，是指一个人回忆过去的行为和经历的能力（Sheen et al.，2001）。研究证明了体验和记忆之间的密切关系，如独特的体验丰富了旅游者对事件的记忆（Manthiou et al.，2014；Manthiou et al.，2015）。记忆包括多模态空间意象、叙事推理和情感（Ruin et al.，2003）、生动性（St. Jacques et al.，2007）和回忆（Manthiou et al.，2015；Rubin et al.，2003）。记忆的构成部分因环境而异。例如，在旅游体验方面，记忆的主要组成部分包括叙事推理、情感、回忆和生动性（Meiser et al.，2002）。记忆是实践者和学者特别感兴趣的话题，为旅游者创造一生难忘的记忆可以把一次性的旅游者变成回头客（Manthiou et al.，2015；Tung et al.，2011）。

已有研究证实了提供难忘体验的重要性（Kim，2014；Wirtz et al.，2003）。关于个人购买体验的记忆可以影响旅游者的未来决策，而旅游者在做出旅游决策时往往会基于对过去经历的记忆获得信息（Kim，2014）。如果旅游者在回忆旅游经历时遇到负面信息，他们会在以后的旅游经历中避免这样的经历；反之，如果旅游者遇到有用的信息，则旅游者对旅游目的地的满意度和重游意愿会增加（Kim，2014）。因此，研究表明，市场营销管理者需要构建有利于积极旅游体验的环境（Agapito et al.，2017；Tung et al.，2011）。

【讲故事】

讲故事是心理学、管理学和营销学等学科互动的核心特征（Gillam et al.，2013）。故事是讲故事的人对一个事件或一系列事件的叙述。在市场营销环境中，讲故事作为一种广告形式，以故事形式传播有关产品、品牌或服务的信息（Woodside et al.，2008）。口碑传播的典型结构是叙事或讲故事（Delgadillo & Escalas，2004）。在本节中，我们认为旅游者讲故事是旅游者分享其旅游经验的口碑传播形式。这些故事通常包含感官描述，无论是通过照片还是书面文字（Hsu et al.，2009）。旅游者讲故事对旅游目的地竞争力至关重要，因为他们的描述可以影响其他潜在旅游者与旅游目的地相关的态度和行为（Manthiou et al.，2017）。与旅游目的地的营销策略相比，旅游者的故事可能更可信，因为人们往往认为旅游者分享故事没有别有用心。此外，这些故事是基于旅游者自己的经历。讲故事是一种特别有效的推广形式。已有研究证实旅游者会阅读包含好故事元素的在线评论（Black & Kelley，2009）。因此，通过在线评论论坛讲故事可能是一种有用的营销技巧。品牌故事直接影响旅游者对酒店入住的满意度，从而形成酒店的竞争优势（Ryu et al.，2018）。尽管一些旅游研究侧重于讲故事（Hsu et al.，2009；Manthiou et al.，2017），但是很少有人探索如何鼓励旅游者讲故事。基于溢出理论，我们构建了一个整合模型来探讨如何促进旅游者讲故事来提升旅游目的地的竞争优势。

【旅游者幸福感】

主观幸福感引发了哲学、心理学、经济学和社会学等各个领域的讨论。即使如此，这个构念也很难定义，部分原因是主观幸福感经常与生活质量互换使用。迪纳等认为，主观幸福感是指一个人对生活满意度的认知评价和积极情感的体验；换句话说，它是一个科学术语，指的是人们如何评价自己的生活（Diener et al.，2003）。一些主观幸福感的测量量表对其情感和认知成分进行了区分（Diener et al.，2003）。对一个人的生活的主观评价可以基于纯粹的认知或情感特征或两者的结合（Diener et al.，2003）。例如，人们可以将主观幸福感视为他们对生活某些重要方面感受的反映。其他人可能会根据他们认为对实现他们的目标（即生活满意度）重要的程度来判断幸福感。总的来说，主观幸福感是个体对其当前生活状况主观评估的结果（Dagger et al.，2006）。在本节中，主观幸福感是一个主观的、个体的、经验的概念。

3.6.4.2　假设发展与研究模型

【旅游体验与旅游者回忆】

旅游者的旅游目的地体验会影响他们的游后记忆（Kim，2014）。与记忆相关的研究表明，当人们回忆过去的经历时，情感经历会被更清晰、更频繁地记住（Kim，2014）。这一模式也适用于令人难忘的旅游体验（Kim，2014；Kim et al.，2012）：在旅游中，参与新奇的活动可能会产生强烈的记忆，促进准确的回忆（Kim，2014；Kim et al.，2012）。旅游研究表明，基于叙事推理、情感、多模态空间意象、回忆和生动（Rubin et al.，2003；Yoon et al.，2013），体验与记忆之间存在正相关关系（Yoon et al.，2013）。如前所述，在旅游过程中，经历不断地以剧本的形式储存在脑海中。未来当旅游者在选择旅游目的地时，他们之前的经历会被无意识地回忆起来，并影响他们的决定（Yoon et al.，2013）。因此，本研究提出以下假设：

H13：旅游体验对回忆有正向影响。

【旅游体验与讲故事】

许多研究者都从叙事的角度来解释经历（Tung et al.，011）。叙事是一种知识结构，由一系列主题和时间相关的事件组成，包括有开始、过程和结局的轶事（Tung et al.，2011）。旅游往往基于时空特征描述旅游体验（Zhong et al.，2017）。通过讲故事，旅游者也可以重新体验他们的经历（Su et al.，2020）。难忘的经历是讲故事的先决条件，因为它们能让讲故事的人重温难忘的时刻（Woodside et al.，2010），因此本研究提出以下假设：

H14：旅游体验对讲故事有正向影响。

【旅游体验与旅游者幸福感】

旅游者的旅游目的地体验决定了他们的旅游满意度和未来决策（Kim，2014）。随着时间的推移，对旅游体验的研究已经从有形方面（如美学和服务质量）转向了旅游者的主观感知（Freitas et al.，2018）。产品和服务可以提供难忘的体验，这是幸福感产生的关键（Hwang et al.，2015）。旅游是一种以旅游者为导向的活动，旅游者在假日里通常比在日常生活中更快乐（Dekhili et al.，2020）。旅游体验对旅游者幸福感的影响不仅包括休闲，还包括对旅游者文化体验、社会交往和日常生活的间接影响（Dekhili et al.，2020；McCabe et al.，2013），最终增进生活满意度和旅游者幸福感（Dekhili & Hallem，2020；Vada et al.，2019）。据此提出以下假设：

H15：旅游体验对旅游者幸福感有正向影响。

【回忆与讲故事】

虽然没有文献证实旅游者回忆对他们讲故事的影响，但一些研究人员考虑了旅游者回忆对重游的影响（Wirtz et al.，2003）。例如，维尔茨（Wirtz）等提出，旅游者更有可能重游他们有愉快回忆的旅游目的地，因为他们期望再次遇到相同的积极体验（Wirtz et al.，2003）。摩根马（Morgan）和许（Xu）基于旅游目的地导向记忆、个人导向记忆和社会导向记忆，论证了旅游者过去难忘的经历对未来旅游愿望的重要性（Morgan & Xu，2009）。曼蒂乌（Manthiou）等研究了节日背景下记忆有效性对旅游者忠诚度的影响，发现记忆有效性提高了参与者的兴趣，并引发了更稳定和持久的态度和重游意图（Manthiou et al.，2014）。因此，我们假设旅游者的回忆会影响他们的讲故事行为。当旅游者在旅游目的地有愉快的经历时，他们可能会分享他们的故事，以鼓励其他人来体验和享受类似的经历。因此，本研究提出以下假设：

H16：回忆对讲故事有正向影响。

【回忆与旅游者幸福感】

作为一种有意识的活动，旅游为幸福感提供了背景（Vada et al.，2019）。从皮尔斯（Pearce，2009）开始，旅游学者通过积极心理学的视角来理解旅游本身及旅游如何促进旅游者幸福感（Vada et al.，2019），部分已有研究表明，回忆一个人的旅游经历可以促进旅游者幸福感（Wan et al.，2020）。难得的体验被认为是旅游者努力获得的终极体验（Tung et al.，2011；Sthapit et al.，2018），特别是通过回忆假期记忆（Sthapit et al.，2018）。当旅游者体验到愉快的旅游目的地经历时，这种回忆有助于提高旅游者的整体生活满意度，从而提高旅游者幸福感（Sthapit et al.，2018）。因此，本研究提出以下假设：

H17：回忆对旅游者幸福感有正向影响。

【讲故事与旅游者幸福感】

虽然讲故事是一种传达自我意识的方式（Su et al.，2020），可以影响未来旅游决策（Zhong et al.，2017），但目前尚未有研究证实讲故事与旅游者幸福感之间的关系。那些听这些故事的人会根据自己的经历来解释故事（Su et al.，2020），进而影响行为决策（Zhong et al.，2017）。例如，个人经常根据在线评论的可信度做出购买决定（Black et al.，2009；Su et al.，2020）。我们假设旅游者讲故事会影响其旅游者幸福感：当旅游者与他人分享旅游经历时，其对旅游经历的幸福感会增加，从而影响主观幸福感。基于以上研究成果，本研究提出如下假设：

H18：讲故事对旅游者的旅游者幸福感有正向影响。

我们的理论模型和假设如图 3-9 所示。

3.6.4.3 研究设计与研究流程

【问卷设计】

利用已有文献中的量表对基于感官、情感、行为、知识、真实性、体验共同创造和新颖性的旅游体验进行了测量。使用四个题项来测量回忆（Rubin et al.，2003；Sheen et al.，2001）。该量表在旅游情境下具有较好的信度（Su et al.，2020）。使用四个题项来测量讲故事（Zhong et al.，2013），这些题项应用于邮轮旅游时是可靠和有效的（Manthiou et al.，2017）。为了测量旅游者幸福感，本研究采用了适用于旅游环境的旅游者幸福感量表中的三个题项（Ly-ubomirsky & Lepper，1999）：一般幸福感、与理想状态相比的幸福生活、对生活的一般满意度。除旅游者满意度从极不满意（1）到极满意（7）外，所有项目均采用李克特量表［从完全不同意（1）到完全同意（7）］进行评分。

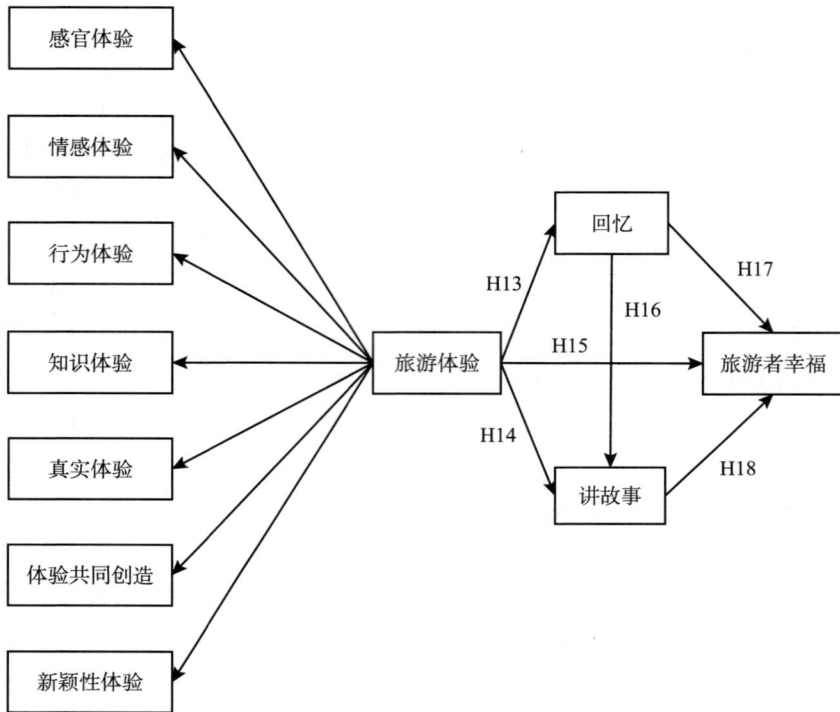

图3-9　研究的理论模型

【问卷预测】

在正式调查前对测量题项进行预测试。首先，我们请了四位旅游管理教授就项目的布局、措辞和可理解性提供反馈。然后我们根据他们的意见反馈修改了问卷。然后，我们以一所中国大学的40名本科生为样本，对修改后的问卷进行了预测试。我们用他们的结果来分析项目的信度（使用Cronbach's alpha）和效度（使用标准因子载荷）。每个潜在构念的Cronbach's alpha值大于0.7，表示具有良好的信度（Nunnally，1978）。所有项目的标准因子载荷均超过0.50，并在0.001水平上显著，反映了良好的效度（An-derson et al.，1988）。我们采用两个阶段的检验来验证模型，首先估计测量模型，然后分析结构方程模型，使用Amos 22.0检验我们的理论模型；两项研究采用了相同的方法和程序。

3.6.4.4 数据分析与结果

实验一：鼓浪屿样本

实验一的数据来源于 2018 年 7 月 18 日至 2018 年 8 月 16 日在中国著名旅游胜地厦门鼓浪屿进行的一项旅游者调查。共发放问卷 400 份，回收 369 份，回复率为 92.25%。剔除不完整的问卷后，研究流程同 3.6.2.2 小节保持一致，剩余 340 份进行分析。

（1）样本描述

样本人口学特征如表 3-30 所示，样本中女性的比例相对高于男性（57.4% 比 42.6%）。大多数是年轻人，许多人具有高中/中专或大专/本科学历；只有 7.1% 拥有研究生学历。受访者的月收入存在显著差异。几乎所有人都是结伴旅游（95.6%），大多数是首次到鼓浪屿旅游（72.9%）。

表 3-30　　　　　　　　实验一参与者的人口统计学信息

分类		人数	占比（%）	分类		人数	占比（%）
年龄	18~24 岁	108	31.8	家庭人均月收入	3000~3999 元	51	15.0
	25~44 岁	176	51.8		4000~4999 元	61	17.9
	45~64 岁	49	14.4		5000 元及以上	134	39.4
	65 岁及以上	7	2.1	旅游形式	独自旅游	15	4.4
性别	男	145	42.6		同他人出游	325	95.6
	女	195	57.4	旅游次数	第一次	248	72.9
教育程度	高中以下	8	5.3		第二次	56	16.5
	高中/中专	70	20.6		第三次	15	4.4
	大专/本科	228	67.1		第四次	3	0.9
	研究生	24	7.1		五次及以上	18	5.3
家庭人均月收入	2000 元以下	75	22.1				
	2000~2999 元	19	5.6				

（2）测量模型

a. 拟合度度量模型。

拟合指标表明，该模型与数据拟合良好：$\chi^2/df = 2.355$（<5），$RMSEA = 0.063$（<0.08），$GFI = 0.808$，$NFI = 0.911$，$RFI = 0.900$，$IFI = 0.947$，$TLI = 0.940$，$CFI = 0.946$。

b. 可靠性检验。

Cronbach's alpha 常被用来估计一个潜在变量的内部一致性，而复合信度则被用来衡量项目的随机误差和产生一致结果的程度。如表 3 - 31 所示，Cronbach's alpha 值范围为 0.941 ~ 0.964，均大于通常推荐的 0.70 标准（Nunnally，1978）。组合信度值从 0.941 ~ 0.965 不等，超过了建议的 0.70 的临界值（Fornell et al.，1981）。这些发现证明了理论模型中每个潜在变量的可靠性。

c. 聚合效度检验。

我们的效度分析包括聚合效度和区分效度。聚合效度的评估是基于测量项目对给定结构的贡献。所有项目因子标准化载荷均大于 0.812，且在 0.001 水平上显著（见表 3 - 31），表明具有足够的聚合效度。所有变量的平均方差提取值（AVE）范围为 0.793 ~ 0.897，高于 0.50 的最低标准；因此，这些构念解释了很大一部分的方差（Fornell et al.，1981）。我们的量表具有足够的聚合效度。

d. 区分效度检验。

区分效度表明一个构念是否与另一个构念显著地共享信息。通过比较 AVE 的平方根和结构间的相关系数来检验区分效度（Fornell et al.，1981）。根据已有研究结论，如果 AVE 值大于任何一对构念之间的方差，则达到区分效度（Fornell & Larcker，1981）。由表 3 - 32 可知，所有相关系数均小于 0.801，AVE 值的平方根均大于 0.891。因此，该测度显示了足够的区分效度。

表 3 - 31　　　　　　　　　　实验一测量模型分析结果

潜变量	观测变量	标准化载荷	t 值	组合信度	AVE	Cronbach's alpha 值
感官体验	这次旅游给我的感官留下了深刻的印象，无论是视觉上还是其他方面	0.890	20.913	0.958	0.853	0.958
	从感官上来说，我觉得这次旅游很有趣	0.921	22.173			
	这次旅游很合我的心意	0.947	23.319			
	这次旅游满足了我的感官需求	0.936	22.820			
情感体验	这次旅游激发了我的情感	0.898	21.149	0.942	0.798	0.941
	我对这次旅游有强烈的感情	0.924	22.198			
	鼓浪屿是一个充满感情色彩的地方	0.852	19.390			
	这次旅游满足了我的情感需求	0.898	21.142			

潜变量	观测变量	标准化载荷	t 值	组合信度	AVE	Cronbach's alpha 值
行为体验	这次旅游我参加了体育活动	0.902	21.269	0.943	0.806	0.942
	这次旅游中我有很强的肢体体验	0.911	21.637			
	我融入了这次旅游	0.922	22.086			
	这次旅游我参加了很多活动	0.856	19.497			
知识体验	我在这次旅游中思考了很多	0.847	19.220	0.944	0.808	0.943
	这次旅游让我有所思考	0.946	23.176			
	这次旅游激发了我的好奇心	0.890	20.848			
	这次旅游我学到了一些新东西	0.910	21.657			
真实性	鼓浪屿展示了当地的原始文化	0.869	19.969	0.941	0.801	0.941
	旅游服务反映了当地的风俗习惯	0.918	21.909			
	鼓浪屿在发展过程中保留了当地原有的自然生态	0.887	20.674			
	鼓浪屿展现了当地的风土人情	0.903	21.300			
体验共同创造	这次旅游我和旅行社的工作人员沟通很好	0.885	20.723	0.961	0.860	0.960
	与旅行社工作人员一起完成了旅游活动	0.936	22.834			
	我参与了旅游服务流程	0.934	22.730			
	在这次旅游中，我与旅行社工作人员充分互动	0.953	23.592			
新颖性体验	这次旅游我觉得我好像到了另一个世界	0.959	23.833	0.933	0.793	0.943
	在这次旅游中，我感觉自己身处另一个时空	0.962	23.979			
	我觉得在这次旅游中，我逃离了日常生活的轨迹	0.817	18.236			
	这次旅游让我从日常生活的枷锁中解脱出来	0.812	18.090			

潜变量	观测变量	标准化载荷	t 值	组合信度	AVE	Cronbach's alpha 值
回忆	当我回忆这次旅游时，我觉得我好像在重温最初的旅游体验	0.908	21.645	0.958	0.850	0.956
	我能记住这次旅游，而不仅仅是知道它发生过	0.933	22.684			
	当我回忆这次旅游的经历时，我感觉我回到了它发生的时候	0.952	23.540			
	当我想起这次旅游时，我相信我记忆中的那次旅游真的发生了	0.893	21.014			
讲故事	我会在网上发布这次旅游的照片（如个人博客，微信）	0.894	21.119	0.965	0.875	0.964
	我会把这次旅游告诉别人	0.951	23.536			
	我会把我的旅游故事告诉亲密的朋友和亲戚	0.948	23.39			
	我会把这次旅游的照片给别人看	0.947	23.335			
旅游者幸福感	总的来说，我认为自己很幸福	0.926	22.415	0.963	0.897	0.961
	与理想状态相比，我觉得我的生活很幸福	0.985	25.073			
	总的来说，我对我的生活很满意	0.928	22.516			

表 3-32 实验一相关系数及平均提取方差

因子	感官体验	情感体验	行为体验	知识体验	真实性	体验共同创造	新颖性体验	回忆	讲故事	旅游者幸福感
感官体验	**0.924**	0.801	0.673	0.631	0.589	0.419	0.510	0.648	0.536	0.419
情感体验		**0.893**	0.624	0.699	0.577	0.580	0.574	0.647	0.457	0.381
行为体验			**0.898**	0.586	0.552	0.448	0.518	0.654	0.486	0.427
知识体验				**0.899**	0.595	0.556	0.548	0.643	0.514	0.366
真实性					**0.895**	0.512	0.487	0.576	0.516	0.368
体验共同创造						**0.927**	0.544	0.543	0.310	0.295

因子	感官体验	情感体验	行为体验	知识体验	真实性	体验共同创造	新颖性体验	回忆	讲故事	旅游者幸福感
新颖性体验							**0.891**	0.689	0.444	0.345
回忆								**0.922**	0.578	0.448
讲故事									**0.935**	0.465
旅游者幸福感										**0.947**

注：平均提取方差值（AVE）的平方根出现在对角线上；结构间的相关性出现在对角线外；*** 在 0.001 水平上显著。

（3）结构模型检验

a. 结构模型拟合参数。

结构路径模型的拟合指标与数据拟合较好（Hu et al.，1999）：$\chi^2/df = 2.456$，RMSEA = 0.066，GFI = 0.800，NFI = 0.903，RFI = 0.940，IFI = 0.940，TLI = 0.935，CFI = 0.940。

b. 假设检验。

表 3 – 33 和图 3 – 10 显示了本研究所提出的结构模型的结果。旅游体验对旅游者回忆（$\lambda_{21} = 0.815$，$p < 0.001$）、讲故事（$\lambda_{31} = 0.423$，$p < 0.001$）和旅游者幸福感（$\lambda_{41} = 0.257$，$p < 0.001$）有显著影响，因此，H13、H14 和 H15 得到了支持。旅游体验似乎是这些方面的一个关键先决条件。回忆显著影响讲故事（$\beta_{32} = 0.233$，$p < 0.05$）而不是旅游者幸福感（$\beta_{42} = 0.091$，$p > 0.05$）。因此，H16 被证实，而 H17 没有被证实。讲故事对旅游者幸福感也有显著影响（$\beta_{43} = 0.255$，$p < 0.001$），H18 得到证实。

表 3 – 33　　　　　　　实验一设定模型评价指标和假设检验结果

假设	变量之间关系	路径名称	标准化路径系数	t 值	标准误差	假设是否成立
H13	旅游体验→回忆	λ_{21}	0.815 ***	16.019	0.078	是
H14	旅游体验→讲故事	λ_{31}	0.423 ***	4.627	0.143	是
H15	旅游体验→旅游者幸福感	λ_{41}	0.257 **	2.524	0.124	是
H16	回忆→讲故事	β_{32}	0.233 **	2.639	0.090	是
H17	回忆→旅游者幸福感	β_{42}	0.091	.965	0.075	否
H18	讲故事→旅游者幸福感	β_{43}	0.255 ***	4.028	0.049	是

注：** 表示 $p < 0.01$；*** 表示 $p < 0.001$。

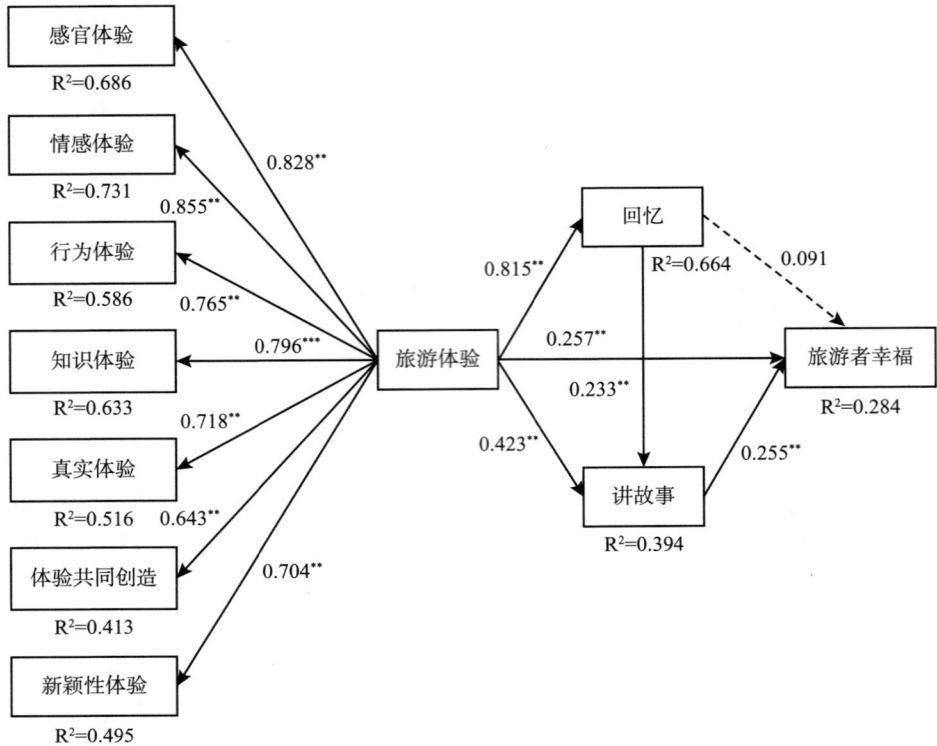

图 3 - 10   鼓浪屿样本结果

注：** 表示 $p < 0.01$；*** 表示 $p < 0.001$。

c. 模型解释力。

R^2 值为 0.1、0.09 和 0.25 可以作为预测能力较好的阈值。该模型对旅游者回忆、讲故事和旅游者幸福感的方差分别解释了 66.4%、39.4% 和 28.4%。模型中外生变量对内生变量的影响较大，变量之间的关系较为稳定，说明理论模型具有较好的解释力。

d. 中介效应分析。

我们将样本的数量设置为 2000，置信区间为 95%。利用马乔和莱德曼（Macho & Ledermann's，2011）技术，我们在 Amos 21.0 中发现了特定的间接效应，并计算了总中介效应来检验我们的中介假设；结果如表 3 - 34 所示。

表 3 - 34   中介作用检验结果

路径关系	间接影响	Lower-bound 95% CI	Upper-bound 95% CI
TE→RE→SWB	0.124	- 0.067	0.304

路径关系	间接影响	Lower-bound 95% CI	Upper-bound 95% CI
TE→ST→SWB	0.164	0.073	0.256
TE→RE→ST→SWB	0.230	0.033	0.405

注：TE 为旅游体验；RE 为回忆；SI 为讲故事；SWB 为旅游者幸福感。

实验二：中山陵样本

实验二为中山陵样本。为了进一步验证所提出的模型在不同旅游目的地的稳定性，我们在中国著名的城市公园——江苏南京中山陵的旅游者中进行了另一项调查。这项调查于 2018 年 5 月 19 日至 6 月 16 日在公园出口附近的三个旅游者休息区进行。共发放问卷 600 份，回收 538 份，其中有效问卷 510 份，回收率为 89.67%。

（1）样本描述

样本的性别相对平衡（男生 46.3%，女性 53.7%）。大多数受访者年龄在 45 岁以下（92.8%）。许多人高中/中专毕业或大专/本科毕业；12.0% 持有硕士学位。受访者的月收入具有明显差异。几乎所有人都是结伴出行（95.3%），大多数是首次参观中山陵（72.9%）（见表 3 – 35）。

表 3 – 35　　　　　　　　实验二参与者的人口学信息

变量类别		人数	占比（%）	变量类别		人数	占比（%）
年龄	18 ~ 24 岁	265	52.0	家庭人均月收入	3000 ~ 3999 元	60	11.8
	25 ~ 44 岁	208	40.8		4000 ~ 4999 元	53	10.4
	45 ~ 64 岁	31	6.1		5000 元及以上	171	33.5
	65 岁及以上	6	1.2	旅游形式	独自旅游	24	4.7
性别	男	236	46.3		同他人出游	486	95.3
	女	274	53.7	旅游次数	第一次	372	72.9
教育程度	高中以下	17	3.3		第二次	69	13.5
	高中/中专	151	29.6		第三次	19	3.7
	大专/本科	281	55.1		第四次	5	1.0
	研究生	61	12.0		五次及以上	45	8.8
家庭人均月收入	2000 元以下	196	38.4				
	2000 ~ 2999 元	30	5.9				

（2）测量模型

a. 拟合度度量模型。

拟合指标表明，该模型与数据拟合良好：$\chi^2/df = 2.654$（<5），RMSEA = 0.063（<0.08），GFI = 0.852，NFI = 0.93，RFI = 0.921，IFI = 0.955，TLI = 0.949，CFI = 0.955。

b. 可靠性检验。

Cronbach's alpha 值范围为 $0.938 \sim 0.956$，均大于 0.70（Nunnally，1978）。由表 3 – 36 可知，综合信度值在 $0.939 \sim 0.957$ 之间变化，均大于 0.70（Fornell et al.，1981）。因此，理论模型中的每个潜在变量都具有足够的可靠性。

c. 聚合效度检验。

本研究中所有项目的因素负荷超过 0.839 并且在 0.001 水平上显著（见表 3 – 36）。所有构念的 AVE 值都在 $0.793 \sim 0.869$ 之间，高于 0.50 的最低标准。因此具有较好的聚合效度（Fornell et al.，1981）。

d. 区分效度检验。

由表 3 – 37 可知，所有相关系数均小于 0.739，AVE 值的平方根均大于 0.891；因此，具有良好的区分效度。

表 3 – 36　　　　　　　　　　实验二测量模型分析结果

潜变量	观测变量	标准化载荷	t 值	组合信度	AVE	Cronbach's alpha 值
感官体验	这次旅游给我的感官留下了深刻的印象，无论是视觉上还是其他方面	0.880	25.143	0.957	0.848	0.956
	从感官来说，我觉得这次旅游很有趣	0.941	28.213			
	这次旅游很合我的心意	0.951	28.799			
	这次旅游满足了我的感官需求	0.910	26.593			
情感体验	这次旅游激发了我的情感	0.912	26.653	0.949	0.824	0.949
	我对这次旅游有强烈的感情	0.908	26.453			
	中山陵是一个充满感情色彩的地方	0.903	26.173			
	这次旅游满足了我的情感需求	0.908	26.431			
行为体验	在这次旅游我参加了体育活动	0.891	25.517	0.939	0.793	0.938
	在这次旅游我有很多行为体验	0.925	27.196			
	我融入了这次旅游	0.905	26.199			
	这次旅游我参加了很多活动	0.839	23.146			

潜变量	观测变量	标准化载荷	t 值	组合信度	AVE	Cronbach's alpha 值
知识体验	我在这次旅游中思考了很多	0.883	25.225	0.946	0.816	0.946
	这次旅游让我有所思考	0.930	27.602			
	这次旅游激发了我的好奇心	0.927	27.416			
	这次旅游我学到了一些新东西	0.870	24.610			
真实性	中山陵展示了当地的原始文化	0.913	26.684	0.945	0.813	0.945
	旅游服务反映了当地的风俗习惯	0.944	28.324			
	中山陵在发展过程中，保留了当地原有的自然生态	0.849	23.669			
	中山陵展现了当地的风土人情	0.897	25.913			
体验共同创造	这次旅游我和旅行社的工作人员沟通很好	0.903	26.228	0.956	0.845	0.956
	与旅行社工作人员一起完成了旅游活动	0.938	28.031			
	我参与了旅游服务流程	0.898	25.978			
	在这次旅游中，我与旅行社工作人员充分互动	0.938	28.011			
新颖性体验	这次旅游我觉得我好像到了另一个世界	0.952	28.828	0.946	0.815	0.950
	在这次旅游中，我感觉自己身处另一个时空	0.961	29.301			
	我觉得在这次旅游中，我逃离了日常生活的轨迹	0.850	23.755			
	这次旅游让我从日常生活的枷锁中解脱出来	0.840	23.343			
回忆	当我回忆起这次旅游时，我觉得我好像在重温最初的旅游体验	0.928	27.488	0.952	0.833	0.952
	我能记住这次旅游，而不仅仅是知道它发生过	0.917	26.911			
	当我回忆起这次旅游的经历时，我感觉我回到了它发生时候	0.920	27.078			
	当我想起这次旅游时，我框信我记忆中的那次旅游真的发生了	0.884	25.274			

续表

潜变量	观测变量	标准化载荷	t 值	组合信度	AVE	Cronbach's alpha 值
讲故事	我会在网上发布这次旅游的照片（如个人博客，微信）	0.863	24.278	0.950	0.824	0.948
	我会把这次旅游告诉别人	0.923	27.192			
	我会把我的旅游故事告诉亲密的朋友和亲戚	0.928	27.426			
	我会把这次旅游的照片给别人看	0.916	26.840			
旅游者幸福感	总的来说，我认为自己很幸福	0.914	26.724	0.952	0.869	0.951
	与理想状态相比，我觉得我的生活很幸福	0.961	29.215			
	总的来说，我对我的生活很满意	0.922	27.120			

表 3 - 37　　　　　　　　　　相关系数及平均提取方差值

因子	感官体验	情感体验	行为体验	知识体验	真实性	体验共同创造	新颖性体验	回忆	讲故事	旅游者幸福感
感官体验	**0.921**									
情感体验	0.712	**0.908**								
行为体验	0.670	0.715	**0.891**							
知识体验	0.642	0.808	0.665	**0.903**						
真实性	0.625	0.644	0.555	0.739	**0.902**					
体验共同创造	0.480	0.511	0.392	0.570	0.613	**0.919**				
新颖性体验	0.465	0.555	0.43	0.580	0.555	0.528	**0.902**			
回忆	0.529	0.609	0.503	0.616	0.596	0.527	0.729	**0.912**		
讲故事	0.484	0.482	0.521	0.549	0.462	0.384	0.475	0.605	**0.908**	
旅游者幸福感	0.545	0.546	0.57	0.543	0.512	0.380	0.470	0.556	0.570	**0.932**

注：平均提取方差值（AVE）的平方根出现在对角线上；结构间的相关性出现在对角线外；*** 在 0.001 水平下显著。

（3）结构模型检验

a. 结构模型拟合参数。

结构路径模型的拟合指标与数据拟合较好（Hu et al.，1999）：$\chi^2/df = 2.938$，RMSEA $= 0.062$，GFI $= 0.829$，NFI $= 0.919$，RFI $= 0.913$，IFI $= 0.945$，TLI $= 0.941$，CFI $= 0.945$。

b. 假设检验。

表 3 - 38 和图 3 - 11 显示了本研究所提出的结构型的结果。旅游体验对旅游者回忆（$\lambda_{21} = 0.733$，$p < 0.001$）、讲故事（$\lambda_{31} = 0.361$，$p < 0.001$）和旅

表 3－38　　　　　　　　实验二设定模型评价指标和假设检验结果

假设	变量之间关系	路径名称	标准化路径系数	t 值	标准误差	假设是否成立
H13	旅游体验→回忆	λ_{21}	0.733 ***	15.041	0.080	是
H14	旅游体验→讲故事	λ_{31}	0.361 ***	5.930	0.087	是
H15	旅游体验→旅游者幸福感	λ_{41}	0.434 ***	6.920	0.078	是
H16	回忆→讲故事	β_{32}	0.341 ***	5.877	0.050	是
H17	回忆→旅游者幸福感	β_{42}	0.085	1.473	0.044	否
H18	讲故事→旅游者幸福感	β_{43}	0.253 ***	5.287	0.042	是

注：** 表示 $p < 0.01$；*** 表示 $p < 0.001$。

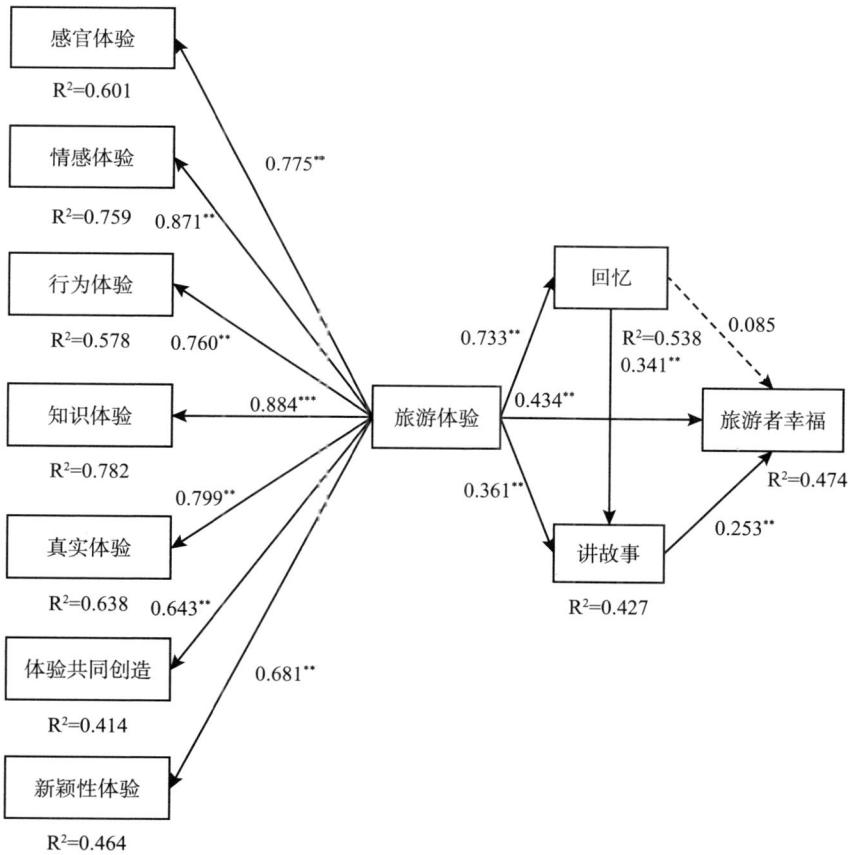

图 3－11　中山陵样本结果

注：** 表示 $p < 0.01$；*** 表示 $p < 0.001$。

游者幸福感（$\lambda_{41} = 0.434$，$p < 0.001$）都有显著影响，因此，H13，H14 和 H15 得到了支持。旅游体验似乎是这些方面的一个关键先决条件。回忆显著影响讲故事（$\beta_{32} = 0.341$，$p < 005$）而不是旅游者幸福感（$\beta_{42} = 0.085$，$p > 0.05$）。因此，H16 被证实，而 H17 没有被证实。讲故事对旅游者幸福感也有显著影响（$\beta_{43} = 0.253$，$p < 0.001$），H18 得到证实。

c. 模型解释力。

模型分别解释了回忆、讲故事和旅游者幸福感的 53.8%、42.7% 和 47.4% 的方差，说明模型中外生变量对内生变量的影响很大。因此，这些变量显示出稳定的关系，表明有足够的解释力。

d. 中介效应分析。

我们将样本的数量设置为 2000，置信区间为 95%，并在 Amos 21.0 中发现了特定的间接效应，计算了总中介效应来检验我们的中介假设，结果如表 3 - 39 所示。

表 3 - 39   中介作用检验结果

路径关系	间接影响	Lower-bound 95% CI	Upper-boun 95% CI
TE→RE→SWB	0.125	− 0.006	0.229
TE→ST→SWB	0.168	0.085	0.262
TE→RE→ST→SWB	0.217	0.085	0.332

注：TE 为旅游体验；RE 为回忆；ST 为讲故事；SWB 为旅游者幸福感。

3.6.4.5   研究结论与讨论

本研究构建了旅游者旅游体验、回忆、讲故事与旅游者幸福感的结构方程模型。以鼓浪屿和中山陵为研究对象，通过回忆和讲故事的中介作用，探讨旅游体验与旅游者幸福感的关系。研究发现，旅游体验对旅游者回忆、讲故事及旅游者幸福感有显著影响。研究还发现，回忆对旅游者讲故事有正向影响，但对旅游者幸福感无显著影响。与此同时，我们发现旅游者讲故事提高了旅游者幸福感。在回忆和讲故事对旅游体验与旅游者幸福感的中介作用上，讲故事具有显著的中介作用，而回忆没有显著的中介作用。本节的理论贡献有以下三方面。

第一，在以往相关研究中相关测量量表的基础上，本节提出并验证的综合旅游体验量表为今后的研究提供了基础。与产品和服务不同，体验是一个界限较少内涵更丰富的概念。在以体验为中心的消费环境中，体验维度应该被单独考虑，从而建立一个整体的视角，这在旅游中是必要的（Quadri - Felitti et al.，2012）。本研究将旅游体验分为感官体验、感受体验、行为体验、知识体验、真实性、体验共同创造和新颖性体验七个维度，并验证了量表的信度和效度，有效扩展了旅游体验研究。

第二，在已有研究中，旅游者幸福感对行为意向的影响主要作为中介变量进行探讨（Dekhili et al.，2020；Hwang et al.，2015；Mitas et al.，2019；Vada et al.，2019）。然而，有学者认为，幸福感可能是服务消费过程中最重要的结果变量（Dagger & Sweeney，2006）。我们的研究证实了旅游者幸福感的可行性，并强调了幸福感在旅游消费中的重要性。

第三，我们首次验证了回忆和故事在旅游体验和旅游者幸福感之间的中介作用。虽然旅游体验代表了关键的生活时刻，但旅游体验影响旅游者随后的心理和行为的机制尚不清楚（McCabe et al.，2013）。研究发现，在旅游情境下，回忆和故事可以影响旅游者幸福感。我们的研究结果也证实了旅游体验可以影响旅游者幸福感（Sirgy et al.，2011；Su et al.，2018），拓展了社会心理学在旅游研究中的应用。

3.7　旅游者幸福感的变化规律

本节将聚焦旅游前、中、后旅游者幸福感的动态变化，并通过在旅游活动情境和特定类型游活动情境中分别验证旅游前、中、后旅游者幸福感相对于基准幸福感的绝对变化，旅游前、中、后旅游者幸福感之间的相对变化，实现幸福感与享乐幸福感在旅游过程中的强度变化等对旅游者幸福感在旅游过程中的变化规律进行较为科学严谨的探讨。

当前，随着我国经济发展水平的持续提高，人们越来越多地参与旅游活动，并希望通过旅游体验来改善身心健康，提高幸福感（Chen et al.，2019；Filep et al.，2019；Pyke et al.，2019；Yu et al.，2020）。这一现象也引起了学术界的高度关注，旅游活动对于旅游者幸福感的影响逐渐成为热点学术话题（Filep et al.，2019；Sirgy，2019；蔡礼彬等，2020；孙佼佼等，2021；妥艳婧等，2020；张晓等，2020）。在这一话题中，旅游者幸福感在旅游前、中、后三阶段的变化规律是一非常吸引研究者关注的核心问题。早在 1986 年，比苏（Lounsbury）和斯威尼（Hoopes）就讨论了生活满意度在旅游前和旅游后的相对变化，从那时起，学者便从不同视角对这一问题进行了一些尝试性的探讨。如探讨旅游者主观幸福感在旅游过程中的变化情况（Gilbert & Abdullah，2004），比较了两种不同的主观幸福感：长期主观幸福感和特定场合主观幸福感，在旅游过程中的变化差异（Chen et al.，2013）。截至目前，聚焦旅游者幸福感在旅游过程中如何变化的研究逐步增多（如，De Bloom et al.，2010，2011；Nawijn，2010a；Nawijn et al.，2010；Sie et al.，2015；Yu et al.，2021；

吴艾凌等，2020），且学界对于这一问题的研究兴趣日益加强（Filep et al.，2019；Su et al.，2020）。但是，由于对于幸福感内涵理解的偏差，研究设计及研究方法的局限，当前研究对于旅游者幸福感在旅游前、中、后到底如何变化并没有阐述清楚（Smith et al.，2017；粟路军等，2019），这对于深入认识旅游者幸福感，构建科学系统的旅游者幸福感理论体系造成严重阻碍，因而是亟须解决的关键科学问题。

以往研究（如 Chen et al.，2013；Gilbert et al.，2004；Lounsbury et al.，1986）通过不同的构念和量表来测量旅游者幸福感，如使用的是旅游者满意度的构念来表征旅游者幸福感，并使用满意度相关量表完成对旅游者幸福感的测量（Lounsbury & Hoopes，1986）；使用主观幸福感的构念来表征旅游者幸福感并使用包含积极情绪、消极情绪和生活满意度的量表来测量旅游者幸福感（Gilbert & Abdullah，2004）。可以发现，这些被用来表征和测量旅游者幸福感的构念和量表大都采用了一种聚焦于享乐主义层面的幸福感理论（Lengieza et al.，2019；Smith et al.，2017），因而忽视了旅游给人们带来的与生命意义和个体潜能相关的实现主义层面的幸福感（Cai et al.，2020；Ryan et al.，2001；Rahmani et al.，2018；Yu et al.，2020）。事实上，幸福感从理论上来说应该包含两个维度，即享乐幸福感和实现幸福感（Ryan et al.，2001），享乐幸福感与直接的感官愉悦、快乐和享受有关，而实现幸福感与自我成长和自我实现的结果有关（Ryan et al.，2001；Ryff，1989）。在当前的旅游实践中，参与旅游活动常常被认为是人们打破日常生活的一种重要方式，旅游活动与追求个人生命意义和自我成长的关系越来越紧密（Filep et al.，2010；Lengieza et al.，2019；Smith et al.，2017），学者们也越来越意识到对旅游者幸福感变化规律的研究不应该仅仅停留在享乐层面，而应该进一拓展到实现主义幸福感层面（Cai et al.，2020；Filep et al.，2019；Kaosiri et al.，2019；Nawijn et al.，2016；Rahmani et al.，2018；Smith et al.，2017）。因此，单纯地依托享乐幸福感理论及其相关构念和量表不能涵盖旅游者幸福感的全部内容，因而也就不能够解决旅游者幸福变化规律的问题（Filep et al.，2019；Nawijn et al.，2016；Rahmani et al.，2018）。鉴于此，将实现主义幸福感纳入旅游者幸福感变化规律研究框架，并探明旅游者实现主义幸福感在旅游过程中的动态变化是明晰旅游者幸福感变化规律的途径（Cai et al.，2020；Yu et al.，2020；Filep et al.，2019）。

同时，现有文献（如 Rahmani et al.，2018；Ryan et al.，2001；Smith et al.，2017）指出实现幸福感和享乐幸福感虽然各有特色，存在显著差异，但也存在明显的重叠。因而，部分学者认为在幸福感的相关研究中，最有趣的应该是那些能够阐明享乐幸福感和实现幸福感之间的相同之处，但同时又能够展示两者不同的研究（Ryan & Deci，2001）。在旅游过程中，旅游者可能达成不同的旅游目标，满足多种不同的旅游需求，这些目标和需求有的可能与人生意义、个人成长等相关，达成和满足这种目标和需求可能导致旅游者实现幸福感的变化，而另外一些目标和需求则可能与感官愉悦相关，完成这些目标和需求则可能导致旅游者享乐幸福感的波动（Filep et al.，2019；Rahmani et al.，2018；Smith et al.，2017）。因此，旅游幸福感变化规律的相关研究完全有机会同时展示出享乐幸福感和实现幸福感在旅游过程中变化的异同，成为莱恩和德西（Ryan & Deci，2001）所说的那种最有趣的研究。但是，由于实现幸福感在旅游者幸福感变化规律研究中长期被忽视，享乐幸福感与实现幸福感在旅游过程中动态变化的相似性与差异性还有待进一步探索（Li et al.，2017；Nawijn et al.，2016）。

旅游者幸福感变化规律是该研究领域的核心关键问题，以往研究虽然从不同角度进行了一些尝试性探索，但如上所述还存在明显的研究不足。为了弥补这些不足，本节研究聚焦旅游者幸福感在旅游前、中、后全过程中的动态变化，并提炼出旅游者幸福感在旅游全过程中的变化规律这一科学命题来开展相应研究。基于幸福感理论、旅游幸福效应、设定点理论、自我决定理论等理论，本节研究首先将实现幸福感纳入旅游者幸福感变化规律研究框架，而后探索了旅游前、中、后幸福感相对于基准幸福感的绝对变化，探明了旅游前、中、后幸福感之间的相对变化，揭示了享乐幸福感与实现幸福感在动态变化上的相似性与差异性，从而较为系统地阐明了旅游者幸福感在旅游全过程中的变化规律。

3.7.1　研究假设与研究模型

【旅游者幸福感及其维度】

追求幸福感是人类的天性，从东方的"孔孟老庄"到西方的"希腊三贤"，都对幸福感进行了深刻的讨论描摹，幸福感可以说是一个既时髦又经典的长青话题（Smith et al.，2017；高杨等，2019；张晓等，2018）。尽管历史上人们对到底什么是幸福感有很多争议，但进入现代，尤其是随着积极心理学的蓬勃发展，人们对幸福感内涵的认识逐步从分化趋于融合（Ryan et al.，2001；Ryff，2014）。从当前比较流行的幸福感理论来看，幸福感包含两个既各具特色又相互重叠的维度：享乐幸福感和实现幸福感（Rahmani et al.，2018；Ryan et al.，2001）。其中享乐幸福感的思想来自亚里斯提卜（Aristippus），他认为人们活着就是为了尽量去寻找肉体的快乐并避免可能产生的痛苦（Smith et al.，2017）。因此，享乐幸福感根据其获取快乐和避免痛苦的属性被定义为幸福感的享乐层面，它代表人们拥有较多感官上的愉悦、满足、享受，且拥有较少消极情绪的状态（Rahmani et al.，2018；Ryan et al.，2001）。实现幸福感的思想则源于古希腊"希腊三贤"之一的亚里士多德（Aristotle），他认为实现个体的潜能和成长才是人的终极追求。因而，人活着就应该在同艰难、失败不幸的理性抗争中实现自我完善，使自己的潜能得到最充分发挥，幸福是一个人在整个生活上的成功、繁盛和成就，而不仅仅是感官上的快乐和满足（Smith et al.，2017；张晓等，2018）。因此，实现幸福感根据其实现个体潜能的属性被定义为幸福感的实现层面，它代表个体在某种程度上对其潜能的充分开发展现，是个体拥有较强自主性、环境掌控能力、个人成长感知、积极社会关系及生活目标感的状态（Ryan et al.，2001；Ryff，2014；Smith et al.，2017）。在旅游情境中，旅游者幸福感常常和放松、愉悦、享受等享乐层面的积极体验紧密相连（Rahmani et al.，2018；Lengieza et al.，2019）。例如，住到一个非常舒适的酒店，欣赏到巧夺天工的自然美景或者品尝到旅游目的地独具特色的美食。从实现幸福感的层面来看，旅游者幸福感也能够与设计人生意义和自我实现的体验联系起来（Pols et al.，2007；Rahmani et al.，2018；Smith et al.，2017）。例如，通过自己的努力制定了一个周密完美的旅游攻略，想方设法克服了旅游活动中面临的各种挑战，在旅游途中找到了人生未来的方向和志同道合的朋友等。

从表面来看，人们参与旅游活动是为了获取更多放松、娱乐的机会，并释放日常生活的压力（Smith et al.，2017），这看起来与享乐层面的幸福感是非常匹配的。因此，参与旅游活动带来的幸福感常被认为仅有享乐幸福感，相关学术研究也主要聚焦于旅游活动给人们带来的愉悦、享受等幸福体验（Rahmani et al.，2018；Lengieza et al.，2019；Smith et al.，2017），并基于享乐幸福感的理论方法，使用"旅游者主观幸福感""旅游者满意度"等构念来表征和测量旅游者幸福感（Sirgy，2019；Uysal et al.，2016）。但是，随着旅游产业的提质升级，旅游活动已经越来越被当作一种打破常规生活、追求生命意义和个人成长的生活方式（Filep et al.，2010；Lengieza et al.，2019）。鉴于此，学者们也逐渐意识到学术研究不仅应该阐明旅游活动给旅游者带来的享乐幸福感，也应该进一步涵盖实现幸福感，不少研究已经明确提出在研究旅游者幸福感变化规律这一问题时，应该采用同时包含享乐维度和实现维度的幸福感相关理论（Sirgy，2019），如自我决定理论（Ryan et al.，2000）和心理幸福感理论（Ryff et al.，1998），将实现幸福感纳入旅游者幸福感变化规律的相关研究（Cai et al.，2020；Filep et al.，2019；Kaosiri et al.，2019；Nawijn et al.，2016；Rahmani et al.，2018；Smith et al.，2017）。

【旅游前、中、后幸福感相对于基准幸福感的绝对变化】

在学界刚刚将旅游与幸福感联系起来的时候，研究者便发现参与旅游活动能够对旅游者的幸福感产生积极影响（Lounsbury et al.，1986；Milman，

1998），随着研究的深入，旅游活动提升人们幸福感的机理机制也开始被学者们探索，旅游者幸福感效应逐步成为学界共识（Su et al.，2016；Filep，2012）。现有研究表明，旅游者幸福感效应体现在旅游前、中、后各个阶段，且在各个阶段的效应强度可能有所不同，因而旅游前、中、后幸福感存在动态变化（Chen et al.，2013；De Bloom et al.，2010；De Bloom et al.，2011；Gilbert et al.，2004；Nawijn et al.，2010）。但是，以往研究（如 Chen et al.，2013；Gilbert et al.，2004）在研究旅游者幸福感变化规律这一问题时仅仅聚焦于享乐层面的幸福感理论，如主观幸福感理论，因此以往研究只是看到了享乐幸福感在旅游前、中、后三个阶段的变化，对于实现幸福感的变化则尚未探索。本节研究则将实现幸福感纳入旅游者幸福感变化规律分析框架，同时考虑享乐幸福感和实现幸福感两个维度，其中享乐幸福感是旅游者在旅游过程中感受到的感官愉悦和享受，而实现幸福感是旅游者从旅游活动中体验到的潜能发展、生命意义和自我实现（Rahmani et al.，2018；Smith et al.，2017），并将旅游者幸福感定义为旅游者在满足各种感官需求、实现旅游目标的过程中产生的情感愉悦和自我成长的内在感受（Filep et al.，2019；Lengieza et al.，2019）。

以往研究指出，外出开展旅游活动本质上来讲是一种能够给人们的生活带来满足感、相对积极的情感体验和心理健康的生活方式（Filep et al.，2019；Smith et al.，2017）。具体来说，在旅游前阶段，旅游者开展相关旅游准备活动时，其幸福感就可能得到显著提升（Uysal et al.，2016），且这种幸福感既包括享乐层面的，如在旅游准备过程中看到网络上对旅游目的地的评价很好、向旅游目的地咨询旅游事宜对方服务态度很好时产生的愉快心情（Smith et al.，2017；张晓等，2018；张天问等，2014）；也包括实现层面的，如通过搜索旅游目的地信息、咨询旅游经验丰富的朋友后获得旅行灵感，制定了一份自己很满意的旅游攻略时产生的自我实现感（Filep et al.，2019；Su et al.，2020）。在旅游中阶段，旅游者一路从常住地来到旅游地，并参与特定的旅游活动，旅途见闻和参与旅游活动一般来看都能够给人们带来愉悦的情感体验并产生享乐幸福感，如看到旅途的风景非常好、到达旅游目的地的过程非常顺利、在旅游地吃到非常地道的美食时都会产生愉快享受的快感（Smith et al.，2017；张晓等，2018；张天问等，2014）；同时，旅游者在旅游中阶段也能够通过展示自身技能、达成活动目标、克服活动挑战等获得实现幸福感，如在旅途中通过自己的专业技能帮助了其他旅游者、参与旅游活动的过程中通过挑战以前不敢做的事发现了自己的某种潜能等（Filep et al.，2019；Su et al.，2020）。在旅游后阶段，对于旅行活动的感官记忆不会立即消退，旅游后的相关活动也可能激发旅游者的愉悦情绪，旅游带来的享乐幸福感可能会持续很长一段时间（Gilbert et al.，2004），如记录了旅游中美好瞬间的照片、旅游经历得到别人认可、向有需要的人推荐本次旅游的攻略时都会产生愉快心情和享受的感觉（Yu et al.，2021）。此外，当旅游者回到家中时，也会对当次旅游进行一定反思活动，这些反思活动可能会在很长一段时间内使旅游者实现幸福感得到保持（Lengeza et al.，2019），如在分享中通过提炼旅游体验感受到生命的意义、更加明确人生目标时产生自我实现感等（Su et al.，2020）。

但是，从设定点理论来看，当旅游者回到家中，随着时间的推移，旅游者的生活节奏和注意力都会逐步回归到日常生活中来，旅游的幸福感效应也会逐渐消退并最终回归到其基准幸福感水平（Chen et al.，2013；De Bloom et al.，2011；Gilbert et al.，2004；Nawijn et al.，2010）。因此，旅游后的实现幸福感和享乐幸福感也都可能在经过某一段时间后回归到其基准水平（Su et al.，2020）。有趣的是，研究者对于旅游后幸福感什么时候回归到旅游者的基准幸福感水平存在较大分歧。一些研究认为旅游后幸福感很快就会回归到基准水平，具体时间大概在一周（如 De Bloom et al.，2011；Nawijn et al.，2010），但有的研究则认为回归的时间会比较长，大概有两个月（Chen et al.，2013）甚至更久（Gilbert et al.，2004）。综合考虑现有研究对于旅游后幸福感消退的看法，本节研究采取折中的方法，将旅游后一个月假设为旅游后幸福感回归至基准水平的时间节点，并同时考察旅游后一天和旅游后一周旅游后幸福感的水平变化，总体来看，本节研究对旅游后阶段三个时间点的旅游者幸福感进行细致考察（即旅游后一天、旅游后一周和旅游后一个月）。

基于上述实证证据和理论推导，提出以下假设：

H19：在旅游者享乐幸福感和实现幸福感在旅游前、中、后一天及旅游后一周都显著高于其基准幸福感水平，但在旅游后一个月均回归到基准幸福感水平。

【旅游前、中、后幸福感之间的相对变化】

从已有文献来看，还没有一项研究单独评估了旅游前、中、后三个阶段内旅游者幸福感的动态变化趋势。但有研究指出，旅游过程中，旅游者体验的高峰时刻应该出现在旅游中阶段（Bastiaansen et al.，2019；Mitas et al.，2012）。旅游高峰体验意味着旅游者在旅游中阶段，比在旅游前和旅游后阶段，能够接触到更加多元的外部旅游元素，开展更多的旅游相关互动，从而能够满足更多的需求，达成更多的目标（Filep et al.，2019；Smith et al.，2017）。在自我决定理论框架下，这些需求的满足和目标的达成能够提升享乐幸福感和实现幸福感，因此，相对于旅游前阶段与旅游后阶段来说，旅游中阶段的高峰体验也可能带来幸福感的高峰时刻。另外，设定点理论表明，从旅游前阶段到旅游后阶段，随着旅游者离开家前往旅游目的地，又从旅游目的地返回家中并逐步回归日常生活，旅游者幸福感有一个先逐步上升并显著高于基准幸福感水平，后逐步下降并回归到基准幸福感水平的过程（Chen et al.，2013；De Bloom et al.，

2010；Gilbert et al.，2004；Nawijn et al.，2010）。由此，结合高峰体验和设定点理论来看，旅游者享乐幸福感和实现幸福感很有可能在旅游中阶段随着高峰体验的到来而达到旅游前、中、后三阶段的最高值，并呈现先上升后下降的动态变化（Gao et al.，2018；Filep et al.，2019）。具体来看，旅游者享乐幸福感和实现幸福感将从旅游前阶段逐步上升到旅游中阶段，在旅游中阶段达到最高点后，便逐步下降到旅游后阶段（De Bloom et al.，2010；De Bloom et al.，2011），特别是，正如已有研究所指出的那样，旅游者享乐幸福感和实现幸福感从旅游中阶段到旅游后阶段的下降过程并不是突然的、断崖式的下降，而是逐步的、缓慢的下降（Gilbert & Abdullah，2004；Chen et al.，2013）。

由此，本节提出以下假设，该假设描述了旅游者幸福感在旅游前、中、后三个阶段的相对变化，具体如下：

H20：旅游者享乐幸福感和实现幸福感从旅游前阶段到旅游中阶段均显著提升，但从旅游中阶段到旅游后阶段均显著下降。

【实现幸福感与享乐幸福感在旅游过程中的相对强度变化】

从幸福感理论来看，享乐幸福感和实现幸福感既相互重叠又各具特色、差异显著（Ryan et al.，2001）。享乐幸福感和实现幸福感都源于人类对"美好生活"的追求（Su et al.，2020），但两者自古以来就被认为具有本质上的不同，享乐幸福感被认为更多与感官上的愉悦和享乐有关，而实现幸福感则被认为与人生的意义及潜能实现有关（Smith et al.，2017）。由于这种本质上的不同，人们感知和获取享乐幸福感和实现幸福感的方式也存在区别（Lengieza et al.，2019）。享乐幸福感往往和人的情绪、情感等紧密相连（Kammann et al.，1983），而人的情绪和情感从拉扎勒斯（Lazarus）的情感理论来看则源于人们不断对自己的生活条件和环境做出即时的评价（Gilbert et al.，2004），因而享乐幸福感是伴随着情感波动的一种即时的、激烈的幸福感知（Diener，1994）。而另外，实现幸福感和人对于意义的构建和理解紧密相连（Ryan et al.，2001；Smith et al.，2017），而对人来说意义的产生是思维和自我反思过程的结果（Lengieza et al.，2019；Filep et al.，2019）。因此，实现幸福感的感知与获取不像享乐幸福感那样即时而激烈，它存在一个较长的反应过程，也就是说，相对于享乐幸福感即时而激烈的变化，实现幸福感的变化则相对迟滞而缓和，即存在所谓的迟缓效应（Smith et al.，2017）。在本节研究中，这种迟缓效应通过比较实现幸福感和享乐幸福感的变化强度而得以呈现，具体来看，在旅游过程中两个特定的阶段如旅游前阶段和旅游中阶段，考虑到实现幸福感的迟缓效应，实现幸福感的变化强度比享乐幸福感可能要低。

基于上述分析，本节研究提出了一种推论，即在同一段时间内，旅游者实现幸福感和享乐幸福感的变化强度存在差别，具体假设如下：

H21：在旅游前、中、后三阶段中，旅游者实现幸福感的变化强度显著小于享乐幸福感的变化强度。

【旅游活动的调节作用：旅游者幸福感在旅游过程中的条件变化】

参与旅游活动一直被认为是影响旅游者幸福感的重要因素（Mitas et al.，2016；Smith et al.，2017），而且不同类型的旅游活动对旅游者幸福感的影响可能不同（Lengieza et al.，2019；Smith et al.，2017）。这可能是由于不同类型的旅游活动能够从不同的方面和层次满足旅游者的不同需求（Beckman et al.，2017；Sirgy，2019），进而引起他们不同的情感反应（Su et al.，2020），进而带给他们不同程度和维度的幸福感体验。与其他能够影响旅游者幸福感的因素，如旅行距离、停留时间及旅游季节等相比较，旅游活动类型可能是能够对旅游者全过程幸福感受产生影响的重要因素（De Bloom et al.，2011；Gilbert et al.，2004；Nawijn et al.，2010），正如学者所说"旅游期间所选择的旅游活动在很大程度上影响着旅游者的幸福感"（Smith & Diekmann，2017）。另外，不同类型的旅游活动对旅游者幸福感两个维度的影响可能存在差异（Smith et al.，2017）。以往研究表明，尽管大多数类型的旅游活动都能够引起享乐幸福感或者实现幸福感（如，Henderson et al.，2012；Smith et al.，2017；Nawijn et al.，2010），但不同类型旅游活动对于享乐幸福感和实现幸福感的作用程度可能存在差异，因为不同类型的旅游活动可能意味着参与活动的旅游者需要付出不同程度的努力，面临不同程度的挑战（Rook et al.，2006；Sonnentag，2001），而这些不同会进一步导致不同水平的享乐幸福感和实现幸福感（Ryan et al.，2001）。

从上述研究发现中可以看出，旅游者幸福感中的享乐幸福感和实现幸福感可能具有不同的旅游活动类型偏好（Ryan et al.，2001；Smith et al.，2017）。具体来看，实现幸福感可能和那些挑战性更高、需要旅游者付出更多努力的旅游活动联系紧密，而享乐幸福感则与那些挑战性较低、不要旅游者付出什么努力的旅游活动联系紧密（Rahmani et al.，2018；Ryan et al.，2001；Smith et al.，2017）。在本节研究中，根据关于旅游活动类型分类的相关工作（Mehmetoglu，2007；Rook & Zijlstra，2006；Su，Cheng，& Swanson，2020），将旅游活动类型分为放松型旅游活动和挑战型旅游活动两种类型。其中放松型旅游活动是指那些旅游者完成旅游活动需要付出的努力较少、所需的技能难度低、无须专业活动装备且风险小的旅游活动，如海滨度假、樱花温泉、森林漫步、游览名胜古迹等；而挑战型旅游活动是指那些完成旅游活动需要付出的努力较多、所需的技能难度较高、需要专业活动装备且风险较大的旅游活动，如高空跳伞、深海潜水、蹦极、高山速滑等（Holm et al.，2017）。

根据上述享乐幸福感和实现幸福感对于不同类型旅游活动的偏好，本节研究预测不同旅游活动类型中，旅游前、中、后享乐幸福感和实现幸福感相对于其各自基准水平的绝对变化存在显著差异。具体假设如下：

H22：旅游活动类型在旅游者幸福感变化过程中起调节作用。

H22a：在挑战型（幸福感放松型）旅游活动中，旅游者实现幸福感在旅游前、中、后一天、后一周相对于其基准幸福感水平的变化更大。

H22b：在放松型（相对于挑战型）旅游活动中，旅游者享乐幸福感在旅游前、中、后一天、后一周相对于其基准幸福感水平的变化更大。

本节研究的理论模型整理如图 3 – 12 所示。

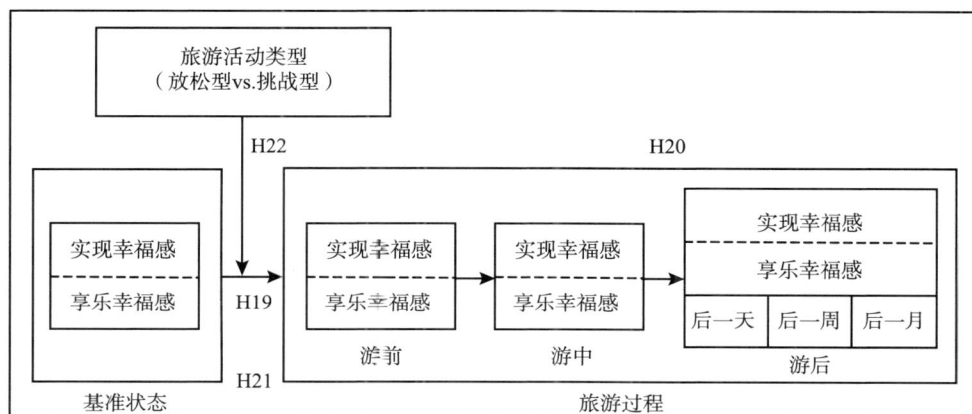

图 3 – 12　理论模型

3.7.2　实 证 分 析

实验一：旅游活动过程中旅游者幸福感的动态变化

【研究设计与研究流程】

为探索旅游者幸福感在旅游活动前、中、后全过程的动态变化，并初步验证 H19、H20 和 H21，本部分的实验包含 1 个普通的问卷调查和 5 个情境实验。在普通的问卷调查中，参与者将报告他们的享乐幸福感和实现幸福感及他们的基本人口学信息，本问卷中所测定的享乐幸福感水平和实现幸福感水平将被作为参与者的基准幸福感水平。接着，参与者将在特定的时间点参加 5 次情境实验，并根据情境实验中提供的刺激材料，想象他们身处材料所描述的情境中，而后报告他们的享乐幸福感和实现幸福感。此外，实验研究的最后部分增加了 2 个题项，来检验实验情境的真实性和在实验期间是否有其他重大因素影响参与者的享乐幸福感和实现幸福感。

由于本研究不仅需要参与者在不同的时间进行多达 6 次的即时响应，而且研究时间跨度也长达一个多月，对参与者的耐心要求很高。为了寻找到合适的参与者加入本研究，研究人员首先在社交媒体上（如微信、微博、QQ 等）发布了招募研究志愿者的信息。该招募信息表明笔者正在实施一项科学研究计划，这项计划包含 1 个普通的问卷调查和 5 个情境实验研究；问卷调查和情境实验研究将在未来一个月左右时间内的不同时间点通过在线形式开展，每次大约需要花费 5 ~ 10 分钟时间；参与者能够从每一次的即时响应中通过微信得到 2 元人民币的感谢红包。其次，当找到有意向参与本次研究计划的人员后，笔者添加他们的微信，通过微信后续的研究将能够较为顺利地开展，并且也便于支付参与者感谢红包。最后，在与所有研究志愿者建立微信联系之后，笔者通过微信在不同的时间点向参与者分 6 次发放了调查问卷和情境实验材料，并在每次参与者即时响应后回收了相关数据。

在问卷调查和 5 次情境实验中，对于享乐幸福感和实现幸福感的测量量表是保持不变的。具体来看，这些题项来自前人研究（Lengieza et al.，2019；Diener et al.，1985；Su et al.，2016；Lengieza，2019；Ryff & Keyes，1995；Gao et al.，2018），享乐幸福感和实现幸福感均使用 5 个 7 点题项来测量。添加在情境实验最后部分的两个题项，一个由"您认为阅读材料中所描述的情境现实生活中会发生吗"（Liao，2007），另一个改编自"您在参与研究期间是否经历了重大事件（如恋爱、失恋、结婚、离婚、晋升、失业、亲人去世、孩子出生等）"（Gilbert & Abdullah，2004）的。在与有意参与研究的人员充分沟通研究计划和研究的流程之后，最终共有 60 人表示愿意并能够完成全部研究。

用于第 1 次问卷调查的问卷旨在测量参与者的基准享乐幸福感水平和实现幸福感水平及其基本的人口学信息特征，因而只包含相应量表和题项。用于后续 5 次情境实验的问卷则首先包含了一段根据旅游阶段不同而有所变化的刺激材料，而后则包含了享乐幸福感和实现幸福感的测量量表，用于测量不同阶段的享乐幸福感和实现幸福感。在刺激材料的设计方面，旅游时间长度设置为 5 天，为了体现旅游活动的一般性，没有对旅游活动的属性进行具体描述，为了避免参与者已有经验对实验结果的影响，没有提到具体的旅游目的地名称，统一虚拟为"旅游目的地 X"。刺激材料中的关键词句及给予享乐幸福感和实现幸福感的测量结果的标签如表 3 – 40 所示。

表 3 – 40 刺激材料关键词句及测量结果标签

阶段	刺激材料中的关键词	测量结果标签
基准状态	没有刺激材料	H_{1st}，E_{1st}
旅游前	我明天将要去旅游目的地 X 开展为期 5 天的旅游	H_{2nd}，E_{2nd}

续表

阶段	刺激材料中的关键词	测量结果标签
旅游中	我已经来到旅游目的地 X2 天了	H_{3rd}，E_{3rd}
旅游后一天	我已经结束旅游目的地 X 的旅程并于昨晚回到家中	H_{4th}，E_{4th}
旅游后一周	我从旅游目的地 X 返回家中已经一周了	H_{5th}，E_{5th}
旅游后一个月	我从旅游目的地 X 返回家中已经一个月了	H_{6th}，E_{6th}

在问卷调查和 5 次情境实验全部完成之后，60 名参与者中有 8 名没有能够完成研究计划中的全部 6 次测量，实际得到完整的样本数据为 52 份。另外有 4 名参与者报告他们经历一些重大事件，为了确保结果的普遍性，这 4 名参与者的数据没有被包含在后续的分析之中。因而，本次研究最终获得了 48 份有效样本，总体响应率为 80%，48 位参与者的人口统计学信息如表 3-41 所示。

表 3-41　　　　　　　　　研究参与者的人口统计学信息

变量类型		数量（人）	占比（%）	变量类型		数量（人）	占比（%）
年龄	18～25 岁	14	29.2	性别	男	26	54.2
	26～45 岁	32	66.7		女	22	45.8
	46～65 岁	2	4.2	月收入	小于 2000 元	6	12.5
职业	工人	2	4.2		2001～2999 元	6	12.5
	农民	2	4.2		3000～4999 元	17	35.4
	公务员	5	10.4		5000～7999 元	16	33.3
	自主经营者	4	8.3		8000 元及以上	3	6.3
	教师	4	8.3	受教育水平	高中以下	1	2.1
	专业技术人员	7	14.6		高中/职高	4	8.3
	企事业单位管理人员	12	25.0		本科/大专	24	50.0
	学生	9	18.8		硕士及以上	19	39.6
	其他	3	6.3				

【情境真实性与量表信度】

情境真实性检验显示，超过 85%（85.4%）的参与者能够想象自己身处刺激材料所描述的情境中，并相信刺激材料所描述的情境在现实生活中是真实存在的。

同时，对于享乐幸福感和实现幸福感的量表信度的检验表明，在所有的 6 次测量中 2 个量表均表现出非常高的信度（Cronbach's α 每次都高于 0.850），量表题项的核心内容及各次测量的信度如表 3-42 所示。

表3-42　旅游者幸福感量表的题项及各次测量详情

观测变量	基准状态			旅游前			旅游中			旅游后一天			旅游后一周			旅游后一个月		
	M	SD	α	M	SD	α	M	SD	α	M	SD	α	M	SD	α	M	SD	α
享乐幸福感			0.913			0.898			0.919			0.917			0.920			0.936
总的来说，我认为自己特别快乐	5.13	1.00		5.73	0.82		6.23	0.78		5.69	0.85		5.44	0.77		5.06	0.84	
与大多数同龄人相比，我认为自己更快乐	4.81	1.12		5.52	0.90		5.96	0.99		5.42	0.94		5.04	0.90		4.71	0.85	
我一般都很开心，并特别享受我的生活	4.96	1.11		5.46	0.99		6.00	0.77		5.69	0.90		5.27	0.87		4.96	0.85	
在大多数情况下，我的生活接近我理想中的样子	4.40	1.16		5.17	0.97		5.79	0.97		5.40	0.82		5.06	0.91		4.85	0.92	
我对我的生活很满意	4.54	1.13		5.33	1.02		5.83	0.97		5.38	0.87		5.13	0.91		4.98	0.89	
实现幸福感			0.883			0.886			0.913			0.900			0.885			0.912
我可以顶住社会压力去思考并保留我的观点	5.04	0.97		5.54	0.90		5.75	0.96		5.40	0.92		5.29	0.94		5.06	0.86	
我对环境的掌控能力很强	4.92	0.99		5.33	1.06		5.52	1.07		5.33	0.95		5.04	0.94		4.96	0.77	
我认为自己在不断地成长	5.19	0.89		5.56	0.87		5.63	0.91		5.40	0.84		5.27	0.92		5.08	0.92	

续表

观测变量	基准状态			旅游前			旅游中			旅游后一天			旅游后一周			旅游后一个月		
	M	SD	α	M	SD	α	M	SD	α	M	SD	α	M	SD	α	M	SD	α
我对自己性格的大多数方面都很满意	4.69	1.13		5.29	0.97		5.54	0.87		5.33	0.83		5.23	0.86		5.08	0.92	
我和周围的人有着温暖、令人满意和相互信任的关系	5.25	1.14		5.58	0.94		5.79	0.82		5.52	0.85		5.38	0.84		5.29	0.94	
我的生活有目标感	5.06	1.08		5.44	0.92		5.69	0.80		5.46	0.82		5.40	0.76		5.27	0.87	

【数据分析及结果】

配对样本 T 检验被用来检验 H19、H20 和 H21。为了检验 H19，使用享乐幸福感和实现幸福感在旅游前、旅游中、旅游后一天、旅游后一周和旅游后一个月的测量值同它们各自的基准水平做配对检验。为了检验 H20，将享乐幸福感和实现幸福感在旅游前的测量值与旅游中的测量值、旅游中的测量值与旅游后一天的测量值、旅游后一天的测量值与旅游后一周的测量值、旅游后一周的测量值与旅游后一个月的测量值，进行了 4 次配对检验。为了检验 H21，将享乐幸福感与实现幸福感在同一阶段区间的变化强度进行了配对检验。

【旅游前、中、后幸福感相对于基准幸福感的绝对变化】

实验结果表明，在旅游活动中享乐幸福感和实现幸福感在旅游前、旅游中、旅游后一天、旅游后一周的测量值均显著高于其各自的基准水平，但旅游后一个月的测量值与其各自的基准水平没有显著差异（见图 3 - 13），H19 由此得到验证。

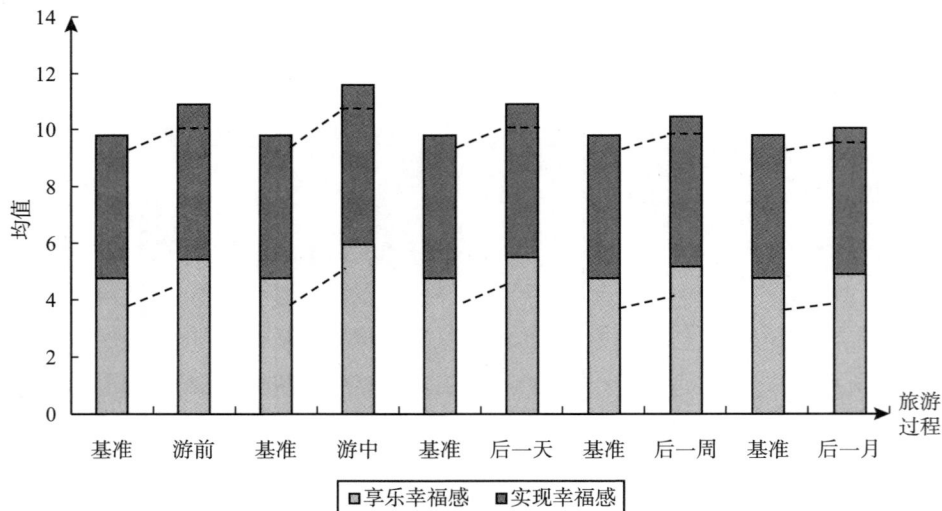

图 3 - 13　旅游前、中、后幸福感相对于基准幸福感的绝对变化

具体来看，享乐幸福感在旅游前（$H_{2nd} = 5.44 \pm 0.79$）、旅游中（$H_{3rd} = 5.96 \pm 0.78$）、旅游后一天（$H_{4th} = 5.51 \pm 0.76$）和旅游后一周（$H_{5th} = 5.18 \pm 0.76$）的测量值均显著（$t_{H1st \& H2nd} = -6.44$，$p < 0.01$；$t_{H1st \& H3rd} = -8.75$，$p < 0.01$；$t_{H1st \& H4th} = -7.00$，$p < 0.01$；$t_{H1st \& H5th} = -3.46$，$p < 0.01$）高于其基准水平，但是享乐幸福感在旅游后一个月的测量值（$H_{6th} =$

4.91 ±0.78）与其基准水平（H_{1st} = 4.77 ±0.95）则没有显著差异（$t_{H1st \& H6th}$ = -1.64，$p > 0.05$）。

另外，实现幸福感在旅游前（E_{2nd} = 5.46 ±0.75）、旅游中（E_{3rd} = 5.65 ±0.76）、旅游后一天（E_{4th} = 5.40 ±0.71）和旅游后一周（E_{5th} = 5.27 ±0.70）的测量值均显著（$t_{E1st \& E2nd}$ = -4.61，$p < 0.01$；$t_{E1st \& E3rd}$ = -6.21，$p < 0.01$；$t_{E1st \& E4th}$ = -3.71，$p < 0.01$；$t_{E1st \& E5th}$ = -2.46，$p < 0.05$）高于其基准水平（E_{1st} = 5.02 ±0.82），但是实现幸福感在旅游后一个月的测量值与其基准水平也没有显著差异（E_{6th} = 5.13 ±0.73，$t_{E1st \& E6th}$ = -1.20，$p > 0.05$）。

从数据分析的结果来看，正如 H19 所预测的那样，不仅享乐幸福感在旅游前、旅游中、旅游后一天、旅游后一周显著高于其基准水平，而且实现幸福感在旅游前、旅游中、旅游后一天、旅游后一周也显著高于其基准水平，但在旅游后一个月享乐幸福感和实现幸福感回归到其基准水平，这一方面说明在旅游活动全过程的各个阶段，旅游者的实现幸福感和享乐幸福感都会相对于其基准水平有一个绝对的变化，且这种变化符合设定点理论的预期，会在旅游后一个月左右消退；另一方面则说明，在旅游活动中的各个阶段，享乐幸福感相对于其基准水平的绝对变化与实现幸福感相对于其基准水平的绝对变化是相似的，即在旅游前、旅游中、旅游后一天、旅游后一周都与其基准水平有显著差异，但在旅游后一个月则均与其基准水平没有显著差异。

【旅游前、中、后幸福感之间的相对变化】

使用配对样本 t 检验 H20 的分析结果表明，享乐幸福感和实现幸福感在旅游活动的旅游前阶段到旅游中阶段均呈现出上升趋势，而在旅游中阶段到旅游后阶段则均呈现出下降趋势（见图 3 - 14），H20 由此得到验证。

具体来看，享乐幸福感和实现幸福感在旅游中的测量值（H_{3rd} = 5.96 ±0.78，E_{3rd} = 5.65 ±0.76）均显著（$t_{H3rd \& H2nd}$ = -6.14，$p < 0.01$；$t_{E3rd \& E2nd}$ = -2.53，$p < 0.05$）高于它们在旅游前的测量值（H_{2nd} = 5.44 ±0.79，E_{2nd} = 5.46 ±0.75）；享乐幸福感和实现幸福感在旅游后一天的测量值（H_{4th} = 5.51 ±0.76，E_{4th} = 5.40 ±0.71）则均显著低于它们在旅游中的测量值（$t_{H4th \& H3rd}$ = 6.6，$p < 0.01$；$t_{E4th \& E3rd}$ = 3.24，$p < 0.01$）；享乐幸福感和实现幸福感在旅游后一周的测量值（H_{5th} = 5.18 ±0.76，E_{5th} = 5.27 ±0.70）又均显著低于它们在旅游后一天的测量值（$t_{H5th \& H4th}$ = 4.62，$p < 0.01$；$t_{E5th \& E4th}$ = 2.90，$p < 0.01$）；享乐幸福感和实现幸福感在旅游后一个月的测量值（H_{6th} = 4.91 ±0.78，E_{6th} = 5.13 ±0.73）又均显著低于它们在旅游后一周的测量值（$t_{H6th \& H5th}$ = 3.95，$p < 0.01$；$t_{E6th \& E5th}$ = 2.82，$p < 0.01$）。

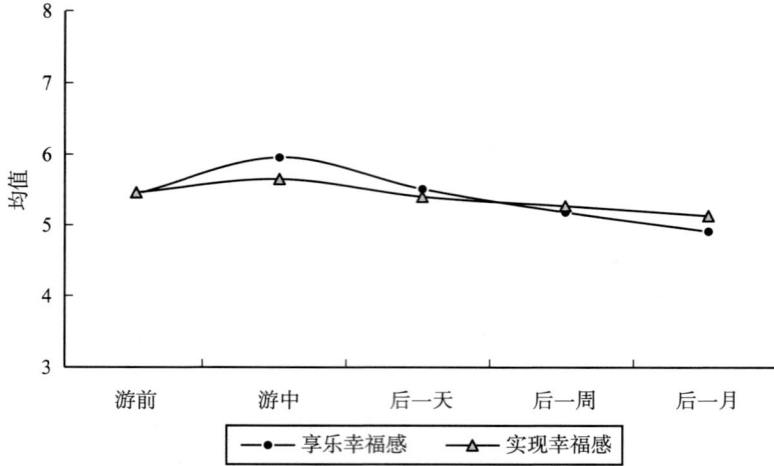

图 3 – 14　旅游前、中、后幸福感之间的相对变化

从上述数据分析的结果可以看出，正如 H20 所预测的那样，在旅游活动的旅游前、中、后全过程中，不仅享乐幸福感呈现从旅游前到旅游中的上升趋势，实现幸福感也呈现从旅游前到旅游中的上升趋势，不仅享乐幸福感呈现从旅游中到旅游后一天、旅游后一周、旅游后一个月的逐步下降趋势，实现幸福感也呈现从旅游中到旅游后一天、旅游后一周、旅游后一个月的逐步下降趋势。由此，可以看出，在旅游前、中、后三阶段之间，享乐幸福感和实现幸福感呈现出的相对动态变化是相似的。

【旅游活动中享乐幸福感与实现幸福感的相对强度变化】

享乐幸福感的强度变化用不同测量值之间的差值来计算，如旅游前享乐幸福感的测量值（H_{2nd}）减去享乐幸福感的基准水平（H_{1st}）所得的差值就是享乐幸福在旅游前相对于其基准水平的变化强度，并用 $H_{(2nd-1st)}$ 来表示。使用同样的方式，$H_{(3rd-2nd)}$、$H_{(4th-3rd)}$、$H_{(5th-4th)}$、$H_{(6th-5th)}$、$E_{(2nd-1st)}$、$E_{(3rd-2nd)}$、$E_{(4th-3rd)}$、$E_{(5th-4th)}$ 和 $E_{(6th-5th)}$ 被计算出来表示享乐幸福感和实现幸福感在不同阶段之间的变化强度。使用配对样本 t 检验对 H21 进行检验，数据分析结果表明，享乐幸福感和实现幸福感在旅游过程中的变化强度存在显著差异（见图 3 – 15），H21 由此得到实证支持。

具体来看，实现幸福感在旅游前相对于其基准水平的变化强度（$E_{(2nd-1st)} = 0.43 \pm 0.65$）显著低于（$t = 2.76$，$p < 0.01$）享乐幸福感在此区间的变化强度（$H_{(2nd-1st)} = 0.68 \pm 0.73$）；实现幸福感在旅游中相对于旅游前的变化强度（$E_{(3rd-2nd)} = 0.19 \pm 0.53$）显著低于（$t = 3.22$，$p < 0.01$）享乐幸福感在此区间的变化强度（$H_{(3rd-2nd)} = 0.52 \pm 0.59$）；实现幸福感在旅游后一天相对于旅游中的变化强度（$E_{(4th-3rd)} = -0.25 \pm 0.53$）显著低于（$t = 2.20$，$p < 0.05$）

享乐幸福感在此区间的变化强度（$H_{(4th-3rd)} = -0.45 \pm 0.51$）；实现幸福感在旅游后一周相对于旅游后一天的变化强度（$E_{(5th-4th)} = -0.14 \pm 0.33$）显著低于（$t = 2.77$，$p < 0.01$）享乐幸福感在此区间的变化强度（$H_{(5th-4th)} = -0.33 \pm 0.49$）；实现幸福感在旅游中相对于旅游前的变化强度（$E_{(6th-5th)} = -0.14 \pm 0.35$）显著低于（$t = 2.25$，$p < 0.05$）享乐幸福感在此区间的变化强度（$H_{(6th-5th)} = -0.28 \pm 0.48$）。

从上述数据分析的结果可以看出，正如 H21 所预测的那样，实现幸福感在旅游过程中的变化强度要弱于享乐幸福感的变化强度。同时，与 H19 和 H20 联合起来看，H19 和 H20 的实证结果呈现了实现幸福感与享乐幸福感在旅游过程中动态变化的相似性，而 H21 的实证结果则反映出实现幸福感与享乐幸福感在旅游过程中动态变化的差异性。由此在旅游活动过程中，实现幸福感与享乐幸福感的变化规律得以阐释，两者动态变化的相似性和差异性也同时得以探明。

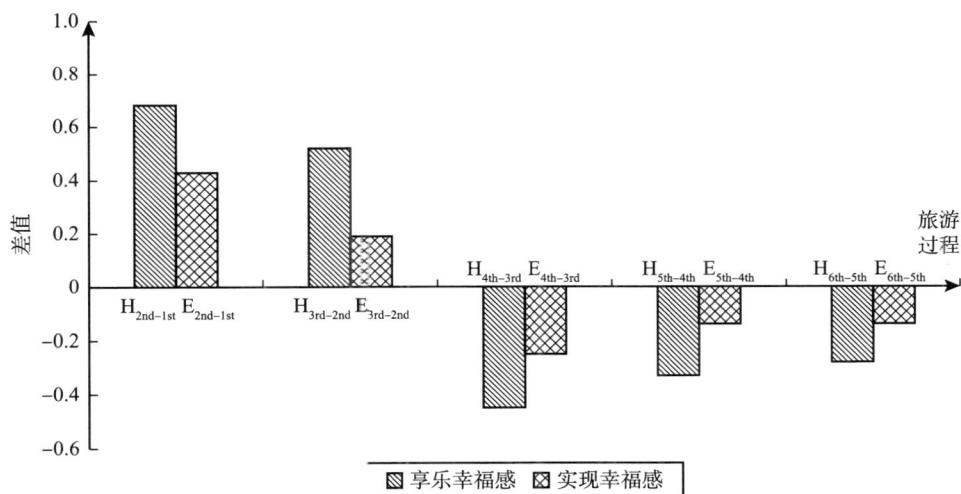

图 3-15　旅游活动中享乐幸福感与实现幸福感的强度变化

实验二：旅游活动类型的调节作用

【预实验】

（1）刺激材料

为了使不同类型旅游活动（挑战型 vs. 放松型）的刺激材料具有较高的辨识度，本部分研究首先对所设计的两种旅游活动的相关刺激材料进行了预实验。共有 52 名大学生被随机均分到挑战型旅游活动组（G_{cha}）和放松型旅游活动组（G_{rel}）。在阅读完刺激材料后，参与者需要回答两个 7 分制的题项（1 = 非常不同意，7 = 非常同意），以测量他们对于旅游活动类型的辨识度。

（2）预实验数据分析与结果

对于预实验收集的数据，使用独立样本 t 检验来检测刺激材料对旅游活动类型操控的有效性。分析结果表明，相对于放松型旅游活动组中的参与者，挑战型旅游活动组的参与者对于题项"材料中涉及的旅游活动属于挑战型旅游活动"的评分显著较高（$M_{Gcha} = 6.00$，$M_{Grel} = 3.62$，$t = 8.95$，$p < 0.01$），而对于题项"材料中涉及的旅游活动属于放松型旅游活动"的评分则显著较低（$M_{Gcha} = 3.88$，$M_{Grel} = 6.19$，$t = -8.11$，$p < 0.01$）。从分析结果来看，关于不同旅游活动类型的刺激材料能够被很好地识别，因而所设计的旅游活动类型刺激材料能够被继续用于后面的研究中。

【正式研究】

（1）研究设计与研究流程

实验二的目的有两个：第一通过实证数据来验证 H22；第二是利用本次研究提供的新样本来重复验证 H19、H20 和 H21。实验二和实验一一样包括 1 次问卷调查和 5 个情境实验。招募参与者及从参与者处收集数据的方式均与实验一相同。实验二中与实验一不同的地方则共有 3 处：第一，实验二将招募的参与者随机分配到两个小组当中；第二，实验二的情境实验中所使用的刺激材料和实验一不同；第三，实验二在旅游活动刺激材料后提供了相应的图片帮助参与者理解实验情境。

通过与实验一招募研究志愿者一样的流程，最终找到了 78 名合适的研究志愿者加入实验二的研究计划中。在开始正式的研究之前，78 名参与者被随机地平均分配到放松型旅游活动组（G_{rel}）和挑战型旅游活动组（G_{cha}）。刺激材料中的关键词句及享乐幸福感和实现幸福感测量结果标签如表 3-43 所示。

表 3-43　　　　　　　　　　刺激材料关键词句及测量结果标签

阶段	刺激材料中的关键词	测量结果标签
基准状态	没有刺激材料（G_{rel}）	H_{1st}，E_{1st}
	没有刺激材料（G_{cha}）	
旅游前	我明天将要去海滨度假旅游胜地 X 开展为期 5 天的旅游（G_{rel}）	H_{2nd}，E_{2nd}
	我明天将要去极限运动旅游胜地 X 开展为期 5 天的旅游（G_{cha}）	
旅游中	我已经来到海滨度假旅游胜地 X2 天了（G_{rel}）	H_{3rd}，E_{3rd}
	我已经来到极限运动旅游胜地 X2 天了（G_{cha}）	
旅游后一天	我已经结束海滨度假旅游胜地 X 的旅程并于昨晚回到家中（G_{rel}）	H_{4th}，E_{4th}
	我已经结束极限运动旅游胜地 X 的旅程并于昨晚回到家中（G_{cha}）	

续表

阶段	刺激材料中的关键词	测量结果标签
旅游后一周	我从海滨度假旅游胜地 X 返回家中已经一周了（G_{rel}）	H_{5th}，E_{5th}
	我从极限运动旅游胜地 X 返回家中已经一周了（G_{cha}）	
旅游后一个月	我从海滨度假旅游胜地 X 返回家中已经一个月了（G_{rel}）	H_{6th}，E_{6th}
	我从极限运动旅游胜地 X 返回家中已经一个月了（G_{cha}）	

由于参与者自身的原因，共有 10 人没有完成全部研究计划，其中 4 人属于放松型旅游活动组，6 人则属于挑战型旅游活动组。同时，4 名放松型旅游活动组中的参与者和 3 名挑战型旅游活动组中的参与者报告他们在参与研究的过程中经历了重大生活事件，为了排除这些事件对研究结果的影响，这些数据被剔除出后续的数据分析。剔除上述 17 名参与者后，实验二最终得到 61 份完整数据（其中放松型旅游活动组中 31 份，挑战型旅游活动组中 30 份），总体响应率为 78.2%。相关参与者的人口学信息如表 3 – 44 所示。

表 3 – 44　　　　　　　　研究参与者的人口学信息

分类		数量	占比（%）	分类		数量	占比（%）
年龄	18~25 岁	13	21.3	性别	男	28	45.9
	26~45 岁	42	68.9		女	33	54.1
	46~65 岁	6	9.8	月收入	小于 2000 元	7	11.5
职业	工人	1	1.6		2001~2999 元	9	14.8
	农民	1	1.6		3001~4999 元	16	26.2
	公务员	2	3.3		5000~7999 元	19	31.1
	自主经营者	10	16.4		8000 元及以上	10	16.4
	教师	5	8.2	受教育水平	高中以下	1	1.6
	专业技术人员	5	8.2		高中/职高	3	4.9
	企事业单位管理人员	14	23		本科/大专	30	49.2
	学生	10	16.4		硕士及以上	27	44.2
	其他	13	21.3				

（2）情境真实性与量表信度检验

情境真实性检验显示，超过 95%（95.1%）的参与者能够想象自己身处刺激材料所描述的情境中，并相信刺激材料所描述的情境在现实生活中是真实存在的。

此外，对于享乐幸福感和实现幸福感的量表信度的检验表明，在所有的 6 次测量中 2 个量表均表现出非常高的信度（Cronbach's α 每次都高于 0.850），量表题项的核心内容及各次测量的信度如表 3-45 所示。

【数据分析及结果】

【旅游活动类型的调节作用分析】

为了验证 H22，使用独立样本 T 检验的方法，比较了不同类型旅游活动中的旅游幸福感效应。某一旅游阶段旅游幸福感效应的大小可以用旅游者在该旅游阶段的幸福感与其幸福感基准水平之间差值来衡量（Gilbert & Abdullah，2004）。如旅游前的实现幸福感效应，可以用实现幸福感在旅游前的测量值（E_{2nd}）减去其基准水平（E_{1st}），并可以使用标签 $E_{(2nd-1st)}$ 来表示。按照这种方法，其余各阶段的实现幸福感效应和享乐幸福感效应则可以计算并表示为 $E_{(3rd-1st)}$、$E_{(4th-1st)}$、$E_{(5th-1st)}$、$E_{(6th-1st)}$、$H_{(2nd-1st)}$、$H_{(3rd-1st)}$、$H_{(4th-1st)}$、$H_{(5th-1st)}$、$H_{(6th-1st)}$。

数据分析的结果显示，在旅游中阶段，实现幸福感效应在挑战型活动中相对于在放松型旅游活动中显著较高（$E_{Grel(3rd-1st)} = 0.64$ vs. $E_{Gcha(3rd-1st)} = 1.13$，$p < 0.05$），即旅游者在挑战型旅游活动（相对于放松型旅游活动）的旅游中阶段获得实现幸福感与其基准水平的差值显著较大，见图 3-16（a）；但是，在旅游前、旅游后一天和旅游后一周等阶段旅游者实现幸福感与其基准水平的差值在挑战型旅游活动和放松型旅游活动中并没有显著差异（$E_{Grel(2nd-1st)} = 0.50$ vs. $E_{Gcha(2nd-1st)} = 0.57$，$p > 0.05$；$E_{Grel(4th-1st)} = 0.56$ vs. $E_{Gcha(4th-1st)} = 0.55$，$p > 0.05$；$E_{Grel(5th-1st)} = 0.37$ vs. $E_{Gcha(5th-1st)} = 0.39$，$p > 0.05$），因此 H22a 只得到部分的支持。另外，分析结果显示旅游享乐幸福感效应在挑战型旅游活动和放松型旅游活动中的各个阶段均没有显著差异，见图 3-16（b）。具体来看，在旅游前、旅游中、旅游后一天和旅游后一周等阶段旅游者享乐幸福感与其基准水平的差值在挑战型旅游活动和放松型旅游活动中均没有显著差异（$H_{Grel(2nd-1st)} = 1.20$ vs. $H_{Gcha(2nd-1st)} = 1.07$，$p > 0.05$；$H_{Grel(3rd-1st)} = 1.85$ vs. $H_{Gcha(3rd-1st)} = 1.40$，$p > 0.05$；$H_{Grel(4th-1st)} = 1.25$ vs. $H_{Gcha(4th-1st)} = 1.05$，$p > 0.05$；$H_{Grel(5th-1st)} = 0.89$ vs. $H_{Gcha(5th-1st)} = 0.68$，$p > 0.05$）。因此，H22b 没有得到实证数据的支持。尽管从数据分析的结果来看，H22 只得到部分支持，但我们发现实现幸福感在挑战型（相对于放松型）旅游活动的旅游中阶段要更高，但享乐幸福感在两种类型旅游活动的各个阶段均没有显著的差异，这也从某种程度上揭示了享乐幸福感和实现幸福感其动态变化上的差异。

表3-45　旅游者幸福感量表的题项及各测量次测量详情

观测变量	组别	基准状态			旅游前			旅游中			旅游后一天			旅游后一周			旅游后一个月		
		M	SD	α	M	SD	α	M	SD	α	M	SD	α	M	SD	α	M	SD	α
享乐幸福感				0.931			0.961			0.909			0.918			0.955			0.965
总的来说，我认为自己特别快乐	G_{rel}	4.68	1.14		5.90	0.98		6.45	0.81		6.00	0.82		5.45	1.15		5.03	1.25	
	G_{cha}	4.40	1.38		5.73	1.46		5.97	0.96		5.77	1.04		5.33	1.03		4.77	1.33	
与大多数同龄人相比，我认为自己更快乐	G_{rel}	4.61	1.12		5.74	1.12		6.29	0.78		5.87	0.88		5.32	1.14		4.84	1.29	
	G_{cha}	4.77	1.30		5.37	1.67		5.87	1.11		5.60	1.22		5.10	1.21		4.67	1.42	
我一般都很开心，并特别享受我的生活	G_{rel}	4.61	1.26		5.68	1.19		6.35	0.75		5.61	1.02		5.42	1.12		4.84	1.19	
	G_{cha}	4.63	1.30		5.60	1.50		6.00	0.91		5.77	1.10		5.13	122		4.63	1.45	
在大多数情况下，我的生活接近我理想中的样子	G_{rel}	4.03	1.33		5.35	1.14		6.06	1.00		5.32	0.91		5.16	1.24		4.61	1.20	
	G_{cha}	3.70	1.66		5.03	1.65		5.37	1.54		4.97	1.47		4.73	1.11		4.27	1.48	
我对我的生活很满意	G_{rel}	4.23	1.43		5.52	1.09		6.23	0.84		5.61	0.99		5.26	1.00		4.71	1.24	
	G_{cha}	4.33	1.65		5.43	1.43		5.63	1.30		5.00	1.26		4.93	1.36		4.50	1.38	
实现幸福感				0.885			0.903			0.852			0.934			0.945			0.950
我可以顶住社会压力去思考并保留我的观点	G_{rel}	4.55	1.29		4.97	1.30		4.90	1.19		5.03	1.28		4.77	1.02		4.77	1.09	
	G_{cha}	4.57	1.38		5.30	1.53		5.40	1.19		5.00	1.20		4.90	1.27		4.57	1.22	
我对环境的掌控能力很强	G_{rel}	4.55	1.23		4.84	1.27		5.00	1.06		4.90	1.14		4.71	1.24		4.77	1.12	
	G_{cha}	4.60	1.38		4.90	1.52		5.07	1.14		5.20	1.30		4.93	1.39		4.43	1.17	
我认为自己在不断地成长	G_{rel}	4.90	1.30		5.06	1.31		5.16	1.07		5.39	1.12		5.16	1.13		4.87	0.88	
	G_{cha}	4.83	1.37		5.37	1.38		5.83	1.15		5.40	1.35		5.20	1.21		4.80	1.24	

续表

观测变量	组别	基准状态			旅游前			旅游中			旅游后一天			旅游后一周			旅游后一个月		
		M	SD	α	M	SD	α	M	SD	α	M	SD	α	M	SD	α	M	SD	α
我对自己性格的大多方面都很满意	G_{rel}	3.97	1.20		4.87	1.36		5.29	1.16		4.90	1.16		4.81	1.11		4.90	0.94	
	G_{cha}	3.80	1.40		4.77	1.33		5.93	1.05		4.80	1.49		4.53	1.50		4.43	1.55	
我和周围的人有着温暖、令人满意和相互信任的关系	G_{rel}	4.68	1.17		5.32	1.01		5.35	1.23		5.32	1.01		4.97	0.98		4.90	0.98	
	G_{cha}	4.90	1.24		5.00	1.41		5.90	1.12		5.07	1.44		4.93	1.36		4.63	1.33	
我的生活有目标感	G_{rel}	4.81	1.11		5.39	1.02		5.55	0.93		5.29	1.04		5.23	1.23		5.10	1.14	
	G_{cha}	4.53	1.46		5.33	1.37		5.90	0.84		5.07	1.44		5.10	1.16		4.73	1.31	

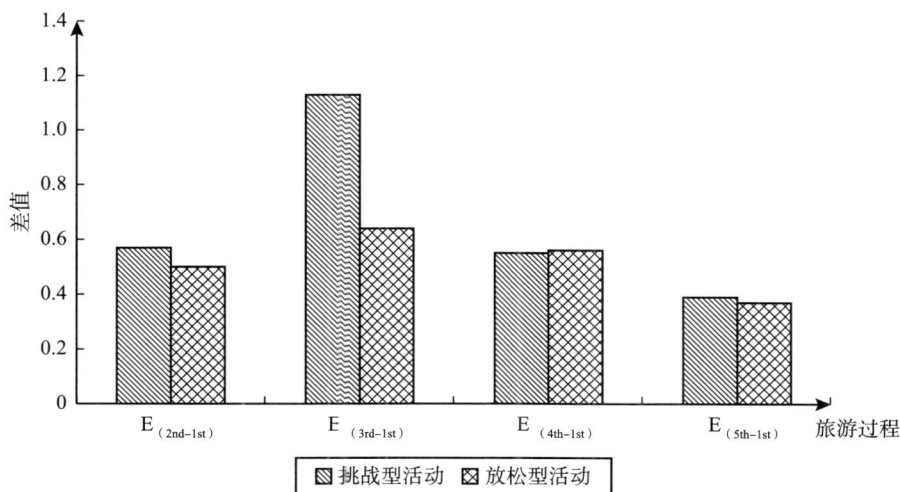

图 3 – 16（a） 旅游活动类型对实现幸福感效应的调节作用

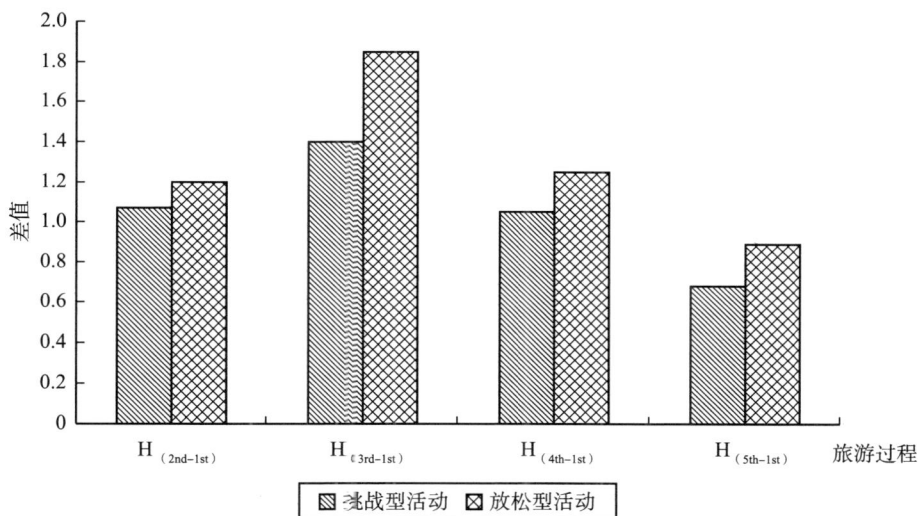

图 3 – 16（b） 旅游活动类型对享乐幸福感效应的调节作用

【利用实验二的数据再次验证 H19、H20 和 H21】

在实验一中，刺激材料中没有指明具体的旅游活动类型，旅游者可以自由地想象任意类型的旅游活动，但是在实验二中，刺激材料指明了特定的旅游活动类型（挑战型或放松型），因此旅游者也只能想象特定的旅游活动类型。因此，实验二在相对特定的旅游活动情境中为重复验证 H19、H20 和 H21 提供了新的样本和数据。利用实验二的数据重复验证 H19、H20 和 H21 的方法和流程与实验一中检验此三个假设的方法和流程是完全一样的。数据分析的结果表明，H19、H20 和 H21 都在实验二中得到了重复验证，具体的数据分析结果如表 3 - 46 所示。

表 3 - 46　　　　　重复验证 H19、H20 和 H21 的数据分析结果

假设	配对情况	M	SD	t	显著性
H19	H_{1st} & H_{2nd}	- 1.14	1.14	- 7.80	0.000
	H_{1st} & H_{3rd}	- 1.63	1.09	- 11.70	0.000
	H_{1st} & H_{4th}	- 1.15	1.10	- 8.18	0.000
	H_{1st} & H_{5th}	- 0.79	1.09	- 5.63	0.000
	H_{1st} & H_{6th}	- 0.29	1.20	- 1.88	0.065
	E_{1st} & E_{2nd}	- 0.54	0.85	- 4.91	0.000
	E_{1st} & E_{3rd}	- 0.88	0.86	- 8.00	0.000
	E_{1st} & E_{4th}	- 0.56	0.91	- 4.76	0.000
	E_{1st} & E_{5th}	- 0.38	0.96	- 3.10	0.003
	E_{1st} & E_{6th}	- 0.19	0.92	- 1.0	0.115
H20	H_{2nd} & H_{3rd}	- 0.9	0.88	- 4.32	0.000
	H_{3rd} & H_{4th}	0.47	0.80	4.63	0.000
	H_{4th} & H_{5th}	0.37	0.74	3.87	0.000
	H_{5th} & H_{6th}	0.50	0.78	5.02	0.000
	E_{2nd} & E_{3rd}	0.34	0.81	3.34	0.001
	E_{3rd} & E_{4th}	0.32	0.7	2.90	0.005
	E_{4th} & E_{5th}	0.18	0.68	2.03	0.047
	E_{5th} & E_{6th}	0.19	0.66	2.26	0.027
H21	$H_{(2nd-1st)}$ & $E_{(2nd-1st)}$	0.60	1.02	4.62	0.000
	$H_{(3rd-2nd)}$ & $E_{(3rd-2nd)}$	0.25	0.88	2.26	0.028
	$H_{(3rd-4th)}$ & $E_{(3rd-4th)}$	0.26	0.88	2.29	0.026
	$H_{(4th-5th)}$ & $E_{(4th-5th)}$	0.19	0.73	2.04	0.046
	$H_{(5th-6th)}$ & $E_{(5th-6th)}$	0.28	0.75	2.89	0.005

3.7.3　研究结论与讨论

总体来看，本节研究使用调查问卷和情境实验相结合、组内设计与组间设计相结合的多方法研究范式开展了两个实验，以解决"旅游过程中旅游者幸福感如何变化"这一科学研究命题。

实验一采用组内研究设计，首先验证旅游过程中各个阶段的旅游享乐幸福感效应和旅游实现幸福感效应。研究结果表明在探索旅游者幸福感变化规律的

分析框架中，同时考虑享乐幸福感和实现幸福感两个维度是非常重要的，因为享乐幸福感和实现幸福感均相对于其基准水平呈现出显著的绝对变化，并在旅游前、中、后三阶段之间呈现出先上升后下降的相对变化趋势，且实现幸福感和享乐幸福感在变化强度上存在显著差异。实验一的创新之处在于，它同时展示享乐幸福感和实现幸福感在旅游全过程的动态变化中的相似性和差异性。在相对于基准水平的绝对变化中，两者表现出相似性，即在旅游前、旅游中、旅游后一天、旅游后一周都显著高于各自的基准水平，而在旅游后一个月不再显著高于其基准水平；在旅游前、中、后之间的相对变化中，两者也表现出相似性，即在旅游前到旅游中均呈现上升趋势，而在旅游中到旅游后则呈现下降趋势；在两者的差异性方面，研究结果则表明，相对于享乐幸福感，实现幸福感在各个阶段的变化强度上要显著较低。为了进一步深入探究旅游者幸福感动态变化的边界条件，实验二继续探索了旅游活动类型对于旅游幸福感效应的调节作用。研究发现实现幸福感在挑战型（相对于放松型）旅游活动的旅游中阶段要更高，但享乐幸福感在两种类型旅游活动的各个阶段均没有显著的差异，从而揭示了旅游活动类型对于旅游者幸福感动态变化的调节作用，也从某种程度上揭示了享乐幸福感和实现幸福感动态变化上的差异性。

【理论贡献】

幸福感包含享乐幸福感和实现幸福感两个维度，已经成为学界的共识（Ryan et al.，2001）。但在现有探索旅游者幸福感变化规律的文献中（如 Chen et al.，2013；Gilbert et al.，2004），研究者的注意力主要放在了享乐幸福感这一维度上（Smith et al.，2017；Lengieza et al.，2019），实现幸福感长期没有引起重视，因而也就没有研究专门来探索实现幸福感在旅游过程中的变化，也就更没有将享乐幸福感与实现幸福感的变化作比较的研究。另外，有学者认为不同类型旅游活动对旅游者幸福感动态变化的影响可能是不同的（Smith et al.，2017），但目前的研究并没有从实证上区分具体类型的旅游活动对旅游者幸福感动态变化的差异。由此，在研究旅游者幸福感变化规律的分析框架中引入实现幸福感这一关键元素，并探索旅游活动类型的调节作用是非常有必要的。鉴于此，本节研究基于幸福感理论、自我决定理论和设定点理论，探明了享乐幸福感和实现幸福感在旅游全过程中的动态变化，并且对两者的相似性和差异性进行了比较。同时，本研究通过将旅游活动划分为挑战型旅游活动和放松型旅游活动两种类型，为旅游活动类型对于旅游者幸福感变化的影响提供了实证证据。由此，本节研究为较好解决"旅游者幸福感在旅游过程中如何变化"这一科学问题提供了理论分析框架，极大地扩展了旅游者幸福感动态变化的理论内涵和外延，为进一步丰富和完善旅游者幸福感理论体系作出了扎实贡献。

第一，以往研究（如 Chen et al.，2013；De Bloom et al.，2010；De Bloom

et al., 2011；Gilbert et al., 2004；Nawijn, 2010a；Nawijn et al., 2010；Sie et al., 2018）仅在享乐幸福感相关理论框架（如主观幸福感理论）下对享乐幸福感在旅游过程中的相关变化进行了粗略探讨，长期忽视了旅游过程中的实现幸福感因素，因而非常不利于全面深入地理解旅游过程中旅游者幸福感动态变化的全貌。基于对这一研究不足的深刻洞察，本节研究采用同时考虑享乐幸福感因素和实现幸福感因素的幸福感理论和自我决定理论（Ryan et al., 2001）来作为旅游者幸福感动态变化研究的基础理论，首次将实现幸福感纳入旅游者幸福感变化规律的研究。由此，研究得以同时呈现了享乐幸福感和实现幸福感的绝对变化、相对变化和条件变化，充分揭示享乐幸福感和实现幸福感在动态变化过程中的相似性和差异性。这些研究发现极大更新了旅游过程中旅游者幸福感动态变化的相关知识，尤其是提升了对实现幸福感在旅游过程中动态变化的认识。

第二，由于本节研究将享乐幸福感和实现幸福感同时纳入旅游者幸福感变化规律研究的分析框架，因而得以对享乐幸福感和实现幸福感的动态变化过程进行比较研究，从而为享乐幸福感和实现幸福感的相对变化研究提供理论和实证支撑。以往探讨旅游者幸福感变化的相关研究（如，Chen et al., 2013；De Bloom et al., 2010；De Bloom et al., 2011；Gilbert et al., 2004；Nawijn et al., 2010；Fritz et al., 2006；Strauss – Blasche et al., 2000）仅仅考虑了幸福感的享乐维度，因而没有能够对享乐幸福感和实现幸福感的动态变化进行深入比较，两者之间的异同一直没有探明。本节研究则揭示了享乐幸福感和实现幸福感在相对于其各自基准水平的绝对变化的相似性，在旅游前、中、后三阶段之间相对变化的相似性，并阐明了两者在变化强度上的差异性，即实现幸福感在旅游过程中的变化强度要低于享乐幸福感的变化强度。因此，通过这种将享乐幸福感和实现幸福感对比研究的视角，本节研究揭示了享乐幸福感和实现幸福感在动态变化上的相似性和差异性，从而为那些从理论上阐明享乐幸福感和实现幸福感既有重叠之处又各具特色的研究（Cai et al., 2020；Ryan et al., 2001；Rahmani et al., 2018；Yu et al., 2020）提供了旅游背景下的实证支持，为更加深入地理解享乐幸福感和实现幸福感之间的相对关系提供了新的理论视角和充分的现实论据。

第三，以往相关研究（如 Chen et al., 2013；Gilbert et al., 2004）在探索旅游者幸福感在旅游过程中的变化时，大多数没有对旅游活动类型进行区分，或者仅仅聚焦于某种特定的旅游活动，如滑雪（De Bloom et al., 2010；De Bloom et al., 2011），如此一来就忽视了不同类型旅游活动可能对旅游者幸福感产生不同的影响这一研究方向（Su et al., 2020）。本节研究对这一研究方向高度聚焦，在以往研究（Mehmetoglu, 2007；Rook et al., 2006；Su et al.,

2020）的基础上将旅游活动划分为挑战型旅游活动和放松型旅游活动两种类型，并检验了不同类型旅游活动对于享乐幸福感和实现幸福感动态变化的不同影响。由此，本节研究很好地弥补了旅游者幸福感变化规律研究中对于旅游活动类型这一重要变量研究不足、研究不深的问题。尽管本节研究仅部分证实了 H22，但却在旅游情景中验证了实现幸福感对于活动类型的偏好，即实现幸福感在挑战型旅游活动中的变化对于放松型活动强度更大。这些发现将有助于学界更好地理解不同类型旅游活动在旅游者幸福感动态变化过程中的作用，进一步丰富旅游者幸福感变化规律的理论内涵。

第4章　旅游幸福管理——旅游地居民视角

伴随着旅游活动的快速发展，旅游业的社会功能逐步凸显。2016年，国务院将旅游业列为"五大幸福产业"之首，明确了旅游业对人民生活质量的重要影响与作用。作为旅游地核心利益相关者的旅游地居民，其生活质量受到旅游业的影响最为广泛和深远，旅游地居民生活质量也由此成为衡量旅游业社会功能的重要标准之一。本章将立足于旅游地居民视角、聚焦于旅游地居民生活质量，围绕其缘起、发展、定义、测量、影响因素、形成机制、变化规律、产生的结果八个方面展开论述（见图4-1），以期形成旅游地居民生活质量理论体系，更好地指导我国旅游地可持续发展实践。

章 节 概 览

旅游地居民生活质量研究的缘起

旅游地居民生活质量研究的发展

旅游地居民生活质量的定义与属性

旅游地居民生活质量的测量

旅游地居民生活质量测量的研究现状

旅游地居民生活质量的量表开发与实证检验

旅游地居民生活质量的影响因素

旅游影响对旅游地居民生活质量的影响

旅游地居民个体因素对旅游地居民生活质量的影响

旅游社区环境对旅游地居民生活质量的影响

旅游地居民生活质量的形成机制

负面旅游目的地报道对旅游地居民生活质量的影响机制

旅游地社会责任动机归因对旅游地居民生活质量的影响机制

旅游地社会责任类型对旅游地居民生活质量的影响机制

旅游地社会责任策略对旅游地居民生活质量的影响机制

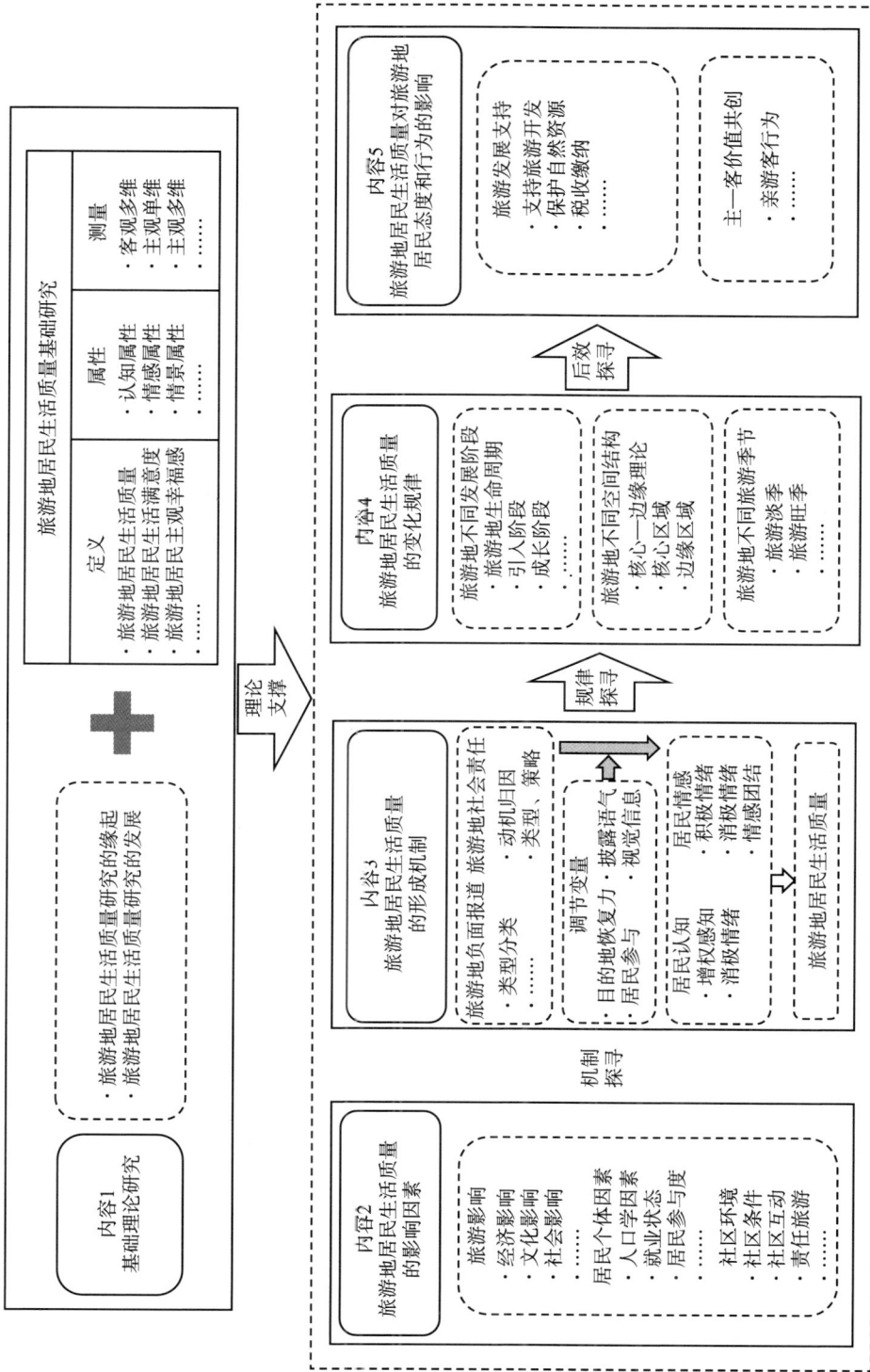

图4-1 第4章内容结构

旅游地居民生活质量的变化规律

旅游地不同发展阶段的旅游地居民生活质量变化规律

旅游地不同空间结构的旅游地居民生活质量变化规律

旅游地不同旅游季节的旅游地居民生活质量变化规律

旅游地居民生活质量对旅游地居民态度和行为的影响

旅游地居民生活质量对居民旅游支持的影响

旅游地居民生活质量对主—客价值共创行为的影响

4.1 旅游地居民生活质量研究的缘起

随着旅游活动的大众化、普遍化，旅游消费已成为人们的日常消费形式，对人们的社会生活产生了深远影响。旅游地居民作为旅游地核心利益相关者，相对于其他相关群体，他们在旅游地的居住时间更长，接触范围更广，因此受到旅游业影响最为广泛和深远（何学欢等，2017；Lee et al.，2018）。因此，旅游地居民的生活质量已经成为衡量旅游业社会功能的重要指标。同时，旅游地居民的生活质量决定了他们是否会继续支持旅游业的发展（王咏等，2014；Nunkoo et al.，2011；Woo et al.，2015），这也是旅游地实现可持续发展的关键因素（唐晓云等，206）。因此，学者们对旅游地居民生活质量的相关问题产生了浓厚兴趣（Backer，2019；Sirgy，2019；Su et al.，2018），这已成为当前旅游学研究的热点和前沿（Lee et al.，2018；Croes，2018）。

4.2 旅游地居民生活质量研究的发展

在过去几十年里，生活质量已成为医学、经济学、社会学、心理学等多个学科的研究焦点。医学对生活质量的研究可以追溯到 20 世纪 40 年代（郭英之等，2007；Sirgy，2019；Uysal et al.，2016），而经济学和社会学开始于 20 世纪 50 年代末（Backer，2019），心理学则始于 20 世纪 70 年代（Diener et al.，1999）。相比之下，旅游学对生活质量的研究较晚，最早可追溯至 20 世纪 80 年代。现有文献显示，经过长期探索，学者们在旅游地居民生活质量的起源、定义与属性、测量指标与维度结构、影响因素与形成机制、结果与作用机理、变化规律、研究方法等方面取得了一定进展（粟路军等，2020）。研究表明，相对于旅游地的其他利益相关者，旅游地居民更深受旅游发展的影响（何学欢等，2017；Lee et al.，2018）。一旦地区成为旅游地，旅游发展就会对居民生活质量产生影响。尤其是当旅游业提高了旅游地居民生活质量时，旅游地居民会更加支持旅游发展；反之亦然（郭英之等，2007）。因此，一些研究者认为旅游地居民的生活质量是旅游资源之一，与旅游地的竞争力密切相关（Chen et al.，2018；Kubickova et al.，2017）。因此，提升旅游地居民的生活质量对实现旅游地的可持续发展至关重要（Lee et al.，2018；Chi et al.，2017）。

4.3 旅游地居民生活质量的定义与属性

当前，对于旅游地居民生活质量的定义大多直接借鉴其他学科如社会学、心理学等对生活质量的界定。尚未有研究从旅游地居民、旅游业、旅游消费的独特性出发，专门对旅游地居民生活质量进行界定。同时，学者们根据特定的研究情境和视角，对旅游地居民生活质量的表述用语存在差异。目前的文献中，有关旅游地居民生活质量的术语主要可分为 3 类：旅游地居民生活质量、旅游地居民生活满意度和旅游地居民主观幸福感（见表 4 - 1）。在文献中，它们通常交替使用，但大多数研究者更倾向于使用旅游地居民生活质量这一术语（Uysal et al.，2016）。由于对旅游地居民生活质量的定义涵盖多个学科，且各学科中有关生活质量的定义多达百余种，因此当前对该概念的认知尚不一致（Woo，2013）。这些定义涵盖了心理学、社会学、经济学、营销学、哲学、医学等多个学科，其中心理学和社会学占据主导地位。总体而言，目前旅游地居民生活质量的定义强调了认知属性和情感属性，例如，有学者将旅游地居民生活质量定义为对生活各方面的认知判断和情感反应（Liang & Hui，2016）；而郭安禧等（2017）将其定义为对生活各方面的满意度和情感体验。另外，一些定义也强调了情境属性，例如对生活经历和环境的适应状况和接受程度（Croes et al.，2018）。

表 4 - 1　　　　　　　旅游地居民生活质量相关术语与定义

术语	来源	定义	代表文献
旅游地居民生活质量	心理学	人们对各个生活领域的认知判断和情感反应	梁和惠（Liang & Hui，2016）
		旅游地居民对一系列客观条件的主观感知	切洛塞洛等（Chancellor et al.，2011）
		个体或群体所感受到的幸福程度	马修等（Mathew et al.，2017）
		人们对主要生活领域的满意度	胡等（Woo et al.，2018）
		人们对客观条件的主观看法	宇等（Yu et al.，2014）

续表

术语	来源	定义	代表文献
旅游地居民生活质量	心理学	个体对其生活各方面的满意度和从生活体验中获得的情感	郭安禧等（2018）
	社会学	人们的生活质量从各种"参考标准"之间比较差距中得来	梁增贤（2018）
		特定社会中的人对其整体生活状态的积极评估	粟路军等（2018）
		个人从其周围的物理和人文环境中获得的满足感	卡法什布尔等（Kafashpor et al.，2018）
		人们对其生活经历和生活环境的适应状况和接受程度	克罗斯等（Croes et al.，2018）
		个人对自己的生活和经历的满意度	安德雷克和尼亚帕内（Andereck & Nyaupane，2011）
	经济学	物质和非物质条件给人带来的效用	里德斯塔等（Ridderstaat et al.，2016）
		令人感到满意的客观条件	孟等（Meng et al.，2010）
	营销学	个体从产品、服务的消费和体验中感受到的利益	李等（Lee et al.，2018）
旅游地居民生活满意度	心理学	一个人对生活的总体满意度感知	林等（Lin et al.，2017）
		人们对整个生活或某一特定生活领域的满意程度	瑟吉等（Sirgy et al.，2010）
		个体期望与实际感知相比较所产生的愉悦或者失望的心理状态	汪侠等（2011）
	社会学	生活令人满意的程度	乌尔塔孙等（Urtasun et al.，2006）
		人们对总体生活状况的评价	王咏和陆林（2014）
	营销学	与自己的需要和期望相比，个体对生活各方面的总体满意度	金姆等（Kim et al.，2013）
旅游地居民主观幸福感	哲学	生命有意义的程度	奇等（Chi et al.，2017）
		幸福感是一种受到社会现实影响的理想存在状态	布津德（Buzinde，2020）
	医学	个体的社会功能与适应状态	高允锁等（2016）
	心理学	人们从个体立场出发以主观感受对其生活状态的总体评估	王舒媛和白凯（2017）

当前的研究大多直接继承了心理学、社会学等其他学科对生活质量的定义，很少有文献从旅游业、旅游消费等独特角度对旅游地居民生活质量进行专门界定。直接继承心理学、社会学等其他学科对生活质量的定义虽然反映了旅游地居民生活质量的一般内涵及其认知属性和情感属性，但不能凸显其特有的旅游情境特征。特别是，现有文献大多将生活满意度、主观幸福感和生活质量交叉使用，导致旅游地居民生活质量的定义变得模糊。同时，旅游地居民生活质量具有多重属性，如认知属性、情感属性和情境属性等，它们之间存在相互作用，且对旅游地居民生活质量的形成机制和结果作用机理等具有不同影响。然而，旅游地居民生活质量的属性尚未引起学界足够重视，相关研究仅零散分布于其他研究主题之中，未有学者对其展开专门研究。因此，未来的研究需要结合旅游地居民旅游业、旅游消费的特殊性，发掘旅游地居民生活质量在旅游学领域的意义。尽管旅游地居民生活质量的研究源起于其他学科对生活质量的研究，但经过多年发展，它正逐步成为旅游学的特有概念。在借鉴其他学科理论成果的基础上，需要将旅游地居民生活质量的定义与心理学、社会学等其他学科中对生活质量的定义区分开来。此外，还应深入探究旅游地居民生活质量认知属性、情感属性、情境属性在研究中的具体功能，并探明认知属性和情感属性的相互作用，以及情境属性对认知属性和情感属性的影响。

4.4 旅游地居民生活质量的测量

4.4.1 旅游地居民生活质量测量的研究现状

测量旅游地居民生活质量需要考虑指标类型和维度结构（Andereck et al.，2011）。在测量指标方面，研究者使用主观和客观两种类型（周长城等，2011）。尽管这两种测量方式都存在误差，但主观指标的使用更为普遍，得到学界认可（Uysal et al.，2016）。关于维度结构，旅游地居民生活质量可看作单一或多维结构（Kim et al.，2013），但多维结构逐渐成为学界共识（Woo et al.，2018）。因此，考虑到指标类型和维度结构，当前文献对旅游地居民生活质量的测量包括客观多维、主观单一、主观多维三种方式，主观单一可细分为单一题目和多题目两类。相关测量方式、维度结构和代表性文献总结如表 4-2 所示。

表 4 - 2   旅游地居民生活质量的测量方式与维度结构

测量方式	维度结构	代表文献
客观多维	3 维度：寿命和健康、教育、收入	克罗斯等（Croes et al.，2018）
	10 维度：收入、消费、居住质量、交通、教育、社会保障、医疗保健、预期寿命、公共安全、就业率	孟等（Meng et al.，2010）
主观单一单题项	1 题项：总体来看，你觉得你的生活如何	瑟吉等（Sirgy et al.，2010）
主观单一多题项	3 题项：总的来说，我很高兴参加了电影节，它丰富了我的生活/在电影节中，我达到了期望的体验目标，这种体验丰富了我的生活/参加这个电影节，我感觉受益良多，我的整个生活状态都好多了	尤拉等（Yolal et al.，2016）
	4 题项：由于博彩旅游业的发展，我的生活质量提高了/这里成为了理想的居住地/社区的休闲娱乐机会增加了/区域经济得到了提升	李等（Lee et al.，2018）
	5 题项：我感觉我的生活条件很好/我对自己的生活感到满意/我工作的收入很有保障/我们社区的设施非常不错/我将业余时间用于休闲	卡法什布尔等（Kafashpor et al.，2018）
主观多维	2 维度：社区条件满意度、社区服务满意度	余等（Yu et al.，2014）
	3 维度：正面情感、负面情感、生活满意度	王舒媛和白凯（2017）
	3 维度：对旅游开发的总体满意度、与期望中的旅游开发相比的满意度、同其他旅游地相比的满意度	汪侠等（2011）
	4 维度：与周围社区人比、与认为值得的比、与过去最好的比、与 3 年后希望的比	梁增贤（2018）
	4 维度：物质幸福感、社区幸福感、情感幸福感、健康和安全幸福感	胡（Woo，2013）
	6 维度：经济地位、社会关系、社区意识、社交环境、积极旅游影响、消极旅游影响	奇等（Chi et al.，2017）
	7 维度：家庭、收入、健康、娱乐、生活、治安、社交	郭英之等（2007）
	8 维度：社区福利、城市问题、生活方式、社区自豪感、自然和文化保护、经济实力、娱乐设施、犯罪和药品滥用	安德雷克和尼亚乌帕内（Andereck & Nyauane，2011）

尽管旅游地居民生活质量的多维结构逐步成为学界共识（Woo，2013），但是对具体维度的划分和测量指标的选择尚未达成一致。从表 4 - 2 中可以看出，不同学者对旅游地居民生活质量的维度划分存在显著差异。比如，有学者提出物质、社区、情感、健康和安全四个维度的划分方法（Woo，2013），尽管得到了部分认同（Mathew et al.，2017；Kim et al.，2013；Woo，2013），但

忽略了旅游地居民生活质量的情境特征（Croes et al.，2018）。其他研究的多维划分方法也存在从其他学科直接引用研究成果的情况，缺乏对旅游特殊情境的考虑。唯独安德雷克和尼亚帕内（Andereck & Nyaupane，2011）将旅游业、旅游消费特点与生活质量结合，将旅游地居民生活质量划分为八个维度，并区分了每个维度的重要性，为学界对旅游地居民生活质量的维度结构划分作了重要贡献。但这一开创性工作尚未被广泛应用，其可信度和效度需要在不同文化和情境中进一步验证。在测量指标的选择上，旅游地居民生活质量可以采用主观或客观指标进行测量（Sirgy，2010）。从表 4-2 可见，研究者对测量指标的选择存在较大分歧。大部分研究者倾向于使用主观指标，但也有学者认为，主观指标的研究结果缺乏普适性（Urtasun et al.，2006），因此主张采用客观指标更为科学（Croes et al.，2018；Ridderstaat et al.，2016；Urtasun et al.，2006；Meng et al.，2010）。另外，还有研究者认为，单独采用主观或客观指标只能部分反映旅游地居民生活质量，主张综合使用主观和客观指标进行衡量（周长城等，2011）。因此，就旅游地居民生活质量的维度结构和测量指标而言，目前学界尚未达成共识（Uysal et al.，2016）。

4.4.2 旅游地居民生活质量的量表开发与实证检验

评价旅游发展对旅游地居民生活质量的影响首先要解决旅游地居民生活质量的维度构成和测量问题。然而，当前对于旅游地居民生活质量具体维度的划分，以及具体用哪种指标来测量还未取得一致意见。学者通常基于客观指标（Berbekova et al.，2021）或主观指标（Lai et al.，2021；Su et al.，2020，2021；Wang et al.，2022；梁增贤，2018；王舒媛等，2017）考察旅游地居民生活质量的维度构成，但由于依据的理论基础和对生活质量内涵的理解不一致，现有研究对于旅游地居民生活质量的维度划分存在巨大差异。尚未有研究基于旅游业、旅游消费等特性，对旅游地居民生活质量进行科学界定，全面总结其特征，并在此基础上探究其特定维度结构。

鉴于此，本研究在系统回顾已有相关研究的基础上，基于自下向上的溢出理论、马斯洛需求层次理论和社会交换理论，结合旅游业、旅游消费等特性，开发出旅游地居民生活质量测量量表，通过探索性因子分析、验证性因子分析、信效度分析以及人口统计变量方差分析和事后比较分析进行验证。本研究的理论贡献体现在 4 个方面：第一，丰富和拓展了自下向上的溢出理论的应用范围。已有研究对旅游地居民生活质量的测量往往基于生活质量的基本维度，较少考虑旅游消费、旅游生产活动的特性和居民需求层次的动态变化，本研究基于自下向上的溢出理论，结合马斯洛需求层次理论和旅游消费、旅游生产活动的特性，丰富和拓展了该理论的应用范围。第二，探究了中国特色社会主义新时代背景下旅游地居民生活质量的新变化。党的十九大报告指出，中国特色社会主义进入了新时代，我国社会主要矛盾已经发生转变。在此背景下探究旅游地居民生活质量的维度构成，对于深刻认识其新变化具有重要意义。第三，弥补了社会交换理论对旅游地居民生活质量关注的缺口。主客互动包含了旅游者和旅游地居民两大核心主体，但是长期以来，学术研究着重探讨的是主客互动对旅游者生活质量的影响，忽视了其对旅游地居民生活质量的作用。本研究将主客互动作为旅游地居民生活质量的重要维度，弥合了以往研究在使用社会交换理论时存在的缺口。第四，明晰了旅游地居民生活质量各维度重要性的差异。旅游地居民各生活领域的重要性随个人和情境变化而变化，存在巨大的个体差异性（粟路军等，2020），因而本研究能为旅游地管理者和旅游企业精准施策提升旅游地居民生活质量提供理论依据。

4.4.2.1　研究设计与数据搜集

【问卷设计】

针对旅游地居民生活质量量表的设计，本研究严格遵循丘吉尔（Churchill，1991）量表设计的步骤。首先，为完整、准确地刻画旅游地居民生活质量的维度，本研究从两方面进行考量：一是从社会学、心理学等相关学科探讨旅游地居民生活质量的基本维度；二是从旅游活动和旅游生产行为的特性出发，探索旅游地居民生活质量的特有维度。从社会学、心理学等学科出发，作为一个多维结构，生活质量涵盖了个人生活和周围环境的各个方面（Sirgy et al.，2010）。因此，旅游地居民对生活质量的评估包括他们对身体和安全健康、社区福利、配偶或经济福利及整体生活满意度的评估（Uysal et al.，2016）。健康、金融、社会、自我、休闲、家庭、工作已成为旅游地居民生活质量评价最常见的7个维度，得到社会学、心理学等学科学者的广泛认同（如 Loewe et al.，2014）。因此，本研究将这7个维度作为旅游地居民生活质量测量的基本维度。

同时，考虑旅游消费、旅游生产活动的特性，本书认为应增加自然/文化保护、社区自豪、主—客互动和社区安全维度4个特有维度，以便对旅游地居民生活质量进行更全面准确的测量。旅游地的自然和文化资源是旅游发展的重要基础（Yang et al.，2016），对旅游发展起决定性作用（Andereck et al.，2011）。自然和文化资源本身就是旅游地居民生活的重要组部分，且旅游地居民为了从旅游发展中获得持续的利益，势必重视当地的自然和文化的保护（Su et al.，2018），因而自然/文化保护成为旅游地居民生活质量的重要方面，因此应增加自然/文化保护维度。根据马斯洛需求层次理论，人们在基本的生理需求和安全需求被满足后，会产生更高层次的需求。旅游地居民作为当地社区的一员，随着旅游发展促进当地社区经济发展，其不断地从旅游发展中获得相应的利益。在基本的利益得到满足后，他们也会考虑社区的发展，并有更高层次的需求，如情感的需求（Andereck et al.，2011），因此应增加社区自豪维度。

旅游发展加速了旅游地原有的社会结构的解构和重构，随着大量人员、车辆、资金等涌入，社区管理难度陡增，可能会导致旅游地社会治安变得更差，如犯罪率上升、交通意外事故的发生等（Jeon et al.，2016），还有可能导致流行疾病的传染等（Nunkoo et al.，2012），因而社区安全这一维度会更加受到旅游地居民重视，因而增加社区安全维度。主客互动是旅游体验的重要内容，其中包含了旅游者和旅游地居民两个对象，但是长期以来，学术研究着重探讨的是主客互动对旅游者生活质量的影响，忽视了其对旅游地居民生活质量的作用，旅游地发展过程中时刻存在主客互动，且主客互动会对旅游地居民生活质量产生显著影响（Carneiro et al.，2018），因此应增加主客互动维度。

其次，为保证量表的内容效度，邀请 2 名旅游管理专业教授和 4 名旅游管理博士研究生对测量指标的适当性、维度的全面性、项目的思想性和表达的清晰性等方面进行评估。只有当 5 名专业人员一致认为某个题项不具有代表性或重要性时才删除题项（魏遐等，2012）。再次，在正式调研之前，研究者采取随机抽样方法对 30 名在校大学生进行了预调查，主要关注问卷语义、表达措辞、题项内容、问卷格式等。预测试结果显示量表的 Cronbach's α 为 0.905，表明问卷整体信度良好。根据预调研的反馈对初始量表题项的语义、措辞方面进行必要修改与润色，使问卷的语言表达更方便受访者的理解和填答。最后，形成了旅游地居民生活质量初始调查问卷。问卷共包括两部分：第一部分是旅游地居民生活质量测项，共 33 项；第二部分为人口统计特征调查，主要包括被试者的性别、年龄、受教育程度、职业、月收入及获利程度等基本调查信息。量表均采用李克特量表进行打分（1 = 非常不同意，7 = 非常同意）。

【问卷的发放与回收】

参与者是通过中国成年人在线调研平台 Credamo 招募的（Gai et al.，2021），将包含 33 个测项的旅游地居民生活质量初始量表制作成电子问卷，借助 Credamo 平台，进行网络发放。由于本研究聚焦于旅游地居民生活质量，研究对象应为旅游地居民，因而本研究通过使用问卷的作答限定功能对参与者进行了筛选，只有居住在旅游地附近的居民可以填写本问卷。正式调研时间为 2022 年 4 月，共招募了 580 名志愿参与者，回收问卷 485 份，剔除填写随意和填写不全的无效问卷 21 份，共获得有效问卷 464 份，有效回收率为 80%。

4.4.2.2 数据分析

【描述性统计分析】

由表4-3可知，从性别来看，男性占48.1%，女性占51.9%。从年龄结构上看，26~35岁群体占64.2%，是本次调查样本中最主要的参与人群。从受教育程度看，大专及本科学历水平占83.6%。职业方面，公司职员占62.1%；事业单位人员占19.2%；学生占7.8%；公务员、自由职业者、个体户等职业数相对较少；其他职业还包含离退休人员等，总体来看受访者职业分布相对稳定。收入水平方面，3000元及以下者占受访者总数的8.3%；3001~4999元月收入者占受访者总数的13.8%；5000~7999元月收入者占受访者总数的28.9%；月收入在8000~9999元之间的受访者占25.9%；10000元及以上的月收入者占23.1%。由此可见，受访者收入超5000元的人数在总体样本中占77.9%，说明多数受访者具有较好的经济基础。

表4-3　　　　　　　　　　　描述性统计分析结果

分类		样本量	占比（%）	分类		样本量	占比（%）
年龄	18~25岁	82	17.7	月收入	少于3000元	39	8.3
	26~35岁	298	64.2		3001~4999元	64	13.8
	36~45岁	66	14.2		5000~7999元	134	28.9
	46岁及以上	18	3.9		8000~9999元	120	25.9
职业	公司职员	288	62.1		10000元及以上	107	23.1
	公务员	7	1.5	文化程度	高中以下	8	1.7
	事业单位人员	89	19.2		高中/职高	28	6.0
	学生	36	7.8		大专/本科	388	83.6
	自由职业者	18	3.9		硕士及以上	40	8.7
	离退休人员	2	0.4	性别	男	223	48.1
	个体户	21	4.5		女	241	51.9
	其他	3	0.6				

【探索性因子分析】

为了探究旅游地居民生活质量的维度结构，本研究使用SPSS 25.0对正式调研数据集进行探索性因子分析。结果表明，KMO值为0.805，Bartlett球形检验显著性为0.000，近似卡方值为6179.348，自由度为528，表明量表适合做因子分析（Hair et al.，2010）。采用主成分分析法和最大变异法进行转轴并提取公因子，选取特征值大于1、因子载荷大于等于0.5的题项，共提取11个公因子，共包含 33 个题项，且累计解释方差贡献率 72.520%，表明提取的公因子具有较高的解释度。依据 11 个公因子的具体题项内容分别将其命名为社会、家庭、健康、金融、自我价值、休闲、工作、自然/文化保护、社区自豪、主客互动、社区安全。探索性因子分析结果如表 4-4 所示。

表 4-4　　　　　　　　　　探索性因子分析结果

维度与测量题项 （Dimension and Item）	因子载荷 （Factor loading）	克朗巴哈系数 （Cronbach's α）	方差累计贡献率% （Cumulative variance/%）
社会			
我对我的朋友感到满意	0.871		
我对社会生活感到满意	0.911	0.905	19.045
我对社区活动感到满意	0.899		
家庭			
我对家庭生活感到满意	0.838		
我对自己和父母的关系感到满意	0.872	0.819	26.459
我得到了家庭的支持	0.858		
健康			
我身体状况很好	0.726		
我比他人更不容易生病	0.787	0.817	33.433
我认为自己精力充沛	0.759		
自我价值			
我是一个自信的人	0.836		
我是一个颇有成就的人	0.770	0.815	40.193
我是一个受人尊敬的人	0.755		
休闲			
我对自己有的休闲时间感到满意	0.855		
我对自己在业余时间的活动感到满意	0.817	0.805	46.696
我对自己的休闲花费感到满意	0.864		
工作			
我喜欢我现在的工作	0.837		
我对在工作中承担的责任感到满意	0.842	0.798	52.927
我在工作中的人际关系很好	0.843		

续表

维度与测量题项 （Dimension and Item）	因子载荷 （Factor loading）	克朗巴哈系数 （Cronbach's α）	方差累计贡献率% （Cumulative variance/%）
自然/文化保护			
所在社区保护野生动物栖息地	0.791		
所在社区保护自然区域	0.714	0.790	58.042
所在社区保护历史文化遗址	0.754		
主客互动			
我乐于为旅游者提供信息	0.858		
我对待旅游者很热情	0.832	0.772	63.088
旅游者打扰了我的正常生活	0.786		
社区自豪			
别人对我所在社区的印象很好	0.94		
所在社区对不同文化具有包容性	0.733	0.736	66.793
所在社区自然和文化遗产意识较强	0.730		
社区安全			
我所在社区意外事故少	0.829		
我所在社区犯罪率低	0.803	0.759	70.027
我所在社区环境清洁	0.821		
金融			
我对自己的经济状况很满意	0.768		
我对我能买到的东西很满意	0.679	0.738	72.520
我对自己的收入很满意	0.812		

【验证性因子分析】

为了验证探索性因子分析所得到的旅游地居民生活质量 11 维因子模型，使用 AMOS 24.0 软件采用最大似然法进行验证性因子分析。拟合指标结果显示，该模型拟合数据较好（见表 4 - 5）。χ^2/df 为 1.186（<3；$p < 0.001$），均方根残差（RMR）和近似误差均方根（RMSEA）分别为 0.036 和 0.020。拟合优度指数（GFI）、非规范拟合指数（NFI）、增量拟合指数（IFI）、Tucker - Lewis 指数（TLI）、比较拟合指数（CFI）、调整拟合优度指数（AGFI）均大于 0.9。根据模型评价标准，所有指标均可接受（Hu & Bentler，1999）。因此，最终确定 11 维因子模型为旅游地居民生活质量量表的结构及测项构成（见图 4 - 2）。

表 4 – 5 验证性因子分析结果

模型 （Model）	绝对适配度指标			增值适配度指标			简约适配度指标				
	χ^2/df	RMSEA	GFI	NFI	RFI	IFI	TLI	CFI	PGFI	PNFI	PCFI
	<3	<0.08	>0.90	>0.90	>0.90	>0.90	>0.90	>0.90	>0.50	>0.50	>0.50
十一因子	1.182	0.020	0.940	0.919	0.902	0.98	0.983	0.986	0.807	0.752	0.723

【信效度检验】

本研究采用收敛效度和区分效度分析，进一步检验和佐证已经通过验证性因子分析的旅游地居民生活质量量表。收敛效度反映了量表测量题项对潜变量的贡献，通过平均方差萃取值（AVE）可以直接检验量表的收敛效度，即平均方差萃取量越大相对误差就越小，测量量表的收敛效度就越好。检验结果显示，除金融和社区自豪两个维度外，旅游地居民生活质量其余维度的 AVE 值均大于 0.5，表明所构建的旅游地居民生活质量测量量表聚合效度良好（Fornell et al.，1981）。

区分效度反映了潜变量之间的差异性。研究表明，平均方差萃取值（AVE）的算术平方根大于潜变量之间的相关系数则表明潜变量间具有较高的区分效度（Fornell & Larcker，1981）。潜变量间的区分效度分析结果显示，平均方差萃取值（AVE）的算术平方根均大于 11 个潜变量之间的相关系数（见表 4 – 6），表明所构建的旅游地居民生活质量量表具有良好的区分效度。

【人口统计变量影响下的旅游地居民生活质量维度差异分析】

由表 4 – 7 结果可知，方差分析结果表明，不同年龄段旅游地居民感知的生活质量仅在健康维度存在显著差异，利用最小显著差检验法（LSD）进行事后多重比较，结果发现：36 ~ 45 岁旅游地居民对健康的感知显著高于 18 ~ 25 岁和 26 ~ 35 岁居民。不同学历的旅游地居民对生活质量的感知存在差异，其中仅对金融的感知存在显著差异（$p < 0.01$），利用最小显著差检验法（LSD）进行事后多重比较，结果发现：大专/本科学历群体对金融维度的感知显著高于职高及以下学历组，且与研究生学历组无显著差异。不同收入水平的旅游地居民对生活质量的感知存在差异，利用最小显著差检验法（LSD）进行事后多重比较，结果发现：月收入 10000 元及以上的旅游地居民的健康、金融、自我价值和自然/文化保护维度的生活质量显著高于其他收入水平组。不同职业的旅游地居民对生活质量的感知存在差异，利用最小显著差检验法（LSD）进行事后多重比较，结果发现：离退休人员在金融、自我价值和社区安全生活质量维度显著低于其他职业组，而学生组在自然/文化保护维度显著高于其他职业组。

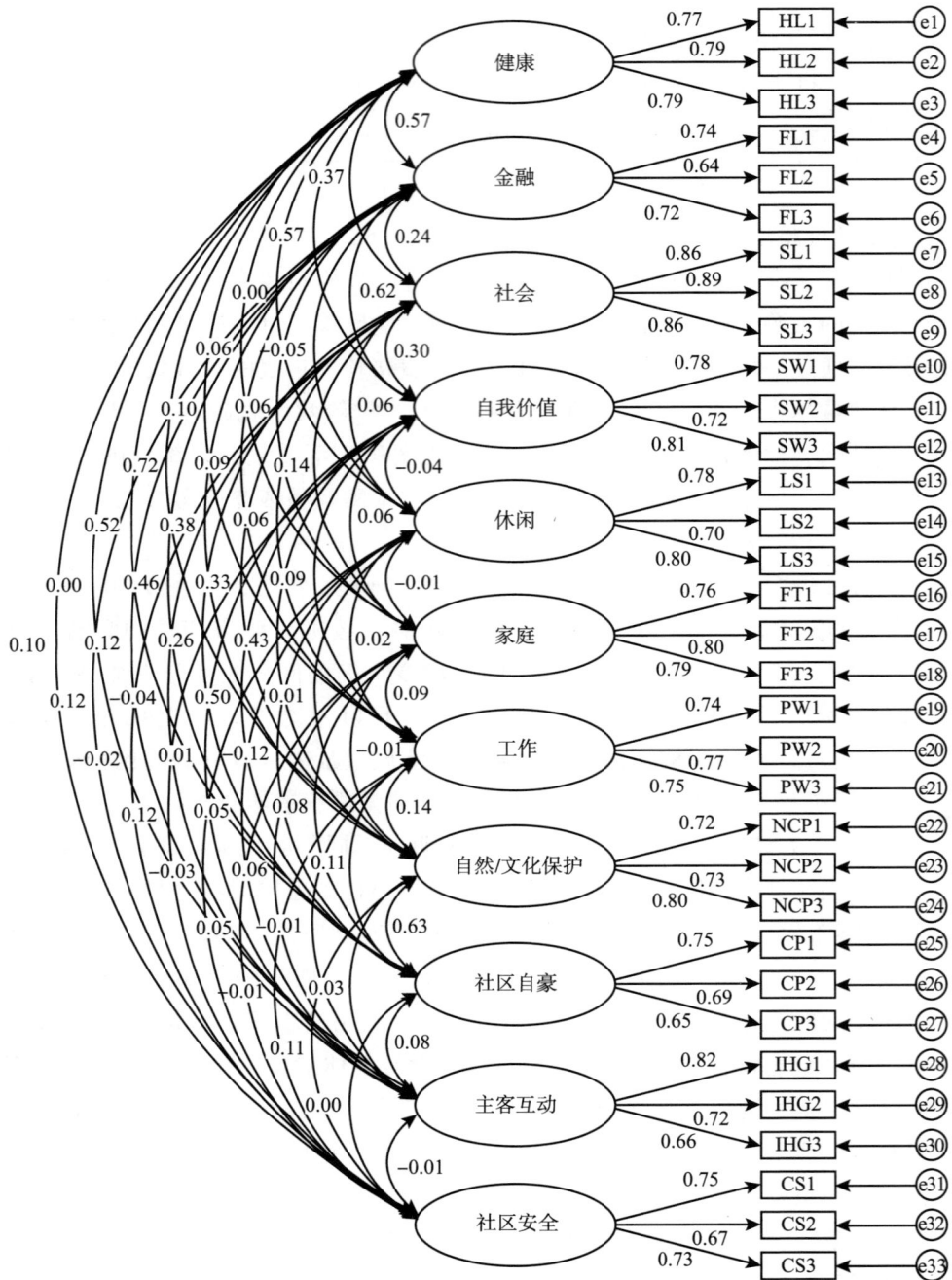

图 4 - 2　旅游地居民生活质量 11 维结构模型

表 4－6

潜变量间的区分效度分析

因子（Factor）	1	2	3	4	5	6	7	8	9	10	11
1. 健康	0.610										
2. 金融	0.281***	0.490									
3. 社会	0.367***	0.216***	0.762								
4. 自我价值	0.327***	0.325***	0.313***	0.597							
5. 休闲	-0.002	-0.026	0.052	-0.024	0.583						
6. 家庭	0.034	0.028	0.149***	0.035	-0.006	0.613					
7. 工作	0.061*	0.048	0.044	0.053	0.007	0.052	0.570				
8. 自然/文化保护	0.360***	0.176***	0.291***	0.225***	0.006	-0.007	0.071*	0.559			
9. 社区自豪	0.252***	0.206***	0.222***	0.254***	-0.055*	0.036	0.057*	0.273***	0.488		
10. 主客互动	0.004	0.062*	-0.035	0.010	0.028	0.033	-0.003	0.015	0.048	0.538	
11. 社区安全	0.064	0.072*	-0.012	0.076*	-0.019	0.032	-0.004	0.059	-0.003	-0.011	0.514
AVE 的平方根	0.781	0.700	0.829	0.773	0.764	0.783	0.755	0.748	0.699	0.734	0.717

注：对角线左下方为相关系数矩阵，对角线上为各潜在变量的平均方差萃取值（AVE）。
* 表示 $p < 0.05$，** 表示 $p < 0.01$，*** 表示 $p < 0.001$。

表 4 – 7　　　　　人口统计变量影响下的旅游地居民生活质量维度方差分析

因子（Factor）	性别	年龄	学历	收入	职业
	F 值	F 值	F 值	F 值	F 值
健康	0.077	4.984 **	0.690	3.414 **	2.021
金融	2.097	2.034	5.717 **	2.543 *	2.179 *
社会	0.183	0.031	1.173	2.826 *	1.284
自我价值	0.765	1.685	1.914	3.690 **	2.048 *
休闲	0.129	1.298	0.815	0.970	1.119
家庭	0.231	1.372	0.275	0.246	0.357
工作	0.321	0.953	0.466	0.297	1.056
自然/文化保护	0.375	3.525 *	0.789	4.084 **	2.360 *
社区自豪	0.076	1.331	0.521	1.457	0.908
主客互动	0.010	1.702	0.929	1.926	0.784
社区安全	0.022	0.177	1.216	1.329	2.860 **

注：* 表示 $p < 0.05$，** 表示 $p < 0.01$，*** 表示 $p < 0.001$。

4.4.2.3　研究结论

　　基于自下向上的溢出理论、马斯洛需求层次理论和社会交换理论，整合以往有关旅游地居民生活质量的相关研究，本研究遵循科学的量表开发原则和程序，确定旅游地居民生活质量维度结构及初始测量题项，并根据正式问卷调研收集的数据，采用探索性因子分析、验证性因子分析、信效度检验和人口统计变量方差分析，最终得到了旅游地居民生活质量 11 维度 33 题项测量量表。研究结论表明旅游地居民生活质量是一个多维概念，不仅包含了物质生活领域，如金融、工作，而且还包括非物质生活领域，如健康、家庭、社区自豪、社区安全、自然/文化保护、自我价值、休闲、社会、主客互动。同时，各维度对旅游地居民的重要性和影响力并非同等重要。因此，本研究开发的旅游地居民生活质量量表较好诠释了旅游地居民生活质量的内涵，为未来旅游地居民生活质量研究提供了科学的测量工具。

4.5　旅游地居民生活质量的影响因素

　　为了提升旅游地居民生活质量，确定和验证影响因素是该领域的关键研究方向（粟路军等，2020）。三维归因理论认为，在归因时人们会考虑三个方面的线索，然后将原因归因于客观刺激物、行为者、环境和关系（Kelley，1967）。基于这个理论，现有研究发现旅游地居民生活质量影响因素可以分为旅游影响（客观刺激物）、旅游地居民个体因素（行为者）和旅游社区环境（环境和关系）三个方面。

4.5.1 旅游影响对旅游地居民生活质量的影响

旅游影响是影响旅游地居民生活质量的主要因素（Su et al.，2018；Woo et al.，2018；Yolal et al.，2016；Carneiro et al.，2018）。旅游影响一般包括经济影响、文化影响、社会影响和环境影响四种类型（Kim，2002），每一种类型的旅游影响又包括积极影响和消极影响两个方面（Uysal et al.，2016），且积极影响能够提升旅游地居民生活质量（Su et al.，2018；Suess et al.，2018；郭安禧等，2018），消极影响会降低旅游地居民生活质量（Carneiro et al.，2018）。本部分将介绍作者及其合作者于 2017 年在《经济地理》上发表的论文《旅游地社会责任对居民生活质量的影响机制》。文章基于社会交换理论和利益相关者理论，构建了旅游地社会责任、旅游影响（即积极影响和消极影响）、社区满意度和旅游地居民生活质量关系模型，以探讨旅游影响对旅游地居民生活质量的影响机制。

我国旅游业已成为战略性支柱产业和现代服务业的重要组成部分，在国民经济发展，尤其是民族地区经济发展中发挥着关键作用。旅游业发展给社区带来积极影响，如增加就业机会、丰富社区关系和文化价值观从而强化居民自尊等（Dyer P et al.，2007；Strenza et al.，2008），但也带来一些消极影响，如自然资源破坏、文化遗址破坏、垃圾扩散、旅游地拥挤等（Andereck et al.，2011；Andereck et al.，2005）。旅游地作为旅游业发展的载体，对当地经济、社会与环境影响日益凸显，社会影响力不断提升（Deery et al.，2012），因而旅游地社会责任表现也成为人们关注的焦点。过去研究主要关注旅游的经济结果，如税收与就业（Perdue et al.，1999）。然而，旅游的非经济结果同样重要，因为旅游交易也涉及非经济领域。有学者提出应关注旅游的非经济价值（Wang et al.，2008），其中旅游地居民生活质量是一个重要方面（Andereck & Nyaupane，2011）。正如学者们指出，旅游发展不仅是经济发展工具，也是社区发展手段（Nunkoo & Ramkissoon，2011）。因此，探讨旅游地社会责任和旅游地居民生活质量的关系具有重要现实意义。

近年来，开始有一些研究涉及旅游地居民生活质量问题。相关研究认为，旅游发展不仅需要考虑经济结果，还需要分析其与旅游地居民生活的关系，并将提高旅游地居民生活满意度作为旅游地发展的重要目标（Kim et al.，2013）。然而，现有研究尚未充分探讨旅游发展对旅游地居民生活质量的影响（Perdue，Long & Kang，1999）。一些学者进一步指出，许多研究需要更好地理解旅游影响对社区居民总体幸福感的影响，因此，他们建立了旅游影响对旅游地居民生活质量的影响模型，包括经济、社会、文化和环境方面的影响。然而，他们没有对旅游影响进行积极影响和消极影响的划分，因此无法充分验证旅游影响与旅游地居民生活质量的关系。鉴于此，本书在前人研究基础上提出一系列假设，构建了以旅游地社会责任为前因变量，旅游影响和社区居民满意度为中介变量、旅游地居民生活质量为结果变量的整合模型，并通过实证调查对该理论模型进行检验。

4.5.1.1 理论基础与理论模型构建

【理论基础】

（1）社会交换理论

社会交换理论分析在交易过程中，交易双方关注各自的利益和成本的互动过程，它表明仅当双方感觉他们从交易中获得的利益大于其所付出的成本时，这种互动（交易）才可能继续并完成。它为旅游地居民评价旅游影响提供了一个理论视角，用于分析旅游影响与旅游地居民态度之间的关系。社会交换理论表明旅游地居民支持旅游发展与否将基于他们对旅游发展带给他们利益和成本之间的评估，如果旅游地居民认为他们的获得大于付出，将愿意与旅游业进行交换（Nunkoo et al.，2011）。该视角表明旅游地居民从旅游发展中感知到旅游积极影响，他们将支持旅游的发展，相反，当旅游地居民感知到旅游消极影响时，将反对旅游发展。以社会交换理论为基础，许多研究者构建了旅游影响与旅游地居民支持旅游发展之间的关系模型（Nunkoo et al.，2011）。本书主要分析旅游发展中，旅游地和旅游地居民之间产生互动和交易，旅游地社会责任、旅游影响对旅游地居民生活质量的作用。

（2）利益相关者理论

弗里曼（Freeman，1984）将利益相关者定义为任何可以影响组织的行为、决定、政策、实践或目标个人或群体或被组织行为、决定、政策影响的个人或群体。其他学者在其定义的基础上，认为利益相关者必须在组织中有合法的利益，并将利益相关者理论引入战略管理，成为解释商业成功的重要工具。在旅游学研究中，一般认为旅游地有四大核心利益相关者，即旅游者、旅游地居民、旅游企业和当地政府。许多研究关注利益相关者与旅游的复杂关系，分析利益相关者群体的感知和态度，但少有研究分析旅游发展与旅游地居民生活质量之间的关系。本书以旅游地核心利益相关者——旅游地居民为研究对象，分析旅游地社会责任、旅游影响对其生活质量的影响。

【概念界定】

（1）旅游地社会责任

随着对气候变化、环境恶化和人类权利关注的增加，研究者开始关注旅游地社会责任行为，强化旅游地社会责任与可持续发展之间的关系，以期提升企业社会责任对竞争优势的作用，并创造新的企业社会责任模式。

尽管对旅游业中各行业的企业社会责任研究迅速增加，但从旅游地整体视角探讨旅游地社会责任的文献还十分有限，仅有粟路军和黄福才（2012）对其进行了界定。然而如前所述，从整个旅游地视角分析其社会责任更契合实际，因此，本书从旅游地整体视角出发，沿用粟路军和黄福才（2012）对旅游地社会责任的阐释和理解，将旅游地社会责任定义为"在旅游地经营管理过程中，经营管理行为超出了法律义务和经济的目标，充分考虑它对所在社区和环境的影响，对所有利益相关者（包括旅游者、旅游地居民、旅游从业者、投资者、政府、供应商和竞争对手等）负责，平衡和满足利益相关者对获利的诉求"。该定义中，旅游地有义务"保护和提高整个旅游地的社会和组织的利益"。旅游地社会责任包括环境责任、旅游社区责任、经济责任和利益相关者责任等方面。

（2）旅游发展和居民生活质量

旅游地居民生活质量是旅游非经济结果的重要体现。生活质量不仅来自客观物理设计视角，同时也来自一种主观的个人感知视角，比如旅游地居民感知旅游对他们生活质量的影响（Andereck et al.，2005）。生活质量是"在特定社会中，人们对自己生活状态的总体评价"（Spradley et al.，2011）。一些研究认为社区特征和生活满意度存在联系（Andereck et al.，2005）。实际上，在很多方面，旅游发展可能影响旅游地居民生活质量。许多研究证实旅游可以为居民创造工作机会、增加税收、改善服务设施，而这些可以视为个人生活标准提高的指标。当然，旅游发展也会带来负面影响，如污染环境，增加生活成本和造成拥挤，增加犯罪，增加居民和旅游者之间的摩擦，破坏社区传统文化，改变旅游地居民生活方式，所有这些影响将降低居民生活质量（Andereck et al.，2005）。学者进一步指出"成功的旅游地应该定位于提高社区居民的幸福感，增强各种新的可持续生存方式"。因此，旅游地居民生活质量是一个十分值得探讨的课题（Morgan，2012）。

【理论模型构建】

（1）旅游地社会责任的影响

尽管许多研究探讨了旅游影响的前因变量，但没有将旅游地社会责任作为旅游影响的前因变量，并检验它们之间的关系。事实上，旅游影响是多方面的，包括经济、社会、文化和环境影响，且每一方面的影响均包括积极影响和消极影响（Kim et al.，2013）。旅游地社会责任，本质上是让旅游地活动对环境、旅游者、旅游从业者、旅游社区、利益相关者和其他外围社会公众所产生的影响负责，其目的是最小化经济、环境和旅游社区的负面影响，为旅游地居民创造更大的经济利益，改善他们的工作条件，增加就业机会，增加旅游地居民参与影响他们生活的决策机会，保护自然环境资源，保持旅游地生态的多样性，保持文化的敏感性，使旅游者和主人之间相互尊重，并建立旅游地居民自豪感和信心，提高他们的主观幸福感。因此，旅游地社会责任将有利于增强旅游积极影响，并有效降低旅游消极影响。因而，本书提出如下研究假设：

H1a：旅游地社会责任正向影响旅游积极影响。

H1b：旅游地社会责任负向影响旅游消极影响。

现有旅游学文献还没有检验旅游地社会责任与社区满意度之间的关系，在营销学中，一些研究发现企业社会责任正向影响顾客满意度（Daub et al.，2005）。多布等（2005）指出，企业不但要关注顾客消费体验，而且要关注其他各种潜在的利益相关者群体，对这些群体采取责任行为。罗和巴塔查里亚（2006）认为相对于不负责任的企业，顾客接收到负责任企业的产品和服务时，他们将会更加满意。同时，企业社会责任将激发顾客做出积极评价，并对企业产生积极态度。他们同时发现顾客满意部分中介企业社会责任对企业市场价值的影响。同样地，加尔布雷斯等（Galbreath et al.，2012）也证实了企业社会责任显著影响顾客满意度。根据利益相关者理论，旅游地居民作为旅游核心利益相关者，当旅游地采取社会责任行为时，他们将从中获取经济的、社会的、文化的、环境的等各方面的相关利益，从而产生较高的满意度，因此，旅游地社会责任与社区居民满意度正相关。因而，本书提出如下研究假设：

H1c：旅游地社会责任正向影响旅游社区满意度。

根据学者的观点，企业社会责任指"通过自主的商业实践和企业资源的贡献，致力于提高社区幸福感的承诺"（Kotler，Bowen & Makens，1999）。WB-CDS将企业社会责任定义为"企业通过商业有助于经济发展的同时，除提高员工及其家庭生活质量外，还有助于社区和社会生活质量的改善"。在旅游文献中，还没有研究探讨旅游地社会责任和生活质量之间的关系。只有在城市旅游情境下，对旅游社区特征和生活质量之间的关系进行了检验，发现旅游地居民人口学特征对生活质量没有影响，工作机会对生活质量有些许影响，而影响旅游地居民生活质量的关键因素是社区安全、社区环境和社区卷入（Perdue，Long & Kang，1999）。根据旅游地社会责任的定义和内涵，社区安全、社区环境是旅游地社会责任的主要成分，因此，本书提出如下研究假设：

H1d：旅游地社会责任正向影响旅游地居民生活质量。

（2）旅游影响的作用

瓦格斯－桑切斯等（Vargas－Sanchez et al.，2009）研究发现居民满意度和感知旅游影响直接相关。根据利益相关者理论，本书认为，当旅游地居民感知到旅游产生的积极影响越大，旅游地居民作为旅游地核心利益相关者，可能从旅游发展中获取的利益将越大，因而对于旅游社区将会更加满意。同样地，当旅游地居民感知到旅游产生的消极影响越大，旅游地居民可能从旅游发展中付出的代价将越大，因而对于旅游社区将会更加不满意。因此，可以认为旅游积极影响与社区满意度正相关，而旅游消极影响与旅游社区满意度负相关。因此，本书提出如下研究假设：

H2a：旅游发展的积极影响正向影响旅游社区满意度。

H2b：旅游发展的消极影响负向影响旅游社区满意度。

根据旅游影响研究成果，旅游积极影响包括增加娱乐设施和就业机会（Dyer P et al.，2007）、丰富旅游社区关系和文化价值观将强化旅游地居民自尊（Stronza et al.，2008），这些能提高旅游地居民生活质量（Perdue et al.，1999）。研究表明"在旅游与生活质量的八大领域中，六大领域正相关，表明旅游能增强居民生活质量感知"（Andereck & Nyaupane，2011）的。而从六个领域的具体题项可知，绝大多数项与其他研究有关旅游积极影响题项相一致。因而，本书提出如下研究假设

H3a：旅游发展的积极影响正向影响旅游地居民生活质量。

旅游发展对社区的经济、社会、文化和环境有负面影响，进而影响商品和服务的价格（Gursoy et al.，2004），出现贩毒、卖淫，造成传统文化恶化（Andereck et al.，2005），破坏自然资源、文化和历史遗址，产生垃圾和废物（Nunkoo et al.，2011），这些将降低旅游地居民生活质量（Kim et al.，2013）。相反，最小化旅游发展成本将有利于提升旅游社区居民的幸福感（Perdue et al.，1999）。学者认为旅游发展产生的负面影响会负面影响生活质量，如更多的犯罪、城市问题等。他们的实证结果表明城市问题、犯罪和物质滥用与生活质量负相关，而这些城市问题、犯罪和物质滥用是旅游消极影响的重要体现（Andereck et al.，2008）。相关实证研究发现旅游地居民感知负面环境影响——旅游消极影响的一个重要组成部分（Kim et al.，2018），将降低居民健康和安全感知，而旅游地居民健康和安全感知又是生活质量的两大重要组成部分。因此，本书提出如下研究假设：

H3b：旅游发展的消极影响负向影响旅游地居民生活质量。

【社区满意度的作用】

已有研究发现，在 IT 服务情境下，满意度在预测生活质量上起重要作用（Akter et al.，2013）。在城市旅游情境下，旅游者满意是旅游者主观幸福感

的重要前因变量（Su et al.，2015）。学者通过对满意度和休闲旅游、生活满意度和生活质量之间的关系探讨，发现旅游满意度有助于提高生活满意度（Sirgy et al.，2011）。根据外溢理论，社区生活作为居民生活的一个重要组成部分，居民对其是否满意将影响其整体生活质量感知。因此，本书提出如下研究假设：

H4：社区满意度正向影响居民生活质量。

根据社会交换理论、利益相关者理论和以上研究假设，本书构建的研究理论模型如图4-3所示。

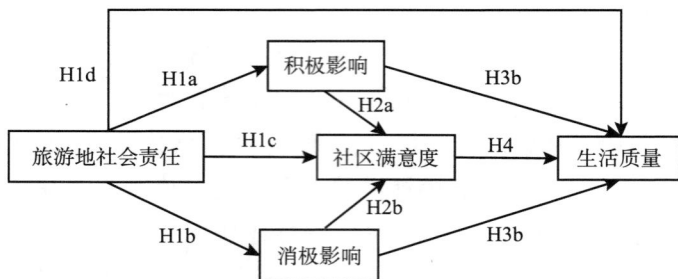

图4-3 研究理论模型

4.5.1.2 研究设计与数据获取

【问卷设计】

理论模型中的构念测量均来自相关文献。采用来回翻译方法，对任何不对应的地方进行反复修改，直至没有差别为止。

旅游地社会责任通过旅游地居民对旅游地过去的社会责任表现的评价进行测量，包括旅游地的环境责任、社区责任、经济责任和利益相关责任四个方面，共有四个测量题项，这些题项来自已有的相关研究（Walsh et al.，2012）。旅游影响包括积极影响和消极影响两个方面，每个方面包括三个测量题项，这些题项来自已有相关研究（Gursoy et al.，2011）的相关研究。旅游地社会责任和旅游影响均使用李克特量表形式，1表示非常不同意，5表示非常同意，分值越高表示越同意。

社区满意度来自南库（Nunkoo，2011）的研究成果，使用三个题项进行测量，采用李克特量表形式，1表示非常不满意，5表示非常满意，分值越高表示越满意。

一般而言，有两种方法对生活质量进行测量，一种是总体生活质量测量，另一种是对生活质量具体方面的测量。本书的旅游地居民生活质量采取总体测量方式，测量题项来自欧洲组织的相关研究成果，共使用三个题项，该量表被广泛证实具有良好的信度和效度。生活质量量表使用李克特量表形式，1 表示非常差，5 表示非常好，分值越高表示生活质量越高。

【数据获取】

本研究调查数据在湖南省凤凰古城调查获得。凤凰古城位于湖南省湘西土家族苗族自治州的西南部，是一个以苗族、土家族为主的少数民族聚集地。先后被评为中国旅游"十大最好去处"、"五十个必去景点"和湖南"十大优秀文化遗产"等。2000 年，凤凰古城实行了经营权转让，其旅游业发展开始腾飞。2013 年全县共接待国内外旅游者 842.42 万人次，实现旅游收入 66.87 亿元。经过多年的发展，凤凰古城已是一个发展成熟的旅游地。

本研究样本采用随机抽取方式，对凤凰古城的每一条街道随机抽取 20 家居民，每家调查一位居民。调查时间从 2013 年 10 月 10 日开始，到 10 月 30 日结束，前后历时 20 天。总共发放 400 份问卷，回收 326 份，回收率为 81.5%。问卷回收后，课题组对问卷的有效性进行梳理，除去信息不完整等造成的无效问卷，最终有 272 份有效问卷用于数据分析。

4.5.1.3　实证分析

本研究采用结构方程模型方法，使用 Amos 21.0 软件对理论模型进行实证检验。首先，构建测量模型检验理论模型中各概念的信度和效度；其次，构建结构模型检验理论模型中的各研究假设是否成立。

【测量模型分析】

通过测量模型检验理论模型中各变量的信度和效度，包括组合信度、聚合效度、区分效度等。

（1）测量模型拟合指数

采用 Amos 21.0 构建测量模型，并对其拟合指数进行了评估。具体而言，χ^2/df 为 2.345，小于 3，RMSEA 为 0.070，小于 0.080，GFI、NFI、IFI、TLI 和 CFI 的值均在 0.900 以上，AGFI 和 RFI 的值也达到了 0.865 和 0.891，接近 0.900，这些指标均达到或优于结构方程模型拟合指数标准，因此认为测量模型是一个拟合得十分优秀的模型，从而可以进行相应的信度和效度分析。

（2）信度检验

各潜变量的 Cronbach's α 值介于 0.798 ~ 0.903 之间，组合信度介于 0.806 ~ 0.904 之间，均大于 0.700 的标准，因此，本研究数据具有很好的信度。

（3）效度检验

各潜变量的平均提取方差在 0.512 ~ 0.758 之间，均大于 0.500 的标准，标准化因子载荷在 0.647 ~ 0.927 之间，均远大于 0.400，且在 0.001 的显著性水平下显著，因此，潜变量具有良好的聚合效度。根据理论模型拟合指数可知

χ^2/df 为 2.563，各潜变量之间的相关系数在 -0.323 ~ 0.695 之间，而平均提取方差的平方根在 0.716 ~ 0.871 之间，所有相关系数均小于平均提取方差的平方根，因此，各潜变量之间具有充分的区分效度。

【结构模型分析】

（1）结构模型拟合指数

根据理论模型拟合指数可知，χ^2/df 为 2.563，小于 3，RMSEA 为 0.076，小于 0.080，GFI、NFI、IFI、TLI 和 CFI 的值均在 0.900 以上，AGFI 和指标均达到或优于结构方程模型拟合指数标准，因此认为结构模型是一个拟合十分优秀的模型，可以采用相应的结果对理论模型的假设做出检验。

（2）研究假设检验

旅游地社会责任对积极影响和社区满意度均有显著正向影响，影响系数分别为 0.397 和 0.352，在 0.001 水平下显著，因此 H1a 和 H1c 均得到验证，然而，旅游地社会责任对消极影响和生活质量在 0.05 水平下均不显著，因此 H1b 和 H1d 均没有得到验证。积极影响对社区满意度和生活质量具有显著影响，影响系数分别为 0.392 和 0.318，在 0.001 水平下显著，因此 H2a 和 H3a 得到验证。消极影响对社区满意度有显著负向影响，影响系数为 -0.195，在 0.001 水平下显著，而对生活质量影响不显著，因此 H2b 得到验证，而 H3b 没有得到验证。社区满意度对生活质量有显著正向影响，影响系数为 0.457，在 0.001 水平下显著，因此 H4 也得到验证。

（3）模型稳定性分析

从图 4-4 可知，生活质量的 R^2 最大，为 0.549，社区满意度的 R^2 次之，为 0.439，积极影响的 R^2 也达到了 0.158，消极影响的 R^2 相对较小，为 0.005，根据 Cohen 提出的标准，R^2 为 0.01 为微弱影响，R^2 为 0.09 为中等影响，R^2 为 0.25 为高度影响，由此可知，本研究的理论模型之间的关系较为稳定，模型稳定性较好。

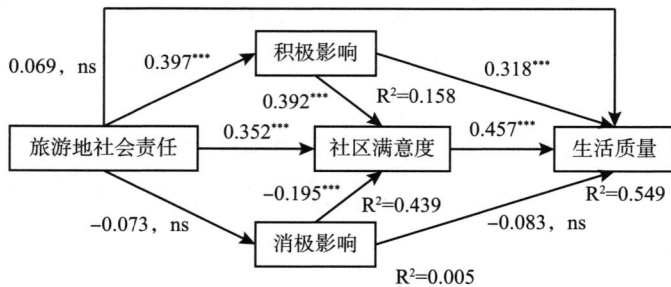

图 4-4　实证分析结果

注：*** 表示该路径在 0.001 水平上显著，ns 表示该路径在 0.05 水平上不显著。

4.5.1.4　研究结论

随着旅游业的发展壮大，旅游发展产生的各种影响日益凸显，旅游地社会责任成为社会各界关注的焦点。在此背景下，不仅需要关注旅游发展的经济结果，更应重视旅游发展的非经济结果。旅游地居民作为旅游地核心利益相关者，他们与旅游地发展同呼吸、共命运，其生活质量作为旅游发展的非经济结果尤其值得关注（Andereck et al.，2011）。在社会交换理论和利益相关者理论的基础上，从整个旅游地视角，本研究提出了旅游地社会责任概念，并以旅游地居民为研究对象，构建了旅游地社会责任、旅游影响、社区满意度和旅游地居民生活质量关系的整合模型。通过对凤凰古城居民的调查获取基础数据，对整合模型进行了实证检验。总本上，本书提出的理论模型得到了较好的验证，旅游地社会责任对旅游地居民生活质量的影响机制得到了较充分的阐释。

本研究实证研究结果显示，旅游地社会责任显著正向提升旅游积极影响，而对消极影响不显著，因而，旅游地社会责任与旅游消极影响的关系还有待进一步检验。该结论与以前旅游影响文献的研究结论类似，李（Lee，2013）将社区依恋和社区卷入作为感知获利和感知成本的前因变量，社区依恋和社区卷入显著影响感知获利，但它们对感知成本的影响均不显著。对该结论一个可能的解释是旅游消极影响来源于旅游发展本身，且随着旅游的发展，其中一些消极影响不可避免，如随着旅游考增加而导致的拥挤、随着当地旅游经济的发展而导致商品和服务价格的上涨等。这些消极影响不是旅游发展过程中履行社会责任行为就能降低或消除的，因而旅游地社会责任对旅游消极影响不显著。

旅游地社会责任对旅游社区满意度有显著正向影响，这与营销学文献中有关企业社会责任显著正向影响顾客满意度的研究结论相类似（Luo et al.，2006）。这是因为旅游地社会责任行为将为旅游地居民带来相应的利益，从而导致旅游地居民对旅游社区更加满意。旅游地社会责任对旅游地居民生活质量直接影响不显著，而是通过旅游影响和社区满意度产生间接影响，这说明旅游地社会责任行为不能直接影响旅游地居民的生活质量，而是存在一个过程。

旅游积极影响显著正向影响社区满意度，而旅游消极影响负向影响社区满意度，这说明作为旅游地核心利益相关者的旅游地居民，可以从旅游发展产生的积极影响中获取利益，而在消极影响中利益受损，因而当旅游地居民感知到旅游积极影响越大时，产生越高的旅游社区满意度，而当他们感知到旅游产生的消极影响越大，产生越低的社区满意度。在旅游影响与居民生活质量的关系中，本研究实证发现旅游积极影响正向影响旅游地居民生活质量，而消极影响对生活质量影响不显著，这说明尽管旅游发展带来积极影响和消极影响两个方面，但对提升旅游地居民生活质量而言，主要是旅游积极影响产生积极作用，旅游消极影响对旅游地居民生活质量的破坏作用十分有限，从而证实了旅游发展有利于提升旅游地居民生活质量。

本研究证实社区满意度有利于提升旅游地居民生活质量，这与以前在其他行业中相关文献研究理论相似。根据外溢理论，旅游地居民社区生活满意与否将外溢到其整个生活当中，从而将影响其生活质量。该结论说明提高居民社区满意度是提升旅游地居民生活质量的重要手段和途径。因此，旅游地经营管理者不仅要关注旅游发展所产生的经济效益，更应将提升社区满意度作为旅游发展的重要目标，最终提升旅游地居民生活质量。

综合以上结论，本研究发现旅游地社会责任主要通过三条路径对旅游地居民生活质量产生影响：①旅游地社会责任→旅游积极影响→旅游地居民生活质量；②旅游地社会责任→社区满意度→旅游地居民生活质量；③旅游地社会责任→旅游积极影响→社区满意度→旅游地居民生活质量。这三条路径很好地反映了旅游地社会责任对旅游地居民生活质量的影响机制。旅游发展对旅游地居民生活质量的影响充分说明了旅游发展不但会产生经济结果，而且会带来非经济结果，该结论在很大程度上证实了旅游的双重属性，不仅包括经济属性，也涵盖社会属性。旅游的经济属性有助于推动旅游地经济发展，而社会属性则有利于提升旅游地居民生活质量。因此，旅游的经济属性和社会属性并不相互冲突或矛盾，相反，它们是相互融合、相互促进的（粟路军等，2012）。发展旅游不仅能够带来经济效益，同时也具备显著的社会功能，从而实现多方共赢的目标。

4.5.2　旅游地居民个体因素对旅游地居民生活质量的影响

影响旅游地居民生活质量的居民个体因素包括人口学因素（Nunkoo et al.，2011）、就业状态（梁增贤等，2015）、居民参与度（Jurowski et al.，2001）、经济地位（Chi et al.，2017）、社会关系（Woo et al.，2018）、社区归属感（汪侠等，2011）、居民期望（汪侠等，2010）、居民感知价值（Woo et al.，2015）、居民地方依恋（李瑞等，2016）、居民权力（Nunkoo et al.，2016）、政府信任（Ouyang et al.，2017）等。如何学欢、胡东滨和粟路军于2018年在《旅游学刊》上发表的论文《旅游地居民感知公平、关系质量与环境责任行为》。文章基于公平理论和关系质量理论，构建了以旅游地居民感知公平（程序公平、分配公平、互动公平）为前因变量，关系质量（社区满意、社区认同）为中介变量，环境关注为调节变量的旅游地居民环境责任行为形成机理整合模型。通过对厦门市鼓浪屿旅游区居民调查获取的453份有效数据，对整合模型进行实证检验发现：程序公平、互动公平对社区满意均有显著影响，居民感知公平的 3 个维度均显著正向影响社区认同。

4.5.3 旅游社区环境对旅游地居民生活质量的影响

由于旅游社区环境因素在制定提升旅游地居民生活质量的策略时更具可操作性（Su et al.，2018），因而其成为近来研究旅游地居民生活质量影响因素的热点，这些旅游社区环境因素包括：社区条件（Carneiro et al.，2018）、社区互动（郭安禧等，2017）、旅游地社会责任（Su et al.，2018）、责任旅游（Mathew et al.，2017）、旅游竞争力（Kubickova et al.，2017）等。本部分将介绍粟路军（Su）等于 2017 年在 *Journal of Travel & Tourism Marketing* 上发表的论文 *Influences of destination social responsibility on the relationship quality with residents and destination economic performance*。文章在现有研究的基础上构建了一个整合旅游地社会责任、当地旅游地居民关系质量（即整体社区满意度、旅游地居民信任和旅游地居民身份认同）以及旅游地经济绩效的模型，以探讨旅游社区环境对旅游地居民生活质量的作用机制。

自 20 世纪 30 年代以来，商业企业逐渐意识到了其对社会福祉的责任（Okoye，2009）。鲍恩（Bowen）用《商人的社会责任》（Inoue et al.，2011）一书将企业社会责任带入了新时代。如今，由于企业的生存和繁荣取决于其对客户和整个社会责任的贡献，企业社会责任已发展成为各行各业众多公司的引人注目的商业策略（Luo et al.，2006）。从少数民族支持计划到现金捐赠，明确的企业社会责任活动可以在公司官网等对外渠道中找到（Luo et al.，2006）。

对责任的个人反应将是未来可持续旅游业研究的一个特别有希望的领域（Buckley，2012）。本研究通过分析旅游地居民如何看待社会责任实践对关系质量和经济发展的影响，进一步加深了对社会责任措施的理解。这种分析是对巴克利（Buckley）的一种回应，同样，有学者建议公司应要求所有利益相关者做出更全面的努力（Bergkvist，2006）。与此相呼应的是，本研究从旅游地居民的角度考察了旅游目的地层面的社会责任活动的影响。

由于高度依赖环境，旅游业长期以来一直是调查企业社会责任倡议的典型研究领域。少数研究人员研究了与企业社会责任相关的主题，例如企业社会责任活动对酒店业财务绩效（Inoue et al.，2011）和航空公司（Lee et al.，2013）的影响。以及它对诸如客户忠诚度和员工关系质量（Martínez et al.，2013）等非财务指标的影响。这些研究（无论明示或暗示）都同意，对企业社会责任活动的投资可能会为企业自身及其利益相关者创造价值。尽管在解释道德哲学时承认了与文化特征相关的差异，但许多研究主要讨论了对内部和外部客户（即员工）的重要企业社会责任举措。从战略的角度来看，学者们倾向于在营销社会责任方面忽略旅游地居民。

目的地环境和社会在旅游业中是不可替代的。接待社区和环境是旅游产品不可或缺的组成部分，针对社会负责的运营应平等地考虑当地社区和消费者的喜好（Henderson，2007）。因此，考虑到旅游业在经济、环境和社会文化上对当地社区生活的普遍影响，了解旅游地居民的观点并获得对旅游业的支持势在必行（Lee，2013）。在这方面，本研究认为，社会责任不只是针对旅游目的地的单一商业实体，其涉及的利益相关者范围巨大，其中旅游地居民在旅游业的发展和规划中起着重要的作用（Woo et al.，2015）。

在这种背景下，一个有趣的问题是："旅游地居民如何看待针对社会负责的做法？"本研究旨在通过提出一种概念模型来寻找解决这个问题的答案，该模型基于中国一个著名古镇的数据进行验证。值得注意的是，旅游地社会责任用于实现本研究的目的，即在目标级别检查社会责任，其概念将在下一部分中介绍。

根据先前研究的见解，本研究首先从旅游地居民的角度考虑了旅游地社会责任及其经济利益之间的联系，因为大多数关于企业社会责任的文献都从客户的角度调查了社会活动如何提高公司的财务绩效（Luo et al.，2006；Martínez et al.，2013）。企业社会责任不断提高的前提是，对社会负责的行为可能会带来经济上的回报（Barnett et al.，2006）。

此外，本研究将关系质量变量整合到概念模型中。在营销企业社会责任活动的道德框架中，美德道德被认为是"最有成果的观点，因为它使我们能够概念化公司的良性品格"（van de Ven，2008）。按照这种观点，可以使客户与组织之间的联系个性化。因此，将关系质量纳入所提出的模型可确保旅游地居民能够以他们实际处理个人道德的方式来评估旅游目的地的特征。因此，成功的旅游目的地开发应包括通过满足旅游地居民的情感需求与旅游地居民建立积极的关系，以换取他们的支持。这种因果关系后续得到学者的研究支持（Lee et al.，2013），他确定企业社会责任是关系质量和关系结果的有效预测指标。同时，先前的研究也解决了非财务措施之间的联系，如关系质量指标和财务绩效（Ittner et al.，1998）。此外，先前的研究提出了一种情境化的观点来调查旅游实体所承担的社会责任活动的影响。战略性企业社会责任活动与公司的运营环境密切相关（Inoue & Lee，2011）。在中国，"relationship"，又称"关系"，是一种代表竞争优势的社会资本，因为它在形成集体行为和社会实践方面很重要，尤其是在基层（Zhao et al.，2015）。因此，了解社会责任活动如何在旅游目的地中发挥作用，将对如何在旅游业中开展企业社会责任活动提供新的见解。

4.5.3.1 旅游目的地与旅游地居民之间的关系质量

关系营销的概念标志着营销范式的转变（Berry，1983）。与交易营销不同，关系营销强调了与客户发展和保持长期关系的重要性（Sheth et al.，1995）。经过多年发展，关系营销已经进入了许多不同的学科，并发展成为一个更全面的概念，它还强调了与客户以外的其他利益相关者之间的牢固关系（Kotler et al.，1999）。来自各个研究领域的研究人员已经广泛研究了关系市场的概念，他们的发现均强调评估关系强度的重要性（Garbarino et al.，1999）。鉴于研究学科的内在本质和学者背景的异质性，目前尚缺乏公认的正式定义（Athanasopoulou，2009）。

在酒店领域，关系质量被定义为"客户对服务员工的沟通和行为的看法和评价，如尊重、礼貌、热情、同情和帮助"（Kim & Cha，2002）等。研究人员普遍认为，关系质量是"由几个不同但相关的维度组成的高级结构"（Dorsch et al.，1998），尽管具体的维度可能彼此不同。考虑到酒店员工与顾客之间关系质量的前因，学者提出关系质量包括两个维度，即信任和满意度（Kim & Cha，2002）。同样，满意度和信任被视为关系质量的关键构成（Crosby，Evans & Cowles，1990）。在服务行业，满意度、信任和承诺被视为关系质量的构成要素（Tseng，2005）。相关学者提出牢固的消费者与公司的关系通常是由于消费者对公司的认同而产生的，其满足了一个或多个重要的自我定义需求（Bhattacharya & Sen，2003）。因此，本研究从概念上说明了旅游目的地与旅游地居民之间的关系质量具有三个维度，即满意度、信任度和识别性。

4.5.3.2 研究假设

利益相关者理论表明，企业对消费者的吸引力取决于其作为经济实体及家庭、社区和国家成员的表现（Luo et al.，2006）。在当今的市场中，广义的客户范围已经超出了消费者本身，因为它还包括被视为利益相关者的潜在成员（Daub et al.，2005）。客户对具有社会责任感的公司提供的产品和服务更加满意（Luo et al.，2006）。换言之，企业社会责任倡议可以建立积极的企业形象，增加消费者对公司的认同感，并产生满意的顾客。

这种因果关系已经在现有的营销文献中反复进行了检验，结果表明，对社会负责的行为可能会进一步促进消费者对公司的评价和态度（Luo et al.，2006；Sen et al.，2001）。学者认为企业社会责任与客户满意度之间存在正相关关系（Galbreath & Shum，2012）。已有研究确定，客户满意度部分中介了企业社会责任与股票收益公司的市场价值之间的关系（Luo & Bhattacharya，2006）。基于反复确定的企业社会责任与客户满意度的关系，本研究认为，在旅游目的地的背景下，旅游地社会责任活动可以提高旅游地居民对旅游目的地的满意度。具体来说，旅游地社会责任做法代表了对旅游地居民的发展公平性，可以增加旅游目的地的效用和价值，从而反过来增强旅游地居民对旅游社区的整体满意度。因此，我们提出以下假设：

H5a：旅游地社会责任对整体社区满意度有积极影响。

近年来，在市场营销研究中，对企业社会责任和消费者信任度进行了广泛的调查。尽管在研究企业社会责任对消费者信任度的影响时采用了不同的观点，但企业社会责任一直被公认为消费者信任度的关键指标（Castaldo et al.，2009）。潜在的逻辑在于消费者对企业社会责任的认知。尤其是，如果消费者感受到零售商的仁慈和真诚服务，那么他们将积极寻求共同利益，因此，产生了客户信任。基于上述观点，本研究认为，社会责任与信任之间的这种联系也适用于旅游目的地。如果一个旅游目的地努力满足其旅游地居民的利益，那么旅游地居民就会对这个旅游目的地产生一种信任感。作为社会纽带的来源，旅游地社会责任发挥了共享价值的作用，并代表了旅游地居民所持有的目标、政策和信念在多大程度上保持一致。因此，我们合理地认为，当旅游目的地从事与旅游地社会责任相关的活动时，开展旅游社区重视的活动，将加强旅游地居民的信任。这种关系导致以下假设：

H5b：旅游地社会责任对居民信任产生积极影响。

旅游地居民身份识别涉及旅游地居民与旅游地目的地之间联系的心理状态，这源于旅游地居民感知到的自己的身份与旅游目的地之间的相似性。根据社会认同和自我分类理论，人们根据通过自我定义的归属感将自己分类为多种社会类别（Tajfel et al.，1979）。相应地，旅游目的地的特征和旅游地居民的自我概念之间的感知重叠会增强他们的自尊心，并相应地增加旅游地居民—旅游目的地的识别度（Pérez et al.，2015）。现有文献广泛地指出，在战略上明智的做法是增强与公司的客户认同感，并激发这些感官以建立与业务实体的联系感（Marin et al.，2009；Pérez et al.，2015），且客户倾向于认同和他们具有相似原理和共同价值观的公司（Scott & Lane，2000）。在服务行业的背景下，研究发现客户公司识别是消费者决策过程中最有效的变量之一（Pérez & Rodriguez del Bosque，2013）。因此，如何在目标利益相关者中产生良好的认同感对企业运营具有战略价值。关于组织管理方面的研究表明，企业社会责任倡议可以增强员工对公司的认同感，进而影响员工对公司的承诺（Kim et al.，2010）。

在旅游业的背景下，对社会负责的行为可以提高旅游地居民对旅游目的地层面的道德价值观和社会反应的认识，因为它在塑造旅游目的地身份吸引力方面起着重要作用（Greening & Turban，2000）。因此，我们合理地认为，一个具有良好社会责任感的旅游目的地，有助于满足旅游地居民的自尊心，从而对他们对旅游目的地的认同产生积极影响。因此，提出了以下假设：

H5c：旅游地社会责任对旅游地居民身份认同产生积极影响。

除上述非经济措施外，现有研究还表明，企业社会责任活动也是企业财务绩效的有效指标（Lee et al., 2013），通常，企业对社会负责的程度越高，其经济绩效就越好（Inoue et al., 2011）。但是，这种积极的因果关系不是普遍现象。研究表示有55%的评论研究发现企业社会责任与经济绩效之间存在正相关关系，而22%则没有相关性，还有4%甚至认为二者之间存在负相关关系，这些不同的结果要求在旅游目的地层面对社会责任与经济发展之间的关系进行情境考察（Margolis & Walsh, 2001）。

尽管许多研究表明，社会责任倡议可以改善组织的经济绩效（Rettab et al., 2009），但学者们尚未研究旅游目的地层面旅游地社会责任的战略价值。先前的研究还提出了这样一种观念，即旅游地居民的支持不利于旅游目的地的可持续发展和经济绩效（Kwon et al., 2010；Lee, 2013）。因此，当旅游目的地开展社会责任活动时，其社会责任活动可能会得到回报。作为主要的利益相关者，旅游地居民将积极响应并参与旅游地社会责任倡议，其原因如下：旅游地社会责任在某种程度上关注旅游活动对环境、旅游者、员工、社区、利益相关者的影响以及公共领域的所有其他成员。旅游地社会责任活动可以通过多种方式使旅游社区受益，例如，通过为当地人民带来更大的经济利益，提高旅游地居民的生活水平，改善工作条件和进入该行业的机会，使旅游地居民参与决策，并建立当地的自豪感和信心。之后，根据社会交换理论，旅游地居民将以积极的方式支持旅游目的地的发展。因此，提出了以下假设：

H5d：旅游地社会责任对旅游目的地发展的经济绩效产生积极影响。

作为两个重要的关系营销变量，满意度和信任对于来自不同学科的研究人员至关重要（Lee et al., 2009）。尽管他们之间的关系是值得商榷的话题，但大多数研究倾向于将满意度视为信任的重要前提（Kim et al., 2011）。当客户认为服务提供商具有高度的可靠性和完整性时，就会产生信任感（Wong et al., 2002）。在服务领域，考虑到客户必须在实际体验服务之前就作出决定这一事实，信任相对更为重要（Berry, 1983）。作为消费后的概念，客户的满意是动态的，因它会根据实际体验如何满足他们的期望而变化（Tax et al., 1998）。在旅游方面，从经验上确定满意度和信任度之间存在积极关系，进而影响了客户忠诚度（Kim, Chung & Lee, 2011）。根据先前的研究，本研究认为旅游地居民的总体满意度是信任的积极指标。因此，本研究提出了以下假设：

H6a：总体社区满意度对旅游地居民信任产生积极影响。

客户满意度是忠实客户的促成因素。但是，客户满意度和组织认同之间的关系尚不确定，这可能部分归因于先前关于组织认同和满意度之间联系的研究的混合结果（Boenigk et al.，2013）。现有研究发现目标客户的满意将导致积极的组织认同（Nakra，2006）。学者提出了一条从满意度到组织认同的路径（Mael & Ashforth，1992），而其他研究人员则确定了相反的路径（Grappi et al.，2011）。在检验非营利组织识别与捐赠者满意度之间的因果关系时，有学者指出，应该走从满意度到认同的概念化路径（Boenigk & Helmig，2013）。在服务行业，有学者测试了五种替代模型，以概念化客户满意度、团队认同和客户忠诚度之间的相互关系（Bodet & Bernache－Assollant，2011）。他们的发现揭示了团队认同在客户满意度和客户忠诚度之间的中介作用，这表明客户满意度是组织认同的前提。因此，本研究提出了总体社区满意度与旅游地居民认同之间的关系假设：

H6b：总体社区满意度对旅游地居民身份认同产生积极影响。

客户满意度已被公认是企业财务绩效的有效预测指标（Grewal et al.，2010）。旅游和酒店业也不例外。学者使用18家酒店的时间序列数据确定，非财务指标（如客户满意度）与未来财务绩效显著相关（Banker，Potter & Srinivasan，2000），为提高客户满意度而进行的营销努力可能会导致公司财务业绩的提高（Denizci & Li，2009）。相关学者确定了客户满意度指数与公司利润（即利润率、资产收益率和权益收益率）之间的关系（Sun & Kim，2013）。基于上述研究，本研究提出以下假设：

H6c：总体旅游社区满意度对旅游目的地开发的经济绩效产生积极影响。

研究表明人们倾向于对值得信赖的组织进行认同（Keh & Xie，2009），以认识自我并增强自尊心。更具体地说，与具有能力、仁慈和诚实的组织相认同可能会导致客户具有类似的特征。消费者在多大程度上认为企业的信誉值得信赖，这将决定消费者对企业的反应（Bhattacharya & Sen，2003）。在酒店环境中，已有学者通过经验验证了客户信任对客户认同的显著积极影响（Martínez & Rodriguez del Bosque，2013）。在这方面，本研究提出旅游地居民对旅游目的地的信任最终将导致他们对旅游目的地的情感承诺。因此，旅游地居民身份认同取决于旅游地居民对可信赖旅游目的地的归属感。他们的关系可以假设如下：

H7a：旅游地居民信任对旅游地居民身份认同产生积极影响。

信任已经被确立为关系中的关键要素，并有助于提高业务绩效。当信任控制着公司的经验和规模时，它能对绩效产生强烈而积极的影响（Silva，Bradley & Sousa，2012）。在快餐店的背景下，研究确定信任与员工的合作呈正相关（Eser，2012），与交易成本呈负相关，两者都是绩效结果的预测指标。根据先前的研究（Eser，2012），将旅游地居民信任视为主要的合作机制，可以导致合作行为，如支持旅游业发展，旅游地居民的这种合作行为可以改善旅游目的地的经济绩效。该研究认为，在旅游目的地与旅游地居民的关系中，如果旅游地居民按照旅游目的地认可的、旅游地居民倾向的方式行事，那么旅游目的地往往会为当地人带来更多利益。因此，本研究提出以下假设：

H7b：旅游地居民信任对旅游目的地发展经济绩效产生积极影响。

以前的研究普遍认为，消费者认同商业实体可以产生一系列有利于实体的积极结果，如更多的合作（Ashforth et al.，1989）、忠诚行为（Bhattacharya et al.，2003）、品牌传播（Becerra et al.，2013）。所有这些结果都与公司的经济绩效有关。因此，本研究认为，旅游地居民身份认同可以提高其自豪感和尊重感，最终可以改善旅游目的地的经济表现。因此，提出了以下假设：

H8：旅游地居民身份认同对旅游目的地发展的经济绩效产生积极影响。

本章节的研究模型如图 4 - 5 所示。

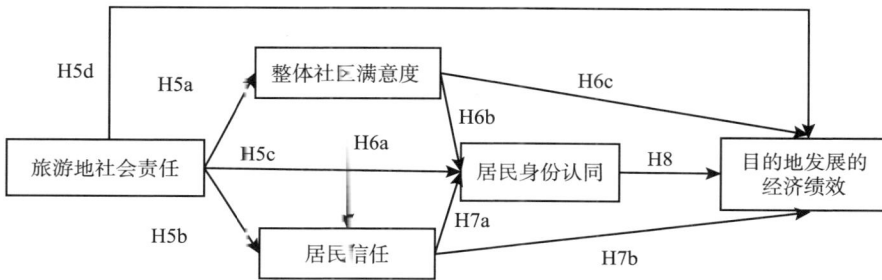

图 4 - 5　研究理论模型

4.5.3.3　研究设计和数据收集

本研究中的测量方法采用了以往的研究方法。具体来说，旅游地社会责任衡量的是居民对过去旅游地社会责任行为的评估。测量结果包含四个项目，分别来自沃尔什和比蒂（Walsh & Beatty，2007）、李奇登斯坦、德拉姆赖特和布莱格（Lichtenstein，Drumwright & Braig，2004）、沃尔什和巴提科夫斯基（Walsh & Bartikowski，2013）和李（Lee，2012）的研究。这些研究包含了旅游目的地利益相关者在环境、社会、经济和社会责任方面的各个表现。总体社区满意度的三项测量题项来自榕泽斯科维亚克、瑟吉和维德里（Grzeskowiak，Sirgy & Widgery，2003）及纳古和瑞姆克逊（Nunkoo & Ramkissoon，2011）的研究。居民信任量表采用摩根和亨特（Morgan & Hunt，1994）的四个项目测量。居民身份认同是按照公认的组织认同衡量方法进行的（Mael，1992）。纳古和史密斯（Nunkoo & Smith，2013）的研究题项被采用于衡量感知目的地经济发展绩效。所有项目均用李克特量表进行测量，其中 1 表示强烈不同意，5 表示强烈同意。

在正式调查之前，本研究对测量项目进行了预测试。首先，邀请了四位旅游管理学教授根据其布局、措辞和易懂性来评估测量量表。在考虑了专家意见和建议后进一步修改量表。然后对来自华南一所大学的 40 名本科生进行了预测试，旨在检查量表的可靠性。在此过程中，检查了 Cronbachs' α 系数的值，所有这些值都大于阈值 0.7，这表明测量题项可靠（Nunnally，1978）。

在确保可靠性之后，本研究进行了正式调查。如上所述，本研究中的抽样单位是居住在中国南方古镇中的个体。采用了系统的抽样方法，并将该地区每条街道的每一处住宅纳入调查范围。考虑到该地区的家庭总数，分发 400 份问卷，回收 326 份问卷。删除不完整的问卷后，对 272 份完整的问卷进行了分析，以实现研究目标。

4.5.3.4 数据分析结果

【受访者的人口结构】

研究显示了受访者的人口统计资料，男女比例均衡。超过 80% 的受访者年龄在 15～44 岁之间。40% 的受访者的平均家庭收入低于每月 2000 元人民币（1 美元 = 6.6025 元人民币）。80% 的受访者在那里居住了至少 10 年，这表明样本具有代表性。在教育背景方面，34% 的被调查旅游地居民拥有大学学历，而 25% 的被调查旅游地居民受教育程度相对有限。

【测量模型分析】

为了解决研究问题，本研究采用了两步分析法：验证性因素分析是验证每个测量模型的第一步，第二步是检查变量的相关关系。使用信度检验对 α 系数和复合构念的信度进行验证。结果表明，所提出模型中的所有构念都具有较高可靠性。特别是，Cronbachs' α 系数范围从 0.784～0.906，远高于 0.70（Nunnally，1978）。复合构念的可靠性范围从 0.787～0.911，大于阈值 0.5（Fornell et al.，1981）。因此，确保了每次测量的内部一致性。

效度分析包括收敛效度和区分效度。收敛效度检查测量项反映构念的程度，如果每个项目的因子载荷大于 0.5，则可以实现（Anderson et al.，1988）。研究显示本研究中测量的因子载荷大于 0.651，表明具有足够的收敛效度。同时，所有构念的平均方差提取（AVE）范围为 0.512～0.775，高于 0.50 的最低标准，进一步确保了所有提出的测量模型的收敛效度。

研究继续验证区分效度，它反映了一个构念与另一个构念没有显著共享信息的程度。跟随相关学者的研究（Fornell & Larcker，1981），本研究将 AVE 的平方根与两个随机构念的相关系数进行比较，以检验区分效度。如果 AVE 值大于任何一对构念之间的平方相关性，则表明各构念间存在足够的区分效度。研究显示所有相关系数均小于 AVE 的平方根，表明所有测量模型的区分效度均可接受。

【结构模型分析结论】

在测量模型得到验证后，研究进行了结构方程建模分析以验证所提出的模型并检验假设。总体而言，χ^2 与自由度（df）之间的比率为 1.901。近似均方根误差（RMSEA）的值为 0.058，小于 0.08。GFI、NFI、RFI、IFI、TLI、CFI 和 AGFI 的值大于或几乎等于 0.90。根据胡和本特勒（Hu & Bentler，1999），所有上述拟合指数都表明数据与模型的拟合良好。检查各个系数值及其显著性水平以确定是否接受/不接受某个假设。R^2 值可用于检查每个前因变量的可预测性（Cohe，1988），0.01、0.09 和 0.25 分别代表较差、中等和良好的预测。在目前的研究中，所提出的模型分别解释了旅游地居民信任、旅游地居民认同、发展经济绩效和整体旅游社区满意度的方差的 51.4%、47.9%、46.3% 和 25.4%。因此，该模型捕获了外生变量（即旅游地社会责任）对内生变量（即整体旅游社区满意度、旅游地居民信任、旅游地居民认同和旅游目的地开发经济绩效）的巨大影响。

依据结构模型的结果，十个假设中有七个得到了验证。特别是，观察到旅游地社会责任是整体旅游社区满意度（$\beta = 0.504$，$p < 0.001$）、旅游居民信任（$\beta = 0.330$，$p < 0.001$）和旅游居民认同（$\beta = 0.362$，$p < 0.001$）的有效预测因子。因此，H5a、H5b 和 H5c 得到了实证支持。然而，旅游地社会责任对旅游目的地开发经济绩效的影响在统计上并不显著（$\beta = -0.092$，$p > 0.1$）。因此，不支持 H5d。

结果还支持整体旅游社区满意度对旅游地居民信任（$\beta = 0.464$，$p < 0.001$）和旅游目的地开发经济绩效（$\beta = 0.608$，$p < 0.001$）的积极影响。因此，H6a 和 H6c 得到支持。然而，整体社区满意度不是居民认同的预测因子（$\beta = 0.073$，$p > 0.1$），因为影响不显著，表明本研究不支持 H6b。

居民信任对旅游地居民身份认同的影响显著为正（$\beta = 0.393$，$p < 0.001$）。同时，旅游地居民信任对旅游目的地开发经济绩效的影响具有统计学意义（$\beta = 0.049$，$p > 0.1$）。因此，实证结果支持 H7a，但不支持 H7b。旅游地居民认同对旅游地目的地开发经济绩效的影响显著为正（$\beta = 0.151$，$p < 0.1$）。因此，H8 得到支持。

4.5.3.5　研究结论与讨论

文献已经充分证明了旅游业的力量，并且大多数研究都认为旅游业的经济影响是旅游社区最有价值的因素（Nunkoo et al.，2012）。这样的说法是正确的，因为旅游业是区域发展的可行经济替代方案，带来新的投资，创造了商业和就业机会，并改善了生活质量（Dyer et al.，2007）。但是，旅游业的发展也可能以增加生活成本、造成交通拥堵和污染等形式对当地社区产生负面影响

（Dyer et al.，2007）。这些影响，无论是正面的还是负面的，都可能对旅游地居民生活产生巨大影响，旅游地居民的支持与旅游目的地的可持续发展密切相关（Lee et al.，2009）。有学者提出以采取技术、政治和个人措施来实现旅游可持续发展的目标（Buckley，2012），在这种情况下，社会责任被归类于个人层面。许多学者认识到旅游企业开展社会活动的好处，并通过实证调查了企业社会责任活动与旅游利益相关者之间的关系。但是，他们的工作主要集中在外部和内部客户（即员工）上。同时，只有很少的学者尝试调查了旅游地居民。本研究从旅游地居民的角度同时考察旅游地社会责任对关系质量和经济发展的影响，为现有的研究作出了贡献。

许多学者认为，正确的举措可以提高公司的财务绩效（Luo et al.，2006）。研究认为社会责任计划对财务业绩的直接影响是值得商榷的（Henderson，2007），这些财务收益会根据特定行业的情况而有所不同（Godfrey et al.，2007）。如上所述，关于社会责任与经济发展之间关系的先前研究提出了有分歧的结果（Margolis et al.，2001），这要求我们需要结合具体的情境进行调查。从旅游地居民的角度来看，旅游地社会责任对旅游目的地经济发展的直接影响在统计上并不显著。换言之，旅游地居民不会感到社会责任实践的实施将直接促进当地经济的发展。相反，他们相信，这些慈善活动有助于与旅游地居民建立良好的关系，从而促进目的地经济发展。也就是说，依靠社会活动在经济上发展旅游目的地需要发展良好的社区关系。这一发现与前人研究的发现是一致的（Inoue & Lee，2011），他们观察到酒店和餐饮业社区关系与短期和长期盈利能力之间存在正相关关系。了解旅游地居民在发展旅游目的地中所起的关键作用，并与他们建立良好的关系，对于改善旅游业的管理、战略规划和长期可持续性至关重要。因此，本研究得出的结论是，与旅游地居民建立良好关系与经济发展本身同样重要。在某种程度上，战略性企业社会责任投资的成功实施取决于与旅游地居民的良好关系。因此，旅游目的地管理组织应将关系营销实践整合到企业社会责任中，以建立良好的社区关系，这反过来可能会促进目的地的发展。

结果还表明，目的地管理者具有社会责任一般可以与旅游地居民建立良好的关系。特别是，社会责任可以确保旅游地居民满意、培养旅游地居民认同并建立对旅游目的地的信任时。此外，这一发现还反映了道德经济的框架，该框架体现了"关于个人和机构相对于他人的责任和权利的规范和观点"（Sayer，2000）。在当前的研究中，这种联系体现在旅游目的地管理部门负责任的活动中，这些活动定义了旅游地居民的日常生活。此外，本研究还表明，与旅游社区建立良好关系质量将有助于旅游目的地经济发展。但是，关系质量的三个维度并没有平等地影响旅游目的地发展。具体来说，对旅游目的地满意并具有较高认同感的旅游地居民可能会有助于提升旅游目的地的影响。相比之下，本研究中旅游地居民信任对经济发展的直接影响在统计上并不显著，而间接影响得到了支持。在中国文化中，"关系"与其他以儒家为基础的传统观念，例如"礼"和"正道"一起，正在渗透并影响着商业世界。

旅游规划者也可以在其他情况下应用这些发现。旅游企业追求最大的利润，对社会负责的行为可能是一项不错的投资。在设计旅游地社会责任活动时，旅游规划设计者应谨慎行事，并确保旅游地居民参与其中。因此，旅游社区与外部开发者之间缺乏关系质量，这增加了旅游地居民对满意度和信任及实现其认同的渴望，这可以通过旅游开发者的倡议来培养，如本研究中提及的旅游地社会责任活动。充分了解自己在旅游业发展浪潮中所扮演的角色，使旅游地居民满意，将为旅游目的地发展作出贡献。但是，这项研究发现，信任不会导致金融发展的增长，这可能是由于人们对满意度和信任之间的因果关系有了明确的认识，这种因果关系暗示了信任在目标和经济绩效之间的中介作用。

旅游地居民生活质量的影响因素的代表性研究成果整理如表 4 - 8 所示。

表 4 - 8　　　　　　　旅游地居民生活质量的影响因素代表性研究成果

理论基础	研究目的	理论应用	研究发现	代表文献
溢出理论	亲朋好友来访对旅游地居民生活质量的影响	从溢出理论的思路出发，探索亲朋好友来访对旅游地居民生活领域满意度的影响，从而研究亲朋好友来访对旅游地居民生活质量的影响	亲朋好友来访为旅游地居民生活质量提供了重要来源	巴克（Backer，2019）
	责任旅游行为对感知可持续性和旅游地居民生活质量的影响	以溢出理论为基础，探讨责任旅游行为对旅游地居民的物质、情感、社区、健康和安全 4 个领域的影响，从而研究责任旅游行为对旅游地居民生活质量的影响	责任旅游感知对旅游地居民感知旅游目的地可持续性有关键作用，进而积极影响旅游地居民生活质量	马修和斯雷杰什（Mathew & Sreejesh，2017）
	大型旅游项目更新对旅游地居民生活质量的影响	研究大型项目更新对旅游地居民各个生活领域的影响，从而探索大型项目更新对旅游地居民生活质量的影响	旅游项目更新显著降低了旅游地居民生活质量，因为它对身体、社会文化和经济环境产生了不良影响	乌塔松和古铁雷斯（Urtasun & Gutiérrez，2006）

续表

理论基础	研究目的	理论应用	研究发现	代表文献
溢出理论	旅游业对旅游地居民生活质量的重要性及影响领域	在溢出理论的指导下，进行与旅游相关的旅游地居民生活质量的生活领域探索并进行检验	开发了8个生活领域，扩展了传统的居民态度研究	安德雷克和尼亚乌帕内（Andereck & Nyaupane，2011）
	旅游地非正规就业者的生活质量评估	以溢出理论为基础，开发旅游地非正规就业者生活质量的生活领域并进行检验	旅游非正规就业者生活质量的构成领域及其解释力排序与普通居民显著不同	梁增贤等
	是否参与旅游业对旅游地居民生活质量的影响	基于溢出理论，比较了参与旅游业居民与未参与旅游业居民的各个生活领域满意度，从而得出总体生活质量的差异	参与旅游业的居民的生活质量显著高于非参与居民	尤洛夫斯基和布朗（Jurowski & Brown，2001）
	探索旅游地居民生活质量的形成过程	基于溢出理论，探索影响旅游地居民生活质量形成的主要生活领域，并进一步探索每个主要生活领域的细分生活领域	旅游地居民生活质量由社区生活满意度和其他生活领域满意度溢出形成，而社区生活满意度又由政府服务满意度等3个子领域的满意度溢出形成，其他生活领域满意度则由工作满意度等3个子领域的满意度溢出形成	瑟吉等（Sirgy et al.，2010）
多重差异理论	检验多重差异理论对解释旅游地居民生活质量的适用性	基于多重差异理论，探讨与周围社区人比、与认为值得的比、与过去最好的比、与3年后希望的比4种差异对旅游地居民生活质量的影响	多重差异理论对于旅游地居民生活质量形成具有很好的解释力	梁增贤（2018）
地方依恋理论	地方依恋对西安回坊旅游劳工移民主观幸福感的影响过程	基于地方依恋理论，将西安回坊旅游劳工移民与当地的情感联系划分为宗教依恋、物质依恋、社交依恋三个维度，进而探究每个维度对西安回坊旅游劳工移民主观幸福感的影响	宗教依恋对西安回坊旅游劳工移民主观幸福感的影响最大，物质依恋的影响次之，社交依恋的影响最小	王舒媛和白凯（2017）

理论基础	研究目的	理论应用	研究发现	代表文献
旅游增权理论	旅游地居民对于权力的感知如何影响其生活满意度	根据旅游增权理论，从旅游地居民感知权力增加和减少的视角探讨了感知权力变动对旅游地居民生活满意度的影响过程	旅游地居民增权感知和减权感知的相互作用影响旅游地居民的生活满意度	李瑞等（2016）

针对旅游地居民生活质量的影响因素，未来研究应该在进一步识别旅游影响、社区环境、个体因素三种类型的基础上，着重厘清这三种不同类型影响因素之间的相互关系。从直观角度来看，一个地区一旦成为旅游地，旅游发展首先会对旅游地核心区域和参与旅游业的旅游地居民产生影响，其次逐步辐射到旅游地其他区域，从而改变旅游社区环境和旅游地居民的个体特征。因此，旅游影响对于旅游地居民生活质量的作用可能更为显著，且它会对旅游社区环境和个体因素产生影响。然而，现有研究尚未区分这三种因素对于旅游地居民生活质量影响的层次和强度上的差异，也没有探讨它们之间的内在关系。因此，未来研究应该重点验证旅游影响是否比旅游社区环境和个体因素对旅游地居民生活质量的影响更为显著，以及旅游影响是否会对旅游社区环境和个体因素产生影响。

4.6 旅游地居民生活质量的形成机制

基于溢出理论、多重差异理论、地方依恋理论、旅游增权理论等多种理论框架，现有研究对旅游地居民生活质量的形成机制进行了多视角的探讨。系统梳理这些文献发现，基于溢出理论来探究旅游地居民生活质量形成机制的研究最为常见。基于溢出理论，相关学者详尽地描述了旅游地居民生活质量的形成过程，认为旅游社区生活满意度和其他生活领域满意度溢出形成旅游地居民总体生活满意度，而旅游社区生活满意度又由其子领域如政府服务满意度、商业服务满意度、公益服务满意度等溢出形成，其他生活领域满意度则由其子领域如工作满意度、家庭满意度、金融满意度等溢出形成（Sirgy et al.，2010）。该研究成果为溢出理论在旅游地居民生活质量形成机制研究中的应用奠定了良好基础，后续基于溢出理论的旅游地居民生活质量形成机制研究虽然在生活领域的分类上有所区别和取舍，但总体上大多保持了该研究的核心分析框架。基于多重差异理论，梁增贤验证了由与周围社区人比（self/others）、与认为值得的比（self/deserve）、与过去最好的比（self/best）、与3年后希望的比（self/future）4个"参考标准"组成的多重差异指标对旅游地居民生活质量形成机制的适用性。基于地方依恋理论，王舒媛和白凯揭示了宗教依恋、物质依恋、社交依恋对西安回坊旅游劳工移民主观幸福感的影响过程。基于旅游增权理论，李瑞等认为，旅游发展的过程本质上是旅游地居民权力变动的过程，而旅游地居民增权感知能够提升旅游地居民满意度，旅游地居民减权感知会降低旅游地居民满意度，从而旅游地居民增/减权感知的相互作用共同影响旅游地居民满意度。本部分将主要介绍作者及其合作者创作的三篇论文：《负面旅游报道对旅游地居民生活质量的影响机制》《旅游地社会责任动机归因对旅游地居民生活质量的影响机制》《旅游地社会责任类型对旅游地居民生活质量的影响机制》。

4.6.1　负面旅游地报道对旅游地居民生活质量的影响机制

如今，由于社会的快速发展和新媒体平台的迅速崛起，负面报道可以迅速演变成媒体风暴（Hock et al.，2020），尤其是对旅游目的地而言，它会损害旅游目的地形象（Williams-Burnett et al.，2018），降低旅游者的旅游意愿（Zheng et al.，2021），影响当地经济收入（Rittichainuwat et al.，2020）。旅游业是一个综合性行业，负面报道会产生更加广泛的影响，特别是对旅游目的地的核心利益相关者，包括旅游者、旅游企业和居民（Chien et al.，2012）。因此，负面报道如何影响以及如何降低其影响成为学术研究的重要课题，并取得了丰硕的成果（Hock et al.，2020；Ouyang et al.，2020）。以往的大部分研究证实了报道在塑造旅游者对目的地的认知中的重要性（Williams-Burnett et al.，2018），以及报道对旅游者访问意愿的影响（Zheng et al.，2021），这些研究从理论上证实了本研究的重要性。纵观上述旅游目的地负面报道的研究结果，大多是从旅游者的角度探讨了负面报道对旅游目的地的感知、态度和意图的影响。然而，作为旅游目的地的核心利益相关者的旅游地居民，却很少受到关注（Chien et al.，2012）。尤其是与旅游者相比，旅游地居民居住在旅游目的地，其生产生活与旅游目的地的发展密切相关，更容易受到旅游目的地的影响（Su et al.，2019）。因此，厘清旅游目的地负面报道对旅游地居民的影响是实现旅游目的地可持续发展的重要手段和内容（Lee et al.，2018）。

随着负面报道对旅游地居民生活质量影响研究的深入，一些学者进一步发现了负面报道的不同类型（Einwiller et al.，2019），并认为这可能是一个有趣的研究方向（Yu et al.，2019）。此外，旅游地居民的生活质量也逐渐引起了研究人员的关注，为了更好地提高旅游地居民的生活质量，识别和验证影响旅游地居民生活质量的因素自然成为该领域研究的重点（Backer，2019）。根据线索诊断理论，道德相关信息存在"消极偏见"，能力相关信息存在"积极偏见"（Skowronski et al.，1987）。也就是说，关于道德和能力的负面信息的可诊断性是不同的（Baghi et al.，2019）。因此，我们推断道德和能力相关的报道也会对旅游地居民产生不同的影响。在营销领域，有研究表明与能力相关的负面报道相比，与道德相关的负面报道对消费者的品牌评价和购买意愿具有更强的负面影响（Liu，Lischka & Kenning，2018）。因此，在本研究中，我们从旅游地居民的角度对（道德与能力相关的）负面旅游目的地报道进行细分和比较，然后在此基础上讨论了旅游地居民对不同类型的负面旅游目的地报道的反应。这是本研究要解决的主要问题。

一系列先前的研究表明，不同类型的负面报道对人们的影响具有心理过程的中介机制（Einwiller et al.，2019；Liu et al.，2018）。然而，大多数研究使用基本的负面情绪作为中介（Baghi et al.，2019；Yu et al.，2021），很少探讨由于自我反思产生的自我意识情绪，虽然自我意识情绪已经被证实在人类情感生活中起着重要作用（Lewis，2003）。根据自我分类理论，个体在特定情境中受到情境因素的刺激后，将自己归入最突出的社会身份类别，进而产生相应的情绪并表现出相关的行为。因此，在旅游背景下，由于在旅游地居民居住或长期居住的地方发生负面报道，旅游地居民的社会身份可能会让他们担心别人质疑自己的自我形象而感到羞耻，使得他们的生活质量可能会降低。已有研究证实，感知到的羞耻感会严重降低生活质量（Zivdir & Sohbet，2017）。然而，目前还没有研究探讨旅游目的地负面报道与旅游地居民生活质量之间的中介机制。因此，本研究引入羞耻感来调查负面旅游目的地报道与旅游地居民生活质量之间的中介作用。

最近，旅游学者开始认识到旅游目的地恢复力很重要，因为旅游行业容易受到灾害的影响（Möller et al.，2018），恢复力逐渐成为旅游研究的重点（Guo et al.，2018）。不仅如此，旅游目的地的恢复力也被用作判断旅游目的地应对能力的重要指标（Rittichainuwat et al.，2020）。因此，基于信号理论，高水平的感知旅游目的地恢复力可以向旅游地居民提供一个信号，即旅游目的地具有远见，以及适应性的应变能力，这可以增强他们对旅游目的地弹性的信心，减轻旅游地居民因担心个人形象受到质疑而产生的羞耻感。但是，如果感知到的旅游目的地恢复力水平较低，则传达的信号可能会产生不同的结果。现有研究已经证明，高恢复力是帮助人们对抗负面情绪（Tugade et al.，2004）、提高主观幸福感（Shi et al.，2021）的关键。然而，据我们所知，在不同的感知旅游目的地恢复力下，负面旅游目的地报道的效果是否会有所不同尚未得到广泛讨论，尤其是从旅游地居民的反应来看。

为了填补知识空白，本研究提出并测试了一个概念模型，该模型研究负面旅游目的地报道（能力相关与道德相关）如何影响旅游地居民的羞耻感和生活质量。具体而言，居民羞耻感的中介作用和感知目的地恢复力（高与低）的调节作用都在所提出的模型中进行了检验。本研究试图在以下三个方面对知识体系作出贡献：第一，本研究将负面旅游目的地报道分为能力相关和道德相关，然后探讨了不同类型负面旅游目的地报道下旅游地居民的羞耻感和生活质量的差异，从旅游地居民的反应中提供了新的见解；第二，本研究分析了旅游地居民羞耻感在消极旅游目的地报道与旅游地居民生活质量之间的中介作用，将单纯的消极情绪进一步深化为更高层次的自我意识情绪，拓展了自我意识情绪在旅游行业中的应用情境；第三，本研究调查了旅游地居民感知旅游目的地恢复力如何调节负面旅游目的地报道对旅游地居民羞耻感和旅游地居民生活质量的影响，这将有助于我们全面了解在不同条件下负面旅游目的地报道对居民感知的影响，以便为旅游目的地管理组织提供一些管理启示。

4.6.1.1 文献综述

【负面目的地报道】

负面报道被定义为在纸媒或广播媒体上展示的与产品、服务、业务单位或个人相关具有潜在破坏性的新闻信息（Sherrell & Reidenbach，1986）。学者们根据负面报道的性质，将负面报道分为能力相关的负面报道和道德相关的负面报道（Einwiller et al.，2019）。在营销文献中，与能力相关的负面报道主要是由于产品故障（Dawar et al.，2000），而与道德相关的负面报道则侧重于不道德行为。此外，有学者指出，不同类型的负面报道对消费者的情绪和行为意向有不同的影响（Einwiller，2019）。

此外，旅游研究发现，媒体报道对旅游者对旅游目的地的感知（Robertson et al.，2009）、旅游者的行为意图（Chien et al.，2012）有显著影响。旅游领域还存在与能力相关（Yu et al.，2021）和道德相关的负面报道（Breitsohl et al.，2016）。然而，从旅游地居民的角度来看，关于负面目的地报道的文献仍然不完善（Chien et al.，2012）。因此，本研究借鉴了普利格（Pullig et al.，2006）的分类方法，并将负面目的地报道分为能力相关和道德相关两种类型。同时，从旅游居民的角度，我们将与能力相关的旅游目的地负面报道定义为目的地容量不足导致的负面报道或新闻；而道德相关的负面目的地报道则是由于目的地旅游经营活动中缺乏道德感而导致的负面报道。

【旅游地居民羞耻感】

羞耻感是个人害怕被他人拒绝的一种情绪反应（Bedford et al.，2003）。当一个人的身份形象受到质疑时，羞耻感通常会产生（Mkono & Hughes，2020），紧接着他们会为自己的身份感到羞耻（Bedford et al.，2003）。因此，羞耻可以作为社会调节机制来调节和改变人类的思想和行为（Bruhn，2018；Tracy et al.，2006）。在旅游/交通文献中，先前的研究已经证实，羞耻感是思维和行为的重要前因（Mkono et al.，2020）。研究发现，与航空旅行产生的温室气体排放有关的"周五为未来"事件让公众对飞行感到羞耻（Gossling et al.，2020）。同样，对旅游业负面环境影响的认识在消费者中造成了越来越多的"生态耻辱"感（Mkono & Hughes，2020）。同时，恢复力可以帮助缓解个人的情绪失调并改善主观幸福感（Shi et al.，2021）。

然而，旅游研究尚未明确提出羞耻感的概念（Mkono et al.，2020），即使羞耻被认为是塑造个人态度和行为的最重要的自我意识情绪之一（Bruhn，2018）。因此，这项研究我们引入了羞耻感，并将旅游地居民羞耻感定义为旅游地居民担心或害怕他人由于负面旅游目的地报道而质疑他们自我形象的情绪。

【居民生活质量】

在过去的几十年里，生活质量的概念受到了医学、经济学、心理学和社会学等诸多学科的广泛关注（Smith et al.，2017）。在心理学领域，马斯洛（Maslow，1968）将生活质量定义为"幸福的必要条件"，是人们对特定社会整体状况的积极评价（Spradley，1976）。在社会学领域，在凯恩乔恩（Kaye Chon，1999）教授编辑了与旅游生活质量相关的《商业研究杂志》之后，旅游期刊中的生活质量相关研究出现了巨大增长。生活质量是一个人对生活和生活体验的满意度，它代表了个人对生活的主观感受和看法（Andereck & Nyaupane，2011），这个概念已被旅游研究人员广泛接受（Woo et al.，2018）。

现有研究表明，提高旅游地居民的生活质量是旅游发展的重要目标，也是旅游目的地可持续发展的重要保障（Lee et al.，2018）。然而，一系列研究强调了旅游活动/体验对旅游者生活质量的重要性（例如，Backer，2019；Su et al.，2018），很少有研究调查旅游业对旅游地居民生活质量的影响（Andereck et al.，2011）。因此，在本研究中，我们将旅游地居民的生活质量定义为一个人对生活的满意度，尤其重视由于旅游发展引起的负面报道社交媒体传播而导致的社会心理相关观点。

【感知旅游目的地恢复力】

恢复力可被定义为系统抵抗干扰以实现其基本功能的能力（Holling，1973）。在旅游文献中，恢复力被广泛认为是旅游业应对危机的能力，从而能够稳定和保持未来发展所需的灵活性和多样性（Möller et al.，2018）。先前研究表明，恢复力包括四个维度（经济、制度、物理和社会）（Lew et al.，2016）。然而，大多数研究从经济或物理和地理角度（如财富生产能力、环境和基础设施）考虑旅游目的地恢复力，缺乏从社会因素（如社会资本和信任）的角度（Guo et al.，2018）考虑，尽管旅游地居民对旅游目的地恢复力的信心在社会系统应对干扰和压力的能力中起着关键作用（Folke，2006）。因此，本研究借鉴上述文献，更多地从社会角度考虑，将旅游地居民的感知目的地恢复力定义为对旅游目的地对负面报道的适应性反应能力的感知，从而在可预见的时间内继续开展旅游商业活动。

4.6.1.2　理论框架和研究假设

【旅游目的地负面报道与旅游地居民羞耻感的关系】

除了对事件本身的研究，越来越多的研究者也开始关注事件报道的影响（Chien et al.，2012）。这是因为负面报道会迅速演变成一场媒体风暴，严重影响人们的看法、态度和行为意图（Hock et al.，2020；Robertson et al.，2009）。在企业管理领域，负面的品牌报道会削弱客户对品牌的正面评价（Pullig et al.，2006），使他们体验消极的道德情绪，如内疚、羞耻和厌恶（Ellemers et al.，2019）。此外，根据线索诊断理论，道德相关和能力相关的负面信息之间存在不同的诊断性，这可能导致不同的影响（Skowronski et al.，1987）。巴吉和加布里埃利（Baghi & Gabrielli，2019）得出了类似的结论，即道德相关的品牌危机可能导致比能力相关的危机更严重的后果。

社交媒体为旅游业带来了新的机遇和挑战（Möller et al.，2018）。在旅游发展过程中，不可避免的是，负面旅游目的地报道在大众媒体中普遍存在，但对旅游地居民如何处理报道的系统调查却相当有限（Chien et al.，2012）。根据自我分类理论，个体在特定情境的刺激下，根据情境的突出特征对自己进行分类，同时产生相应的情绪（Turner et al.，1987）。在负面旅游目的地报道的背景下，负面旅游目的地报道虽然超出了旅游地居民的控制范围，但他们也会因为"旅游地居民身份"而陷入困境，从而导致因担心自我形象受损而产生羞耻感（Mkono et al.，2020）。尤其是，基于线索诊断理论，当负面的旅游目的地报道被归类为道德相关时，旅游地居民的自我形象更容易被破坏，他们可能会感到强烈的羞耻感；而当负面的旅游目的地报道被归类为能力相关时，这可能是由于旅游目的地犯了错误而不是能力不足，因此旅游地居民的羞耻感可能处于较低水平。从消费者的角度来看，上述结论得到支持并发现，与负面的企业能力报道相比，消费者更可能在回应负面的企业社会责任报道时感受到负面的道德情绪（羞耻、内疚和厌恶）（Einwiller et al.，2019）。在前人研究的基础上，本研究提出以下假设：

H9：与道德相关（相较于与能力相关）的负面旅游目的地报道将对旅游地居民的羞耻感产生更强的影响。

【目的地负面报道与居民生活质量的关系】

先前的研究发现，负面报道会激发员工的负面情绪（Yu et al.，2021）和对企业道德或能力的负面评价（Pullig et al.，2006；Ouyang et al.，2020）。在营销领域，研究还表明，公司的负面报道会威胁公司的形象（Dean，2004）并削弱消费者的购买意愿（Lin et al.，2011；Yu et al.，2019）。学者进一步探索发现，与能力相关的负面品牌报道相比，与道德相关的负面品牌报道对消费者反应（即品牌评价和购买意愿）具有更强的负面影响（Liu et al.，2018）。例如，消费者可能会对负面报道类型作出判断，然后对报道产生不同的行为反应（Liu et al.，2018；Pullig et al.，2006）。与他们对能力相关危机的反应相比，当消费者认为公司卷入了与道德相关的危机时，他们可能会形成更强的品牌背叛感知，传播负面口碑并降低购买意愿（Baghi et al.，2019）。

在旅游领域，负面报道可能会造成无形的伤害，如旅游地居民的消极想法和支持行为的下降（Chien et al.，2012）。依据自我分类理论，在与家乡相关的负面旅游目的地报道的刺激下，"旅游地居民身份"意识的上升可能伴随着羞耻感，这可能会损害生活质量（Zivdir et al.，2017）。此外，由于与道德相关的负面报道比能力相关的负面报道更具诊断性和影响力（Skowronski et al.，1987），与能力相关的负面旅游目的地报道相比，与道德相关的负面旅游目的地报道对旅游地居民生活质量的负面影响可能更大。这是因为人们更看重道德自我观而不是能力自我观（Ellemers et al.，2019）。一旦道德自我观受损，人们可能会产生厌恶和压力，导致他们感觉不受他人尊重（Pagliaro et al.，2016），进而影响他们的生活质量（Andereck et al.，2011）。在前人研究的基础上，本研究提出以下假设：

H10：与道德相关（相较于与能力相关）的负面旅游目的地报道将对旅游地居民生活质量产生更强的负面影响。

【居民羞耻感作为中介】

许多现有研究证实了羞耻感在帮助保持自我认同感和改变人们行为方面的重要性（Mkono et al.，2020；Tracy et al.，2006）。此外，有研究发现在退伍军人中，羞耻感可以作为 PTSD 症状严重程度自杀意念之间的中介（Cunningham，2019）。有学者引入羞耻感作为中介来解释羞耻记忆的创伤性和中心性特征如何导致青春期的抑郁和焦虑症状（Cunha et al.，2012）。已有研究表明，与负面能力评估报道相比，消费者在回应负面企业社会责任报道（与道德相关）时会体验到更强的羞耻负面道德情绪，并形成更强烈的反品牌行为（Einwiller et al.，2019）。

根据自我分类理论，个体在特定情境的刺激下，通过突出特征对自己进行分类，在分类过程中产生特定情绪，进而产生相关的态度和行为（Turner et al.，

1987）。在旅游目的地中，由于旅游地居民与旅游目的地紧密相连，旅游地居民容易且不可避免地受到旅游目的地相关信息的影响（Lee et al.，2018）。因此，基于线索诊断理论，如果存在与道德（相较于能力相关）相关的负面旅游目的地报道，旅游地居民更容易受到负面信息的刺激，并对旅游地居民群体的不道德行为感到更强烈的羞耻感。然后，负面情绪可能会进一步降低他们的幸福感。从旅游者的角度，已有研究的结论支持上述结论（Mkono & Hughes，2020），并发现旅游者在意识到旅游对环境产生负面影响时会感到生态羞耻，并影响他们的旅游体验质量。因此，本研究合理预测了羞耻感在负面旅游目的地报道和旅游地居民生活质量中的中介作用，并提出以下假设：

H11：居民羞耻感在负面旅游目的地报道对旅游地居民生活质量的影响中起中介作用。

【感知目的地恢复力作为中介】

已有研究表明，恢复力对于削弱和消除负面事件的影响至关重要（Möller et al.，2018；Zheng et al.，2021）。在酒店行业，恢复力可以缓解员工的日常情绪失调，影响员工的主观幸福感和离职意愿（Shi et al.，2021）。值得注意的是，恢复力可以作为判断旅游目的地是否能够更好地应对各种危机的标准（Rittichainuwat et al.，2020）。现有研究展示了酒店的恢复力如何影响潜在旅游者对酒店适应能力的感知（Möller Wang，& Nguyen，2018）。更准确地说，建立良好恢复力的酒店可以为潜在旅游者提供更多的情感支持，减少他们在危机后的负面情绪。

与上述观点一致，具有良好恢复力的旅游目的地被认为比具有较差恢复力的旅游目的地更有能力和更可靠（Rittichainuwat et al.，2020）。郑、罗和里奇（Zheng、Luo & Ritchie，2021）也指出，恢复力直接影响旅游者的旅游情绪和态度。因此，基于信号理论，旅游目的地恢复力可以被看作目的地抵抗负面影响的适应性反应能力的信号（Annarelli et al.，2016）。旅游地居民感知到的高水平旅游目的地恢复力对他们因旅游目的地负面报道而产生的羞耻感具有重要的缓冲作用。因此，无论是否发生与能力相关或道德相关的负面目的地报道，当旅游地居民感知目的地恢复力高时，他们往往认为旅游目的地可以很好地应对负面目的地报道，然后他们可能会因为不担心负面目的地报道对自我形象的影响而感到不那么羞耻。然而，当旅游地居民感知到目的地的恢复力较弱，并且发生了与道德相关的负面目的地报道时，居民的羞耻感会高于与能力相关的负面目的地报道。因此，在本研究中，旅游地居民感知旅游目的地恢复力被当作负面旅游目的地报道和旅游地居民羞耻感之间的中介。本研究提出以下假设：

H12a：当旅游地居民感知旅游目的地恢复力较高时，旅游地目的地负面报道对旅游地居民羞耻感的影响在道德或能力相关方面没有显著差异。

H12b：当旅游地居民感知旅游目的地恢复力较低时，与道德相关（相较于与能力相关）的负面旅游目的地报道对旅游地居民羞耻感有更大的影响。

先前的研究发现，旅游恢复力是确保旅游地居民整体生活质量的基石（Lew et al.，2017）。最近，相关研究揭示了酒店员工的恢复力调节了他们的情绪失调与主观幸福感之间的关系（Möller, Wang & Nguyen, 2018）。同样，在旅游公司中，员工的生活方式认同与企业恢复力正相关（Biggs，2011）。此外，根据信号理论，当感知旅游目的地恢复力高时，这意味着目的地有能力适当地处理负面目的地报道。因此，无论与旅游目的地负面报道有关的表现或道德如何，旅游地居民都更有可能维持正常生活而不必担心负面报道的影响，从而获得良好的生活质量。相反，当感知旅游目的地恢复力较低时，居民可能会怀疑没有办法妥善处理负面报道，担心报道的负面影响可能会溢出到自我形象上。特别是与道德相关的负面报道比与能力相关的更具诊断性（Skowronski et al.，1987），这会对自我形象产生更强的负面影响，严重影响居民的生活质量。因此，我们预测感知旅游目的地恢复力也会调节负面目的地报道对居民生活质量的主要影响。因此，本研究提出以下假设：

H13a：当旅游地居民感知旅游目的地恢复力较高时，旅游目的地负面报道对旅游地居民生活质量的影响在道德或能力相关方面没有显著差异。

H13b：当旅游地居民感知旅游目的地恢复力较低时，与道德相关（相较于与能力相关）的负面旅游目的地报道对旅游地居民的生活质量有更大的影响。

为了测试提出的假设（见图 4-6），我们进行了三项实验研究。在实验一中，我们分析了旅游目的地负面报道（能力相关与道德相关）对旅游地居民羞耻感和生活质量的主要影响（H9、H10）。它还研究了羞耻感在负面旅游目的地报道和旅游地居民生活质量之间的中介作用（H11）。在实验二中，我们首先再次验证了主效应和中介效应（H9、H10、H11），其次评估了感知旅游目的地恢复力在负面旅游目的地报道和旅游地居民响应之间的调节作用（H12a、H12b、H13a、H13b）。在实验三中，我们将负面旅游目的地报道的情境材料替换为复制实验二以提高本研究的效度，并再次验证了主效应、中介效应和调节效应（H9、H10、H11、H12a、H12b、H13a、H13b）。

4.6.1.3 实验一

实验一研究了旅游地居民如何以不同的方式响应与能力相关和与道德相关的负面旅游目的地报道，以及旅游地居民羞耻感的中介作用（H9、H10、H11）。我们采用了单因素受试者实验设计（能力与道德相关的负面旅游目的地报道），通过社交媒体（如微博、微信和QQ）招募了150名参与者。

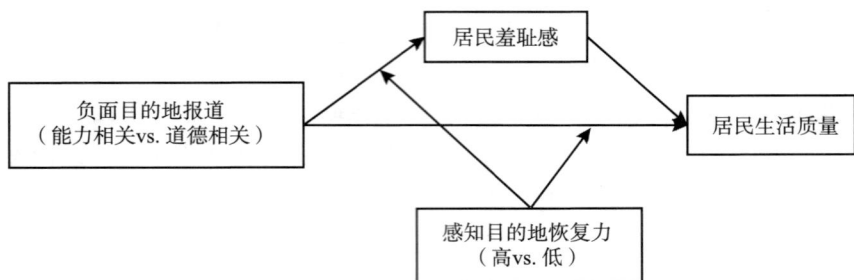

图4-6　研究理论模型

【材料】

我们设计了以真实新闻为背景的文化景观实验场景（Li et al.，2021），与能力相关的负面旅游目的地报道改编自"12·31"上海外滩踩踏事件，它精准反映了旅游目的地的反应能力；与道德相关的负面旅游目的地报道改编自"2·23"云南强迫购物事件，它精准反映了旅游目的地服务人员的不道德行为。此外，我们实施了实验方案来控制复杂的操纵变量，消除干扰因素，并更好地促进变量之间因果关系的调查（Bitner，1990）。

【程序】

150名参与者（55.3%女性；38.7%年龄在26~35岁）随机分配到两个不同场景：与能力相关的负面旅游目的地报道（$n=75$）或与道德相关的负面旅游目的地报道（$n=75$）。此外，参与者都是自愿参与并详细了解实验。

首先，根据已有研究（Möller，Wang & Nguyen，2018），测量参与者的初始情绪和道德态度，以控制某些内生和外生变量的潜在混杂效应。参与者需要阅读场景材料，回答给定的场景是否"在现实生活中可能发生"（1=是；0=否）（Liao，2007），以检查场景的真实性并报告对操纵检查的一致程度（我认为上述材料是与能力/道德相关的负面旅游目的地报道：1=非常不同意，7=非常同意）。其次，使用李克特量表（1=非常不同意，7=非常同意），通过改编自先前研究（Tracy et al.，2006）的四个项目来衡量旅游地居民的羞耻感。先前的研究表明，内疚和羞耻是相似的自我意识情绪（Tracy et al.，2006），而内疚会显著降低生活质量（Zivdir et al.，2017）。为了排除内疚的替代性解释，我们也测量了参与者的内疚感。然后，参与者对旅游地居民的生活质量进行了报告（Andereck et al.，2011），用李克特量表对五个项目进行测量（1=非常不同意，7=非常同意）。并且在没有任何商业目的的情况下询问了几个人口统计问题。最后，我们还计入了月收入和旅游个人收益这两个控制变量。旅游带来的个人利益（Su et al.，2019b）是使用李克特量表（1=非常不同意，7=非常同意）对选定的三个项目进行衡量的。每个量表的平均值分用于后续分析。

【结果】

（1）场景真实性、操作检查和测量可靠性

大多数（88.7%）的参与者回答说给定的场景是现实的。剔除真实性测试失败的 17 份问卷，使用 G * Power3.1 软件计算统计功效（Faul et al.，2009）。对于这两组，总样本量为 133，效应量（f）为 0.5，显著性水平为 0.05，达到的功效为 0.82，高于 0.80 的标准。负面目的地报道的操纵是成功的，与能力相关（$M_{能力}$ = 5.55，SD = 1.11，t = 11.50，p < 0.001）和与道德相关（$M_{道德}$ = 5.26，SD = 1.50，t = 6.80，p < 0.001）均显著高于平均值（4）。并且所有量表都被发现是可靠的（道德态度 α = 0.943；居民的羞耻感 α = 0.837；居民的内疚感 α = 0.926；居民的生活质量 α = 0.955；旅游带来的个人利益 α = 0.863）。

（2）主要影响

在两个负面目的地报道组中，控制变量（初始情绪、道德态度、月收入和旅游个人收益）和居民的内疚感没有显著差异（p > 0.05）。独立样本 t 用于检验 H9 和 H10。负面目的地报道作为自变量，居民羞耻感作为因变量。结果表明，与道德相关负面目的地报道组居民羞耻感相关的值（$M_{道德}$ = 4.93，SD = 1.26）显著（t = −2.866，p = 0.005），高于与能力相关负面目的地报道组的值（$M_{能力}$ = 4.38，SD = 0.94）。H9 得到支持。当自变量和因变量分别为负目的地报道和居民生活质量时，结果表明，与道德相关负面目的地报道组的生活质量相关的值（$M_{道德}$ = 3.44，SD = 1.00）显著（t = 7.541，p < 0.001）低于与能力相关的负面目的地报道组的值（$M_{能力}$ = 4.84，SD = 1.14）。H10 得到支持。

（3）中介效应分析

本实验进行了 5000 次重复和 95% 置信区间的 Bootstrapping 中介测试（Hayes，2013），同时在协变量中添加了四个控制变量和居民内疚感。居民羞耻感是目的地负面报道和居民生活质量之间的中介（b = 0.21，SE = 0.10；95% CI：0.04，0.44）。研究发现负面目的地报道对居民生活质量有直接影响，且相当显著（b = 1.12，SE = 0.19；95% CI：[0.73 ~ 1.50]）。研究结果表明，居民羞耻感部分介导了负面目的地报道对居民生活质量的主要影响。H11 得到支持。

（4）替代解释

尽管居民羞耻感和内疚感之间存在相关性（r = 0.29，p = 0.001），但内疚感不能代替羞耻感作为中介变量（居民的内疚感：b = 0.002，SE = 0.02，95% CI：[−0.03，0.05]）。以内疚感为协变量，羞耻感的中介作用仍然成立，排除内疚感的替代解释。

【讨论】

实验一初步考察了负面目的地报道对居民羞耻感和生活质量的影响，验证了居民羞耻感的中介作用，并排除了居民内疚感的其他解释。然而，实验一有一些不足：第一，因为不同类型的目的地（如文化与自然）会影响个人的反应（Byun et al.，2015），实验一的实验场景使用了文化景观，不涉及其他不同类型的旅游目的地；第二，实验一使用踩踏事件和强迫购物事件来表示两种类型的负面目的地报道，同时应通过验证跨不同事件场景的概念模型来增强研究的普遍性。因此，实验二将在自然景观的背景下进行，以消除旅游目的地类型（文化与自然）可能的内生影响。实验三将增加不同的实验场景，以增强研究的普遍性和扩大研究的有效性。

4.6.1.4 实验二

我们在实验二中追求两个目标：第一，进一步验证负面目的地报道对不同旅游目的地类型的居民反应的影响，以进行内生性检查（H9/H10/H11）；第二，研究高或低感知目的地恢复力如何调节负面目的地报道对居民羞耻感或生活质量的影响（H12a/H12b/H13a/H13b）。2（与能力或与道德相关的负面目的地报道）×2（高或低感知目的地恢复力）被试因子实验设计被应用于从社交媒体上（如微博、微信和QQ）招募的232名参与者。

【材料】

我们设计了两部分的实验场景：第一部分是感知旅游目的地恢复力，根据前人的研究写作（Biggs，2011）；第二部分是负面目的地报道，与实验一相同，但使用了自然景观背景。

【程序】

232名参与者（56.8%的女性；43.9%的年龄在26～35岁之间）被随机分配到四种不同场景中的一种。此外，参与者都是自愿参与并详细了解实验。

首先，根据前人研究（Kopelman，2006；Wang，2011），将参与者的初始情绪和道德态度作为控制变量进行测量。其次，参与者需要阅读关于感知目的地恢复力的第一部分场景。然后，参与者使用比格斯（2011）的四项量表对目的地恢复力进行评分（1=非常不同意，7=非常同意）。最后，参与者以自然景观为背景阅读与负面目的地报道相关的情景材料（与实验一相同，不包括景观类型背景），他们报告了其对情景真实性的认同、负面目的地报道的操纵、居民反应、一些人口统计旅游中的问题和个人利益，以上均与实验一相同。每个量表的平均分用于后续分析。

【结果】

（1）场景真实性、操作检查和测量可靠性

大多数（89.6%）的参与者回答说给定的场景是现实的。剔除真实性测试失败的 24 份问卷，使用 G＊Power3.1 软件计算统计功效（Faul et al.，2009）。对于这四组，总样本量为 208，效应量（f）为 0.25，显著性水平为 0.05，达到的功效为 0.95，高于 0.80 的标准。感知目的地恢复力（高 vs. 低）的操纵是有效的（$M_高 = 5.62$，SD = 0.84；$M_低 = 3.83$，SD = 1.33；$t = 11.56$，$p < 0.001$）和负面目的地报道的操纵（与实验一相同）也被测试为成功的，有能力相关（$M_能力 = 5.60$，SD = 1.10，$t = 14.99$，$p < 0.001$）和与道德相关（$M_道德 = 5.75$，SD = 1.05，$t = 16.92$，$p < 0.001$）均显著高于平均值 4。并且发现所有量表都是可靠的（道德态度 $\alpha = 0.919$；感知目的地恢复力 $\alpha = 0.933$，居民羞耻感 $\alpha = 0.898$；居民生活质量 $\alpha = 0.954$；旅游个人收益 $\alpha = 0.878$）。

（2）主效应和中介效应分析

以目的地负面报道为自变量，居民羞耻感或生活质量分别为因变量，四个控制变量和感知目的地恢复力为协变量的单向协方差分析。结果表明，居民羞耻感（$F_{(1,201)} = 20.849$，$p < 0.001$，partial $\eta^2 = 0.094$）和生活质量（$F_{(1,201)} = 16.980$，$p < 0.001$，partial $\eta^2 = 0.078$）暴露于不同负面目的地报道组之间。因此，在自然旅游目的地的背景下再次验证了主效应（H9/H10），排除了旅游目的地类型的内生性对主效应的影响。

本实验进行了 5000 次重复和 95% 置信区间的中介测试（Hayes，2013），同时将四个控制变量和感知目的地恢复力添加到协变量中。居民的羞耻感是目的地负面报道与居民生活质量之间的中介（b = 0.16，SE = 0.06；95% CI：0.06～0.28）。研究发现负面目的地报道对居民生活质量有直接影响，且相当显著（b = 0.41，SE = 0.14；95% CI：0.13～0.68）。结果表明，居民羞耻感部分介导了负面目的地报道对居民生活质量的主要影响。即在自然旅游目的地的背景下再次支持 H11，排除了旅游目的地类型的中介效应的内生性。

【中介效应】

以目的地负面报道和感知目的地恢复力为自变量，居民羞耻感为因变量，四个控制变量为协变量的双向 ANCOVA。确定了统计学上显著的相互作用（$F_{(1,200)} = 4.071$，$p = 0.045$，partial $\eta^2 = 0.020$）。在低感知目的地恢复力中，与道德相关的负面目的地报道组居民羞耻感相关的值（相较于与能力相关）显著更高（$M_道德 = 5.45$，SD = 0.89；$M_能力 = 4.59$，SD = 1.09；$F_{(1,100)} = 23.073$，$p < 0.001$，partial $\eta^2 = 0.187$）。在高感知目的地恢复力中，居民羞耻感的两个水平没有显著差异（$M_道德 = 4.66$，SD = 1.06；$M_能力 = 4.35$，SD = 1.13；$F_{(1,96)} = 2.745$，$p > 0.05$，partial $\eta^2 = 0.028$）。支持 H12a 和 H12b。

正如预期的那样，双向 ANCOVA 的结果显示负面目的地报道和感知目的地恢复力对居民生活质量有显著影响（$F_{(1,200)} = 5.849$，$p = 0.016$，partial $\eta^2 = 0.028$），四个控制变量作为协变量。分析表明，当居民感知目的地恢复力较低时，与道德相关负面目的地报道组的生活质量（$F_{(1,100)} = 17.035$，$p < 0.001$，partial $\eta^2 = 0.146$）比与能力相关的负面目的地报道（$M_{道德} = 3.49$，$SD = 1.25$；$M_{能力} = 4.41$，$SD = 1.09$）显著降低。在感知目的地恢复力高水平下，与道德相关和与能力相关负面目的地报道组的生活质量水平差异不显著（$M_{道德} = 4.40$，$SD = 0.95$；$M_{能力} = 4.71$，$SD = 1.10$；$F_{(1,96)} = 0.603$，$p > 0.05$，partial $\eta^2 = 0.006$）。支持 H13a 和 H13b。

【讨论】

与实验一相比，实验二再次验证了不同旅游目的地类型背景下的主效应（H9/H10）和中介效应，排除了旅游目的地类型的内生影响，填补了实验一的空白。实验二还揭示了居民感知目的地恢复力（高与低）对负面目的地报道和居民反应之间关系的中介作用，支持 H12a、H12b、H13a、H13b。接下来，实验三将进一步提高研究在不同事件场景中的有效性。

4.6.1.5　实验三

在实验二的基础上，实验三使用了不同的事件实验场景，并复制了实验二的程序，通过从社交媒体（如微博、微信和 QQ）招募 231 名参与者检验 H9、H10、H11、H12a、H13a、H13b，加强研究的普遍性和有效性并排除事件情境的内生性。

【材料】

实验情境由两部分组成：第一部分是感知旅游目的地恢复力，与实验二相同；第二部分同样取材于真实新闻，与能力相关负面旅游目的地报道改编自"10·2"九寨沟旅游滞留事件；与道德相关的负面旅游目的地报道改编自"12·29"雪乡旅游打假事件。

【程序】

231 名参与者（55.0% 女性；42.4% 年龄在 26～35 岁之间）随机指定到四种不同场景中的一种。此外，参与者都是自愿参与并详细了解实验。

程序与实验二相同。参与者需要在阅读关于感知旅游目的地恢复力的情境材料之前回答他们的初始情绪、道德态度（与实验二相同），然后报告感知旅游目的地恢复力。接下来，参与者阅读与负面目的地报道相关的新情境材料，并报告他们对情境真实性的认同、负面旅游目的地报道的操纵、居民的反应、一些人口统计问题和旅游带来的个人收益，所有这些都与研究相同。每个量表的平均分用于后续分析。

【结果】

（1）场景真实性、操作检查和测量可靠性

大多数参与者（88.3%）回答说提供的场景对他们来说是真实的，他们可以很容易地想象这些场景。剔除真实性测试失败的 27 份问卷，使用 G ∗ Power 3.1 软件计算统计功效（Faul et al.，2009）。对于四组，总样本量为 204，效应量（f）为 0.25，显著性水平为 0.05，达到的功效为 0.94，高于 0.80 的标准。感知旅游目的地恢复力的操纵（$M_{高}$ = 5.59，SD = 0.86；$M_{低}$ = 4.00，SD = 1.01；t = 12.14，p < 0.001）和负面旅游目的地报道（$M_{能力}$ = 5.36，SD = 1.07，t = 12.53，p < 0.001；$M_{道德}$ = 5.67，SD = 1.02，t = 16.93，p < 0.001）是有效的。研究发现所有量表都是可靠的（道德态度 α = 0.932；感知旅游目的地恢复力 α = 0.927，居民羞耻感 α = 0.836；居民生活质量 α = 0.929；旅游个人收益 α = 0.766）。平均分用于后续分析。

（2）主效应和中介分析

以旅游目的地负面报道为自变量，居民羞耻感或生活质量分别为因变量，四个控制变量和感知旅游目的地恢复力为协变量的单向 ANCOVA。结果表明，居民的羞耻感（$F_{(1,197)}$ = 16.916，p < 0.001，partial η^2 = 0.079）和生活质量（$F_{(1,197)}$ = 19.249，p < 0.001，partial η^2 = 0.089）暴露于不同负面旅游目的地报道组之间。因此，H9、H10 在旅游滞留事件场景和旅游打假事件场景中再次得到验证，扩展了本研究在更多实验场景下的有效性，排除了事件场景的内生性。

中介分析还使用自举中介测试进行，重复 5000 次，置信区间为 95%（Hayes，2013），同时将四个控制变量和感知旅游目的地恢复力添加到协变量中。居民的羞耻感是旅游目的地负面报道和居民生活质量之间的中介（b = 0.10，SE = 0.05；95% CI：0.002，0.207）。发现负面旅游目的地报道对居民生活质量的直接影响是显著的（b = 0.43，SE = 0.12，95% CI：0.19，0.68）。研究结果表明，居民羞耻感部分介导了负面旅游目的地报道对居民生活质量的主要影响。因此，在不同的事件情境下，居民羞耻感的中介作用再次得到支持。

（3）中介效应

以旅游目的地负面报道和感知旅游目的地恢复力为自变量，居民羞耻感为因变量，四个控制变量为协变量的双向 ANCOVA。确定了统计学上显著的相互作用（$F_{(1,96)}$ = 7.994，p < 0.005，partial η^2 = 0.039）。在低感知旅游目的地恢复力中，与道德相关负面旅游目的地报道组的居民羞耻感相关的值（相对于与能力相关）显著更高（$M_{道德}$ = 5.19，SD = 0.82；$M_{能力}$ = 4.22，SD = 0.93；$F_{(1,89)}$ = 25.348，p < 0.001，partial η^2 = 0.222）。在高感知旅游目的地恢复力

中，居民羞耻感的两个水平没有显著差异（$M_{道德} = 4.48$，$SD = 1.05$；$M_{能力} = 4.24$，$SD = 1.00$；$F_{(1,103)} = 0.291$，$p > 0.05$，partial $\eta^2 = 0.003$）。与实验二相比，H12a 和 H12b 在不同的事件情境下再次得到支持。

正如预期的那样，双向 ANCOVA 的结果显示负面旅游目的地报道和感知旅游目的地恢复力对居民生活质量有显著影响（$F_{(1,196)} = 6.660$，$p = 0.011$，partial $\eta^2 = 0.033$），四个控制变量作为协变量。实验结果表明，当居民感知旅游目的地恢复力较低时，与道德相关的负面旅游目的地报道组的生活质量比能力相关的负面旅游目的地报道组（$M_{道德} = 3.58$，$SD = 0.90$；$M_{能力} = 4.43$，$SD = 0.55$）显著降低（$F_{(1,89)} = 29.729$，$p < 0.001$，partial $\eta^2 = 0.250$）。在感知旅游目的地恢复力高水平下，与道德相关和与能力相关的负面旅游目的地报道组的生活质量水平差异不显著（$M_{道德} = 4.63$，$SD = 1.02$；$M_{能力} = 5.09$，$SD = 0.99$；$F_{(1,103)} = 1.285$，$p > 0.05$，partial $\eta^2 = 0.012$）。因此，H13a 和 H13b 再次得到支持，在新的事件情境下加强了调节效应的有效性，排除了事件情境的内生性对调节效应的影响。

4.6.1.6　研究结论与建议

【结论】

我们进行了三项与负面旅游目的地报道相关的研究，以测试提出的假设。实验一的发现支持这样一种观点，即当存在与道德相关的负面旅游目的地报道时，与能力相关的负面旅游目的地报道相比，居民更倾向于形成更高的羞耻感和更低的生活质量。此外，实验一表明，居民的羞耻感部分介导了负面旅游目的地报道对居民生活质量的主要影响，并排除了内疚感的替代解释。实验二首先验证了旅游目的地负面报道对居民反应的主要影响和居民羞耻感的中介作用，同时排除了旅游旅游目的地类型可能的内生效应。其次，实验二揭示了居民感知旅游目的地恢复力（高与低）对旅游目的地负面报道和居民羞耻感以及居民生活质量之间关系的调节作用。我们发现，在低感知旅游目的地恢复力的情况下，与道德（与能力相对）相关的负面旅游目的地报道可以显著增强居民的羞耻感并削弱居民的生活质量；而当感知的旅游目的地恢复力较高时，面临与道德相关的负面旅游目的地报道的居民将与面临与能力相关的负面旅游目的地报道的居民具有相似的耻辱水平和生活质量。最后，为了提高本研究的有效性，实验三替换了负面旅游目的地报道的情境材料（能力相关 vs. 道德相关），再次验证并支持了上述所有假设。以下部分讨论了本研究的理论贡献和管理意义。

【理论贡献】

尽管之前的研究探讨了媒体报道对游客反应的影响（例如，Robertson et al.,

2009；Williams-Burnett et al.，2018），但很少有研究考虑居民报道的影响（Chien et al.，2012），更不用说调查不同性质的负面旅游目的地报道（与道德或能力相关）下居民反应的差异。实际上，先前的研究已经提出，调查不同类型的负面报道（如与能力或道德相关）可能是一项有趣的研究（Yu et al.，2019），这可能会不同程度地影响个体（Baghi et al.，2019；Pullig et al.，2006）。为填补研究空白，这是第一项从居民角度考察与道德（相对于与能力）相关负面旅游目的地报道影响的研究，并发现其在与道德相关情况下对居民羞耻感和生活质量的显著影响，这也细化和深化了旅游目的地负面报道研究。

此外，据我们所知，负面旅游目的地报道与居民生活质量之间的中介作用在现有文献中仍然未知。布隆迪和休斯（Mkono & Hughes，2020）提出，对旅游负面环境影响的认识对旅游体验质量有显著影响，生态内疚和生态耻辱是其中的重要中介，然而，两者都有待于明确涉及旅游领域。因此，本研究从居民的角度将羞耻感引入负面旅游目的地报道的语境，同时检验并排除了内疚感的替代解释，最终发现居民的羞耻感在一定程度上调节了负面旅游目的地报道与居民生活质量之间的关系。具体而言，当负面旅游目的地报道与道德相关时，居民会产生强烈的羞耻感，进而导致生活质量下降。这些发现不仅突出了居民羞耻感作为关键中介的重要性，拓展了自我意识情绪在旅游业中的应用语境，也进一步验证了旅游目的地负面报道与居民生活质量的内在机制。

另外，我们研究了居民感知的旅游目的地恢复力如何调节负面旅游目的地报道对居民羞耻感和生活质量的影响。先前对旅游目的地恢复力的研究已经评估和检验了居民对旅游目的地恢复力的看法（如 Guo et al.，2018）。然而，很少有研究探讨感知旅游目的地恢复力对居民反应及其前因的中介作用。本研究区分了两个层次的感知旅游目的地恢复力（高与低），发现在高感知旅游目的地恢复力条件下，负面旅游目的地报道与居民反应的关系没有显著差异。然而，如果居民对旅游目的地恢复力的感知水平较低，只要居民认为旅游目的地负面报道与道德有关，负面旅游目的地报道就会增加居民羞耻感，损害居民的生活质量。这些结果揭示了感知旅游目的地恢复力在负面旅游目的地报道和居民反应之间的边界效应，也丰富了该领域恢复力的文献并提供了一些新的见解。

4.6.2　旅游地社会责任动机归因对旅游地居民生活质量的影响机制

随着旅游业持续快速发展和影响力的不断提升，旅游活动已成为当前人们日常生活的重要组成部分、衡量生活质量的重要标准和提升幸福感的重要手段。旅游地居民作为旅游地核心利益相关者，其在旅游地生活的时间更长、接触范围更广，他们受到旅游发展的影响更加广泛和深远，因而加强对旅游地居民生活质量的研究对化解当前我国社会主要矛盾具有重要意义。特别是对以旅游业为支柱产业的乡村旅游地，探索居民生活质量提升机制，通过旅游发展满足居民对美好生活的需求，也是实现乡村振兴的重要突破口。

旅游地社会责任作为充分考虑旅游发展的社会属性而肩负的改善利益相关者福祉的一种战略理念和责任担当，其对旅游地居民生活质量及幸福感的积极作用已经得到广泛验证（Su et al.，2018；何学欢等，2017；粟路军等，2020）。最近的研究表明，旅游地社会责任（Su et al.，2018）、企业社会责任（Lee et al.，2018）、责任旅游（Mathew et al.，2017）等旅游地经营管理因素对旅游地居民生活质量的影响已经成为研究热点，但旅游地社会责任动机归因对旅游地居民生活质量的影响尚未获得研究者广泛关注。事实上，企业社会责任动机归因是解释企业社会责任意图与利益相关者结果感知之间关系的关键机制（Pai et al.，2015）。旅游地社会责任动机作为旅游地履行社会责任的价值导向，利益相关者会对不同社会责任动机进行归因进而根据不同动机采取不同的行为反应（Su et al.，2020）。例如，2018 年以来南岳衡山景区先后打造了多项旅游扶贫项目，实现了当地居民收入的大幅增长，有效地促进了景区发展与居民生活质量提高的有机结合。相反，2016 年荆州关公义园开园，该景区斥巨资打造的巨型关公像未能带动景区周边居民收入增长，并引起了游客、当地居民和社会各界的质疑。由此可见，对旅游地社会责任动机归因的差异会促使旅游地居民产生不同的反应。然而，当前有关旅游地社会责任动机的研究主要侧重于旅游者层面（Hassan et al.，2021），鲜有研究从旅游地居民视角出发，对旅游地社会责任动机进行细分和比较，并在此基础上进一步探讨不同旅游地社会责任动机归因对旅游地居民生活质量的影响机制。因此，针对现有研究的不足，本节对旅游地社会责任动机进行细分，探讨不同旅游地社会责任动机下的旅游地居民生活质量。

旅游地居民增权被广泛认为是旅游永续发展的先决条件（Joo et al.，2022），在旅游业中注重居民增权已作为该领域最终目标即旅游永续发展的一项更为突出的要求（Joo et al.，2022）。科尔（Cole，2006）认为增权是社区参与旅游发展阶梯的顶层，也是旅游永续发展文献中众多研究的焦点。增权被视为个人、组织或社区通过增强自身能力（如内在力量）和影响其周围环境（如外部响应）来控制自己命运的努力（Joo et al.，2022）。研究表明，旅游地社会责任可以通过改善居民对社区凝聚力和协作的感知增强他们的社会增权感知（Joo et al.，2022；Su et al.，2022；何学欢等，2017）。旅游带来的这种社会增权感知在旅游地居民之间产生了更多的积极互动。进一步地，当旅游促进旅游地居民在日常生活中的互动加强时，居民可能会寻求更多的政治参与，以实现他们在旅游中的集体利益（Cole，2006）。因此，居民旅游增权有助于他们在旅游决策过程中维护社区利益进而保障其生活质量。尽管增权在旅游地社会责任和旅游永续发展研究文献中占有突出位置，但有关其对居民旅游地社会责任动机归因和生活质量的影响的研究还较为缺乏（Cole，2006；Joo et al.，2022；何学欢等，2017）。因而旅游地社会责任活动中的居民增权感知显得尤为重要，并且应是一个值得深入研究的课题（Aleshinloye et al.，2022；左冰等，2008；王进等，2017）。

然而，旅游地居民增权感知在不同参与程度居民间存在差异。相较于参与程度较低的旅游地居民，旅游业发展参与程度更高的居民，会更显著感知到旅游增权，进而影响其生活质量（Aleshinloye et al.，2022）。在管理学和营销学文献中，研究发现企业社会责任动机归因对员工态度和行为的影响会受到员工个体因素影响（Su et al.，2019a；张倩等，2015），其中员工参与程度对企业社会责任动机归因的调节作用尤为显著（Su et al.，2019a）。德罗克和法鲁克（De Roeck & Farooq，2017）发现企业社会责任参与程度高的员工相较于参与程度低的员工更能感知到企业社会责任动机并产生更高的组织信任和组织认同。在旅游地社会责任活动中，旅游地居民也会对社会责任动机进行相应的归因，在不同参与程度下，旅游地居民对旅游地社会责任动机的关注点和关注程度存在差异（Joo et al.，2022），而导致居民对旅游地社会责任动机归因在不同的参与程度上存在显著差异，进而影响其旅游增权感知和生活质量，但目前针对这方面的细分研究还较为缺乏。

基于上述研究背景，本节首先着眼于旅游地社会责任动机，分析旅游地社会责任动机归因对旅游地居民生活质量的直接影响；其次，本节探究了旅游地社会责任动机归因对旅游地居民增权感知的影响及旅游地居民增权感知的中介作用，以厘清旅游地社会责任动机归因对旅游地居民生活质量的影响机制；最后，引入居民参与程度作为旅游地社会责任动机归因的调节机制，揭示旅游地社会责任动机归因对旅游地居民生活质量影响的边界条件。总之，本节深化了旅游地社会责任动机归因对旅游地居民生活质量的影响机制，对旅游地开展相应社会责任活动的实施方式和沟通策略具有重要的指导意义。

4.6.2.1 理论基础与研究假设

【理论基础】

（1）归因理论

归因理论最早由海德（Heider，1958）首次提出，它是指人们对自己或他人的行为进行分析，推论出这些行为的原因的过程（Weiner，1985）。基于上述定义，学者们提出归因行为产生的根本原因是人们试图通过对各种日常社交行为给出某种解释以满足自身对环境控制和适用环境的需要（Wong & Weiner，1981）。因而人们对某一事件或行为动机的认知、情感、态度及行为会受到归因结果的影响（Su et al.，2020；张倩等，2015）。作为阐释企业社会责任实施意图与利益相关者结果感知之间关系的关键机制（Pai et al.，2015）。研究表明，企业社会责任动机归因直接影响消费者的态度和行为意向（Su et al.，2020）和员工幸福感（朱月乔等，2020；De Roeck et al.，2017）。当消费者将企业社会责任归因于内在动机时，感知企业社会责任对消费者购买意愿将产生更强的积极影响；反之，当消费者将企业社会责任表现归因于外在动机时，感知企业社会责任对消费者购买意愿将产生更强的消极影响（Su et al.，2020）。

旅游地社会责任动机是旅游地履行社会责任的价值导向，利益相关者会对不同旅游地社会责任动机进行归因进而根据不同动机采取不同的行为反应（Su et al.，2020）。研究发现，作为旅游地的核心利益相关者，如旅游地居民、旅游企业、政府组织和旅游者，旅游地的核心利益相关者会对旅游地社会责任行为动机的归因直接影响其对旅游地的态度和评价，如旅游者对旅游地社会责任动机归因会直接影响旅游者的出游意向和旅游目的地信任（Su et al.，2020）以及对旅游从业者幸福感产生显著影响（Su & Swanson，2019a）。因而本研究认为旅游地社会责任动机归因也可能会影响旅游地居民的生活质量。

（2）增权理论

增权理论最早由所罗门（Solomon，1976）提出，他从种族议题的视角将增权定义为减少弱势群体的无权感，提高其社会参与并实现增权的过程（王进等，2017）。此后，增权理论作为社会学、社区心理学、政治学等学科的新兴核心概念受到了广泛关注（左冰等，2008）。尽管增权在学术和实践上都很重要，但科学地定义增权始终是学界面临的一个难题。从社区心理学视角，增权被定义为个人、组织和社区获得对他们自己事务掌控权的能力（Rappaport，1987），该定义得到了研究者们的广泛认同（Boley et al.，2014）。随着研究的深入，有研究者对增权的内涵提出了不同的见解，如增权阶梯理论，将增权定义为一个始于底层的个人增权，最终上升到顶层的集体增权的连续体，政治增权是集体增权的最终结果（Rocha，1997）。从增权产生的结果视角，增权可以被定义为个人、组织或社区通过增强自身能力（如内在力量）和影响其周围环境（如外部响应）来控制自己命运的努力。

一般而言，增权可以通过个人、组织和社区3个层面共同实现（左冰等，2008）。个人层面上的增权聚焦于发展个人控制感和自我效能感，个人对特定事物的感知控制和对该事物具有影响力的信念会导致个人的主动性，进而产生更大的控制感和批判性意识（Joo et al.，2022）；组织层面上的增权旨在有效化解消极社会结构过程的结果，使个人认为自己有能力影响其周围的环境，其过程包括集体决策和共享领导权（Rappaport，1987）；社区层面上的增权强调政治行动和社会改变的目标，其过程包括引入外部主体（如政府或媒体）或采取整合其他社区资源的合作行为（Rappaport，1987）。研究表明，旅游地居民增权被广泛认为是旅游可持续发展和提升居民生活质量的先决条件（Joo et al.，2022）。通过从心理、社会、政治、经济等维度为居民增权（如收入、政治途径、身份、社区凝聚力），影响居民对自身主体地位的认知和情感，增强旅游地居民社区参与的积极性，进而促使居民转变为根据其价值观和利益行事的积极行动者，从而提升其旅游发展的满意度和生活质量（Cole，2006；Rappaport，1987；李瑞等，2016）。

【研究假设】

（1）旅游地社会责任动机归因对居民增权感知的影响

长期以来，探究企业社会责任背后的动机一直被认为是解释消费者对企业社会责任活动反应的三要变量（Godfrey et al.，2007）。为了进一步深化对企业社会责任背后动机的具体归因及消费者对不同动机反应的差异的理解，一些研究者将动机进一步细分为不同的维度。研究者将消费者对企业社会责任动机划分为四种类型，即自我利益驱动动机、战略驱动动机、利益相关者驱动动机及价值驱动动机（Ellen et al.，2006）。具体而言，自我利益驱动动机的出发点是以自我为中心目标导向（如慈善捐赠的税收冲销），战略驱动动机聚焦于市场发展目标的实现（如留住客户），利益相关者驱动动机与满足利益相关者的期望相关，价值驱动动机反映了企业善良和真诚的信念（Su et al.，2020）。其他学者在此基础上将企业社会责任动机分为外在动机和内在动机两大类（Du et al.，2007）。其中，外在动机的出发点是为了满足企业或个人自身利益，本质上是利己的；内在动机则是为了公众利益或真诚服务社会，本质上是利他的。事实上，旅游地社会责任被视为旅游地超越旅游发展的单一经济属性，充分考虑旅游发展的社会属性而肩负的改善利益相关者福祉的一种战略理念和责任担当（Su et al.，2018）。旅游地采取不同的动机履行社会责任也会对旅游地居民的认知和情感产生不同的刺激，进而影响其增权感知和社区参与积极性（Joo et al.，2022）。为了阐明旅游地社会责任动机对旅游地居民增权感知和生活质量的影响，本研究将旅游地社会责任动机划分为内在动机和外在动机。内在动机是指旅游地积极履行促进社会福祉的责任和义务，如价值驱动动机；外在动机是指旅游地背离自身社会责任理念并带有特定的目的意图，包括自我利益驱动动机、战略驱动动机、利益相关者驱动动机。

企业社会责任归因是指个体对企业履行企业社会责任的动机进行推理的过程与结果（Ellen et al.，2006）采用归因理论对企业参与实施社会责任行为的动机归因进行探讨已经引起了研究者们的重视（Giner et al.，2021；Su et al.，

2020；张倩等，2015）。根据归因理论，一致性是指个体行为在不同场合或模式下发生的程度（Kelley，1973）。当旅游地社会责任活动被认为是内在动机或价值驱动时，作为直接核心利益相关者，旅游地居民不仅可以从旅游地社会责任活动中获得利益，而且还能够从旅游地社会责任活动中感受到理念与行为的一致性。内在动机归因增强了居民个人控制感、自我效能感和生活满意度，有助于旅游地居民产生心理、社会、政治和经济维度的增权感知（Ginder et al.，2021；Su et al.，2018；李瑞等，2016；王进等，2017）。反之，当旅游地居民认为旅游地履行社会责任是以自我为中心的单纯经济导向，如追求景区利润或提高企业形象时，旅游地并未落实其在社会责任方面所宣扬的理念，居民感知到旅游地理念与行为的不一致性，进而丧失了对参与旅游发展的感知控制和社区参与的主动性，从而降低了居民的增权感知并产生更强的抵抗意识。基于上述分析，本研究提出如下假设：

H14：旅游地社会责任内在动机归因对旅游地居民增权感知的积极影响更显著。

（2）旅游地社会责任动机归因对居民生活质量的影响

世界企业永续发展协会（World Business Council for Sustainable Development，WBCSD）将企业社会责任定义为企业持续承诺在经营上符合道德，并在贡献于经济发展的同时，提高员工及其家庭、当地社区社会整体的生活质量（Su et al.，2018）。因此，企业社会责任与生活质量密切相关。生活质量是一个人对生活和人生经历的满意度和满足感，它代表个体对生活的主观感受和看法（Andereck et al.，2011）。社区居民生活质量应该是企业社会责任的核心议题，并从经济、法律、道德和慈善四个维度验证了博彩企业的企业社会责任活动对居民的生活质量和感知利益产生的积极影响（Lee et al.，2018）。在旅游学文献中，一些学者对旅游地居民生活质量的影响因素进行了探讨，其中旅游地社会责任被视为是影响旅游地居民生活质量的关键因素（Su et al.，2019b；Su et al.，2020；何学欢等，2017）。粟路军等（2018）发现旅游地社会责任对居民旅游支持和感知生活质量有直接和积极的影响。何学欢等（2017）研究表明旅游地社会责任会显著正向影响居民社区满意度并外溢到其生活质量。

在营销学和管理学文献中，研究发现，企业社会责任动机归因会直接影响利益相关者（如顾客、员工和投资者等）的态度和行为（Groza et al.，2011）。博尔顿等（2015）发现当餐饮企业社会责任的动机与关心他人的公共规范相一致时（即内在动机），顾客的满意度和忠诚度会得到提高。也有研究者提出当消费者感知到酒店的绿色行为具有内在动机（即环境保护和可持续发展）时，他们更愿意为酒店的绿色行为实践支付溢价（Kang，2012）。粟路军等（2020）指出旅游者会对旅游地社会责任动机进行归因，在内在动机归因情境下，旅游者表现出更积极的旅游目的地信任和出游意愿。基于利益相关者理论，旅游地居民作为旅游地社会责任活动的直接参与者和核心利益相关者（何学欢等，2017），旅游地社会责任动机归因会对旅游地居民的态度、情感和行为产生不同的影响且内在动机的影响更显著。因此，旅游地居民生活质量受到内在动机归因情境下的旅游地社会责任内在动机归因影响可能更为强烈。鉴于此，本研究提出如下假设：

H15：旅游地社会责任内在动机归因对旅游地居民生活质量的积极影响更显著。

（3）旅游地居民增权感知对居民生活质量的影响

增权一直是社区发展研究的一个重要概念（Joo et al.，2022；Strzelecka et al.，2017）。增权对个人、组织和社区获得掌控他们自己事务是至关重要的（Rappaport，1987）。增权的概念强调将权力转移给个人、组织和社区，以服务于他们自己，而不是依赖于仁慈的局外人（Joo et al.，2022）。虽然广义上增权指获得控制权，但增权的概念被认为是多维的（Cole，2006；Rappaport，1987）。根据增权理论，谢文斯（Scheyvens，1999）从心理、社会、政治和经济维度探讨了旅游为居民增权的重要性，即从心理、社会和政治增权三个维度对居民在旅游发展过程中的增权感知进行测量。

在旅游文献中，大部分旅游增权的研究支持以一种为旅游目的地的三重底线（经济、环境和社会文化可持续性）带来最大利益的形式关注居民生活质量，即为了使居民追求成功的生活，他们需要获得心理、社会和政治权力。研究表明旅游地居民增权感知（心理、社会和政治）显著地影响了旅游地居民的生活质量和地方认同（Aleshinloye et al.，2022）。王金伟等（2021）指出从经济、心理、社会和政治 4 个维度为乡村旅游地居民增权既是提升居民获得感和幸福感的重要手段，也是实现乡村振兴的良策和有效途径。基于上述文献，本研究认为旅游地居民增权作为旅游可持续发展的先决条件有利于提升居民生活质量。鉴于此，本研究提出如下假设：

H16：旅游地居民增权感知对旅游地居民生活质量产生积极影响。

（4）旅游地居民增权感知的中介作用

根据归因理论，当旅游地积极履行促进社会福祉的责任和义务时，通常会引起旅游地居民的利他归因（如价值观驱动动机、战略驱动动机），居民逐步从一种单向的被动参与过程转变为双向的主动参与过程，在互动过程中居民的增权感知逐渐强化，最终实现从一种无权状态向增权状态的转变；反之，当旅游地背离自身社会责任理念并带有特定的目的意图实施旅游地社会责任活动时，通常会引起旅游地居民的利己归因（如自我利益驱动动机、利益相关者驱动动机），居民会对其是否在旅游地社会责任上具有一贯性与持久性产生疑问，进而怀疑其将旅游地社会责任作为其长期发展的使命与愿景是否真实。同时，已有研究表明旅游增权在旅游发展与居民生活质量之间发挥着重要的中介作用。已有研究证实了旅游增权在感知旅游知识和居民关于旅游的政治行动之间起到中介作用（Joo et al.，2022）。相关研究也证实了增权在居民从旅游中获得的经济利益与生活质量之间发挥的中介作用（Aleshinloye et al.，2022）。因此，居民对旅游地社会责任动机利他归因有助于居民或社区获得掌控他们自己事务的权力，也会使得居民的个人控制感、自我效能感和生活满意度得到显著提升。根据以上推理，本研究提出如下假设：

H17：旅游地居民增权感知在旅游地社会责任动机归因与居民生活质量之间起中介作用。

（5）居民旅游参与程度的调节作用

居民旅游参与程度是指居民在多大程度上参与到社区中并与他们的社区分享生活中的问题（Aleshinloye et al.，2022）。研究表明，参与旅游的程度直接影响居民从旅游开发和整体增权中获得的经济利益（Aleshinloye et al.，2022；Strzelecka et al.，2017）。当旅游地居民的参与程度较高时，居民更关注旅游发展赋予个人、组织和社区参与、控制、分配和使用资源的权力，而不是依赖于仁慈的局外人（Joo et al.，2022）。因而当旅游地在内在动机主导下实施社会责任活动时，居民能够更加真切地感知到来自经济、心理、社会和政治等方面的旅游增权。当旅游地居民在关乎自身集体福祉的问题上感到被排除在外时，他们将感知到自身权益遭到侵犯，对社区旅游发展表现出缺乏兴趣，进而停止对旅游发展的支持行为（Aleshinloye et al.，2022）。反之，当旅游地居民的参与程度较低时，居民更多地归属于被旅游发展边缘化的群体，较少掌握参与、控制、分配和使用资源的权力，在被动参与旅游发展的过程中更多的是扮演旅游地履行社会责任活动信息的被动接收者，难以从旅游地社会责任动机归因中感知到旅游增权。据以上推理，本研究提出如下假设：

H18a：当居民旅游参与度较高时，旅游地社会责任内在动机（vs. 外在动机）归因能够激活更高的旅游地居民增权感知。

H18b：当居民旅游参与度较低时，旅游地社会责任内在动机（vs. 外在动机）归因能够激活的旅游地居民增权感知没有显著差异。

根据归因理论的行动者—旁观者效应，旁观者（如低参与度居民群体）在动机归因时由于自身感知较为有限，更易受到周围线索的影响；而行动者（如高参与度居民群体）由于了解事情的全部过程，通常就自身感受进行归因，更不易受到周围线索的影响（Aleshinloye et al.，2022）。例如，研究发现居民的参与程度越高，他们对旅游业的了解越多，他们在心理上、社会上和政治上的能力就会越强，从旅游发展中获得的直接和间接利益越多（Joo et al.，2022）。

据此,本研究认为,居民参与旅游程度会调节旅游地社会责任动机归因对居民生活质量的影响。当旅游地居民的参与程度较高时,居民对旅游影响的感知更加全面和准确,他们会从自身感受出发主动对旅游地社会责任动机进行归因,以判断旅游地履行社会责任是否出自利他动机以及自身的生活满意度和生活质量是否得到了提高;反之,当旅游地居民的参与程度较低时,居民难以感知到自身在关乎旅游发展决策中的主体地位,因而在旅游地社会责任动机归因时,他们更容易受到周围人判断的影响,进而难以准确地对旅游地社会责任动机进行准确的归因和识别(Aleshinloye et al. ,2022)。据以上推理,本研究提出如下假设:

H19a:当居民旅游参与度较高时,旅游地社会责任内在动机(vs. 外在动机)归因能够让居民感知到更多生活质量的提升。

H19b:当居民旅游参与度较低时,旅游地社会责任内在动机(vs. 外在动机)归因对旅游地居民生活质量提升的感知没有显著差异。

基于以上假设,本研究提出以旅游地居民增权感知为中介变量,居民旅游参与程度为调节变量,旅游地社会责任动机归因与旅游地居民生活质量之间关系的理论模型(见图 4 – 7)。

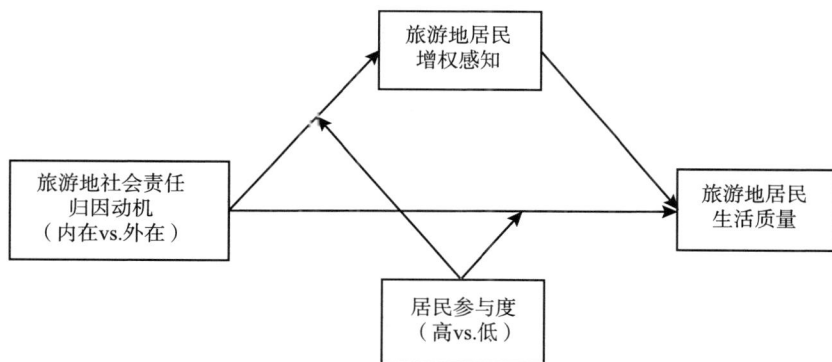

图 4 – 7　本研究的理论模型

4. 6. 2. 2　实验一

实验一旨在验证旅游地社会责任动机归因对旅游地居民增权感知和居民生活质量的影响(即 H14、H15),并进一步探究旅游地居民增权感知对居民生活质量的影响及其中介作用(即 H16、H17)。

【预实验】

(1)实验设计

在正式实验之前,本研究首先开展了一项预实验评估参与者对旅游地社会责任动机归因的理解。我们通过见数调查平台（Credamo.com）招募了 75 名参与者（男性占 53.3%）作为实验对象（Gai et al.，2021）。实验采用单因素组间设计（内在动机 vs. 外在动机），实验参与者被随机分为两组（内在动机组 38 人，外在动机组 37 人）。被试首先阅读旅游地社会责任动机刺激材料。为了更加贴合现实，本研究选取了旅游地针对景区周边居民住宅立面改造开展的名为"梦想改造家"的社会责任活动，作为本次实验的旅游地社会责任活动。外在动机的旅游地社会责任动机描述为："为响应上级部门关于打造世界重要旅游目的地的战略部署，近期，S 景区准备发起一场'梦想改造家'社区公共服务改造活动。本次活动的主要内容是对景区周边居民的住宅进行整体改造，打造为风格统一的民居。S 景区发起本次活动的核心目的是希望通过本次整体改造能够提高游客体验质量，提高游客、社会公众、当地工作人员对景区的好感度，提升景区知名度，吸引更多游客，增加景区旅游收入，并成功扭转景区当前经营不利的局面。S 景区负责人表示，本次改造关系到景区当前的发展，要求所有被纳入改造范围的居民务必引起重视，积极配合施工人员，提前做好改造准备。"内在动机的旅游地社会责任动机描述为："为切实提升景区周边社区老年人的生活水平，近期，S 景区准备发起一场'梦想改造家'社区公共服务改造活动。本次活动的主要内容是对景区周边居民的住宅进行整体改造，打造为风格统一的民居。S 景区发起本次活动的核心目的是希望通过本次整体改造能够更好地回馈当地居民，让广大居民享受到旅游发展带来的实实在在的红利，尊重当地居民的主体地位，提高当地居民的参与感、获得感、幸福感。S 景区负责人表示，居民是本轮改造的主角，景区旅游发展离不开居民长期以来的支持，我们有义务、有责任回馈他们，为他们营造一个团结、和谐、幸福的生活环境。"

（2）实验程序

请参与者认真阅读刺激材料，并将自己想象成为材料中的居民。刺激材料阅读完成后，要求被试填写身份转换量表、情境真实性量表、刺激材料理解量表和旅游地社会责任动机操控变量有效性检验量表，其中身份转换量表、情境真实性量表、刺激材料理解量表为单题项两分量表。操控变量有效性检验量表为多题项李克特 7 级（1 代表非常不同意，7 代表非常同意）评分量表，量表以粟路军等（2020）的旅游地社会责任动机归因量表为基础，并根据本研究需要进行翻译和改编，其中外在动机包括自我利益驱动动机、战略驱动动机、利益相关者驱动动机 3 个维度，内在动机包括价值驱动维度。

（3）实验结果

刺激材料的真实性检验结果表明，所有的参与者表明实现了身份转换，即能够将自己设想为当地居民；97.3% 的参与者表示材料情境是在现实生活中会发生的（$\chi^2[1] = 67.21$，$p < 0.001$）；94.7%的参与者表示对材料情境的理解没有困难（$\chi^2[1] = 59.85$，$p < 0.001$）。单因素方差分析的结果表明，外在动机刺激组在自我利益驱动、战略驱动、利益相关者驱动三个维度的均值高于内在动机刺激组（$M_{外在动机} = 5.71$，$SD = 0.68$；$M_{内在动机} = 4.07$，$SD = 0.74$，$F_{(1,73)} = 100.71$，$p < 0.001$）。然而，内在动机刺激组的价值驱动维度均值高于外在动机刺激组（$M_{外在动机} = 4.37$，$SD = 0.79$；$M_{内在动机} = 5.96$，$SD = 0.65$，$F_{(1,73)} = 90.15$，$p < 0.001$）。因此，刺激材料的情境真实性和操控有效性均通过检验，表明能够用于正式实验。

【正式实验】

（1）实验设计

正式实验采用单因素组间设计（内在动机 vs. 外在动机），通过见数调查平台（Credamo.com）招募 100 位实验志愿者，其中 9 人因未通过甄别题项和不认真作答被剔除，91 名实验志愿者为本次实验对象（女性 51 人，占比56.0%）（见表 4-9），参与者被随机分到两个实验组中（内在动机组 46 人，外在动机组 45 人），旅游地社会责任动机材料与预实验相同，身份转换量表、情境真实性量表、材料情境理解量表与预实验相同；操控检验量表为单题项李克特 7 级（1 代表非常不同意，7 代表非常同意）评分量表。

表 4-9　　　　　　　　　　实验一正式实验样本信息

分类		样本量	占比（%）	分类		样本量	占比（%）
年龄	18~25 岁	22	24.2	月收入	小于 3000 元	9	9.9
	26~35 岁	56	61.5		3000~4999 元	8	8.8
	36~45 岁	12	13.2		5000~7999 元	23	25.3
	46~55 岁	1	1.1		8000~9999 元	34	37.3
	55 岁以上	0	0		10000 元及以上	17	18.7
职业	公司职员	31	34.0	文化程度	高中以下	1	1.1
	公务员	3	3.3		高中/职高	1	1.1
	事业单位人员	18	19.8		大专	10	11.0
	学生	10	11.0		本科	73	80.2
	自由职业者	19	20.9		硕士及以上	6	6.6
	离退休人员	0	0	性别	男	40	44.0
	个体户	2	2.2		女	51	56.0
	其他	8	8.8				

（2）实验程序

请参与者阅读对应的旅游地社会责任动机刺激材料，参与者被要求根据自己阅读材料后的真实感受填写后续问卷。其中，旅游地居民增权感知量表改编自波利等（Boley et al. , 2014）的研究，量表包括经济增权、心理增权、社会增权和政治增权四个维度十个题项。旅游地居民生活质量量表源于粟路军等（2018）的研究，采用"通过 S 景区的社会责任活动我的生活质量得到提高""通过 S 景区的社会责任活动我所在的社区已经成为一个理想的居住地""我很高兴 S 景区能够开展这次社会责任活动""这次社会责任活动让我感觉周围的人和事物都变得更美好了""总的来说，我对这次社会责任活动感到很满意"等题项。为了排除社区依恋的替代性解释，社区依恋量表（Cronbach's α = 0. 862）参考郭安禧等（2018）对社区依恋的研究，上述量表均采用李克特 7 级评分法。此外，对个体差异等变量进行了控制，参与者汇报了社会公益活动经历〔从 1 = 从未有过社会公益活动经历，未来也不打算尝试，到 5 = 有过较多社会公益活动经历（5 次）以上，并会定期参加等 5 个选项中进行单项选择〕，并描述自身是否经历过与材料情境中相似的生活经历（从 1 = 有感知到其他相似经历，2 = 有经历过相似的情形，3 = 无等 3 个选项中进行单项选择）。最后，参与者报告了基本人口信息，每位完成实验的参与者将获得一个 2 元的红包。

（3）实验结果

采用 G * Power 3. 1 计算样本量的 power 值（Faul et al. , 2009），选择单因素方差分析，当组数为 2，效应量（f）设定为 0. 4，显著性水平为 0. 05 时，样本量为 91 的 power 值为 0. 97，超过基本水平 0. 80，表明正式实验样本量具有统计检验力。资料的真实性检验结果表明，所有的参与者实现了身份转换，即将自己设想为当地居民；95. 6%的参与者表示材料情境是在现实生活中会发生的（$\chi^2[1]$ = 75. 70，$p < 0.001$）；94. 5%的参与者表示对材料情境的理解没有困难（$\chi^2[1]$ = 72. 10，$p < 0.001$）。单因素方差分析结果表明，两个实验组参与者对操控量表的评分均显著高于 4 分（$M_{外在动机}$ = 5. 60，SD = 0. 99；$M_{内在动机}$ = 6. 04，SD = 0. 67），说明两个实验组参与者都能有效区分社会责任活动的动机归因。旅游地居民增权感知、居民社区依恋和居民生活质量量表的 Cronbach's α 系数分别为 0. 861、0. 862、0. 703，均大于 0. 700 的临界值，说明量表内部信度良好。

旅游地社会责任动机归因对旅游地居民生活质量的单因素方差分析的结果发现：相较于分配到外在动机情境中的参与者（$M_{外在动机}$ = 5. 45，SD = 1. 05），被分配到内在动机情境中的参与者（$M_{外在动机}$ = 6. 03，SD = 0. 40）增权感知更强（$F_{(1,89)}$ = 16. 43，$p < 0.001$，η^2 = 0. 16）。进一步地，当参与者感知到旅游地社会责任为内在动机时，其对旅游地居民生活质量的影响也更加积极

（$M_{外在动机} = 5.41$，$SD = 1.04$；$M_{内在动机} = 6.06$，$SD = 0.47$，$F_{(1,89)} = 14.77$，$p < 0.001$，$\eta^2 = 0.14$），由此，H14 和 H15 得到验证（见图 4 - 8）。以旅游地居民增权感知为自变量，旅游地居民生活质量为因变量进行线性回归分析，结果显示，旅游地居民增权感知对旅游地居民生活质量存在显著的正向影响（$\beta = 0.816$，$t = 13.316$，$p < 0.001$），H16 得到验证。

关于旅游地居民增权感知中介效应检验，本研究按照中介效应分析程序，采用 Bootstrap 方法，选取 PROCESS 分析程序 Model 4，置信区间设置为 95%，通过自助采样（Bootstrap）重复 5000 次。结果显示旅游地居民增权感知在旅游地社会责任动机归因和旅游地居民生活质量之间的中介效应显著（$b = 0.439$，$SE = 0.129$，95% CI：0.204，0.709），且中介效应占总效应的比例为 80.1%，因此 H17 得到验证（见表 4 - 10）。

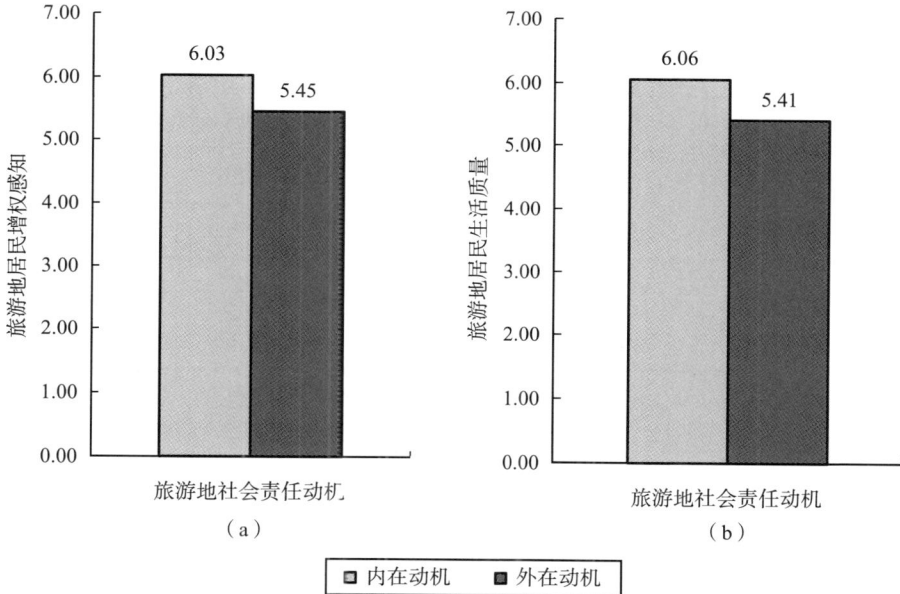

（a）　　　　　　　　　　（b）

☐ 内在动机　　■ 外在动机

图 4 - 8　旅游地社会责任动机归因对旅游地居民增权感知和居民生活质量的影响

表 4 - 10　　　　　　　　旅游地居民增权感知的中介效应检验

预测变量	路径	旅游地居民增权感知			路径	旅游地居民生活质量		
		系数	标准误	t		系数	标准误	t
截距	i_1	3.305	0.527	6.267***	i_2	-0.121	0.485	-0.249
旅游地社会责任动机	a	0.507	0.139	3.656***	c'	0.109	0.114	0.956

续表

预测变量	路径	旅游地居民增权感知			路径	旅游地居民生活质量		
		系数	标准误	t		系数	标准误	t
旅游地居民增权感知					b	0.866	0.082	10.588 ***
控制变量								
社会公益活动经历		0.359	0.106	3.402 **		0.155	0.086	1.806
个人经历相似性		0.121	0.091	1.336		0.051	0.070	0.726
		$R^2 = 0.255$				$R^2 = 0.682$		
		$F(3, 87) = 9.927$ ***				$F(4, 86) = 46.005$ ***		

总效应、直接效应和间接效应	效应值	Boot 标准误	Boot 95% *CI*		相对效应
			下限	上限	
总效应	0.548	0.160	0.231	0.866	
直接效应	0.109	0.113	− 0.117	0.335	19.9%
间接效应	0.439	0.129	0.204	0.709	80.1%

注：* 表示 $p < 0.05$，** 表示 $p < 0.01$，*** 表示 $p < 0.001$，均为双侧。

控制变量和替代性解释检验。对于社会公益活动经历和个人经历相似性的控制因素，两组参与者间无显著差异（社会公益活动经历：$F_{(1,89)} = 1.71$，$p = 0.195$；$\eta^2 = 0.019$；个人经历相似性：$F_{(1,89)} = 0.08$，$p = 0.776$；$\eta^2 = 0.001$）。虽然已有研究指出社区依恋是影响旅游地居民生活质量的重要变量，但本研究中其无法替代旅游地居民增权感知的中介作用（间接效应 = 0.086，SE = 0.108，95% CI：− 0.131，0.289）。此外，将以上变量作为协变量，旅游地居民生活质量的主效应仍成立（$F_{(1,86)} = 15.83$，$p < 0.000$；$\eta_2 = 0.155$）。

（4）实验讨论

实验一采用情境实验与问卷调查相结合的方法，初步探讨了旅游地社会责任动机归因对旅游地居民增权感知和生活质量的影响，排除了社区依恋的替代性解释。研究表明，当旅游地社会责任为内在动机归因时，居民对旅游增权和生活质量的积极感知更强烈；相反，当旅游地社会责任为外在动机归因时，居民对旅游增权和生活质量的影响感知无显著差异。然而实验一限定了旅游地社会责任类型为经济责任维度，尚未排除旅游地社会责任活动类型对实验结果产生的可能内生作用。因此，实验二将通过变换旅游地社会责任活动类型，排除旅游地社会责任活动类型的可能内生作用，并进一步检验旅游地社会责任动机归因对旅游地居民生活质量的影响机制及旅游地居民增权感知的中介效应。

4.6.2.3 实验二

实验二旨在检验旅游地社会责任活动类型对实验结果产生的可能内生作用，拓展研究的外部效度，并进一步验证旅游地社会责任动机归因对旅游地居民生活质量的影响机制及旅游地居民增权感知的中介作用。

【预实验】

（1）实施设计与程序

在正式实验之前，本研究首先开展了一项预实验以评估参与者对旅游地社会责任动机归因的理解。我们通过见数调查平台（Credamo.com）招募了 66 名参与者（男性占 48.5%）作为实验对象。实验采用单因素组间设计（内在动机 vs. 外在动机），实验参与者被随机分为两组（内在动机组 34 人，外在动机组 32 人）。被试首先阅读旅游地社会责任动机刺激材料。为了更加贴合现实，本研究选取了旅游地针对景区周边老年人开展的名为"九九重阳，敬老情长"的公益慰问活动，作为本次实验的旅游地社会责任活动。外在动机的旅游地社会责任动机描述为："为响应二级关于实施尊老敬老社会公益活动的文件精神，近期，S 景区准备发起一场'九九重阳，敬老情长'的慰问活动。本次活动的主要内容是在重阳节到来之际组织志愿者慰问 S 景区周边的老年人。活动中 S 景区特地邀请了当地的电视台进行全程拍摄，景区营销部门也将在各大社交平台同步直播本次公益慰问活动。S 景区希望通过本次公益慰问活动可以让游客更好地了解景区，提高游客、社会公众、工作人员对景区的好感度，塑造良好的旅游目的地形象和声誉。S 景区负责人表示，S 景区领导高度重视景区周围社区老年人的生活水平，本次公益慰问活动充分体现了 S 景区尊老敬老的优良传统，受到了社会各界的高度赞扬，诚挚地欢迎各位游客来到我们 S 景区做客。"内在动机的旅游地社会责任动机描述为："为切实提高景区周边社区老年人的生活水平，近期，S 景区发起了一场'九九重阳，敬老情长'的慰问活动。本次活动的主要内容是在重阳节到来之际组织志愿者慰问 S 景区周边的老年人。活动中 S 景区的志愿者首先给老人们发放水果、手套、围巾等慰问品，随后陪老人们开展讲笑话，玩游戏，写书法，下象棋，修剪头发等一系列活动。志愿者们用亲切的问候、诚挚的祝福、暖心的陪伴让老人们深深地感受到来自景区的关怀。S 景区负责人表示，老人们开心的笑容，就是我们景区最美的风景。作为'敬老文明号'的荣誉单位，S 景区将继续传承孝德文化，营造敬老、孝老文明之风，将敬老活动持续地做下去，让 S 景区的老年人感受到每天都是'老年节'的亲情服务。"刺激材料阅读完成后的实验流程与实验一相同。

（2）实验结果

材料的真实性检验结果表明，所有的参与者实现了身份转换，即能够将自己设想为当地居民，并且均表示材料情境是在现实生活中会发生的；97% 的参与者表示对材料情境的理解没有困难（$\chi^2[1] = 58.24$，$p < 0.001$）。单因素方差分析的结果表明，当旅游地基于利己动机开展社会责任活动，即"吸引游客、增加利润、提高景区知名度等"时，参与者更能感知旅游地社会责任行为的外在动机（$M_{外在动机} = 5.87$，$SD = 0.46$；$M_{内在动机} = 4.69$，$SD = 0.29$，$F_{(1,64)} = 161.11$，$p < 0.001$）。相反，当旅游地基于利他动机开展社会责任活动，即"回馈当地居民，真诚为当地居民服务等"时，参与者更能感知旅游地社会责任行为的内在动机（$M_{外在动机} = 4.53$，$SD = 0.77$；$M_{内在动机} = 5.70$，$SD = 0.72$，$F_{(1,64)} = 40.46$，$p < 0.001$）。因此，刺激材料的情境真实性和操控有效性均通过检验，表明能够用于正式实验。

【正式实验】

（1）实验设计

正式实验采用单因素组间设计（内在动机 vs. 外在动机），通过见数调查平台（Credamo. com）招募 120 位的实验志愿者，其中 6 人因未通过甄别题项和不认真作答被剔除，114 名实验志愿者为本次实验的实验对象（女性 53 人，占比 46.5%）（见表 4 - 11），参与者被随机分到两个实验组中（内在动机组 58 人，外在动机组 56 人）。

（2）实验程序

实验二的实验步骤和操作流程与实验一基本相同，参与者首先被要求认真阅读旅游地社会责任动机的实验刺激材料，填写身份转换量表、情境真实性量表、材料情境理解量表及操控检验量表。其次，参与者还需要完成旅游地居民增权感知量表和旅游地居民生活质量量表。同时为了排除社区依恋的替代性解释，我们还测量了参与者的社区依恋。考虑到个体差异可能会对研究结果产生影响，我们控制了社会公益活动经历和个人生活经历相似性两个变量。最后参与者报告了基本人口信息，每位完成实验的参与者将获得一个 2 元的红包。

表 4 - 11   实验二正式实验样本信息

分类		样本量	占比（%）	分类		样本量	占比（%）
年龄	18～25 岁	23	20.2	月收入	小于 3000 元	15	13.2
	26～35 岁	71	62.3		3000～4999 元	13	11.4
	36～45 岁	18	15.7		5000～7999 元	34	29.8
	46～55 岁	2	1.8		8000～9999 元	33	28.9
	55 岁以上	0	0		10000 元及以上	19	16.7
职业	公司职员	48	42.1	文化程度	高中以下	0	0
	公务员	6	5.3		高中/职高	4	3.5
	事业单位人员	21	18.4		大专	12	10.5
	学生	15	13.1		本科	88	77.2
	自由职业者	10	8.8		硕士及以上	10	8.8
	离退休人员	0	0	性别	男	61	53.5
	个体户	5	4.4		女	53	46.5
	其他	9	7.9				

（3）实验结果

采用 G * Power 3.1 计算样本量的 power 值，选择单因素方差分析，当组数为 2，效应量（f）设定为 0.4，显著性水平为 0.05 时，样本量为 114 的 power 值为 0.99，超过基本水平 0.80，表明正式实验样本量具有统计检验力。材料的真实性检验结果表明，所有的参与者实现了身份转换，即将自己设想为当地居民；所有的参与者表示材料情境是在现实生活中会发生的；97.4% 的参与者表示对材料情境的理解没有困难（$\chi^2[1] = 102.32$，$p < 0.001$）。单因素方差分析结果表明，两个实验组参与者对操控量表的评分均显著高于 4 分（$M_{外在动机} = 5.55$，$SD = 0.83$；$M_{内在动机} = 5.81$，$SD = 1.02$），说明两个实验组参与者都能有效区分其所在组社会责任活动的动机归因。旅游地居民增权感知、居民社区依恋和居民生活质量量表的 Cronbach's α 系数分别为 0.705、0.715、0.758，均大于 0.700 的临界值，说明量表内部信度良好。

旅游地社会责任动机归因对旅游地居民生活质量的单因素方差分析的结果发现：相较于分配到外在动机组的参与者（$M_{外在动机} = 5.21$，$SD = 0.48$），被分配到内在动机组的参与者（$M_{内在动机} = 5.97$，$SD = 0.36$）增权感知更强（$F_{(1,112)} = 89.83$，$p < 0.001$，$\eta^2 = 0.45$）。其对旅游地居民生活质量的感知也更加积极（$M_{外在动机} = 5.11$，$SD = 0.73$；$M_{内在动机} = 6.05$，$D = 0.9$，$F_{(1,112)} = 65.35$，$p < 0.001$，$\eta^2 = 0.37$），由此，H14 和 H15 再次得到验证（见图 4 - 9）。以旅游

地居民增权感知为自变量，旅游地居民生活质量为因变量进行线性回归分析，结果显示，旅游地居民增权感知对旅游地居民生活质量有显著的正向影响（$\beta = 0.952$，$t = 10.092$，$p < 0.001$），H16 再次得到验证。

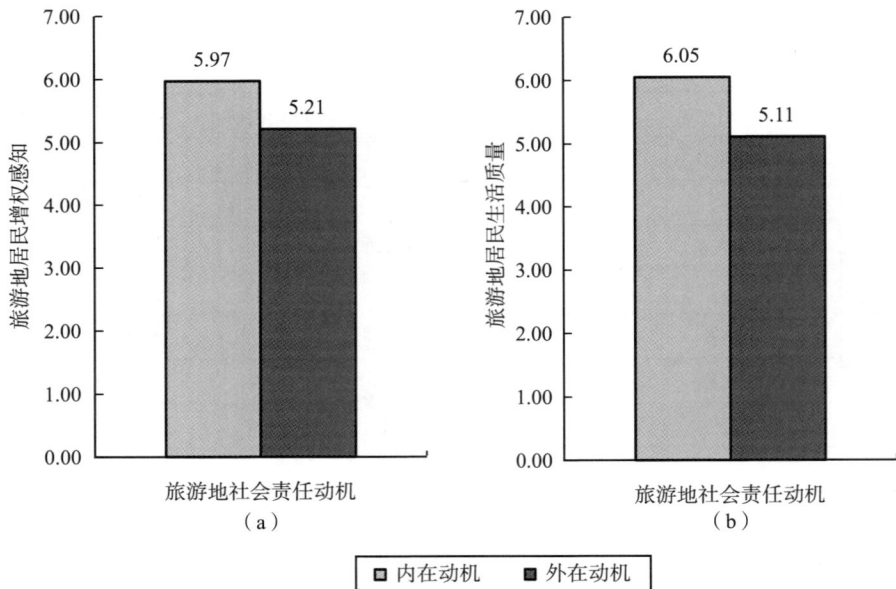

图 4-9　旅游地社会责任动机归因对旅游地居民增权感知和居民生活质量的影响

旅游地居民增权感知中介效应检验。本研究按照中介效应分析程序，采用 Bootstrap 方法，选取 PROCESS 分析程序中的 Model 4，以旅游地社会责任动机为自变量，旅游地居民增权感知为中介变量，旅游地居民生活质量为因变量，置信区间设置为 95%，通过自助采样（Bootstrap）重复 5000 次。结果显示旅游地居民增权感知在旅游地社会责任动机和旅游地居民生活质量之间的中介效应显著（b = 0.510，SE = 0.178，95% CI：0.161，0.826），且中介效应占总效应的比例为 53.97%，因此 H17 再次得到验证（见表 4-12）。

表 4-12　　　　　　　　　　旅游地居民增权感知的中介效应检验

预测变量	路径	旅游地居民增权感知			路径	旅游地居民生活质量		
		系数	标准误	t		系数	标准误	t
截距	i_1	3.703	0.237	15.613 ***	i_2	1.031	0.589	1.749
旅游地社会责任动机	a	0.763	0.075	10.175 ***	c'	0.435	0.145	3.003 **

预测变量	路径	旅游地居民增权感知			路径	旅游地居民生活质量		
		系数	标准误	t		系数	标准误	t
旅游地居民增权感知					b	0.669	0.132	5.065 ***
控制变量								
社会公益活动经历		0.169	0.041	4.106 ***		0.054	0.061	0.883
个人经历相似性		0.063	0.056	1.126		−0.029	0.078	−0.372
		$R^2 = 0.519$				$R^2 = 0.520$		
		$F(3, 110) = 39.653$ ***				$F(4, 109) = 29.497$ ***		

总效应、直接效应和间接效应	效应值	Boot 标准误	Boot 95% CI		相对效应
			下限	上限	
总效应	0.945	0.115	0.717	1.173	
直接效应	0.435	0.145	0.148	0.722	46.03%
间接效应	0.510	0.178	0.161	0.826	53.97%

注：* 表示 $p < 0.05$，** 表示 $p < 0.01$，*** 表示 $p < 0.001$，均为双侧。

控制变量和替代性解释检验。对于社会公益活动经历和个人经历相似性的控制因素，两组参与者间无显著差异（社会公益活动经历：$F_{(1,112)} = 0.003$，$p = 0.955$；个人经历相似性：$F_{(1,112)} = 2.07$，$p = 0.153$）。进一步排除了社区依恋在本研究的替代性解释（间接效应 = 0.042，SE = 0.072，95% CI：−0.087，0.199）。此外，将以上变量作为协变量，旅游地居民生活质量的主效应仍成立（$F_{(1,112)} = 67.62$，$p < 0.000$；$\eta^2 = 0.381$）。

（4）实验讨论

实验二进一步排除了旅游地社会责任活动类型的可能内生作用，拓展了研究的外部效度，通过变换旅游地社会责任活动类型再次验证了实验一的结论。具体而言，在内在动机归因情境下，居民对旅游增权和生活质量积极影响的感知更强烈。进一步思考，这种动机归因是否受到居民参与程度的调节作用，即行动者—旁观者效应是否导致居民对旅游地社会责任动机归因存在差异？这种归因差异能否通过归因理论进行解释呢？实验三将继续解决上述问题。

4.6.2.4　实验三

实验三将在实验一和实验二的基础上，引入居民参与程度作为调节变量，进一步探讨旅游地居民参与程度对旅游地社会责任动机归因的调节作用。

【预实验】

（1）实验设计

为确保居民旅游参与程度得到有效操控，在开展正式实验之前，本研究首先进行了预实验。通过见数调查平台（Credamo. com）招募的 80 名实验志愿者（男性占 42.5%）被随机分到两个实验组，其中高参与程度组 40 人，低参与程度组 40 人。要求被试首先阅读居民旅游参与程度刺激材料，旅游地居民高参与程度的刺激材料表述为："自 S 景区被评为国家 AAAAA 级景区以来，旅游业迅速发展成为本地的支柱产业。我率先在景区周边开设了首批农家乐，为游客提供当地特色美食。经过近十年的发展，我又陆续在景区周边开办了特色民宿和特产专卖店，家庭生活水平得到显著提高。此外，我还积极参与景区发展活动，并作为当地居民代表参与 S 景区旅游发展的决策活动，多次获得景区管委会的表彰、奖励。"旅游地居民低参与程度的刺激材料表述为："自 S 景区被评为国家 AAAAA 级景区以来，旅游业迅速发展成为本地的支柱产业。但是我一直在外务工，我的家庭收入主要来源于务工收入，长期通过在外务工的收入供养家庭。经过近十年的发展，家乡依靠旅游产业实现了翻天覆地的变化，然而我较少参与家乡的旅游发展，对家乡旅游发展取得的变化和旅游发展的政策缺少了解，长期缺席家乡旅游发展的重要投票和决策活动。"

（2）实验程序

阅读刺激材料结束后，参与者填写了身份转换量表、情境真实性量表、刺激材料理解量表和居民旅游参与程度操控检验量表，其中身份转换量表、情境真实性量表、刺激材料情境理解量表同实验二，旅游地居民旅游参与程度操控检验量表（Cronbach's α = 0.957）源自贾衍菊等（2015）的研究，并根据研究情境适当修改，包括"我参与了与 S 景区发展相关的旅游活动""我能够及时了解 S 景区旅游发展的动态""我参与了 S 景区的旅游决策活动"等题项，量表采用李克特 7 级评分法。

（3）实验结果

材料的真实性检验结果表明，所有的参与者实现了身份转换，即能够将自己设想为当地居民，所有的参与者表示刺激材料情境是在现实生活中会发生的；92.5% 的参与者表示对刺激材料情境的理解没有困难（$\chi^2[1]$ = 57.80，$p < 0.001$）。单因素方差分析结果表明，高参与程度组的参与水平显著高于低参与程度组（$M_{高参与水平}$ = 6.18，SD = 0.53；$M_{低参与水平}$ = 2.88，SD = 1.44，$F_{(1,78)}$ = 186.20，$p < 0.001$），因此刺激材料的情境真实性和操控有效性均通过检验，能够用于正式实验。

【正式实验】

（1）实验设计

正式实验采用旅游地社会责任动机 2（内在动机 vs. 外在动机）×2 居民旅游参与程度（高 vs. 低）的双因素组间设计，通过见数调查平台（Credamo. com）招募 300 名志愿者，其中 9 人因未通过甄别题项和不认真作答被剔除，291 名实验志愿者为本次实验对象〔女性 145 人，占比 49.8%）（见表 4 - 13），参与者被随机分到 4 个实验组中（内在动机 × 高参与程度，$n = 73$；内在动机 × 低参与程度，$n = 73$；外在动乳 × 高参与程度，$n = 74$；外在动机 × 低参与程度，$n = 71$）。

表 4 - 13　　　　　　　　　实验三正式实验样本信息

	分类	样本量	占比（%）		分类	样本量	占比（%）
年龄	18 ~ 25 岁	41	14.1	月收入	小于 3000 元	20	6.9
	26 ~ 35 岁	195	67.0		3000 ~ 4999 元	38	13.0
	36 ~ 45 岁	44	15.1		5000 ~ 7999 元	82	28.2
	46 ~ 55 岁	8	2.8		8000 ~ 9999 元	87	29.9
	55 岁以上	3	1.0		10000 元及以上	64	22.0
职业	公司职员	153	52.6	文化程度	高中以下	3	1.0
	公务员	15	5.2		高中/职高	15	5.2
	事业单位人员	65	22.3		大专	36	12.4
	学生	16	5.5		本科	221	75.9
	自由职业者	14	4.8		硕士及以上	16	5.5
	离退休人员	1	0.3	性别	男	146	50.2
	个体户	14	4.8		女	145	49.8
	其他	13	4.5				

（2）实验程序

实验开始后，参与者被要求阅读所在组的居民参与程度和旅游地社会责任动机刺激材料，并想象自己身处其中，然后根据自己的真实感受填写相关题项。居民参与程度刺激材料和预实验相同，旅游地社会责任动机的刺激材料与实验二相同。情境真实性量表、旅游地居民增权感知量表、旅游地居民生活质量量表和旅游地社会责任动机操控有效性量表与实验二相同。同时，考虑到个体差异可能会对研究结果产生影响，我们控制了社会公益活动经历和个人生活经历相似性两个变量。最后参与者报告了基本人口信息，每位完成实验的参与者将获得一个 2 元的红包。

（3）实验结果

采用 G * Power 3.1 计算样本量的 power 值，选择单因素方差分析，当组数为 4，效应量（f）设定为 0.4，显著性水平为 0.05 时，样本量为 291 的 power 值为 0.99，超过基本水平 0.80，表明实验样本量具有统计检验力。材料的真实性检验结果表明，所有的参与者实现了身份转换，即将自己设想为当地居民；98.6% 的参与者表示材料情境是在现实生活中会发生的（$\chi^2 = 275.22$，$p < 0.001$）；96.2% 的参与者表示对材料情境的理解没有困难（$\chi^2 = 248.66$，$p < 0.001$）。单因素方差分析结果表明，两个实验组参与者对操控量表的评分均显著高于 4 分（$M_{外在动机} = 6.01$，$SD = 0.66$；$M_{内在动机} = 6.08$，$SD = 0.86$），说明两个实验组参与者都能有效区分其所在组社会责任活动的动机归因。此外，单因素方差分析的结果表明，两个实验组的参与者能够清晰地区分居民参与程度（$M_{高参与程度} = 6.07$，$SD = 0.54$；$M_{低参与程度} = 2.31$，$SD = 1.03$），说明对居民旅游参与程度的操控是有效的。在量表的信效度方面，居民旅游参与程度、旅游地居民增权感知和旅游地居民生活质量量表的 Cronbach's α 系数分别为 0.957、0.856、0.838，均大于 0.700 的临界值，说明量表内部信度良好。

旅游地社会责任动机归因对旅游地居民生活质量的单因素方差分析的结果发现：相较于分配到外在动机组的参与者（$M_{外在动机} = 5.31$，$SD = 1.02$），被分配到内在动机组的参与者（$M_{内在动机} = 5.69$，$SD = 0.50$）增权感知更强（$F_{(1,89)} = 15.43$，$p < 0.001$，$\eta^2 = 0.050$），其对旅游地居民生活质量的感知也更加积极（$M_{外在动机} = 5.35$，$SD = 0.55$；$M_{内在动机} = 5.66$，$SD = 0.60$，$F_{(1,289)} = 21.12$，$p < 0.001$，$\eta^2 = 0.068$），由此，H14 和 H15 再次得到验证。以旅游地居民增权感知为自变量，以旅游地居民生活质量为因变量进行线性回归分析，结果显示，旅游地居民增权感知对旅游地居民生活质量有显著的正向影响（$\beta = 0.346$，$t = 9.25$，$p < 0.001$），H16 再次得到验证。

旅游地居民参与程度的调节效应检验。单变量方差分析的结果表明，旅游地社会责任动机和居民参与程度的交互项对旅游地居民增权感知存在显著影响（$F_{(1,287)} = 5.08$，$p < 0.05$，$\eta^2 = 0.017$），说明居民参与程度对旅游地社会责任动机与旅游地居民增权感知的关系存在调节作用。进一步的组间对比结果显示，当居民参与程度较高时，旅游地社会责任内在动机归因（vs. 外在动机）对旅游地居民增权感知存在更强的积极影响（$M_{外在动机} = 5.44$，$SD = 0.80$；$M_{内在动机} = 6.02$，$SD = 0.32$，$F_{(1,145)} = 32.83$，$p < 0.001$）；当居民参与程度较低时，旅游地社会责任内在动机归因（vs. 外在动机）对旅游地居民增权感知影响无显著差异（$M_{外在动机} = 5.17$，$SD = 1.20$；$M_{内在动机} = 5.35$，$SD = 0.41$，

$F_{(1,142)} = 1.33$，$p > 0.05$）（见图 4 – 10）。

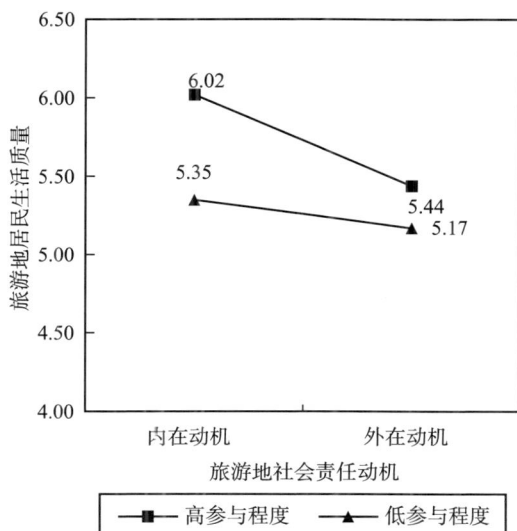

图 4 – 10 居民旅游参与程度对旅游地社会责任动机与旅游地居民增权感知的调节作用

同时，采用相同的程序和方法对 H19a 和 H19b 进行检验，单变量方差分析的结果表明，旅游地社会责任动机和居民旅游参与程度的交互项对旅游地居民生活质量存在显著影响（$F_{(1,287)} = 8.57$，$p < 0.01$，$\eta^2 = 0.029$），说明居民参与程度对旅游地社会责任动机与旅游地居民生活质量的关系存在调节作用。进一步的组间对比结果显示，当居民参与程度较高时，旅游地社会责任内在动机归因（vs. 外在动机）对旅游地居民生活质量存在更强的积极影响（$M_{外在动机} = 5.49$，$SD = 0.61$；$M_{内在动机} = 6.10$，$SD = 0.49$，$F_{(1,145)} = 44.55$，$p < 0.001$）；当居民参与程度较低时，旅游地社会责任内在动机归因（vs. 外在动机）对旅游地居民生活质量影响无显著差异（$M_{外在动机} = 4.96$，$SD = 0.82$；$M_{内在动机} = 5.16$，$SD = 0.35$，$F_{(1,142)} = 3.81$，$p > 0.05$）（见图 4 – 11）。

（4）实验讨论

实验三验证了居民参与程度的调节作用及再次验证了旅游地社会责任动机归因对居民生活质量的影响机制，支持了 H14、H15、H16 和 H18a、H18b、H19a、H19b。具体而言，居民参与程度较高时，内在动机归因对居民增权感知和生活质量产生更积极的影响；反之，居民参与程度较低时，内在动机归因（vs. 外在动机）对旅游地居民增权感知和生活质量的影响无显著差异。研究结果证明了行动者—旁观者效应对居民动机归因及居民增权感知和生活质量将产生不同的影响，这对旅游地管理组织精准实施旅游地社会责任活动具有重要的指导意义。

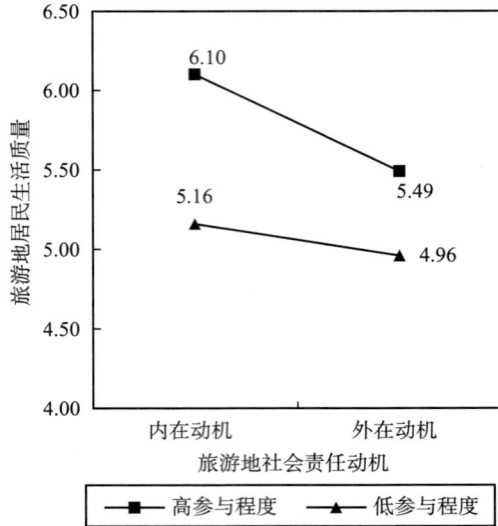

图 4 – 11　居民旅游参与程度对旅游地社会责任动机与旅游地居民生活质量的调节作用

4.6.2.5　研究结论及建议

借鉴归因理论和增权理论，本研究通过模拟环境刺激实验和问卷调查，验证了旅游地社会责任动机归因对旅游地居民增权感知和生活质量的影响，并探讨了其内部驱动机制和边界条件。研究结果表明，旅游地社会责任内在动机归因对旅游地居民增权感知和旅游地居民生活质量产生更积极的影响，且旅游地居民增权感知在旅游地社会责任动机与旅游地居民生活质量的关系中起到中介作用。研究进一步排除了社区依恋的替代性解释和旅游地社会责任活动类型的可能内生作用，拓展了研究结论的应用情境。同时，研究验证了居民参与程度的调节作用。当居民参与程度较高时，旅游地社会责任内在动机归因能够唤醒其产生更强烈的旅游增权和生活质量感知。

【理论贡献】

第一，本研究试图揭示旅游地社会责任动机归因对旅游地居民生活质量的作用机制，探索了不同动机归因对旅游地居民生活质量的不同影响（Suess et al.，2018；梁增贤等，2015；粟路军等，2020）。当旅游地在内在动机主导下开展社会责任活动时，居民感知到旅游地社会责任理念与行为的一致性，进而提高了居民的个人控制感和社区参与的主动性，其自我效能感和生活满意度得到显著提升。然而，当旅游地在外在动机主导下开展社会责任活动时，居民感知到旅游地社会责任理念与行为的矛盾和冲突，进一步降低了居民的增权感知并产生更强的抵抗意识。归因理论解释了在不同动机主导下旅游地社会责任对居民增权感知和生活质量的影响机制。这在一定程度上深化了旅游地社会责任动机归因对旅游地居民生活质量作用机制的理解。

第二，本研究丰富了对旅游地社会责任动机归因与居民生活质量关系的理解和认识，从而弥补了从单一主体视角探究旅游地社会责任行为的不足。以往研究多从消费者的视角分析，认为消费者会对旅游地社会责任动机进行归因进而影响其信任和购买意向（Lee et al.，2018；何学欢等，2017；王纯阳等，2020），较少关注旅游地社会责任动机与旅游地居民生活质量的关系。本研究从旅游地社会责任动机归因出发，首次将旅游地社会责任动机归因纳入旅游地居民生活质量的前因变量，建立了旅游地社会责任动机与旅游地居民生活质量之间的逻辑关系，证实了旅游地社会责任动机归因对旅游地居民生活质量的重要作用，探索了提升旅游地居民生活质量的新路径。研究结论拓展了旅游地居民生活质量影响因素的研究视角，为后续旅游地社会责任动机与旅游地居民生活质量的研究提供了理论基础。

第三，本研究通过聚焦旅游地管理组织与当地居民二元关系中长期被忽视的居民增权感知问题，对旅游增权研究进行了一定的创新探索。过往的研究长期将旅游地管理组织——当地居民二元关系中的居民当作被动的接受者或实现经济利益的工具，被动地接受旅游发展产生的红利溢出及旅游地管理组织给予的经济补贴。但是，旅游地居民作为能动的个体，他们会能动地对旅游地社会责任动机进行归因，并能动地感知旅游增权和生活质量改善。事实上，提升居民旅游增权和改善居民生活质量对旅游地居民支持旅游行为和旅游地永续发展具有重要的影响（Aleshinloye et al.，2022）。本研究认为在旅游地社会责任情境下，旅游地社会责任动机归因会显著唤醒旅游地居民的增权感知，并且旅游地社会责任涵盖的多个维度与旅游地居民增权的多维内涵之间高度契合，居民在参与旅游地社会责任活动的过程中能够显著地识别和感知到自身在经济、心理、社会和政治等方面获得的增权。研究结果生动地诠释了居民旅游增权感知在旅游地社会责任动机归因对旅游地居民生活质量影响过程中的中介机制，对于旅游增权在旅游地社会责任领域中的深入研究具有重要价值和深远意义。

第四，本研究厘清了旅游地社会责任动机归因对旅游地居民增权感知生活质量影响的边界条件（Su et al.，2018；何学欢等，2017），准确刻画了不同参与程度情境下，旅游地社会责任动机归因对旅游地居民生活质量的作用机制。本研究通过居民参与程度的调节作用，区分了旅游地社会责任动机归因情境中行动者和旁观者的归因模式差异，基于社会心理学关于行动者——旁观者效应的研究成果，将不同参与程度的旅游地居民区分开来，既考虑到旅游发展的深度参与者，也考虑到位于边缘位置的旁观者，发现他们在面对不同旅游地社会责任动机时归因的差异，进而导致对旅游地居民增权感知和生活质量的不同影响。社会心理学理论的发展进程为旅游地社会责任领域的进一步研究提供了很好的理论解释，这在一定程度上说明，跨学科的相互启发、渗透、融合有利于促进幸福产业的交叉学科研究。

4.6.3 旅游地社会责任类型对旅游地居民生活质量的影响机制

新冠疫情的暴发对旅游业产生了重大的负面影响。但是随着后疫情时代的到来，旅游业正在积极寻求复苏。一些旅游目的地积极履行旅游目的地社会责任，以重建与当地居民的关系，他们的态度对旅游目的地的恢复非常重要。研究发现，参与旅游地社会责任活动的当地居民的生活质量会有所提高（Su et al.，2018），而有趣的是，最近的一些究表明，旅游地社会责任交流也会影响当地居民的生活质量。然而，如何通过不同的披露方式来提高居民生活质量仍有待研究。本研究结合信号理论和情感团结理论，将旅游地社会责任视为一种信号，其由旅游地社会责任组织者披露并由居民接收和解释，其中的信息，包括旅游地社会责任类型、披露语气和视觉信息等。在此基础上，构建了包含旅游地社会责任信号、居民情感团结和生活质量的理论模型，试图解释旅游地社会责任在旅游目的地与居民之间的旅游地社会责任信号的披露、接收和解读过程中如何改变居民生活质量。

旅游地社会责任可以看作是一种信号，之前的研究（Su et al.，2020）表明旅游地社会责任信号中的旅游地社会责任类型信息可能会显著影响游客的反应。例如，主动（vs. 被动）的旅游地社会责任会被游客解释为关于旅游目的地利他动机的信号，并显著增强他们的访问意愿（Su et al.，2020）。然而，迄今为止，关于旅游地社会责任的类型如何影响居民反应的研究尚未开展，尤其是从因果关系的角度来看，哪种类型的旅游地社会责任对居民生活质量的影响更大尚不清楚。在旅游地社会责任的实践中，确实存在只进行一次的社会责任活动（一次性旅游地社会责任），而另一些则提供特定时期的持续承诺（连续旅游地社会责任），哪种类型的旅游地社会责任（一次性 vs. 连续性）可以激发出更高的旅游地居民生活质量需要更深入的调查。

先前的研究（例如，Lee et al.，2018；Su et al.，2018）在旅游环境中探索社会责任对旅游地居民生活质量的影响，认为旅游地居民的感知利益是社会责任和旅游地居民生活质量两者之间的关键中介。然而，这种只考虑感知利益的方法可能会忽略旅游地社会责任激发利益相关者之间的积极情绪的重要作用，而积极情绪对于提升旅游地居民生活质量至关重要。根据信号理论和情感团结理论，旅游地社会责任应该是一个由旅游目的地披露并被旅游地居民接收和解释的积极信号，在旅游地社会责任信号的披露、接收和解释的交互过程中，旅游地居民对旅游目的地的情感团结可能被激活并进一步提高旅游地居民生活质量。然而，我们还没有能够直接从现有研究中找到证据，这需要进一步的理论和实证研究。

有关研究已经证实，披露语气对信息交流有显著影响。此外，学者们已经表明，适当的披露语气可以为企业带来积极的结果，例如，减轻怀疑或提高声誉。因此，披露语气可能是旅游地社会责任交流有效性的关键边界条件。因此，目前的研究提出，旅游地社会责任的披露语气可能会影响旅游地社会责任与旅游地居民反应之间的关系。旅游地社会责任的不同披露语气可能会缓和连续性（相对于一次性）旅游地社会责任对旅游地居民情感团结的影响。然而，旅游地社会责任的研究中还没有引入披露语气的概念，我们还有很大的空间去探索答案。

在旅游地社会责任信息中，视觉信息变得越来越普遍，但并非所有信息都伴随着视觉信息。换言之，人们可能会在一些旅游地社会责任信息中遇到图片甚至视频，而有时这些信息只涉及短信。尽管尚未研究视觉信息在旅游地社会责任交流中的作用，但先前的研究已经探索了其在其他旅游环境中的影响（如 Le et al.，2020）。这些研究表明，视觉信息可以产生积极的结果，如激发好奇心并通过预览和预感赢得游客的心。然而，市场营销方面的一些研究表明，当视觉信息与其他因素（如文本信息）相作用时，它的作用可能并不总是积极的。因此，视觉信息在旅游地社会责任通信中起什么作用？它将如何与披露语气相互作用？这些研究空白尚待解决。

因此，本研究探讨了旅游地社会责任类型（连续性 vs. 一次性）如何影响旅游地居民生活质量，并针对这个问题提出了一个综合理论模型，特别关注情感团结的中介作用和披露语气（生动 vs. 平实）以及视觉信息（存在 vs. 不存在）的调节作用。

综合考虑，基于情感团结理论，本研究做出以下四点贡献：第一，它细分了旅游地社会责任的类型并检验了旅游地社会责任类型（连续性 vs. 一次性）对居民情感团结和生活质量的因果影响；第二，它研究了情感团结在旅游地社会责任类型和旅游地居民生活质量之间的潜在中介作用；第三，它探讨了旅游地社会责任类型对旅游地居民情感团结的影响的披露语气（生动 vs. 平实）的边界条件；第四，它说明了视觉信息在旅游地社会责任类型和旅游地居民情感团结之间的潜在调节作用。本研究旨在系统地探索旅游地社会责任类型如何影响旅游地居民生活质量，这为设计最优旅游地社会责任以有效提高旅游地居民生活质量提供了理论依据。

4.6.3.1 理论基础与研究假设

【信号理论】

当不同的人知道不同的事情时，就会出现信息不对称，信号理论则侧重于减少群体之间的这种信息不对称。信号理论表明，信号作为一系列特定信息的载体被发送给其接收者，而这种对特定信息的有意识交流可以表达积极的组织特征。这一过程中，信号发送者寻求从信号接收者的积极反应中受益，而信号接收者也可以从所获得的信息中受益。在旅游业的情境中，旅游地社会责任代表了改善整个旅游目的地社会福祉的信念和努力（Lee et al.，2021；Su et al.，2018）。基于信号理论，旅游地社会责任对旅游地居民来说应该是积极的信号，因为它向旅游地居民传达了积极的信念和努力，这有利于团结旅游地居民以有利于旅游目的地的持续发展。因此，对于已经或准备履行社会责任以与旅游地居民建立更好关系的旅游地，从信号理论的视角来看待旅游地社会责任应当是可行的。

【旅游研究中的情感团结】

情感团结被定义为一种在个体或群体之间产生的情感纽带（Aleshinloye et al.，2022）。1912 年，情感团结的思想首先在涂尔干的《宗教生活的基本形式》（*The Elementary Forms of Religious Life*）一书中得到阐述，该书声称共同参与神圣的信仰和仪式行为可以在个人之间建立情感纽带。1975 年，科林斯正式提出了情感团结的概念，并将互动的结构加入情感团结理论的框架中，极大地推动了这一理论的发展（Wang et al.，2020）。2009 年，学者们开始将情感团结理论引入旅游研究，特别是他们用"共信仰""共同行为"来代替"神圣信仰"和"仪式行为"，使该理论更适用于旅游现象（Woosnam，Norman，& Ying，2009）。在旅游中，情感团结是指与旅游相关的个人或团体之间的情感纽带、情感依恋和亲密关系，当个人或团体的互动伴随共同信仰和行为时，他们之间可以形成情感团结。

自从情感团结理论引入旅游研究，"情感团结"的概念在旅游背景下得到了越来越多的研究关注（Aleshinloye et al.，2022）。总的来说，现有的研究可以分为两种方法：居民方法和旅游者方法。从居民的角度来看，现有研究从两个角度探索情感团结：居民对旅游者和居民对居民；而从旅游者的角度来看，也有两种视角：旅游者对居民和旅游者对旅游者。尽管在方法和视角上存在差异，旅游语境中对四种"情感团结"的定义和测度并无本质区别，但根据方法和视角的差异进行了一些必要的修改。基于此，我们在本研究中采用了"旅游地居民对旅游目的地的情感团结"这一术语，该术语采用了居民方法和居民对旅游目的地的视角。它是由居民与旅游目的地之间伴随着共同信念和行为的相互作用形成的，它被定义为居民与旅游目的地之间的一种情感纽带和亲密的积极关系。

【旅游地社会责任类型和居民对旅游目的地的情感团结】

在旅游的背景下，旅游地社会责任是一种提高整个旅游目的地社会福祉的意识形态和努力（Su et al.，2018），具体表现为由 DMOs 直接开展或由 DMOs 组织旅游企业进行的社会责任活动，如关爱旅游地周边老人或儿童的慈善活动。旅游地社会责任可以从不同的角度划分成不同的类型，例如，从旅游目的地发展战略的角度来看，旅游地社会责任被划分为主动和被动（Su et al.，2020）；从旅游目的地动机的角度来看，旅游地社会责任被划分为外在和内在（Su et al.，2020）。本研究根据先前学者的研究（Park & Kim，2015），从社会责任承诺的角度将旅游地社会责任分为一次性旅游地社会责任和连续性旅游地社会责任两种。对于一次性旅游地社会责任，旅游地社会责任活动仅在特定时间和地点进行一次；对于连续性旅游地社会责任，在特定的时间和地点进行一次特定的旅游地社会责任活动，但进一步承诺将来在特定的时间和地点会进行与此类似的一系列旅游地社会责任活动。研究证实，旅游地社会责任会影响居民对旅游目的地的感知和情绪，如满意度、承诺（那梦帆等，2019）和依恋。因此，旅游地社会责任可能会影响居民的感知和情绪。当一个旅游目的地进行连续性（而非一次性）旅游地社会责任活动并向当地居民披露时，很显然，旅游目的地为整个旅游目的地社会福祉所做的努力将通过这个视角向居民发出更强烈的信号。有了这个信号，居民可能会对连续性旅游地社会责任（相对于一次性旅游地社会责任）给予更高的评价，因为连续性旅游地社会责任传达了一种信念，即它将为旅游目的地带来更多的社会福祉，这正是当地居民所想要的，持续的旅游地社会责任可以由此引起更高的居民情感团结。基于此分析，我们提出以下假设：

H20：连续性（相对于一次性）旅游地社会责任可以激活更高水平的旅游地居民对旅游目的地的情感团结。

【旅游地社会责任类型和居民生活质量】

在旅游背景下，居民生活质量是人们积极评价的旅游目的地整体状况（Su et al.，2018）。广泛地研究调查了影响居民生活质量的因素（Uysal et al.，2016），其中，社会责任已成为一个关键因素（那梦帆等，2019；Lee et al.，2018；Sirgy，2019；Su et al.，2018）。从理论上讲，旅游地社会责任被定义为"一种提高整个旅游目的地社会福祉的意识形态和努力"（Su et al.，2018；Su et al.，2017）。提高当地居民的生活质量是基于这种概念的旅游地社会责任的应有含义，因此旅游地社会责任与居民生活质量之间的联系是内在的和明显的（Su et al.，2018）。此外，学者们研究调查了一个社区的 459 名居民，发现旅游地社会责任的四个维度（经济、法律、道德和慈善）对居民生活质量产生了积极影响（Lee，Kim & Kim，2018）。粟路军等（2018）假设旅游地社会责任对旅游地居民生活质量有积极影响，并使用中国凤凰古城 272 名居民作为样本证实了这一点，表明旅游地居民对旅游地社会责任的感知越强，旅游地居民生活质量越高。因此，旅游地社会责任对旅游地居民生活质量的影响可能因旅游地社会责任类型而异。当旅游地社会责任作为信号传输给旅游地居民时，连续性（相对于一次性）旅游地社会责任包含更多的旅游地社会责任信息，因为它不仅描述了已开展的旅游地社会责任活动，还对未来开展的旅游地社会责任活动做出承诺并做出具体安排。因此，具有额外正面信息的连续性旅游地社会责任可能会导致旅游地居民更高的评价，然后激活更高的旅游地居民生活质量。相关假设如下：

H21：连续性（相对于一次性）旅游地社会责任可以激活更高水平的旅游地居民生活质量。

【居民情感团结对旅游目的地的中介作用】

在旅游的背景下，旅游地社会责任代表了改善整个旅游目的地社会福祉的意识形态和努力（Su et al.，2018；Su et al.，2017），它本质上可以为作为旅游目的地核心利益相关者的旅游地居民带来福祉。根据信号理论，旅游地社会责任应该是旅游目的地披露并由旅游地居民接收和解释的积极信号。这个旅游地社会责任信号的披露、接收和解读过程，也是旅游目的地与旅游地居民之间的互动过程，伴随着二者互动程度的提升。整个目的地的社会福祉得到改善。从情感团结理论来看，这种互动会激发旅游地居民对旅游目的地的情感团结。同时，旅游地居民情感团结本质上是一种积极情绪（Wang et al.，2022），从拓展—构建理论来看，积极的情绪可以拓宽个人的即时思维，进一步建构持久的个人资源（智力资源、生理资源、心理资源和社会资源），从而提高个人幸福感（Fredrickson，2004）。因此，旅游地居民对旅游目的地的情感团结可能进一步有利于提高旅游地居民的生活质量。现有研究关注旅游地居民对游客的情感团结，已经证实旅游地居民情感团结可以对旅游地居民幸福感产生积极影响（Wang et al.，2020）。此外，一些研究说明了旅游地居民情感团结的中介作用。旅游地居民对节日发展的支持受到游客情感团结的影响，而社区依恋对情感团结产生积极影响。居民情感团结在支持节日发展的社区依恋中起中介作用。根据所讨论的理论和文献，旅游地社会责任类型会影响旅游地居民对旅游目的地的情感团结，其影响会传递给旅游地居民生活质量：

H22：旅游地社会责任类型（即连续性 vs. 一次性）对生活质量的主要影响是由情感团结介导。

【披露语气的调节作用】

近年来，社会责任传播领域对披露语气的研究兴趣有所增加。披露语气是信息公开时在说话或写作中的一种表达方式，以往研究表明披露语气能够系统影响信息接收人的情感、认知和行为（Lengieza et al.，2019）。当旅游地向旅游地居民披露社会责任活动时，在生动语气的背景下，旅游地居民可能会被激活更多的积极情绪，进而对旅游地社会责任交流产生积极的评价，这种积极评价可能会促进旅游地居民对这两种类型社会责任进行更加深入理性的认识，从而更有利于旅游地居民将连续性（相对于一次性）社会责任解释为旅游目的地愿意为居民福祉做出更多努力。然而，在平实的披露语气下，接收者可能会对旅游地社会责任产生一种负面评价，这种负面评价可能会阻碍旅游地居民对两种类型社会责任进行更加深入理性的认识，从而无法识别他们的差异。基于这些，提出假设：

H23：披露语气调节了旅游地社会责任对旅游地居民情感团结的影响。

H23a：在生动的披露语气中，连续性（相对于一次性）旅游地社会责任能够激活更高的旅游地居民情感团结。

H23b：在平实的披露语气中，连续性与一次性旅游地社会责任能够激活的旅游地居民情感团结没有显著差异。

【视觉信息的调节作用】

合适的视觉信息（静态图片、动图、视频等）对于实现积极的沟通目的至关重要，因为视觉信息与文本信息相比，可以吸引更多注意力并唤醒更高的情感反应。但是，研究表明，当同时使用视觉信息和文本信息时，视觉信息的效果可能并不总是能够得到发挥。

在本研究的研究情境中，当使用生动的披露语气时，视觉信息可能会加强旅游地居民对旅游地社会责任活动的联想和构建过程。旅游地居民的积极情绪将大大增加，从而大大提高对社会责任活动的评价。然而，积极情绪和积极评价急剧增加的过程也会显著增加认知负荷。这可能会导致旅游地居民用于区分不同类型旅游地社会责任的认知资源减少，甚至直接忽略不同类型社会责任活动之间的差异或对它们之间的差异作出错误判断。因此，由于旅游地社会责任类型的差异而导致的情感团结的差异可能不会在这种情境中出现。但是，在平实的披露语气中，视觉信息带来的积极情绪和积极评价与平实语气带来的消极情绪和消极评价可能实现平衡。这样就不会出现认知过载的情况，留下足够的认知资源来分析和评估不同类型的旅游地社会之间的差异。由此，提出 H24：

H24：视觉信息进一步调节了披露语气的调节作用。

H24a：视觉信息和生动语气的交互作用阻碍了旅游地居民对于旅游地社会责任类型的区分，从而导致两种类型的旅游地社会责任对居民情感团结的影响没有显著差异。

H24b 视觉信息和平实语气的交互作用促进了旅游地居民对旅游地社会责任类型的区分，从而导致连续性（相对于一次性）旅游地社会责任对居民情感团结的影响更大。

结合上述概念和假设产生了一个综合的理论模型（见图 4 – 12），并进行了三项实验来检验这些假设。

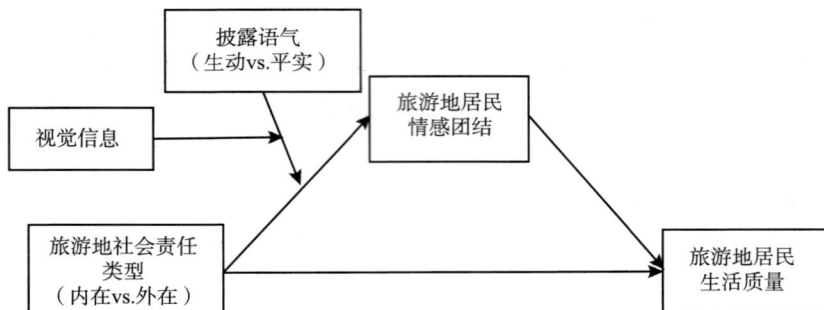

图 4 – 12　理论模型

4.6.3.2　实验一旅游地社会责任类型对生活质量的影响

实验一是一项基于情境的实验，评估旅游地社会责任类型（连续性 vs. 一次性）对居民情感团结和生活质量的潜在影响。此外，它还探讨了情感团结的中介作用。

【方法】

我们通过社交媒体（如微信、微博和 QQ）发布招募信息，以寻找和接触参与者。我们为实验一招募了 80 名参与者，这些参与者自愿在线完成情境实验，以换取少量现金。该研究采用单因素（旅游地社会责任类型：连续性 vs. 一次性）组间实验设计，其中 80 名参与者被随机分配到两组（$G_{连续性}$ 与 $G_{一次性}$）。随机分配是一种合适的方法，可以最大限度地减少可能的混杂变量的影响、控制实验误差、提高外部有效性并最大限度地减少潜在的自我选择偏差。基于旅游目的地的真实社会责任创建了关于假设旅游目的地（X 旅游目的地）旅游地社会责任的两个虚构场景，以模拟现实世界的设置，从而可以操纵旅游地社会责任的类型。假设的旅游目的地名称（X）可以避免先前偏好、知识和对真实旅游目的地的熟悉程度的偏见。在操纵一次性旅游地社会责任的刺激时，我们只是描述了一项慈善活动，专注于在特定时间和地点（即 2020 年 9 月 8 日；A 社区）改善旅游目的地附近老年人的生活，但是当操纵持续旅游地社会责任的刺激时，我们描述了特定时间和地点（即 2020 年 9 月 8 日；A 社区）的慈善活动，并承诺此类慈善活动将在特定时间和地点再进行 3 次（即 B 社区，2020 年 10 月 8 日；C 社区，2020 年 11 月 8 日；D 社区，2020 年 12 月 8 日）（可根据要求提供有关刺激的更多详细信息）。参与者首先被要求想象他们是 X 旅游目的地的居民并居住在 X 旅游目的地。然后他们会仔细阅读刺激材料并想象他们在场景中。在此之后，参与者完成了问卷，包括人口统计信息表、测试操作有效性和场景真实性的项目，以及情感团结和生活质量的量表。

操纵有效性是用两点量表（是/否）"旅游地社会责任是连续的"（在 G$_{连续性}$中）或"旅游地社会责任是一次性的"（在 G$_{一次性}$中）来衡量的，这种方法在已发表的文章中使用并证明可行（Weng et al.，2021；Su et al.，2022）。情境的真实性是通过要求参与者对所提供的情境是否"在现实生活中发生"来衡量的（Su et al.，2020）。居民对旅游目的地情感团结的测量量表改编自伍斯南和诺曼（Woosnam & Norman，2010）以及曼鲁亚马、里贝罗安和伍斯南（Maruyama，Ribeiroand & Woosnam，2020）。它包括三个维度：情感亲近（我感觉接近 X 旅游地）、同情理解（我认同 X 旅游地，我对 X 旅游地有感情）和真挚欢迎（我为 X 旅游地的慈善活动感到自豪，我觉得附近的社区受益于 X 旅游地，我感谢 X 旅游地对附近社区的贡献，我以后可以和 X 旅游地相处，我可以信任 X 旅游地）。每个项目都使用七分制（1 = 非常不同意，7 = 非常同意）进行评估。根据李等（Lee et al.，2018）与尤拉等（Yolal et al.，2016）的研究，生活质量使用李克特 7 分制的五个项目进行测量。这些量表均进行了中英文的回译。

一名参与者没有完成实验，我们最终收到 79 个（G$_{连续性}$中 39 个，G$_{一次性}$中 40 个）数据集，响应率为 98.75%。参与者的人口统计信息如表 4 - 14 所示。

表 4 - 14　　实验一人口统计信息

分类		数量	占比（%）	分类		数量	占比（%）
年龄	18~25 岁	35	44.3	月均收入	2001~3000 元	21	26.6
	26~45 岁	25	31.6		3001~4999 元	20	25.3
	46~65 岁	15	19.0		5000~7999 元	12	15.2
	65 岁及以上	4	5.1		8000 元及以上	2	2.5
性别	男性	36	45.6	职业	工人	10	12.7
	女性	43	54.4		公务员	19	24.1
受教育程度	高中以下	8	10.1		农民	4	5.1
	高中/职技学校	13	16.5		企业员工	20	29.1
	本科生/副学士学位	35	44.3		学生	21	22.8
	硕士及以上	23	29.1		其他	5	6.3
月均收入	2000 元及以下	24	30.4				

【结果和讨论】

结果表明，旅游地社会责任类型的操纵是成功的，100% 的参与者认为旅游地社会责任类型是连续的，而 G_一次性 中 97.4% 的参与者认为旅游地社会责任类型是一次性的。情境真实性测试表明，超过 95%（97.5%）的参与者认为这些情境对他们来说是现实的，他们可以很容易地想象这些情境存在于现实生活中。此外，情感团结量表和生活质量量表的信度均符合要求（Cronbach's α 大于 0.850），实验一的量表项目和测量信度的详细信息如表 4 - 15 所示。

表 4 - 15 量表项目和测量信度

变量名称	项目	Cronbach's
情感团结	我和 X 旅游目的地距离很近	0.911
	我认同 X 旅游目的地	
	我对 X 旅游目的地有感情	
	我为 X 旅游目的地的慈善活动感到骄傲	
	我认为周边社区从 X 旅游目的地获益	
	我感谢 X 旅游目的地对周边社区的贡献	
	在未来我可以和 X 旅游目的地相处得很好	
	我可以信任 X 旅游目的地	
生活质量	由于慈善活动，我的生活质量总体提高	0.897
	由于慈善活动，附近的社区已成为理想的居住地	
	我很开心 X 旅游目的地可以开展这些慈善活动	
	总的来说，我很喜欢这些慈善活动	
	有了慈善活动我认为周边的事情和我自己变得越来越好了	

采用独立样本 t 检验，对 H20 和 H21 进行了测试。以旅游地社会责任类型为自变量，情感团结为因变量，结果表明连续性旅游地社会责任组的情感团结显著（$t = 2.338$，$p = 0.022$）高于一次性的旅游地社会责任组（$M_{G连续性} = 5.43$，$SD = 0.90$；$M_{G一次性} = 5.02$，$SD = 0.63$）。随后，以生活质量为因变量，研究结果显示，连续性旅游地社会责任组的生活质量水平（$t = 2.681$，$p = 0.009$）显著高于一次性组（$M_{G连续性} = 5.37$，$SD = 0.76$；$M_{G一次性} = 4.84$，$SD = 0.98$）。因此，持续承诺的旅游地社会责任活动可以表现出更高的激活居民情感团结和生活质量的能力，这与我们的预期一致。因此，H20 和 H21 得到证实。

PROCESS 是 SPSS 的附加包，用于进行情感团结调节分析。根据 PROCESS 模型 4，我们分别使用旅游地社会责任类型和生活质量作为自变量和因变量，情感团结作为中介变量。因此，中介分析是通过具有 5000 次重复和 95% 置信区间的引导测试进行的。结果表明，情感团结在旅游地社会责任类型和生活质量之间起中介作用（95% CI：0.067，0.676），间接效应占总效应的70.9%，直接效应占总效应的29.1%。因此，支持H22，表4-16提供了有关调节的详细信息。

表 4 – 16　　　　　　　　　　实验一中介效应分析结果

预测变量	生活质量		情感团结		生活质量	
	B	t	B	t	b	t
旅游地社会责任类型	0.529	2.681 **	0.408	2.338 *	0.154	1.285
情感团结					0.922	12.210 ***
R^2	0.085		0.066		0.691	
F	7.187 **		5.467 *		85.045 ***	

效应类型	效应值	Boot 标准误	Boot 95% CI		相对效应
			下限	上限	
总效应	0.529	0.157	0.136	0.922	
直接效应	0.154	0.120	−0.084	0.392	29.0%
间接效应	0.376	0.158	0.067	0.676	70.9%

注：* 表示 $p < 0.05$，** 表示 $p < 0.01$，*** 表示 $p < 0.001$。

4.6.3.3　实验二披露语气的调节作用

实验一的结果表明，在基于情境的背景下调查的不同类型的旅游地社会责任（连续性或一次性）会引起不同程度的居民情感团结，并进一步影响生活质量，这为实验二奠定了基础。实验二的目的是基于旅游目的地以生动或平实的语气披露其社会责任活动的真实情景，探讨旅游地社会责任披露语气对旅游地社会责任类型对居民情感团结的影响的调节作用。

【方法】

实验二使用了 2（连续性 vs. 一次性旅游地社会责任）×2（生动 vs. 平实的披露语气）因子之间的受试者设计。以与实验一相同的方式招募了总共 180 名参与者，并且每位参与者都获得了少量现金作为交换。根据析因设计，这些参与者被随机分配到四组。每组由 45 名参与者组成。旅游地社会责任类型操作与实验一相同；我们用生动的语气或平实的语气描述了旅游地社会责任活动，以操纵披露语气。考虑到生动的语气，我们使用了修辞和形容，并描述了老年人对活动的积极反应。然而，在平实的刺激材料中，我们只描述了我们所做的，没有任何修辞和形容词。例如，给老人送手套的行为用生动的语气描述为"每个老人收到手套都像孩子一样开心"，用平实的语气描述"我们给每个老人一副手套"（可应要求提供有关刺激的更多详细信息）。在实验过程中，参与者被要求想象自己是 X 旅游目的地的居民，然后阅读刺激材料，想象自己在场景中。接着他们完成了问卷；本问卷的所有内容都与实验一相同，只是在两点量表上增加了一个项目（是/否）："该材料中的披露语气是否生动/平实"，以检查披露语气的操纵有效性。

10 名参与者没有完成实验，我们最终在这四种不同的场景中获得了 170 个数据集：连续性旅游地社会责任有平实的披露语气（$n = 44$）或生动的语气（$n = 39$），以及带有平实语气披露的一次性旅游地社会责任（$n = 44$）或生动语气（$n = 43$），其响应率为 94.44%。这些参与者的人口统计信息如表 4 - 17 所示。

表 4 - 17　　　　　　　　　　实验二人口统计信息

	分类	数量	占比（%）		分类	数量	占比（%）
年龄	18~25 岁	99	58.2	月均收入	2001~3000 元	28	16.5
	26~45 岁	56	32.9		3001~4999 元	25	14.7
	46~65 岁	15	8.8		5000~7999 元	33	19.4
	65 岁及以上	0	0		8000 元及以上	20	11.8
性别	男性	80	471	职业	工人	7	4.1
	女性	90	52.9		公务员	29	17.1
受教育程度	高中以下	2	1.2		农民	4	2.4
	高中/职技学校	10	5.9		企业员工	48	28.2
	本科生/副学士学位	66	38.8		学生	56	32.9
	硕士及以上	92	54.1		其他	26	15.3
月均收入	2000 元及以下	64	37.6				

【结果和讨论】

结果表明，对旅游地社会责任类型和披露语气的操纵均成功，连续性旅游地社会责任条件下 96.4% 的参与者认为旅游地社会责任类型为连续性，一次性旅游地社会责任条件下 94.3% 的参与者认为旅游地社会责任类型为一次性，95.1% 的生动语气条件参与者认为披露语气生动，而 93.2% 的平实语气条件参与者认为披露语气是平实的。而情境真实性测试表明，超过 95%（95.3%）

的参与者认为这些情境对他们来说是现实的，他们可以很容易地想象这些情境存在于现实生活中。此外，情感团结量表（Cronbach's $\alpha = 0.955$）的可靠性是符合要求的。

为了分析披露语气的调节作用，本研究采用以旅游地社会责任类型和披露语气为自变量、情感团结为因变量的 2×2 方差分析来检验 H23、H23a 和 H23b。结果显示了显著的交互作用（$F_{(1,166)} = 7.039$，$p = 0.009$）。因此，H23 得到支持。此外，使用独立样本 t 检验来确定披露语气调节作用的方向。生动的披露语气导致连续性旅游地社会责任的情感团结效应显著高于一次性旅游地社会责任（$M_{连续性} = 5.82$，$SD = 0.99$；$M_{一次性} = 5.12$，$SD = 0.79$；$t = 3.592$，$p < 0.01$）。但是，在平实的披露语气下，连续性旅游地社会责任和一次性旅游地社会责任在情感团结效应上的差异不再显著（$M_{持续性} = 4.87$，$SD = 0.98$；$M_{一次性} = 4.91$，$SD = 0.90$；$t = 0.203$，$p > 0.05$）。因此，H23a 和 H23b 得证。

4.6.3.4 实验三视觉信息的调节作用

实验二的结果表明，旅游地社会责任类型的披露语气（生动或平实）对情感团结的影响起着显著的调节作用。在本研究中，我们在实验二的基础上开始探索视觉信息对披露语气的调节作用的更深层次的调节作用。

【方法】

实验三使用了 2（连续性 vs. 一次性旅游地社会责任）$\times 2$（生动 vs. 平实的披露语气）$\times 2$（有 vs. 无视觉信息）因子之间的被试设计。然而，由于具有"无视觉信息"的因子条件的四组与实验二中的四组相同，我们仍然将 180 名参与者随机分配到四组。这些参与者的招募方式与实验二中的相同，并且每位参与者都获得了少量现金作为交换。旅游地社会责任类型和披露语气的操作与实验二中相同，唯一的区别是我们在所有刺激材料中添加了四张关于旅游地社会责任活动的图片。在实验过程中，参与者首先被要求想象自己是 X 旅游目的地的居民；其次阅读刺激材料想象自己在场景中；最后，参与者完成了问卷。本问卷与实验二相同，只是增加了一个带有两点量表（是/否）"你能在材料中找到视觉信息吗"的项目，以检查视觉信息的操纵效果。11 名参与者没有完成实验，我们最终在这四种不同场景中获得了 169 个数据集：连续性旅游地社会责任带有平实的披露语气和视觉信息（$n = 42$）或带有生动语气的披露和视觉信息（$n = 41$），以及具有平实的披露语气和视觉信息（$n = 43$）或具有生动语气的披露和视觉信息（$n = 43$）的一次性旅游地社会责任，其响应为 93.89%。这些参与者的人口统计信息如表 4 - 18 所示。

表 4 - 18　　　　　　　　　　　实验三人口统计信息

分类		数量	占比（%）	分类		数量	占比（%）
年龄	18～25 岁	92	54.4	月均收入	2001～3000 元	23	13.6
	26～45 岁	70	41.4		3001～4999 元	31	18.3
	46～65 岁	5	3.0		5000～7999 元	21	12.4
	65 岁及以上	2	1.2		8000 元及以上	37	21.9
性别	男性	84	49.7	职业	工人	5	3.0
	女性	95	50.3		公务员	23	13.6
受教育程度	高中以下	1	0.6		农民	1	0.6
	高中/职技学校	3	1.8		企业员工	53	31.4
	本科生/副学士学位	107	63.3		学生	54	32.0
	硕士及以上	58	34.3		其他	33	19.5
月均收入	2000 元及以下	57	33.7				

【结果和讨论】

结果表明，对旅游地社会责任类型、披露语气和视觉信息的操纵均成功，在连续性旅游地社会责任条件下，95.3% 的参与者认为旅游地社会责任类型为连续性，在一次性旅游地社会责任条件下，97.7% 的参与者认为旅游地社会责任类型为一次性的，100% 的生动语气条件参与者认为披露语气生动，94.1% 平实语气条件的参与者认为披露语气平实，100% 参与者报告他们能够找到视觉信息。情境真实性测试表明，97% 的参与者认为这些情境对他们来说是现实的，他们可以很容易地想象这些情境存在于现实生活中。此外，情感团结量表具有足够的可靠性（Cronbach's $\alpha = 0.957$）。

为了检验假设，实验二的四组数据集已被纳入分析过程。首先使用独立样本 t 检验测试视觉消息的视觉效果。结果表明，接受视觉信息的四组（M = 5.64，SD = 0.92）之间的情感团结比没有任何视觉信息的四组（M = 5.16，SD = 0.98）明显（$t = 4.591$，$p < 0.001$）。采用 $2 \times 2 \times 2$ 方差分析，以旅游地社会责任类型、披露语气和视觉信息为自变量，情感团结为因变量，用于检验 H24。结果显示了显著的交互作用（$F_{(1,331)} = 12.482$，$p < 0.001$），因此，H24 得到支持。此外，为了测试 H24a 和 H24b，使用了 2×2 方差分析，以旅游地社会责任类型和披露语气作为自变量，情感团结作为因变量。结果表明，旅游地社会责任类型和披露语气之间的交互作用显著（$F_{(1,165)} = 5.466$，$p = 0.021$）。其次，我们采用独立样本 t 检验来确认披露语气的调节作用的方向。结果表明，当以生动的披露语气呈现时，连续性旅游地社会责任组与一次性旅游地社

会责任组（$MG_{连续性} = 6.10$，$SD = 0.69$；$MG_{一次性} = 6.17$，$SD = 0.66$）的情感团结差异不显著（$t = 0.487$，$p > 0.05$）。然而，平实的披露语气导致连续性旅游地社会责任（$M = 5.39$，$SD = 0.85$）的情感团结水平显著高于一次性旅游地社会责任组（$M = 4.91$，$SD = 0.82$）。因此，H24a 和 H24b 得到证实。

4.6.3.5 研究结论与讨论

本研究通过三项实验系统地回答了旅游地社会责任如何影响旅游地居民生活质量的问题，它可能为设计旅游地社会责任以有效提高旅游地居民生活质量提供创造性的知识。

【理论贡献】

旅游地居民生活质量因其在旅游目的地可持续发展中的重要作用而成为旅游研究的热点（Berbekova et al.，2021）。旅游地社会责任和旅游地居民生活质量之间的关系最近受到越来越多的关注（如那梦帆等，2019）。然而，之前的研究（如 Su et al.，2018）只关注旅游地社会责任和旅游地居民生活质量之间的相关性，而忽略了不同类型旅游地社会责任对旅游地居民生活质量的影响。从企业社会责任的研究中学习，本研究区分了两种类型的旅游地社会责任：连续性旅游地社会责任和一次性旅游地社会责任。它进一步阐明了旅游地社会责任类型与旅游地居民生活质量之间的因果关系。特别是，连续性旅游地社会责任比一次性旅游地社会责任对旅游地居民生活质量有积极影响。相应地，本研究从因果关系的角度而非关联的角度为支持旅游地社会责任与旅游地居民生活质量之间的理论关系提供了创造性的证据，扩展了旅游地社会责任设计的理论思考，并深化了通过调整旅游地社会责任类型来提高旅游地居民生活质量的理论基础。

此外，先前的研究（例如，Lee et al.，2018；Su et al.，2018）基于社会交换理论的理论框架描述了旅游地社会责任和旅游地居民生活质量之间的关系，并认为旅游地社会责任的好处是旅游地社会责任是解释旅游地居民生活质量效应的关键机制。当前的研究表明，情绪因素对于提升旅游地居民生活质量至关重要，我们的研究结果表明，旅游地社会责任可以从其利益相关者那里引发积极情绪（Su et al.，2017）。因此，我们结合情感团结理论来揭示旅游地社会责任类型对旅游地居民生活质量影响的介导过程，并证实了居民情感团结在旅游地社会责任类型对旅游地居民生活质量影响的中介作用显著。这些发现丰富了通过情感机制理解旅游地社会责任和旅游地居民生活质量之间关系的理论观点。此外，情感团结理论仅被用作描述居民与游客以及游客之间的情感联系的基础。然而，这项研究将其应用扩展到居民和旅游目的地之间的情感联系，被认为是旅游环境中情感团结理论的积极拓展。

另外，披露语气作为信息披露的一个重要因素，此前已有报道称其会影响信息接收者的感知和情绪，不同的披露语气会产生不同的影响。因此，考虑到迄今为止尚未对旅游地社会责任信息中的披露语气的差异进行研究，本研究基于生动效应探讨了旅游地社会责任类型披露语气对居民情感团结的影响的调节作用。研究结果表明，在不同类型的旅游地社会责任中，披露语气对情感团结有不同的影响。尤其是在以生动的语气披露旅游地社会责任信息时，连续性旅游地社会责任的情感团结效应显著。然而，在平实的语气中，效果会消失。因此，本研究创新性地将披露语气和生动效果引入旅游地社会责任领域，揭示了披露语气对旅游地居民情感团结影响的差异化作用，丰富了披露语气和生动效果的理论文献。

最后，研究结果还揭示了居民情感团结受旅游地社会责任的影响，并受到描述旅游地社会责任的语气的影响，为提高旅游地社会责任的居民情感团结效果奠定了理论基础。不仅如此，我们还揭示了视觉信息对披露语气调节作用的反向影响。俗话说，"一张图片值一千字"，我们的研究结果证实了与没有视觉信息的群体相比，报告的具有视觉信息的群体的情感团结显著增强。然而，在生动的旅游地社会责任信息中，视觉信息的增强效果与平实语气条件下的效果相反。这些发现与之前的研究相呼应，强调了旅游中视觉信息的重要性，并为那些反对的人提供了新的证据。

4.6.4 旅游地社会责任策略对旅游地居民生活质量的影响机制

旅游业可以促进当地产业和经济发展（Ko et al.，2002；Lee，2013），但也会对社会文化和环境造成破坏（Liu et al.，1986），影响旅游地核心利益相关者——旅游地居民及其生活质量（Lee，2013；Su et al.，2023）。这些影响对旅游可持续发展具有实际意义（Lee，2013）。旅游地居民生活质量和对旅游发展的态度被视为衡量这种意义的重要指标，特别是在衡量旅游发展的社会福祉和旅游业可持续发展方面（Su et al.，2022，2023）。旅游学界和业界将旅游地社会责任视为提高居民生活质量和态度的战略工具（Lee et al.，2018；Li et al.，2018；Su et al.，2022，2023），其涉及居民感知到的旅游地管理组织所进行的社会责任活动的意识形态和实践（Su et al.，2022，2023）。已有研究表明，旅游地社会责任可以通过增加居民的信任、满意度、感知获利、情感团结、增权等来提高居民生活质量和态度（Lee et al.，2018；Su et al.，2022，2023）。例如，相关研究证明了旅游地社会责任动机归因对居民增权和生活质量有显著影响。然而，旅游地社会责任影响的内在机制和边界条件仍不清晰，需要进一步厘清（Su et al.，2023）。

居民对旅游地社会责任的反应是复杂而非简单的，旅游地居民感知到不同类型的旅游地社会责任策略可能会因居民的感知和心理机制不同而导致居民产生不同反应（Su et al.，2022，2023）。相比一次性的旅游地社会责任，连续性的旅游地社会责任能够增加居民感知到更多旅游地所做的努力，从而提高情感团结和生活质量。然而，已有研究大多将旅游地社会责任策略视为一个整体构念（例如，Kim et al.，2018；Su et al.，2017），忽略了不同类型旅游地社会责任可能产生的差异性影响。

成就归因理论（Weiner，1985）指出，能力和努力是影响个体成就的两个核心要素（Zhu et al.，2017）。据此，本研究将旅游地社会责任策略分成能力导向型和努力导向型两种。其中，能力导向型旅游地社会责任策略，例如，张家界大峡谷风景名胜区一次性向张家界慈善总会捐款 100 万元用于抗击疫情，[①] 反映了旅游目的地在进行社会责任行动方面的能力和资源；而努力导向型旅游地社会责任策略，例如，海昌海洋公园九年来已落地 200 余项公益活动，[②] 反映了一个旅游目的地在履行社会责任方面的承诺和意志。前者更可能引发策略驱动或外在动机的归因，而后者更可能引发价值驱动或内在动机的归因（Vlachos et al.，2009；Zhu et al.，2017）。鉴于内在动机归因的旅游地社会责任被证明可以激发更高的生活质量（Su et al.，2022），我们认为努力导向型（相对于能力导向型）旅游地社会责任策略能促使居民产生更高的生活质量和对旅游发展的积极态度。然而，尽管能力导向型和努力导向型旅游地社会责任策略在现实世界非常常见，但关于它们是否及如何影响居民生活质量和态度仍处于黑箱之中。

已有研究表明，感知和关系是旅游地社会责任所导致积极结果的重要前因（Biraglia et al.，2018；Ettinger et al.，2021；Li et al.，2018；Su et al.，2020）。此外，积极的感知也有助于培养共有关系。但遗憾的是，少有研究将这两种因素结合起来考虑它们在旅游地社会责任与居民反应关系中的共同作用。根据刻板印象内容模型（Fiske et al.，2002），努力导向型（相对于能力导向型）的旅游地社会责任策略可能会激发更高的感知温暖，这代表了一个人对客体友好、善良、真诚的感知（Rojas - Méndez et al.，2023），有助于和对方培养共有关系。在共有关系中，个体会把对方当作亲密的家人和朋友（Chark et al.，2023；Clark et al.，1986），从而能够促发个体的积极情感和行为（Gao et al.，2021；Hu et al.，2022）。因此，我们进一步提出，感知温暖和共有关系可能在旅游地社会责任策略对居民生活质量及态度的影响中发挥顺

---

① https：//baijiahao. baidu. com/s？id=1708308807314722804&wfr=spider&for=pc.
② http：//yantai. dzwww. com/lvyou/lyhd/202304/t20230421_11748526. htm.

序中介作用。

另一个尚未得到学者们充分关注的领域是旅游地社会责任披露主体的影响，它表示传递旅游地社会责任信号的主体，是为公众或利益相关者提供旅游地社会责任信息的交流工具（Perks et al.，2013）。根据信号理论，旅游地社会责任信息披露是一种传递社会责任信息的信号工具，也是一种回应利益相关者诉求的交流工具（Axjonow et al.，2018；Sweeney et al.，2008）。已有研究表明，社会责任信息披露渠道的差异可能会导致利益相关者的不同感知和态度（Aaker et al.，2010；Du et al.，2010；Ettinger et al.，2021；Perks et al.，2013）。但是，旅游研究中对旅游地社会责任披露主体的探讨仍非常少见。基于现有研究，本研究将旅游地社会责任披露主体分为自我披露（即旅游地社会责任信息由旅游目的地管理组织自身披露）和第三方披露（即旅游地社会责任信息由第三方披露）两种类型。根据归因理论（Weiner，1985），当旅游地社会责任信息由第三方披露时，居民更有可能将这些社会责任活动归因于价值驱动或内在动机（Perks et al.，2013）。相反，当旅游目的地管理组织自身披露旅游地社会责任信息时，居民倾向于将社会责任活动归因于功利驱动或营利动机，从而可能产生怀疑态度（Perks et al.，2013）。鉴于旅游地社会责任披露主体的差异很可能导致不同的动机归因，从而影响旅游地社会责任策略对居民感知和态度的作用（Vlachos et al.，2009；Zhu et al.，2017），我们将旅游地社会责任披露主体识别为上述影响关系的潜在调节变量。

为了填补知识空白，本研究提出并检验了一个概念模型，探究旅游地社会责任策略如何影响旅游地居民生活质量和对旅游发展的态度。此外，本研究还检验了感知温暖、共有关系和生活质量的顺序中介效应以及旅游地社会责任披露主体的调节效应。本研究的贡献包括：第一，基于成就归因理论，本研究将旅游地社会责任策略划分为能力导向型和努力导向型，并检验了它们对旅游地居民生活质量和态度的影响，为旅游地社会责任策略的分类及其下游效应提供了新的见解。第二，根据刻板印象内容模型（Stereotype Content Model，SCM），本研究分析了感知温暖和共有关系在旅游地社会责任策略与生活质量及态度之间的链式中介作用，厘清了能力—努力导向型旅游地社会责任策略影响效应中的过程机制，也为刻板印象内容模型提供了一个新的应用场景。第三，基于归因理论，本研究讨论了旅游地社会责任披露主体在上述影响关系中的调节作用，这为旅游地社会责任策略研究提供了新的视角，为旅游地社会责任策略的边界条件研究带来新的见解。研究结果可以帮助旅游目的地管理组织采用更有效的旅游地社会责任策略以提高旅游地居民生活质量。

4.6.4.1 理论基础与研究假设

【信号理论】

信号理论描述了组织如何通过发出信号使利益相关者对其行为产生良好印象，传达其质量或品格（Ogunfowora et al.，2018），并影响利益相关者对组织的感知、态度和行为（Su et al.，2023）。但是，信号不一定总能发挥预期作用（Su et al.，2023）。在旅游领域，旅游地社会责任代表了提升包含所有利益相关者的旅游目的地整体福祉的想法和努力（Lee et al.，2021；Su et al.，2023），对居民来说是一个积极的信号，旨在传达积极的信息和旅游目的地对居民及旅游发展所做的努力（Su et al.，2023）。但是，由于信号发送者（即旅游目的地管理组织）和信号接收者（即旅游地居民）的利益往往是不同的，发送者可能出于掩饰其真实动机的目的传递虚假信号，从而隐瞒其真实意图（Ogunfowora et al.，2018），这就形成了一个复杂的心理归因机制。

【归因理论】

根据归因理论，信号接收者观察并对他人行为的原因作出判断或解释（Kelley et al.，1980）。这些解释可能进一步影响信号接收者的态度和行为（Ogunfowora et al.，2018；Rupp et al.，2006）。信号接收者经常解释企业行动的原因，并将这些原因编码在它发送的信号中。在这个过程中，接收者会批判性地分析企业行动背后的动机或原因（Ogunfowora et al.，2018）。因此，虽然组织旨在向利益相关者传递积极信号，建立负责任的社会形象，但噪声或利益差异可能阻碍接收者对信号的解释（Connelly et al.，2011）。这很可能发生在企业社会责任的背景下，因为当企业明显错误地报告了他们的善举时，这些活动往往成为广泛报道的丑闻（Ogunfowora et al.，2018）。因此，旅游企业在发送社会责任信号时的意图与利益相关者在接收信号时的归因之间存在一定差距（Su et al.，2023）。

根据归因理论，先前的旅游地社会责任文献已研究过不同的社会责任动机如何影响个体反应（如 Su et al.，2020，2022）。例如，现有研究区分了旅游地社会责任行动的内在和外在动机，并检验了它们对居民生活质量的影响（Su et al.，2022）。类似地，先前的研究也应用归因理论来理解社会责任披露、报告或传播的效果。当企业披露或宣传其社会责任行动时，公众等利益相关者倾向于推断这些举措背后的动机，然后再做出投资决策（Ogunfowora et al.，2018）。自我促销的社会责任披露可能由于被认为具有营利导向和自我服务动机而损害信任度，而第三方披露（如由代言人进行）则可能增强企业社会责任努力的可信度，因为它被认为具有利他主义动机（Perks et al.，2013）。基于现有文献并进行拓展和延伸，我们使用归因理论来解释旅游地社会责任策略如何影响居民生活质量和对旅游发展的态度，以及旅游地社会责任披露主体如何调节这些影响关系。

【旅游地社会责任策略与居民生活质量、态度的关系】

旅游地社会责任是指居民所感知到的旅游目的地管理组织对社会责任活动的理念和实践（Su et al.，2022，2023）。先前的旅游研究已经验证了旅游地社会责任能够影响居民如何感知、评价和对待旅游目的地，如口碑、旅游目的地认同、生活质量和对发展旅游的态度（Su et al.，2016，2017，2022，2023）。并且，居民感知到的不同类型的旅游地社会责任可能对居民反应产生差异性影响（Su et al.，2022，2023）。然而，现有研究大多将旅游地社会责任策略视为一个整体构念（例如，Lee et al.，2018，2021；Su et al.，2016，2017），而对于不同旅游地社会责任策略的后果，仍需进一步厘清。

成就归因理论（Weiner，1985）指出能力和努力是影响成功的两个核心要素（Zhu et al.，2017），本研究据此将旅游地社会责任策略分为能力导向型和努力导向型。能力和努力在成功和失败的因果归因中都发挥着重要作用。能力—个体能做什么—通过关注障碍和资源来传达，而努力传达个体想要做什么，它通过努力工作、坚持（Naylor et al.，1984；Holloway，1988；Locke et al.，1988；Zhu et al.，2017）以及精力（Locke et al.，1978）和强烈的动机来传达。因此，我们将能力导向型旅游地社会责任策略定义为居民感知到的旅游目的地管理组织进行的基于自身能力和资源的旅游地社会责任活动，而努力导向型旅游地社会责任策略则是旅游目的地管理组织进行的体现努力、承诺和意志的旅游地社会责任活动。研究发现，相比能力，将企业社会责任归因于努力更能引发感知温暖、积极的品牌评价和满意度（Hu et al.，2017）。

旅游地居民生活质量作为一个主观构念，强调居民如何评估其生活满意度（Su et al.，2022，2023）。旅游地社会责任策略可以通过塑造其对旅游目的地动机和结果的感知来影响旅游地居民生活质量。具体而言，能力导向型旅游地社会责任策略可能暗示旅游目的地管理组织有足够的资源来履行其社会责任，但它们也可能意味着旅游目的地受外在动机驱动，如战略或功利目标（Zhu et al.，2017）。如果旅游地居民认为旅游目的地管理组织是出于追求自我利益而不是真诚关心旅游目的地，旅游地居民可能会怀疑，如果旅游目的地经营遇到困难，社会责任行动就会停止。这可能削弱旅游地居民对社会责任行动可持续性和有效性的信任，从而导致生活质量降低（Su et al.，2022）。相比之下，努力导向型旅游地社会责任策略传达了旅游目的地管理组织即使面临挑战和困难，也会致力于以持之以恒和专注的态度追求其目标（Locke et al.，1988；Holloway，1988）。这可以增强旅游地居民对旅游目的地内在动机和价值观以及社会责任行动的可持续性和有效性的信任，从而提高他们的生活质量（Su et al.，

2022）。综上所述，我们提出假设：

H25：与能力导向型旅游地社会责任策略相比，努力导向型旅游地社会责任策略可能促发旅游地居民更高的生活质量。

旅游地居民态度在本研究中是指旅游地居民对旅游发展的支持或倡导（Su et al.，2016；Woo et al.，2015），它受到归因动机的影响（Rupp et al.，2006；Su et al.，2020，2022）。当个体认为社会责任是由价值驱动时（Vlachos et al.，2013），他们往往会形成积极的态度，如品牌拥护（Pai et al.，2015）和工作承诺。相反，当个体认为社会责任是由营利驱动时（Su et al.，2020），他们往往会形成负面态度。

在旅游地社会责任领域，旅游地居民更有可能将能力导向型旅游地社会责任策略归因于营利动机。相反，旅游地居民更有可能将努力导向型旅游地社会责任策略归因于价值动机。因此，努力导向型旅游地社会责任策略比能力导向型旅游地社会责任策略更有可能激发旅游地居民对旅游发展的支持。

H26：与能力导向型旅游地社会责任策略相比，努力导向型旅游地社会责任策略更可能促发旅游地居民对旅游发展的积极态度。

【感知温暖、共有关系、生活质量的中介作用】

能力和努力是促成个人实现目标的两个主要个人因素（Zhu et al.，2017）。能力与地位和权力相关，这些通常被视为社会距离较远，而努力与坚持和努力工作相关，这些通常被视为社会距离较近。莱恩斯等（Leyens et al.，2000）指出，那些被认为社会距离近的人往往比那些社会距离远的人激发更多的感知温暖。因此，与能力相比，努力更有可能激发感知温暖。在这方面，强调努力的旅游地社会责任策略比强调能力的旅游地社会责任策略更容易被感知为温暖（Gershon et al.，2018）。努力投入量越大，旅游目的地实现目标的承诺就越大（Naylor et al.，1984）。旅游地居民更有可能将强调努力的旅游地社会责任策略视为旅游目的地对其目标的奉献和真诚、利他主义和仁慈动机的证据，这些动机可能创造持久性（Vlachos et al.，2009；Zhu et al.，2017）。因此，他们会对旅游目的地感到温暖（Su et al.，2020）。

相反，旅游地居民更倾向于将能力导向型旅游地社会责任策略归因于战略或功利导向的动机（Vlachos et al.，2009），如实现业务目标、提高声誉和吸引游客（Su et al.，2020），这可能引发旅游地居民的怀疑和公众犬儒主义，因为旅游地居民担心旅游目的地可能会因为财务限制取消社会责任计划（Zhu et al.，2017）。因此，提出如下假设：

H27：与能力导向型旅游地社会责任策略相比，努力导向型旅游地社会责任策略能促发更高的感知温暖。

共有关系不仅会受到感知温暖的影响（Gershon et al.，2018），也会影响个体的感知和态度（Chang et al.，2022）。事实上，感知温暖可能是与旅游目的地培养共有关系的重要基础。温暖在感知服务质量和社会互动质量方面发挥关键作用（Cuddy et al.，2011）。它驱动着对个人意图和品质的评价（Cuddy et al.，2011），如友善、乐于助人、快乐、友好和关怀，以及合作和关心他人需求，而不是冷漠、缺乏同情心和优先考虑自己的需求。

与旅游目的地管理组织和游客之间存在共有关系的旅游地居民更希望旅游目的地及其游客拥有美好的结果，并忽略旅游给自己带来的不便和艰辛（Hu et al.，2022）。作为一种高质量的关系，共有关系可以提高生活质量（Su et al.，2016）。因此，我们预测努力导向型旅游地社会责任策略可以提高旅游地居民的感知温暖，并促进共有关系的培养，进而提高生活质量，而能力导向型旅游地社会责任策略不太可能做到这一点。因此，我们提出假设：

H28：感知温暖和共有关系在旅游地社会责任策略与生活质量之间发挥顺序中介作用。

与服务提供商建立共有关系的个体会对服务提供商产生更高的忠诚度和信任，因而可能形成支持态度（Durko et al.，2016；Gershon et al.，2018；Hu et al.，2022）。当旅游地居民认为某项旅游目的地活动将使他们的社区和其他居民以及他们自己受益时，他们会支持旅游目的地活动。鉴于与旅游目的地培养共有关系的旅游地居民会形成积极或支持旅游发展的态度，我们认为努力导向型旅游地社会责任策略可以提高旅游地居民的感知温暖，感知温暖可以增加共有关系培养的可能，共有关系又会进一步影响旅游地居民对旅游发展的态度。因此，本研究提出如下假设：

H29：感知温暖和共有关系在旅游地社会责任策略与旅游地居民态度之间发挥顺序中介作用。

旅游地社会责任领域的诸多研究仅将生活质量视为结果变量（如 Su et al.，2020，2022，2023），但生活质量也可能影响旅游地居民对旅游发展的态度。社会交换理论表明，居民对其社区旅游发展结果的评估会影响他们的幸福感和对旅游发展的支持（Perdue et al.，1999）。生活质量是旅游地居民对旅游发展的关键评估指标，旅游地居民倾向于在认为旅游发展可能提高其生活质量时支持未来的旅游发展（Woo et al.，2015）。因此，努力导向型旅游地社会责任策略会提高旅游地居民的感知温暖，感知温暖可以对共有关系产生正向影响，并进一步提升生活质量，生活质量又会进一步影响他们对旅游发展的态度。因此，本研究提出如下假设：

H30：感知温暖、共有关系和生活质量在旅游地社会责任策略与旅游地居民态度之间起顺序中介作用。

【旅游地社会责任披露主体的调节作用】

社会责任披露既起到报告行动的作用（Axjonow et al.，2018；Sweeney et al.，2008），也是一个发出信号的工具（Su et al.，2023），它会影响利益相关者的感知、态度和行为（Jizi et al.，2014）以及企业绩效（Chen et al.，2018）。基于现有文献认为社会责任披露渠道的差异会影响社会责任与个人感知和态度之间的关系（Aaker et al.，2010；Ettinger et al.，2021；Perks et al.，2013），我们提出旅游地社会责任披露主体可能调节旅游地社会责任策略与生活质量、态度和感知温暖之间的关系。

在本研究中，我们将旅游地社会责任披露主体分为自我披露和第三方披露。前者表示旅游目的地管理组织自身披露社会责任信息，而后者强调第三方（如粉丝、自媒体、官方媒体）而不是旅游目的地自身披露社会责任信息。在了解旅游目的地管理组织的社会责任活动时，旅游地居民倾向于从信息中识别出旅游目的地管理组织的真实动机，这对旅游地居民的感知和态度产生显著影响（Su et al.，2022，2023）。

具体而言，当第三方（如非营利组织或政府机构）披露旅游目的地管理组织的社会责任行动时，旅游地居民更有可能信任旅游目的地管理组织，并认为其动机是内在的（Perks et al.，2013；Su et al.，2020）。第三方披露可以减少自我服务偏见，并增强对旅游目的地管理组织的正面感知和态度。但是，当旅游目的地管理组织自己披露其社会责任行动时，旅游地居民更有可能质疑旅游目的地管理组织的动机，并将其归因于外在动机（Perks et al.，2013）。自我披露可能增加自我服务偏见的怀疑，并减弱对旅游目的地管理组织的信任（Pai et al.，2015）。因此，我们认为当旅游目的地管理组织自身披露社会责任信息时，不论是哪种旅游地社会责任类型，旅游地居民都倾向于采用负面偏见或滤镜的动机归因。

旅游地社会责任披露主体可能调节旅游目的地旅游地社会责任策略与旅游地居民生活质量之间的关系。鉴于旅游地居民倾向于认为第三方披露的社会责任行动由内在动机驱动，能力导向型与努力导向型可能适用其影响。但是，在自我披露的情况下，由于旅游地居民对旅游目的地管理组织更加怀疑（Perks et al.，2013），他们的生活质量不会有显著改善。根据上述分析，我们提出假设：

H31：旅游地社会责任披露主体调节旅游地社会责任策略对生活质量的影响，该效应在第三方披露下被增强，在自我披露下被削弱。

此外，旅游地社会责任披露主体还可能调节旅游地社会责任策略与旅游地居民态度之间的关系。根据归因理论，当第三方披露旅游地社会责任信息时，旅游地居民倾向于采用客观的动机归因，从而积极看待社会责任，这会增强努力导向型旅游地社会责任策略的效果，但当旅游目的地管理组织自身披露旅游地社会责任信息时，努力导向型策略无法改变旅游地居民的负面看法。因此，本研究提出如下假设：

H32：旅游地社会责任披露主体调节旅游地社会责任策略对旅游地居民态度的影响，该效应在第三方披露下被增强，在自我披露下被削弱。

旅游地社会责任披露主体也可能调节旅游目的地旅游地社会责任策略与旅游地居民感知温暖之间的关系。根据归因理论，当第三方披露社会责任时，这种行动往往是自发和非营利的（Perks et al.，2013），旅游地居民更有可能将这些社会责任活动归因于价值驱动或内在动机（Su et al.，2020），即真诚、仁慈和非营利动机，旅游地居民更有可能认为这种行为是连续性的（Vlachos et al.，2009；Zhu et al.，2017），促使其感受到更高的温暖（Aaker et al.，2010）。相反，当旅游目的地管理组织自己披露社会责任信息时，旅游地居民会持怀疑态度。他们倾向于将社会责任活动归因于功利驱动或营利动机，不管采取了哪种类型的旅游地社会责任，旅游地居民都会认为旅游目的地开展社会责任活动是出于营利、提升声誉或其他商业目标（Su et al.，2020；Vlachos et al.，2013）。因此，本研究提出如下假设：

H33：旅游地社会责任披露主体调节旅游地社会责任策略对旅游地居民感知温暖的影响，该效应在第三方披露下被增强，在自我披露下被削弱。

【研究概述】

本研究理论模型如图 4 - 13 所示。为了检验这些假设，我们使用混合研究方法，实施了 1 个半结构化访谈、4 个情境实验和 1 个单文章元分析。混合研究方法整合了定性研究和定量研究的优势，能够对研究结果进行三角验证，提高结果的鲁棒性（Kim et al.，2023）。

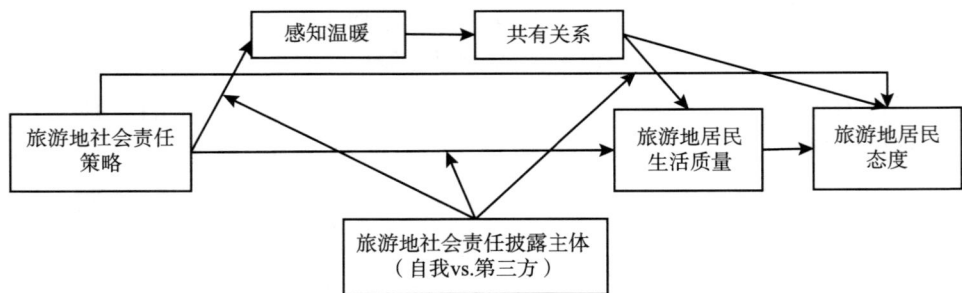

图 4 - 13 理论模型

首先，我们利用半结构化访谈收集第一手资料，初步验证旅游地社会责任策略对旅游地居民感知温暖、生活质量和态度的影响，检验 H25、H26 和

H27。其次在此基础上，实验一和实验二使用情境实验，利用教育捐赠和灾难捐赠的旅游地社会责任情境，进一步检验旅游地社会责任策略对上述因变量的影响，同时检验感知温暖、共有关系在旅游地社会责任策略与生活质量及态度之间的顺序中介效应，以及感知温暖、共有关系和生活质量在旅游地社会责任策略与态度之间的顺序中介效应，检验 H28 ~ H30。实验三和实验四使用情境实验，利用养老慈善和环境保护的旅游地社会责任情境，检验旅游地社会责任披露主体在旅游地社会责任策略与感知温暖、生活质量、态度之间关系中的调节作用，检验 H31 ~ H33。最后，我们整合四个实验研究的结果，使用单文章元分析来验证主效应的稳健性。

4.6.4.2 半结构化访谈

半结构化访谈的主要目的是收集一手资料初步检验旅游地社会责任策略对旅游地居民感知温暖、生活质量和态度的影响，以检验 H25、H26 和 H27。

【数据收集】

我们对 82 位生活在岳麓山景区附近的居民进行了面对面和在线形式的半结构化访谈。受访者基于方便抽样的方式进行招募。访谈问题涉及：①受访者背景、对居住在旅游景区附近的意识及对当地社会责任活动的认知；②对当地社会责任活动的了解；③感知到当地进行社会责任活动后的感受及自身生活质量和旅游发展态度的变化。在征得受访者的许可后，我们对所有访谈的录音进行实时记录和整理。

【编码】

两个旅游管理专业博士生对访谈记录进行了编码（Cohen Kappa = 0.923，$p < 0.001$），其中不一致处由一位旅游管理专业教授进行编码。他们对传达更多能力（如资源、金钱或能力）信息的社会责任表述编码为 0，对表达更多努力（如时间、物品或努力）信息的社会责任表述编码为 1；感知到温暖编码为1，反之则为 0；生活质量没有改善编码为 0，报告生活质量有改善编码为 1。支持旅游发展的态度编码为 1；反之则为 0。表 4 - 19 列举了部分编码的示例。

表 4 - 19　　　　　　　　　　　原始访谈语句的编码示例

构念	编码	原始访谈语句（受访者）
旅游地社会责任策略	努力导向型旅游地社会责任策略（1）	"他们会组织志愿者做一些社会公益活动，比如说去敬老院或者清扫垃圾、捡垃圾等，身体力行地安排志愿者，花费时间挺多的，经常能看到。"（A52）
	能力导向型旅游地社会责任策略（0）	"为希望小学捐款"（A28）

构念	编码	原始访谈语句（受访者）
感知温暖	感知到温暖（1）	"觉得景区不再是高高在上的，他也是我们其中的一个小社区一样，是让人温暖的友善的。"（A54）
	没有感知到温暖（0）	"觉得景区的这些举动只是浮于表面，没有真正关心社区发展。"（A61）
生活质量	生活质量提升（1）	"空气质量明显好了，环境好了，来旅游的多了，我们的生活质量也好了。"（A34）
	生活质量没有改变（0）	"生活质量上感觉改变并不大。"（A2）
态度	支持发展旅游（1）	"支持，旅游业的发展也会为社会发展贡献一份力量。"（A29）
	不支持发展旅游（0）	"旅游业非常脆弱，疫情这么一弄，旅游很不景气，感觉发展其他行业更靠谱点。"（A6）

【数据分析与结果】

在 82 位受访者中，52 人报告了努力导向型旅游地社会责任策略，其余报告了能力导向型旅游地社会责任策略。然后，我们使用卡方检验来分别验证旅游地社会责任策略对感知温暖、生活质量和态度的影响。首先，相比能力导向型旅游地社会责任策略（60.00%），努力导向型旅游地社会责任策略可以激发更高的感知温暖（90.38%；$\chi^2(1) = 10.688$，$p < 0.01$，见图 4-14）。这在部分受访者的表述中也有所体现，例如，"从整体上来说，是温暖的，比如免费提供口罩、垃圾分类、提供观光车，总体上来说，我觉得它是有利于我们生活"；"我觉得景区真的很努力，有努力把公益做好的决心，而不只是形式主义，是付诸行动，我很感动，像朋友一样对待它"。

其次，相比能力导向型旅游地社会责任策略（33.33%），努力导向型旅游地社会责任策略能够促发更高的生活质量（78.85%；$\chi^2(1) = 16.760$，$p < 0.001$，见图 4-14）。这在部分受访者的表述中也有所体现，例如，"（景区）致力于守护青少年儿童健康成长，给予留守儿童、特殊群体更多的关爱……景区的举动让我很受鼓舞，为生活努力，生活质量有所提升"；"（他们）组织景区城市治理志愿者、城管队员及公众委员开展志愿服务系列活动，保护环境，主要是花费精力和时间做公益。我感觉生活质量提高了，周边的环境更干净"。

最后，相比能力导向型旅游地社会责任策略（76.67%），努力导向型旅游地社会责任策略更可促发积极态度（98.08%；$\chi^2(1) = 9.905$，$p < 0.01$，见图 4-14）。这在部分受访者的表述中也有所体现，例如，"（景区）举办过全国助残日慈善公益活动，蓝丝带文明旅游公益活动……当然，经常性地参与其组织的活动，经常去景区游玩，当然会继续支持当地发展旅游业"；"除了会捐

款之外他们也会实际地参与一些公益活动，比如宣传或者做志愿者等（我）会继续支持的，因为这也是在支持企业责任感的一种行为"。

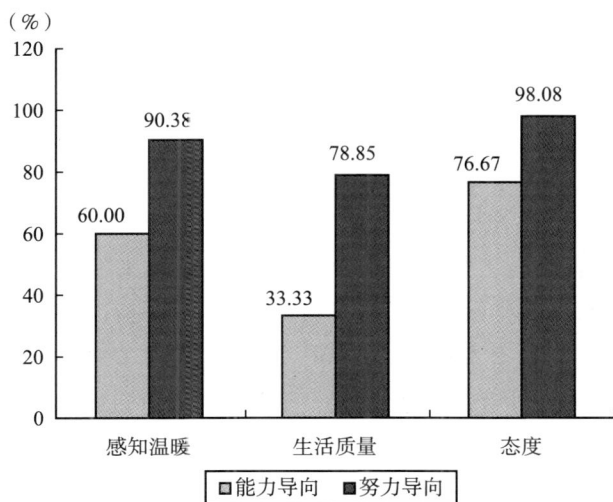

图 4-14　旅游地社会责任策略对居民感知温暖、生活质量和态度的影响

综上所述，旅游地社会责任策略能够预测居民的感知温暖、生活质量和态度。那些报告努力导向型旅游地社会责任策略的人倾向于产生更高的感知温暖、生活质量和对旅游发展的积极态度。H25、H26、H27 得到了初步支持。

【讨论】

通过半结构化访谈收集的一手资料初步检验了旅游地社会责任策略对居民感知温暖、生活质量和态度的差异性影响。结果表明，相比能力导向型旅游地社会责任策略，努力导向型旅游地社会责任策略更可能促发更高的感知温暖、生活质量和对旅游发展的积极态度，H25、H26、H27 得到初步验证。

4.6.4.3　实验一

实验一通过一个以教育捐赠为背景的情境实验，验证了旅游地社会责任策略对居民感知温暖、生活质量和态度的影响，再次检验 H25、H26、H27。我们还验证了感知温暖、共有关系和生活质量的顺序中介效应，检验 H28～H30。实验一采用单因素（能力导向型 vs. 努力导向型旅游地社会责任策略）被试间设计。

【预测试】

（1）刺激材料

为了检验被试是否如我们预期的那样能够区分实验刺激材料中的旅游地社会责任策略，我们设计了一个预测试。我们根据朱等和希尔德布兰德等（Zhu et al.，2017；Hildebrand et al.，2017）的研究改编了实验情境材料。他们发现与捐钱相比，强调捐赠频率和捐赠物品更能传达社会责任中的努力。在保持捐赠总价值一致的情况下，能力导向型旅游地社会责任策略强调教育捐赠中的金钱价值和旅游目的地的能力，而努力导向型旅游地社会责任策略则强调教育捐赠中的捐赠频率和各种各样的努力。

实验一的预测试在中国的一个在线调查平台（www. credamo. com）上进行。29 名被试（男性占比 51.7%，18～24 岁占比 75.9%）被随机分配到能力导向型旅游地社会责任策略组（$n=14$）或努力导向型旅游地社会责任策略组（$n=15$）。然后，被试完成两个 7 点李克特量表（1 = 完全不同意，7 = 完全同意）来检验旅游地社会责任策略的操纵，两个量表来源于朱等（Zhu et al.，2017）。前者通过两个题项测量了旅游目的地在实现其社会责任目标中的能力："S 景区有能力实现其社会责任目标"和"S 景区拥有丰富的资源，能够有效地实现其社会责任目标"。后者通过两个题项测量了旅游目的地在实现其社会责任目标中的努力："S 景区为实现其社会责任目标付出了不懈努力"和"S 景区在开展社会责任活动方面投入了大量精力"。最后，被试回答了人口统计问题。

（2）结果与讨论

首先，两个操纵量表具有良好的信度（Cronbach's $\alpha = 0.911$ 和 0.897）。其次，独立样本 t 检验的结果表明，被试能够区分能力导向型旅游地社会责任策略（$M_{能力} = 6.43$，$M_{努力} = 4.50$，$t = 4.379$，$p < 0.001$）和努力导向型旅游地社会责任策略（$M_{能力} = 5.25$，$M_{努力} = 6.17$，$t = -2.101$，$p < 0.05$）。因此，旅游地社会责任策略操纵成功，刺激材料可以应用于主实验。

【主实验】

（1）实验设计与实验流程

主实验在在线调研平台 Credamo. com 进行，共招募了 200 名被试参与本次实验，获得 184 份有效问卷（见表 4-20）。通过随机分配，89 人阅读了能力导向型旅游地社会责任策略，95 人阅读了努力导向型旅游地社会责任策略。

表 4-20　　　　　　　　　　　　实验一人口统计信息

	分类	样本量	占比（%）		分类	样本量	占比（%）
性别	男	65	35.3	学历	高中/职高	5	2.7
	女	119	64.7		大学/大专	144	78.3
年龄	18～24 岁	55	29.9		研究生	35	19.0
	25～40 岁	105	57.1	职业	政府组织	9	4.9
	41～60 岁	22	12.0		企业高管	57	31.0
	60 岁以上	2	1.1		学生	43	23.4

续表

分类		样本量	占比（%）	分类		样本量	占比（%）
	少于 3000 元	39	21.2		普通员工	63	34.2
	3000~4999 元	24	13.0		自由职业者	3	1.6
月收入	5000~6999 元	27	14.7	职业	零售业	3	1.6
	7000~10000 元	34	18.5		退休人员	3	1.6
	10000 元以上	60	32.6		其他	3	1.6

所有被试首先阅读实验指导语"请想象您是一位在 S 景区生活多年的居民。请仔细阅读以下实验材料，并将自己想象其中"（Su et al.，2023）。其次，随机分配到任意一种旅游地社会责任策略的描述。为了检验情境真实性，我们询问材料描述的情况是否可能在现实生活中发生，以及他们是否能够想象（Su et al.，2022）。然后，被试完成与预测试相同的操纵检验。接着我们测试了被试的感知温暖、共有关系、生活质量和态度。我们参考高和马蒂拉（Gao & Mattila，2014）以及常和金（Chang & Kim，2022）的研究形成感知温暖的量表，包括"我觉得 S 景区是……温暖的"、"友好的"和"善良的"。我们根据舒凯尔等（Shuqair et al.，2021）的研究通过两个题项来测量共有关系："我觉得 S 景区是……我一个亲密的朋友"和"家"。生活质量采用粟路军等（2023）的五个题项进行测量："由于社会责任活动，我的生活质量整体得到了提高""由于社会责任活动，附近社区已经变成了一个理想的居住地""我很高兴 S 景区可以开展社会责任活动""我对社会责任活动感到非常开心""因为社会责任活动，我感觉周围的人和事物都变得更美好了"。我们通过四个题项来测量态度："旅游发展对当地人很重要""我支持当地发展旅游业"、"我欢迎更多游客来当地旅游"和"发展旅游是正确的发展方向"（Liang & Hui，2016）。感知温暖、共有关系、生活质量和态度的量表均采用李克特量表（1 = 完全不同意，7 = 完全同意）。其后，被试回答人口统计信息。最后，作为个体差异的控制变量，被试还报告了自己的教育捐赠经历（1 = 从未有过并且未来也不打算尝试，5 = 5 次以上）以及接受教育捐赠的经历（1 = 有；2 = 无；冉雅璇等，2021）。

（2）操纵检验

情境真实性检验结果证实了情境的真实性和可理解性（明显高于中位数 4：$M_{真实} = 6.07$，$t = 37.244$，$p < 0.001$；$M_{理解} = 6.32$；$t = 42.566$，$p < 0.001$）。独立样本 t 检验结果表明，被试可以区分旅游地社会责任类型（$M_{能力} = 6.15$，$M_{努力} = 4.37$，$t = 9.807$，$p < 0.001$；$M_{能力} = 5.52$，$M_{努力} = 6.35$，$t = -7.109$，$p < 0.001$）。因此，旅游地社会责任策略操纵成功。

（3）信度检验

感知温暖、共有关系、生活质量和态度的 Cronbach's α 系数分别为 0.698、0.783、0.756 和 0.758。因此，量表信度良好。

（4）主效应分析

我们使用单因素方差分析来检验旅游地社会责任策略对感知温暖、生活质量和态度的影响。结果显示，旅游地社会责任策略对感知温暖（$F_{(1,182)} = 19.523$，$p < 0.001$，$\eta^2 = 0.097$）、生活质量（$F_{(1,182)} = 4.294$，$p < 0.05$，$\eta^2 = 0.023$）和态度（$F_{(1,182)} = 4.858$，$p < 0.05$，$\eta^2 = 0.026$）均具有显著的影响。具体而言，努力导向型旅游地社会责任策略组的感知温暖（$M_{努力} = 6.40$，$SD = 0.51$ vs. $M_{能力} = 6.00$，$SD = 0.71$）、生活质量（$M_{努力} = 5.89$，$SD = 0.64$ vs. $M_{能力} = 5.67$，$SD = 0.80$）和态度（$M_{努力} = 6.29$，$SD = 0.50$ vs. $M_{能力} = 6.09$，$SD = 0.71$）显著高于能力导向型旅游地社会责任策略组（见图 4 – 15）。因此，H25、H26 和 H27 再次得到支持。

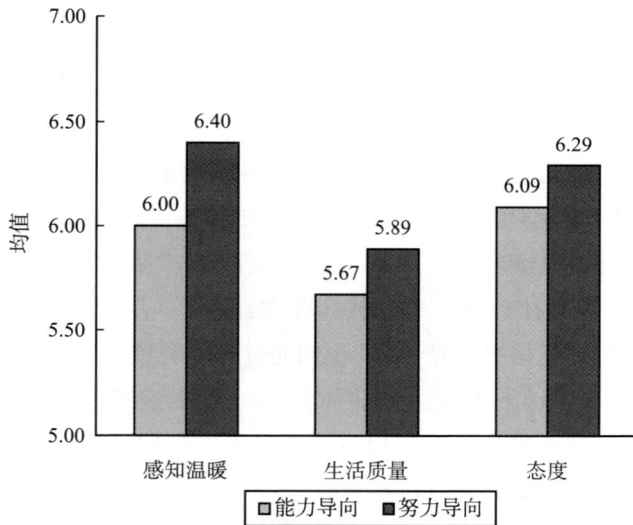

图 4 – 15　旅游地社会责任策略对居民感知温暖、生活质量和态度的影响

（5）顺序中介效应分析

我们使用 SPSS 软件中的 PROCESS 插件的模型 6 中的 Bootstrap 分析来检验感知温暖和共有关系在旅游地社会责任策略与生活质量及态度之间的顺序中介效应，以及感知温暖、共有关系和生活质量在旅游地社会责任策略与态度之间的顺序中介效应。自助抽样 5000 次产生参数估计的 95% 置信区间（CI）。旅游地社会责任策略作为自变量，编码为 0 = 能力导向型旅游地社会责任策略，1 = 努力导向型旅游地社会责任策略；感知温暖、共有关系和生活质量被设置

为中介变量；态度被设置为因变量。

结果如表 4-21 所示。首先，感知温暖和共有关系在旅游地社会责任策略与生活质量和态度之间的顺序中介效应均显著（旅游地社会责任策略→感知温暖→共有关系→生活质量：间接效应 = 0.11，SE = 0.03，95% CI：0.05，0.18；旅游地社会责任策略→感知温暖→共有关系→态度：间接效应 = 0.05，SE = 0.02，95% CI：0.02，0.09）。其次，感知温暖、共有关系和生活质量在旅游地社会责任策略与态度之间的顺序中介效应也显著（旅游地社会责任策略→感知温暖→共有关系→生活质量→态度：间接效应 = 0.03，SE = 0.01，95% CI：0.01，0.06）。H28 ~ H30 得到支持。

（6）控制变量检验

我们将教育捐赠经历和接受教育捐赠经历（冉雅璇等，2021）作为两个控制变量。教育捐赠经历在不同旅游地社会责任策略组之间存在显著差异（$M_{能力}$ = 3.10，$M_{努力}$ = 3.56，$F_{(1,182)}$ = 13.068，$p < 0.01$），但接受教育捐赠经历在不同旅游地社会责任策略组之间不存在显著差异（$M_{能力}$ = 1.56，$M_{努力}$ = 1.64，$F_{(1,182)}$ = 1.233，$p > 0.05$）。将这两个控制变量作为协变量，顺序中介效应仍显著（旅游地社会责任策略→感知温暖→共有关系→生活质量：间接效应 = 0.11，SE = 0.03，95% CI：0.05，0.18；旅游地社会责任策略→感知温暖→共有关系→态度：间接效应 = 0.05，SE = 0.02，95% CI：0.02，0.09；旅游地社会责任策略→感知温暖→共有关系→生活质量→态度：间接效应 = 0.03，SE = 0.01，95% CI：0.01，0.06）。

【讨论】

实验一通过情境实验进一步验证了 H25 ~ H27，同时检验了感知温暖和共有关系在旅游地社会责任策略与生活质量（H28）和态度（H29）之间的顺序中介效应，以及感知温暖、共有关系和生活质量在旅游地社会责任策略与态度（H30）之间的顺序中介效应。

4.6.4.4 实验二

作为实验一的补充，实验二以灾难捐赠作为实验情境，使用真实居民样本重复实验一的发现。我们采用单因素（能力导向型 vs. 努力导向型旅游地社会责任策略）被试间设计，再次验证 H25、H26 和 H27，并通过 Bootstrap 法再次验证感知温暖、共有关系和生活质量的顺序中介效应。

【预测试】

（1）刺激材料

实验二聚焦灾难捐赠的旅游地社会责任情境，设计了两种实验情境材料：能力导向型与努力导向型旅游地社会责任策略。研究发现，捐赠时间比捐赠金钱

表4-21   实验一中介效应分析结果

预测变量	M1（感知温暖）				M2（共有关系）				M3（生活质量）				Y（态度）			
	b	SE	LLCI	ULCI	B	SE	LLCI	ULCI	b	SE	LLCI	ULCI	b	SE	LLCI	ULCI
截距	6.00	0.07	5.87	6.12	0.95	0.64	-0.30	2.21	1.32	0.37	0.60	2.05	1.41	0.31	0.80	2.01
X（旅游地社会责任策略）	0.40	0.09	0.22	0.58	0.11	0.13	-0.15	0.38	-0.09	0.08	-0.24	0.06	-0.08	0.06	-0.20	0.05
M₁（感知温暖）	—	—	—	—	0.74	0.10	0.53	0.94	0.38	0.07	0.25	0.52	0.49	0.06	0.37	0.61
M₂（共有关系）	—	—	—	—	—	—	—	—	0.38	0.04	0.30	0.47	0.06	0.04	-0.02	0.14
M₃（生活质量）	—	—	—	—	—	—	—	—	—	—	—	—	0.25	0.06	0.13	0.37
R²	0.097				0.247				0.541				0.592			
F	19.523				29.676				70.569				64.979			
P	0.000				0.000				0.000				0.000			

顺序中介效应	Effect	SE	LLCI	ULCI
旅游地社会责任策略→感知温暖→共有关系→生活质量	0.11	0.03	0.05	0.18
旅游地社会责任策略→感知温暖→共有关系→态度	0.05	0.02	0.02	0.09
旅游地社会责任策略→感知温暖→态度				
旅游地社会责任策略→感知温暖→共有关系→生活质量→态度	0.03	0.01	0.01	0.06

注：LLCI＝置信区间下限；ULCI＝置信区间上限。

更容易被感知为付出努力（Reed，2007）。因此，我们保持两组捐赠总价值相同，通过在旅游地社会责任活动中强调捐赠速度和能力（能力导向型旅游地社会责任策略组）或者捐赠持续时间和努力（努力导向型旅游地社会责任策略组）来操纵旅游地社会责任策略。

实验二的预测试在 Credamo.com 进行，样本包含 30 名被试（50.0% 女性，53.3% 在 25 ~ 40 岁），他们被随机分配到两个实验组（能力导向型旅游地社会责任策略组 $n = 15$ 与努力导向型旅游地社会责任策略组 $n = 15$）。随后，要求被试完成与实验一相同的旅游地社会责任策略操纵检验测试。最后，被试者回答了人口统计信息。

（2）结果与讨论

首先，信度分析结果表明，两种操纵量表的信度良好（Cronbach's α = 0.844 和 0.834）。其次，独立样本 t 检验结果表明，被试可以区分能力导向型旅游地社会责任策略（$M_{能力} = 6.40$，$M_{努力} = 5.13$，$t = 3.418$，$p < 0.01$）和努力导向型旅游地社会责任策略（$M_{能力} = 5.63$，$M_{努力} = 6.53$，$t = -3.694$，$p < 0.01$）。因此，旅游地社会责任策略操纵成功，刺激材料可以应用于主实验。

【主实验】

（1）实验设计与实验流程

主实验在中国著名 5A 级景区张家界国家森林公园进行。我们邀请了 120 名生活在景区附近的真实居民参与本次实验，最终共获得 101 份有效样本。他们被随机分配到能力导向型旅游地社会责任策略组（$n = 50$）或努力导向型旅游地社会责任策略组（$n = 51$）。在 101 名受试者中，64.4% 为女性，53.5% 年龄在 25 ~ 40 岁。人口统计信息详见表 4 – 22。

表 4 – 22　　　　　　　　实验二人口统计信息

	分类	样本量	占比（%）		分类	样本量	占比（%）
性别	男	36	35.6	学历	高中以下	4	4.0
	女	65	64.4		高中/职高	14	13.9
年龄	小于 18 岁	1	1.0		大学/大专	68	67.3
	18 ~ 24 岁	39	38.6		研究生	15	14.9
	25 ~ 40 岁	54	53.5	职业	政府组织	1	1.0
	41 ~ 60 岁	7	6.9		企业高管	2	2.0
月收入	少于 3000 元	17	16.8		学生	3	3.0
	3000 ~ 4999 元	22	21.8		普通员工	4	4.0
	5000 ~ 6999 元	25	24.8		自由职业者	5	5.0
	7000 ~ 10000 元	23	22.8		零售业	6	6.0
	10000 元以上	14	13.9		其他	8	7.9

被试首先阅读与实验一相同的实验指导语。然后被试随机阅读与预测试相同的一种旅游地社会责任策略的描述；其次他们完成与实验一相同的情境真实性、操纵检验、感知温暖、共有关系、生活质量和态度的测量，以及一些人口统计问题；最后，作为个体差异的控制变量，被试还报告了自己开展灾难捐赠的经历（1 = 从未开展过并且未来也不打算尝试，5 = 5 次以上）以及接受灾难捐赠的经历（1 = 有；2 = 无）（冉雅璇等，2021）。

（2）操纵检验

首先，情境真实性检验结果显示，大多数被试认为情境真实，能够理解（$M_{真实}$ = 6.34，t = 31.793，$p < 0.001$；$M_{理解}$ = 6.20，t = 25.672，$p < 0.001$；两者均显著高于中值 4）。其次，独立样本 t 检验结果表明，被试可以区分能力导向型旅游地社会责任策略（$M_{能力}$ = 6.17，$M_{努力}$ = 5.81，t = 2.213，$p < 0.05$）和努力导向型旅游地社会责任策略（$M_{能力}$ = 5.51，$M_{努力}$ = 6.45，t = -6.908，$p < 0.001$）。因此，旅游地社会责任策略操纵成功。

（3）信度分析

感知温暖、共有关系、生活质量和态度的 Cronbach's α 系数分别为 0.891、0.749、0.893 和 0.857。因此，数据信度良好。

（4）主效应分析

我们使用单因素方差分析来检验旅游地社会责任策略对感知温暖、生活质量和态度的影响。结果显示两组对感知温暖（$F_{(1,99)}$ = 47.583，$p < 0.001$，η^2 = 0.325）、生活质量（$F_{(1,99)}$ = 32.195，$p < 0.001$，η^2 = 0.245）和态度（$F_{(1,99)}$ = 17.253，$p < 0.001$，η^2 = 0.148）的影响具有显著差异。具体而言，努力导向型旅游地社会责任策略组的感知温暖（$M_{努力}$ = 6.46，SD = 0.56 vs. $M_{能力}$ = 5.61，SD = 0.69）、生活质量（$M_{努力}$ = 6.24，SD = 0.61 vs. $M_{能力}$ = 5.54，SD = 0.62）和态度（$M_{努力}$ = 6.40，SD = 0.49 vs. $M_{能力}$ = 5.91，SD = 0.68）显著高于能力导向型旅游地社会责任策略组（见图 4 - 16）。H25、H26 和 H27 再次得到支持。

（5）顺序中介效应分析

我们使用和实验一相同的方法来验证顺序中介效应（PROCESS 模型 6）。结果表明顺序中介效应显著。首先，感知温暖和共有关系在旅游地社会责任策略与生活质量和态度之间的顺序中介效应均显著（旅游地社会责任策略→感知温暖→共有关系→生活质量：间接效应 = 0.21，SE = 0.06，95% CI：0.11，0.32；旅游地社会责任策略→感知温暖→共有关系→态度：间接效应 = 0.12，SE = 0.05，95% CI：0.02，0.20）。其次，感知温暖、共有关系和生活质量在旅游地社会责任策略与态度之间的顺序中介效应显著（旅游地社会责任策略→感知温暖→共有关系→生活质量→态度：间接效应 = 0.09，SE = 0.04，95% CI：0.03，0.18）。H28、H29 和 H30 因此得到支持。结果详见表 4 - 23。

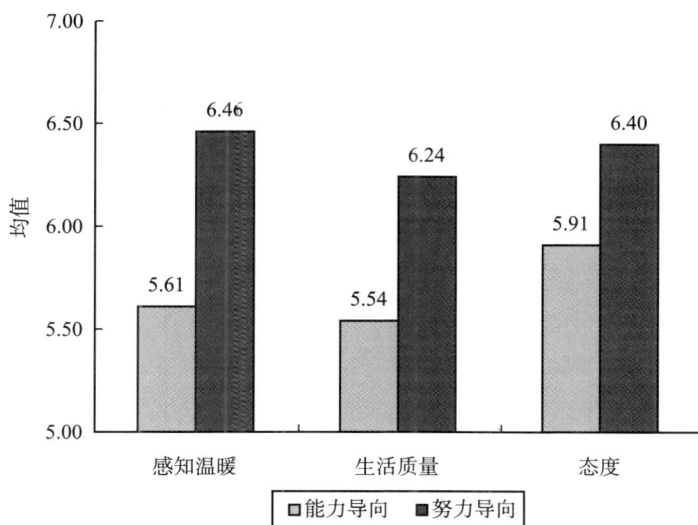

图4-16　旅游地社会责任策略对感知温暖、生活质量和态度的影响

（6）控制变量检验

本研究增加了两个控制变量：灾难捐赠经历和接受灾难捐赠经历（冉雅璇等，2021）。这两个变量在旅游地社会责任策略两组之间差异不显著（灾难捐赠经历：$M_{能力}=2.86$，$M_{努力}=2.82$，$F_{(1,99)}=0.033$，$p>0.05$；接受灾难捐赠经历：$M_{能力}=1.56$，$M_{努力}=1.69$，$F_{(1,99)}=1.710$，$p>0.05$）。而且，以这两个控制变量为协变量，顺序中介效应仍显著（旅游地社会责任策略→感知温暖→共有关系→生活质量：间接效应 $=0.21$，$SE=0.06$，95% CI：0.11，0.32；旅游地社会责任策略→感知温暖→共有关系→态度：间接效应 $=0.12$，$SE=0.05$ 95% CI：0.02，0.20；旅游地社会责任策略→感知温暖→共有关系→生活质量→态度：间接效应 $=0.09$，$SE=0.04$，95% CI：0.03，0.18）。

【讨论】

作为对实验一的补充，实验二使用张家界国家森林公园附近的真实居民样本再次验证了旅游地社会责任策略对居民感知温暖、生活质量和态度的影响。感知温暖和共有关系在旅游地社会责任策略与生活质量及态度之间的顺序中介效应也再次得到验证。但是，考虑到其他变量（如旅游地社会责任披露主体）可能调节旅游地社会责任策略与居民感知温暖、生活质量和态度之间的关系。接下来，我们验证旅游地社会责任策略对居民感知和态度影响的一个潜在调节变量——旅游地社会责任披露主体。

表 4 - 23

顺序中介效应检验结果

预测变量	M1 (感知温暖)				M2 (共有关系)				M3 (生活质量)				Y (态度)			
	B	SE	LLCI	ULCI	B	SE	LLCI	ULCI	b	SE	LLCI	ULCI	b	SE	LLCI	ULCI
截距	5.61	0.09	5.43	5.78	2.09	0.50	1.10	3.08	0.24	0.43	0.39	2.10	2.08	0.47	1.16	3.01
X (旅游地社会责任策略)	0.86	0.12	0.61	1.10	0.34	0.13	0.08	0.61	0.03	0.11	-0.18	0.25	-0.03	0.11	-0.26	0.19
M_1 (感知温暖)	—	—	—	—	0.58	0.09	0.40	0.75	0.37	0.08	0.20	0.53	0.19	0.10	0.004	0.38
M_2 (共有关系)	—	—	—	—	—	—	—	—	0.42	0.08	0.26	0.58	0.04	0.09	-0.14	0.23
M_3 (生活质量)	—	—	—	—	—	—	—	—	—	—	—	—	0.45	0.11	0.24	0.66
R^2	0.325				0.510				0.635				0.516			
F	47.583				50.993				56.239				25.570			
P	0.000				0.000				0.000				0.000			

Serial mediation effect	Effect	SE	LLCI	ULCI
旅游地社会责任策略 → 感知温暖 → 共有关系 → 生活质量	0.21	0.06	0.11	0.32
旅游地社会责任策略 → 感知温暖 → 共有关系 → 态度	0.12	0.05	0.02	0.20
旅游地社会责任策略 → 感知温暖 → 共有关系 → 生活质量 → 态度	0.09	0.04	0.03	0.18

注：X = 旅游地社会责任策略；M1 = 感知温暖；M2 = 共有关系；M3 = 生活质量；Y = 态度；LLCI = 置信区间下限；ULCI = 置信区间上限。

4.6.4.5 实验三

实验三检验旅游地社会责任披露主体（自我披露 vs. 第三方披露）是否以及如何调节旅游地社会责任策略与居民感知温暖、生活质量和态度之间的关系，检验 H31～H33。旅游地社会责任策略的新实验情境材料聚焦于养老慈善。实验三还增加了一个新的控制变量（即感知权威），采用 2（能力导向型 vs. 努力导向型旅游地社会责任策略）×2（自我披露 vs. 第三方披露）被试间设计。

【预测试】

（1）刺激材料

根据粟路军等（2023）的研究，一种新的养老慈善活动场景被用作旅游地社会责任策略的刺激材料。具体而言，我们基于新浪微博这一中国最流行的微博网站（Yang et al.，2019）来设计旅游地社会责任披露主体的刺激材料。我们通过 S 景区在微博上的官方账号来代表自我披露，通过人民日报在微博上的官方账号代表第三方披露。此外，现有研究表明，捐赠金额反映企业履行社会责任的能力，而捐赠频率反映其履行社会责任的努力（Jin & He，2018）。因此，我们通过捐赠金额和捐赠频率来操纵旅游地社会责任策略。具体而言，我们在两个条件下保持相同的捐赠价值总额，但在能力导向型旅游地社会责任策略中，我们强调捐赠物资的数量以及在老年慈善活动上的能力，而在努力导向型旅游地社会责任策略中，我们强调进行慈善活动的频率及在老年慈善活动上的努力。

实验三的预测试在 Credamo.com 进行。将收集的 36 个样本随机分配到 4 组：自我披露的能力导向型旅游地社会责任策略 $n=8$，第三方披露的能力导向型旅游地社会责任策略 $n=8$，自我披露的努力导向型旅游地社会责任策略 $n=10$，第三方披露的努力导向型旅游地社会责任策略 $n=10$。其中样本 66.7% 为女性，69.4% 在 25～40 岁。被试被要求完成与实验二相同的旅游地社会责任策略操纵检验。我们通过两个李克特量表询问他们社会责任信息是由哪个主体披露的，包括"S 景区的社会责任信息是由……自身披露的"和"第三方披露的"（1 = 完全不同意，7 = 完全同意）。最后，被试回答了人口统计信息。

（2）结果与讨论

首先，信度分析结果表明，两个量表（能力导向型旅游地社会责任策略和努力导向型旅游地社会责任策略）的信度良好（Cronbach' α = 0.819 和 0.807）。其次，独立样本 t 检验的结果表明，被试可以区分能力导向型旅游地社会责任策略（$M_{能力}$ = 6.28，$M_{努力}$ = 4.93，t = 4.600，$p < 0.001$）和努力导向型旅游地社会责任策略（$M_{能力}$ = 5.31，$M_{努力}$ = 6.48，t = −5.188，$p < 0.001$）。最后，被试也可以区分自我披露（$M_{自我}$ = 5.61，$M_{第三方}$ = 2.94，t = 3.982，$p <$ 0.001）和第三方披露（$M_{自我}$ = 3.39，$M_{第三方}$ = 5.94，t = −4.488，$p <$

0.001）。因此，旅游地社会责任策略和旅游地社会责任披露主体的操纵成功，刺激材料可以应用于主实验。

【主实验】

（1）实验设计与实验流程

主实验采用2（能力导向型 vs. 努力导向型旅游地社会责任策略）×2（自我披露 vs. 第三方披露）被试间设计。首先，被试被要求阅读旅游地社会责任策略和旅游地社会责任披露主体的实验刺激材料。其次，他们回答情境真实性和操纵检验的问题。考虑到自我披露和第三方披露之间可能存在感知权威的差异，特别是我们使用了人民日报这一具有高度权威性的媒体来代表第三方披露主体，我们还在控制变量中加入了感知权威。我们使用李克特量表（1 = 非常没有权威，7 = 非常有权威），对旅游地社会责任披露主体的权威性进行测量。之后，被试被要求对感知温暖、共有关系、生活质量和态度进行评分，这些变量的测量方法与实验二相同。最后，被试回答人口统计信息。此外，作为个体差异的控制变量，被试还报告了他们参与老年慈善活动的经历（1 = 从未参与并且未来也不打算参与，5 = 5 次以上），以及从老年慈善活动中获得帮助的经历（1 = 有；2 = 无；冉雅璇等，2021）。

主实验也同样在 Credamo. com 进行。共招募了 280 名受访者，获得 242 份有效问卷（自我披露的能力导向型旅游地社会责任策略 $n = 61$，第三方披露的能力导向型旅游地社会责任策略 $n = 60$，自我披露的努力导向型旅游地社会责任策略 $n = 59$，第三方披露的努力导向型旅游地社会责任策略 $n = 62$）。在 242 名被试中，65.7% 为女性，84.3% 在 18 ~ 40 岁（详见表 4 - 24）。

表 4 - 24　　　　　　　　　　实验三人口统计信息

	分类	样本量	占比（%）		分类	样本量	占比（%）
性别	男	83	34.3	学历	高中/职高	15	6.2
	女	159	65.7		大学/大专	193	79.8
年龄	18 ~ 24 岁	85	35.1		研究生	33	13.6
	25 ~ 40 岁	119	49.2	职业	政府组织	8	3.3
	41 ~ 60 岁	38	15.7		企业高管	67	27.7
月收入	少于 3000 元	52	21.5		学生	70	28.9
	3000 ~ 4999 元	42	17.4		普通员工	83	34.3
	5000 ~ 6999 元	42	17.4		自由职业者	7	2.9
	7000 ~ 10000 元	64	26.4		零售业	2	0.8
	10000 元以上	42	17.4		其他	5	2.1
学历	高中以下	1	0.4				

（2）操纵检验

首先，情境真实性检验结果显示，大多数被试认为材料描述的情境是真实的，并且容易理解（$M_{真实} = 5.95$，$t = 37.258$，$p < 0.001$；$M_{理解} = 6.29$，$t = 41.917$，$p < 0.001$，两者均显著高于中位数4）。其次，独立样本 t 检验的结果表明，被试可以区分能力导向型旅游地社会责任策略（$M_{能力} = 6.12$，$M_{努力} = 4.81$，$t = 9.004$，$p < 0.001$）和努力导向型旅游地社会责任策略（$M_{能力} = 5.73$，$M_{努力} = 6.29$，$t = -5.956$，$p < 0.001$）。最后，被试也可以区分自我披露（$M_{自我} = 5.90$，$M_{第三方} = 2.48$，$t = 16.844$，$p < 0.001$）和第三方披露（$M_{自我} = 2.75$，$M_{第三方} = 6.11$，$t = -16.479$，$p < 0.001$）。因此，旅游地社会责任策略和旅游地社会责任披露主体操纵成功。

（3）信度分析

感知温暖、共有关系、生活质量和态度的 Cronbach' α 系数分别为0.673、0.789、0.738 和0.703，因此数据的信度良好。

（4）调节效应分析

为了检验旅游地社会责任披露主体对旅游地社会责任策略与居民感知温暖、生活质量和态度关系的调节效应，我们进行了方差分析，使用旅游地社会责任策略和旅游地社会责任披露主体作为被试间因素。结果表明旅游地社会责任策略和旅游地社会责任披露主体的交互作用在预测居民的感知温暖（调整后 $R^2 = 0.154$，$F_{(1,238)} = 12.083$，$p < 0.01$，$\eta^2 = 0.048$）、生活质量（调整后 $R^2 = 0.088$，$F_{(1,238)} = 8.851$，$p < 0.01$，$\eta^2 = 0.036$）和态度（调整后 $R^2 = 0.033$，$F_{(1,238)} = 4.554$，$p < 0.05$，$\eta^2 = 0.019$，见图4-17）方面都是显著的。具体而言，在第三方披露组中，相比能力导向型旅游地社会责任策略，努力导向型旅游地社会责任策略可以在居民中引起更高的感知温暖（$M_{能力} = 6.02$，$SD = 0.56$ vs. $M_{努力} = 6.46$，$SD = 0.45$，$F_{(1,238)} = 18.858$，$p < 0.001$）、生活质量（$M_{能力} = 5.70$，$SD = 0.69$ vs. $M_{努力} = 6.06$，$SD = 0.50$，$F_{(1,238)} = 9.165$，$p < 0.01$）和积极态度（$M_{能力} = 6.19$，$SD = 0.58$ vs. $M_{努力} = 6.39$，$SD = 0.47$，$F_{(1,238)} = 3.685$，$p = 0.056$）。相反，在自我披露组中，旅游地社会责任策略对居民感知温暖（$M_{能力} = 5.89$，$SD = 0.67$ vs. $M_{努力} = 5.83$，$SD = 0.53$，$F_{(1,238)} = 0.347$，$p > 0.05$）、生活质量（$M_{能力} = 5.62$，$SD = 0.74$ vs. $M_{努力} = 5.48$，$SD = 0.66$，$F_{(1,238)} = 1.410$，$p > 0.05$）和态度（$M_{能力} = 6.16$，$SD = 0.55$ vs. $M_{努力} = 6.05$，$SD = 0.64$，$F_{(1,238)} = 1.214$，$p > 0.05$）的影响没有显著差异。因此，H31、H32 和 H33 得到支持。

（5）控制变量检验

在实验三中，参与老年慈善活动的经历、从老年慈善活动中获得帮助的经历以及感知权威被引入为三个控制变量（冉雅璇等，2021）。首先在三个控制

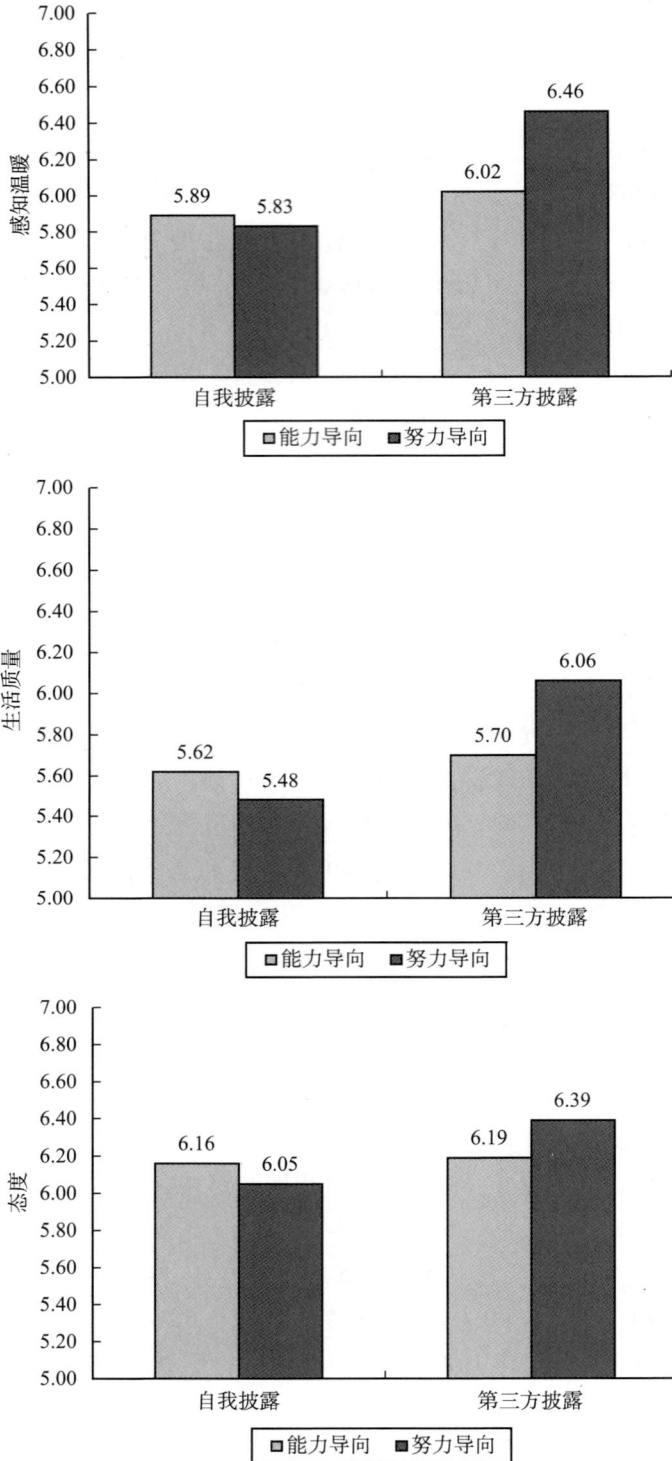

图 4 - 17　旅游地社会责任披露主体对旅游地社会责任策略与居民感知温暖、
生活质量和态度关系的调节效应

变量中，四个实验组之间从老年慈善活动中获得帮助的经历的均值不具有显著差异（1.34~1.42，$F_{(3,238)} = 0.230$，$p > 0.05$）。然而，其他变量的均值在四个实验组之间存在显著差异（参与老年慈善活动的经历：2.93~3.56，$F_{(3,238)} = 6.531$，$p < 0.001$；感知权威：4.85~6.44，$F_{(3,238)} = 47.263$，$p < 0.001$）。其次，为了排除感知权威的干扰，我们根据感知权威的均值 5.62 将被试分为两组：高感知权威（54.5%）和低感知权威（45.5%）。然后，我们进行了 2（能力导向型 vs. 努力导向型旅游地社会责任策略）×2（高 vs. 低感知权威）方差分析，以检验感知权威的调节效应。结果表明，旅游地社会责任策略和感知权威的交互作用在预测居民的感知温暖（调整后 $R^2 = 0.201$，$F_{(1,238)} = 1.339$，$p > 0.05$，$\eta^2 = 0.006$）、生活质量（调整后 $R^2 = 0.218$，$F_{(1,238)} = 3.122$，$p > 0.05$，$\eta^2 = 0.013$）和态度（调整后 $R^2 = 0.068$，$F_{(1,238)} = 0.042$，$p > 0.05$，$\eta^2 = 0.000$）方面都不显著。最后，我们将上述三个控制变量作为协变量，再次进行了 2（能力导向型 vs. 努力导向型旅游地社会责任策略）×2（自我披露 vs. 第三方披露）双因素方差分析。结果表明，交互效应在预测居民的感知温暖（调整后 $R^2 = 0.218$，$F_{(1,235)} = 12.782$，$p < 0.001$，$\eta^2 = 0.052$）、生活质量（调整后 $R^2 = 0.251$，$F_{(1,235)} = 10.244$，$p < 0.01$，$\eta^2 = 0.042$）和态度（调整后 $R^2 = 0.086$，$F_{(1,235)} = 4.456$，$p < 0.05$，$\eta^2 = 0.019$）仍然显著。

【讨论】

作为实验二的补充，实验三进一步验证了旅游地社会责任披露主体（自我披露 vs. 第三方披露）在旅游地社会责任策略与居民感知温暖、生活质量和态度之间的调节作用，检验了 H31~H33。此外，我们还讨论和排除了感知权威的干扰。

4.6.4.6 实验四

在实验三的基础上，实验四再次检验旅游地社会责任披露主体的调节作用。样本为张家界国家森林公园附近的居民。该实验情境材料聚焦于环境保护的旅游地社会责任情境。实验四还增加了一个新的控制变量（即道德怀疑），采用 2（能力导向型 vs. 努力导向型旅游地社会责任策略）×2（自我披露 vs. 第三方披露）被试间设计。

【预测试】

（1）刺激材料

根据粟路军等（2022）的研究，我们基于环境保护情境来设计旅游地社会责任策略的刺激材料。旅游地社会责任披露主体的刺激材料设计则基于中国使用最广泛的社交平台——微信。我们通过 S 景区管理委员会在微信粉丝群中分享的社会责任信息来代表自我披露，通过 S 景区附近的一位居民在当地微信群中分享的社会责任信息来代表第三方披露。为了操纵旅游地社会责任策略，我们保持两种条件下的捐赠总额一致。研究发现强调捐赠金额更能够反映企业在履行社会责任方面的能力，而强调捐赠频率更能够反映企业在履行社会责任方面的努力（Jin & He，2018）。在能力导向型旅游地社会责任策略中，我们突出环境保护设备的数量和景区管理组织的环境保护能力。而在努力导向型旅游地社会责任策略中，我们强调了设备的购买频率和景区管理组织的环境保护努力。

实验四的预测试在 Credamo.com 进行，共招募了 28 名被试（女性 71.4%，53.6% 在 25～40 岁），他们被随机分配到四组中：自我披露的能力导向型旅游地社会责任策略组 $n = 7$，第三方披露的能力导向型旅游地社会责任策略组 $n = 6$；自我披露的努力导向型旅游地社会责任策略组 $n = 8$，第三方披露的努力导向型旅游地社会责任策略组 $n = 7$。我们通过和实验三相同的方式来进行旅游地社会责任策略和披露主体的操纵检验。最后被试回答了人口统计信息。

（2）结论与讨论

信度分析结果表明，两个量表（能力导向型和努力导向型旅游地社会责任策略）的可靠性良好（Cronbach' $\alpha = 0.702$ 和 0.779）。独立样本 t 检验结果显示，被试可以区分战略类型（$M_{能力} = 6.38$，$M_{努力} = 5.70$，$t = 2.781$，$p < 0.05$；$M_{能力} = 5.81$，$M_{努力} = 6.53$，$t = -2.356$，$p < 0.05$）。被试也可以区分披露主体（$M_{自我} = 6.0$，$M_{第三方} = 3.46$，$t = 3.635$，$p < 0.01$；$M_{自我} = 2.47$，$M_{第三方} = 4.92$，$t = -3.295$，$p < 0.01$）。因此，刺激材料操纵成功，可以应用于主实验。

【主实验】

（1）实验设计与实验流程

主实验采用 2（能力导向型 vs. 努力导向型旅游地社会责任策略）×2（自我披露 vs. 第三方披露）被试间设计。首先，被试被要求阅读旅游地社会责任策略和旅游地社会责任披露主体的实验刺激材料，回答情境真实性和操纵检验的问题。其次，通过与实验二相同的方法测量感知温暖、共有关系、生活质量和态度。考虑到自我披露和第三方披露之间可能在道德怀疑上存在差异，我们也测量了道德怀疑（Jago et al.，2019）。我们要求被试用李克特量表（1 = 完全不同意，7 = 完全同意）对 S 景区旅游地社会责任披露主体的道德怀疑进行评分，包括"我怀疑 S 景区旅游地社会责任披露主体的道德性"（冉雅璇等，2021）。最后，被试回答人口统计信息（见表 4 - 25）。另外，作为个体差异的控制变量，被试还报告了他们参与环境保护的经历（1 = 从未参与并且未来也不打算尝试，5 = 5 次以上；冉雅璇等，2021）。

表 4 - 25　　　　　　　　　　实验四人口统计信息

	分类	样本量	占比（%）		分类	样本量	占比（%）
性别	男	63	30.7	学历	高中以下	3	1.5
	女	142	69.3		高中/职高	21	10.2
年龄	低于 18 岁	7	3.4		大学/大专	140	68.3
	18 ~ 24 岁	92	44.9		研究生	41	20.0
	25 ~ 40 岁	92	44.9	职业	政府组织	15	7.3
	41 ~ 60 岁	13	6.3		企业高管	19	9.3
	60 岁以上	1	0.5		学生	52	25.4
月收入	少于 3000 元	56	27.3		普通员工	51	24.9
	3000 ~ 4999 元	35	17.1		自由职业者	35	17.1
	5000 ~ 6999 元	44	21.5		零售业	10	4.9
	7000 ~ 10000 元	43	21.0		退休人员	1	0.5
	10000 元以上	27	13.2		其他	22	10.7

主实验在张家界国家森林公园进行。我们邀请生活在景区附近的真实居民参与本次实验。我们招募了 240 名被试，最终获得 205 份有效问卷（69.3% 为女性，89.8% 为 18 ~ 40 岁；自我披露的能力导向型旅游地社会责任策略 $n = 52$；第三方披露的能力导向型旅游地社会责任策略 $n = 51$；自我披露的努力导向型旅游地社会责任策略 $n = 51$；第三方披露的努力导向型旅游地社会责任策略 $n = 51$）。

（2）操纵检验

大多数被试认为实验材料描述的情境真实，也容易理解（$M_{真实} = 5.88$，$t = 27.703$，$p < 0.001$；$M_{理解} = 5.86$，$t = 26.411$，$p < 0.001$，均显著高于中位数 4）。独立样本 t 检验结果显示，被试可以区分能力导向型（$M_{能力} = 5.97$，$M_{努力} = 5.33$，$t = 5.061$，$p < 0.001$）和努力导向型（$M_{能力} = 5.21$，$M_{努力} = 5.98$，$t = -5.921$，$p < 0.001$）旅游地社会责任策略。他们也可以区分自我披露（$M_{自我} = 5.61$，$M_{第三方} = 3.98$，$t = 7.521$，$p < 0.001$）和第三方披露（$M_{自我} = 3.40$，$M_{第三方} = 5.37$，$t = -8.711$，$p < 0.001$）。因此，旅游地社会责任策略和披露主体操纵成功。

（3）信度分析

感知温暖、共有关系、生活质量和态度的 Cronbach' α 系数分别为 0.934、0.886、0.907 和 0.912，表明信度良好。

（4）调节效应分析

为了检验旅游地社会责任披露主体在旅游地社会责任策略与结果变量关系间的调节效应，我们采用 2（能力导向型 vs. 努力导向型旅游地社会责任策略）×2（自我披露 vs. 第三方披露）双因素方差分析，结果表明，旅游地社会责任策略和旅游地社会责任披露主体的交互作用在预测居民的感知温暖（调整后 $R^2 = 0.182$，$F_{(1,201)} = 17.503$，$p < 0.001$，$\eta^2 = 0.080$）、生活质量（调整后 $R^2 = 0.136$，$F_{(1,201)} = 11.685$，$p < 0.01$，$\eta^2 = 0.055$）和态度（调整后 $R^2 = 0.121$，$F_{(1,201)} = 5.937$，$p < 0.05$，$\eta^2 = 0.029$，见图 4-18）方面都是显著的。具体来说，在第三方披露组中，相比能力导向型旅游地社会责任策略，努力导向型旅游地社会责任策略能够导致更高的感知温暖（$M_{能力} = 5.43$，$SD = 0.74$ vs. $M_{努力} = 6.18$，$SD = 0.69$，$F_{(1,201)} = 22.465$，$p < 0.001$）、生活质量（$M_{能力} = 5.42$，$SD = 0.67$ vs. $M_{努力} = 5.96$，$SD = 0.65$，$F_{(1,201)} = 14.143$，$p < 0.001$）和更积极的态度（$M_{能力} = 5.99$，$SD = 0.65$ vs. $M_{努力} = 6.33$，$SD = 0.65$，$F_{(1,201)} = 6.463$，$p < 0.05$）。相反，在自我披露组中，旅游地社会责任策略对居民的感知温暖（$M_{能力} = 5.35$，$SD = 0.82$ vs. $M_{努力} = 5.16$，$SD = 0.91$，$F_{(1,201)} = 1.65$，$p > 0.05$）、生活质量（$M_{能力} = 5.32$，$SD = 0.76$ vs. $M_{努力} = 5.17$，$SD = 0.78$，$F_{(1,201)} = 1.139$，$p > 0.05$）和态度（$M_{能力} = 5.75$，$SD = 0.76$ vs. $M_{努力} = 5.63$，$SD = 0.69$，$F_{(1,201)} = 0.809$，$p > 0.05$）没有显著影响。

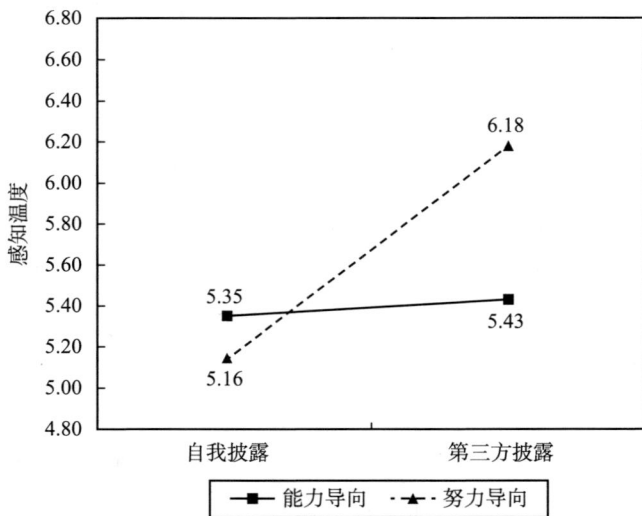

（a）

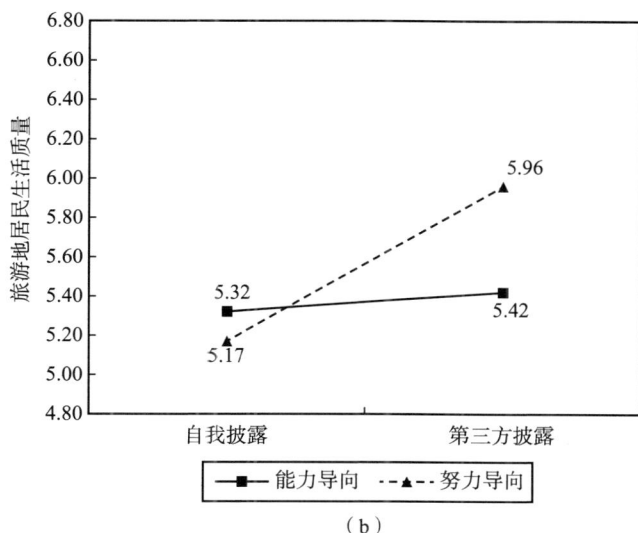

（b）

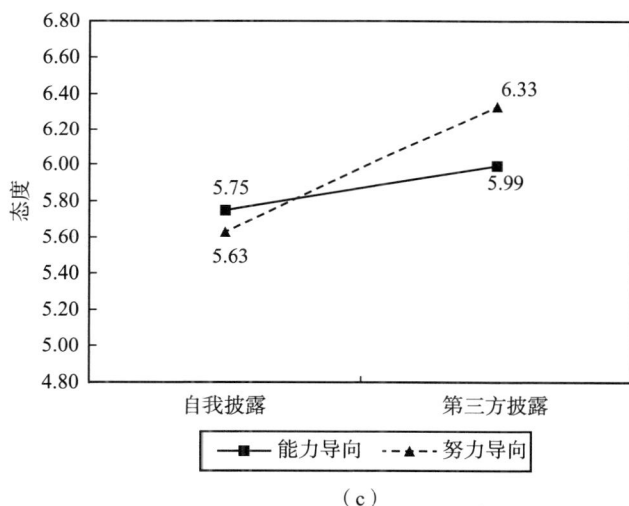

（c）

图 4 - 18　旅游地社会责任披露主体在旅游地社会责任策略与居民感知温暖、生活质量和态度间关系的调节作用

（5）控制变量检验

在实验四中，参与环境保护的经历和道德怀疑被引入为两个控制变量（冉雅璇等，2021）。两个控制变量的均值在四个实验组之间没有显著差异（参与环境治理：$0.75 \sim 3.00$，$F_{(3,201)} = 0.852$，$p > 0.05$；道德怀疑：$0.75 \sim 4.02$，$F_{(3,201)} = 0.359$，$p > 0.05$）。为了排除道德怀疑的干扰，我们根据道德怀疑的平均值 3.90 将受试者分为高道德怀疑组（60.5%）和低道德怀疑组（39.5%）。然后我们进行 2（能力导向型 vs. 努力导向型旅游地社会责任策略）×2（高 vs. 低道德怀疑）方差分析以检验道德怀疑的调节效应。结果表明，旅游地社会责任策略和道德怀疑的交互作用在预测居民的感知温暖（调整后 $R^2 = 0.041$，$F_{(1,201)} = 1.793$，$p >$

0.05，$\eta^2 = 0.009$）、生活质量（调整后 $R^2 = 0.007$，$F_{(1,201)} = 0.581$，$p > 0.05$，$\eta^2 = 0.003$）和态度（调整后 $R^2 = 0.058$，$F_{(1,201)} = 1.786$，$p > 0.05$，$\eta^2 = 0.009$）方面都不显著。最后，我们将上述两个控制变量作为协变量，再次进行 2（能力导向型 vs. 努力导向型旅游地社会责任策略）×2（自我披露 vs. 第三方披露）双因素方差分析。结果表明，交互效应在预测居民的感知温暖（调整后 $R^2 = 0.180$，$F_{(1,199)} = 17.348$，$p < 0.001$，$\eta^2 = 0.080$）、生活质量（调整后 $R^2 = 0.129$，$F_{(1,199)} = 11.434$，$p < 0.01$，$\eta^2 = 0.054$）和态度（调整后 $R^2 = 0.132$，$F_{(1,199)} = 5.866$，$p < 0.05$，$\eta^2 = 0.029$）方面仍然显著。

【讨论】

实验四在环境保护情境下复制并拓展了实验三，再次检验了旅游地社会责任披露主体（自我披露 vs. 第三方披露）在旅游地社会责任策略与居民感知温暖、生活质量和态度关系间的调节作用，H31 ~ H33 再次得到支持，同时，我们还排除了道德怀疑的干扰作用。

4.6.4.7 单文章元分析

为了进一步检验旅游地社会责任策略对居民感知温暖、生活质量和态度的影响（H25、H26 和 H27），我们使用单文章元分析来验证其稳健性。单文章元分析是近年来在消费者行为和营销领域兴起并被广泛采用的稳健性检验方法，它可以通过整合一篇文章中的多个实验得出一般性结论，确保研究结论的稳健性。我们分别对感知温暖、生活质量和态度进行了三次单文章元分析（见图 4 - 19）。首先，我们在表 4 - 26 中汇总了四个研究的结果。其次，

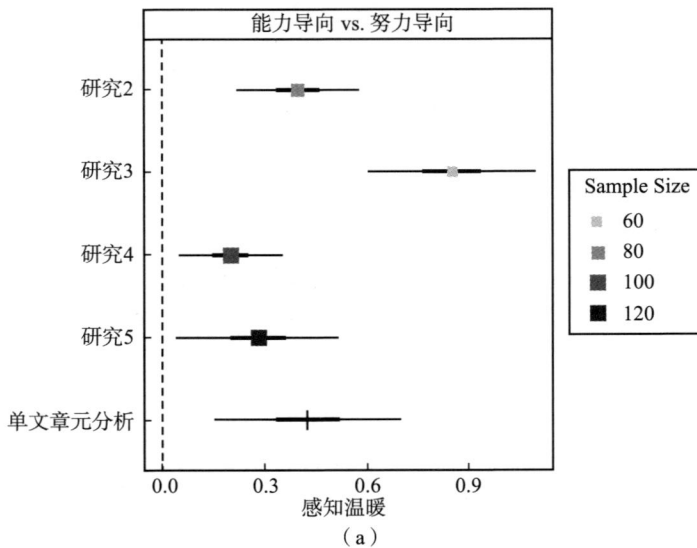

（a）

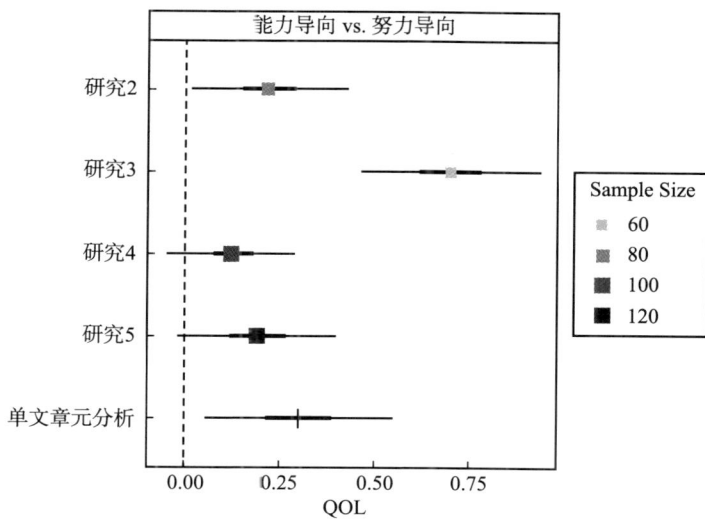

（b）

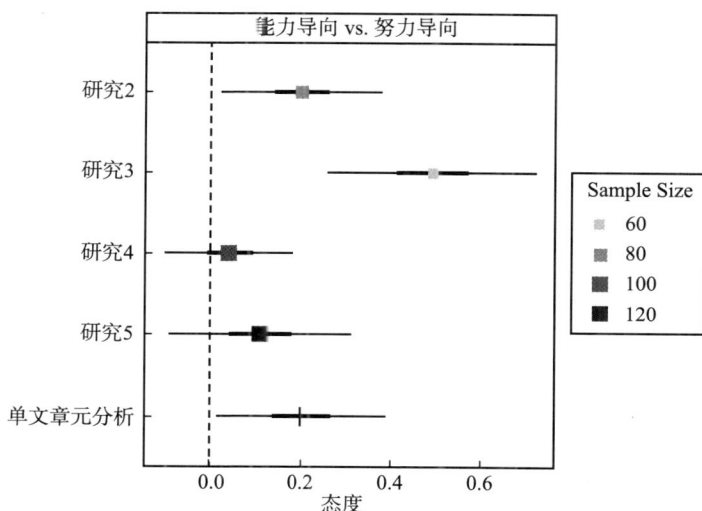

（c）

图 4 – 19　单文章元分析结果

表 4 – 26　　　　　　　　　　　　　实验一至四信息汇总

研究	因子	感知温暖			生活质量			态度		
		均值	标准差	样本量	均值	标准差	样本量	均值	标准差	样本量
实验一	能力	6.00	0.71	89	5.67	0.80	89	6.09	0.71	89
	努力	6.40	0.51	95	5.89	0.64	95	6.29	0.50	95
实验二	能力	5.61	0.69	50	5.54	0.62	50	5.91	0.68	50
	努力	6.46	0.56	51	6.24	0.61	51	6.0	049	51
实验三	能力	5.95	0.62	121	5.66	0.71	121	6.18	0.56	121
	努力	6.15	0.58	121	5.78	0.65	121	6.22	0.58	121

研究	因子	感知温暖			生活质量			态度		
		均值	标准差	样本量	均值	标准差	样本量	均值	标准差	样本量
实验四	能力	5.39	0.78	103	5.37	0.71	103	5.87	0.72	103
	努力	5.67	0.95	102	5.56	0.82	102	5.98	0.76	102

基于这些数据，我们分别对感知温暖、生活质量和态度进行了分析，以检验旅游地社会责任策略对它们影响的稳健性。单文章元分析结果显示，相比能力导向型旅游地社会责任策略，努力导向型旅游地社会责任策略能够促发更高的感知温暖（6.17vs. 5.74，Estimate = 0.4275，SE = 0.1408，95% CI：0.15，0.70，$z = 3.04$，$p < 0.01$）、生活质量（5.86vs. 5.56，Estimate = 0.3024，SE = 0.1282，95% CI：0.05，0.55，$z = 2.36$，$p < 0.05$）和积极态度（6.22vs. 6.02，Estimate = 0.2013，SE = 0.0949，95% CI：0.02，0.39，$z = 2.12$，$p < 0.05$），这说明本研究结论具有较高的稳健性。

4.6.4.8 结论与讨论

【结论】

基于归因理论、信号理论和刻板印象内容模型，本研究探讨了旅游地社会责任策略如何通过感知温暖和共有关系影响旅游地居民生活质量和态度。我们进行了 6 个研究，包括 1 个结构化访谈、4 个情境实验和 1 个单文章元分析，涵盖教育捐赠、灾难捐赠、环境保护和老年慈善活动等不同的旅游地社会责任情境。研究发现，旅游地社会责任策略对居民的生活质量和态度有显著影响，这一影响受到感知温暖和共有关系的中介，以及旅游地社会责任披露主体的调节。本研究的成果为旅游地社会责任策略效果的潜在机制和边界条件提供了实证依据，对旅游地社会责任和生活质量文献具有重要的理论贡献。我们也为旅游目的地管理组织通过旅游地社会责任提高居民生活质量提供了管理建议。

【理论贡献】

本研究对旅游地社会责任文献提供了以下理论贡献。第一，本研究基于归因理论提出并检验了旅游地社会责任策略的新分类，推进了旅游地社会责任研究。现有关于旅游地社会责任策略的研究大多集中在它对各种因变量（如环境负责行为、口碑、生活质量和支持态度）的影响（例如，Lee et al.，2018；Lee et al.，2021；Su et al.，2017；Saleh，2023），鲜有研究区分不同类型旅游地社会责任策略的影响（Su et al.，2022，2023）。根据企业社会责任的研究，捐赠物品、捐赠时间和努力信号会促发消费者的积极感知、关系质量和购买意向（Gershon et al.，2018；Jin et al.，2018），但这些努力信号对生活质量的影响还未被探讨。本研究区分了能力导向型和努力导向型旅游地社会责任策略，并检验了它们对居民感知温暖、生活质量和态度的差异性影响。结果发现，相比能力导向型旅游地社会责任策略，努力导向型旅游地社会责任策略可以带来更高水平的感知温暖、生活质量和态度。这一发现拓展和丰富了旅游地社会责任及其下游效应的研究，同时为能力—努力框架提供了一个新的应用情境。

第二，当前研究还丰富了旅游地社会责任策略对居民生活质量和态度影响的解释机制。现有研究主要采用情感相关的构念，如情感团结、增权、信任、情感和满意度等，来解释旅游地社会责任策略如何影响利益相关者的反应（例如，那梦帆等，2019；Hassan et al.，2021；Su et al.，2020，2021，2022，2023）。一些学者还强调旅游目的地与居民关系在旅游地社会责任影响居民感知和行为中的中介作用（例如，Su et al.，2017；Su et al.，2020），但遗憾的是，现有研究只是笼统地探讨了关系质量的作用，没有厘清哪种关系类型在其中发挥了作用。基于刻板印象内容模型，本研究提出并验证了感知温暖和共有关系在旅游地社会责任策略与居民生活质量和态度的关系中的顺序中介作用。我们发现，感知温暖和共有关系连续中介了旅游地社会责任策略对居民生活质量和态度的影响。此外，感知温暖、共有关系和生活质量连续中介了旅游地社会责任策略对居民态度的影响。这些发现厘清了旅游地社会责任策略对居民生活质量和态度的解释机制，并拓展了刻板印象内容模型的应用场景。

第三，基于归因理论，本研究通过概念化和操作化旅游地社会责任披露主体作为旅游地社会责任策略与居民感知和态度之间的调节变量，拓展和丰富了旅游地社会责任文献。社会责任披露被认为是企业声誉和发展的关键工具（Axjonow et al.，2018），也是报告其社会责任努力的传播工具。一些学者指出披露主体差异可能导致利益相关者有不同的感知和态度（Aaker et al.，2010；Perks et al.，2013），但在旅游研究中，旅游地社会责任披露主体的作用仍未被探讨。为填补这一空白，本研究基于归因理论，概念化并操作化了旅游地社会责任披露主体在旅游地社会责任策略与居民感知和态度之间的调节作用。我们发现，当旅游地社会责任由第三方披露时，努力导向型（相对于能力导向型）旅游地社会责任策略会导致更高的感知温暖、生活质量和积极态度。而当旅游目的地管理组织自己披露旅游地社会责任时，旅游地社会责任策略对感知温暖、生活质量或态度不具有显著影响。这些结果丰富和扩展了社会责任研究，同时为归因理论在旅游地社会责任研究中的应用提供了新的视角。

4.7 旅游地居民生活质量的变化规律

旅游地居民生活质量是旅游地居民对其生活感受的一种主观判断，这种主观判断受到旅游地发展阶段等因素的影响而呈现出相应的动态变化规律（Kim et al.，2013；Bimonte et al.，2016）。准确把握旅游地居民生活质量的动态变化规律，有利于旅游地经营管理者制定相关策略提升旅游地居民生活质量，从而更好地实现旅游地可持续发展（Lee et al.，2019）。纵观现有研究，旅游地居民生活质量的变化规律可归纳为下列三种基本类型。

4.7.1 旅游地不同发展阶段的旅游地居民生活质量变化规律

学界对于旅游地发展规律的探讨始于20世纪60年代。学者克里斯塔勒首先注意到，不同的旅游目的地会遵循一个相对一致的发展演变过程，这个过程表现出从发现到增长再到衰退的阶段性变化规律。在此基础上，结合营销学产品生命周期理论，巴特勒提出旅游地生命周期的概念，阐明了旅游地发展的阶段性变化。旅游地生命周期的阶段性变化实质上反映出旅游地经济、社会、文化、环境等方面的结构性改变，这种结构性改变深刻影响旅游地居民对旅游活动所带来的有形和无形收益的感知，从而影响旅游地居民生活质量。研究表明，旅游地生命周期普遍存在于各类旅游地之中，旅游地不同发展阶段的旅游活动对旅游地产生影响的范围和强度呈现出一定的规律，从而旅游地居民生活质量也随之呈现出相应的规律性变化（Kim et al.，2013）。

现有文献对旅游地不同发展阶段旅游地居民生活质量的变化规律的研究结论远未一致，甚至出现相反的结论（Kim et al.，2013）。一些研究认为，在旅游地生命周期的引入阶段和成长阶段，旅游地居民生活质量会逐步提高，随着旅游地生命周期的演变，在旅游地生命周期的成熟阶段和衰退阶段，旅游地居民生活质量将逐步下降（Uysal et al.，2016）。但也有研究得出完全相反的结论，研究者调查了5个不同社区的成年居民：1个非博彩旅游社区、3个早期博彩旅游社区和1个后期博彩旅游社区。结果表明，旅游地居民生活质量在博彩旅游发展早期表现得较低，而随着人们对博彩旅游的熟悉度提升，在博彩旅游发展的后期旅游地居民生活质量得到显著提高（Perdue et al.，1999）。本部分将介绍作者及其合作者创作的论文《旅游地居民生活质量的时空变化规律》。

旅游目的地的发展为当地经济、社会和环境带来广泛影响，其中既有积极影响，也有消极影响（Andereck et al.，2011；Croes et al.，2018；Lai et al.，2021；Wang et al.，2022；何学欢等，2017；何学欢等，2018）。旅游地居民作为旅游地核心利益相关者，他们在旅游地生活的时间很长，其生产和生活受到旅游业的影响更为广泛和深远（Andereck et al.，2011；Croes et al.，2018；Lai et al.，2021；Su et al.，2020；Suess et al.，2018；Uysal et al.，2016；何学欢等，2017）。其中，旅游发展影响下的社区居民生活质量逐渐受到学界的关注并成为当代国际旅游研究的焦点和前沿（Lee et al.，2018；Su et al.，2020）。

已有研究已经表明旅游发展（如家庭收入、居住条件、工作机会、公共交通、娱乐机会等）对居民生活质量的提升具有积极影响（Andereck et al.，2011；Su et al.，2018；Woo et al.，2015）。然而，近来有学者研究发现旅游发展对居民生活质量具有消极影响（Ouyang et al.，2017），还有部分学者发现旅游发展对旅游地居民生活质量没有显著影响。因此，学界亟须探索出旅游发展对旅游地居民生活质量的影响机制，尤其是如何客观精确地衡量旅游发展对居民生活质量产生的相关影响，从而为化解现有研究结论相互矛盾的情况并为实践提供理论基础。

另外，旅游地居民生活质量可能存在动态变化的特征（Kim et al.，2013；Lai et al.，2021；Lee et al.，2019）。尽管学者们呼吁进行更多的研究去探究随着时间的推移居民生活质量受旅游发展水平的影响程度，但迄今为止很少有研究单独评估旅游地居民生活质量在旅游地生命周期不同阶段的变化规律（Uysal et al.，2016；Woo et al.，2015）。更重要的是，现有的大多研究对于旅游地生命周期不同阶段下旅游地居民生活质量变化规律的研究结论还远未达成共识，甚至出现了相互矛盾的结论（Berbekova et al.，2021；Kim et al.，2013；）。尤其是在旅游地生命周期过程中旅游地居民生活质量的变化机理尚不清楚，这阻碍了我们更加深入了解旅游地生命周期对旅游地居民生活质量的影响过程。

此外，基于核心—边缘理论，旅游地居民处于不同的空间结构（如核心—边缘结构），居住于核心区域和边缘区域的居民生活质量也存在显著差异（Belisle et al.，1980；Jurowski et al.，2004）。一些早期的实证研究提出，距离核心区域越近，其生活质量越高（Belisle et al.，1980）。然而，近年来的研究发现旅游地居民生活质量并不像早期研究描述的那样，由于边缘区域旅游者较少，旅游活动给居民生活的区域带来的负面影响可能更少，因此其生活质量可能更高（Jurowski et al.，2004）。尽管研究结论可能相互矛盾，但相关研究证实了空间因素在旅游地居民对旅游发展态度中的调节作用（Jurowski et al.，2004；Raymond et al.，2007）。然而，目前鲜有研究将核心—边缘理论和旅游地生命周期理论有机地整合在同一个研究框架中来探索旅游地居民生活质量的变化规律。因此，学者呼吁开展更多研究，探讨不同类型空间结构下居民生活质量的变化规律（Lee et al.，2019）。

为了弥补现有研究存在的不足，本研究探究了居民生活质量（物质生活、非物质生活和整体生活领域）在整个旅游地生命周期不同阶段的变化规律，并以空间结构类型作为调节变量（核心 vs. 边缘），形成了四阶段旅游地生命周期（引入阶段、成长阶段、成熟阶段和衰退阶段）时空变化综合理论模型。

综合来说，基于旅游地生命周期理论和核心—边缘理论，本研究的贡献总结如下：首先，从纵向动态角度，文章将旅游地生命周期理论纳入旅游地居民生活质量的框架，并探索了旅游地居民生活质量在整个旅游地生命周期中的变化规律，补充丰富了相关理论知识；其次，本研究基于比较的视角探讨了物质生活领域、非物质生活领域和整体生活领域在不同阶段的异同点，以便于更深入地理解它们独特的变化规律和相关关系；其次，文章引入核心—边缘结构作为调节变量来探讨旅游地居民生活质量变化的边界条件，其有利于更好地理解在核心—边缘结构下旅游地生命周期不同阶段居民生活质量的变化规律。

4.7.1.1 文献回顾和研究假设

【旅游地生命周期理论（TALC）】

学界对旅游地生命周期理论（Tourism Area Life Cycle，TALC）的探讨始于20世纪60年代。学者克里斯塔勒（Christall）首先注意到，不同的旅游目的地会遵循一个相对一致的发展演变过程，这个过程表现出从发现到增长再到衰退的阶段性变化规律（Christaller，1964）。随后，其他学者发现亚特兰大的发展、扩张、社会经济福利的转变及旅游地的衰落存在明显的循环（Stansfield，1978）。在此基础上，结合市场营销领域的产品生命周期理论，巴特勒（Butler，1980）提出了旅游地生命周期的概念，其阐述了旅游目的地发展的阶段性变化，解释了旅游目的地随着时间推移而动态变化并形成了一个明显的演变循环。具体来说，演变是由多种因素带来的，其中最主要的影响因素包括游客数量和基础设施水平。他将旅游目的地演变总结概括为六个阶段，从旅游目的地的探索阶段开始，紧接着依次是参与、发展、巩固、停滞和后停滞阶段。

一些研究基于旅游地生命周期理论，试图提出一种识别旅游目的地发展阶段的替代改进理论，并将旅游地生命周期划分为四个关键阶段：引入阶段、成长阶段、成熟阶段和衰退段（Kim et al.，2013）。在引入阶段，由于知名度低、设施简陋、游客住宿条件有限、旅游目的地的可达性低，当地自然和社会特征在这一发展阶段没有被旅游活动改变。随后，由于旅游设施的修建和知名度的提高，游客人数将增加，旅游目的地进入成长阶段。伴随着市场营销、信息传播和设施进一步的完善，旅游目的地的声誉和吸引力将迅速增长。然而，当旅游目的地进入成熟阶段时，由于承载力有限，游客人数将继续增长，但增长速度呈下降趋势。一旦达到或突破旅游承载能力阈值，旅游开发会引发负面影响（Kim et al.，2013）。最终进入衰退阶段，由于游客量的急剧下降，旅游设施失去了旅游功能，最终该地区可能成为名副其实的旅游边缘地区，或完全丧失旅游功能。

【核心—边缘理论】

核心—边缘概念表明旅游区域与城市、国家和半球一样，遵循着相对一致的权利和发展差异过程及从核心到边缘的可识别化影响扩张路径，这进一步表明了旅游发展在空间上呈现的动态性（Murphy et al.，2007）。根据核心—边缘理论，核心区通常指更城市化的区域，其集中了大部分经济、政治和社会资源；而边缘区通常指乡村，其在某种程度上依赖于核心区并能为核心区提供一定的自然资源、资本和劳动力（Jurowski et al.，2004）。此外，与其他可能影响旅游地居民生活质量的旅游变量（如旅游景点类型、旅游季节）相比，旅游目的地的核心—边缘结构被认为是影响居民生活质量的最关键因素（Jurowski et al.，2004），正如有些学者提到，确定旅游地居民生活质量的空间分布可以更深入理解旅游发展与居民生活量之间的影响机制（Chancellor et al.，2011）。

【居民生活质量及其维度】

从现有的研究来看，生活质量、与健康相关的生活质量、生活满意度、幸福感、主观幸福感和享乐型幸福感可以互换使用（Kim et al.，2013；Su et al.，2020，2021；Uysal et al.，2016）。然而，当以旅游地居民作为研究对象时，大多数研究人员习惯于使用旅游地居民生活质量一词（Lai et al.，2021；Su et al.，2018；梁增贤，2018）。实际上，生活质量是一个复杂的总称，它代指一个人生活的各个方面，包括身体健康、心理健康和社会福利（Woo et al.，2015）。本研究引用安德瑞克和尼亚帕内（Andereck & Nyaupane，2011）的研究，将旅游地居民生活质量定义为居民对生活的满意度和对世界体验的满足感，它代表了居民对生活的主观感受和看法，这一研究已得到学界的广泛认可（Lai et al.，2021）。

一般来说，在旅游背景下，每个生活领域对居民来说并不是同等重要的，在旅游地生命周期的不同阶段，生活质量每个维度的重要性和优势会发生变化（Andereck et al.，2011；Kim et al.，2013；Uysal et al.，2016）。研究将生活质量的四个不同维度分为两个重要领域（物质生活领域和非物质生活领域）。更具体地说，物质生活领域与金融、经济和消费者福祉相关，是衡量居民生活质量的重要客观指标。另外，非物质生活领域包括社区、情感和健康/安全生活领域，这是保证旅游目的地社区居民更高生活质量的必要条件（Lai et al.，2021；Woo et al.，2015）。总体生活领域是指居民生活的总体满意度（Sirgy et al.，2010；Woo et al.，2015）。

【旅游地生命周期中居民生活质量的变化趋势】

旅游地生命周期理论表明，居民对旅游发展的态度及其影响可能会因旅游目的地发展阶段的不同而有所不同（Kim et al.，2013）。从根本上说，旅游生命周期的阶段性变化本质上反映了旅游目的地经济、社会、文化、环境等方面的结构性变化（Lai et al.，2021；Su et al.，2018；Woo et al.，2015）。这种结构性变化对旅游承载力和居民从旅游发展中感知的有形和无形收益产生了深远的影响，从而导致旅游地生命周期不同演进阶段下居民生活质量发生变化（Kim et al.，2013；Martin et al.，1990）。

此外，先前的研究表明，旅游发展的大部分收益是在发展的早期而不是后期产生的（Uysal et al.，2016）。具体来说，在引入阶段，由于知名度不高，设施简陋，游客住宿条件有限，旅游目的地可达性较低，从事旅游业的居民少，居民收入低。总体而言，游客的到来和离开对当地永久居民的经济和社会福利的影响相对较小（Butler，1980）。然而，随着大量游客的到来和旅游收入的快速增长，旅游目的地进入成长阶段，此时知名度和吸引力逐渐扩大。与引入阶段相比，项目大规模的建设加速了旅游目的地的发展，这一阶段自然和文化景观被开发成旅游产品，同时改善了基础设施和娱乐设施，增加了就业、购物和娱乐机会，供当地居民享受和改善他们的物质和非物质生活（Andereck et al.，2011）。

因此，在旅游目的地从成长阶段转变为成熟阶段的连续过程中，旅游社区的性质和复杂性会发生变化。然而，旅游地生命周期的基本理论前提是旅游承载力有一个上限（Kim et al.，2013；Martin et al.，1990），即随着旅游地生命周期的演变，旅游地居民生活质量不会持续上升（Uysal et al. 2016）。与成长阶段相比，旅游目的地设施发展在成熟阶段达到顶峰，此时可以承载最大数量的旅游者，但是由于游客数量超过阈值或者承载能力，整个系统，尤其是社会、文化、生态系统将遭受一系列严重的威胁并造成负面社会文化和环境影响，如交通拥堵、环境破坏、噪声和空气污染、犯罪等（Ouyang et al.，2017），最终导致居民生活质量尤其是非物质生活领域严重下降（Kim et al.，2013；Martin et al.，1990）。

同样，在衰退阶段，旅游目的地将失去吸引新游客的竞争力，与成熟阶段相比表现出低迷。由于游客锐减，旅游设施因疏于维护而失去旅游功能，最终该地区可能成为名副其实的旅游边缘地区，或完全丧失旅游功能。与成熟阶段相比，旅游目的地社区居民生活质量，包括物质生活、非物质生活和整体生活领域，在衰退阶段受到了相当大的损害（Kim et al.，2013）。由此，我们推测旅游地居民生活质量可能呈现先升后降的倒"U"型变化规律，即居民生活质量可能从引入阶段到成长阶段呈现上升状态，但从引入阶段到成熟阶段到衰退阶段的过程中呈现下降状态（Kim et al.，2013）。如上所述，基于现有文献提出以下假设：

H34：旅游地居民生活质量的物质生活、非物质生活和整体生活领域随着旅游地生命周期的演变呈现先升后降的倒"U"型变化趋势。

【核心—边缘结构对居民生活质量的调节作用】

核心—边缘理论认为核心区和边缘区往往存在不平等和权力结构不平衡的现象，从而导致核心区和边缘区在同一阶段对旅游发展的影响存在显著差异。以往关于旅游地居民生活质量的文献表明，核心—边缘结构（如社区居民家与旅游区之间的距离）被认为与旅游目的地社区居民生活质量有关（Jurowski et al.，2004；Raymond et al.，2007；Suess et al.，2018），居民与旅游景区的距离不同可能会对居民生活质量产生不同的影响（Belisle et al.，1980）。

具体来说，在引入阶段，由于游客首先到达核心旅游区，核心区（相对于边缘区）的居民更早地得旅游发展带来的经济效益，其物质生活和非物质生活改善得更快。此外，成长阶段可能是提高旅游目的地居生活质量和经济福祉的最重要发展阶段。由于核心区（相对于边缘区）率先完成基础设施和旅游服务设施的建设，核心区最有能力吸引游客和投资，带动后续发展，而边缘区则提供劳动力和资本资源以支持核心区发展。在这一发展阶段，旅游地核心区居民的生活质量可能会达到顶峰，核心区与边缘区的差距逐渐拉大。

然而，根据旅游地生命周期理论，当旅游发展进入成熟阶段时，核心区的旅游总人数远远超过常住居民人数。由于核心区的游客数量压力超过了旅游区的承载能力，旅游发展对居民非物质生活领域的负面影响不断增强，如自然环境破坏、交通拥堵、哭声、空气和视觉污染等（Lai et al.，2021；Ouyang et al.，2017）。因此，核心区（相对于边缘区）的居民对旅游发展的负面态度也比其他阶段更强（Jurowski et al.，2004）。相反，由于旅游发展的负面影响相对较小，居住在边缘区的居民可能会感受到更高的生活质量（Jurowski et al.，2004）。同时，核心区环境的恶化加速了游客向先前旅游吸引力较低的边缘区扩张，从而可以更快地通过旅游流延伸的效益提升周边地区居民的生活质量。因此，边缘区旅游地居民生活质量可能在成熟阶段达到顶峰。

最后，在衰退阶段，无论是核心区还是边缘区，旅游目的地都将面临市场萎缩（Kim et al.，2013）。由于客流锐减引发了大量旅游设施的拆除，旅游社区居民对旅游开发成本的感知强于收益，这对旅游地居民生活质量造成了相当大的损害。相较于边缘区，核心区由于经济、社会文化和环境系统在早期遭受到过度开发，其居民对生活质量（如物质生活、非物质生活和整体生活）的下降感知更为敏感和消极（Jurowski et al.，2004）。根据上述居民生活质量的动态空间变化，本研究提出旅游地生命周期对居民生活质量的影响受核心—边缘结构的调节假设：

H35a：核心—边缘结构调节了旅游地生命周期对旅游地居民生活质量的二次效应，使得核心区（相对于边缘区）在引入阶段和成长阶段较高，而边缘区（相对于核心区）则在成熟阶段和衰退阶段较高。

H35b：核心—边缘结构调节了旅游地生命周期对旅游地居民生活质量的二次效应，其效应可以描述两个倒"U"型函数，其峰值分别出现在核心区的成长阶段和边缘区的成熟阶段。

结合上述概念和假设，本研究构建了一个完整的理论模型（见图4-20），并进行了两项研究来检验所有假设。为了验证上述假设，我们进行了两个实验。在实验一中，我们进行了单因素组间实验设计，探究旅游地生命周期不同阶段旅游地居民生活质量的变化规律，检验了H34。在实验二中，进行了2（核心区 vs. 边缘区）×4（引入阶段 vs. 成长阶段 vs. 成熟阶段 vs. 衰退阶段）混合实验设计，以进一步检验核心—边缘结构在旅游地生命周期对旅游地居民生活质量二次效应中的调节作用（检验H35a和H35b）。

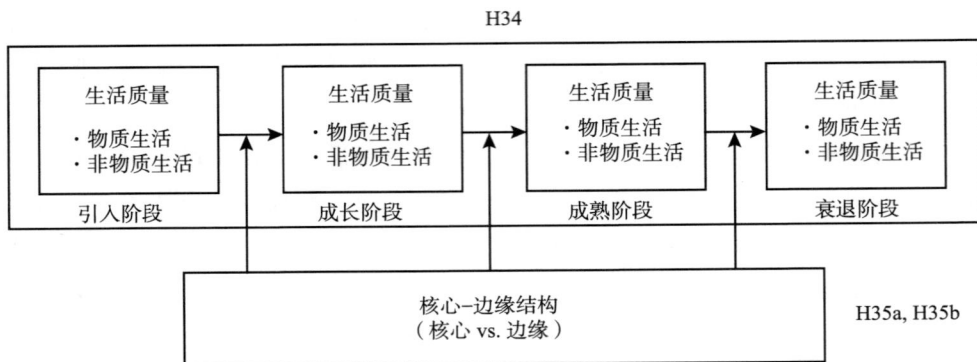

图4-20　理论模型

4.7.1.2　实验一旅游地居民生活质量在旅游地生命周期中的变化规律

实验一的目的是检验H34，采用单因素组间实验设计来检验旅游地生命周期不同阶段居民生活质量的变化规律。

【预实验】

在正式实验之前，本研究进行了初步调查，以检验参与者是否正确理解情境实验材料中的旅游地生命周期的具体阶段，结合巴特勒（Butler，1980）对旅游地生命周期每个阶段特征的描述和布哈利斯（Buhalis，2000）提出的旅游地分析六As框架（景点、可通达性、便利设施、可用套餐、活动、辅助服务），我们设计了四个版本的旅游地生命周期描述（引入期、成长期、成熟期和衰退期）作为刺激材料。

研究在Credamo.com数据收集平台上设计并进行了一项试点调查（Gai et al.，2021）。共招募了160名参与者，其中3名不合格的参与者被系统自动剔除。157名参与者（57.3%为女性，65.0%为26～35岁）被随机分为四组（引入

阶段组 $G_{引入}$ = 38 人，成长阶段组 $G_{成长}$ = 40 人，成熟阶段组 $G_{成熟}$ = 39 人，衰退阶段组 $G_{衰退}$ = 40 人）。阅读刺激材料后，参与者通过回答两个二分项题目（1 = 是，0 = 否）来衡量情境的真实性。随后，他们又分别完成了一个李克特 7 分项量表（1 = 非常不同意，7 = 非常同意）来衡量他们对刺激材料中描述的旅游地生命周期的看法。

【结果和讨论】

结果表明，参与者能够正确理解旅游地生命周期（$M_{G引入}$ = 6.21，SD = 0.73；$M_{G成长}$ = 6.03，SD = 0.86；$M_{G成熟}$ = 5.97，SD = 0.81；$M_{G衰退}$ = 6.23，SD = 0.89；其均值均显著高于中值 4），情境真实性测试表明，大多数参与者（98.7%）认为所提供的情境是现实的（$\chi^2[1]$ = 149.10，$p < 0.01$）。这些结果表明，参与者能够根据所提供的刺激材料来区分旅游地生命周期的阶段。因此，该刺激材料适合用于以下主要实验。

【正式实验】

【实验设计与程序】

实验一进行了一项情境实验，以检验 H34。本研究将调查和测量分为三个部分。第一，场景真实性测试和操作检查的二分项结果（是/否）与预实验相同。第二，我们在旅游地生命周期的四个阶段分别向参与者展示了参照巴特勒（1980）和布哈利斯（2000）等的研究，设计了四种不同版本的刺激材料。我们在场景描述后提供了相应的图片，以帮助参与者具象化场景。第三，根据刺激，参与者在每个场景实验中报告他们的物质生活领域、非物质生活领域和整体生活领域。

在旅游地生命周期四个不同阶段的实验中，我们使用了与预实验相同的量表。更具体地说，物质生活领域是用金姆等（Kim et al.，2013）和吴恩珠等（Woo et al.，2015）的三个李克特 7 分项量表（1 = 非常不同意，7 = 非常同意）来衡量；非物质生活领域是用黎熙宽等（Lai et al.，2021）三个不同的子领域（社区生活、情感生活和健康、安全生活）来衡量；整体生活质量是采用吴恩珠等（Woo et al.，2015）的三个李克特 7 分项量表来衡量。

由于对旅游业的了解程度、参与旅游发展程度及从旅游中获利程度可以显著影响居民的生活质量（Andereck et al.，2011；Lai，Pinto et al.，2021），我们的研究采用上述三个变量作为控制变量。最后，使用两个项目测试场景真实性（1 = 是，0 = 否）："现实生活中可能会发生这样的场景"（Liao，2007）和"我毫不费力地想象自己处于这种情况"（Tung，2019；Su，2021）。这些量表经过了反向翻译过程。

我们从数据调查平台 Credamo.com 招募了 240 名参与者，收集了 226 份问卷。在调查之前，我们要求参与者想象自己处于实验情境中。根据刺激材料，他们完成了居民生活质量的量表，并提供了人口统计信息。为了提升数据质量，每个参与者只能完成一次实验调查，参与者不能重复作答。完成后，每位参与者可获得一个 2 元红包作为报酬。在 226 名受访者中，56.6% 为女性，28.8% 为 18～25 岁，46.9% 为 26～35 岁，19.4% 为 36～45 岁，4.9% 为 46 岁及以上（见表 4-27）。

表 4-27　　　　　　　　　　　　　　实验一样本统计信息

分类		样本量	占比（%）	分类		样本量	占比（%）
性别	女性	128	56.6	年龄	26～35 岁	106	46.9
	男性	98	43.4		36～45 岁	44	19.4
月收入	小于 3000 元	27	11.9		46 岁以上	11	4.9
	3000～4999 元	24	10.7	文化程度	高中以下	5	2.2
	5000～7999 元	53	23.4		高中/职高	19	8.4
	8000～9999 元	57	25.2		本科/大专	174	77.0
	大于 10000 元	65	28.8		硕士	28	12.4
年龄	18～25 岁	65	28.8				

【情境真实性和测量可信度】

情境真实性测试表明，大多数参与者（96%）表示提供的情境是真实的，他们可以正确理解旅游地生命周期（$M_{G引入} = 6.25$，$SD = 0.69$；$M_{G成长} = 6.36$，$SD = 0.80$；$M_{G成熟} = 6.02$，$SD = 0.75$；$M_{G衰退} = 6.34$，$SD = 0.80$；均显著高于中值 4）。因此，对旅游地生命周期的操纵是成功的。此外，我们分别检查了物质生活、非物质生活和整体生活质量量表的可靠性，这些量表表示每组结果呈现高可信度（Cronbach's α 大于 0.800），具有较高的可靠性（Nunnally，1978）。实验一的信度详情见表 4-28。

表 4-28　　　　　　　　　　　　　　实验一量表可信度测量

维变	旅游地生命周期			
	引入阶段	成长阶段	成熟阶段	衰退阶段
物质生活	0.918	0.861	0.831	0.910
非物质生活	0.828	0.877	0.851	0.936
整体生活	0.879	0.862	0.890	0.849

【数据分析和结果】

独立样本 t 检验用于验证 H34。为检验 H34，我们分别将成长期、成熟期、衰退期的物质生活、非物质生活和整体生活质量与引入期进行了比较。

【TALC 过程中居民生活质量变化趋势】

实证结果表明居民生活质量（如物质生活、非物质生活和整体生活）从引入阶段到成长阶段呈显著上升趋势，从成长阶段到衰退阶段呈显著下降趋势（见图 4－21）。更具体地说，成长阶段的物质生活、非物质生活和整体生活（$M_{成长} = 5.62$，SD $= 0.88$；$N_{成长} = 5.35$，SD $= 0.75$；$O_{成长} = 5.39$，SD $= 0.83$）显著高于引入阶段（$M_{引入} = 4.06$，SD $= 1.37$；$N_{引入} = 3.95$，SD $= 0.73$；$O_{引入} = 3.52$，SD $= 1.12$；$t_{M成长 \& M引入} = 7.13$，$p < 0.01$；$t_{N成长 \& N引入} = 9.97$，$p < 0.01$；$t_{O成长 \& O引入} = 9.79$，$p < 0.01$）；成熟阶段的物质生活、非物质生活和整体生活（$M_{成熟} = 4.11$，SD $= 1.35$；$N_{成熟} = 3.75$，SD $= 0.99$；$O_{成熟} = 3.81$，SD $= 1.36$）均显著低于成长阶段（$t_{M成熟 \& M成长} = -6.97$，$p < 0.01$；$t_{N成熟 \& N成长} = -9.60$，$p < 0.01$；$t_{O成熟 \& O成长} = -7.27$，$p < 0.01$）。

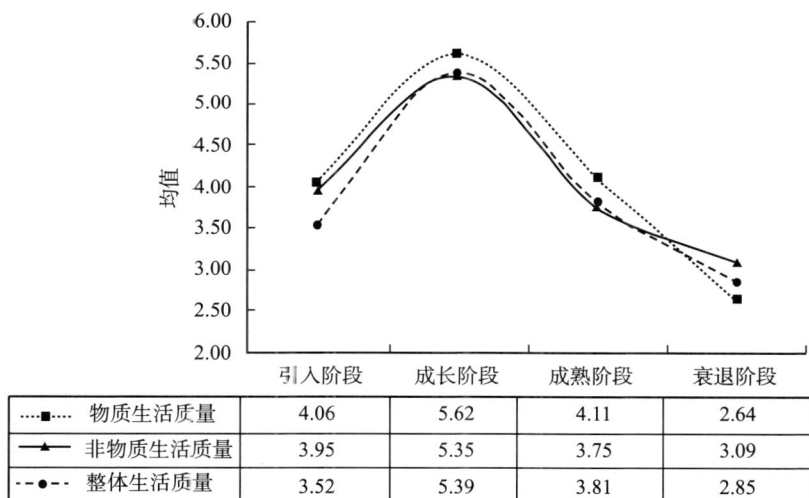

	引入阶段	成长阶段	成熟阶段	衰退阶段
▪▪▪ 物质生活质量	4.06	5.62	4.11	2.64
▲— 非物质生活质量	3.95	5.35	3.75	3.09
●-- 整体生活质量	3.52	5.39	3.81	2.85

图 4－21　旅游地居民生活质量变化趋势

此外，衰退阶段的物质生活、非物质生活和整体生活（$M_{衰退} = 2.64$，SD $= 1.31$；$N_{衰退} = 3.10$，SD $= 1.15$；$O_{衰退} = 2.85$，SD $= 1.24$）均显著低于成熟阶段（$t_{M衰退 \& M成熟} = -5.90$，$p < 0.01$；$t_{N衰退 \& N成熟} = -3.25$，$p < 0.01$；$t_{O衰退 \& O成熟} = -3.97$，$p < 0.01$）和引入阶段（$t_{M衰退 \& M引入} = -5.67$，$p < 0.01$；$t_{N衰退 \& N引入} = -4.72$，$p < 0.01$；$t_{O衰退 \& O引入} = -3.07$，$p < 0.01$）。因此，H34 得到证实，即不仅居民物质生活从引入阶段到成长阶段上升，从成长阶段到衰退阶段下降，并在成长期达到顶峰，同样的规律适用于居民的非物质生活和整体生活。

为准确判断旅游地生命周期（X）对居民生活质量（Y）影响的倒"U"

型理论模型，本研究引入曲线估计模型 $Y = b_1 X + b_2 X^2 + b_0$（Aiken et al.，1991），分别建立了以物质生活、非物质生活和整体生活为因变量的三个回归模型（模型 1、模型 2 和模型 3）。（X）和（X^2）项表示（X）的总体主效应的线性和二次分量，每个分量都有一个自由度（Aiken et al.，1991）。使用 SPSS 25.0 统计分析软件得到三个回归模型。表 4 – 29 更详细地显示了分析结果。

模型回归结果表明，三个模型调整后的 R^2 均大于 0.3，表明拟合度良好（Hair et al.，2010）。此外，每个回归方程二次系数的结果（$\beta_1 = -0.74$，$t = -8.36$，$p < 0.01$；$\beta_2 = -0.48$，$t = -6.93$，$p < 0.01$；$\beta_3 = -0.67$，$t = -8.01$，$p < 0.01$）表明回归系数显著。这些结果证明，随着旅游地生命周期的变化，旅游地居民生活质量呈现先升后降的倒"U"型变化趋势。因此，这些数据分析再次证实了 H34。

表 4 – 29　　　　　　　　　　回归分析结果

因变量	n	β	Δ^2	RΔF	R^2	Adjusted R^2	F
模型 1：物质生活领域	226						
常数项		1.67					
知识		0.04					
参与度		−0.03					
获利		0.05	0.02	1.52			
旅游地生命周期		3.10 ***	0.16	44.39 ***			
旅游地生命周期的平方		−0.74 ***	0.20	69.87 ***	0.38	0.37	27.05 ***
模型 2：非物质生活领域	226						
常数项		1.84 **					
知识		0.10					
参与度		0.08					
获利		0.11 *	0.05	3.60 *			
旅游地生命周期		1.97 ***	0.15	40.35 ***			
旅游地生命周期的平方		−0.48 ***	0.14	47.98 ***	0.34	0.32	22.47 ***
模型 3：整体生活领域	226						
常数项		−0.39					

因变量	n	β	Δ^2	$R\Delta F$	R^2	Adjusted R^2	F
知识		0.27*					
参与度		0.25					
获利		0.09	0.05	4.11**			
旅游地生命周期		2.97***	0.08	20.88***			
旅游地生命周期的平方		-0.67***	0.20	64.19***	0.33	0.32	21.66***

4.7.1.3 实验二核心—边缘结构的调节作用

考虑到实验一的组间设计无法详细描述旅游地生命周期不同阶段居民生活质量的变化规律，我们采用混合实验设计，进行了2（核心区 vs. 边缘区）×4（引入阶段 vs. 成长阶段 vs. 成熟阶段 vs. 衰退阶段）混合研究，以检验核心—边缘结构的调节作用。

【预实验】

我们设计了两个版本的距离描述（核心区与边缘区）作为刺激材料。从在线调查平台（https://www.credamo.com/）招募了105名参与者（50.5%女性），并随机分到核心区组（$G_{核心}$）和边缘区组（$G_{边缘}$）。阅读刺激材料后，参与者回答了两个李克特7分项问题（1=非常不同意，7=非常同意）来判断他们对刺激材料中描述的核心—边缘结构的感知。

【结果和讨论】

使用独立样本 t 检验来验证操作的有效性。与 $G_{边缘}$ 组相比，$G_{核心}$ 组在回答第一项"材料中提到的核心—边缘结构为核心区"时得分明显更高（$M_{G核心}$=6.40，SD=0.86；$M_{G边缘}$=1.78，SD=1.36，t=20.62，$p<0.01$），而当他们回答第二项"材料中提到的核心—边缘结构是边缘区"时得分明显偏低（$M_{G核心}$=2.08，SD=1.48；$M_{G边缘}$=6.53，SD=0.88，t=-18.90，$p<0.01$）。这些结果表明，就所提供的刺激材料而言，参与者能够区分核心区和边缘区。因此，该刺激适合用于以下主实验。

【正式实验】

【实验设计与程序】

采用2（核心区 vs. 边缘区）×4（引入阶段 vs. 成长阶段 vs. 成熟阶段 vs. 衰退阶段）的混合实验设计检验核心—边缘结构的调节作用，混合研究的优势既可有效降低组内设计存在的样本污染可能性，也能有效消除组间设计被试间的差异，更好地控制不相关的变异，从而获得更好的实验精确性。首先，我们在正式实验前将招募的参与者随机分为两组（核心区组与边缘区组）；其次，考虑到不同类型旅游地会引发旅游地居民生活质量差异（Lai et al.，2021；Uysal et al.，2016），实验二的刺激材料从实验一的自然类旅游目的地转变为文化遗产类旅游目的地；最后，我们在场景描述后提供了相应的图片，帮助参与者想象场景。

在正式实验中，我们在数据收集平台 Credamo（Credamo.com）上发布了信息。共有 220 名参与者参与实验 2。在正式实验之前，我们将他们平均随机分为两组：$G_{核心}$（n = 110）和 $G_{边缘}$（n = 110）。然后，分别于 2021 年 9 月 3 日、10 日、17 日、24 日进行了多阶段混合实验研究。我们通过在一周间隔后进行实验来解决常见方法偏差。$G_{核心}$ 有 16 名参与者，$G_{边缘}$ 有 20 名参与者中途退出实验。排除这些参与者，我们最终获得了 184 个（$G_{核心}$ = 94 和 $G_{边缘}$ = 90）有效参与者数据，参与率为 83.6%。其人口统计信息的详细信息如表 4 - 30 所示。

表 4 - 30　　　　　　　　　　　　　样本统计信息

分类		样本量	占比（%）	分类		样本量	占比（%）
性别	女性	99	53.8	年龄	26 ~ 35 岁	94	51.1
	男性	85	46.2		36 ~ 45 岁	27	14.6
月收入	小于 3000 元	20	10.9		46 岁以上	15	8.2
	3000 ~ 4999 元	29	15.7	文化程度	高中以下	5	2.7
	5000 ~ 7999 元	41	22.3		高中/职高	9	4.9
	8000 ~ 9999 元	49	26.6		本科/大专	131	71.2
	大于 10000 元	45	24.5		硕士	39	21.2
年龄	18 ~ 25 岁	48	26.1				

【场景真实性和测量可信度】

情境真实性测试表明，超过 97% 的参与者（97.3%）认为提供的情境是真实存在的（$\chi^2_{[1]} = 164.54$，$p < 0.01$）。此外，在每部分实验中三个量表，即物质生活、非物质生活和整体生活质量均呈现出较高可信度（Cronbach's α 高于 0.800）。实验二的信度详情见表 4 - 31。

表 4 - 31　　　　　　　　　　　　　测量可信度

项目	旅游地生命周期			
	引入阶段	成长阶段	成熟阶段	衰退阶段
物质生活	0.853	0.887	0.910	0.880
非物质生活	0.826	0.850	0.835	0.836
整体生活	0.857	0.883	0.865	0.917

【核心—边缘结构的调节作用】

成对样本 t 检验结果表明，旅游地核心区和边缘区居民生活质量在旅游地生命周期的不同阶段均呈现先上升后下降的倒 "U" 型变化规律。尤其是在核心区，旅游地居民生活质量在成长阶段（$G_{核心M成长}=5.43$，$SD=0.78$；$G_{核心N成长}=5.37$，$SD=0.43$；$G_{核心O成长}=5.21$，$SD=0.97$）明显高于引入阶段（$G_{核心M引入}=4.22$，$SD=1.21$，$t=8.65$，$p<0.01$；$G_{核心N引入}=4.35$，$SD=0.89$，$t=9.99$，$p<0.01$；$G_{核心O引入}=3.95$，$SD=1.29$，$t=7.42$，$p<0.01$），但在成熟阶段显著降低（$G_{核心M成熟}=4.43$，$SD=1.33$，$t=-6.37$，$p<0.01$；$G_{核心N成熟}=4.52$，$SD=0.57$，$t=-11.29$，$p<0.01$；$G_{核心O成熟}=4.12$，$SD=1.17$，$t=-6.89$，$p<0.01$），在衰退阶段也呈现显著下降（$G_{核心M衰退}=3.08$，$SD=0.73$，$t=-9.58$，$p<0.01$；$G_{核心N衰退}=3.35$，$SD=0.78$，$t=-11.69$，$p<0.01$；$G_{核心O衰退}=2.89$，$SD=1.14$，$t=-7.65$，$p<0.01$）。

此外，在边缘区，旅游地居民生活质量在成长阶段（$G_{边缘M成长}=4.19$，$SD=1.13$；$G_{边缘N成长}=4.33$，$SD=0.66$；$G_{边缘O成长}=4.43$，$SD=0.76$）明显高于引入阶段（$G_{边缘M引入}=3.37$，$SD=1.06$；$t=5.23$，$p<0.01$；$G_{边缘N引入}=3.49$，$SD=0.71$，$t=8.52$，$p<0.01$；$G_{边缘O引入}=3.52$，$SD=1.16$，$t=6.56$，$p<0.05$），但显著低于成熟阶段（$G_{边缘M成熟}=4.98$，$SD=0.73$，$t=6.48$，$p<0.05$；$G_{边缘N成熟}=5.06$，$SD=0.57$，$t=7.16$，$p<0.01$；$G_{边缘O成熟}=5.08$，$SD=0.87$，$t=5.75$，$p<0.01$），但明显高于衰退阶段（$G_{边缘M衰退}=3.98$，$SD=0.68$，$t=-10.27$，$p<0.01$；$G_{边缘N衰退}=4.24$，$SD=0.60$，$t=-8.69$，$p<0.01$；$G_{边缘O衰退}=4.19$，$SD=1.00$，$t=-6.37$，$p<0.01$）。因此，再次验证并支持 H34。

另外，独立样本 t 检验的结果显示，物质生活领域的 $G_{核心}$ 和 $G_{边缘}$ 在引入阶段（$G_{核心M引入}=4.22$，$SD=1.21$，$G_{边缘M引入}=3.37$，$SD=1.06$；$t=5.03$，$p<0.01$）和成长阶段（$G_{核心M成长}=5.43$，$SD=0.78$，$G_{边缘M成长}=4.19$，$SD=1.13$；$t=8.69$，$p<0.01$）存在显著差异，也就是说，边缘区在引入阶段和成长阶段物质生活质量比核心区低。然而，在成熟阶段和衰退阶段，相较于核心区，边缘区的物质生活质量明显更高（$G_{核心M成熟}=4.43$，$SD=1.33$，$G_{边缘M成熟}=4.98$，$SD=0.73$，$t=-3.47$，$p<0.05$；$G_{核心M衰退}=3.08$，$SD=0.73$，$G_{边缘M衰退}=3.98$，$SD=0.68$，$t=-8.62$，$p<0.01$）。

再者，相较于边缘区，核心区的非物质生活和整体生活质量在引入阶段和成长阶段显著更高（$G_{核心N引入}=4.35$，$SD=0.89$，$G_{边缘N引入}=3.49$，$SD=0.71$，$t=7.20$，$p<0.01$；$G_{核心N成长}=5.37$，$SD=0.43$，$G_{边缘N成长}=4.33$，$SD=0.66$，$t=12.75$，$p<0.01$；$G_{核心O引入}=3.95$，$SD=1.29$；$G_{边缘O引入}=3.52$，$SD=1.16$，$t=2.40$，$p<0.05$；$G_{核心O成长}=5.21$，$SD=0.97$，$G_{边缘O成长}=4.43$，$SD=0.76$，

$t = 6.05$，$p < 0.01$）。然而，在成熟阶段和衰退阶段，边缘区的非物质生活和整体生活质量明显更高（$G_{核心N成熟} = 4.52$，$SD = 0.57$；$G_{边缘N成熟} = 5.06$，$SD = 0.67$，$t = -5.89$，$p < 0.01$；$G_{核心N衰退} = 3.35$，$SD = 0.78$；$G_{边缘N衰退} = 4.24$，$SD = 0.60$，$t = -8.67$，$p < 0.01$；$G_{核心O成熟} = 4.12$，$SD = 1.17$；$G_{边缘O成熟} = 5.08$，$SD = 0.87$，$t = -6.29$，$p < 0.01$；$G_{核心O衰退} = 2.89$，$SD = 1.14$；$G_{边缘O衰退} = 4.19$，$SD = 1.00$，$t = -8.19$，$p < 0.01$）。正如所预期的那样，核心—边缘结构在旅游地生命周期与旅游地居民生活质量的关系中发挥了调节作用（见图 4 – 22）。H35a 得到验证。

此外，根据先前的研究（Janssen，2001），我们使用层次回归分析来检验旅游地生命周期对居民生活质量的非线性交互影响。为了检验旅游地生命周期

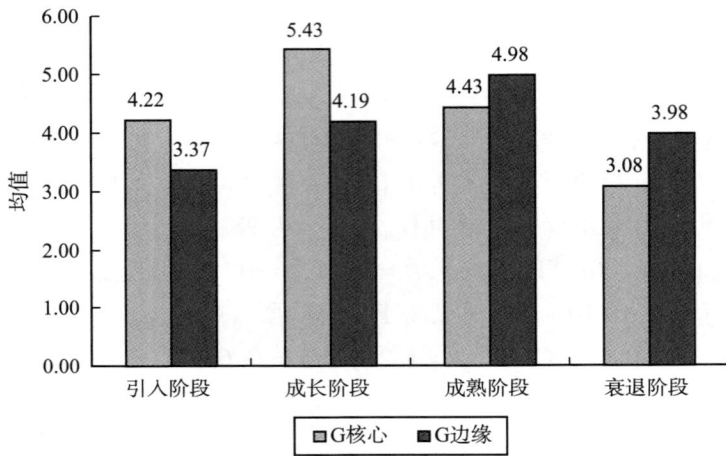

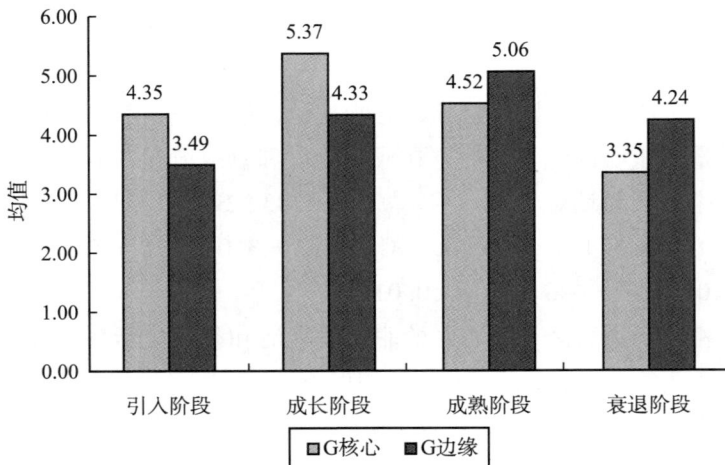

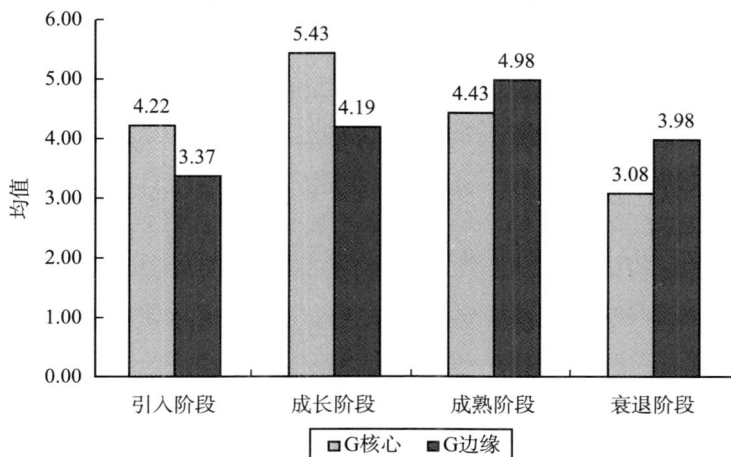

图 4 – 22　核心区和边缘区旅游地居民生活质量的变化差异

（**X**）和核心—边缘结构（**Z**）之间的二次线性交互假设，实验采用以下等式：$Y = b_1 X + b_2 X^2 + b_3 Z + b_4 XZ + b_5 X^2 Z + c_0$（Aiken et al.，1991）。在六个连续的步骤中将预测变量输入到回归方程中。我们首先输入了旅游业知识、参与旅游业发展和旅游个人收益，以控制可能的混杂影响。在第二步和第三步中，依次加入旅游地生命周期的线性（**X**）和二次（X^2）项，以检测线性和二次主效应。为了控制线性交互趋势和简单的二次趋势，在步骤 4 中输入作为线性调节因子（**Z**）的核心—边缘结构，然后在步骤 5 中输入线性交互项（**XZ**）。最后，添加二次线性项（$X^2 Z$）来检验在核心—边缘结构作用下的旅游地生命周期与旅游地居民生活质量的曲线关系。

表 4 – 32 列出了分析结果。H35 表明，核心—边缘结构调节了旅游地生命周期对旅游地居民生活质量的二次效应，其效应在核心区和边缘区都描述了倒"U"型函数。旅游地生命周期乘以核心—边缘结构交互项的平方具有统计显著性，这个结论支持了这一假设（$\beta = -0.18$，$F = 46.45$，$p < 0.01$；$\beta = -0.14$，$F = 75.56$，$p < 0.01$；$\beta = -0.17$，$F = 37.49$，$p < 0.01$，分别在居民生活质量的物质生活领域、非物质生活领域和整体生活领域）。

表 4 – 32　　　　　　　　　层次回归分析结果

因变量	n	β	ΔR^2	Δ	$R^2 F$	Adjusted R^2	F
物质生活领域	184						
步骤 1：知识		0.04					
参与度		0.16*					
利益		0.07	0.01	1.75			

因变量	n	β	ΔR^2	Δ	R^2F	Adjusted R^2	F
步骤2：旅游地生命周期		2.54 ***	0.01	5.96 *			
步骤3：旅游地生命周期的平方		-0.46 ***	0.21	194.93 ***			
步骤4：核心—边缘结构		0.99 *	0.00	3.57			
步骤5：旅游地生命周期×核心—边缘结构		0.22	0.11	115.56 ***			
步骤6：旅游地生命周期的平方×核心—边缘结构		-0.18 *	0.01	6.38 *	0.34	0.33	46.45 ***
非物质生活领域	184						
步骤1：知识		-0.01					
参与度		-0.07					
利益		0.00	0.00	0.25			
步骤2：旅游地生命周期		2.38 ***	0.01	2.70			
步骤3：旅游地生命周期的平方		-0.42 ***	0.27	271.32 ***			
步骤4：核心—边缘结构		1.15 ***	0.01	4.26 *			
步骤5：旅游地生命周期×核心—边缘结构		-0.01	0.17	219.00 ***			
步骤6：旅游地生命周期的平方×核心—边缘结构		-0.14 **	0.01	6.94 **	0.45	0.45	75.56 ***
整体生活领域	184						
步骤1：知识		0.06					
参与度		0.00					
利益		-0.02	0.00	0.23			
步骤2：旅游地生命周期		2.52 ***	0.01	4.53 *			
步骤3：旅游地生命周期的平方		-0.45 ***	0.18	158.62 ***			
步骤4：核心—边缘结构		0.62	0.01	9.77 **			
步骤5：旅游地生命周期×核心—边缘结构		0.16	0.09	94.51 ***			
步骤6：旅游地生命周期的平方×核心—边缘结构		-0.17 *	0.01	4.58 *	0.29	0.28	37.49 ***

注：a所示的回归系数（β）来自最终方程；* 表示 $p < 0.05$，** 表示 $p < 0.01$，*** 表示 $p < 0.001$.

为了进一步支持 H35，回归曲线的简单斜率分析被用来检查二次线性交互效应（Aiken et al.，1991；Baer et al.，2010）。具体而言，旅游发展对旅游地居民生活质量的影响具有显著的距离效应（Jurowski et al.，2004）。与边缘区相比，核心区将在旅游地生命周期的每个特定阶段更早地受益于旅游业的发展，也更早地受到负面影响（Chancellor et al.，2011；Encalada - Abarca et al.，2021）。因此，在核心区组中，我们构建了涵盖旅游地生命周期的引入阶段（低于均值一个标准差）、成长阶段（均值）和成熟阶段（高于均值一个标准差）的组合，揭示其对旅游地居民生活质量的影响。

结果表明，旅游地生命周期的演化起初对旅游地居民生活质量有正向影响，但在超过成长阶段后，导致居民物质生活领域（b = 1.25，t = 7.71，p < 0.01；b = 0.07，t = 1.29，p > 0.05；b = - 1.12，t = - 6.85，p < 0.01，分别在旅游地生命周期的引入阶段、成长阶段和成熟阶段）、非物质生活领域（b = 1.67，t = 11.26，p < 0.01；b = 0.09，t = 1.85，p > 0.05；b = - 1.49，t = - 10.02，p < 0.01）和整体生命领域（b = 1.27，t = 7.87，p < 0.01；b = 0.05，t = 0.97，p > 0.05；b = - 1.17，t = - 7.23，p < 0.01）的恶化（见图 4 - 23）。

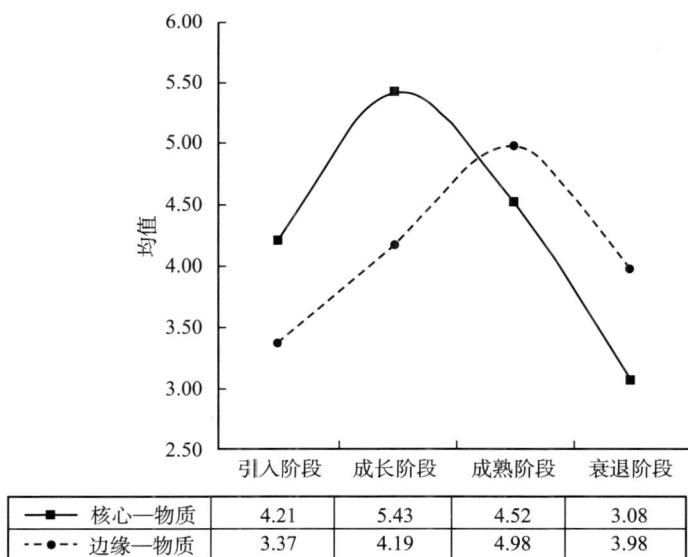

	引入阶段	成长阶段	成熟阶段	衰退阶段
核心—物质	4.21	5.43	4.52	3.08
边缘—物质	3.37	4.19	4.98	3.98

（a）核心—边缘结构对物质生活的调节效应

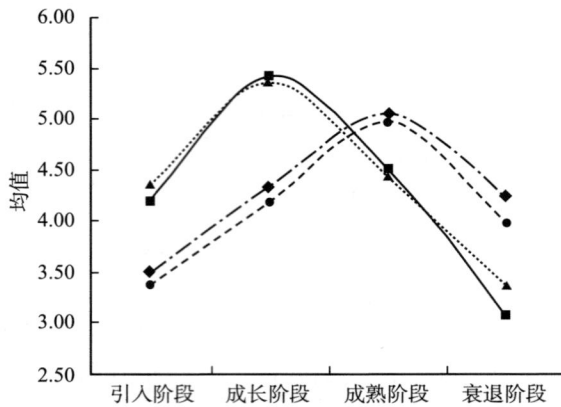

	引入阶段	成长阶段	成熟阶段	衰退阶段
■ 核心—物质	4.21	5.43	4.52	3.08
● 边缘—物质	3.37	4.19	4.98	3.98
▲ 核心—非物质	4.35	5.37	4.43	3.35
◆ 边缘—非物质	3.49	4.33	5.06	4.24

（b）核心—边缘结构对物质生活和非物质生活的调节效应

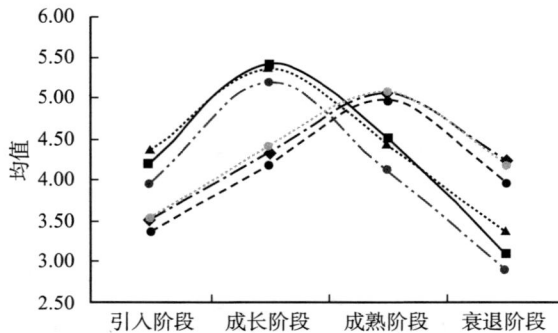

	引入阶段	成长阶段	成熟阶段	衰退阶段
■ 核心—物质	4.21	5.43	4.52	3.08
● 边缘—物质	3.37	4.19	4.98	3.98
▲ 核心—非物质	4.35	5.37	4.43	3.35
◆ 边缘—非物质	3.49	4.33	5.06	4.24
● 核心—整体	3.95	5.21	4.12	2.89
● 边缘—整体	3.52	4.42	5.08	4.18

（c）核心—边缘结构对物质生活、非物质生活以及整体生活的调节效应

图 4 - 23　旅游地生命周期阶段与核心—边缘结构对旅游地居民生活质量的二次交互作用

　　然而，对于边缘区组，这些分析结果表明，旅游地生命周期的演变导致居民生活质量的提升，超过成熟阶段后，导致居民物质生活领域（b = 1.21，t = 7.45，$p < 0.01$；b = - 0.09，t = - 1.73，$p > 0.05$；b = - 1.39，t = - 8.60，$p < 0.01$，分别在旅游地生命周期的成长阶段、成熟阶段和衰退阶段）、非物质

生活领域（b = 0.35，t = 8.50，p < 0.01；b = − 0.05，t = − 0.95，p > 0.05；b = − 1.46，t = − 9.15，p < 0.01）和整体生命领域（b = 0.98，t = 5.81，p < 0.01；b = − 1.03，t = − 1.85，p > 0.05；b = − 1.18，t = − 7.04，p < 0.01）逐渐下降。总体而言，以上研究结果表明，旅游地生命周期对旅游地居民生活质量的影响受核心—边缘结构的调节。具体而言，旅游地生命周期对旅游地居民生活质量具有倒"U"型效应，该效应描述了两个倒"U"型函数，峰值分别出现在核心区的成长阶段和边缘区的成熟阶段。由此，H35b 得到了验证。

4.7.1.4　研究结论与建议

【结论】

本研究结合已有研究和旅游地生命周期理论、核心—边缘理论，提出并实证检验了旅游地居民生活质量如何在旅游地生命周期中变化的概念模型。具体地，实验一证实了旅游地居民生活质量（物质生活、非物质生活和整体生活领域）随着旅游地生命周期从一个阶段转向下一个阶段，呈现出先升后降的倒"U"型变化趋势。此外，实验二验证了核心—边缘结构对旅游地生命周期不同阶段下居民生活质量变化的调节作用。结果表明，旅游地居民生活质量在核心区和边缘区均呈现先上升后下降的倒"U"型变化规律：在核心区，旅游地居民生活质量在成长阶段达到顶峰，相反，边缘区则在成熟阶段达到顶峰。

【理论贡献】

虽然之前关于旅游地居民生活质量的研究已经探讨了旅游发展对居民生活质量的影响（Gannon Rasoolimanesh et al.，2021；Lai et al.，2021；Liang et al.，2021；Suess et al.，2018；Su et al.，2018；Su et al.，2020；Uysal et al.，2016；Woo et al.，2015），但很少有研究探讨旅游发展下居民生活质量的动态变化。例如，在旅游地生命周期的不同阶段（Kim et al.，2013；Liang et al.，2021；Lee et al.，2019；Sirgy，2019；Uysal et al.，2012），不同的空间结构下有相应的变化规律（Chancellor et al.，2011；Jurowski et al.，2004；Salvatore et al.，2018；Suess et al.，2015）。为填补研究的空白，本研究首次整合时空维度，探索旅游地生命周期与核心—边缘结构相互作用下旅游地居民生活质量的变化规律，丰富了对倒"U"型居民生活质量变化规律的理解，拓展并深化了旅游地居民生活质量理论研究。

此外，本研究的核心贡献之一是重申了旅游地居民生活质量不是静态的，而是在旅游地生命周期中呈现动态变化的特征（Lee et al.，2019；Sirgy，2019）。前人的研究已经检验了旅游发展对某一特定时间点居民生活质量的影响（Andereck et al., 2011；Backer, 2019；Croes et al., 2018；Lai et al., 2021；Lee et al., 2018；Su et al., 2018；Su et al., 2020），这将不可避免地导致忽视旅游地居民生活质量的动态变化，致使研究结论不一致甚至相互矛盾（Kim et al., 2013；Sirgy, 2019；Suess et al., 2018；Uysal et al., 2012；Woo et al., 2018）。因此，有必要客观地采用动态的视角来分析居民生活质量的多阶段变化。本研究基于旅游地生命周期理论，系统地描述了旅游地居民生活质量及其变化规律，并发现旅游地居民生活质量（物质生活、非物质生活和整体生活）呈现倒"U"型变化，而不是简单的线性关系。这一研究结论揭示了以往研究结论为何不一致甚至相互矛盾的原因：因为选择的旅游目的地处于其生命周期不同阶段。

最后，本研究的另一核心贡献是分别探讨了核心—边缘结构下旅游地生命周期四个阶段中旅游地居民生活质量的变化规律，进而揭示了变化程度和变化速度的差异。以往的研究基于核心—边缘理论，从静态角度比较了核心区和边缘区居民生活质量的差异（Belisle et al., 1980；Chancellor et al., 2011；Jurowski et al., 2004；Kubeš et al., 2020；Murphy et al., 1988；Raymond et al., 2007；Salvatore et al., 2018；Suess et al., 2018）。但我们从动态角度比较了居民生活质量在时空维度上的差异，更详细地描述了变化过程，发现了它们之间变化规律的差异。研究结果解决了现有关于核心—边缘区域居民生活质量研究的矛盾，进一步细化和加深了对旅游地居民生活质量在旅游地生命周期中变化规律的理解。

4.7.2 旅游地不同空间结构的旅游地居民生活质量变化规律

根据核心—边缘理论，旅游地的核心区域最能吸引投资并驱动后续发展，旅游地边缘区域则为核心区域提供劳动力和资本等资源支持核心区域（Chancellor et al., 2011）。因此，旅游地核心区域的居民可能获得更多的经济收益，从而获得更高的生活质量（Perdue et al., 1999）。一些早期的实证研究也证实旅游地居民距离旅游地核心区域越近则其生活质量越高（Mansfeld, 1992；Belisle et al., 1980；Sheldon et al., 1984）。但近来研究者认为，旅游地边缘区域由于游客较少，居住在该区域的旅游地居民可能受到旅游造成的负面影响也较小（Jurowski et al., 2004），因而有学者提出居住在旅游地边缘区域的居民生活质量可能更高，该观点同样得到了实证支持（Chancellor et al., 2011；Jurowski et al., 2004；Harrill et al., 2003；Raymond et al., 2007）。总体来看，学界对于旅游地同空间结构下旅游地居民生活质量变化规律的探讨还有待深入，研究结论存在较大差异甚至相互矛盾。

4.7.3 旅游地不同旅游季节的旅游地居民生活质量变化规律

旅游地气候普遍存在季节性变化，从而导致旅游活动呈现季节性变化，即旅游淡季和旅游旺季的相互交替规律（Sirakaya et al.，2001）。与旅游淡季相比，旅游旺季能够吸引更多的旅客，从而给旅游地居民带来更多的获利和学习交流的机会，但同时也增加了对旅游地的安全、资源、环境造成破坏的风险（Gursoy et al.，2002）。因而，旅游季节性可能是影响旅游地居民生活质量的重要因素（Jeon et al.，2016），且旅游淡季和旅游旺季对旅游地居民生活质量的影响存在显著差异（Bimonte et al.，2016），从而旅游地居民生活质量具有季节性变化规律，但当前此类研究还十分缺乏，有待全面深入的探讨（Russo，2002）。旅游地居民生活质量的变化规律代表性研究成果整理如表 4-33 所示。

表 4-33　　　　旅游地居民生活质量的变化规律代表性研究成果

理论基础	研究目的	理论应用	研究发现	代表文献
旅游地生命周期理论/溢出理论	不同发展阶段对旅游地居民生活质量的影响	基于旅游地生命周期理论和溢出理论，探讨旅游发展不同阶段旅游业对旅游地居民的物质、情感、社区、健康和安全 4 个生活领域的影响，从而研究不同发展阶段在旅游地居民生活质量变化过程中的作用	不同发展阶段调节了旅游影响对旅游地居民生活质量的作用	吉姆等（Kim et al.，2013）
核心—边缘理论	不同空间结构对旅游地居民生活质量的影响	根据核心—边缘理论，居住在旅游地核心区域和边缘区域的居民其生活质量受到旅游发展的影响不同，因此其生活质量会不一样，根据这一理论，作者实证研究了旅游地不同区域居民生活质量的差异	生活在边缘区域的居民其生活质量比生活在核心区域的居民更高	钱德勒等（Chancellor et al.，2011）
社会交换理论	旅游季节性如何影响旅游地居民对旅游活动的认知及其生活质量	以社会交换理论为分析框架，建立了以季节因素为自变量，经济利益、社会成本、环境可持续性为中介变量，旅游地居民生活质量为因变量的理论模型，探讨旅游地居民生活质量的季节性变化规律	旅游季节性可能是影响旅游地居民生活质量的关键因素，特别是在旅游高峰期	全明熙等（Jeon et al.，2016）

理论基础	研究目的	理论应用	研究发现	代表文献
溢出理论	旅游地居民生活质量是否及如何随着旅游季节的变化而演变	根据溢出理论，探讨了季节变化对旅游地居民个人生活和家庭生活两个方面满意度的影响，从而研究了旅游地居民生活质量的季节性变化规律	旅游地居民生活质量随着旅游季节性变化而变化	毕蒙特和法拉（Bimonte & Faralla，2016）

现有研究已经认识到旅游地居民生活质量在旅游地不同发展阶段、不同空间结构、不同旅游季节存在动态变化（Lee et al.，2019），且这种变化具有一定规律（Uysal et al.，2016），但现有文献对于旅游地居民生活质量变化规律的探究还相对较少，且显得较为粗糙，尤其缺乏对旅游地居民生活质量变化规律的形成过程展开的分析，从而导致研究结论不一致甚至相互矛盾（Kafashpor et al.，2018；Suess et al.，2018；Woo et al.，2018）。事实上，旅游地居民生活质量具有情感属性和情境属性，居民身份（Almeida et al.，2016）、居民心理（Ouyang et al.，2017）、情感反应（Zheng et al.，2019）在其进行生活质量评价时可能具有调节作用，社区互动（Carneiro et al.，2018）、旅游地居民与旅游目的地关系质量（Su et al.，2018）等也对其生活质量评价产生影响，这些变量/因素在旅游地居民生活质量形成过程中扮演着重要角色。当前研究只注重旅游地居民生活质量变化规律的结果，而忽视上述变量/因素对旅游地居民生活质量变化规律形成过程的调节作用，因而难以窥见旅游地居民生活质量变化规律的全貌。实质上，不同个体特质、不同文化、不同制度、不同政策对旅游地居民生活质量的形成过程、变化规律、结果产生过程的作用可能都具有相应的边界，因此，需要强化调节过程以提升研究结论的科学性和精准性。未来研究应全面考虑个体特质、文化、制度及政策等方面的调节变量（Sirgy，2019），探讨具有调节过程的旅游地居民生活质量形成机制、变化规律和结果作用机理。

4.8 旅游地居民生活质量对旅游地居民态度和行为的影响

旅游地居民生活质量可以作为旅游持续发展的一种重要旅游资源（Pyke et al.，2016），是提升旅游地竞争力的重要途径（Chen et al.，2018），因此不少学者探讨了旅游地居民生活质量产生的结果（Woo et al.，2015；Chi et al.，2017；

Ridderstaat et al., 2016; Nunkoo et al., 2016), 即旅游地居民生活质量对旅游地居民态度和行为的影响。总体来看, 大多数研究将支持旅游发展作为旅游地居民生活质量的重要结果变量。有的研究者通过对 5 个不同城市旅游地的调查, 发现提升旅游地居民生活质量能够促使居民支持旅游地未来的发展 (Woo et al., 2015)。在遗产旅游情境下, 研究结果也表明, 旅游地居民生活质量正向影响旅游地居民支持旅游发展 (Chi et al., 2017)。在乡村旅游情境下, 研究同样发现, 旅游地居民生活质量可以显著提升居民对旅游发展的支持度。除支持旅游发展外, 近来一些研究开始将环境责任行为 (Su et al., 2018)、主—客价值共创行为 (Lin et al., 2017) 等旅游地居民的其他态度和行为作为旅游地居民生活质量的结果变量, 但总体而言, 此类研究还相当欠缺。

4.8.1 旅游地居民生活质量对居民旅游支持的影响

现有研究大多从社会交换理论的视角来探究旅游地居民生活质量所产生的结果及其作用机理, 尤其是在探讨旅游地居民生活质量和旅游地居民支持旅游发展的关系时, 社会交换理论的使用极为普遍 (Nunkoo et al., 2011; 王咏等, 2014; Woo et al., 2015; Suess et al., 2018)。从社会交换理论的视角来看, 旅游地居民生活质量有利于提升旅游地居民对旅游发展带来收益的感知, 同时降低他们对旅游发展带来成本的感知 (Nunkoo et al., 2011), 维持和加强旅游发展与自身的联系将有利于他们继续从旅游发展中获利, 从而促使他们进一步支持旅游发展 (Suess et al., 2018)。有的研究者认为, 旅游地居民生活质量对旅游地居民是否支持旅游发展具有重大影响, 因而构建了以旅游地居民生活质量的一个重要维度——社区满意为自变量, 感知发展利益和感知发展成本为中介变量, 支持旅游发展为因变量的理论模型, 实证发现社区满意能够显著预测旅游地居民对旅游发展成本和旅游发展收益的看法, 这种看法则进一步影响旅游地居民对旅游发展的支持程度 (Nunkoo & Ramkisson, 2011)。在医疗旅游情境下, 学者们将旅游地居民生活质量分为社区总体满意、医疗服务满意和医疗旅游经济效益满意 3 个维度 (Suess et al., 2018); 基于社会交换理论的实证结果表明, 社区总体满意和医疗服务满意能够通过感知社区条件改善和感知社区生活体验改善对旅游地居民支持医疗旅游发展产生积极作用, 医疗旅游经济效益满意则直接正向影响旅游地居民对于医疗旅游发展的支持程度。

除了社会交换理论外, 相关研究还借鉴利益相关者理论来探讨旅游地居民生活质量对支持旅游发展的影响。在研究桂林龙脊平安寨社区旅游发展前景时, 唐晓云和吴忠军 (2006) 指出, 旅游社区居民既是旅游社区文化和部分旅游资源的主人, 又是旅游发展的重要生态文化旅游资源, 同时还是社区旅游发展中主要的人力资本，因而旅游社区居民是社区旅游发展的核心利益相关者。基于利益相关者理论，作为核心利益相关者的旅游地居民"支持"或"反对"旅游发展的态度对旅游发展的可持续性产生了深远影响，而旅游地居民"支持"或"反对"的态度受到旅游地居民生活质量重要维度——社区满意度的影响。实证研究表明，社区满意度下降将引发诸多阻碍社区旅游发展的事件，而社区满意度提升将增强旅游社区居民对社区旅游发展的支持，促进社区旅游可持续发展。由此可见，利益相关者理论提供了一个独特视角来重新审视旅游地居民生活质量产生结果的重要性，它使我们认识到旅游地居民对于旅游发展的支持是其他利益相关者所不可替代的，通过全方位提升旅游地居民生活质量以增强旅游地居民对旅游发展的支持是确保旅游地可持续发展的关键所在。

同时，还可借鉴关系质量理论探究旅游地居民与当地政府、旅游企业、旅游者的关系质量在旅游地居民生活质量对积极口碑报道、阻止公物破坏、支持旅游发展等行为影响中的中介作用（Su et al.，2016）。

4.8.2　旅游地居民生活质量对主—客价值共创行为的影响

基于拓展—建构理论，积极情绪有利于拓展个体的瞬间思维和行动方式，进而构建长久的个人资源，具有长期的适应价值（Barbara，2013）。现有研究将旅游地居民生活质量作为一种积极情绪，探讨其对主—客价值共创行为的影响。如学者们基于拓展—建构理论分析框架，认为拥有积极情绪的旅游地居民更有可能参与到与游客的价值共创中（Lin et al.，2017），因而该研究假设旅游地居民生活质量对旅游地居民—旅游者价值共创产生积极影响，这一假设得到了实证结果的支持。

旅游地居民生活质量对旅游地居民态度和行为的影响代表性研究成果整理如表4-34所示。

表4-34　旅游地居民生活质量对旅游地居民态度和行为的影响代表性研究成果

理论基础	研究目的	理论应用	研究发现	代表文献
社会交换理论	旅游地居民生活质量和居住状况对旅游地居民支持旅游发展影响	社会交换理论认为，人们态度和行为的本质动机是利益交换。因此，如果旅游发展有利于提升旅游地居民生活质量，旅游地居民就会持续支持旅游发展	旅游地居民生活质量对旅游地居民支持旅游发展的影响取决于所选择的生活质量领域	梁等（Liang et al.，2016）

续表

理论基础	研究目的	理论应用	研究发现	代表文献
社会交换理论	社区属性满意度对旅游支持的影响	根据社会交换理论，社区属性满意度提升能够增加旅游地居民对旅游发展的积极利益感知，从而能够提升他们对旅游发展的支持	邻里条件满意度和社区服务满意程度对旅游地居民支持旅游发展有显著积极影响	南库和兰姆基孙（Nunkoo & Ramkisoon，2011）
	居民旅游影响感知对支持旅游开发的影响	根据社会交换理论，作者将旅游地居民生活质量看成一种旅游地居民的感知利益，探索了居民旅游影响感知对支持旅游开发的影响	旅游地居民生活质量是比积极和消极旅游影响感知更近端的支持旅游开发的前因变量	郭安禧等（2018）
	社区满意度等因素对旅游支持度的影响	根据社会交换理论，作者将旅游地居民生活质量看成一种旅游地居民的感知利益，探索了社区满意度等因素对旅游支持度的影响	旅游利益感知和社区满意度对旅游支持度有正向影响	王咏和陆林（2014）
	旅游地居民生活质量对居民缴纳更高税收和支持医疗旅游发展的影响	以社会交换理论为基础，将旅游地居民生活质量作为一种旅游地居民感知利益，探讨其对旅游地居民缴税和支持医疗旅游发展的意愿	旅游地居民生活质量积极影响居民缴纳更高税收和支持医疗旅游发展的意愿	苏斯等（Suess et al.，2018）
关系营销理论	旅游地居民生活质量对居民环境责任行为的影响	把关系营销理论引入旅游地情境下，将社区居民环境责任行为作为旅游地—社区居民之间关系质量的结果变量，探讨旅游地—社区居民的关系质量对社区居民环境责任行为的影响	社区满意和社区认同均对居民环境责任行为产生显著正向影响	何学欢等（2017）
拓展—建构理论	旅游地居民生活质量对主—客价值共创的影响	拓展—建构理论认为，积极情绪有利于个体的成长和发展，具有长期的适应价值。基于这一理论，作者将旅游地居民生活质量作为一种积极情绪，探讨了其对主—客价值共创这一系游客行为的影响	旅游地居民生活质量积极影响主—客价值共创	林等（Lin et al.，2017）
社会交换理论/利益相关者理论	博彩企业的社会责任对旅游地居民生活质量、感知利益及支持博彩业发展的影响	以社会交换理论和利益相关者理论为基础，将旅游地居民看作旅游发展的核心利益相关者，探讨旅游地居民生活质量对旅游地居民支持博彩旅游发展的意愿	博彩企业的社会责任对旅游地居民生活质量和感知利益产生积极影响，并直接和间接地影响旅游地居民支持博彩业发展	李等（Lee et al.，2018）

旅游地居民生活质量可以作为旅游资源，是旅游地重要吸引力和持续发展的关键驱动因素（Woo et al.，2018）。然而，当前研究大多将旅游地居民生活质量产生的结果限于支持旅游发展（Lee et al.，2018；Nunkoo et al.，2011；Suess et al.，2018；Liang et al.，2016），仅有部分学者将环境责任行为（Su et al.，2018）、主—客价值共创（Lin et al.，2017）作为旅游地居民生活质量的其他结果变量。由此可见，旅游地居民生活质量产生的结果还有待进一步挖掘和拓展。同时，现有研究大多基于社会交换理论、拓展—建构理论、关系营销理论、利益相关者理论等少数理论来探讨旅游地居民生活质量产生结果的作用机理。基于社会交换理论假设旅游地居民是完全理性人，仅从利益最大化的视角分析旅游地居民生活质量对旅游地居民态度和行为的影响，忽视了旅游地居民生活质量的情感属性。基于拓展—建构理论的旅游地居民生活质量产生结果的作用机理研究则只从情感层面分析旅游地居民生活质量对旅游地居民情感的影响，没有将旅游地居民生活质量的认知属性纳入分析框架。基于其他理论的作用机理也大多只从某一个方面来阐述旅游地居民生活质量对旅游地居民态度和行为的影响，未能全面探明旅游地居民生活质量的情感属性、情境属性和认知属性对旅游地居民态度和行为的不同作用及其过程。因此，旅游地居民生活质量产生的结果及其作用机理还有待探明。

针对社会交换理论、拓展—建构理论等理论在研究旅游地居民生活质量结果作用机理方面存在的不足，一方面，研究者们可以继续基于社会交换理论、拓展—建构理论等理论的分析框架，构建相应的旅游地居民生活质量结果形成机理模型，但应纳入诸如旅游地类型、旅游地居民类型等变量作为此类模型的调节变量，从而不断探明以社会交换理论、拓展—建构理论等理论为基础，在研究旅游地居民生活质量结果形成机理时的边界条件；另一方面，研究者们可以将社会交换理论、拓展—建构理论等整合到同一理论分析框架中，使其可以兼顾旅游地居民生活质量的认知属性、情感属性和情境属性，从而弥补在旅游地居民生活质量结果作用机理研究中单独使用某一种理论存在的不足。在此基础上，未来研究应积极借鉴并融合其他学科理论，如自我决定理论、社会认同理论、情感团结理论、关系质量理论、公平理论等，从而为探索旅游地居民生活质量结果的作用机理奠定牢固的理论基础。研究者们可根据自我决定理论中情境和个体因素通过影响个体自主感、胜任感、归属感进而作用于个体行为的观点，探究旅游地居民生活质量通过影响旅游地居民自主感、胜任感、归属感进而影响其积极工作、阻止公物破坏、积极口碑宣传等行为的过程。基于社会认同理论，研究者证实了旅游地居民对旅游发展的认同度越高，他们支持旅游发展的意愿越强烈（Nunkoo & Gursoy，2012），借鉴这一研究成果可探究旅游地居民生活质量通过影响旅游地居民对旅游者、旅游企业、当地政府的认同度进而促使他们开展保护环境、支持旅游发展等行为的过程。利用情感团结理论的分析框架，伍斯纳姆（Woosnam，2012）阐明了情感团结能够影响游客和旅游地居民之间的友好互动行为。因此，可根据情感团结理论探析旅游地居民生活质量通过影响旅游地居民同旅游者之间的情感团结进而影响其热情待客、主—客互动等行为的过程。同时，还可借鉴关系质量理论探究旅游地居民与当地政府、旅游企业、旅游者的关系质量在旅游地居民生活质量对积极口碑宣传、阻止公物破坏、支持旅游发展等行为影响中的中介作用（Su et al.，2016）。利用公平理论解析旅游地居民生活质量对旅游地居民的公平感知的影响，进而作用于保护环境、积极工作、支持旅游发展等行为的过程（Hutchinson et al.，2009）。此外，以旅游地居民生活质量的不同属性为导向，研究者们还可以对基于不同理论的旅游地居民生活质量结果产生机理进行分类分析，并进一步探讨不同类别机理之间的联系。由于旅游地居民生活质量具有认知属性、情感属性、情境属性 3 种属性，它们之间具有内在联系，且旅游地居民生活质量的不同属性会对其结果产生不同影响。因此，研究过程中可将旅游地居民生活质量结果的作用机理划分为认知导向机理、情感导向机理和情境导向机理 3 种类型，且认知导向机理和情感导向机理存在相互作用，情境导向机理同时作用于认知导向机理和情感导向机理。

未来研究应打破现有研究大多将支持旅游发展作为旅游地居民生活质量结果变量的局限性，广泛挖掘旅游地居民生活质量产生的其他结果，如积极工作、阻止公物破坏、积极口碑宣传等，且可以根据各种结果变量的属性、特征进行分类，进而探讨各类别结果变量之间的内在联系（Lin et al.，2017）。总体来看，旅游地居民生活质量既可以影响旅游地居民自身发展，也可以影响他们与社会和环境的关系。因此，未来研究可以从个人、社会和环境 3 个视角来区分旅游地居民生活质量产生的不同结果，并以此为基础研究不同结果之间的内在联系。第一，从个人发展的视角（Sirgy，2012），挖掘旅游地居民保持身体健康、积极工作、保持精神充实等个体发展结果；第二，从亲社会的视角（Lin et al.，2017），探索旅游地居民热情待客、口碑宣传等态度和行为；第三，从亲环境的视角（Bissing - Olson et al.，2013），研究旅游地居民保护环境、保护自然资源、阻止公物破坏等态度和行为。

第 5 章　旅游幸福管理——旅游从业者视角

近几十年来，随着我国经济稳步增长，人民生活水平不断提高，人们对幸福生活的追求日益迫切。旅游作为人们追求幸福的一种方式，很早就出现在人们的生活中，旅游业更是成为"五大幸福产业"之首。根据《中华人民共和国文化和旅游部 2020 年文化和旅游发展统计公报》，至 2020 年末，我国文化和旅游从业人员高达 69.98 万人，比 2019 年增加 0.46 万人，在各类就职人员中占据了较大比重。旅游从业者作为旅游企业行使旅游经营行为的主体，其认知和行为对旅游者乃至整个旅游业的发展有着显著的影响。

本章从旅游从业者的视角，系统梳理国内外关于旅游从业者幸福感的现有研究成果，旨在厘清旅游从业者幸福感的起源、发展与研究现状。本章从旅游从业者幸福感的缘起、发展、定义、测量、影响因素和形成机制六个方面对现有研究成果进行归纳整理（见图 5-1），建立并完善了旅游从业者幸福感理论体系，以期更好地指导我国旅游业发展实践。

章 节 概 览

旅游从业者幸福感研究的缘起

旅游从业者幸福感研究的发展

旅游从业者幸福感的定义

享乐主义视角下的员工主观幸福感

自我实现视角下的员工心理幸福感

整合视角下的员工整合幸福感

旅游从业者幸福感的测量

享乐主义视角下的员工主观幸福感测量维度

自我实现视角下的员工心理幸福感测量维度

整合视角下的员工整合幸福感测量维度

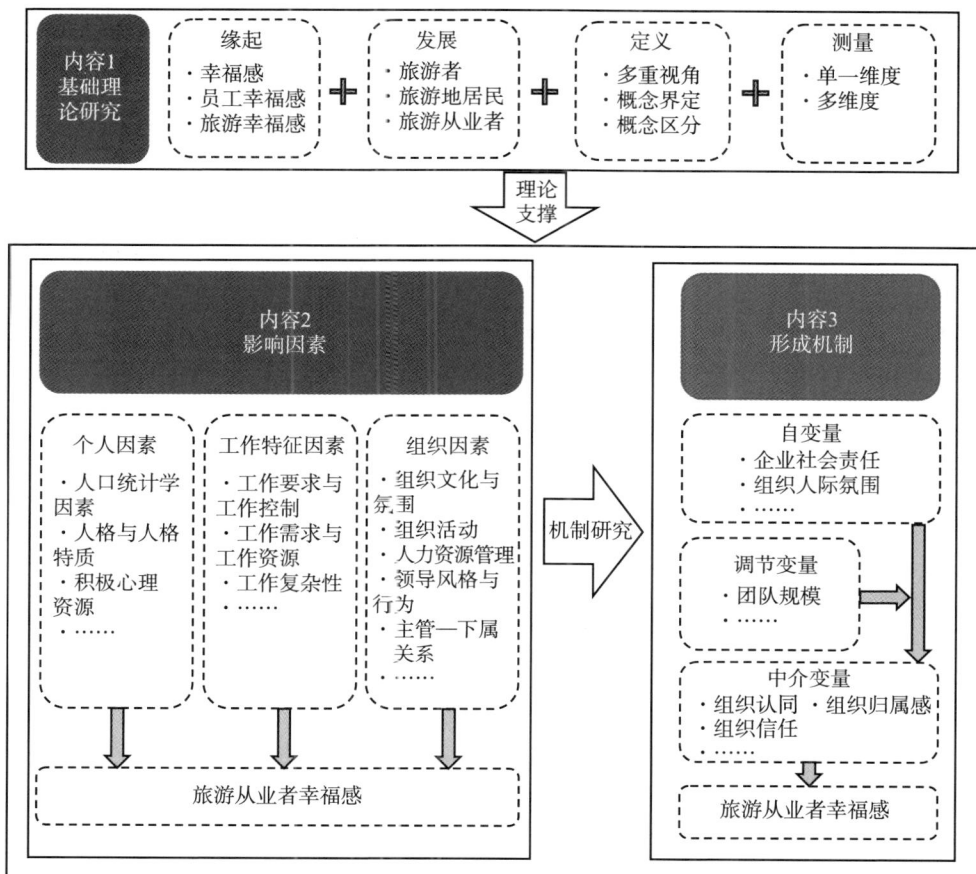

图 5 - 1　第 5 章研究内容结构

旅游从业者幸福感的影响因素

个人因素

工作特征因素

组织因素

旅游从业者幸福感的形成机制

企业社会责任对旅游从业者工作幸福感的作用机制

组织人际氛围对旅游从业者工作幸福感的作用机制

领导模式对旅游从业者工作幸福感的作用机制

5.1　旅游从业者幸福感研究的缘起

20 世纪 60 年代,人类幸福感开始从实证科学视角得到研究,并逐步引起了中国和西方学者的重视（Diener，1994；Ryan et al.，2001）。近年来，随着积极心理学（Positive Psychology）的兴起，人们纷纷提出了"主观幸福感"（subjective well-being）、"心理幸福感"（psychological well-being）等概念（Sellgman，2002），学者们开始以积极的视角对幸福感进行研究与探讨，将快乐视为人生的最终目的，认为追求幸福是人类生活的终极目标，是实现个体潜能的重要标志。后来，积极组织行为学（Positive Organizational Behavior）的提出与发展使幸福感的研究进一步扩展到了组织行为学领域（Luthans，2002），员工幸福感（employee well-being）也逐渐受到学者们更多的关注（Sonnentag et al.，2011）。

随着幸福感的概念引入到旅游领域，旅游幸福感成为旅游研究的热门话题（Chen et al.，2018；Kwon et al.，2020）。综观现有研究，旅游者幸福感得到了研究者们的广泛关注（Holm et al.，2017；张晓等，2020），旅游地居民生活质量也逐步受到研究者的重视（Lee et al.，2019；Su et al.，2019；粟路军等，2020），与此同时，旅游从业者的幸福感也开始引起学者们的关注。

5.2　旅游从业者幸福感研究的发展

近几十年来，我国旅游业持续快速发展，已经成为我国战略性支柱产业，同时旅游活动的普遍化也在不断加深其带来的社会影响（Chen et al.，2015）。《国民旅游休闲纲要（2013—2020 年）》和《国务院关于促进旅游业改革发展的若干意见》均明确提出发展旅游业是提升国民生活水平和生活质量的重要方向。在 2016 年，由国务院办公厅印发的《关于进一步扩大旅游文化体育健康养老教育培训等领域消费的意见》再次将旅游业列为"五大幸福产业"之首。因此，如何凸显旅游业的社会价值，全面认识旅游业的幸福内涵，增强旅游业的幸福功能，是当前我国旅游业发展实践中需解决的重大现实问题。在当前大众旅游背景下，旅游对提升国民幸福感的作用日益显著。随着旅游业社会价值和影响的进一步扩大，探讨旅游幸福含义及其形成机理，成为当前旅游研究的应有之义，更是实现旅游业良性和可持续发展的根基（妥艳娟，2015）。

作为旅游业的核心利益相关者，旅游从业者幸福感的影响因素及形成机制逐渐受到学者们的关注。旅游从业者是旅游行业的意见领袖，根据二级传播理论，旅游从业者对旅游目的地的认知会影响旅游者对旅游地形象的感知，进而影响旅游者重游意向（Allameh et al.，2015；Chew et al.，2014；Stylos et al.，2016）。同时，旅游从业者的服务质量及服务公平也能显著影响旅游者幸福感

（Su et al.，2015），旅游从业者的忠诚度更是旅游企业持续发展的决定性因素
（Ineson et al.，2013；Yee et al.，2010）。旅游从业者作为旅游企业行使旅游
经营行为的主体，其认知和行为对旅游者乃至整个旅游业的发展都有着显著的
影响。因此，学者们对旅游从业者幸福感的相关话题产生了浓厚的兴趣
（Kirillova et al.，2020；Su et al.，2019）。旅游从业者幸福感研究在旅游幸福
感研究中的重要性不断凸显。

5.3 旅游从业者幸福感的定义

旅游从业者作为众多行业从业者的一种，其幸福感的概念来自员工幸福
感。本节内容将首先探讨员工幸福感的定义发展，借鉴拓展此概念至旅游学领
域，形成旅游从业者幸福感的定义。

在概念层面上，幸福感可分为主观幸福感和心理幸福感。主观幸福感被界
定为个体以自我标准从认知和情感两个维度，积极情感、消极情感和生活满意
度三个方面对其生活质量进行整体评价（Dinner，1994）。这一界定也得到学
者们的普遍认可。具体而言，认知维度主要指生活满意度，即将生活质量作为
一个整体，以生活满意度作为总体指标。情感维度包括积极情感和消极情感，
即对自身生活的反映或回应，如愉快情绪与情感或不愉快情绪与情感。在心理
幸福感的概念界定上，研究者认为，心理幸福感是指通过全身心地投入，从而
使个人潜力和个人发展得以实现的个人表达的幸福，并将其解构成自我接受、
个人成长、良好关系、环境掌控、生活意义和自主性 6 个维度（Ryff，1989）。
总体而言，主观幸福感和实现幸福感最大的区别是前者立足于快乐，后者以个
人成长为基础，但二者之间是不可割裂的，随着幸福感研究的推进，整合研究
成为趋势。1987 年，沃尔（Warr）首次将幸福感的研究聚焦在工作情境中，
认为幸福感具有领域专有（domain-specific）属性，并将幸福感的概念引入组
织研究，提出"员工幸福感"一词。在积极心理学与积极组织行为学理论的推
动下，员工幸福感成为学者们研究的热点，大量学者以组织研究为背景，从不
同视角对员工幸福感进行界定和探讨（Page &Vella – Brodrick，2009；Warr，
1994）。

5.3.1 享乐主义视角下的员工主观幸福感

员工幸福感是员工工作中的即刻体验和认知评价的总和。研究表明，员工
幸福感的构成不仅包括工作领域和非工作领域（家庭、健康等）的满意度

（Diener，Oishi & Lucas，2003），还包括积极情绪和消极情绪的感知与体验（Diener，2000）。有的学者也提出主观幸福感不仅是个人对生活的全面评价，同时也是在特定方面如工作、消费等方面的经历和体验（Dagger & Sweeney，2006）。研究者进一步指出，员工幸福感的水平与员工对自身工作的满意程度、体验积极情绪和消极情绪的频繁程度有关（Bakker & Oerlemans，2011）。总体而言，员工幸福感取决于个体的主观感受，容易被察觉，也容易受到外部因素的影响。因此，员工幸福感具有主观性、外显性和波动性的特性（彭怡等，2010）。

5.3.2 自我实现视角下的员工心理幸福感

张兴贵、罗中正和严标宾（2012）将员工幸福感视为个体在工作过程中对其自我实现、工作价值和潜能发挥程度的体验和感知，将员工幸福感操作化定义为个人成长、自我实现和生活目标等。陈建安和金晶（2013）认为员工幸福感是员工对自身工作质量的整体评价，是在工作过程中随个体价值实现和潜能发挥而产生的。员工心理幸福感关注个体对工作意义、工作挑战及自身潜能发挥、价值实现程度的感知，强调个体在工作中对精神性内容的体验和员工内在价值与组织价值的契合，获得持续性的满足。因此员工幸福感具有一定的延展性、内在性和稳定性特征（彭怡等，2010）。

5.3.3 整合视角下的员工整合幸福感

彭怡和陈红（2010）提出员工幸福感不仅包含体验型幸福感，还涉及积淀型幸福感。前者是不可积累的，后者是可积累的，二者在工作领域交汇共同构成员工幸福感。在已有学者对员工幸福感概念解构的基础上，从整合幸福感的视角出发，员工幸福感是个体在工作场所的主观情感体验和自我实现和满意的客观评价的综合。该界定表明主观幸福感是及时性的主观结果，也是持久性的过程体验。

进行相关研究的学者将员工幸福感定义为员工个体对其工作和生活满意程度的认知与感知，以及对工作领域与非工作领域的情绪体验和满足状态（Zheng et al.，2015）。根据 Zheng 的定义，旅游从业者幸福感的概念可界定为旅游从业者对工作与生活满意程度的认知与感知，和对工作领域与非工作领域表现出的情感或情绪的心理体验，并据此将其划分为 3 个构面：旅游从业者生活幸福感、旅游从业者工作幸福感和旅游从业者心理幸福感。

工作幸福感（work well-being，WWB）是与员工幸福感相类似的概念，是指个体对与工作相关的物质性内容，如工作环境、职位晋升和所获薪酬等，以及精神性内容，如积极情感、自主性和潜能发挥等的综合评价和情感体验（孙健敏等，2016）。工作幸福感重点关注当前的工作，而员工幸福感不仅关注个体对当前工作的认知与情感，还涉及员工在家庭、社交等非工作领域（Ilies et al.，2015）。因此，可以说工作幸福感是构成员工幸福感的维度之一。

有鉴于此，旅游从业者工作幸福感构成旅游从业者幸福感的一个维度。员工幸福感、工作幸福感、旅游从业者幸福感和旅游从业者工作幸福感四个概念之间的关系可以用图5-2来表示。

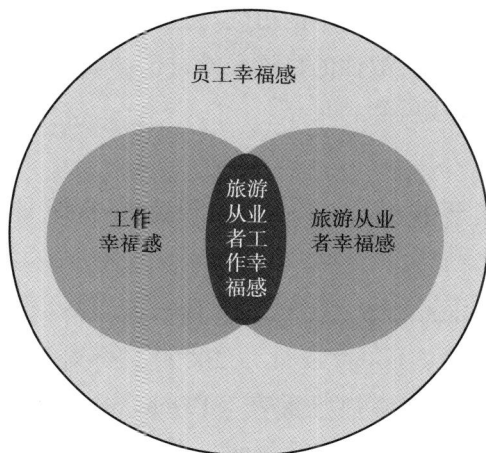

图5-2 相关概念关系

5.4 旅游从业者幸福感的测量

目前，人们对幸福感的测量方法主要有生理测量法、任务测量法、自陈报告法和知情者/观察者报告法（王佳艺等，2006）。其中，自陈报告法是目前最常用的测量方式。在旅游从业者幸福感测量中，主要参考员工幸福感的测量，并将其应用于旅游学研究中。然而，在已有的研究中，对员工幸福感的测量维度还没有统一的认识，而且由于对员工幸福感的定义角度不同，其测量方法也有明显的差别。

5.4.1 享乐主义视角下的员工主观幸福感测量维度

研究表明，员工的主观幸福感主要关注个体工作中的情感状态和情绪体验

（Diener et al.，2003）。基于情感环状模型（circumplex model of emotion），有的学者提出，情感属性和唤醒状态是个体情感状态的重要构成因素，并依据二者的交叉表现（快乐且唤醒、快乐但未唤醒、不快乐但唤醒和不快乐且未唤醒），将员工幸福感分为工作投入、工作满意、工作狂热和工作倦怠4种类型进行测量（Bakker & Oerlemans，2011）。

在主观幸福感的量表设计上，国外主要以各种情感量表和评价量表为基础。情感量表主要有工作情感量表、工作相关情感幸福量表和工作情绪量表；评价量表则主要有工作描述指数、明尼苏达工作满意度量表和彼得需求满意度问卷。上述量表以消极情绪（如焦虑、紧张）对员工幸福感的消极作用为底层假设逻辑，但忽视了人们在逆境中的勇气与自我实现的可能性。实际上，许多身心健康的人常常以追求挑战性的目标而给自己"制造"一些充满压力和紧张的情境，以此获得自我成就和满足感。

5.4.2　自我实现视角下的员工心理幸福感测量维度

员工心理幸福感的构成主要由自我实现、工作价值和潜能发挥等维度构成（Cheng et al.，2005；Linley et al.，2009）。针对员工心理幸福感，里夫（Ryff，1989）开发的心理幸福感量表（Psychological Well-being Scale）已被广泛使用，该量表从6个维度进行测量，分别是自主（autonomy）、环境驾驭（environmental mastery）、自我接纳（self-acceptance）、自我成长（personal growth）、积极关系（positive relations）和意义目标（purpose in life）。基于此，其他学者也进一步对员工心理幸福感测量进行了探究。例如，有学者提出测量员工心理幸福感的三要素：能力需求、关系需求和自主需求（Ryan & Deci，2001）；其他学者则另外提出员工心理幸福感测量的五个维度：工作人际匹配、工作卷入意愿、工作旺盛、工作认可感和工作胜任感（Dagenais‐Desmarais & Savoie，2012）。在前人研究的基础上，研究者们开发了一份员工心理幸福感调查表，该表由动机、情绪幸福感（积极情绪减消极情绪）、社会幸福感、心因性身体症状、认知幸福感五个维度组成（Van Horn et al.，2004）。其中，心因性身体症状和认知幸福感维度是霍恩（Horn）的思考和补充，而动机维度、情绪幸福感维度和社会幸福感维度具体源于沃尔（Warr，1994）提出的期望、胜任感和自主性、情绪体验因素和里夫（Ryff，1989）提出的自我成长、意义目标、自主、自我接纳、环境驾驭和积极关系等内容。

5.4.3 整合视角下的员工整合幸福感测量维度

整合幸福感的结构维度主要是将主观幸福感和心理幸福感的研究结合在一起，而对整合幸福感的测量是引员工主观工作评价、情绪评价和心理体验质量共同构成的。苗元江、冯骥和白苏妤（2009）从"自我成长""自我价值""人际关系""积极情绪""消极情绪"五个维度衡量员工幸福感；邹琼、佐斌和代涛涛（2015）则通过另外五个维度："心流""工作投入""工作旺盛度""工作满意度""工作积极情感"实现测量。与此同时，一些学者将员工幸福感视作崭新的整体概念。已有研究将员工幸福感进一步细分成认知幸福感、情绪幸福感、社会幸福感、专业幸福感和身心幸福感五个维度（Van Horn et al.，2004）。认知幸福感指对疲惫的无认知状态；情绪幸福感不仅包含焦虑、抑郁等消极情绪和愉悦、快乐等积极情绪，还包括承诺和无情绪衰竭等方面；社会幸福感指无人格解体和社会功能质量两个方面；专业幸福感包括理想、能力和自主三个方面；身心幸福感则是指无身心不适。相较于前人研究多以主观幸福感和心理幸福感对整体幸福感进行解构，现有研究将员工幸福感分为三个维度，即除主观幸福感（生活满意度和倾向类情感）和心理幸福感外，还包括工作场所幸福感（工作满意度和工作相关情感）（Page & Vella‑Brodrick，2009）。郑等（2015）在此基础上进一步更新研究内容，将主观幸福感以生活幸福感替代，并将工作场所幸福感简化为工作幸福感，认为生活幸福感、工作幸福感和心理幸福感是构成员工幸福感的三个维度，并据此开发了员工幸福感测量量表。而苗元江（2003）通过对主观幸福感和心理幸福感的九个维度的整合，编制了综合化且本土化的幸福感测量问卷——《综合幸福问卷》（MHQ）。

本章综合以往关于员工幸福感的研究，将有关员工幸福感测量的文献及相关量表总结如表 5-1 所示。

表 5-1　　　　　　　　　员工幸福感测量的前期研究成果

所测变量	作者/研究者	维度探索/研究
员工幸福感	帕德汉、哈蒂和库马尔（2017）	a. 心理幸福感
员工幸福感（引用 Warr，1999）	布莱森等（2017）	a. 与工作相关的影响
工作场所幸福感	森和坎德尔瓦尔（2017）	a. 工作满意度 b. 组织尊重 c. 领导的关心 d. 工作对生活的干扰程度

所测变量	作者/研究者	维度探索/研究
员工幸福感（原始）	郑等（2015）	a. 生活幸福感 b. 工作幸福感 c. 心理幸福感
员工幸福感	科恩等（2015）	a. PERMA（积极情绪、投入、价值、人际关系、成就）
工作场所幸福感（引用）	斯莱姆普、科恩和维拉－布罗德里克（2015）	a. 积极和消极情绪 b. 工作满意度
工作相关的幸福感（引用）	奥瑞拉等（2011）	a. 组织因素 b. 内在因素（自主、组织目标清晰度、效率、成就、适应性、融入度、参与度、绩效反馈、管理支持）
工作生活质量调查	伊斯顿、拉尔和马洛－瓦迪（2013）	a. 一般幸福感 b. 工作家庭平衡 c. 工作与职业满足度 d. 工作控制制度 e. 工作条件 f. 工作压力 g. 员工敬业度
工作幸福感问卷	戈登和马修（2011）	a. 工作满意度 b. 组织对员工的尊重 c. 领导关心 d. 负面表述：工作侵入生活
工作与幸福感	朱尼帕（2010）	a. 晋升 b. 工作家庭平衡 c. 工作关系 d. 工作量
员工幸福感（原始）	朱尼帕、怀特和贝拉米（2009）	a. 工作相关项目
员工幸福感（理论解释）	佩奇和维拉－布罗德里克（2009）	a. 心理幸福感 b. 主管幸福感 c. 工作场所幸福感
员工幸福感（理论解释）	萨曼（2007）	a. 幸福主义 b. 享乐主义 c. 第三种标准
工作场所幸福感	哈特、施密特和海斯（2003）	a. 工作满意度
特定工作幸福感（俱乐部因素而非量表）	霍尔曼、西克和托特德尔（2002）	a. 情绪衰竭 b. 焦虑和抑郁 c. 工作满意度
工作场所幸福感	沃尔（1994）	a. 情绪幸福感 b. 工作抱负 c. 胜任感 d. 自主性

5.5 旅游从业者幸福感的影响因素

员工幸福感的影响因素不又与幸福感的影响因素存在普遍共性，如人格和人格特质等，也因个体日常生活感受和工作中的感受而同时受到工作领域和组织环境的影响，有其特殊性。作为员工幸福感的一种，旅游从业者幸福感的影响因素参考员工幸福感的影响因素。

5.5.1 个人因素

(1) 人口统计学因素

在性别方面，研究发现女性员工幸福感水平显著低于男性（Siltaloppi，Kirnunen & Feldt，2009），但谭贤政等（2009）对医疗和教育领域的工作人员幸福感进行了实证分析，结果显示，性别因素对幸福感没有明显作用。在年龄方面，有的研究者以成年人为研究对象，发现随着年龄的增长，积极情感反而持续下降（Diener，Sapyta & Suh，1998）；而有的研究者则指出年龄与幸福感之间不是简单的线性相关，而是呈现出一种倒 "U" 型的变化趋势，即 26 ~ 40 岁人群处于幸福感峰值，其负面情绪明显低于 25 岁以下和 36 ~ 40 岁之间人群（Lam，Zhang & Baum，2001）。同时，亦有学者研究发现年龄和幸福感之间不存在相关性（张兴贵等，2011）。在受教育程度方面，受教育水平的高低对幸福感的正向影响或负向影响都有学者提出，如成翁清雄和席西民（2010）提出受教育程度对幸福感具有正向影响，高学历员工具有更高的幸福感；其他学者研究发现学历越高的员工，其工作满意度反而越低（Lam et al.，2001）；更有学者发现学历与消极情感呈现正相关性，而与员工生活满意度和积极情感不存在显著的相关性（张兴贵等，2011）。

(2) 人格与人格特质

幸福感具有主观性，依赖个人对事件感知的内部心理机制。因此，研究者对个人人格特征、人格特质非常重视，并通过具体研究发现二者对员工幸福感存在显著影响作用，如外倾性、责任心、神经质和宜人性等人格特征和心理控制点等人格特质。具体而言，研究发现外向型人格更容易体验和感知到工作场所中的积极事件和积极情绪，从而提高员工满意度；尽责型人格的员工则因更容易获得上级与同事认可而具有更高的幸福感；神经质型人格员工对工作场所的消极事件更为敏感，体验消极情感也更频繁，满意程度更低（Barrick et al.，1991；Rusting et al.，1997）；高情绪智力的员工与他人建立良好的社会关系更为常见，所以更易感知到工作中的积极情感，能够更好地调节自身情绪，故而更有可能获得高的工作满意度和幸福感（Brown et al.，2003；Schutte et al.，2001）。

（3）积极心理资源：乐观、自尊与心流

乐观（optimism）是指人们在面对生活中的正面或负面事件时，表现出的一种习惯性、内部的、稳定的积极归因方式。相较于悲观主义者，乐观主义将正面事件视为内部稳定的普遍根源而非外部不稳定的特定根源。因此，乐观的员工更易被激励努力学习和工作，更易获得积极情绪和高的幸福感。基于组织的自尊（organizations based self-esteem，OBSE）是指员工对组织环境中的自身价值持正面的、肯定的态度，认为他们的工作对组织是有重要意义和价值的。相关领域学者研究发现高 OBSE 往往伴随低工作沮丧和低工作压力，对员工幸福感存在显著性影响（Mauno，Kinnunen & Ruokolainen，2006）。心流（Flow）是一种与生俱来的积极心理资源，它是一个人将个人精力完全投入活动中，个体意识与活动融合的忘我体验和状态。处于心流状态的员工会在工作中感受到高效率、高动力和高幸福感，这也被广泛应用于工作中的情感和行为归因。

5.5.2 工作特征因素

工作特征是指工作本身所具有的特质，已有研究显示，工作特征是影响工作满意度、工作幸福感、工作倦怠的重要因素。因此，在员工身心健康与幸福水平的影响研究中，工作特征一直受到组织行为学家们的重点关注。关于工作特征对员工幸福感的具体作用机理，有以下几种应用广泛的相关理论。

（1）五因子工作特征模型

1965 年，第一个关于工作特征的理论——"必要工作属性理论"提出（Turner et al.，1965），将工作特征划分成六个部分："知识和技术""工作自主性""变化性""工作责任""必要的互动性""可选的互动性"。学者发现，如果员工在工作过程中能将这六个方面都涵盖进去，其工作积极性和工作满意度会显著得到提升。后来的学者在该理论的基础上进一步提出了五因子工作特征模型（Job characteristics model，JCM）（Hackman & Oldman，1975）。JCM 包含技能多样性、任务完整性、任务重要性、工作自主性和反馈五个核心维度。五个核心工作特征会推动员工形成更高强度的内在激励、完成更高质量的工作绩效、感知更高水平的工作满意度。

（2）工作要求与工作控制

卡拉塞克（Karasek，1979）在对压力的研究中，着重指出了工作要求和工作控制的区别。二者均是工作环境中的重要因素，但工作要求是指由工作环境产生的工作任务的因素，可能是工作领域中的工作超负荷，也可能是工作与家庭产生的冲突等；而工作控制是指员工在工作过程中对工作行为相关内容的决定程度，如工作时间、工作地点、工作进度等。由此，卡拉塞克（1979）提出"要求—控制"模型，认为工作要求和工作控制共同作用于压力。高工作要求和低工作控制会产生高压，对员工的身心健康有消极影响；高工作要求和高工作控制则会激励员工工作和学习的积极性。在该模型的基础上，其他学者进一步更新并补充了社会支持维度，认为当工作要求高、工作控制低、社会支持低时，员工的身心健康可能出现问题，进而导致员工幸福感降低。一些学者认为"要求—控制—社会支持"模型并不适用于所有工作环境。同时，也有研究发现工作控制、社会支持与工作要求都与员工幸福感存在显著的正相关（苏涛等，2018）。

（3）工作需求与工作资源

巴克尔等（Bakker, Demerouti & Schaufeli, 2003）认为将工作要求和工作控制视为最重要的工作特质不具普适性，故此提出对工作特质进行工作要求和工作资源的划分结构法，即"需求—资源"模型。工作需求是工作内容对员工生理、心理和能力等方面的要求，是需要消耗员工个体精力的负向因素。当工作需求突破员工的承受限制时，工作压力就可能会产生，进而降低员工的工作动机与员工幸福感。工作资源则是工作环境中拥有的生理、心理、社会和组织等方面可利用的资源，是正向因素。充足的工作资源可以提升员工的工作动机，推动工作目标的实现，减少员工的工作压力，从而促进员工幸福感的提升（Bakker et al., 2007）。此外，"需求—资源"模型还发展了三个核心假设："双路径"假设，即由高工作需求和低工作资源引起工作倦怠和消极组织结果的损耗路径和由高工作资源驱动工作投入和积极组织结果的增益路径；"缓冲"假设，即在工作要求的损耗路径中，工作资源起缓冲调节作用，具体指在高工作资源下，高工作需求产生的消极影响会被削弱；"应对"假设，即挑战性工作环境下的高工作需求会促使员工更充分投入工作，并以已有工作资源撬动更多新资源。此外，学者也从工作设计和角色分配两方面进行了研究，发现工作复杂度和非合规任务（illegitimate tasks）的增加、工作特征（角色模糊、角色冲突和角色契合）都会使员工压力升高、积极情感和工作满意度降低（Eatough et al., 2016）。

（4）工作复杂性

工作复杂性是衡量工作任务的挑战程度及员工使用复杂技能解决任务的程度，既是客观工作任务的函数，同时也与个人特征有关。对工作复杂性的影响结果研究表明，工作复杂性具有两面性：一方面会作为压力源使员工压力增加，影响其身心健康；另一方面会因其挑战属性，对员工的工作动机、态度与行为产生正面影响。基于列维（1972）的刺激理论，研究预测工作复杂性与员工健康和员工幸福感存在倒"U"型曲线关系，认为有些工作复杂性就像维生素一样，适量摄入有利于增强体质，但持续且过量摄入则可能导致无效用甚至削减作用（Warr，2005）。

5.5.3 组织因素

（1）领导风格与行为

已有研究发现，伦理型领导、魅力型领导对员工幸福感、信任感、消极情感减少有显著效应（Chughtai et al.，2015；郑晓明等，2016），包容型领导对提升员工积极情绪、自我效能感和员工幸福感具有积极作用（方阳春，2014）。此外，领导行为对员工幸福感也有正向作用，如授权、共情和信任等，而粗鲁、不尊重等领导行为则会降低员工幸福感（Einarsen et al.，2007）。

（2）主管—下属关系

主管—下属关系是个体工作关系的重要构成。陈红和管艳华研究指出，工作关系是影响员工幸福感的重要因素。研究者通过元分析方法发现主管—下属关系对员工工作满意度和组织承诺具有显著正效应（Gerstner & Day，1997）。也有研究者认为主管可直接以已有资源与员工进行交换，在这种交换回应模式中，下属往往以组织承诺、积极工作态度等有价值的资源作为交换或回应（Golden & Veiga，2008）。而主管—下属的关系质量直接影响模式的运用和员工的工作态度、情感体验和幸福感。在此基础上，张征（2016）进一步将主管—下属关系进行细分，分为主管—下属交换、主管—下属匹配等维度，并发现主管—下属匹配对幸福感有正向显著作用，而主管—下属交换起中介作用。

（3）组织文化与氛围

奥邦纳和哈里斯（Ogbonna & Harris，2000）研究发现创新型和团队型的组织文化对提升员工幸福感有积极作用，结果导向型组织文化则对员工幸福感存在消极作用。具体而言，创新型组织文化为员工展示才能创造机会，团队型组织文化为员工提供组织和同事支持，而结果导向型组织文化由于对硬性指标过度关注，对员工缺乏关怀，从而对员工幸福感的提升有阻碍作用。1991年，有学者发现家族型组织文化对信任有积极影响。家族型组织文化强调组织的内部维持性和组织灵活性，组织中所有人拥有共同的目标、价值观和信仰，表现出协同性。研究证明家族型组织文化对员工的社会幸福感存在显著影响（Kim，2014）。学者们将组织支持氛围分为：高认知组织支持氛围、高支持组织支持氛围和高结构组织支持氛围，通过实证研究发现高认知组织支持氛围、高支持组织支持氛围对员工敬业度和工作满意度有显著作用，而高结构组织支持氛围有利于员工明确任务和目标，清晰工作权责，有利于员工在权力范围内发挥自身才能，实现自我价值，进而影响员工幸福感（Mick Bennett & Andrew

Bell，2004）。帕克等（Parker et al.，2003）运用元分析方法得出与员工幸福感有关系的五个组织氛围维度，分别是角色、工作、领导、群体和组织。在此基础上，李燕萍和徐嘉（2014）进一步发现，组织层面集体主义氛围对员工幸福感有调节作用。

（4）人力资源管理

博文和奥斯特洛夫（Bowen & Ostroff，2004）认为在人力资源管理强度较高时，员工能有效获取、共同理解管理信息，进而员工的工作态度和工作行为可能会向组织期望的方向发展。李等（Li et al.，2011）研究进一步发现，人力资源管理强度的独特性会对员工工作满意度产生正向影响，而人力资源管理的一致性则会对员工离职意愿产生显著影响（Li et al.，2011）。除人力资源管理强度外，人力资源实践，如员工参与、信息分享，与员工工作/生活满意度之间也存在正相关（Guest，2002）。其中，波克索尔和麦基（2014）发现员工参与度越高其工作满意度也越高，同时会降低压力水平和工作生活的冲突，从而提升员工幸福感（杜旌等，2014），但当员工参与程度需要的精力超载时，员工参与度和工作满意度之间则为负相关。此外，互动公平（郑晓明等，2016）、企业社会责任（朱月乔等，2020）也对员工幸福感有着显著的正影响。

5.6 旅游从业者幸福感的形成机制

在五因子工作特征模型、工作要求与工作控制、工作需求与工作资源等相关模型和理论的支撑下，以往学者从组织/群体层面和个体层面的不同因素对员工幸福感的前因变量和形成机理进行了探讨。在组织层面上的组织环境（组织文化与氛围等）、实践管理（人力资源管理等）和工作特征（工作要求、工作资源、工作自主等）及群体层面上的领导风格与行为和人际关系共同构成员工幸福感的前因变量。积极的组织环境和情感事件（领导风格与人际关系）对员工交换认知、情绪体验和工作动机产生影响，进而引起幸福感的变化。

个体差异性对上述影响有调节作用。面对不同组织环境下的不同领导风格和人际关系，不同性别、年龄和学历等人口统计学因素和不同人格特征和自尊水平的个体会产生不同的认知评价和情绪体验，使得员工幸福感以基准水平为标杆上下波动。

而作为员工幸福感的一种，旅游从业者幸福感的形成机制可参考员工幸福感形成机制进行探索。本部分将主要介绍作者及其合作作者创作的两篇论文：《感知企业社会责任对旅游从业者幸福感的作用机制》《组织人际氛围对旅游从业者工作幸福感的作用机制》。

5.6.1　企业社会责任对旅游从业者幸福感的作用机制

企业社会责任包括企业为积极影响社会和环境而开展的活动。正如波默林和约翰逊（Pomering & Johnson，2009）所指出的，企业社会责任活动的总体目标是超越最低法律要求，最大限度地减少公司的负外部性，最大限度地增加其正外部性。学者们最近开始研究酒店和旅游文献中的企业社会责任（Kim et al.，2017；Park et al.，2017；Su et al.，2016；Su et al.，2017；Theodoulidis et al.，2017；Youn et al.，2018）。这些研究中有很多是对企业社会责任与企业财务绩效之间的关系（Inoue et al.，2011；Kang et al.，2010；Kim et al.，2017；Lee et al.，2018）或企业社会责任活动对消费者忠诚度的影响（Su et al.，2016；Xu，2014；Zhang，2014）进行探讨。法林顿等（Farrington et al.，2017）和粟路军等（2017）指出，需要对酒店业中与企业社会责任相关的其他潜在积极社会效应进行深入研究。因此，本研究旨在探讨企业社会责任如何影响酒店员工的社会幸福感和参与绿色行为。

在酒店背景下，有关企业社会责任的研究倾向于关注消费者的观点（Liu et al.，2014；Su et al.，2017）或聚焦于公司的成果（Inoue et al.，2011；Kang et al.，2010）。威尔斯等（Wells et al.，2016）指出，尽管"旅游企业社会责任研究探索了与游客意见相关的微观层面，但员工行为的作用在很大程度上仍是未知的，只有少数例外"。然而，酒店员工是重要的利益相关者，他们往往在影响顾客体验的第一线发挥关键作用，他们影响着公司的绩效，并最终影响公司的财务业绩。研究者认为，尽管"员工是一个重要的利益相关者群体，他们对一个组织的社会责任活动的反应与理解社会责任活动产生的社会效应相关（Rupp & Mallory，2015），然而迄今为止的研究还没有确切地采纳这一立场"。其他研究人员也提出，需要更多地关注企业社会责任的潜在社会效应，而不仅仅是经济效应（Farrington et al.，2017；Su et al. 2017）。本文提出，探究企业社会责任给员工带来的社会价值（幸福感）和员工对组织的回报（绿色行为）是很有意义的。

在组织学相关文献中，员工工作场所幸福感被确定为一个主要的研究领域（Berry et al.，2010；Mirabito et al.，2015；Sharma et al.，2016），一些学者（Slack et al.，2015）认为企业社会责任可能提供了更好地理解员工幸福感的途径。在酒店环境相关文献中，较少有学者探讨企业社会责任对员工幸福感的影响。然而许多酒店员工与消费者有直接接触，且员工幸福感已被证明与多种因素相关，这些因素可以积极影响员工对客户的态度和行为。因此，更好地理解企业社会责任对员工幸福感的影响对该行业尤为重要。

企业社会责任通常与努力改善环境，或减少环境危害有关。由于酒店业需要消耗大量的能源，企业社会责任对酒店行业来说尤为重要（Gossling，2015；Wells et al.，2016）。学者呼吁开展实证研究，以帮助厘清企业社会责任是否会影响员工的绿色行为（De Roeck & Farooq，2017）。

在探索企业社会责任及其影响时，考虑员工与公司的关系非常重要（Supanti et al.，2015）。而员工—公司关系的两个关键指标包括组织信任和认同（De Roeck et al.，2016；Farooq et al.，2014）。信任是"在忽视对另一方行为的监督和控制的情况下，对另一方的行为和动机保持积极预期并愿为其行为承担伤害的意愿"（Mayer et al.，1995）。有学者将组织信任定义为"一种员工对组织将采取对他有利或至少无害的行动的信心"（Tan & Tan，2000）。组织认同是指个体与所在组织在行为和情感上的一致性程度。因此，组织认同是指员工在某种程度上感受到"与组织的同一性或归属感，在这种归属感中，个人根据自己所在的组织来定义自己"（Mael et al.，1992）。

梅赫拉比安和拉塞尔（Mehrabian & Russell，1974）认为，当一个人受到刺激（S）时，内部状态被激发（O），并最终引起反应（R）。在他们最初的 S－O－R 模型中，物理环境的各个方面充当了外部刺激。巴戈齐（Bagozzi，1986）指出，模型中的有机体包括发生在任何最终反应和外部刺激之间的内部结构和过程。研究者进一步指出"刺激（如客体刺激与社会心理刺激）影响个人的认知和情绪状态，这反过来决定了个人采取接近或回避的行为反应"（Lee，Son & Lee，2011）。本研究旨在探讨企业社会责任与员工幸福感和绿色行为的关系。利用 S－O－R 模型作为框架，我们提出企业社会责任（刺激）将触发员工内部的组织信任、组织认同和幸福感状态（内部状态），从而导致绿色行为（反应）。我们将组织信任和组织认同作为关系变量进行建模，并考察其对员工幸福感和绿色行为的直接影响，以及这些变量所起的中介作用。本文还研究了员工幸福感在组织信任和组织认同与员工绿色行为之间的中介作用。最后，为了进一步探讨企业社会责任对员工绿色行为的影响机制，我们采用多重中介分析法。

总体而言，这项研究有四点贡献。第一，本研究在已有研究成果的基础上，进一步探索与组织的企业社会责任活动相关的社会效应（De Roeck et al.，2017，2016）。该研究将员工幸福感和绿色行为作为企业社会责任的潜在社会效应进行探讨，并检验了它们之间的关系。第二，本研究引入了组织信任和组织认同作为重要的组织关系变量，在酒店环境中起到中介作用。第三，探讨了员工幸福感分别在组织信任、组织认同与员工绿色行为之间的中介作用。第四，基于多重中介分析，本研究试图通过识别员工幸福感对酒店员工绿色行为的二次中介，进一步厘清企业社会责任对酒店员工绿色行为的影响。本文的理论贡献主要包括应用 S – O – R 模型（Mehrabian et al.，1974）作为一个整体框架，支持基于社会交换理论和社会认同理论的预测关系。

本文的结构如下：首先对本文研究的变量进行了文献综述和假设推导，并根据提出的假设构建了一个模型。接下来，对所使用的研究方法和研究结果进行了描述。本文最后讨论了研究结论与启示。

5.6.1.1 文献综述与假设推导

【企业社会责任】

鲍温和约翰逊（Bowen & Johnson，1953）将企业社会责任定义为"遵循符合社会目标和价值观的政策、决策或行动路线"。卡罗尔（Carroll，1979）进一步将企业社会责任定义为"在给定的时间点，社会对组织的经济、法律、伦理和自由裁量的期望"。达尔斯鲁德（Dahlsrud，2008）在其对企业社会责任的文献综述中指出，企业社会责任的定义有很多种维度，但通常包括环境、社会、经济、利益相关者和自愿性维度。一般而言，企业社会责任包括组织通过参与社会公益或社会福利直接或间接地为社会提供利益的活动（Islam et al.，2016）。

已有研究对企业社会责任与组织财务绩效指标之间的关系进行了广泛探讨，其中对酒店和旅游领域的研究居多（Inoue et al.，2011；Kang et al.，2010；Kim et al.，2014；Lee et al.，2013；Park et al.，2017）。学者们认为从消费者的角度理解企业社会责任尤为重要，因为消费者可能不会选择不履行社会责任的组织（Kim，Lee，& Kang，2018）。对于酒店业/旅游业来说更是如此，因为在这些行业，企业形象和声誉尤为重要（Kang et al.，2016）。因此，企业社会责任对消费者态度和行为意图的影响也得到了广泛的探讨（Kim et al.，2018；Kim et al.，2017；Lichtenstein et al.，2004；Lin et al.，2011；Martínez & Rodriguez del Bosque，2013；Sen，Bhattacharya，& Korschun，2006）。例如，酒店消费者表现出的满意度水平及其随后的行为意图都与企业社会责任相关（Martínez et al.，2013）。有的学者认为，企业社会责任与消费者二次购买和重访意向之间存在正相关（Sen et al.，2006）。有的学者则认为，消费者改善对组织的态度和产生更大的购买意愿也与企业社会责任有关（Lichtenstein et al.，2004）。由于这些积极的消费者成果，企业社会责任可以为组织提供竞争优势（Porter et al.，2006）。这些与企业社会责任举措相关的积极消费者成果归因于消费者对组织声誉和产品的感知增强（Kim et al.，2017；Lin et al.，2011）。

在以往的学术文献中，企业社会责任对财务绩效、消费者感知和意图的影响已被多个学者证实。而已有文献中关于企业社会责任及其对员工潜在影响的研究较少。一项对赌场员工的调查表明，支持企业社会责任活动可以增加员工的组织承诺，降低离职意愿（Kim，Song & Lee，2016）。通过支持企业社会责任活动，员工与被视为更具吸引力的组织建立联系而获得更高的满意度，从而增强了员工对雇佣公司的信任（Lee et al.，2013）。一些研究还表明，企业社会责任可以加强员工与公司之间的关系（Lee et al.，2012；Turker，2009）。学者认为，一线服务员工对企业社会责任的感知增加了他们正在从事重要工作的信念，从而产生了更高的工作满意度（Kim et al.，2018）。其他研究人员（Brammer et al.，2007；Hofman et al.，2014；Turker，2009）提出，企业社会责任可以对员工的组织承诺产生积极影响。组织承诺被定义为"个人与组织之间的心理联系，包括工作投入感、忠诚度和对组织价值的信念"（O'Reilly，1989）。总体而言，企业社会责任感知越强的组织，对潜在员工和现有员工的吸引力就越大（Bohdanowiz et al.，2011）。

部分学者已经明确阐释了进一步研究酒店行业企业社会责任对员工影响的必要性（Lee et al.，2013；Park et al.，2014；Youn et al.，2018）。然而，目前还没有研究同时探讨企业社会责任在建立关系和社会结果中的作用。为了填补这一空白，本研究构建了一个整合模型考察企业社会责任、员工—组织关系质量和社会结果之间的关系。

【员工—企业关系】

人们普遍认为，组织与其员工之间的积极关系可以减少工作场所冲突，提高效率，增强忠诚度。因此，理解员工—企业关系对组织的成功至关重要（Lee et al.，2012），同时需要更多的实证研究对雇佣关系质量进行深入探讨（Coyle-Shapiro et al.，2007）。

关系质量是一种"高阶结构，由几个不同但相关的维度组成"（Dorsch et al.，1998）。学者们关于关系质量的具体维度并没有得出一致的结论。例如，贝尔和孟古奇（Bell & Menguc，2002）使用感知组织支持和组织认同来表示员工与组织的关系，而其他学者则认为组织信任和工作满意度（Lee et al.，2012）、组织信任和组织认同（Farooq et al.，2014）、组织认同和组织承诺（Fu，Ye & Law，2014）更能代表员工与组织的关系，有的研究者（Lee et al.，2013；Sharma et al.，2016；Song et al.，2015）则使用员工满意度和员工承诺来代表员工与公司之间的关系。我们可以从社会交换理论（Blau，1964）的视角更好地理解员工与公司的关系。社会交换基于三个方面：关系、互惠和交换。社会交换理论表明，当一个人或群体为另一个人或群体做了有益的事情时，关系就开始了。如果受益人互惠，这就产生了双方之间的相互义务感，从而导致更多的交换。组织与其员工之间也存在利益交换，双方承认有义务给予回报以维持关系。随着时间的推移，交换伙伴建立了基于互惠互利的信任关系。信任是社会项目取得成功的关键因素（Molm et al.，2007）和关系延续的必要条件

（Cotterell et al.，1992；Eisenberger et al.，1987）。

在组织管理学文献中，有学者认为组织信任对于员工和公司之间的关系特别重要（Bell et al.，2002；Fu et al.，2014；Lee et al.，2012），并证实组织信任可以预测对组织有益的各种员工反应，如忠诚度（Chen et al.，2014）、组织公民行为（Yakovleva et al.，2012）和组织承诺（Cho & Park，2011）。因此，本研究将组织信任作为员工与公司关系的一个重要维度。

【组织信任】

信任代表个体之间关系的质量（Mayer et al.，1995），也是随着时间的推移保持关系的一个不可或缺的因素（Dwyer et al.，1987）。根据卢梭等（Rousseau et al.，1998）的观点，信任有两个重要特征：①对对方能力的信心；②对对方依赖的意愿或倾向。组织信任涉及"个人对组织关系和行为网络的期望"（Shockley – Zalabak et al.，2000）。也就是说，信任是基于对未来行为具有建设性和优势的可能性的信念（Robinson，1996）。高水平的组织信任会产生各种积极的员工公民行为，并降低离职意愿（Hansen et al.，2011）。然而，其他研究人员指出，需要对酒店环境中的组织信任进行更多的研究（Chathoth et al.，2011；Lee et al.，2013）。

霍斯默（Hosmer，1995）认为，当公司以道德方式解决社会问题时，员工更可能信任组织。法鲁克等（Farooq et al.，2014）认为，企业社会责任活动可以引发企业及其员工的社会交换过程，其结果之一就是信任。例如，销售人员感知的企业社会责任活动可以正向影响他们对组织的信任（Vlachos，Theotokis & Panagopoulos，2010）。在韩国赌场环境中的一项研究也发现企业社会责任感知对组织信任有正向影响（Lee et al.，2013）。其他几位研究人员提出，组织的企业社会责任活动是员工信任该组织的直接前提（Farooq et al.，2014；Farrington et al.，2017；Lee et al.，2012）。根据以上研究，本文提出以下假设：

H1a：企业社会责任正向影响酒店员工的组织信任水平。

【组织认同】

根据社会认同理论，自我概念部分由包括相关群体分类的社会认同组成。社会认同理论认为，在表达认同时，一个人不仅对自己的个人形象有一个内在的看法，而且还发展了一个基于实际或感知到的群体成员身份的自我概念。认同感是人们在满足归属感的同时更好地理解自身本质的一种方式。因此，社会认同是一种作为集体一部分的感觉（Ashforth et al.，1989）。通过社会比较，人们会将自己分组。社会分类通过为人们提供一种定义他人的方式，帮助人们对社会环境进行排序。当把一个人归类到一个群体中时，这个人就会被赋予与他/她所属类别相关的原型特征。此外，社会分类也为个体在社会环境中定义自己提供了一种手段。

根据塔杰费尔和特纳（Tajfel & Turner，1979）的研究，为了提高自尊，人们会通过群体比较来提高或维持积极的社会认同（即对群体内的评价比对群体外的评价更积极）。因此，社会认同理论认为，人们将自己和他人划分为不同的社会类别，包括作为一个组织的成员（Tajfel et al.，1985）。类别是由与成员相关的原型特征定义的（Turner，1985）。研究者扩展了这一理论，将个人和组织之间的联系概念化为组织认同：个体通过组织感知到的"同一性"（Ashforth & Mael，1989）。

科伊尔、夏普罗和肖尔（Coyle、Shapiro & Shore，2007）对员工—组织关系文献的回顾得出结论，研究者需要更多地关注认同，以便更好地把握员工—组织关系的质量。组织认同源于社会认同理论（Tajfel & Turner，1979，1985），是社会认同的一种具体形式。它是组织成员在多大程度上认为自己和被关注的组织具有相似性的重要属性（Dutton，Dukerich & Harquail，1994）。组织成员如何感知他们与组织具有相同或相似的重要特征，可区分他们对组织的认同（Dutton et al.，1994）。在某种程度上，组织被视为其组织成员原型的集中体现或支撑特点，组织可以帮助澄清个人的自我概念。社会认同理论认为，一个人会认同社会类别，这在一定程度上是为了提高他们的自尊（Hogg et al.，1985；Tajfel，1978）。因此，通过社会认同和比较，一个人可以间接分享一个组织的成就和声望（Ashforth et al.，1989）。

阿什沃思（Ashforth，Harrison & Corley，2008）认为，组织认同之所以重要，是因为：①组织认同为个体更好地理解自己的自我意识和在世界中的位置提供了一种途径；②它满足了人类的一种基本需要，即认同并感觉自己是一个更大群体的一部分；③它与一些对组织很重要的结果有关。例如，高水平的组织认同对组织成员的忠诚度、组织成员的合作行为和公民行为有积极的影响（Bergami et al.，2000；Lee et al.，2012；Mael et al.，1992）。组织认同清楚地代表了员工与公司的关系（Dutton et al.，1994），这就是为什么在当前的研究中，组织认同被作为一个重要的变量进行研究的原因。

在这项研究中，我们关注的是企业社会责任对中国员工对雇佣酒店的认同的影响。布拉诺和罗德里格（Brano & Rodrigue，2006）认为，企业社会责任的行为是为了满足一个人对群体独特性的需求。通过开展社会责任活动，建立积极的声誉从而满足员工自我定义需求。更重要的是，组织的社会责任活动可以增强员工作为企业成员的社会认同，这加强了她/他对该组织的认同（Fu et al.，2014；Kim, et al.，2017；Turker，2009）。因此，企业社会责任增加员工承认自己与工作场所保持一致的愿望，从而提高员工对该企业的认同程度（Fu et al.，2014；Islam et al.，2016）。因此，本文提出以下假设：

H1b：企业社会责任正向影响酒店员工的组织认同水平。

【员工幸福感】

根据沙玛等（Sharma，2016）的说法，员工幸福感包括心理和身体两个方面。心理方面包括员工恐惧、疲劳、抑郁、自尊和焦虑。身体方面包括头痛、头晕、肌肉不适、胃肠道困难和肌肉骨骼疾病。作为衡量总体生活满意度的标准，幸福不仅仅是组织成员的问题。有研究表明，员工的幸福感对组织的成功也非常重要。例如，研究证实，较低的幸福感将对员工的身体和心理产生影响，导致医疗保险成本增加和工人生产率降低（Danna & Griffin，1999）。员工幸福感也会影响员工的态度和行为（Danna et al.，1999；Melnyk et al.，2013；Sharma et al.，2016）。因此，组织必须了解其相关举措是如何对员工幸福感产生影响的。

丹娜和格里芬（Danna & Griffin，1999）在对工作场所幸福感的文献回顾中得出结论，工作环境是员工幸福感的关键条件。支持企业社会责任活动的公司会促使其利益相关者认为，该公司关心自然环境、社会及其员工（Farooq et al.，2014）。部分学者的研究证实积极的企业社会责任认知可以提高员工的工作生活质量（Kim et al.，2017；Kim et al.，2017）。其他学者（Slack et al.，2015）认为，企业社会责任是更好地理解员工幸福感的途径。因此，我们认为，企业社会责任活动有助于创造积极的工作环境，从而提高员工的幸福感。研究结果表明，当感知到的企业社会责任活动符合员工的心理需求/担忧时，其与员工幸福感的关系可能会增强（De Roeck & Maon，2016），但尚未有研究探讨企业社会责任对酒店员工幸福感的影响。基于此，我们提出以下假设：

H1c：企业社会责任正向影响酒店员工的幸福感。

【员工绿色行为】

根据德罗克和法鲁克（De Roeck & Farooq，2017）的研究，员工绿色行为包括"员工参与绿色行为，包括员工以环保方式开展工作的行为（回收利用、合理利用资源、参与环境倡议、制定更可持续的政策）"。社会信息加工理论表明，个人的社会背景和环境会影响他们的态度和行为（Salancik et al.，1978；Thomas et al.，1989）。基于社会信息加工理论，可以推测员工的态度和行为可能会受到他们对工作环境评价的影响。因此，公认的企业社会责任活动应该影响员工的亲社会行为（如 De Roeck et al.，2017；De Roeck et al.，2016），包括酒店员工努力造福环境或减少对环境的危害。

科尔等（Wells et al.，2016）指出，很少有学者对员工的内部绿色行为进行研究。根据德罗克和法鲁克（De Roeck & Farooq，2017）的观点，我们认为"个人的态度和行为基本上源于对来自其（工作）环境的信息线索的认知加工"。这一说法来源于社会信息加工理论（Salancik et al.，1978；Thomas et al.，1989），该理论认为员工最熟悉的公共环境在其建立态度和行为方面起主导作用。

也就是说，员工通过加工他们从工作环境中得到的线索来采取他们认为合适的工作场所行为（Maheswaran et al.，1991；Salancik et al.，1978）。其中一个线索就是组织所采取的企业社会责任行动。员工对企业社会责任活动的认知会让员工知道她/他在工作环境中应该如何采取行为，从而提高员工参与支持性行为的可能性（De Roeck et al.，2017；De Roeck et al.，2016；Vlachos et al.，2014）。

粟路军等（2017）证实了酒店消费者感知到的企业社会责任与其绿色行为之间存在显著联系。更具体地说，目前的研究发现，员工的公民行为（即在工作环境之外倡导社会幸福感的行动）是企业社会责任产生作用的结果（De Roek et al.，2017；De Roeck et al.，2016；Erdogan et al.，2015）。当员工认为他们的公司在参与环境友好项目时，员工表现出环境友好行为的可能性也会增加（Raineri et al.，2016）。

企业社会责任与组织公民行为的关系也已经被证实（Kim et al.，2017）。组织公民行为被定义为"个人自由决定的行为，不直接或明确地得到正式奖励系统的承认，并在总体上促进组织的有效运作"（Organ，1988）。研究发现，为社会责任组织工作的员工具有更高水平的组织公民行为（Aguinis et al.，2012；Kim et al.，2017）。因此，我们提出以下假设：

H1d：企业社会责任对酒店员工绿色行为有正向影响。

科伊尔和肖尔（Coyle – Shapiro & Shore，2007）认为，需要开展更多的研究来探讨员工与组织之间的关系是如何影响压力和员工的心理健康等领域。当员工相信组织会公平对待和补偿他们的付出时，员工的心理需求就会得到满足，从而提高员工的幸福感（Chughtai，Byrne & Flood，2015）。信任可以促使员工建立对组织的信心，从而提高员工的自我效能感。相反，对组织的低信任与员工认为他们的付出不会得到公平对待有关（Dirks et al.，2002）。缺乏信任加剧了压力，导致工作投入水平降低，情绪衰竭水平升高（Chughtai et al.，2015；Halbesleben et al.，2004），进而降低了员工幸福感。莫祖姆德（Mozumder，2016）发现，公司任何层面（组织层面、部门层面、小组层面）的信任改善都与员工幸福感呈正相关关系。因此，我们提出以下假设：

H2a：组织信任对酒店员工幸福感有正向影响。

那些认为自己的组织值得信赖的员工更愿意积极地从事除员工合同之外的自由裁量行为（Yoon et al.，2016）。研究表明，组织信任与包括组织公民行为在内的建设性社会行为呈正相关关系（如，Chiang et al.，2012；Hansen et al.，2011；Yoon et al.，2016）。组织信任对员工存在激励作用（Chiang et al.，2012）。根据社会交换理论（Blau，1964），员工对一个组织的信任程度越高，他们为该组织付出的努力就越大。具体来说，他们会更愿意参与对组织有益的积极行为（Mael et al.，1992；Parzefall，2008）。在酒店环境中，尹等（Yoon et al.，2016）证实了组织信任和员工公民行为之间的正相关关系。尚未有研究探讨组织信任和酒店环境下员工的绿色行为之间的直接关系。因此，我们提出了以下假设：

H2b：组织信任对酒店员工绿色行为有正向影响。

对某个群体高度认同的个人倾向于积极地看待该群体。根据社会认同理论，认同感有助于满足个体的重要需求（如归属感、自我提升、减少不确定性）（Ashforth et al.，2008；Avanzi et al.，2012；Hogg et al.，2000）。此前的研究已经证实，对一个组织的认同与各种工作相关的变量有关，包括员工幸福感（Avanzi et al.，2012；Riketta，2005；Van Dick et al.，2012）。因此，我们推测，相较于具有较低认同感的员工，对雇主具有较高认同感的酒店员工将有更高的幸福感。

H3a：组织认同正向影响酒店员工的幸福感。

认同某事物意味着一个人将该事物的某个方面同化为自己身份感的一部分。如果形成了一种依恋，一个人的行为方式会朝向有利于被认同的实体同时又有利于自身的方向转变。同样，具有较高组织认同的个体会以与该组织的目标和价值观相协调的方式工作。具体来说，更高的组织认同促进建设性行为倾向，减少破坏性行为（Desivilya et al.，2005）。组织认同可以带来一些积极的结果，包括促进员工之间的合作和组织公民行为（Becerra et al.，2013；Fu et al.，2014；Islam et al.，2016；Mael et al.，1992）。粟路军等（2017）发现，消费者—企业认同正向影响酒店消费者的绿色行为。我们推测酒店员工也会有类似的关系。

H3b：组织认同对酒店员工绿色行为有正向影响。

梅尔尼克等（Melnyk et al.，2013）指出，各种工作场所问题都与员工的低幸福感有关（例如，压力、冲突、工伤、与酒精和药物滥用相关的不良生活方式）。这些问题不仅不利于组织的长期有效性，而且会导致较高的社会成本（Knapp，2003）。员工希望对自己的工作生活感觉良好，渴望更高水平的幸福感，进而可能促进员工绿色行为。本文将通过社会交换理论来解释员工幸福感与他们在工作场所参与绿色行为之间的理论联系。

社会交换理论从根本上关注成本和回报的比较，以及这些决定如何驱动人类的决定和行为。基于这一理论，个体可能会采取一些行为来回应社会交换的消极或积极结果。事实上，之前的研究已经表明，员工的幸福感可能会影响员工的行为（Danna et al.，1999；Erreygers et al.，2019；Hwang et al.，2012；Larson et al.，1999）。拉尔森和阿尔迈达（1999）认为日常情绪可以预测主观情绪或行为。艾雷格斯等（Chughtai et al.，2019）发现幸福感对青少年的在线亲社会行为有正向影响。丹娜和格里芬（1999）指出，行为意图是幸福感的直接结果。在豪华餐厅的背景下，研究者认为幸福感是重游意向的重要预测因素（Hwang & Hyun，2012）。一项对韩国首尔三家高档酒店的研究发现，员工的工作—生活质量正向影响其组织公民行为（Kim et al.，2017；Kim et al.，2017）。在本研究中，我们认为幸福感水平较高的酒店员工将以有利于其所在酒店的方式采取行动，包括在二作场所开展绿色行为。因此，我们假设：

H4：员工幸福感对酒店员工绿色行为有正向影响。

【中介效应】

信任是积极交换和互惠中极为重要的结果（Farooq et al.，2014）。互惠是建立信任的基础（Ekeh，1974）。组织信任是通过组织与其员工之间的互惠的社会交换而建立的（Aryee et al.，2002）。由于信任是企业社会责任活动的直接结果，因此本文提出组织信任将中介企业社会责任对员工幸福感的影响。乔格泰等（Chughtai et al.，2015）研究发现，对主管的信任完全中介了原则性领导对工作投入和情绪疲劳这两种与工作幸福感相关的指标的影响。法鲁克等（Farooq et al.，2014）研究证实，对组织的信任在企业社会责任对组织承诺的影响中起中介作用。我们推测员工对酒店的信任在企业社会责任和员工幸福感之间也起着类似的中介作用：

H5：组织信任中介了企业社会责任对酒店员工幸福感的影响。

当一个组织以一种对社会负责的方式运作时，有助于改善其形象和声誉，这会进一步促进员工对该组织产生认同感，并有助于个体满足自我定义的需要（Mael et al.，1992）。我们认为，当员工认同组织时，组织环境有助于员工满足其社会认同的心理需求。不仅环境是幸福感的直接前因（Sharma et al.，2016），而且在中国酒店环境中，员工认同也曾被认为是企业社会责任活动的直接前因（Fu et al.，2014）。因此，我们推测，员工对酒店的认同将中介企业社会责任与员工幸福感的关系。因此：

H6：组织认同中介了企业社会责任对酒店员工幸福感的影响。

企业社会责任活动通过表现出令人满意的属性来传达一个组织对社会的关心，这加强了利益相关者（如员工）对公司的信任。基于互惠理论（Falk et al.，2006）和一致性理论（Anderson，1981），一些研究证实了组织信任在企业社会责任对公民行为的影响过程中的中介作用（Hansen et al.，2011；Tourigny et al.，2017；Yoon et al.，2016）。我们推测在企业社会责任与员工绿色行为关系中组织信任也会出现同样的中介效应：

H7：组织信任中介了企业社会责任对酒店员工绿色行为的影响。

组织认同理论表明，员工会将组织价值观整合到他们与自己相关的各种信念中（Dutton et al.，1994），然后采取与这些整合价值观一致的行为（De Roeck et al.，2017）。实施企业社会责任活动传达了一个组织的社会导向价值观，加强了员工的自我概念和对组织的认同，导致员工采取与这些价值观相一致的行为（如绿色行为）。一项针对南亚多家公司员工的研究中指出，组织认同部分中介了企业社会责任对员工社会责任行为的影响（De Roeck & Farooq，2017）。因此提出假设：

H8：组织认同中介了企业社会责任对酒店员工绿色行为的影响。

公司社会责任活动传达出公司关心社会的信息。如前所述，员工从企业社会责任活动中受益，幸福感提高。已有研究证实，更高水平的幸福感可以导致更积极的意图和行为（Chiu et al.，2013；Danna et al.，1999；Woo et al.，2015）。因此，企业社会责任可能通过员工幸福感的中介作用来影响员工的绿色行为。基于此，我们提出以下中介假设：

H9：员工幸福感在企业社会责任对酒店员工绿色行为的影响中起中介作用。

丹娜和格里芬（Danna & Griffin，1999）指出，员工与组织中的上级、同事和下级的关系直接影响员工的幸福感。他们进一步指出，员工的幸福感水平与多个结果变量有关（生理的、心理的、行为的）。在已有研究的基础上（如Chathoth et al.，2011；Fu et al.，2014；Keh et al.，2009；Lee et al.，2012；Lee et al.，2013），本研究将组织信任和组织认同作为代表企业与员工之间存在联系的两个重要变量进行研究。因此，我们推测员工幸福感将中介组织信任和组织认同对酒店员工绿色行为的影响：

H10：员工幸福感在组织信任对酒店员工绿色行为的影响中起中介作用。

H11：员工幸福感在组织认同对酒店员工绿色行为的影响中起中介作用。

基于以上假设，如下概念模型（见图5-3）描述了企业社会责任、员工—公司关系（组织信任、组织认同）和社会结果（员工幸福感、绿色行为）之间的关系网络。

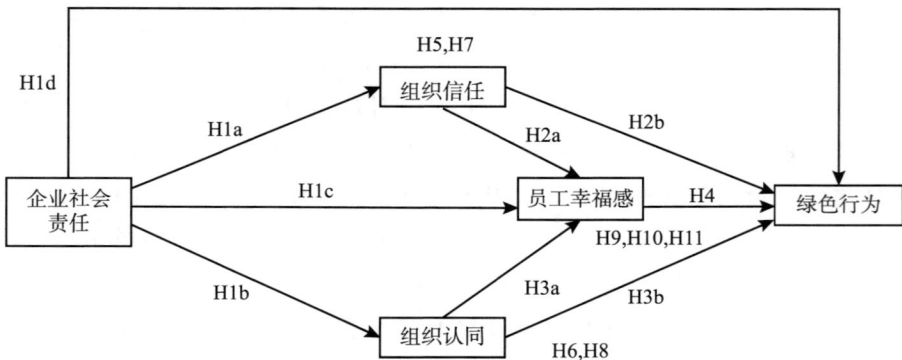

图5-3 理论模型

5.6.1.2　研究方法与实验材料

【变量测量】

达尔斯鲁德（Dashlsrud，2008）的研究分析了 37 种不同的企业社会责任定义，发现这些现有描述基本都包括五个维度（即环境维度、社会维度、经济维度、利益相关者维度和自愿性维度）。本研究与其结论一致，即企业社会责任有五个维度，每个维度我们用一个题项来进行测量，这在粟路军等（2017）的研究中已被证实是具有可行性的。组织信任的测量采用李（Lee et al.，2013）提出的量表。对于组织认同，本研究采用了迈尔和阿什沃思（Mael & Ashforth，1992）的成熟测量量表。在本研究中，公司一词被替换为酒店，以更好地反映调查的背景。本研究采用德罗克和法鲁克（De Roeck& Farooq，2017）的五个题项对员工的绿色行为进行测量，采用夏尔马、孔和赫斯特维尔（Sharma、Kong & Kingshott，2016）提出的三个题项来测量员工的幸福感。本文采用的所有量表题项均采用李克特 7 级（1＝完全不同意，7＝完全同意）量表进行测量。

为了进一步确保量表题项表述的正确性，我们首先邀请五名学者和六名酒店经理审查了问卷，并对措辞进行了一些调整。由于所有题项都源于英语，因此我们将题项直接翻译成中文。译者专注于保持题项的简洁、清晰和概念上的对等。其次，一个由学者和酒店经理组成的小组审查了翻译后的问卷，以识别和解决题项概念翻译不当等问题。接下来，由另一位双语学者将问卷回译成英语，该学者对之前的原始问卷一无所知。五位以英语为母语的学术人士对反译进行了审查，以确定概念对等性，以及最新版本相较于原始版本的再现程度。这一过程被没有参与调查问卷早期编制的六名中国旅游管理教授重复执行。在进行正向翻译后，他们就问卷的设计和量表题项的措辞提出了意见。根据获得的反馈，经过两轮回译后，得到了令人满意的问卷版本。

【前测】

为了进一步验证量表的条目是否能被目标人群清晰地理解，我们抽取一个由 50 名酒店员工组成的便利样本进行了预测试。这些员工没有参与最终的调查。参与前测的受访者同意回答所有调查问题，并在汇报中分享所遇到的任何问题或担忧。经验证，结果发现量表中每个项目的标准因子负荷超过 0.500（$p < 0.05$），即每个项目的解释力度较强，且所有量表的 Cronbach's α 值均大于 0.70，表明量表具有良好的信度。由此确定该调查问卷通过检测，可用于正式实验。

【数据收集】

本研究的目标受访者是在中国湖南省长沙市工作的酒店员工。这项调查在华天实业控股集团有限公司旗下的 8 家不同酒店进行，为期 12 周。华天实业控股集团有限公司是一家综合性服务商业集团，专注于旅游服务（酒店、旅行社、旅游景点）。华天实业控股集团有限公司作为一家国有知名旅游品牌企业，其在湖南省酒店旅游行业中处于领先地位。华天实业控股集团有限公司的指导思想是：重视社会责任，以知识为资本，以创新为发展关键，做真心实意负责任的企业。所有酒店都严格遵守环境法规和公司要求，注重参与环境保护实践。例如，鼓励员工和客户减少水和电的消耗。自 2016 年以来，该酒店及其员工一直积极参与扶贫项目，酒店通过捐赠改善贫困地区居民的基础设施，员工积极参与有利于社区的志愿者活动。其中一个例子是企业员工在 2017 年积极参与救灾工作，如提供食品、饮用水、人力以及其他所需物资以帮助洪灾灾民。通过这些付出，酒店获得了"中国绿色酒店优秀组织管理奖""社会责任贡献奖"等奖项。

研究人员与每家酒店的经理合作，向员工分发调查问卷。没有询问潜在受访者的身份信息，并向他们提供了一个空白信封，用于放置填写好的问卷。然后将密封的信封放在一个安全的盒子里。在启动数据收集过程几天后，这个盒子由一名研究人员在被调查的酒店进行收集。这项调查是匿名进行的，以避免管理人员知道某个特定工作人员的反应。在发放的 500 份问卷中，回收问卷 456 份，回收率为 91.2%，其中有效问卷 441 份，有效率为 96.7%。

5.6.1.3 实证分析

【受访者概况】

参与调查的人多为女性（53.3%），年龄在 35 岁以下的占多数（78.3%）（36～45 岁占 16.3%；46 岁以上占 5.4%）。据统计，本次调查参与者的教育水平主要为高中学历（39.0%）和本科/大专学历（38.8%），高中学历以下占比 14.1%，以及一小部分拥有研究生学历的受访者（8.2%）。约有一半的受访者（48.8%）表示月收入低于 4000 元（更完整的样本特征描述请参见表 5-2）。受访的员工报告了他们在特定酒店工作的年限（小于 3 年占 33.4%；3～5 年占 34.0%；超过 5～8 年占 18.4%；大于 8 年占 14.3%）。大多数受访者（70.7%）表示他们担任基层服务类工作，如前台助理、预订、管家和搬运工。9.5% 的受访员工担任管理职位，19.7% 的员工表示他们担任服务领导职位（如宾客服务主管、领班、前台主管）。

【多元正态检验】

在评估测量模型之前，我们检查了数据的多元正态性，以验证是否满足企业社会责任的相关假设。研究结果表明，单变量偏度的绝对值小于 2.0，单变量峰度的绝对值小于 3.0。因此，数据基本上没有偏离正态分布（Kline，1998）。

表 5 - 2 样本特征

分类		数量/人	与比（%）	分类		数量	占比（%）
性别	女	235	53.3	年龄	26 ~ 35 岁	156	35.4
	男	206	46.7		36 ~ 45 岁	72	16.3
月平均收入	3000 元以下	133	30.2		46 岁及以上	24	5.4
	3000 ~ 3999 元	82	18.6	教育水平	高中以下	62	14.1
	4000 ~ 4999 元	84	19.0		高中/职高	172	39.0
	5000 ~ 5999 元	71	16.1		本科/大专	171	38.8
	6000 元及以上	71	16.1		硕士	36	8.2
年龄	18 ~ 25 岁	189	42.9				

【共同方法偏差检验】

Harman 的单因素法被用于共同方法偏差检验。采用 SPSS 21.0 软件对所有测量项目进行探索性因子分析。该解决方案确定了 5 个因子。总解释方差为 77.53%。具有最大特征值的因子解释了总方差的 38.14%，低于 50%，表明不存在共同方法偏差（Chang et al., 2010）。

【测量模型】

$\chi^2/df \leqslant 5$（3.511），近似误差均方根（RMSEA）$\leqslant 0.08$（0.076）。标准拟合指数（NFI）= 0.918、相对拟合指数（RFI）= 0.904、增量拟合指数（IFI）= 0.940、塔克 - 刘易斯指数（TLI）= 0.929 和比较拟合指数（CFI）= 0.940 的值均大于 0.900。用 Amos 21.0 构建的测量模型与数据吻合良好（Hu et al., 1999）。所有量表的 Cronbach's α 值都超过了 0.700（0.889 ~ 0.947）。组合信度（共有关系）范围为 0.895 ~ 0.948。所有因子负荷均超过 0.500，具有显著性（$p = 0.001$）。每个因子的平均提取方差（AVE）超过 0.500。表 5 - 3 中的研究结果表明，根据海尔、布莱克、巴宾和安德森（Hair, Black, Babin & Anderson, 2010）的研究结论，量表的信度和收敛效度都在可接受范围。如表 5 - 4 所示，AVE 值的平方根（0.774 ~ 0.885）超过了结构相关值（0.235 ~ 0.639），这表明判别效度是令人满意的（Anderson et al., 1988）。

表 5 - 3 测量模型的结果

结构和比例项	M	SD	Standard Loading	t-statistic	共有关系	AVE	Cronbach's α
企业社会责任							
酒店的经营似乎对环境负责	4.58	1.42	0.861	22.455	0.948	0.784	0.947

结构和比例项	M	SD	Standard Loading	t-statistic	共有关系	AVE	Cronbach's α
酒店似乎在回馈当地社区	4.52	1.42	0.905	24.385			
酒店似乎成功地创造了利润	4.63	1.41	0.873	22.977			
酒店似乎对待利益相关者很好	4.54	1.45	0.916	24.897			
酒店的行为似乎超越了所有的法律义务来履行他们的社会责任	4.41	1.49	0.870	22.831			
组织信任							
酒店对我既公平又合理	6.07	1.13	0.832	21.120	0.926	0.757	0.923
酒店的沟通是公开和诚实的	6.13	1.09	0.893	23.623			
我想知道的酒店都告诉我了	6.17	1.06	0.924	25.017			
酒店认为我的建议很有价值	6.24	1.05	0.829	20.993			
组织认同							
我对别人对酒店的看法很感兴趣	5.98	1.10	0.650	14.903	0.901	0.698	0.897
酒店的成功就是我的成功	5.66	1.24	0.861	22.226			
当有人称赞酒店时，感觉就像是对我个人的赞美	5.49	1.37	0.905	24.103			
当有人批评酒店时，我感到很尴尬	5.54	1.34	0.899	23.830			
员工幸福感							
你如何评价你的生活质量？	5.57	1.28	0.777	18.872	0.895	0.741	0.889
你对自己有多满意？	5.52	1.34	0.950	25.484			
你对自己的工作能力有多满意？	5.49	1.39	0.846	21.283			
员工绿色行为							
我充分地以环保的方式完成分配的任务	5.43	1.25	0.804	19.713	0.881	0.600	0.897
我以环保的方式履行工作职责	5.53	1.26	0.830	20.701			
我以环保的方式完成工作任务	5.63	1.25	0.831	20.726			
我抓住机会在工作中积极参与环境保护	5.80	1.18	0.787	19.102			
我在工作中会主动采取环保的方式	6.08	1.03	0.594	13.144			

拟合优度：$\chi^2/df = 3.511$，RMSEA $= 0.076$，NFI $= 0.918$，RFI $= 0.904$，IFI $= 0.940$，TLI $= 0.929$，CFI $= 0.940$.

表 5 – 4　　　　　　　　　　相关系数和平均方差

变量	1	2	3	4	5
企业社会责任	**0.885**				
组织信任	0.185	**0.870**			
组织认同	0.260	0.373	**0.835**		
员工幸福感	0.235	0.357	0.505	**0.861**	
员工绿色行为	0.318	0.435	0.639	0.499	**0.774**

注：AVE 的平方根值加粗表示。

【结构模型与假设检验】

结构路径模型的拟合指数（$\chi^2/df = 3.604$，$RMSEA = 0.077$，$NFI = 0.916$，$RFI = 0.901$，$IFI = 0.938$，$TLI = 0.927$，$CFI = 0.937$）表明，所提出的模型与数据的总体拟合度令人满意（Hu et al.，1999）。如表 5 – 5 所示，企业社会责任对组织信任（$\lambda_{21} = 0.189$，$p < 0.001$）、组织认同（$\lambda_{31} = 0.263$，$p < 0.001$）、员工幸福感（$\lambda_{41} = 0.094$，$p < 0.05$）和员工绿色行为（$\lambda_{51} = 0.133$，$p < 0.01$）均有显著的直接影响。检验结果支持 H1a、H1b、H1c 和 H1d。

组织信任与员工幸福感（$\beta_{42} = 0.203$，$p < 0.001$）和员工绿色行为（$\beta_{52} = 0.180$，$p < 0.001$）在统计学上具有显著关系，H2a 和 H2b 得到验证。组织认同对员工幸福感（$\beta_{43} = 0.419$，$p < 0.001$）和员工绿色行为（$\beta_{53} = 0.464$，$p < 0.001$）具有正向影响，H3a 和 H3b 得到支持。研究结果表明，员工幸福感正向影响员工的绿色行为（$\beta_{54} = 0.179$，$p < 0.001$），H4 也得到验证。

基于科恩（1988）提出的阈值，该模型捕获了员工绿色行为（45.0%）和员工幸福感（26.2%）这两个内生变量的巨大影响。然而，如图 5 – 4 所示，组织认同（6.9%）和组织信任（3.6%）的解释方差相对较低。

表 5 – 5　　　　　　　　结构模型评价指标和假设检验结果

假设关系	路径标签	标准路径载荷	T 值	标准差	检验结果
H1a 企业社会责任→组织信任	λ_{21}	0.189[c]	3.741	0.044	YES
H1b 企业社会责任→组织认同	λ_{31}	0.263[c]	5.239	0.061	YES
H1c 企业社会责任→员工幸福感	λ_{41}	0.094[a]	1.963	0.047	YES
H1d 企业社会责任→绿色行为	λ_{51}	0.133[b]	3.017	0.044	YES
H2a 组织信任→员工幸福感	β_{42}	0.203[c]	4.313	0.053	YES

续表

假设关系	路径标签	标准路径载荷	T值	标准差	检验结果
H2b 组织信任→绿色行为	β_{52}	0.180^c	4.070	0.051	YES
H3a 组织认同→员工幸福感	β_{43}	0.419^c	8.236	0.041	YES
H3b 组织认同→绿色行为	β_{53}	0.464^c	8.954	0.042	YES
H4 员工幸福感→绿色行为	β_{54}	0.179^c	3.556	0.051	YES

注：a 表示 $p < 0.05$；b 表示 $p < 0.01$；c 表示 $p < 0.001$。

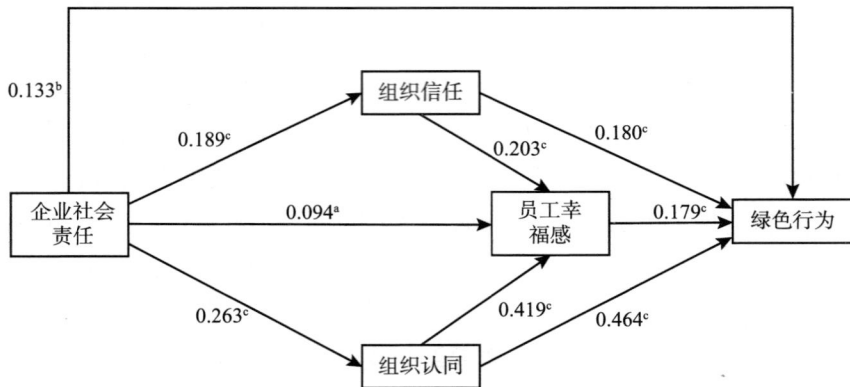

图 5 - 4   结构路径模型结果

注：a 表示 $p < 0.05$；b 表示 $p < 0.01$；c 表示 $p < 0.001$。

【影响】

表 5 - 6 提供了关于这些变量之间的影响（直接、间接、总效应）的信息。在三个影响员工幸福感的前因中，组织认同的直接影响最大。组织认同对员工绿色行为的直接影响也最大。研究发现，企业社会责任对员工幸福感和员工绿色行为均有显著的间接影响。组织认同对员工绿色行为总体影响最大（直接影响和通过员工幸福感间接影响）。

表 5 - 6 直接、间接和总效应

变量间关系	直接效应	间接效应	总效应
企业社会责任→组织信任	0.189^c	—	0.189^c
企业社会责任→组织认同	0.263^c	—	0.263^c
企业社会责任→员工幸福感	0.094^a	0.149^c	0.242^c
企业社会责任→绿色行为	0.133^b	0.199^c	0.333^c
组织信任→员工幸福感	0.203^c	—	0.203^c

续表

变量间关系	直接效应	间接效应	总效应
组织信任→绿色行为	0.180^c	0.036^b	0.216^c
组织认同→员工幸福感	0.419^c	—	0.419^c
组织认同→绿色行为	0.464^c	0.075^b	0.539^c
员工幸福感→绿色行为	0.179^c	—	0.179^c

注：a 表示 $p < 0.05$；b 表示 $p < 0.01$；c 表示 $p < 0.001$。

【中介效应检测】

本研究采用 Amos 21.0 中的 bootstrapping 方法（Jose，2013）探究组织信任、组织认同和员工幸福感的潜在中介作用。使用95%的置信水平，重复抽样2000 次。为了验证中介假设，将特定的间接效应表示为总效应，以产生 p 值和每个间接效应的置信区间（Macho et al.，2011）。调查结果见表 5 - 7。研究结果表明，组织信任、组织认同和员工幸福感在企业社会责任与员工绿色行为关系中起中介作用。此外，企业社会责任与员工幸福感之间还存在组织信任和组织认同的中介作用。员工幸福感在组织信任与员工绿色行为关系中起中介作用，在组织认同与员工绿色行为关系中起中介作用。H5、H6、H7、H8、H9、H10、H11 均得到验证。

本研究构建了一个结构方程模型，该模型包含了每种假设中介关系的直接路径和间接路径（Baron et al.，1986）。如果两种路径在统计上都是显著的，则存在部分中介作用。如果间接路径显著，而直接路径不显著，则存在完全中介作用。例如，我们构建了一个结构方程模型，其中包含了企业社会责任（自变量）、组织信任（中介变量）和员工幸福感（因变量）的直接和间接路径。研究结果表明，企业社会责任和组织信任均直接影响员工幸福感，企业社会责任通过组织信任对员工幸福感有显著的间接作用。这证实了酒店员工对公司的信任在一定程度上中介了企业社会责任对其幸福感的影响。采用同样的方法和程序，我们发现所有的中介假设（H5、H6、H7、H8、H9、H10、H11）都是部分中介（见表 5 -8）。

表 5 -7　　　　　　　　　　　中介效应分析结果

中介假设路径	间接效应	置信区间 95%		p 值
		下限	上限	
H5 企业社会责任→组织信任→员工幸福感	0.059	0.019	0.106	< 0.01
H6 企业社会责任→组织认同→员工幸福感	0.123	0.064	0.180	< 0.001

中介假设路径	间接效应	置信区间95%		p 值
		下限	上限	
H7 企业社会责任→组织信任→员工绿色行为	0.068	0.020	0.125	<0.01
H8 企业社会责任→组织认同→员工绿色行为	0.153	0.084	0.224	<0.001
H9 企业社会责任→员工幸福感→员工绿色行为	0.102	0.055	0.148	<0.001
H10 组织信任→员工幸福感→员工绿色行为	0.139	0.089	0.199	<0.001
H11 组织认同→员工幸福感→员工绿色行为	0.116	0.059	0.182	<0.001

表 5 – 8　　　　　　　　　　中介效应分析结果

中介变量	路径	中介效应		
		完全	部分	无
组织信任	企业社会责任→组织信任→员工幸福感		√	
组织信任	企业社会责任→组织信任→员工绿色行为		√	
组织认同	企业社会责任→组织认同→员工幸福感		√	
组织认同	企业社会责任→组织认同→员工绿色行为		√	
员工幸福感	企业社会责任→员工幸福感→员工绿色行为		√	
员工幸福感	组织信任→员工幸福感→员工绿色行为		√	
员工幸福感	组织认同→员工幸福感→员工绿色行为		√	

【多重中介效应分析】

为进一步阐明企业社会责任对员工绿色行为的影响，本研究通过 Amos 21.0 中具体的间接效应的表征和 bootstrap 方法计算总的中介效应来考察企业社会责任对员工绿色行为的多重中介效应（Macho et al.，2011）。以组织信任、组织认同和员工幸福感为中介（bootstrap 样本 = 2000，置信度 = 95%）。企业社会责任通过组织信任和员工幸福感对员工绿色行为有显著的间接影响。企业社会责任对员工绿色行为的影响首先受到组织信任的影响，其次受到员工幸福感的影响。此外，企业社会责任通过组织认同和员工幸福感对员工绿色行为有显著的间接影响。因此，企业社会责任对员工绿色行为的影响首先受组织认同的中介，其次受员工幸福感的中介。

比较两条路径，下限 95% BC 差值为 0.003，上限 95% BC 差值为 0.011（见表 5 – 9）。下限和上限的差值不包括 0，说明两条路径存在显著差异。具体而言，"企业社会责任→组织认同→员工幸福感→员工绿色行为"路径强于"企业社会责任→组织信任→员工幸福感→员工绿色行为"路径。

表 5 - 9   多重中介效应分析结果

路径	间接效应	置信区间95%		p值
		下限	上限	
企业社会责任→组织信任→员工幸福感→员工绿色行为	0.021	0.003	0.058	<0.001
企业社会责任→组织认同→员工幸福感→员工绿色行为	0.027	0.006	0.069	<0.001

5.6.1.4　研究结论与启示

以前的企业社会责任文献主要关注外部客户，而不是内部客户（即员工）。本研究以酒店员工为研究对象，建立了一个整合模型，将企业社会责任作为前因，员工—公司关系变量（如组织信任、组织认同）作为中介，将员工幸福感和绿色行为作为结果。

正如假设的那样，实证结果表明，企业的社会责任正向影响员工对雇佣组织的信任和认同。因此，承担社会责任活动似乎会加强组织与员工之间的关系。这一结果与已有实验一致，即感知到的企业社会责任可以加强消费者与组织之间的关系（Su et al.，2016；Su et al.，2017）。实证结果还表明，企业的社会责任活动可以改善员工的幸福感。基于广泛的文献综述，本研究可能是第一个探讨酒店环境下企业社会责任对员工幸福感影响的研究。本研究还发现，企业社会责任对员工的绿色行为有积极影响，为已有研究（De Roeck et al.，2017）的结论提供了进一步的论证，即工作场所的绿色行为可以由员工所处的社会环境驱动。

实证结果进一步支持了来自社会交换理论和社会认同理论的假设关系，证实了更高水平的组织信任和组织认同可以改善员工的幸福感和员工在工作场所从事支持性绿色行为的可能性。研究结果还表明，更积极的员工幸福感与员工更有可能在工作场所从事环保行为有关。因此，组织可以通过改善员工幸福感来鼓励员工在工作场所采取的环保行为。这一发现进一步证实了员工幸福感低下会影响他们个人层面的行为，这可能会对组织层面产生不利影响（Danna et al.，1999）。

有研究者呼吁进一步探索员工—公司关系角色作为企业社会责任对其结果变量的影响机制（De Roeck et al.，2017；De Roeck et al.，2016）。以往对员工的企业社会责任研究主要集中在态度后果上。例如，工作满意度（Lee et al.，2013）、离职意向（Hansen et al.，2011）或组织公民行为（Fu et al.，2014；Lee et al.，2012）。我们的研究结果证实了企业社会责任活动可以丰富员工和组织之间的关系，这种关系可以调节企业社会责任对员工幸福感和工作场所绿色行为的影响。研究结果加强了我们对员工—公司关系在解释企业社会责任活动对两个重要的员工社会结果的影响方面重要作用的理解。多重中介的研究结果进一步厘清了企业社会责任对酒店员工绿色行为的影响，明确了员工幸福感在这一关系中的二级中介作用。

本研究对管理实践具有启示意义。首先，激励员工参与支持企业绿色行动的一种方法是，确保企业的社会责任活动被清楚地传达。也就是说，员工必须意识到公司在评估组织对环境和社会幸福感的影响方面所做的努力，并对其负责。研究者指出了使用各种内部策略来沟通组织参与的亲社会活动的重要性（De Roeck & Farooq，2017）。员工需要有易于获取的关于组织所参与的企业社会责任活动的种类、价值和成功的信息。我们的研究结果表明，当员工意识到组织对企业社会责任的承诺时，员工对工作场所的信任和认同会增强。

其次，在通过注重企业社会责任行为的沟通策略建立员工对雇佣公司的信任和认同的过程中，我们认为参与的活动类型非常重要。然而，一些公司可能试图通过假装对公司社会责任感兴趣来欺骗利益相关者，包括员工。那些散布虚假信息，制造对社会负责的感觉，或鼓吹对更大利益的误导性贡献，同时从事本质上不可持续或道德上有问题的行为的公司最终将会失败。企业社会责任对社会产生积极影响。它是一种管理组织流程的方法，可以更好地将与环境或社会相关的问题纳入日常运营，并反映企业如何自愿选择与利益相关者互动。幸运的是，许多组织正在为环境可持续性项目和各种社会福利计划投入大量资源。对于一个组织和它的员工来说，我们认为清楚地理解他们是如何定义企业社会责任很重要。为了更好地利用建立员工关系及后续与企业社会责任相关的积极结果，支持让员工感到与组织有联系的举措可能会加强员工—公司关系。

最后，我们的研究结果表明，员工幸福感可以直接激发员工的绿色行为。除了本研究中检验的关系外，酒店经理还可以采取多种方法来提高员工的幸福感。例如，为了满足员工的心理需求，我们可以通过培训来创造一个积极的工作环境，以提高人际关系和技术工作技能。通过培训和团队建设活动，组织可以创造条件，激励员工提高他们的技能，支撑他们的安全感、认同感和幸福感。

5.6.2 组织人际氛围对旅游从业者工作幸福感的作用机制

近几十年来，随着我国经济稳步增长，人民生活水平不断提高，人们对幸福生活的追求日益迫切。旅游作为人们追求幸福的一种活动方式，很早就出现在人们的生活中，旅游业更是成为"五大幸福产业"之首。随着幸福感的概念引入旅游领域，旅游幸福感成为旅游研究的热门话题（Chen et al.，2018；Kwon et al.，2020）。综观现有研究，旅游者幸福感受到了大多数研究者的青睐（Holm et al.，2017；张晓等，2020），旅游地居民生活质量也逐步受到研究者的重视（Lee et al.，2019；Su et al.，2019；粟路军等，2020），但是旅游从业者的工作幸福感却只受到少数几位学者的关注（Kirillova et al.，2020；Su et al.，2019）。作为旅游业的核心利益相关者，旅游从业者是旅游行业的意见领袖，根据二级传播理论，旅游从业者对旅游目的地的认知会影响旅游者对旅游目的地形象的感知，进而影响旅游者重游意向（Allameh et al.，2015；Chew et al.，2014；Stylos et al.，2015）。旅游从业者的服务质量及服务公平也能显著影响旅游者幸福感（Su et al.，2015），旅游从业者的忠诚度更是旅游企业持续发展的决定性因素（Ineson et al.，2013；Yee et al.，2010）。但旅游从业者工作幸福感从何而来，特别是作为旅游企业的一员，工作团队中的人际互动对其工作幸福感可能有很大影响（Riitta et al.，2015），团队人际氛围如何影响旅游从业者工作幸福感，还是一个有待深入探讨的问题。

相较于其他文化而言，人际关系在中国文化中占据重要地位，它既是人们的生活体现，也是人们参与社会经常利用的重要资源（庄贵军，2012），已经渗透到人们工作和生活的方方面面。人际关系的建立会对关系双方的态度和行为产生影响（Eastwick et al.，2014）。组织中人际氛围的形成正是组织成员间不断建立和发展人际关系的结果（李云等，2015）。人际关系是影响员工工作幸福感的重要因素（杨露，2014），工作中积极的人际关系能提高员工对组织的情感承诺（刘小平等，2002）。如果组织成员间建立可信赖的人际关系，那么会促进组织成员之间做出个体性的组织公民行为（Ferrin et al.，2006）。组织氛围也与幸福感密切相关，积极的组织氛围——"放松、友好"和"鼓励和支持新想法"——似乎比消极的氛围与幸福感的联系更紧密（Riitta et al.，2015）。因此，人际关系、组织氛围在工作幸福感和组织公民行为研究中显得尤为重要。而在旅游业中，旅游从业者也是身处各种组织当中，因而组织行为学中对员工工作幸福感、组织公民行为的研究应该也适用于旅游情境，但是在旅游学研究中，组织人际氛围与旅游从业者工作幸福感、组织公民行为之间的关系尚未得到实证支持。

根据归属需求理论，归属需求是组织内部员工最基本的动机需求（Fiske，2019），是个体依附于某个群体或组织并被接纳的需要，也是个体寻求认同的需要（Williams et al.，1997）。而组织归属感（Organizational Belonging）作为旅游从业者对自身与组织之间归属关系的一种认知（Rovai，2002），反映了其在心理、思想、情感、态度上与组织建立联系的意愿，是旅游从业者归属需求得到满足的结果。已有研究表明组织成员之间人际关系密切，员工在组织中会感到愉悦、融入和被接纳，个体的归属需求得到满足从而产生组织归属感，进而更易获得工作幸福感（Grover et al.，2010；杜跃平等，2015）。不和谐的人际氛围会负向影响组织成员归属需求的满足，归属感难以建立，进而影响员工的角色内外行为（Baumeister et al.，1995；王荣等，2013）。基于此，组织归属感可能在组织人际氛围对旅游从业者工作幸福感和组织公民行为的影响过程中起中介作用，但尚没有研究对这一中介机制进行探讨。

然而，组织人际氛围对旅游从业者工作幸福感的影响并不总是显著的，团队规模可能在这一过程中存在调节作用。社会作用力理论认为，在特定情况下，他人的存在会对个体的心理状态和行为产生影响（Latané，1981）。在心理学和市场研究领域，研究人员也证实了群体特征（如群体规模、群体构成）会对群体成员的决策、情绪和行为产生影响（Akcaoglu et al.，2016；Marcevova et al.，2010；Wheelan，2009）。群体的规模会影响群体成员间的合作程度和群体成员的参与度（Wheelan，2009），当群体规模扩大时，会对群体成员间的沟通和人际交往产生负面影响（Marlow et al.，2018），子团队的出现会减弱个体对整个团队的归属感（卫旭华等，2018），降低员工的工作满意度和幸福感（Pearce et al.，2004）。基于此，本研究认为团队规模在组织人际氛围对旅游从业者组织归属感和工作幸福感的影响过程中起调节作用，但尚未有研究对这一边界条件进行探讨。

此外，在组织人际氛围对旅游从业者组织公民行为的影响过程中可能存在链式中介效应。基于归属需求理论，负面的人际互动体验会威胁个体的归属、自尊及被尊重的社会需求（谢俊等，2016），组织成员间密切的人际关系会使个体的归属需求得到满足从而产生归属感，进而提高工作满意度和幸福感（Grover et al.，2010；杜跃平等，2015）。而员工的工作满意度和幸福感被证实与其组织公民行为之间存在相关关系（Organ et al.，2010）。基于此，本研究认为组织归属感和工作幸福感在组织人际氛围对旅游从业者组织公民行为的影响过程中起链式中介作用，但已有的组织公民行为研究中，尚未有学者从归属需求理论这一角度对这一链式中介效应进行探讨。

基于上述研究背景，本节首先着眼于组织氛围的人际关系角度，探讨了不同类型组织人际氛围对旅游从业者组织归属感和工作幸福感的直接影响；其次，揭示了组织归属感在组织人际氛围作用于旅游从业者工作幸福感过程中的中介作用，以厘清组织人际氛围对旅游从业者工作幸福感的作用机制；再次，探讨了组织归属感和工作幸福感在组织人际氛围和旅游从业者组织公民行为之间的链式中介作用，为组织公民行为方面的研究开辟了一条新路径；最后，引入团队规模作为组织人际氛围对旅游从业者工作幸福感、组织归属感的调节机制，阐明了组织人际氛围对旅游从业者工作幸福感影响的边界条件。本节深化了组织人际氛围对旅游从业者工作幸福感的影响机制，拓展了旅游幸福感的理论体系，为旅游从业者幸福感研究提供了方向。

5.6.2.1 理论基础与研究假设

【理论基础】

（1）归属需求理论

进化论观点认为人先天地具有归属于某个群体的本能，出于自我保护个体选择融入集体，同时也有利于种族生存和繁衍。故此，自我进化驱动个体努力融入群体，进行自我保护（Rafe，1984）。心理学家弗洛伊德（Freud，1930）和鲍尔比（Bowlby，1969）则从心理学的角度，主张恋母情结或性驱力是人际交往的主要动机来源。马斯洛（Maslow，1968）在需求层次理论中提出，出于归属的需要，个体希望被团体需要、接纳和认可。可见，各个领域的研究者从不同视角对归属的研究进行了研究，但都受限于一定条件和情境。1995 年，归属需求理论（need-to-belong theory）正式提出（Baumeister et al.，1995），归属需求被明确界定为"人们为塑造和维持最低限度的、持久的、积极的和有意义的社会联系的底层驱动力"，是人类最基本的动机之一。经由特温格等（Twenge et al.，2001，2003，2007）、利里等（Leary et al.，1998，2003）、莱维特－琼斯等（Levett－Jones et al.，2007），莱维特－琼斯和拉思莱安（Levett－Jones & Lathlean，2008，2009）以及德沃尔等（Dewall et al.，2008，2009，2011a，2011b）等学者的发展，归属需求理论开始被广泛应用于心理学、临床医学、社会学、管理学等多个研究领域，并得到了进一步的丰富和延伸，成为经典的动机理论之一。

莱恩和德奇（Ryan & Deci，2000）认为归属需求是指个体对社会联系、接受、尊重、关心和自我价值发挥的感知需求。归属需求是普遍存在于所有社会交往行为后的基本动机。归属需求也是组织内部员工最基本的动机需求（Fiske，2019）。在本研究中，旅游从业者的归属需求是指其需要感受到与组织（旅游企业）内其他成员产生联系、被尊重、接受和关心。组织中联系密切的人际关系会降低组织成员的孤独感，能够传递出旅游从业者被"接受、认可和重视"的信号（Levett－Jones et al.，2009），从而满足其归属需求，进一步对旅游从业者的情绪体验、认知行为产生积极影响（Baumeister et al.，1995），促使其产生归属感，激发其工作满意度和幸福感。

（2）社会信息加工理论

社会信息加工理论（social information processing theory）始于 1978 年杰勒尔德·萨兰基克（Gerald Salancik）和杰弗瑞·普费弗（Jeffrey Pfeffer）发表的一篇社会信息加工理论的奠基性文章《工作态度与任务设计的社会信息处理方

法》（*A social information processing approach to job attitudes and task design*）。文中指出与工作态度——动机的需求满足和期望模型相比，社会信息处理视角强调背景的影响和过去选择的后果，而不是个人倾向和理性决策过程。社会信息加工理论认为，个体的活动和行为通常会受到复杂的、模糊的社会情境的影响，会基于所处的社会环境及过去和现在面临的处境，不断地调整自己的态度、行为和信念（Salancik et al.，1978）。例如，员工依赖于他们周围工作环境的社会信息来形成他们的工作态度和工作绩效（Forgas et al.，2001；Salancik et al.，1978）。然而，个体并不是对所有的信息都进行解读，而是选择那些与自己相关的信息，或者通过挑选与自己相似的人的观点作为信息源进行解读，因为越是相似的人可能对周围的世界持有相似的看法。当人们面临不确定、复杂模糊的社会情境时，他们会更依赖社会环境提供的信息，以此调整自己的工作态度和行为（Salancik et al.，1978）。总体来说，社会信息加工理论认为，人们对社会信息的加工和解读受情境因素的影响，进而决定个体的行为态度。根据社会信息加工理论的核心观点和相关文献，可以总结出社会信息加工理论的基本运用框架（见图5-5）。

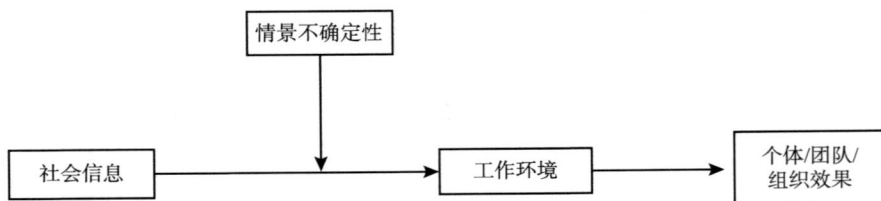

图5-5　社会信息加工理论框架

本研究认为，旅游从业者的态度和行为会受到其所处组织环境的影响。旅游从业者通过所处旅游企业的组织环境或与组织内成员的观察、互动获得信息，通过对信息的加工和解读进而影响其态度和行为。而组织人际氛围是在旅游从业者与组织其他成员互动的过程中产生的，属于组织特有的、与旅游从业者自身密切相关的信息（段锦云等，2014）。不同类型的组织人际氛围解读出的社会信息存在差异，这种差异可能导致旅游从业者采取不同的态度和行为。

【研究假设】

（1）组织人际氛围与组织归属感

社会学将人际氛围定义为人们在生产或生活过程中因交往而形成的相互依存、相互联系的社会关系（杜跃平等，2015）。而组织中的人际氛围是指组织内部人与人之间关系整体的相对持久的特性，是组织的独特风格，也是一系列可测量的人与人之间关系属性的集合，它能被组织成员直接或间接地知觉或感受，并影响组织成员的行为和工作表现（李云等，2015）。按照组织内成员间人际距离的亲疏，组织人际氛围可划分为松散型和紧密型（Stoverink et al.，2014；陈维政等，2017）。在紧密型组织氛围中，组织成员之间的联系十分密切，不可分割；而在松散型组织氛围中，组织成员间的联系不密切，人际距离疏远。紧密型的人际氛围能够促进个人对组织的价值认同，从而增加工作投入和组织忠诚度（白如彬等，2022）。工作中联系密切的人际关系能够满足个体的归属需求（Grover et al.，2010），促进知识共享，提高工作效率，促进工作投入（Warshawsky et al.，2012），减少工作倦怠的可能（Van et al.，2014）。而松散的人际关系氛围会导致员工情绪低落，对工作产生抵制或厌倦，减少工作投入（陈维政等，2006）。

归属需求理论认为，归属需求是个体依附于某个群体或组织并被其接纳的需要，也是个体寻求认同的需要（Williams et al.，1997）。学者鲍迈斯特（Baumeister）认为归属感由价值感和合适感两部分组成，强调被他人需要感知和个体在外部环境中的表达。参考万玲（2007）对归属感的界定，在本研究中，旅游从业者的归属感可定义为"旅游从业者在所属旅游企业接纳和认同的基础上，与该企业发生密切联系的程度"。研究表明，组织成员的归属感受到许多因素的影响，如组织文化氛围（李飞等，2019）、"上级－下属"性别组合（杨松，2017）等。有学者提出归属感是人际关系的一个方面，与孤独感相对立，这个意义上的归属感与个体的人际支持关系密切（Hagerty et al.，1992）。根据归属需求理论，归属需求被界定为人们为建立并维持最低限度的、持久的、积极的和有意义的社会联系的底层驱动力，是与他人形成和保持良好关系的愿望。组织归属感则反映了个体在心理、情感、态度上与组织建立良好关系的意愿（Rovai，2002），是组织成员归属需求得到满足的结果。瓦卡罗和纽曼（Vaccaro & Newman，2017）认为归属感与人际关系联系密切，人际关系越密切，归属感越强。在紧密型的组织人际氛围中，人际关系密切，组织成员间的距离更近，因此组织成员的归属感更强。基于此，本研究提出以下假设：

H12：相较于松散型组织人际氛围，紧密型组织人际氛围更能使旅游从业者获得组织归属感。

（2）组织人际氛围与工作幸福感

巴克和巴尔（Bakker & Bal，2010）从工作满意、积极情绪和消极情绪三个方面界定员工的工作幸福感。罗伯逊和弗林特－泰勒（Robertson & Flint－Taylor，2009）则还强调目标实现，认为工作幸福感是员工工作时的情绪体验和目标感知。在此基础上，孙健敏等（2016）认为工作幸福感是个体对工作各方面的积极评价和情感体验，如工作环境、薪酬和晋升等物质性体验和积极情感、自我实现和潜能发挥等精神性体验。旅游从业者从事旅游相关工作，其工作幸福感的概念参考邹琼等（2015）对员工工作幸福感的界定，即旅游从业者的工作幸福是其对所从事工作的积极评价和情感体验，是旅游从业者实现目标和潜能的心理体验，是由工作投入、工作旺盛感、心理体验、工作满意度、积极情绪等构成的。

在组织学相关研究中，组织成员的工作幸福感会受到领导行为（Liu et al.，2009）、工作特征、组织氛围（Riitta et al.，2015）等因素的影响。联系密切的人际关系被证实能提高个体对组织的情感承诺（刘小平等，2002）。根据社会信息加工理论，人类常常以环境提供的信息线索为依据来理解和解释个体行为，调整自己的行为与态度（Salancik et al.，1978）。组织氛围产生于组织成员的社会互动，通过提供关于组织所期望、鼓励和支持的行为的线索、信息，进而影响员工们的态度和行为，并在此过程中得以发展（段锦云等，2014）。根据这一理论，我们提出相较于松散型组织人际氛围，紧密型组织人际氛围向组织成员释放出人际关系密切和上下级关系融洽的信号。通过对紧密型组织人际氛围信号的解读，组织成员会以更积极的心态审视组织环境，从而形成积极的工作态度（李云等，2015），更可能产生满足感和幸福感。基于此，本研究提出以下假设：

H13：相较于松散型组织人际氛围，紧密型组织人际氛围更能使旅游从业者获得工作幸福感。

（3）组织归属感与工作幸福感

研究表明，归属感能够激发个体的团队合作行为（Cremer et al.，2003）和学习行为（Levett-Jones et al.，2010）、自尊感（Gailliot et al.，2007）、创造力和工作绩效（Randel et al.，2017）及工作满意度（Borrott et al.，2016）等。格罗弗和克鲁克（Grover & Crooker，2010）在研究中指出，员工的归属感需要被满足，就会产生积极的情感。组织归属感的产生，正是个体归属需要得到满足的结果。根据归属需求理论，旅游从业者归属需求的满足通过影响其工作投入和情绪疲劳这两个与工作幸福感相关的变量（Warshawsky et al.，2012），进一步提高其工作幸福感。根据这一理论，本研究认为组织归属感作为归属需求得到满足的结果，可能有利于提升旅游从业者工作幸福感。基于此，本研究提出以下假设：

H14：组织归属感正向影响旅游从业者工作幸福感。

（4）工作幸福感与组织公民行为

1983 年，巴特曼和奥根（Bateman & Organ）正式提出了组织公民行为（Organizational Citizenship Behavior，OCB）的概念，把组织公民行为界定为一种由非正式的合作要求产生，却对组织有利的角色外行为。具体而言，组织公民行为是非正式员工的行为要求内容，也不因劳动报酬合同、正式奖励制度产生联系，是组织员工出于自主而产生，但从整体上能有效提高组织效能的行为与姿态。现有研究证实，员工的工作幸福感对工作绩效、安全、离职意图、顾客满意度等具有显著的影响（Bakker et al.，2010；Bakker et al.，2012）。邹琼（2015）提出的工作幸福感外溢 – 交叉动态模型认为，员工会与频繁互动的组织成员发生幸福感传递效应，并通过工作幸福感对组织成员的工作态度、行为和绩效产生间接影响。奥根（Organ，1988）指出，当工作满意度越高时，员工就会越容易表现出积极的情绪状态，从而更易引发利他行为（如组织公民行为）的产生。根据社会交换理论，如果个体具有较高的组织归属感和认同感，他们会感知到组织为其提供的工作支持和来自组织成员的尊重与关爱，与此相对应，个体作为回报会对组织产生更强烈的责任感，从而表现出积极的态度和行为（Tse et al.，2013）。根据这一理论，本研究认为组织成员感知到的工作幸福感可能会促使其表现出积极的组织公民行为。基于此，本研究提出以下假设：

H15：旅游从业者工作幸福感对其组织公民行为有显著的正向作用。

（5）组织归属感的中介作用

根据归属需求理论，归属需求是组织内部员工最基本的动机需求（Fiske，2019），组织归属感的产生是个体归属需求得到满足的结果。紧密型的组织人际氛围中，组织成员之间的人际关系密切，这会满足个体的归属需求（Grover et al.，2010）。而归属需求的满足会进一步影响工作投入和情绪疲劳这两种与工作幸福感相关的变量（Warshawsky et al.，2012）。瑞塔等（Riitta et al.，2015）提出，组织人际氛围是影响组织成员工作幸福感的直接前因之一。同时，组织归属感也被证实是影响组织成员工作幸福感的直接前因（Borrott et al.，2016）。相较于松散型组织人际氛围，紧密型组织人际氛围更能使个体的归属需求得到满足，进而更易产生组织归属感，而归属感的增加会进一步提升旅游从业者的工作幸福感。基于此，组织归属感可能在组织人际氛围与旅游从业者工作幸福感的关系中起中介作用。因此，本研究提出以下假设：

H16：组织归属感在组织人际氛围与旅游从业者工作幸福感的关系中起中介作用。

（6）组织归属感、工作幸福感的链式中介作用

综合前文所述，根据归属需求理论，组织成员间密切的人际关系更能使个体的归属需求得到满足（Grover et al.，2010），从而更易产生组织归属感（Vaccaro et al.，2007）。更高的归属感能够促进旅游从业者的工作投入（Warshawsky et al.，2012），激发其工作满意度和幸福感（Borrott et al.，2016），进一步影响其角色外行为如组织公民行为（Organ et al.，2010）。基于此，本研究提出组织归属感和工作幸福感在组织人际氛围对旅游从业者组织公民行为的

影响过程中起链式中介作用，即存在"组织人际氛围—组织归属感—工作幸福感—组织公民行为"的作用路径。

H17：组织归属感和旅游从业者工作幸福感在组织人际氛围与旅游从业者组织公民行为的关系中起链式中介作用。

（7）团队规模的调节作用

团队规模，即团队中的人数，是团队的一个显性特征（Du et al.，2014；Clauzel et al.，2019）。在心理学文献中，阿布赛利克（Abuseileek，2012）认为三到五个人的团队是小团队，六到七个人的团队是大团队。在营销学领域，黄、林和文（2010）将二到六个人的团队定义为小团队，七个人或七个人以上的团队定义为大团队。虽然各领域对大、小团队界限的认识不完全一致，但是存在一个基本的共识，即较小规模的团队一般在七个人以下。本研究参照以往研究成果（Wu et al.，2013；Huang et al.，2014；Song et al.，2018），将小团队定义为二到六个人，将大团队定义为七个人或更多。

在心理学和市场研究领域，有学者证实了团队规模如何影响团队成员的决策、情绪和行为（Akcaoglu et al.，2016；Marcevova et al.，2010；Wheelan，2009）。根据社会作用力理论，在特定情况下在场的其他人的数量会影响个人的体验（Latané，1981）。已有研究表明，随着团队规模的扩大，团队成员倾向于减少对团队中其他人的注意（Wu et al.，2019），团队成员间更容易产生争论（Wheelan，2009）。群体规模的增加会对群体凝聚力和群体亲密度产生负面影响（Akcaoglu et al.，2016；Bogart et al.，1974），即团队规模较大时，会降低团队成员之间的亲密度，亲密度的下降可能会影响个体归属需求的满足。由此，本研究推测，旅游从业者团队规模扩大时，会对组织成员之间的亲密度产生负面影响，进而可能降低紧密型组织人际氛围对组织归属感的正向影响程度，并提出如下假设：

H18：团队规模在组织人际氛围对组织归属感的影响过程中起调节作用。

H18a：团队规模较小时，相较于松散型组织人际氛围，紧密型组织人际氛围更能使旅游从业者获得组织归属感。

H18b：团队规模较大时，松散型组织人际氛围和紧密型组织人际氛围对旅游从业者组织归属感的影响没有显著差异。

同时，也有研究表明，团队规模影响团队决策过程和成员的参与程度，是影响个体满意度和幸福感的决定因素（Huang et al.，2014；De Grandpre et al.，2017）。宋等（2018）在其研究中指出，在较小的群体中，个体进行团队合作及产生同理心的可能性更高，在较大的群体中建立亲密的人际关系则更加困难（De Grandpre et al.，2017）。随着团队规模的增加，团队成员参与团队决策的水平也会受到抑制，较低的参与水平又会进一步负向影响团队成员的满意度

（Steiner，1972；Huang et al.，2014），即团队规模较大时，会对团队成员的工作满意度和幸福感产生负面影响。基于此，本研究认为，旅游从业者团队规模增加时，组织成员在组织决策过程中的合作程度、同理心及参与度都可能降低，进而可能降低紧密型组织人际氛围对旅游从业者工作幸福感的正向影响程度，并提出假设：

H19：团队规模在组织人际氛围对旅游从业者工作幸福感的影响过程中起调节作用。

H19a：团队规模较小时，相较于松散型组织人际氛围，紧密型组织人际氛围更能使旅游从业者获得工作幸福感。

H19b：团队规模较大时，松散型组织人际氛围和紧密型组织人际氛围对旅游从业者工作幸福感的影响没有显著差异。

为验证上述假设，本节采用了问卷调查法和情境实验法设计研究。本节包括三个子研究：实验一通过在线问卷调查的方式，初步检验了组织人际氛围对旅游从业者组织归属感和旅游从业者工作幸福感的积极影响，为后续实验研究做铺垫；实验二通过情境实验的方式，验证了不同类型的组织人际氛围（松散型 vs. 紧密型）对旅游从业者组织归属感和旅游从业者工作幸福感的作用、组织归属感在组织人际氛围对旅游从业者工作幸福感影响中的中介作用、旅游从业者工作幸福感对其组织公民行为的影响，以及旅游从业者组织归属感和工作幸福感在组织人际氛围与旅游从业者组织公民行为关系中的链式中介效应；实验三通过情境实验进一步检验团队规模的调节效应，证实在不同团队规模下，不同类型的组织人际氛围对旅游从业者组织归属感和旅游从业者工作幸福感的影响效应的变化。三个子研究层层推进，为本节的研究假设和理论模型提供支撑。本节的理论模型如图 5-6 所示。

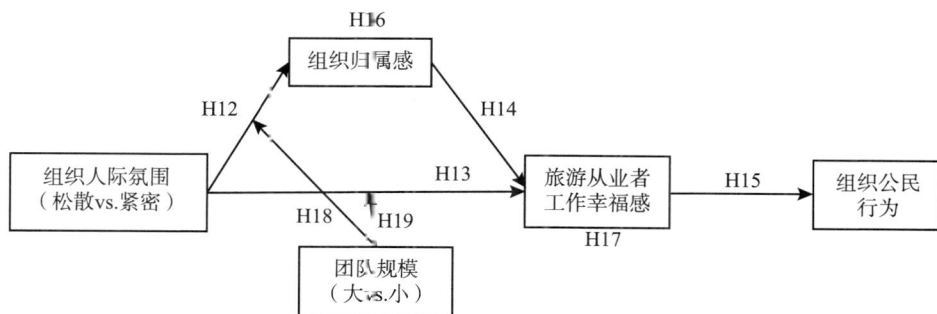

图 5-6 理论模型

5.6.2.2 实验一

本研究通过在线问卷调研初步验证组织人际氛围是否会影响旅游从业者组

织归属感和旅游从业者工作幸福感。

【研究设计】

本研究通过在线调研平台（www.credamo.com）招募调查对象，在正式问卷前设置筛选项"您是否从事旅游行业相关工作"，剔除掉不符合要求的参与者，共有170位旅游从业者（41.2%为男性）作为被试参与调研（见表5-10）。调研过程如下：参与者被要求如实填写问卷上与其所处旅游企业的组织人际氛围相关的问题，之后参与者需要完成组织归属感和旅游从业者工作幸福感的测量量表，所有量表采用李克特7级评分法（1代表非常不同意，7代表非常同意），最后参与者填写人口统计信息及有关所在工作团队人数的问题。其中组织归属感的测量改编自科克肖和肖赫（Cockshaw & Shoche，2010）开发的量表，共包括"我觉得自己是这个公司中的一员"等5个题项。旅游从业者工作幸福感量表采用郑等（Zheng et al.，2015）开发的员工幸福感测量量表中关于工作幸福感维度的测量量表，共包括"我的工作非常有趣"等5个题项。

表5-10 实验一样本基本信息

分类		n	占比（%）	分类		n	占比（%）
性别	男	70	41.2	年龄	18~25岁	22	12.9
	女	100	58.8		26~35岁	120	70.6
学历	高中以下	2	1.2		36~45岁	26	15.3
	高中/职高	12	7.1		46~55岁	2	1.2
	大专	32	18.8	平均月收入	3000元以下	8	4.7
	本科	115	67.6		3000~4999元	22	12.9
	硕士及以上	9	5.3		5000~7999元	46	27.1
所在细分行业	旅行社行业	83	48.8		8000~10000元	61	35.9
	旅馆酒店业	39	22.9		10000元以上	33	19.4
	交通运输业	8	4.7	职务	一线职员	56	32.9
	饮食业	2	1.2		基层管理人员	66	38.8
	游览娱乐行业	18	10.6		中层主管	35	20.6
	旅游用品和纪念品等销售行业	13	7.6		高管	10	5.9
					合伙人或店主	1	0.6
	其他	7	4.1		其他	2	1.2

【结果分析】

首先对问卷中所用量表进行信度与效度检验。通过Cronbach's α系数检验量表的信度，纳利（Nunnally，1978）认为通常情况下Cronbach's α系数在0.7以上即可认为信度较高。问卷中所用组织人际氛围量表的Cronbach's α系数为0.809，组织归属感量表的Cronbach's α系数为0.792，旅游从业者工作幸福感量表的 Cronbach's α 系数为 0.326，三个量表的 Cronbach's α 系数均大于 0.7，说明各量表内部信度较高。

在本研究中，以组织人际氛围为自变量，分别以组织归属感、旅游从业者工作幸福感作为因变量进行线性回归分析，结果显示，组织人际氛围对旅游从业者组织归属感具有显著的正向影响（$\beta = 0.790$，$t = 16.799$，$R^2 = 0.625$，$p < 0.001$），对旅游从业者工作幸福感也具有显著正向影响（$\beta = 0.780$，$t = 13.942$，$R^2 = 0.534$，$p < 0.001$）。根据组织人际氛围的测量结果和均值切分法（Kim et al.，2008），将 170 名被调查者划分为松散型组织人际氛围组和紧密型组织人际氛围组，其中松散型组织人际氛围组样本量为 76 人，紧密型组织人际氛围组样本量为 94 人。采用单因素方差分析，以组织人际氛围为自变量，旅游从业者组织归属感为因变量，结果发现，相较于处于松散型组织人际氛围的旅游从业者（$M_{松散型} = 5.43$，$SD = 0.70$），处于紧密型组织人际氛围的旅游从业者（$M_{紧密型} = 6.22$，$SD = 0.40$）具有更为显著的组织归属感（$F_{(1,168)} = 86.684$，$p < 0.001$；$\eta^2 = 0.341$）。以组织人际氛围为自变量，旅游从业者工作幸福感为因变量，结果发现，对处于紧密型组织人际氛围的旅游从业者（$M_{紧密型} = 6.28$，$SD = 0.42$）而言，其工作幸福感显著高于（$F_{(1,168)} = 70.897$，$p < 0.001$；$\eta^2 = 0.297$）处于松散型组织人际氛围的旅游从业者（$M_{松散型} = 5.49$，$SD = 0.78$）（见图 5-7）。

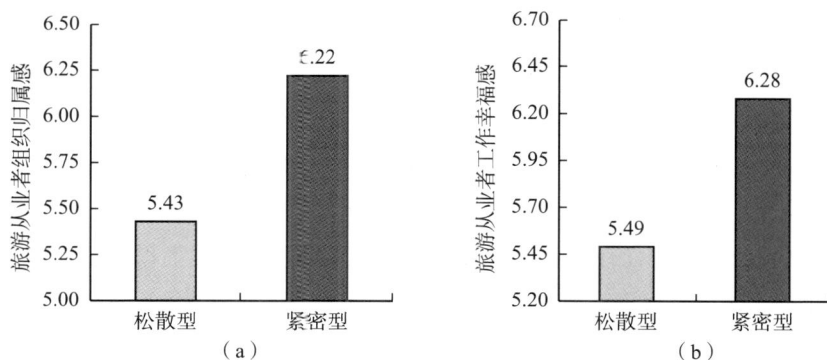

图 5-7　组织人际氛围对旅游从业者组织归属感和工作幸福感的影响

实验一的调研结果证实，组织人际氛围对旅游从业者组织归属感和旅游从业者工作幸福感存在显著的正向影响。但在实验一中，组织人际氛围作为连续变量进行测量，并根据调研数据和均值切分法进行分组，分析结果可能存在偏差。因为调查样本有限，所调研对象所处企业的组织人际氛围差异不明显，所以在分组时，松散型组和紧密型组的组织人际氛围总分值相差不大，两组的组织人际氛围对比不明显，导致方差分析结果显示总变差中组织人际氛围类型可解释的变差占比不高，效应量不明显。在此基础上，实验二将组织人际氛围作为分类变量，根据不同分组情况设计实验材料，以弥补实验一均值切分法分组分析的不足。

5.6.2.3　实验二

在实验二中我们将通过情境实验，进一步验证不同类型组织人际氛围对旅游从业者工作幸福感的影响及组织归属感的中介作用，同时检验旅游从业者工作幸福感对其组织公民行为的影响。

【预实验】

为有效操控组织人际氛围，在正式实验之前本研究首先进行了预实验。我们通过网络（微信、QQ等社交平台）招募了60名志愿者作为实验对象（其中男性65%）。这些实验参与者被随机分到两个实验组，其中"松散型"组30人，"紧密型"组30人。被试首先阅读组织人际氛围刺激材料。松散型组织人际氛围组的刺激材料表述为"假设您是A旅行社的一名工作人员，您在这里工作了很长一段时间，对A旅行社非常熟悉。在A旅行社任职以来，您与您的同事们各自负责自己职责范围内的工作，遇到问题很少交流。除了工作之外，你们几乎不会讨论各自的生活。旅行社很少组织聚餐活动，两年间您只参加过三次，聚餐时大家只是一起吃饭，除了聊几句工作之外的话题很少交流。旅行社也几乎不组织团建活动，仅有的一次还是领导突然兴起，在7月份组织的一次爬山活动。所有在A旅行社的工作人员都在一个大群里，群里每个人的备注都是自己的姓+职位，大家平时以职位互称。群里经常很安静，大家只偶尔讨论工作，比如发布会议通知、职位变动通知、工作交接安排等。在A旅行社，大家只专注自己的工作，没有让同事进入自己生活的想法。成员间的关系一点也不亲密，距离感很明显。"紧密型组织人际氛围组的刺激材料表述为"假设您是A旅行社的一名工作人员，您在这里工作了很长一段时间，对A旅行社非常熟悉。在A旅行社任职以来，您与您的同事们经常在工作中相互扶持，遇到问题也会互相交流。除了工作之外，你们也经常一起讨论各自的生活。旅行社每周都会组织聚餐活动，每一位成员都会积极参加，大家一起吃饭、唱歌、玩游戏。每个月旅行社也会组织一次团建，大家可以发表自己的出行建议，然后进行投票，决定团建方式和地点。所有在A旅行社的工作人员都在一个大群里，在这里，每个人都有属于自己的'小名'，大家平时用'小名'互称。群里每天都很热闹，大家在这里不仅讨论工作，也讨论日常，比如最近有什么好看的电影，哪里的商场又上新货了等等。在A旅行社，大家像一个团结的大家庭，互相分享工作和生活，成员间的关系十分亲密，没有距离感。"刺激材料阅读完成后，要求被试填写情境真实性量表和组织人际氛围操控变量有效性检验量表，其中情境真实性量表包含"我可以将自己设想为A旅行社的员工"

等三个题项（Su et al.，2020），该量表采用李克特 7 级评分法。操控检验量表为单题项李克特 7 级评分量表，该量表表述为"回顾您阅读的上述材料，您认为 A 旅行社的组织人际氛围如何？"

单样本 t 检验结果表明，参与者可以将自己想象为 A 旅社的员工（M = 5.23，$t = 5.370$，$p < 0.001$），参与者认为材料中描述的情境在现实生活中是会发生的（M = 5.22，$t = 5.684$，$p < 0.001$），并且理解材料给定的情境是没有困难的（M = 5.48，$t = 6.353$，$p < 0.001$）；"松散型"组对操控检验量表的评分低于 4 分，"紧密型"组对操控检验量表的评分高于 4 分（$M_{松散型} = 3.23$，$t = -2.605$，$p < 0.05$；$M_{紧密型} = 6.03$，$t = 11.549$，$p < 0.001$），因此刺激材料的情境真实性和操控有效性均通过检验，表明能够用于正式实验。

【正式实验】

正式实验采用单因素组间设计（松散型 vs. 紧密型），通过在线调研平台（www. credamo. com）招募实验对象。在正式实验前设置筛选项"您是否从事旅游行业相关工作"，对于不符合要求的参与者限制参与，最终共有 93 名实验志愿者为本次实验的实验对象（见表 5 - 11），参与者被随机均分到两个实验组中（松散型组 45 人，紧密型组 48 人）。实验中，我们要求参与者阅读所在组的组织人际氛围材料，要求参与者根据自己的真实感受填写问卷。组织人际氛围材料和情境真实性量表与预实验相同。旅游从业者组织归属感、旅游从业者工作幸福感量表与实验一中所用量表相同，组织公民行为量表改编自 Lee 和 Allen（2002）提出的量表，包括"我心甘情愿地花时间去帮助那些有工作相关问题的人"等 4 个题项。

表 5 - 11 　　　　　　　　　实验二正式实验样本基本信息

分类		n	占比（%）	分类		n	占比（%）
性别	男	38	40.9	平均月收入	3000 元以下	7	7.5
	女	55	59.1		3000 ~ 4999 元	7	7.5
年龄	18 ~ 25 岁	12	12.9		5000 ~ 7999 元	38	40.9
	26 ~ 35 岁	65	69.9		8000 ~ 10000 元	32	34.4
	36 ~ 45 岁	13	14.0		10000 元以上	9	9.7
	46 ~ 55 岁	2	2.2	职务	一线职员	24	25.8
	55 岁以上	1	1.1		基层管理人员	35	37.6
学历	高中/职高	4	4.3		中层主管	26	28.0
	大专	10	10.8		高管	6	6.5
	本科	76	81.7		合伙人或店主	2	2.2
	硕士及以上	3	3.2				

【结果分析】

首先对实验中所用量表进行信度检验，组织归属感量表的 Cronbach's α 系数为 0.954，旅游从业者工作幸福感量表的 Cronbach's α 系数为 0.970，组织公民行为量表的 Cronbach's α 系数为 0.947，三个量表的 Cronbach's α 系数均大于 0.900，说明量表的内部信度良好。

单样本 t 检验结果表明，参与者可以将自己想象为 A 旅行社的员工（M = 6.29，$t = 25.851$，$p < 0.001$），参与者认为材料中描述的情境在现实生活中是会发生的（M = 5.84，$t = 21.164$，$p < 0.001$），并且理解材料给定的情境是没有困难的（M = 6.22，$t = 19.929$，$p < 0.001$），说明两个实验组的参与者都肯定材料的情境真实性；"松散型"组对操控量表的评分低于 4 分，"紧密型"组对操控量表的评分高于 4 分（$M_{松散型} = 1.82$，$t = -14.851$，$p < 0.001$；$M_{紧密型} = 6.63$，$t = 28.417$，$p < 0.001$），说明两个实验组被试都能有效区分其所在组的组织人际氛围类型。

本研究采用单因素方差分析对 H12 和 H13 进行验证。以组织人际氛围为自变量，旅游从业者组织归属感为因变量，结果发现，相较于松散型组的参与者（$M_{松散型} = 3.41$，SD = 1.42），紧密型组的参与者（$M_{紧密型} = 6.17$，SD = 0.46）具有更为显著的组织归属感（$F_{(1,91)} = 162.479$，$p < 0.001$；$\eta^2 = 0.641$）。以组织人际氛围为自变量，旅游从业者工作幸福感为因变量，结果发现，对阅读紧密型组织人际氛围刺激材料的参与者（$M_{紧密型} = 6.30$，SD = 0.41）而言，其工作幸福感显著（$F_{(1,91)} = 206.139$，$p < 0.001$；$\eta^2 = 0.694$）高于阅读松散型组织人际氛围刺激材料的参与者（$M_{松散型} = 3.14$，SD = 1.46）。由此，H12 和 H13 得到验证（见图 5 - 8）。以旅游从业者组织归属感为自变量，旅游从业者工作幸福感为因变量进行线性回归分析，结果显示，旅游从业者的组织归属感正向影响其工作幸福感（$\beta = 0.959$，$t = 32.119$，$R^2 = 0.919$，$p < 0.001$），H14 得到验证。以旅游从业者工作幸福感为自变量，旅游从业者组织公民行为为因变量进行线性回归分析，结果显示，旅游从业者工作幸福感对旅游从业者组织公民行为有显著的正向影响（$\beta = 0.924$，$t = 23.036$，$R^2 = 0.854$，$p < 0.001$），H15 得到验证。

为验证旅游从业者组织归属感的中介作用，本节使用了 PROCESS 分析程序。采用 PROCESS 分析程序中的 Model 4，以组织人际氛围为自变量，旅游从业者组织归属感为中介变量，旅游从业者工作幸福感为因变量，置信区间设置为 95%，通过自助采样（bootstrap）重复 5000 次。结果显示旅游从业者组织归属感在组织人际氛围和旅游从业者工作幸福感之间的中介效应显著（$\beta = 2.464$，SE = 0.262，95% CI：1.961，2.991），且中介效应占总效应的比例为 78.1%，因此 H16 得证（见表 5 - 12）。

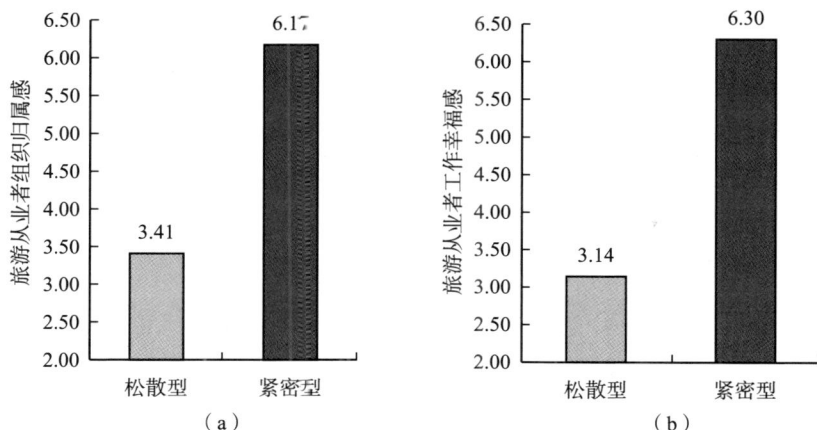

图 5 - 8　组织人际氛围对旅游从业者组织归属感和工作幸福感的影响（再次验证）

表 5 - 12　　　　　　　　　　组织归属感的中介效应分析

预测变量		组织归属感			旅游从业者工作幸福感		
		β	SE	p		β	SE	p
组织人际氛围	a	2.758	0.216	0.000	c′	0.690	0.175	0.000
组织归属感		—	—	—	b	0.893	0.051	0.000
Constant	i_1	0.656	0.345	0.061	i_2	−0.597	0.171	0.001
效应类型	效应值		SE	LLCI	ULCI	相对效应	
总效应	3.154		0.220	2.717	3.590		
直接效应	0.690		0.175	0.342	1.038	21.9%	
间接效应	2.464		0.262	1.961	2.991	78.1%	

　　为验证旅游从业者组织归属感和工作幸福感的链式中介作用，本节使用了 PROCESS 分析程序。采用 PROCESS 分析程序中的 Model 6，以组织人际氛围为自变量，旅游从业者组织归属感为中介变量 1，旅游从业者工作幸福感为中介变量 2，旅游从业者组织公民行为为因变量，置信区间设置为 95%，通过自助采样（bootstrap）重复 5000 次。结果显示组织人际氛围影响旅游从业者的组织归属感（Path a，$\beta = 2.758$，SE = 0.216，95% CI：2.328，3.187），旅游从业者组织归属感影响旅游从业者工作幸福感（Path b，$\beta = 0.893$，SE = 0.051，95% CI：0.792，0.994），进而影响旅游从业者组织公民行为（Path c，$\beta = 0.343$，SE = 0.117，95% CI：0.111，0.576）。旅游从业者组织归属感和工作幸福感在组织人际氛围和旅游从业者组织公民行为之间的链式中介效应显著（$\beta = 0.846$，SE = 0.354，95% CI：0.265，1.662），H17 得到验证（见图 5 - 9）。

Indirect effect $\beta=0.846, CI=[0.265, 1.662]$

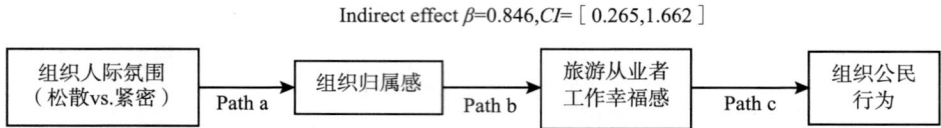

图 5 − 9　组织归属感和工作幸福感的链式中介作用

5.6.2.4　实验三

在实验三中我们将引入团队规模作为调节变量，通过情境实验进一步验证不同团队规模下组织人际氛围影响效应的变化。

【预实验】

为确保团队规模得到有效操控，在正式实验之前本研究首先进行了预实验。在本研究中，我们将二到六人的团队规模视为小团体，七人或七人以上的团队规模视为大团体。在预实验开始之前我们先针对团队规模开展了一次小范围调查。结果显示，45% 的被调查者处于小规模工作团队中。而大多数小规模团队的人数为 3 ~ 4 人（M = 3），大多数大规模团队的人数为 10 ~ 13 人（M = 12）。基于此，我们在小团队场景中使用了 3 个成员，在大团队场景中使用了 12 个成员。在预实验中，通过网上（微信、QQ 等社交平台）招募的 55 名实验志愿者（其中男性 21.8%）被随机分到两个实验组，其中大规模团队组 28 人，小规模团队组 27 人。要求被试首先阅读关于团队规模的刺激材料，大规模团队的刺激材料表述为"假设您是 A 旅行社的一名工作人员，您在这里工作了很长一段时间，对 A 旅行社非常熟悉。在 A 旅行社任职以来，您所在的工作团队由小到大，现在已经形成了包含十二名成员的大团队，成为 A 旅行社有名的'十二人天团'。"小规模团队的刺激材料表述为"假设您是 A 旅行社的一名工作人员，您在这里工作了很长一段时间，对 A 旅行社非常熟悉。在 A 旅行社任职以来，您所在的工作团队由 3 名成员组成，规模较小，是 A 旅行社有名的'三剑客'。"阅读刺激材料结束后，被试填写了情境真实性量表和团队规模操控检验量表，其中情境真实性量表同实验一，操控检验量表包含单一选择题项"回顾您阅读的 A 旅行社有关团队规模的材料，您认为在 A 旅行社中，您所在的工作团队规模如何？（大或小）"。

单样本 t 检验结果表明，参与者可以将自己想象为 A 旅行社的员工（M = 5.02，$t = 4.963$，$p < 0.001$），参与者认为材料中描述的情境在现实生活中是会发生的（M = 5.18，$t = 5.734$，$p < 0.001$），并且理解材料给定的情境是没有困难的（M = 5.18，$t = 5.256$，$p < 0.001$）；两组被试感受到的团队规模与材料操纵结果 100% 相符，因此刺激材料的情境真实性和操控有效性均通过检验，表明能够用于正式实验。

【正式实验】

正式实验采用 2（组织人际氛围：松散型 vs. 紧密型）×2（团队规模：大 vs. 小）的双因素组间设计，从网上招募 180 名志愿者作为本次实验对象（见表 5－13），参与者被随机均分到 4 个实验组中（松散型×大规模团队，松散型×小规模团队，紧密型×大规模团队，紧密型×小规模团队）。实验开始后，参与者被要求阅读所在组的团队规模操控材料和组织人际氛围情境材料，并想象自己身处其中，然后根据自己的真实感受填写相关题项。团队规模操控材料和预实验相同，组织人际氛围的操控材料与实验二相同。情境真实性量表和组织人际氛围操控有效性量表与实验二相同，旅游从业者组织归属感量表、工作幸福感量表与实验一相同，团队规模操控检验量表与上述预实验相同。

表 5－13　　　　　　　实验三正式实验样本基本信息

分类		n	占比（%）	分类		n	占比（%）
性别	男	65	36.1	平均月收入	3000 元以下	6	3.3
	女	115	63.9		3000~4999 元	27	15.0
年龄	18~25 岁	12	6.7		5000~7999 元	65	36.1
	26~35 岁	126	70.0		8000~10000 元	62	34.4
	36~45 岁	38	21.1		10000 元以上	20	11.1
	46~55 岁	3	1.7	职务	一线职员	47	26.1
	55 岁以上	1	0.6		基层管理人员	76	42.2
学历	高中/职高	9	5.0		中层主管	43	23.9
	大专	22	12.2		高管	8	4.4
	本科	135	75.0		合伙人或店主	3	1.7
	硕士及以上	14	7.8		其他	3	1.7

【结果分析】

在本研究中，首先检验情境真实性及组织人际氛围和团队规模的操纵有效性。单样本 t 检验结果表明，参与者可以将自己想象为 A 旅行社的员工（M = 5.86，$t = 25.658$，$p < 0.001$），参与者认为材料中描述的情境在现实生活中是会发生的（M = 5.75，$t = 23.173$，$p < 0.001$），并且理解材料给定的情境是没有困难的（M = 6.31，$t = 26.501$，$p < 0.001$），说明四个实验组的参与者都肯定材料的情境真实性；"松散型"组对操控量表的评分低于 4 分，"紧密型"组对操控量表的评分高于 4 分（$M_{松散型} = 2.11$，$t = -16.633$，$p < 0.001$；$M_{紧密型} = 6.41$，$t = 30.178$，$p < 0.001$），说明被试都能有效区分其所在组的组

织人际氛围类型。"大规模团队"组 100% 的被试认为所提供的材料中团队规模大,"小规模团队"组 100% 的被试认为所提供的材料中团队规模小,说明被试都能有效区分其所在组的团队规模大小。

在量表的信度方面,旅游从业者组织归属感量表的 Cronbach's α 系数为 0.926,旅游从业者工作幸福感量表的 Cronbach's α 系数为 0.947,两个量表的 Cronbach's α 系数均大于 0.900,说明量表的内部信度良好。

本节采用 2×2 方差分析和单因素方差分析对 H18a、H18b、H19a、H19b 这 4 个假设进行验证。首先以组织人际氛围和团队规模为自变量,旅游从业者组织归属感为因变量进行方差分析,对 H18a 和 H18b 进行检验。结果表明,组织人际氛围和团队规模的交互项对旅游从业者组织归属感存在显著影响($F_{(3,176)} = 15.535$,$p < 0.001$;$\eta^2 = 0.695$),说明团队规模在组织人际氛围与旅游从业者组织归属感的关系中存在调节作用。进一步采用单因素方差分析,结果表明,当团队规模较小时,紧密型组织人际氛围($M_{紧密型} = 5.99$,$SD = 0.39$)对旅游从业者组织归属感的影响显著高于松散型组织人际氛围($M_{松散型} = 2.60$,$SD = 0.87$)对旅游从业者组织归属感的影响($F_{(1,88)} = 593.243$,$p < 0.001$;$\eta^2 = 0.871$);当团队规模较大时,紧密型组织人际氛围($M_{紧密型} = 4.12$,$SD = 0.31$)与松散型组织人际氛围($M_{松散型} = 3.79$,$SD = 0.29$)对旅游从业者组织归属感的影响无显著差异($F_{(1,88)} = 27.291$,$p > 0.05$;$\eta^2 = 0.237$)(见图 5-10)。

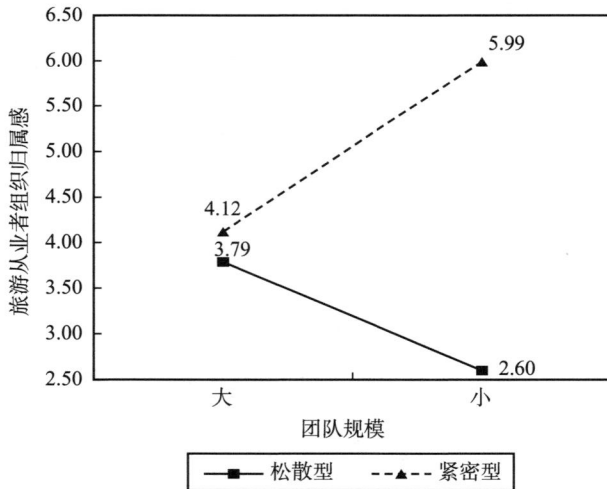

图 5-10　团队规模对组织人际氛围与旅游从业者组织归属感关系的调节作用

本节采用相同的程序和方法对 H8a 和 H8b 进行验证。结果表明,组织人际氛围和团队规模的交互项对旅游从业者工作幸福感存在显著影响($F_{(3,176)} =$

14.032，$p < 0.001$；$\eta^2 = 0.701$），说明团队规模在组织人际氛围与旅游从业者工作幸福感的关系中存在调节作用。进一步分析结果表明，当团队规模较小时，紧密型组织人际氛围（$M_{紧密型} = 6.00$，$SD = 0.31$）对旅游从业者工作幸福感的影响显著高于松散型组织人际氛围（$M_{松散型} = 2.61$，$SD = 0.81$）对旅游从业者工作幸福感的影响（$F_{(1,88)} = 722.728$，$p < 0.001$；$\eta^2 = 0.891$）；当团队规模较大时，紧密型组织人际氛围（$M_{紧密型} = 4.15$，$SD = 0.31$）与松散型组织人际氛围（$M_{松散型} = 3.69$，$SD = 0.36$）对旅游从业者工作幸福感的影响无显著差异（$F_{(1,88)} = 42.761$，$p > 0.05$；$\eta^2 = 0.327$）（见图 5 – 11）。

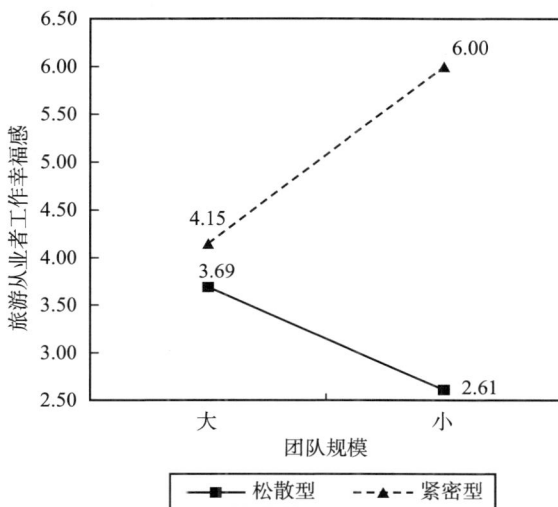

图 5 – 11　团队规模对组织人际氛围与旅游从业者工作幸福感关系的调节作用

5.6.2.5　研究结论与贡献

【研究结论】

本章基于社会信息加工理论、归属需求理论构建了组织人际氛围影响旅游从业者组织归属感，进而影响其工作幸福感和组织公民行为的中介模型，并探讨了团队规模的调节效应。本章采用问卷调研和情境实验并用的多方法研究设计，通过三个子研究对相关假设进行了验证。实验一通过在线问卷调查发现，组织人际氛围正向影响旅游从业者的组织归属感、工作幸福感。实验二通过情境实验证实，相较于松散型组织人际氛围，紧密型组织人际氛围对旅游从业者组织归属感、工作幸福感的影响更为显著，且组织归属感在组织人际氛围与旅游从业者工作幸福感的关系中起中介作用，组织归属感和工作幸福感在组织人际氛围与旅游从业者组织公民行为的关系中起链式中介作用。旅游从业者工作幸福感对其组织公民行为有显著的正向影响。实验三通过情境实验证实，团队规模调节了组织人际氛围对旅游从业者组织归属感、工作幸福感的影响。当团队规模较小时，相较于松散型组织人际氛围，紧密型组织人际氛围更能使旅游从业者获得组织归属感和工作幸福感。当团队规模较大时，两种类型的组织人际氛围对旅游从业者组织归属感、工作幸福感的影响没有显著差异。

【理论贡献】

旅游幸福感是旅游学界研究的热门话题。大量研究者探讨了旅游者幸福感的形成机制（Holm et al.，2017；Su et al.，2018）和旅游地居民生活质量的影响机制（Lee，2019；Su et al.，2018）。旅游从业者是旅游发展中不可或缺的主体之一，其工作态度和质量与旅游者幸福感、旅游企业的持续发展息息相关（Su et al.，2015；Yee et al.，2010）。但现有研究鲜少对旅游从业者工作幸福感的形成机制进行探讨。已有研究证实人际关系是影响员工工作幸福感的重要因素，但尚未对其作用机制进行深入探讨。本章基于社会信息加工理论，从组织氛围的人际关系角度出发，将组织人际氛围纳入旅游从业者工作幸福感的前因变量研究，证实了组织人际氛围对旅游从业者工作幸福感的重要作用，构建了组织人际氛围与旅游从业者工作幸福感之间的理论模型，拓展了旅游幸福感的研究视野，同时拓展了社会信息加工理论在旅游学领域的应用范围。

组织人际氛围是影响员工满意度和员工绩效的关键因素，但已有研究多从组织氛围的整体概念出发，探讨其对组织成员及组织本身的影响（刘金培等，2018）。作为组织氛围的衡量维度之一，人际关系在中国文化中占据重要地位（庄贵军，2012），深刻影响个体的态度和行为（Eastwick et al.，2014）。目前尚未有研究从组织氛围的人际关系这一维度出发，深入探讨不同类型的组织人际氛围对组织成员的影响。本章聚焦于组织人际氛围的不同类型，证实了松散型相比于紧密型的组织人际氛围对旅游从业者工作幸福感的不同影响，从而对以往笼统地研究组织氛围做了很好的补充，深化了组织氛围的研究深度。

关于工作幸福感的形成机制，研究者提出了大量的理论或模型，如人—环境匹配理论（Kristof，1996）、工作要求—资源模型（Bakker et al.，2007）、员工承诺—压力—幸福感模型（Meyer et al.，2010）和员工绩效—幸福感模型，这些理论或模型多以自我决定理论作为理论基础。而在本研究中，从归属需求理论的角度入手，证实了紧密型组织人际氛围能够通过满足组织成员的归属需求，从而产生组织归属感，进而提升旅游从业者工作幸福感，有效诠释了组织人际氛围对旅游从业者工作幸福感影响的中介机制，为员工工作幸福感形成机制研究提供了一条新路径。

此外，关于组织公民行为前因变量的已有研究，大致可分为四类——个体特征、人物特征、组织特征和领导特征。奥根和瑞恩（Organ & Ryan，2010）在其研究中提出工作满意感与组织公民行为存在相关关系，但并未对此进行深入探讨。在本章中，对旅游从业者工作幸福感与组织公民行为之间的关系进行了深入研究，证实了旅游从业者工作幸福感正向影响其组织公民行为。同时本章基于归属需求理论，将组织人际氛围、组织归属感、工作幸福感和组织公民行为纳入同一研究框架，证实了"组织人际氛围—组织归属感—工作幸福感—组织公民行为"这一链式中介效应，为组织公民行为的前因变量研究指明了一条新路径，拓展了组织公民行为的研究范围和归属需求理论的应用范围。

最后，以往研究组织氛围与组织成员满意度和幸福感关系的文献中，较少考虑组织氛围的作用边界，尤其忽视了可能对组织氛围产生较大影响的描述团队特征的变量，如团队规模。团队规模已被证实能显著影响员工工作满意度（Pearce et al.，2004），随着团队规模的扩大，团队内部产生负面效应的可能性增加（Bogart et al.，1974；Wu et al.，2019）。本研究在此基础上基于社会作用力理论，进一步证实了团队规模和组织人际氛围对旅游从业者组织归属感、旅游从业者工作幸福感的交互影响效应，即在小规模团队中，不同类型组织人际氛围的影响效应差异更为显著。该调节变量的引入，明确了组织人际氛围对旅游从业者组织归属感和旅游从业者工作幸福感影响的边界条件，细化了组织人际氛围对旅游从业者工作幸福感的影响机制。

5.6.3 领导模式对旅游从业者工作幸福感的作用机制

随着旅游业克服新冠疫情冲击后，虚拟旅游等不同形态的旅游活动逐渐常态化（Abson et al.，2022）。旅游企业面临着需要解决更复杂、更创新的团队任务，领导作为企业团队运行的重要角色，其领导风格对团队成员的情感、态度和行为都有影响（Binci et al.，2016）。旅游业日益增加的不确定性和复杂化意味着传统的以领导者个人为决策中心的垂直领导模式无法较好地处理团队任务。而共享领导作为一种新兴的领导模式，倡导领导、团队全体成员共同参与团队决策，能够最大限度地发挥团队潜力并迅速适应环境变化，这在一定程度上打破了传统垂直领导下组织封闭的局面（Binci et al.，2016）。此外，虽然学者越来越认为共享领导的重要性，但是其对团队成员的影响是否比垂直领导更有效仍待进一步探究（Pearce et al.，2008）。

随着领导模式对团队成员影响的研究不断增长，但鲜有研究涉及领导模式对团队成员幸福感的影响。研究表明，团队成员幸福感通过影响其工作满意度、工作敬业度、工作承诺，进而对团队绩效具有重要作用（Pradhan et al.，2022）。此外，随着幸福感的概念引入到旅游领域，旅游幸福感受到学者关注（Chen et al.，2018）。作为旅游企业核心利益相关者，旅游从业者幸福感的研究也逐步受到学者重视。由于旅游从业者工作时间较长、工作流动率较高，承受着较大的工作压力和工作倦怠，其工作满意度往往低于其他领域从业人员（Stamolampros et al.，2019）。因此，为了提升旅游从业者幸福感，研究旅游企业中不同领导模式下旅游从业者幸福感是有必要的（Konu et al.，2008）。

不同领导模式给团队成员及团队带来不同的影响。已有研究探讨了垂直领导和共享领导与成员积极行为、团队有益结果之间的作用过程（Konu et al.，2008；Wang et al.，2014），但鲜有学者试图去揭示垂直领导和共享领导是如何提升成员幸福感。作为一种积极的领导风格，共享领导通过促进成员之间知识交流和责任意识，从而提升成员工作投入（Lau et al.，2021）、团队凝聚力和满意度（Bergman et al.，2012）。根据工作要求—资源理论（Demerouti et al.，2001），当工作任务有高要求时，共享领导比垂直领导更容易激发成员更高的工作投入（Breevaart et al.，2016）和工作表现。此外，朱、阿沃利奥和瓦伦布瓦等（Zhu et al.，2009）认为工作投入是一个重要但易被忽视的机制，值得进一步关注。工作投入是一种重要的工作动机，描述成员在执行工作角色时身体、认知和情感上积极的表现状态。已有研究分别讨论了垂直领导和共享领导对团队成员工作投入的积极作用（Avolio et al.，2004；Konu et al.，2008）。并且高工作投入的成员不仅对工作充满热情也更能从工作中获得快乐和幸福（Hallberg et al.，2006；Schaufeli et al.，2002）。此外，学者发现工作投入在领导模式与成员之间的中介作用。例如，魏等（2018）将工作投入作为中介变量研究了真实型领导和下属工作绩效之间的关系；陈（2019）的研究证实了工作投入在参与式领导和成员工作满意度的中介作用。可见，尽管这些研究探讨了工作投入的中介作用，但工作投入在领导模式与旅游从业者幸福感之间的中介作用尚未被揭示。

领导模式并不是从业者态度和行为的唯一决定因素，任务复杂性也发挥着重要作用。作为知识型企业的关键激励因素，任务复杂性往往能产生积极的结果（Marinova et al.，2015）。任务复杂性对员工工作投入（O'Brien et al.，2020）、工作自主性、工作满意度和幸福感（Dóci et al.，2015）都有积极影响。此外，任务复杂程度的差异会对员工感知自身工作和状态产生不同影响。当任务复杂性比较高时，垂直领导由于能力和技能的局限无法为员工提供工作资源，此时团队的领导模式就会趋向于员工之间互相依赖的共享领导，员工共同协作以处理高复杂性的任务（Hadi et al.，2021；Müller et al.，2018）。反之，如果任务复杂性较低，员工无须依赖领导为其提供工作资源，此时领导作用相对较小。任务复杂性虽然可以促进员工对任务完成的积极态度和主动动机，但也需要领导来协调解决复杂任务的困难和不确定性（Shalley et al.，2004）。这意味着，面对不同复杂程度的任务时，领导模式会影响员工的工作状态和心理感知（Jung et al.，2022）。然而，到目前为止，关于任务复杂性在领导模式中的调节作用研究仍然有限（Müller et al.，2018）。因此，本研究将要验证任务复杂性在领导模式、员工工作投入及其幸福感关系中发挥的调节作用。

为了填补上述研究空白，研究提出并检验了旅游企业领导模式（共享领导 vs. 垂直领导）如何影响旅游从业者工作投入及其幸福感的概念模型。具体而言，该模型检验了旅游从业者工作投入的中介作用和任务复杂性（高 vs. 低）的调节作用。本研究试图在以下三个方面作出贡献：第一，尽管共享领导近年来受到了越来越多的关注，但共享领导能否成为唯一的领导模式仍有待验证（Binci et al.，2016）。且研究表明，垂直领导仍是企业中最常见的领导行为（He et al.，2020）。然而，多数学者将这两种领导模式纳入单一研究中（Hsu et al.，2017），未考虑这两种类型的领导模式对从业者的差异。因此，本研究探究不同领导模式（共享领导 vs. 垂直领导）下旅游从业者的工作投入及其幸福感的差异，将有助于清楚地理解共享领导和垂直领导之间的复杂关系，为不同领导模式研究作出贡献。第二，本研究基于工作要求—资源理论（Demerouti et al.，2001），分析了旅游从业者工作投入在领导模式及其幸福感之间的中介作用，以及任务复杂性的调节作用，进一步扩展了工作要求—资源理论的应用领域。第三，本研究探讨了领导模式与任务复杂性的交互作用对旅游从业者工作投入及其幸福感的影响，有助于我们全面地了解在不同任务复杂性的情况下领导模式对旅游从业者产生的影响。

5.6.3.1 文献综述

（1）领导模式

领导因素在组织规范和团队合作中起着重要作用（Kozminski et. al.，2022），不仅可以促进旅游从业者工作投入（Gupta et al.，2017）、预测旅游从业者工作满意度（Babalola，2016），还可以提高团队绩效和团队创造力（Wang et al.，2020）。现有研究将领导定义为：在特定情境中，领导者基于个人特征和行为与被领导者、利益相关者的互动并持续实现团队或组织目标所表现出的能力。现有研究对领导研究主要聚焦于领导特征（Wyatt et al.，2018）、领导风格（Anderson et al.，2017）、领导权变、领导—成员交换（Fein et al.，2021）。

在组织领域中，学者对领导相关研究已展开较多的探讨，但对不同领导模式的探究相对较少（Imam et al.，2021）。领导模式是指领导者如何影响其他成员，促进个人和集体的努力来有效地执行任务以及完成共同目标的过程（Yukl，2008），对团队成员个人、组织乃至整个企业都有着重要的影响（Colbert et al.，2014）。由于不同团队在时间性质、产品多样性、服务的独特性（Imam & Zaheer，2021）以及利益相关者需求方面的差异，某种特定领导模式在不同情境中可能会产生不同的结果（Imam et al.，2021）。传统领导模式的观点认为，领导是被任命具有唯一影响力和正式权力的决策者，即垂直领导（Binci et al.，2016）。不同于传统的垂直领导，共享领导作为一种新兴的领导模式，是领导角色由团队成员共同承担的领导方式（Carson et al.，2007）。尽管研究表明，相比于垂直领导，共享领导能更有效地提高从业者满意度和团队效率（Imam et al.，2021），但目前还没有学者从领导模式（共享领导 vs. 垂直领导）视角对旅游从业者幸福感展开研究，尤其是在需要产品创新、任务复杂、成员协作的旅游企业中（Camisón et al.，2012）。因此，领导模式（共享领导 vs. 垂直领导）对旅游从业者幸福感的研究值得进一步探究。

（2）旅游从业者工作投入

卡恩（Kahn，1990）认为工作投入是个体在工作角色中对工作和组织的认知、情感和身体上的投入，即全身心投入工作任务中。工作投入是一种积极的工作状态，从业者通过在履行工作职责时保持乐观、充实和积极的态度来达到这种状态（Kuwabara et al.，2018）。敬业、活力和专注是从业者工作投入的基本特征，敬业意味着从业者全身心地投入工作中（Kahn et al.，2018）；活力表现从业者能够在不同难度的任务中保持精力充沛（Kahn et al.，2018）；专注意味着从业者能全神贯注地专注于工作且沉浸其中（Chaudhary et al.，2018）。工作投入鼓励从业者尽最大努力实现组织目标，并激励从业者追求工作满意和幸福（Johnson et al.，2018）。换言之，工作投入对从业者个人的工作态度、认知及行为具有正向影响（Kulikowski et al.，2020），如工作满意度（Ozyilmaz et al.，2015）、工作创造力（Hui et al.，2021）、情感承诺（Teo et al.，2020）。因此，高工作投入的从业者表现出更高的工作激情，从而在工作中有更好的表现，也更容易从工作中感到快乐和幸福（Arwab et al.，2022）。此外，工作投入已广泛应用于旅游领域，且被认为是旅游从业者状态、行为的重要预测因素之一（Han et al.，2022）。因此，工作投入在旅游从业者研究中的作用值得进一步研究。

（3）旅游从业者工作幸福感

从业者工作幸福感的研究已被认为是从业者、雇主及组织中的重要议题（Tuzovic et al.，2021）。然而，从业者幸福感的概念仍没有统一界定（Pradhan et al.，2022）。幸福感被定义为个体最佳的心理体验和积极情绪感受（Deci et al.，2008）。工作场所与日常生活场景存在差异，因此，从业者工作幸福感的概念必须区分于一般幸福感（Zheng et al.，2015）。从业者工作幸福感通常是一种自我评估的结果，涉及与工作有关的问题，并影响从业者的工作状态（Huong et al.，2016）。格兰特、克里斯蒂安森和普莱斯等（Grant et al.，2007）认为从业者工作幸福感是指从业者在工作场所中心理、生理、社会的综合体验和感受，即从业者整体的幸福感。从业者心理幸福感与其主观体验、享乐幸福感有关，生理幸福感是指主观体验和客观生理指标；而社会幸福感则强调其与其他工作群体的关系质量（Grant et al.，2007；Islam et al.，2021）。基于此，本研究将从业者工作幸福感的概念应用于旅游领域，即将旅游从业者工作幸福感定义为旅游从业者对工作层面与生活层面满意程度的认知与感知，以及在工作层面与非工作层面所表现出来的情感的心理体验和满足状态。

（4）任务复杂性

任务复杂性是指任务客观特征及个体对这些客观特征的主观感知（Müller et al.，2018）。个体对任务复杂程度的感知取决于个体对任务的认知、技能和能力（Van Der Vegt et al.，2000）。这意味着，高任务复杂性要求执行任务的个体具备较高的技能和能力。随着任务复杂程度的增加，个体可能无法满足完成复杂任务的要求（Men et al.，2021）。在此情况下，往往需要领导的协助，以及与团队成员进行合作和相互指导（Hadi et al.，2021）。在组织领域中，任务复杂性会影响从业者的心理状态和行为表现（Jung et al.，2022）。根据工作要求—资源理论，任务复杂程度表示工作要求，而领导行为则会为从业者提供工作资源（Inceoglu et al.，2018）。当从业者感知到任务复杂程度高的情况下，共享领导会通过分享知识和信息为其提供工作资源，从而来处理高复杂程度的任务（Resick et al.，2014）。反之，当任务复杂程度较低时，无论处于何种领导模式下，从业者无需领导为其提供工作资源就能处理好团队任务（Müller et al.，2018）。因此，本研究将任务复杂性分为高、低两种情境，并进一步探究其在不同领导模式中产生的影响。

5.6.3.2 理论基础、研究假设与研究框架

【理论基础】

工作要求—资源理论指出，工作条件可以分为工作要求和工作资源两大类（Demerouti et al.，2001）。工作要求是指工作对个体生理、心理、社交或组织等方面的要求，需要个体付出相应的努力才能完成工作的因素（Bakker et al.，2007）。工作要求会阻碍个体工作表现，从而引发生理或心理上的压力（Bakker et al.，2014）。工作资源是指工作中有助于实现与工作相关的目标、减少工作要求和相关成本、促进个人成长和发展的方面（Bakker et al.，2007）。工作要求会导致个体情绪耗竭和工作倦怠，但工作资源会促进个体工作投入和更高的工作绩效，且工作要求和工作资源之间会相互作用（Demerouti et al.，2001）。

工作要求—资源理论经常用于分析工作环境如何影响员工幸福感和绩效（Bakker et al.，2017），其揭示了个体在工作场所增加工作投入和实现幸福感的重要过程（Berthelsen et al.，2018）。许多学者将领导者与工作要求—资源理论联系在一起（Schaufeli，2015；Tummers et al.，2021）。领导者通过其行为向员工提供所需的工作资源（Inceoglu et al.，2018），员工增加的资源会促进其工作动机，并通过工作投入表现出来，进而提高员工工作绩效和幸福感（Tummers et al.，2021）。此外，工作要求—资源理论已广泛应用于旅游企业领导模式与旅游从业者之间的研究（Kim et al.，2023；Radic et al.，2020），并为工作资源对个体工作影响过程提供了解释（Dutta et al.，2021）。因此，本研究基于工作要求—资源理论探究旅游企业领导模式对旅游从业者工作投入和其幸福感的影响机制，对提升旅游从业者工作投入和幸福感有重要意义。

【研究假设】

（1）领导模式与旅游从业者工作幸福感的关系

基于资源守恒理论（Hobfoll，1989）和工作要求—资源理论（Demerouti et al.，2001），领导者通过塑造工作环境来获得影响旅游从业者实现幸福感的资源（Arnold，2017）。在共享领导模式下，从业者拥有工作自主权，并能通过共享信息和相互协作来获得组织支持（Ji et al.，2022）。工作自主权和组织支持属于重要工作资源，不仅可以提高从业者工作热情，实现工作目标，还有助于他们感知幸福（Halbesleben et al.，2014）。在垂直领导模式下，领导者会让团队成员付出额外的努力来实现组织目标，而额外的努力反映出从业者需要消耗自身有限的资源及使用资源的能力（Evans et al.，2021）。资源保存理论指出，当从业者有限资源和使用资源的能力减少时，从业者会感到压力，从而减少或限制了他们的内在幸福感和外在成就（Evans et al.，2021；Hobfoll，1989）。研究表明，不同的领导模式会直接影响从业者的满意度和幸福感（Gregory et al.，2010；Rahimnia et al.，2015）。例如，因杰奥卢等（Inceogl et al.，2018）认为，领导者行为影响从业者幸福感的主要方式之一是领导者通过其行为向从业者提供资源，并通过该途径对从业者幸福感产生积极影响。

根据工作要求—资源理论，当从业者获得更多的工作资源时，旅游从业者更容易产生积极情绪和行为，从而获得更高水平的工作幸福感（Choi et al.，2017）。相较于垂直领导，共享领导能让旅游从业者获得更多的工作资源来处理工作任务，这有助于从业者获得与工作有关的积极结果，如旅游从业者工作幸福感（Kuzminska et al.，2019）。基于此，本研究提出如下假设：

H20：共享领导比垂直领导更能提升旅游从业者工作幸福感。

（2）领导模式与工作投入的关系

根据工作要求—资源理论，领导者具有优化工作环境的作用，其可以将工作要求和工作资源分配给从业者，以确保从业者的工作动力和工作效率。此外，领导者不仅可以通过改变工作环境来影响从业者工作投入，还可以通过减少工作需求和增加工作资源来提高从业者工作投入（Schaufeli，2015）。在旅游企业中，旅游从业者工作投入的关键驱动因素是对工作环境的认可、旅游从业者与旅游企业的情感联结和工作机会（Carter et al.，2014），这可以通过共享领导来实现（Imam et al.，2021）。

基于工作要求—资源理论，当领导模式为共享领导时，从业者会获得额外工作资源，从而产生积极的态度和行为，如工作满意（Imam et al.，2021）、工作适应（Resick et al.，2014）和工作投入（Lau et al.，2021）。这是因为共享领导模式下，团队成员共同参与决策，不仅感知到团队的支持，还能最大限度发挥团队能力（Carson et al.，2007）。反之，垂直领导会导致从业者工作自主性被抑制（Binci et al.，2016），即领导行为无法为其提供额外的工作资源补充，从而也不会有更好的工作表现。基于此，本研究提出如下假设：

H21：共享领导比垂直领导更能促进旅游从业者工作投入。

（3）工作投入与旅游从业者工作幸福感的关系

工作投入已成为酒店和旅游领域中学者和管理者的热门话题（Radic et al.，2020）。研究表明，高工作投入的从业者会产生积极的影响，如工作满意度（Ozyilmaz et al.，2015）、积极的服务氛围（Llorens et al.，2007）、组织绩效（Radic et al.，2020）和从业者幸福感的提升（Arwab et al.，2022）。作为一种积极反应，工作投入反映了从业者的主动动机（Kulikowski et al.，2020），即工作投入是通过工作场所的高度努力、积极认知来实现自我实现的重要途径之一，而幸福感被认为是自我实现的最终结果（Yang et al.，2019）。可见，工作投入是从业者幸福感的重要激励因素（Ariza-Montes et al.，2019）。因此，工作投入对提高从业者的幸福感具有积极作用（Johnson et al.，2018）。此外，相关研究也支持了工作投入对从业者幸福感的积极影响（Shimazu et al.，2015）。例如，拉迪克等（Radic et al.，2020）发现邮轮从业者工作投入对其幸福感具有正向影响。基于此，本研究提出如下假设：

H22：工作投入会对旅游从业者工作幸福感产生正向影响。

（4）工作投入的中介作用

研究表明，从业者工作投入在领导行为和从业者工作满意度之间存在中介效应（Ozturk et al.，2021）。杨等（Yang et al.，2019）引入工作投入作为中介变量来解释职业适应性对员工工作幸福感的影响。乔等（Joo et al.，2022）

指出，当从业者认为领导者赋予他们权力时，他们往往对工作更加投入，从而也更可能感知到自我价值的实现。然而，旅游从业者工作投入在共享领导和旅游从业者工作幸福感之间的中介作用却缺少探究（Teo et al.，2020）。根据工作要求—资源理论，共享领导会为从业者提供其工作投入的相关工作资源（Arnold，2017），进而提升从业者幸福感的积极结果（Ariza-Montes et al.，2019；Arwab et al.，2022；Shimazu et al.，2015）。工作要求—资源理论已被广泛应用于研究从业者工作投入的预测因素（Suifan，Abdallah & Al Janini，2018），并提出工作资源具有激励个体和提高工作投入的作用（Fürstenberg et al.，2021）。领导者可以为团队成员提供工作资源，尤其是共享领导可以为成员提供决策机会（Khan et al.，2021），通过培养他们学习、成长和发展的能力增加他们在工作中投入更多精力，从而提升工作幸福感。可见，共享领导对从业者工作投入有促进作用（Imam et al.，2021；Klasmeier et al.，2022），且相关研究也支持了工作投入对提升从业者工作幸福感的积极作用（Shimazu et al.，2015；Shuck et al.，2014）。基于此，本研究提出如下假设：

H23：旅游从业者工作投入在领导模式与其幸福感之间起中介作用。

（5）任务复杂性的调节作用

任务复杂性与团队领导模式之间有着十分重要的联系（Carson et al.，2007），复杂的任务环境需要一个提供支持和非单一领导的领导者（Mahmood et al.，2019），比如能授权和分享职责给团队成员的领导者，即共享领导（Imam et al.，2021）。如果任务复杂程度较高时，从业者在团队自主权和技能共享的支持下将提高其工作兴趣和工作投入（Jung et al.，2022）。同时，工作要求—资源理论指出，工作要求会导致从业者有限资源的损耗，而工作资源不仅有利于提升从业者工作投入，还能在一定程度上缓解高工作要求带来的消极影响（Bakker et al.，2007），这意味着工作要求对工作资源与工作投入之间起着调节作用（Radic et al.，2020）。任务复杂性强调个体对工作挑战性的感知（Van Der Vegt et al.，2000），意味着任务复杂程度与执行任务时间和技能、任务相关信息数量和多样性，即任务越复杂，工作要求就越高。而共享领导可以被视为一种工作资源，可以激发从业者工作动机，提升其工作投入和工作积极性（Lau et al.，2021；Schaufeli，2015）。

此外，研究发现任务复杂性在领导行为和成员表现、团队结果之间起调节作用（Jung et al.，2022；Men et al.，2021；Müller et al.，2018）。例如，哈迪和乔达里（Hadi & Chaudhary，2021）发现任务复杂性能调节共享领导与团队成员反思之间的关系。霍赫等（Hoch et al.，2010）得出结论，当任务是例行公事时，即任务复杂程度低，共享领导对团队绩效没有影响；反之，当任务更复杂时，共享领导对成员及团队的影响更强。可见，当任务复杂程度高时，共享领导模式下的从业者会相互帮助并试图协作共同完成困难的任务，其工作需求得到了满足就会提升自身工作投入水平（Sia et al.，2015）。而在任务复杂程度低时，从业者无需领导者和其他成员的帮助，凭借自身知识、技能就可独立完成任务（Hadi et al.，2021）。基于此，本研究提出如下假设：

H24：任务复杂性在领导模式与旅游从业者工作投入之间起调节作用；

H24a：当任务复杂性高时，共享领导比垂直领导更能促进旅游从业者工作投入；

H24b：当任务复杂性低时，领导模式对从业者工作投入无显著影响。

领导者的行为会影响从业者的幸福感（Montano et al.，2017）。为了减少工作压力和获得工作幸福感，从业者需要平衡工作要求和资源（Pajic et al.，2021）。从工作要求—资源理论来看，共享领导在提高从业者幸福感方面很重要（Schaufeli，2015）。具体而言，与任务复杂性低相比，任务复杂性高的从业者可能会经历更大的工作要求，而共享领导能为从业者提供更多工作资源来应对这些要求（Inceoglu et al.，2018）。此外，工作要求—资源理论指出，工作要求和工作资源可以独立预测从业者幸福感，还可以相互作用（Pajic et al.，2021）。这意味着，工作资源能削弱工作要求对从业者幸福感的损耗（Bakker et al.，2003），以及工作要求能放大工作资源对从业者工作幸福感的提升（Tomo et al.，2019）。

此外，皮尔斯和辛斯（Pearce & Sims，2002）提出，不同的任务复杂性下，团队采用合适的领导模式会得到更好的工作效果。与垂直领导相比，任务复杂性高时共享领导模式下的从业者能够充分发挥自身的特长和知识，能充分体现从业者的自主性和创造力（Carson et al.，2007），从而促进从业者幸福感的提升（Müller et al.，2018）。反之，对于简单的工作任务而言，从业者的工作主要是低技能和劳动密集的，其自主性通常较低（Vidal，2013），单一领导者便可发挥领导职能来完成任务。基于此，本研究提出如下假设：

H25：任务复杂性在领导模式与旅游从业者工作幸福感之间中起调节作用；

H25a：当任务复杂性高时，共享领导比垂直领导更能提升旅游从业者工作幸福感；

H25b：当任务复杂性低时，领导模式对旅游从业者工作幸福感无显著影响。

【研究框架】

基于上述研究假设，本研究提出了理论模型（见图 5-12），并通过实验研究对其进行了检验。实验一考察了领导模式（共享领导 vs. 垂直领导）、旅游从业者工作投入及其幸福感之间的影响关系（H20~H22）和旅游从业者工作投入的中介作用（H23）。实验二探讨了任务复杂性（高 vs. 低）对领导模式与旅游从业者工作投入及其幸福感之间的调节作用（H24 和 H25）。

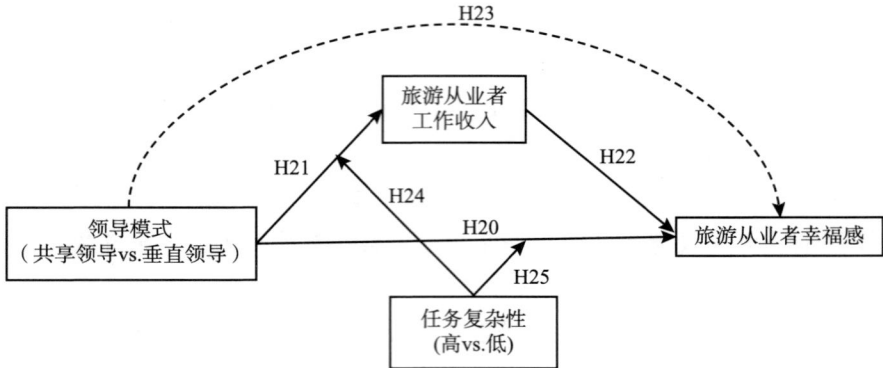

图 5 – 12　理论模型

注：H23 表示旅游从业者工作投入在领导模式与其幸福感之间起中介作用。

5.6.3.3　实验一

【实验设计】

实验一采用单因素组间实验设计（领导模式：共享领导 vs. 垂直领导），研究通过国内知名在线数据调研平台（Credamo. com）公开招募参与者参与本次实验，并通过问卷作答限定功能对参与者进行了筛选，只有在职旅游从业者可以填写本问卷。研究共招募了 80 名参与者（男性占 40.00%）作为实验对象，参与者被随机分为两组（共享领导组 40 人，垂直领导组 40 人）。

参与者首先阅读领导模式的刺激材料。共享领导的领导模式描述为："想象你在一家旅游企业工作了很久，对目前所在的团队 A 非常熟悉。任职以来，你们团队完成了很多次任务。每次接到任务后，大家会一起讨论工作内容、具体细节及衔接和配合问题。对于不同的工作内容，团队会根据成员的特长和能力来确定每一环节由哪位成员来领导。在工作中，你和同事们经常相互配合和帮助。每次任务结束后，你们会进行工作复盘并彼此提出优点及不足，互相学习。在团队 A 你能感受到十分自由和自身能力的提升"。垂直领导的领导模式描述为："想象你在一家旅游企业工作了很久，对目前所在的团队 A 非常熟悉。任职以来，你们团队完成了多次任务。每次接到任务后，领导会通过开会或者发送邮件来给每个人安排工作。对于工作上的问题，你必须第一时间向领导请示汇报，待领导反馈后再进行反复调整和改进。你和你的同事们在工作上几乎没有互动和交流。每次任务结束后，领导会进行工作复盘指出每个人在工作中的不足。在团队 A 你能感受到一定的工作压力而且没有个人发挥的机会。"

参与者被随机分配到共享领导和垂直领导两种情境中。首先，请参与者认真阅读刺激材料，并将自己想象成为材料中的团队 A 的成员。刺激材料阅读完成后，要求被试填写身份转换量表、情境真实性量表、刺激材料理解量表及领导模式操控变量检验量表；其中，身份转换量表、情境真实性量表、刺激材料理解量表、操控变量检验量表均为单题项李克特7级（1代表非常不同意，7代表非常同意）评分量表。其次，参与者被要求根据自己阅读材料后的真实感受填写旅游从业者工作投入和旅游从业者幸福感问卷，所有题项均采用李克特7级量表进行测量（1＝非常不同意，7＝非常同意）；其中，旅游从业者工作投入的测量参考了肖费利、巴克尔和阿拉诺娃（Schaufeli，Bakker & Alanova，2006）的研究，共包括9个题项，旅游从业者幸福感的测量参考了郑等（Zheng et al.，2015）的研究，共包括5个题项。最后，参与者被邀请填写人口统计信息（见表5-14）。本次调查共收集80份有效问卷。

表5-14　　　　　　　　　　实验一实验样本信息

人口统计	类别	样本量	占比（%）	人口统计	类别	样本量	占比（%）
年龄	18~25岁	22	27.50	性别	男	32	40.00
	26~35岁	48	60.00		女	48	60.00
	36~45岁	8	10.00	文化程度	高中以下	0	0.00
	46~55岁	2	2.50		高中/职高	1	1.25
	55岁以上	0	0.00		大专	10	12.50
月收入	3000元以下	8	10.00		本科	51	63.75
	3000~4999元	12	15.00		硕士及以上	18	22.50
	5000~7999元	14	17.50	职务	一线职员	24	30.00
	8000~10000元	11	13.75		基层管理人员	22	27.50
	10000元以上	35	43.75		中层主管	13	16.25
工作年限	1年以下	10	12.50		高管	17	21.25
	1~3年	32	40.00		合伙人或店主	2	2.50
	3~5年	22	27.50		其他	2	2.50
	5年以上	16	20.00				

【结果分析】

刺激材料的真实性检验结果表明，多数参与者实现了身份转换，即能够将自己想象为团队A的成员（$M_{身份转换}=6.00$，$SD=1.26$，$t=42.49$，$p<0.001$）。此外，多数参与者认为材料情境是真实的（$M_{情境真实}=5.83$，$SD=1.15$，$t=45.51$，$p<0.001$），且能够很好地理解材料情境（$M_{材料理解}=6.00$，$SD=1.45$，$t=37.02$，$p<0.001$）。

领导模式对旅游从业者工作投入的单因素方差分析的结果发现：相较于分配到垂直领导情境中的参与者（$M_{垂直领导} = 3.59$，$SD = 1.89$），被分配到共享领导情境中的参与者（$M_{共享领导} = 5.80$，$SD = 1.13$）工作投入更强（$F_{(1,78)} = 40.40$，$p < 0.001$，$\eta^2 = 0.34$）。进一步地，当参与者感知到领导模式为共享领导时，其对旅游从业者幸福感的影响也更加积极（$M_{共享领导} = 5.92$，$SD = 1.02$；$M_{垂直领导} = 3.70$，$SD = 1.88$；$F_{(1,78)} = 43.04$，$p < 0.001$，$\eta^2 = 0.36$），由此，H20 和 H21 得到验证（见图 5-13）。以旅游从业者工作投入为自变量，其幸福感为因变量进行线性回归分析，结果显示，旅游从业者工作投入对其幸福感存在显著的正向影响（$\beta = 0.98$，$t = 47.77$，$p < 0.001$），H22 得到验证。

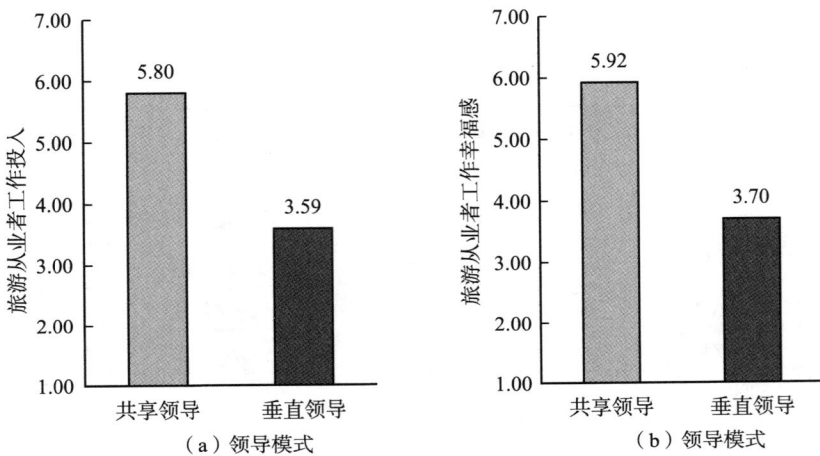

图 5-13　领导模式对旅游从业者工作投入及其幸福感的影响

旅游从业者工作投入的检验。本研究采用海斯（2013）提出的 Bootstrap 方法，选取 PROCESS 分析程序中的 Model 4，以领导模式为自变量，旅游从业者工作投入为中介变量，其幸福感为因变量，置信区间设置为 95%，通过自助采样（Bootstrap）重复 5000 次。结果显示，旅游从业者工作投入在领导模式与幸福感之间的中介效应显著（$\beta = -2.096$，$SE = 0.362$，95% $CI = [-2.738, -1.529]$），且中介效应占总效应的比例为 94.42%，因此 H23 再次得到验证（见表 5-15）。

实验一的研究结果表明，共享领导比垂直领导更能提升旅游从业者工作投入及其幸福感，且旅游从业者工作投入也能提升其幸福感。此外，研究发现，旅游从业者工作投入在领导模式和旅游从业者工作幸福感之间起中介作用。然而，实验一仍存在一些局限，在不同领导模式下，任务复杂性可能会产生不同的影响。因此，本研究将通过实验二来解决该局限。

表 5 – 15　　　　　　　　　旅游从业者工作投入的中介作用

项目	工作投入			幸福感		
	系数	标准吴	t	系数	标准误	t
常数	8.017	0.551	14.56***	0.550	0.233	2.36**
领导模式	−2.214	0.348	−6.36***	−0.124	0.094	−1.32
工作投入				0.947	0.025	38.19***

总效应、直接效应和间接效应	效应直	Boot 标准误	Boot 95% CI		相对效应
			下限	上限	
总效应	−2.220	0.338	−2.783	−1.657	
直接效应	−0.124	0.094	−0.280	0.033	5.58%
间接效应	−2.096	0.362	−2.738	−1.529	94.42%
	$R^2 = 0.341$		$R^2 = 0.356$		
	$F_{(1, 78)} = 40.401***$		$F_{(1, 78)} = 43.042***$		

注：* 表示 $p < 0.05$，** 表示 $p < 0.01$，*** 表示 $p < 0.001$，均为双侧。

5.6.3.4　实验二

实验二将在实验一的基础上，引入任务复杂性作为调节变量，进一步探讨任务复杂性（高 vs. 低）对领导模式、旅游从业者工作投入及其幸福感之间的调节作用。

【预实验】

（1）实验设计

为确保团队任务复杂性得到有效操控，在开展正式实验之前，本研究首先进行了预实验。通过在线数据调研平台（Credamo. com）招募的 78 名实验志愿者（男性占 38.50%）被随机分到两个实验组，其中高任务复杂性组 40 人，低任务复杂性组 38 人。要求被试首先阅读团队任务复杂性刺激材料，高任务复杂性的刺激材料表述为："想象你在一家旅游企业工作了很久，对目前所在的团队 A 非常熟悉。最近公司要求您所在的团队与当地文旅局及其他旅游企业合作举办一场过程烦琐、环节多样的大型旅游文化节庆活动。活动前，企业需要做好活动宣传，并且要求你们学习相关文化旅游知识，你的团队需要经常开会讨论并设计出突出地方特色的形象和徽标，并根据当地建议进行反复调整改进。活动中，你们需要接待游客、安排食宿、布置会场、把控流程。活动后，你们要对游客进行满意度调研然后反馈意见，汇总活动数据，最后联系媒体进行会后宣传。"低任务复杂性的刺激材料表述为："想象你在一家旅游企业工作了很久，对目前所在的团队 A 非常熟悉。最近公司要求您所在的团队在当地景区为某中学策划一场过程简单的小型景区参观活动。您的团队曾为其他中学策划过类似活动，参观路线及活动内容都已经有成熟的方案，所以此次不需要提前学习新的内容。在前期您的团队仅需开一次会明确成员的分工，并且每个成员的工作内容比较固定和简单，能够独立完成。由于此次活动仅用时一天，所以您的团队只需要提供一套完整的方案，无须考虑活动后续的事项。"

（2）实验程序

阅读刺激材料结束后，参与者填写了身份转换量表、情境真实性量表、刺激材料理解量表和任务复杂性操控检验量表，其中身份转换量表、情境真实性量表、刺激材料理解量表同实验一，团队任务复杂性操控检验量表（Cronbach's $\alpha = 0.973$）源自甘扎克（Ganzach，1998），并根据研究情境适当修改，包括"我们团队的工作经常需要集体讨论""我们团队的工作内容经常变化""我们团队的工作要求很强的团队合作能力"等题项，量表采用李克特7级评分法。

（3）实验结果

刺激材料的真实性检验结果表明，多数参与者实现了身份转换，即能够将自己想象为团队 A 的成员（$M_{身份转换} = 6.10$，SD $= 0.80$，$t = 67.44$，$p < 0.001$）。此外，多数参与者认为材料情境是真实的（$M_{情境真实} = 6.10$，SD $= 0.92$，$t = 58.58$，$p < 0.001$），且能够很好地理解材料情境（$M_{材料理解} = 6.03$，SD $= 1.20$，$t = 44.54$，$p < 0.001$）。此外，单因素方差分析结果显示，高任务复杂性组的任务复杂程度显著高于低任务复杂性组（$M_{高任务复杂性} = 6.05$，SD $= 0.63$；$M_{低任务复杂性} = 3.38$，SD $= 1.97$，$F_{(1,76)} = 66.48$，$p < 0.001$），因此刺激材料的情境真实性和操控有效性均通过检验，可用于正式实验。

【正式实验】

（1）实验设计

正式实验采用领导模式 2（共享领导 vs. 垂直领导）× 2 任务复杂性（高 vs. 低）的双因素组间设计，通过在线数据调研平台（Credamo. com）招募 320 名志愿者，其中 25 人因未通过甄别题项和不认真作答被剔除，295 名实验志愿者为本次实验对象（女性 159 人，占比 53.90%）（见表 5 – 16），参与者被随机分到 4 个实验组中（共享领导 × 高任务复杂性，$n = 73$；共享领导 × 低任务复杂性，$n = 75$；垂直领导 × 高任务复杂性，$n = 72$；垂直领导 × 低任务复杂性，$n = 75$）。

（2）实验程序

实验开始后，参与者被要求阅读所在组的领导模式和任务复杂性的刺激材料，并想象自己身处其中，然后根据自己的真实感受填写相关题项。领导模式刺激材料与实验一相同，任务复杂性的刺激材料和预实验相同。身份转换量表、情境真实性量表、刺激材料理解量表、旅游从业者工作投入量表以及旅游从业者幸福感量表操控有效性量表与实验一相同。最后参与者报告了基本人口信息（见表 5－16），每位完成实验的参与者将获得一个 2 元的红包。

表 5－16　　　　　　　　　　实验二正式实验样本信息

人口统计	类别	样本量	占比（%）	人口统计	类别	样本量	占比（%）
年龄	18～25 岁	56	18.98	性别	男	136	46.10
	26～35 岁	159	53.90		女	159	53.90
	36～45 岁	61	20.68	文化程度	高中以下	0	0.00
	46～55 岁	19	6.44		高中/职高	17	5.76
	55 岁以上	0	0.00		大专	37	12.54
月收入	3000 元以下	24	8.14		本科	201	68.14
	3000～4999 元	31	10.51		硕士及以上	40	13.56
	5000～7999 元	77	26.10	职务	一线职员	92	31.19
	8000～10000 元	56	18.98		基层管理人员	65	22.03
	10000 元以上	107	36.27		中层主管	63	21.36
工作年限	1 年以下	36	12.20		高管	60	20.34
	1～3 年	59	20.00		合伙人或店主	3	1.02
	3～5 年	84	28.47		其他	12	4.07
	5 年以上	116	39.32				

（3）实验结果

采用 G＊Power 3.1 计算样本量的 power 值（Faul et al.，2009），选择单因素方差分析，当组数为 4，效应量（f）设定为 0.4，显著性水平为 0.05 时，样本量为 295 的 power 值为 0.99，超过基本水平 0.80，表明正式实验样本量具有统计检验力。

刺激材料的真实性检验结果表明，多数参与者实现了身份转换，即能够将自己想象为团队 A 的成员（$M_{身份转换} = 6.13$，SD $= 0.87$，$t = 120.97$，$p < 0.001$）。此外，多数参与者认为材料情境是真实的（$M_{情境真实} = 6.21$，SD $= 0.80$，$t = 133.62$，$p < 0.001$），且能够很好地理解材料情境（$M_{材料理解} = 6.06$，SD $= 1.13$，$t = 92.43$，$p < 0.001$）。此外，单因素方差分析结果显示，两个实验组的参与者能够清晰地区分任务复杂性（$M_{高任务复杂性} = 5.47$，SD $= 1.18$；$M_{低任务复杂性} = 3.71$，SD $= 1.74$，$F_{(1,293)} = 104.85$，$p < 0.001$），说明对任务复杂性的操控是有效的。在量表的信效度方面，任务复杂性、旅游从业者工作投入

和旅游从业者幸福感量表的 Cronbach's α 系数分别为 0.938、0.978、0.970，均大于 0.700 的临界值，说明量表内部信度良好。

领导模式对旅游从业者工作投入的单因素方差分析的结果发现：相较于分配到垂直领导组的参与者（$M_{垂直领导} = 3.78$，$SD = 1.81$），被分配到共享领导组的参与者（$M_{共享领导} = 5.93$，$SD = 0.64$）工作投入更强（$F_{(1,293)} = 183.45$，$p < 0.001$，$\eta^2 = 0.385$），其对旅游从业者幸福感的感知也更高（$M_{共享领导} = 6.06$，$SD = 0.61$；$M_{垂直领导} = 3.73$，$SD = 1.91$，$F_{(1,293)} = 196.67$，$p < 0.001$，$\eta^2 = 0.402$），由此，H20 和 H21 再次得到验证。以旅游者工作投入为自变量，其幸福感为因变量进行线性回归分析，结果显示，旅游者工作投入对其幸福感有显著的正向影响（$\beta = 0.968$，$t = 65.99$，$p < 0.001$），H22 再次得到验证。

任务复杂性的调节效应检验。单变量方差分析的结果表明，领导模式和任务复杂性的交互项对旅游从业者工作投入存在显著影响（$F_{(3,291)} = 64.85$，$p < 0.001$，$\eta^2 = 0.419$），说明任务复杂性对领导模式与旅游从业者工作投入的关系存在调节作用。进一步的组间对比结果显示，当任务复杂性较高时，共享领导（vs. 垂直领导）对旅游从业者工作投入存在更强的正向影响（$M_{共享领导} = 5.88$，$SD = 0.58$；$M_{垂直领导} = 4.08$，$SD = 1.78$，$F_{(1,145)} = 32.83$，$p < 0.001$）；当任务复杂性较低时，共享领导（vs. 垂直领导）对旅游从业者工作投入存在更强的正向影响（$M_{共享领导} = 5.99$，$SD = 0.69$；$M_{垂直领导} = 3.47$，$SD = 1.81$，$F_{(1,145)} = 104.626$，$p < 0.001$）（见图 5 - 14）。

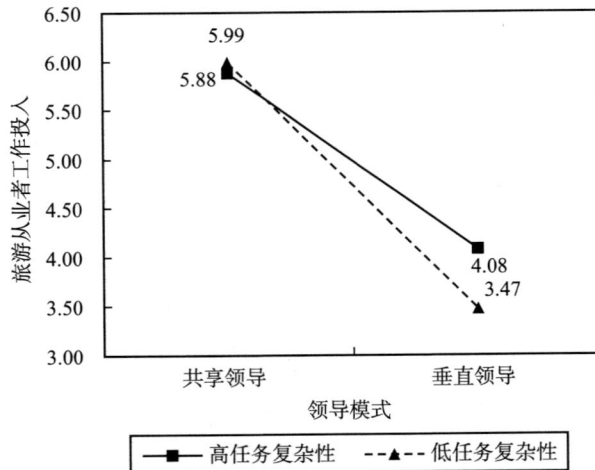

图 5 - 14　任务复杂性对领导模式与旅游从业者工作投入的调节作用

同时，采用相同的程序和方法对 H25 进行检验，单变量方差分析的结果表明，领导模式和任务复杂性的交互项对旅游从业者幸福感存在显著影响

（$F_{(1, 291)} = 5.96$，$p < 0.05$，$\eta^2 = 0.020$），说明任务复杂性对领导模式与旅游从业者幸福感的关系存在调节作用。进一步的组间对比结果显示，当任务复杂性较高时，共享领导（vs. 垂直领导）对旅游从业者幸福感存在更强的正向影响（$M_{共享领导} = 6.00$，$SD = 0.54$；$M_{垂直领导} = 4.08$，$SD = 1.92$，$F_{(1, 145)} = 67.71$，$p < 0.001$）；当任务复杂性较低时，共享领导（vs. 垂直领导）对旅游从业者幸福感存在更强的正向影响（$M_{共享领导} = 6.14$，$SD = 0.67$；$M_{垂直领导} = 3.40$，$SD = 1.84$，$F_{(1, 145)} = 104.797$，$p < 0.001$）（见图 5 - 15）。

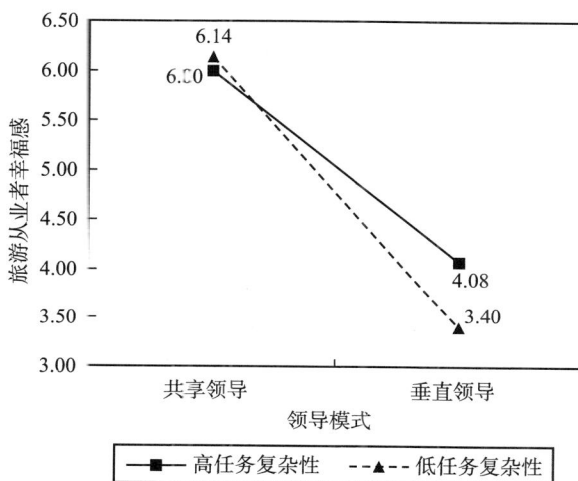

图 5 - 15　任务复杂性对领导模式与旅游从业者幸福感的调节作用

【研究讨论】

实验二模拟旅游从业者在旅游企业真实的工作情境，验证了任务复杂性（高 vs. 低）对领导模式、旅游从业者工作投入及其幸福感的调节作用，证明了研究结果的适用性。

5.6.3.5　研究结论与讨论

本研究基于工作要求—资源理论，构建并检验了领导模式（共享领导 vs. 垂直领导）对旅游从业者工作投入及其幸福感的影响模型。具体而言，实验一表明，共享领导比垂直领导更能提升旅游从业者工作投入及其幸福感，且旅游从业者工作投入也能提升其幸福感。此外，旅游从业者工作投入在领导模式和旅游从业者幸福感之间起中介作用。实验二探究了任务复杂性（高 vs. 低）对领导模式与旅游从业者工作投入及其幸福感之间的调节作用。研究发现，当任务复杂性高时，共享领导比垂直领导更能提升旅游从业者工作投入及其幸福感，而当任务复杂性低时，领导模式对从业者工作投入及其幸福感无显著影响。

首先，本研究揭示了不同领导模式对旅游从业者工作表现及其感知的影响，丰富了以往关于领导行为的研究。以往研究发现，垂直领导和共享领导对从业者及其团队绩效都有积极影响（Gregory et al.，2010；Lau et al.，2021；Rahimnia et al.，2015；Schaufeli，2015），然而，多数研究将这两种领导模式都纳入了单独研究中，鲜有学者对比垂直领导和共享领导两种领导模式可能会产生不同的结果（Hsu et al.，2017）。本研究基于工作要求—资源理论揭示了共享领导（相较于垂直领导）能为从业者带来更多工作资源，从而提高其工作投入及其幸福感。此外，虽然以往研究都强调了共享领导的积极作用（Montano et al.，2017），但本研究揭示了共享领导对从业者工作投入及其幸福感的影响机制，并进一步揭示了从业者工作投入在共享领导和从业者幸福感的中介作用。研究通过工作要求—资源理论，为揭示共享领导对从业者工作投入及其幸福感的影响机制提供了一个新的理论视角（Bakker et al.，2017；Berthelsen et al.，2018；Kim et al.，2023）。

其次，本研究揭示了任务复杂性在领导模式对旅游从业者工作投入及其幸福感的调节作用。虽然以往研究发现任务复杂性会影响领导行为而对团队成员产生影响（Choi et al.，2019），但少有研究关注任务复杂性对领导模式与成员工作表现的影响。研究结论证实了任务复杂性与领导者行为存在重要联系（Carson et al.，2007；Pearce et al.，2002）。此外，任务复杂程度在不同领导模式中发挥不同作用，即复杂的任务有助于增强共享领导的积极作用（Müller et al.，2018），该研究发现有助于全面了解任务复杂性的重要作用，并为领导模式对从业者及其团队影响提供深入了解。

最后，研究通过工作要求—资源理论揭示了领导模式如何影响从业者工作投入及其幸福感的过程，提供了理论与实践的联系，拓展了工作要求—资源理论的应用领域。工作要求—资源理论认为，工作资源是关键的激励因素，可以提升从业者工作动机及其幸福感（Berthelsen et al.，2018；Tummers et al.，2021）。任务复杂程度表示对从业者工作要求的高低，很大程度上会带来负面影响（Bakker et al.，2007）。因此，研究结果很大程度上证实了工作要求—资源理论，即工作资源对工作投入及其幸福感有积极影响，并且能减少工作要求带来的负面影响（Bakker et al.，2017）。具体而言，在高任务复杂性（即高工作要求）情况下，共享领导能为旅游从业者提供关键的工作资源，从而既减少了高工作要求的负面作用，也提升了旅游从业者工作投入及其幸福感。因此，本研究证实了工作要求—资源理论对旅游从业者工作投入及其幸福感的应用，也进一步验证了工作资源能减少工作要求的负面作用（Krick et al.，2022）。

第6章 旅游幸福管理学理论建构与实践框架

　　基于前期的基础理论研究，本书尝试深层挖掘旅游幸福感属性特征、深度融合交叉学科理论成果、深入探索中国特色旅游情境，在深刻把握未来研究方向的基础上，深化认识旅游幸福感不同主体和不同研究方向的内部联系，从整体上构建"三位一体"的旅游幸福管理的理论与实践框架。具体地，本书分别从"旅游者—旅游地居民—旅游从业者"的个体横向视角和"个体—产业—区域"的跨层纵向视角建立"三位一体"的旅游幸福管理理论框架，随后分别从旅游者、旅游地居民、旅游从业者视角构建实践框架（见图6-1）。

章 节 概 览

个体视角的"三位一体"旅游幸福管理理论框架
旅游者幸福管理的 S-E-P 框架
旅游地居民幸福管理的 S-P-H 框架
旅游从业者幸福管理的 S-P-T 框架
个体视角的"三位一体"旅游幸福管理框架提出
跨层视角的"三位一体"旅游幸福管理理论框架
幸福个体—个体幸福的全个体框架
幸福产业—产业幸福的全产业框架
幸福区域—共同幸福的全区域框架
跨层视角的"三位一体"旅游幸福管理框架提出
"三位一体"的旅游幸福管理实践框架
旅游者幸福管理策略体系
旅游地居民幸福管理策略体系
旅游从业者幸福管理策略体系
"三位一体"的旅游幸福管理实践框架的提出

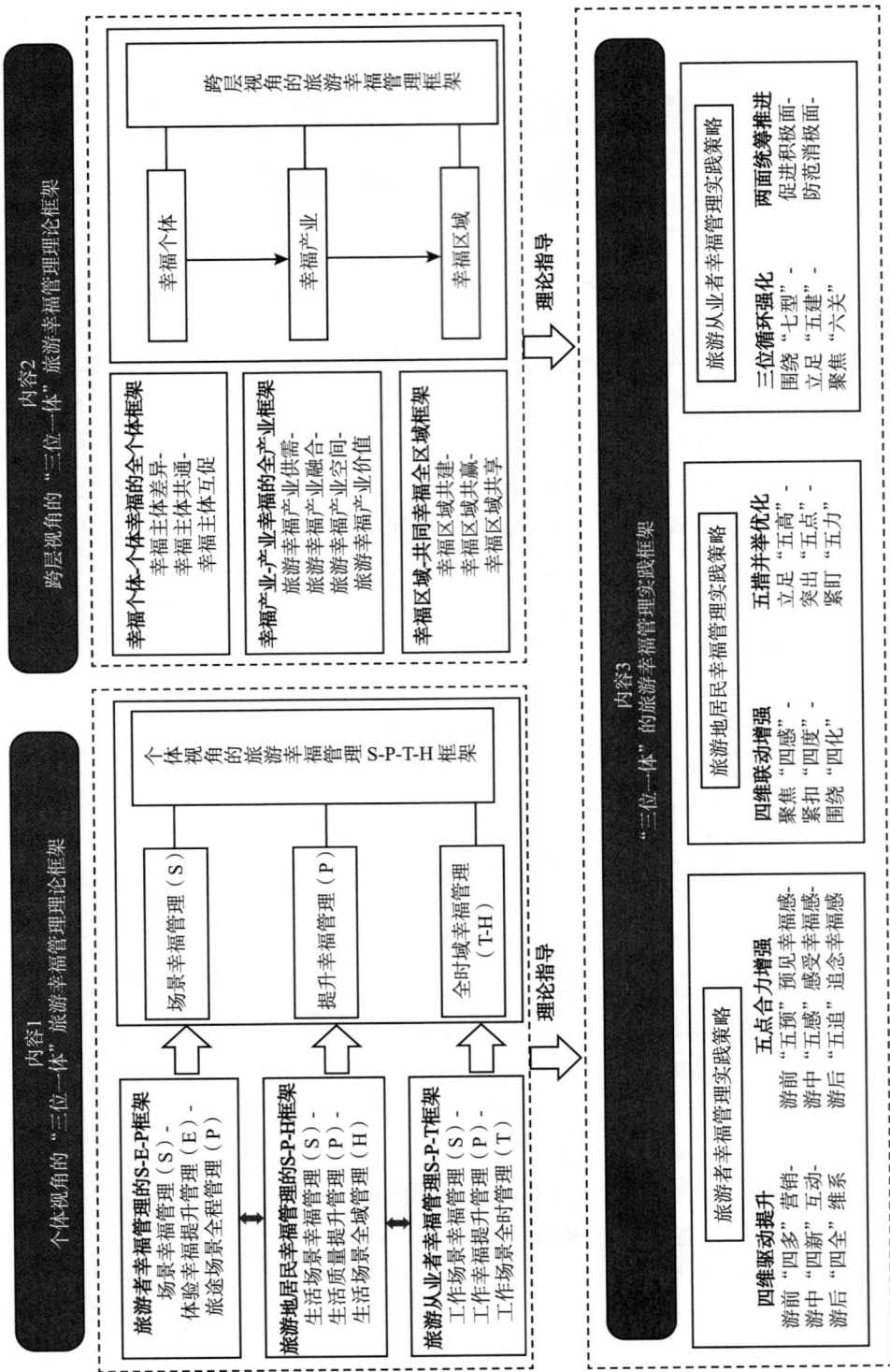

图6-1 第6章研究内容结构

6.1 个体视角的"三位一体"旅游幸福管理理论框架

6.1.1 旅游者幸福管理的 S‑E‑P 框架

当前旅游者幸福感研究大体呈现出游前、游中和游后的时间脉络；身体、心情、灵性的递进式层次脉络；宏观群体到中观亚群体再到微观个体的范围性脉络；幸福阻碍和实现的故事性脉络（蔡礼彬等，2020）。在此基础上，借鉴情境理论（Situational Theory，ST），构建出"场景幸福管理（Situational）‑体验幸福提升管理（Experience）‑旅途场景全程管理（Process）"的 S‑E‑P 旅游者幸福管理理论框架。情境理论指出情境存在于特定的时间与空间，能够影响个体的心理和行为。从某种程度上来说，人的行为和体验是情境的结果，而不仅仅是个体内部因素的产物。情境理论已经被广泛应用于解释不同情境下人们的主动性行为和体验结果（曹曼等，2020）。情境理论中所涉及的各项情境因素与旅游者在旅游过程中所面临的场景具有极大的相似性，并且均在情境的综合影响下产生一系列的心理、态度和行为的变化。值得注意的是，时间要素作为一类重要的情境要素在以往的研究中较少涉及，考虑到旅游者在体验过程中幸福感的时间变化特征，本书在情理论基础上增加 P 模块，整合该模型以构建完整的旅游者幸福管理的 S‑E‑P 框架（见图 6‑2）。

根据 S‑E‑P 框架，应遵循场景—时间的基本逻辑构建旅游场景赋能旅游体验驱动幸福价值的管理框架。第一，旅游场景作为旅游者幸福感提升的重要供给侧部分，贯穿旅游者与旅游目的地的物理、社会象征互动的始终（张辉等，2023），自然风景、文化氛围、创意元素和叙事故事等组成的旅游场景能够为旅游者带来积极情绪和情感价值，对幸福感创造与提升具有重要作用。首先，旅游场景的物理要素能够满足旅游者功能性需求（张晓等，2020），应明晰旅游地空间布局、空间氛围、旅游地标志纪念品、恢复性自然环境和数字化新情境对旅游者感官体验的影响，建立旅游场景物理要素对旅游者享乐幸福感的影响机制与路径。其次，旅游场景的社会要素有助于旅游者情感关系和幸福能量的增进（陈晔等，2017），应探索旅游者—旅游地居民—旅游从业者等群体的多元人际互动、社会规范、社会支持、社会参与、差序格局关系、子代—亲代关系对旅游者幸福体验、享乐和实现幸福感的影响作用过程。最后，社会象征要素所具有的符号意义能够促进旅游者的情感体验（李瑞等，2022），应归纳不同文化情境下文化标志品、文化符号和象征物对旅游者意义体验的作用机制。

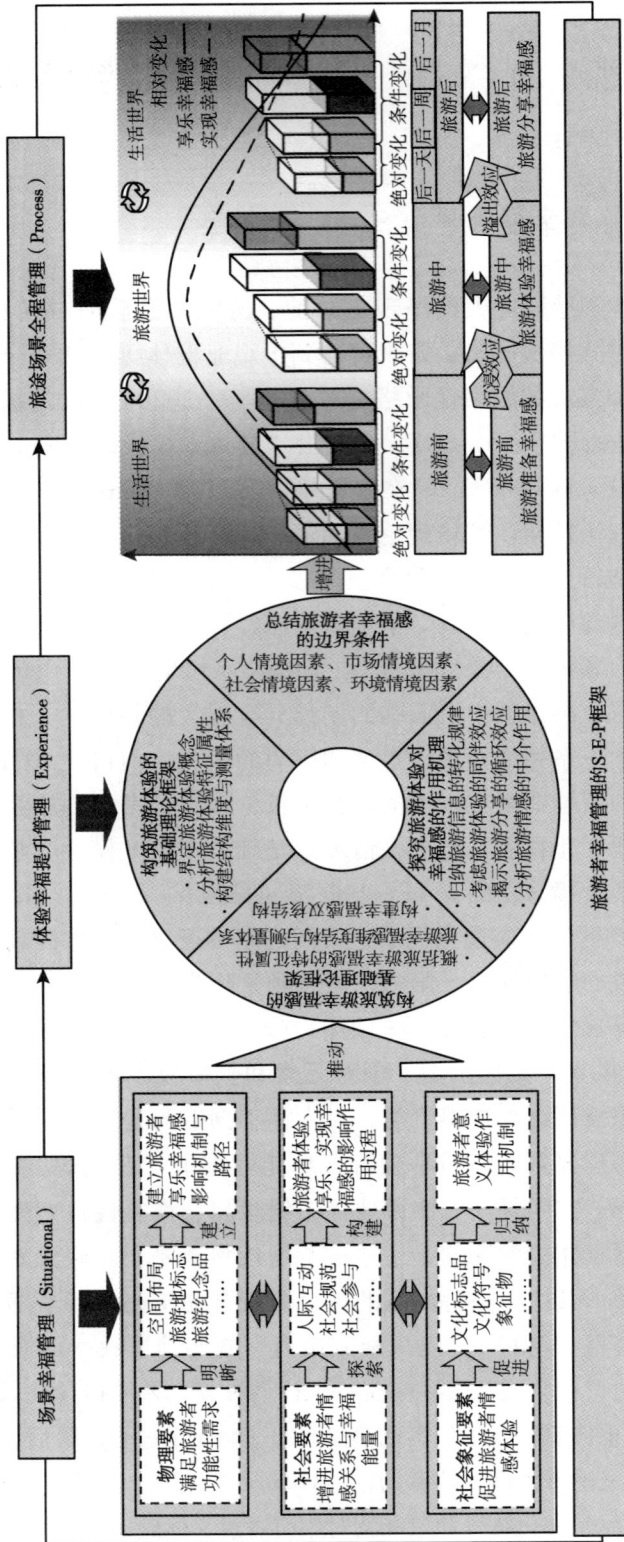

图6-2　旅游者幸福管理的S-E-P框架

第二，从个体视角看，旅游者在旅途中的各种体验构成了幸福感的来源，在不同旅游场景下，旅游体验价值具有多元化特征（陈欣等，2021；那梦帆等，2019），建立旅游体验促进幸福感的 S - E 理论框架需要从以下四个方面进行。首先，构建旅游体验的基础理论框架。应结合旅游消费和旅游活动的独特性界定旅游体验的概念，从具身性、时空性、创造性、多维性、序列性、动态性、交互性、主观性、整合性、整体性等深入分析旅游体验的特征属性；从感官体验、情感体验、行为体验、想象体验、期待体验、虚拟体验、知识体验、原真体验、沉浸体验、逃逸体验、非凡体验、高峰体验、共创体验、求新体验等方面构建旅游体验的维度结构与测量体系。其次，构建旅游幸福感的基础理论框架。应基于旅游消费和旅游活动的特殊性，从文化性、主观性、阶段性、多维性、个体性等方面概括旅游幸福感的特征属性；从物质幸福感、家庭幸福感、健康幸福感、安全幸福感、工作幸福感、社区幸福感、情感幸福感、个人发展幸福感、休闲幸福感等方面构建生活领域视角下的旅游者幸福感维度结构与测量体系；从享乐幸福感和实现幸福感两个维度构建旅游者幸福感的双核结构。

再次，应根据各阶段旅游体验的重点，探究旅游体验中的不同因素对幸福感的作用机理。考虑到信息在体验阶段的重要作用，应归纳旅游地社会责任动机归因及旅游地社会责任策略对旅游者出游意向的影响机理，阐明旅游目标公开及动机对旅游者目标一致行为的影响机制、作用过程及转化规律，进而揭示旅游地社会责任对旅游者出游行为的助长效应。考虑到同伴在旅游体验中的重要作用，应探析旅游同伴、相对能力、同伴数量、同伴关系强度等旅游同伴要素对旅游者幸福感的影响机制，揭示旅游者在场体验与幸福感之间的同伴效应。考虑到分享在旅游后的重要性，应建立游后回忆和叙事分享对幸福感的作用机制，揭示旅游分享与旅游者幸福感的循环效应。另外，由于幸福感是旅游者在旅游过程中体验到的积极情感（余润哲，2022），并从中获取意义的状态，应分析旅游者满意、情感、信任、承诺、背叛、认同、自豪感、情绪唤醒等在旅游者幸福感形成中的中介作用。最后，鉴于旅游幸福感也会因游客与旅游目的地互动的情境不同而产生显著差异，应总结触发或抑制旅游者幸福感的边界条件，探索面子意识、旅游停留时间、旅游同伴相对能力、旅游者人口学特征等个人情境因素（张天问等，2014）；价格促销策略、营销渠道、网络口碑等市场情境因素（杨金华等，2021）；亚文化群体动机、Z 世代群体文化和社会关系格局等社会情境因素（粟路军等，2019；Lee，2023）；旅游地声誉、旅游地类型、经济发展水平、文化认同程度、文化价值观等环境情境因素（郑华伟，2016）在旅游者幸福感形成机制中的调节作用。

第三，旅游者幸福感在旅游过程中也会随着时间变化存在显著差异，且主要存在游前、游中、游后的旅途阶段变化和幸福感溢出的短期和长期效应（旅游业对国家经济社会发展的战略作用课题组，2015）。因此，过程视角下的旅游者幸福感管理（P）应从时空视角分析旅游幸福感的全过程变化规律和分阶段作用机理，整合构建旅游体验对旅游者幸福感影响的时空变化规律分析框架。首先，揭示旅游准备幸福感的产生过程，分析旅游宣传片、游记、影视作品、文学作品等表征物对旅游者预见、预想、预知幸福感的作用，探讨旅游准备通过影响旅游者期待从而影响旅游前幸福感的过程机制，探究旅游目的地可达性的调节机制。其次，揭示旅游体验幸福感的形成机理，探索旅游活动类型对旅游者沉浸及旅游者幸福感的影响机理，分析具身性的沉浸体验对感知、感受、感触幸福感的动态变化规律（Aho，2001；贾慧敏等，2022），剖析旅游社交情境在幸福感中的调节机制。再次，揭示旅游分享幸福感的溢出效应，厘清旅游体验分享对旅游者自我发展及旅游后幸福感的作用机制，分析照片分享、体验评价、关系管理等对旅游者追念、追忆、追寻幸福感的动态影响（吕兴洋等，2023；向科衡等，2023），并进一步剖析实现幸福感与享乐幸福感在不同的旅游活动类型中的相互转化规律。最后，总结全过程旅游幸福感变化规律。从旅游前、旅游中、旅游后、旅游后一天、旅游后一周、旅游后一个月的多过程揭示享乐幸福感和实现幸福感在旅游过程中的"绝对变化"规律、"相对变化"规律，探索基于不同类型旅游活动享乐幸福感和实现幸福感的"条件变化"规律。此外，根据定点理论，游客幸福感水平会随着旅途的结束而呈现短暂的淡出效应，因此应建立系统的幸福感测量体系，分析长期和短期旅游者幸福感的变化规律（吴艾凌等，2020）。

6.1.2 旅游地居民幸福管理的 S – P – H 框架

当前学术界对旅游地居民生活质量的研究起源、定义、维度结构与测量、影响因素及形成机制、产生的结果及其作用机理、变化规律、研究方法等已经积累了一系列认识，相关研究从自发零散的状态逐渐过渡到规范有序的状态，研究深度和广度都取得了较大的进展。在前期的研究基础上，本书借鉴刺激—机体—反应（Stimuli-Organism-Response，S – O – R）理论分析框架，构建出"生活场景幸福管理（Scene）—生活质量提升管理（Promote）—生活场景全域管理（Holistic）"的 S – P – H 旅游地居民幸福管理理论框架（见图 6 – 3）。S – O – R 理论作为极具解释力的理论框架，在旅游领域内被广泛应用于解释与旅游利益相关者个体相关的各种内外部刺激因素对个体的认知或心理反应的作用及随后对行为影响的过程。学者们认为旅游者在面对外部刺激时产生的认知和情感反应是机体反应的核心内部过程，刺激是消费者认知和情感变化的驱动力（刘雷等，2021）。该理论在内涵指向上切合旅游地居民生活质量的认知和情感

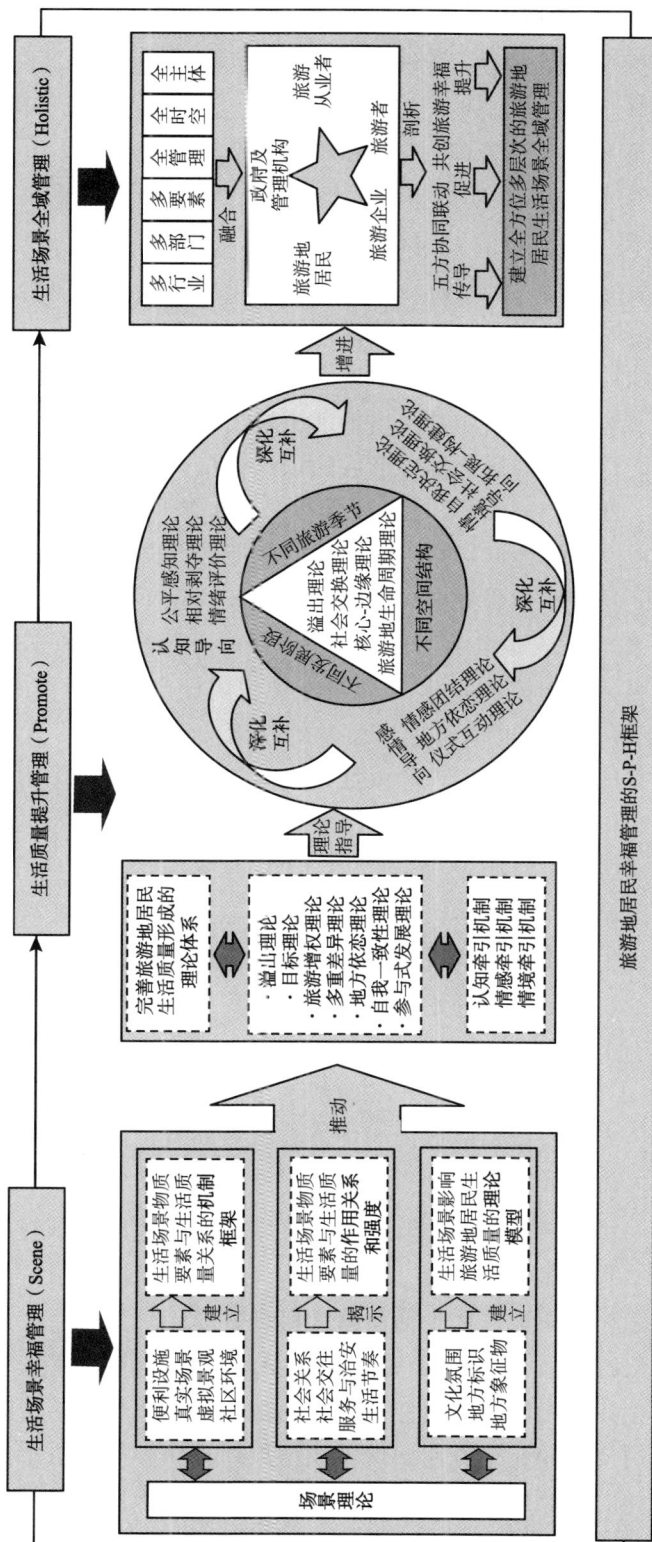

图6-3 旅游地居民幸福管理的S-P-H框架

属性，因此本书以 S－O－R 理论分析框架作为基础来构建旅游地居民幸福管理的整合理论模型具有一定的合理性，能够为未来旅游地居民幸福管理提供参考依据。

根据 S－P－H 框架，旅游地居民幸福管理应包括旅游地外部环境刺激即生活场景（S）、生活质量提升管理（P）和旅游地全域内资源要素（H）。其中，生活质量提升管理（P）应在明晰旅游地居民生活质量的反应规律和影响过程（O）和旅游地居民生活质量的影响结果（R）的基础上提出理论框架。第一，良好的旅游地生活场景是提升旅游地居民生活质量、满足旅游地居民美好生活的重要前提，优美的生活场景有助于提升旅游地居民的身体健康、促进旅游地居民的社区交流和社会互动、增加旅游地居民的社区归属感（张辉等，2023），从而显著提升旅游地居民生活质量。场景理论指出，不同的物质功能体、生活与服务方式和表征符号等舒适物组合形成的场景中蕴含着促进人们自我发展的能量（张必春等，2022）。因此，建立生活场景幸福管理框架（S）应从以下 3 个方面进行：①考虑旅游地博物馆、电影院、餐厅和公园等不同的便利设施组合、真实和虚拟的景观类型、社区环境等与旅游地居民生活质量的关系，建立生活场景物质要素与生活质量关系的机制框架；②探究旅游地不同的社会关系、社会交往、服务与治安和生活节奏等要素的内涵和属性（McCabe et al.，2010），揭示生活场景社会要素与生活质量的作用关系和强度；③分析旅游地的文化氛围、具有地方意义的标识和象征物对生活质量的影响作用，最终从物理、社会和象征结构维度建立生活场景影响旅游地居民生活质量的理论模型。

第二，旅游地居民生活质量提升管理（P）是多方因素综合作用的结果。首先，研究不同因素对旅游地居民生活质量的影响过程（O）既需要在理论层面完善旅游地居民生活质量影响过程的理论体系，运用溢出理论、多重差异理论、地方依恋理论、旅游增权理论、目标论、自我一致性理论、参与式发展理论等，解释旅游地居民生活质量的形成机理（Bimonte et al.，2016；Backer，2019；Mathew et al.，2017；梁增贤，2018），并考虑不同理论的适用性，建立适用于旅游地居民生活质量形成机理的理论基础。同时也需要在实证层面上探索旅游地居民生活质量的影响机制，从个体层面明晰旅游发展获利、感知公平等要素对旅游地居民生活质量的重要影响；从旅游目的地层面探讨旅游地社会责任（动机归因、信息框架、策略、类型等）、旅游地环境质量、负面宣传和旅游地声誉等要素对旅游地居民生活质量的促进效应。

其次，揭示旅游地居民生活质量的影响结果（R），建立后效研究框架。鉴于旅游地居民生活质量的认知属性、情感属性和情境属性，应分别从认知导向、情感导向和情境导向 3 个方面归纳影响结果。在认知导向方面，可以运用公平感知理论、相对剥夺理论、情绪评价理论探索旅游地居民生活质量对公平感知、相对剥夺感知和感知公民价值等的影响机制（朱欢等，2022；汪丽等，

2022）。在情感导向方面，可以运用情感团结理论、地方依恋理论、仪式互动理论等探索旅游地居民生活质量对情感团结、地方认同和旅游发展认同等"权力－情感"的影响机制。在情境导向方面，可以运用自我决定理论、社会交换理论、拓展—构建理论等探讨生活质量对积极口碑宣传、保护环境行为、支持旅游发展等概念的影响机制（粟路军等，2020）。

再次，探析旅游地居民生活质量的形成机制。针对旅游地居民生活质量的认知属性、情感属性和情境属性，应分别建立相应的认知牵引机制、情感牵引机制和情境牵引机制，并探索不同牵引机制之间的相互作用关系。最后，归纳总结旅游地居民生活质量在旅游地不同发展阶段、不同空间结构、不同旅游季节存在的动态变化规律（Kim et al.，2013）。依据旅游地生命周期理论探索旅游地居民生活质量的时空变化规律（Kim et al.，2013），在时间上揭示旅游地居民生活质量在旅游地生命周期不同阶段的倒"U"型变化规律，在空间上揭示旅游地"核心—边缘"结构的调节作用（Chancellor et al.，2011；Jeon et al.，2016）。

第三，旅游地生活场景是指以旅游地居民生活为核心且涉及多行业、多部门、多要素和全时空、全主体和全管理的旅游目的地场域要素，"全域"是其重要的内涵属性。因此，要建立全方位、多层次的旅游地居民生活场景全域管理（H），需要从以下三个方面出发：①将信息、人才、资金、技术、资源等要素的全域流动纳入生活场景全域管理框架中，考虑不同要素的因果反馈关系及系统间的相互影响关系，分析场景要素提升生活质量的多重逻辑（张辉等，2023）；②突破旅游地之间的空间障碍和区域障碍，推进旅游地多元生活场景的主动融合、充分融合和创新融合，揭示实地场景与虚拟场景创造生活质量的异同；③建立"五方协同联动，共创旅游幸福"的旅游者幸福感共创和提升机制（陈晔等，2023），剖析旅游者、旅游地居民、旅游从业者、旅游企业、政府及管理机构等旅游地五大利益相关者主体在创造旅游地幸福生活场景中的角色与作用，厘清不同主体幸福感相互传导、相互促进、相互提升的作用机制，最终建立旅游地集体幸福的全域框架。

6.1.3　旅游从业者幸福管理的 S－P－T 框架

研究旅游从业者幸福感对于提升员工满意度、改善工作环境、促进团队合作、提升旅游业形象、推动旅游业可持续发展和创新具有重要意义。相关研究主要围绕旅游从业者幸福感的概念内涵、维度结构、旅游从业者幸福感的影响因素和旅游从业者幸福感的形成机制进行了一系列探讨，并对旅游从业者的创新绩效、工作绩效、心理资本、积极情绪、离职意愿和离职行为等进行了深入研究，为旅游从业者幸福管理的研究奠定了坚实的基础。在此基础上，本书借鉴场景理论（Scene Theory）和工作幸福感理论（Workplace Well-Being，WWB）构建出"工作场景幸福管理（Scene）—工作幸福提升管理（Promote）—工作场景全时管理（Time）"三位一体的 S-P-T 旅游从业者幸福管理框架（见图 6-4）。场景理论被广泛应用于解释旅游目的地的各种场景中，特别是场景理论的整体性、多元性和动态性符合旅游地的场景特征，能够为旅游地场景的演变提供适当的分析框架（邵明华等，2022）。此外，工作幸福感的相关研究表明，从业者在工作情境中的幸福感主要包括个体对物质层面内容的体验、精神层面的感受和对工作过程和结果的认知评价，这些研究成果为旅游从业者幸福感研究分析框架的建立提供了重要前提。最后，旅游从业者的幸福感问题也与时间高度相关，他们在工作时间—空闲时间之间的冲突会对工作绩效和幸福感产生显著影响，特别是在工作时间中的时间压力、时间管理倾向和在工作空闲时间中的惬意度均与幸福感密切相关（黎耀奇等，2023）。因此，需要增加时间模块（Time）建立旅游从业者幸福感的时间管理框架，从工作场景全时管理的角度综合考虑旅游从业者的幸福感提升。

根据 S-P-T 框架，旅游从业者幸福感应从导游、酒店从业者、景区从业者、旅行社从业者、旅游目的地管理者等群体的工作场景（S）出发，通过工作场景全时管理的视角（T）对工作幸福感提升（P）的影响因素和形成机制进行研究，最终建立旅游从业者工作幸福提升管理的综合框架。第一，旅游从业者的工作场景主要由管理方式、资源条件和人际关系/氛围三个方面构成（杨秀秀等，2021），为此需要从以下方面展开。首先，旅游企业的管理方式指管理者在组织、指导和控制组织中的人员、资源和活动时所采取的方式和方法（程占红等，2016），主要涉及协调、激励、沟通、领导、监督和适应等方面。应从多元管理风格（如回避型风格、迁就型风格、竞争型风格、合作型风格和妥协型风格）、多元激励方式（如分散性激励、差异化激励和精神激励等）、多元沟通方式（下行沟通、上行沟通、平行沟通、正式沟通与非正式沟通等）等方面，综合建立旅游从业者管理方式的研究体系（张江驰等，2020）。其次，资源条件是旅游从业者工作场景的载体和基础要素，鉴于旅游场景的动态性和流动性，未来应探索工作场景的物质资源、信息资源、财务资源、培训资源和支持资源等对旅游从业者工作绩效和幸福感的影响（Pyke et al.，2016；McCabe et al.，2013）并区分不同资源条件在影响层次和强度上的差异。最后，探究旅游从业者与游客、旅游地居民等群体人际关系（关系质量、关系格局）以及旅游从业者—目的地居民的人地关系与幸福感的影响关系，总结不同水平和类型的人际关系和人地关系在旅游从业者幸福感中的重要作用。

第二，明晰旅游从业者工作幸福感的影响因素、形成机制和作用结果是做好工作幸福提升管理（P）的重要前提。首先，因为旅游从业者工作幸福感研究

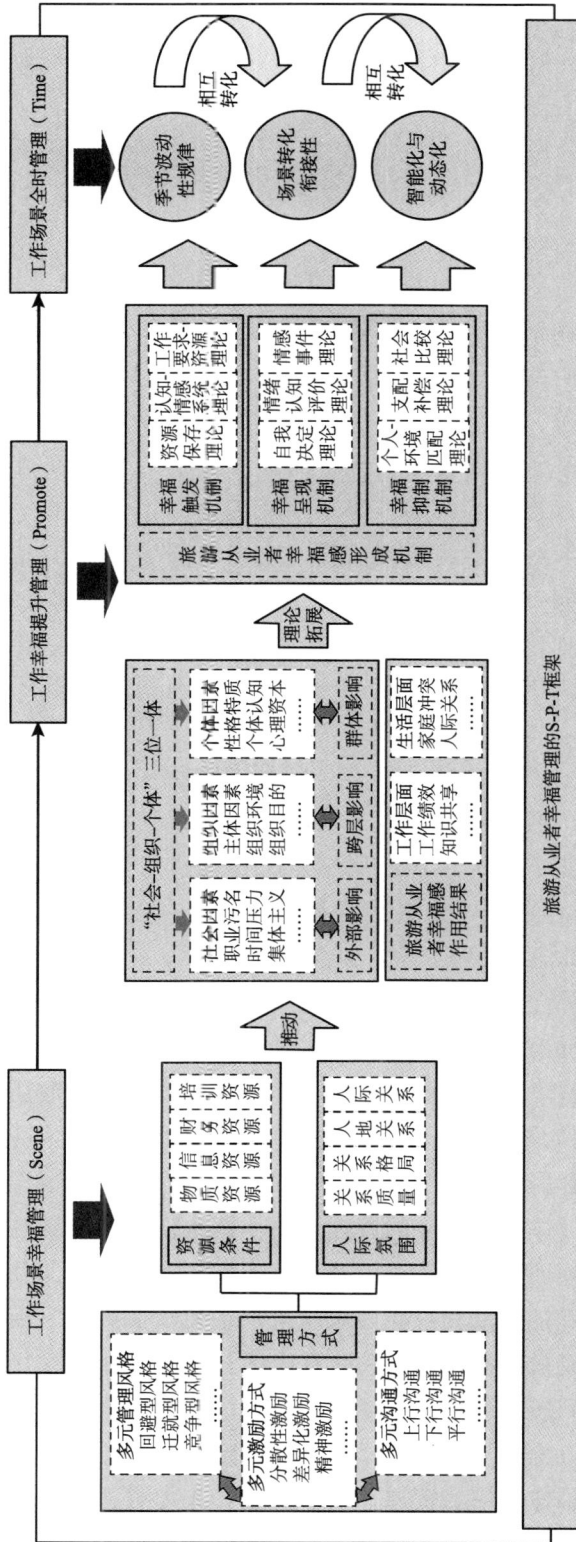

图6-4 旅游从业者幸福管理的S-P-H框架

从属于员工工作幸福感研究，本质上也是组织与管理行为研究的重要细分领域，因而可以借鉴组织与管理行为领域的研究成果，将旅游从业者工作幸福感的影响因素归纳为社会因素、组织因素和个体因素，从而建立"社会－组织－个体"三元一体的分析框架。社会因素应基于旅游行业的特殊性，考量旅游企业社会责任、职业污名、时间压力、数字化环境、集体主义等影响旅游从业者幸福感的外部因素；组织因素应考虑管理主体因素、组织环境因素和组织目的因素、组织结构因素和组织人际氛围等对旅游从业者幸福感的跨层影响；个体因素则虑性格特质、个体认知、个体情感和个体心理资本等因素在旅游从业者幸福感中的作用，并针对导游、酒店从业者、景区从业者等不同群体建立群体自画像，分析不同工作特性对旅游从业者幸福感影响的群体差异特征。其次，应基于不同理论对旅游从业者幸福感形成机制进行多视角讨论。如基于资源保存理论、认知—情感系统理论和工作要求—资源理论等探讨主客体互动、组织归属感、组织信任、组织认同等因素在旅游从业者幸福感中的幸福触发机制（黎耀奇等，2021）；基于自我决定理论、情绪认知评价理论和情感事件理论等探讨积极情绪、中性情绪和消极情绪在旅游从业者幸福感中的幸福呈现机制；基于个体—环境匹配理论、支配补偿理论和社会比较理论探讨经济、旅途、文化等因素在旅游从业者幸福感中的幸福抑制机制。最后，旅游从业者幸福感是个体对自身当前所从事旅游工作各方面的积极评价和情感体验，具有丰富的溢出效应，应探索其对工作方面（如工作绩效、创新绩效、知识共享、组织归属感、工作创造力等）的作用机理（李东等，2020）和对生活方面（如生活满意度、家庭冲突、人际关系等）的作用机理（McCabe et al.，2013）。

第三，由于旅游行业本身的时间动态性和空间变化性，导致旅游从业者的幸福感也兼具时间动态性和阶段性变化，因此建立工作场景的全时管理（T）尤为重要。首先，基于旅游资源的时间淡旺季特征，应总结酒店、景区、旅行社等工作场景的季节波动性规律，归纳在不同时间轴下，不同的宣传推广计划、价格调整策略和服务质量水平等措施的实施效果，进而根据旅游资源的淡季、旺季时间变化规律制定相应的管理策略。其次，生活场景与工作场景的转换是旅游从业者必须面对的问题，因场景转换不当所产生的工作—家庭冲突往往会给旅游从业者幸福感及其身心健康产生一系列负面影响，因此需要综合考虑工作场景与生活场景的衔接性——联系生活与工作，从工作场景到生活场景再到工作场景的时间转换视角建立幸福感影响因素的场景体系。最后，随着工作场景的智能化与动态化，应结合5G、人工智能、区块链等技术建立时间轴管理体系，将时间轴作为信息资源、技术资源、人力资源流动的基础支撑，促进工作场景全时管理的理论体系建立。

6.1.4　个体视角的"三位一体"旅游幸福管理框架提出

基于前文所述，个体视角的"三位一体"旅游幸福管理框架应是以旅游者、旅游地居民和旅游从业者为主体，以实现旅游利益相关者幸福最大化为目标，以积极心理学和人本管理学思想为基础，以全过程和多阶段为特征的一种理论体系。这不同于传统的旅游幸福研究理论框架，传统旅游幸福感研究往往聚焦于单个群体，甚至是某一种影响因素，呈现出零散、碎片化特征（蔡礼彬等，2020），割裂了旅游幸福管理各个命题和概念之间的内在关联。而本书所构建的"三位一体"旅游幸福管理框架则在遵循旅游幸福研究脉络的基础上，高度整合现有研究成果，结合幸福感发展的理论背景和时代背景，旨在促进旅游发展更好地满足人民美好生活需要，为不断增强人民群众幸福感提供理论支撑。在前文分别对旅游者、旅游地居民和旅游从业者三主体幸福管理框架阐释的基础上，本书最终构建了"场景幸福管理（Scene）–提升幸福管理（Promote）–全时域幸福管理（Time–Holistic）""三位一体"的旅游幸福管理 S–P–T–H 框架（见图 6–5）。

具体而言，场景幸福管理涵盖旅游场景幸福管理、生活场景幸福管理和工作场景幸福管理三个方面（S）。第一，应该明晰三大场景的构成要素。根据场景理论，场景可以概括为物理、社会、社会象征 3 个方面。首先，场景幸福管理的物理维度应包括旅游地空间布局、空间氛围、恢复性自然环境等能满足旅游者功能性需求的旅游地物理环境；社区基础生活设施、建成环境、居住环境等与居民生活质量相关的生活场景物质要素；办公设施、办公环境、空间布局等与旅游从业者幸福感相关的工作场景物质要素。其次，场景幸福管理的社会维度应包括旅游者人际互动、子代—亲代关系和社会规范等有助于增进旅游者情感关系和幸福能量的社会要素；社会关系、社会交往、生活服务与治安等与旅游地居民社会交往相关的社会要素；同事关系、工作氛围和组织制度等与旅游从业者工作交往相关的社会要素。最后，场景幸福管理的社会象征维度应包括旅游地文化标志品、文化符号和吉祥物等与旅游者意义体验密切相关的文化象征要素；旅游地文化氛围、具有地方意义的标识和象征物等与旅游地居民生活信仰相关的无形文化要素；组织价值观、企业文化和组织支持性氛围等与旅游从业者实现幸福感相关的价值要素。第二，建立场景要素相互作用的结构体系，并形成理论命题。基于三大场景各个构成要素的显著差异，应深入探索物理、社会、社会象征要素在旅游者幸福感、旅游地居民生活质量和旅游从业者幸福感中的具体功能，并探明物理、社会、社会象征要素的相互作用的结构体系，形成场景要素促进幸福感的认知体系。

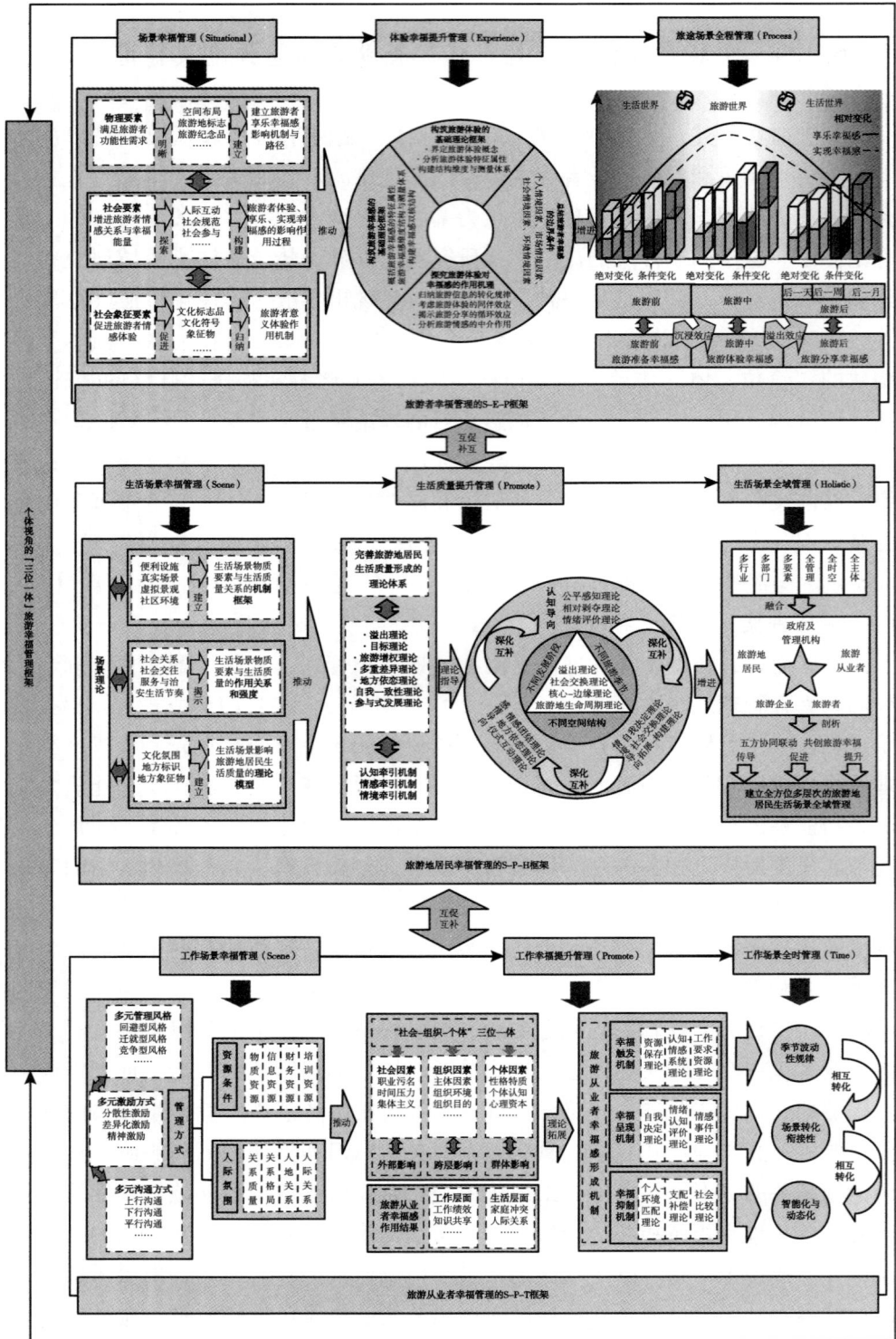

图 6－5 个体视角的"三位一体"旅游幸福管理框架

幸福提升管理主要包括体验幸福提升管理、生活质量提升管理和工作幸福提升管理三个方面（P）。第一，厘清三大幸福的内涵维度、影响要素和形成机制，形成幸福感提升的理论路径。首先，旅游体验是产生游客幸福感的核心路径，应解析旅游体验的本质特征，分类阐释文化体验、感官体验和沉浸体验等不同体验类型与预期体验、在场体验和追忆体验等不同体验阶段和旅游者幸福感的关联，探索旅游体验影响幸福感的认知、情感和态度路径，并尝试在传统理论的基础上应用新的理论解释旅游者幸福感形成中的助长效应、促进效应、同伴效应和联动效应。其次，解析旅游地居民生活质量的内涵和维度结构，完善生活场景的要素框架，从理论和实证探索多方因素对生活质量的影响过程，探索影响旅游地居民生活质量的认知牵引机制、情感牵引机制和态度牵引机制，归纳总结旅游地居民生活质量在旅游地不同发展阶段、不同空间结构、不同旅游季节存在的动态变化规律，并从认知导向、情感导向和态度导向深入挖掘旅游地居民生活质量的积极后效，建立适用于旅游地居民生活质量驱动前因、影响过程和作用结果的理论体系。最后，解析旅游从业者幸福感相对于工作幸福感的独特内涵和维度结构，综合考量社会因素、组织因素和个体因素对旅游从业者幸福感的外部（内部）、跨层（个体）影响，应用多元理论阐释不同因素对旅游从业者幸福感的触发机制、呈现机制和抑制机制，并总结旅游从业者幸福感对工作和生活的溢出效应。第二，总结跨文化差异背景下幸福感的差异，探索情境因素对幸福感的调节作用。探索在以个人主义为代表的西方文化和以集体主义为代表的东方文化背景下三大主体幸福感感知的差异，揭示三大主体旅游幸福感的文化特殊性和普适性，归纳社会情境、旅游地声誉、同伴因素、分享反馈等对旅游者幸福感的调节作用，探索自我旅游目的地联结、披露语调、披露视觉信息等在旅游地居民生活质量中的边界条件，验证面子意识、关系需要、公共关系取向等情境因素对旅游从业者幸福感的促进效应，整合构建影响三大主体幸福感的情境因素体系。

全时域幸福管理（T–H）主要从旅途的全阶段性、空间的全域性和时间的演进性等时空视角拓展了旅游幸福感研究的范围和深度。第一，分析旅途前、中、后三阶段旅游者幸福感的时空变化规律和幸福感溢出的短期和长期效应。首先，建立旅途全过程旅游体验和旅游者幸福感的管理框架，分析旅游准备幸福感、旅游体验幸福感和旅游分享幸福感的分阶段作用机理和全过程演进规律。其次，建立旅游者幸福感综合测量体系，分析旅游者幸福感的短期变化和长期演化趋势，基于享乐幸福感和实现幸福感的差异，分析享乐和实现幸福感的绝对变化、相对变化和条件变化规律以及相互转化机制。最后，分析旅游幸福感在对自我发展、创造力等方面溢出的短期和长期效应。第二，建立多要素、全时空、全主体和全管理的生活场景全域管理，分析信息、人才、资金等不同要素提升生活质量的多重逻辑，揭示虚拟与现实、过去与现在、惯常与非惯常场景创造生活质量的异同，归纳"五方协同联动，共创旅游幸福"的旅游者幸福感共创和提升机制。第三，基于旅游资源的时间淡旺季特征从管理方式、资源条件、制度规范等层面制定工作场景的时间管理策略，综合考虑工作场景与生活场景的有效衔接，从工作场景到生活场景再到工作场景的时间转换视角建立幸福感影响因素的场景体系，并将数字技术因素纳入到模型中，构建工作场景全时管理理论体系。

6.2 跨层视角的"三位一体"旅游幸福管理理论框架

旅游者、旅游地居民和旅游从业者作为旅游利益相关者的重要主体，其幸福感研究对于优化旅游体验，推动旅游地发展，提高旅游从业者的工作满意度和绩效，促进旅游业可持续发展具有重要意义。前文个体视角的旅游幸福感研究更多从横向视角关注不同主体旅游幸福感的内涵属性、维度结构、影响因素、形成机制和影响结果，进一步加深了对旅游幸福感的认识和理解，为后续研究不同主体旅游幸福感奠定了重要基础。但旅游幸福管理研究并不仅仅局限于从个体的微观视角建构幸福管理的框架，因为旅游产业作为幸福产业还具有宏观的社会使命，旅游业承担着重要的经济社会分工，承载着增进社会和谐和人民幸福的重大使命，在增进社会福祉方面具有多重逻辑内涵，因此全面研究旅游幸福管理需要从宏观、中观和微观视角进行整体讨论。鉴于此，本书进一步从"个体—产业—区域"的跨层视角提出旅游幸福管理的"三位一体"框架，分别探讨了旅游促进幸福感个体、产业和区域层面的内容框架，以丰富旅游幸福管理的理论框架体系，有利于帮助后续研究者形成对旅游幸福感研究的整体认识。

6.2.1 幸福个体—个体幸福的全个体框架

幸福是一个具有个体化特征的概念，它可以受到个人性格、文化背景、价值观和环境因素等多个因素的影响（王艺，2012）。每个人对幸福的理解和追求都可能有所不同。因此，理解和追求个人幸福的意义是一个个体化的过程，需要考虑到个人的独特经历和需求。旅游者是旅游活动的主体，旅游地居民是旅游地核心利益相关者，旅游从业者是旅游供给侧的重要提供主体，三者不同的定位和角色导致其幸福感存在显著差异。因此，基于对幸福的个体影响因素和形成机制的考虑，最终达到个体幸福的目标。故而幸福个体—个体幸福的全个体框架需要综合考量三大幸福感之间的主体差异和内在关联，从不同主体幸福感的特殊性入手进而总结其普遍性，建立"幸福主体差异—幸福主体共通—幸福主体互促"的全个体框架（见图6-6）。

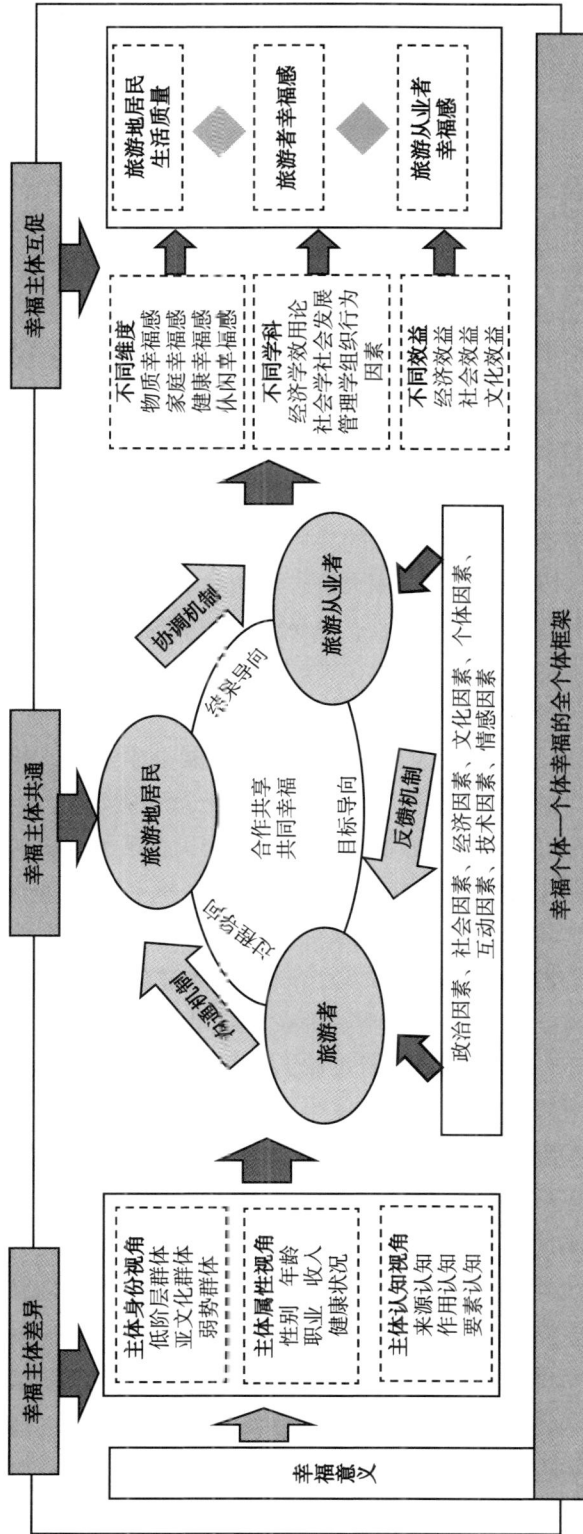

图6-6 幸福个体—个体幸福的全个体框架

第一，探究不同主体旅游幸福感的差异性特征。首先，从主体差异的身份视角揭示旅游幸福主体差异。不同主体因所处的生活环境、职业特点和个人需求的不同，导致主体幸福感存在显著差异（邵士庆，2012；高惠珠，2019）。应从幸福感的认知、意义维度探索旅游幸福感在不同群体之间的差异特征，尤其是对于低阶层群体、亚文化群体和弱势群体的幸福意义。其次，从主体差异的认知视角揭示旅游幸福主体差异。不同的教育方式、文化背景和生活经历均会导致旅游利益相关者的幸福认知差异（张振刚等，2023），未来研究应从幸福感来源认知、幸福感作用认知、幸福感要素认知等方面深入阐释不同主体幸福的认知差异。最后，从主体差异的属性视角揭示旅游幸福主体差异。先天和后天的禀赋使得旅游幸福主体在性别、年龄、健康状况、职业、婚姻、文化水平、收入等这些人口属性方面存在差异（张浩然，2022），未来研究应从这些方面揭示不同主体幸福的属性差异。

第二，探究不同主体旅游幸福感的共通性。应通过政治因素、社会因素、经济因素、文化因素、技术因素、个体因素、互动因素和情感因素等多因素的梳理寻找影响三大主体幸福感的共同因素，从而为建立共通性的研究框架奠定基础。然后，发掘不同主体旅游幸福感的内在关联。应从目标导向、过程导向和结果导向等角度分析旅游利益相关者幸福感之间的内在联系（陈晔等，2023；叶南客等，2008）。实现彼此的幸福最大化和促进旅游发展是旅游利益相关者群体共同的目标，通过沟通机制、共享机制、协调机制、反馈机制等进行合作，以满足旅游者对幸福的需求和期望、提高旅游地居民生活质量水平和旅游从业者绩效。

第三，探明不同主体旅游幸福感的互促逻辑。基于物质幸福感、家庭幸福感、健康幸福感和休闲幸福感等不同旅游幸福感划分，探索旅游者在旅游中的幸福感对家庭幸福感和工作幸福感的溢出效应。通过分析旅游者幸福感的经济效益、社会效益和文化效益，探索旅游者在追求幸福感过程中对居民生活质量和旅游从业者幸福感的影响机制；通过旅游地居民和从业者的互动方式、合作模式和社区参与等过程探索旅游地居民生活质量和旅游从业者幸福感的互促逻辑关系。此外，多学科视角融入探索不同主体幸福感的互促逻辑。例如，将经济学中的效用论和以客观指标为标准的幸福主张融入旅游者幸福感中，从幸福经济学的视角阐释不同幸福感在经济层面的促进逻辑；将社会学中的社会发展等宏观因素纳入旅游地居民生活质量的考察中，从社会发展的宏观角度建立三主体幸福感之间的联系；将管理学中组织行为因素纳入旅游者幸福感研究中，从幸福组织的中观角度考察三主体旅游幸福感的互促逻辑。

6.2.2 幸福产业—产业幸福的全产业框架

旅游业具有传播文明、交流文化、增进友谊的社会功能，作为幸福导向、健康导向、文明导向的产业，旅游业被列为五大幸福产业之首，通过发展旅游促进人民福祉是旅游社会功能的重要凸显。产业发展实践和理论研究都表明，旅游作为幸福产业，其根本作用是能提升旅游者、旅游地居民和旅游从业者幸福感或生活质量，不断增强人民群众获得感、幸福感和安全感（"旅游业对国家经济社会发展的战略性作用"课题组，2015；Su et al.，2016）。与此同时，旅游产业与其他产业不同，其并不是生产某种产品的集合，而是多个产业中某一部分产品和劳务的多重"集合"（张海洲等，2020），具有多元化、整合性、集聚性和融合性等特征。通过与其他产业融合，实现旅游产业全环节升级、全方位提质、产业链再生和延伸。因此，旅游幸福管理的产业研究应从旅游产业和幸福产业的基本属性出发，以旅游者、旅游地居民和旅游从业者为核心主体，致力于提升旅游目的地和旅游企业核心竞争力、实现旅游目的地可持续发展和提升人民幸福感，使得旅游业成为名副其实的幸福产业，为满足人民美好生活需要作出贡献，最终实现产业幸福的目标。借鉴旅游产业链的"供需链—企业链—空间链—价值链"的框架，本书进一步提出"旅游幸福产业供需—旅游幸福产业融合—旅游幸福产业空间—旅游幸福产业价值"四位一体的幸福产业—产业幸福全产业框架（见图 6 - 7）。

第一，旅游幸福产业供需框架即按照产业研究的一般要求，从供给和需求两侧揭示旅游产业创造幸福价值的特征和规律。从需求侧来说，旅游者是旅游业需求侧的核心主体，根据旅游者感知、体验和幸福感的研究，未来从旅游者感知、旅游者体验、旅游者情感体验等方面深入揭示旅游产业与幸福关系（Su et al.，2022）。从供给侧来说，应建立多主体共创幸福价值的分析框架。因为旅游地居民、旅游从业者和政府主管部门等主体是旅游活动、商品和服务的提供者，是旅游业幸福价值创造的重要参与主体，未来可以从多主体参与的方式、路径和模式等方面深入探究其中的价值创造机制。

第二，旅游幸福产业融合框架主要通过整合提供旅游产品的旅游企业，激活旅游产品的幸福功能，以企业融合的方式推进旅游产业的幸福创造，因而可从产业价值体系、产业结构体系和产业业态体系综合分析。具体而言，进一步明晰旅游产业促进幸福的价值逻辑，构建旅游产业幸福价值的宏观指标体系（亢雄，2012），在纵向价值逻辑中探索上下游旅游产业的协同合作和战略联盟创造幸福价值的作用。在横向价值逻辑中，探索同行企业分工协作和竞争合作活动创造幸福价值的作用（高园，2012）。在产业结构方面，探索一、二、三产业不同的组成及相互关联关系的变化对国民幸福水平提升的影响，研究层次化、网络化、立体化的产业结构提升国民幸福水平的差异（梁学成，2017；袁俊等，2017），总结有效提升幸福感的产业内部各行业的合理比例和有序结构。在产业业态体系方面，探索乡村旅游、城市旅游、滨海旅游、生态旅游、红色

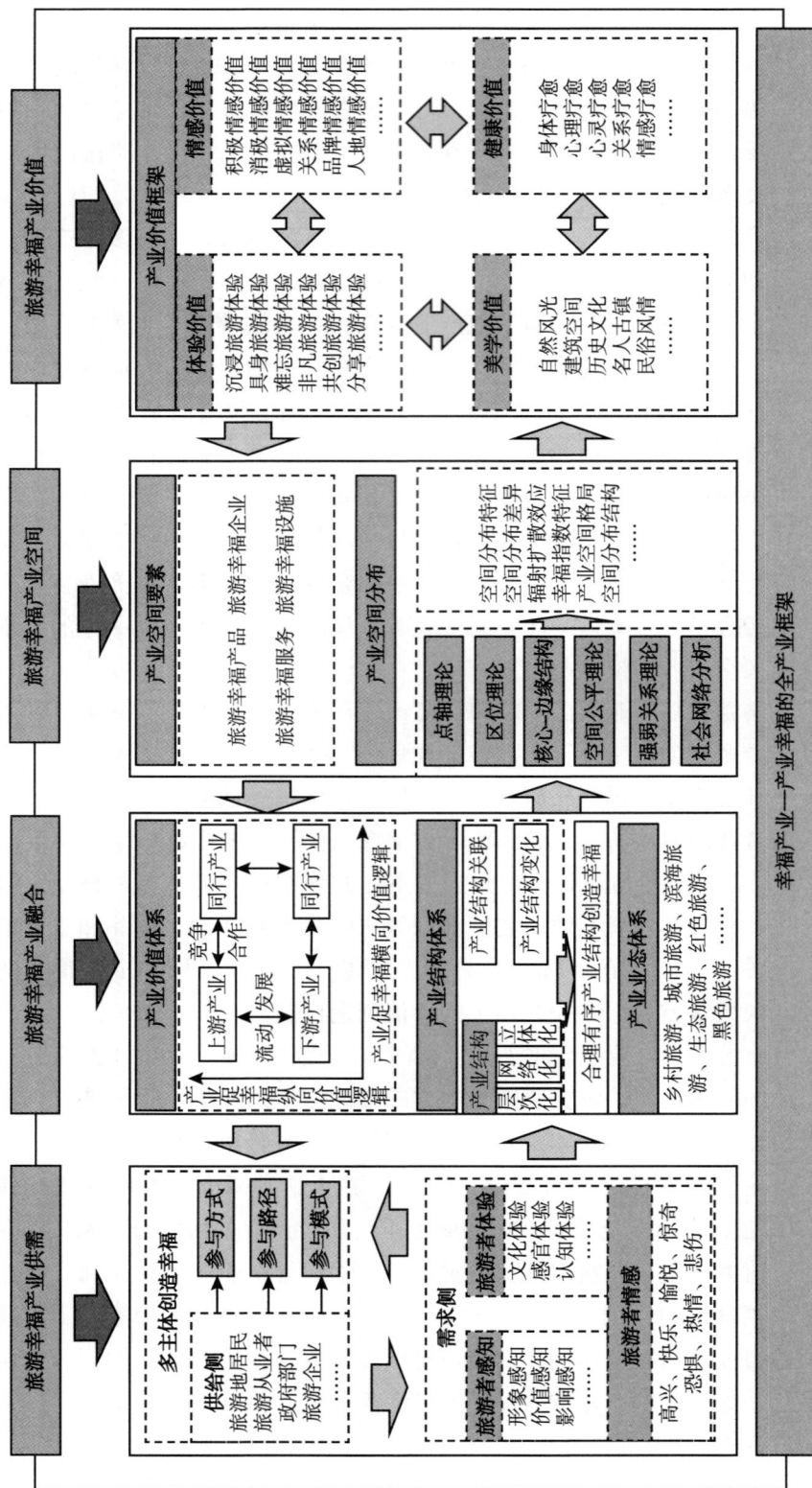

图6-7 幸福产业的全产业框架

旅游等不同的业态与旅游者幸福感的内在联系和影响机制，识别不同旅游细分业态在提升国民幸福感中的角色和地位，推动旅游幸福产业水平的提升。

第三，旅游幸福产业空间框架主要是指研究旅游幸福企业、产品、服务、设施等要素在空间上的分布与聚集，通过产业空间分布特征、差异、布局的研究揭示如何通过空间的创造和整合为旅游者提供愉悦和幸福体验的机制（麻学锋等，2022；朱海艳等，2018）。未来研究可以依据"点轴"发展理论、区位理论和幸福指数，探究不同旅游地幸福指数的空间分布特征，在此基础上分析中心节点产业对其他产业的辐射扩散效应。依据"核心—边缘"结构探索不同的产业空间布局对旅游地居民生活质量和从业者幸福感的影响（Su et al.，2022）。依据强弱关系理论和社会网络理论探索不同强度和方向的产业空间网络影响幸福感的差异，总结产业空间要素指标与居民幸福感的关系强度。

第四，旅游幸福产业价值框架主要从价值维度出发探讨旅游产业增进社会福祉的逻辑内涵，构建包括体验价值、情感价值、美学价值和健康价值在内的四维产业价值框架（陈晔等，2023）。首先，体验是旅游产业的价值核心，应在现有关于消费者体验的实用型价值和享乐型价值框架的基础上，基于旅游者体验特性，探索多样化、不同维度的体验价值（陈欣等，2020），如沉浸旅游体验、具身旅游体验、难忘旅游体验等。其次，情感价值蕴含于旅游产业为旅游者提供的人地互动过程中，因此既需要探讨旅游中人与人之间交流增进的情感（Su et al.，2020），同时也需要包括人对事物或地方的接近倾向、意义认同和心理依赖等情感。再次，探索旅游景观中自然风光、建筑空间、历史文化以及民俗风情等包含的美学要素与美学价值的关系，建立旅游美学价值的评价体系。最后，探索康养旅游产业对旅游者身体、心理或精神状态等不同层次的健康价值（吴悦芳等，2022），厘清旅游者在不同环境中的治愈效果和疗愈机制。

6.2.3 幸福区域—共同幸福的全区域框架

当前，我国社会的主要矛盾是人民日益增长的美好生活需要和不平衡不充分的发展之间的矛盾，因各个区域存在不同的资源禀赋、经济基础和产业结构，因而导致旅游促进美好幸福生活在地理空间范围上存在区域差异（倪鹏飞等，2012）。党和国家历来高度重视区域协调发展，区域协调发展是共同富裕的经济基础，也是实现全体人民共享发展成果的必由之路。幸福区域则侧重于对区域整体幸福的关注，是个本幸福与整体幸福的高度统一，追求共同幸福的宏伟目标。因此要想让旅游成为名副其实的幸福产业，充分释放旅游产业增进社会福祉的功能效应，亟待从区域的视角建立一个共建、共赢和共享的幸福区域—共同幸福全区域框架（见图 6 - 8）。

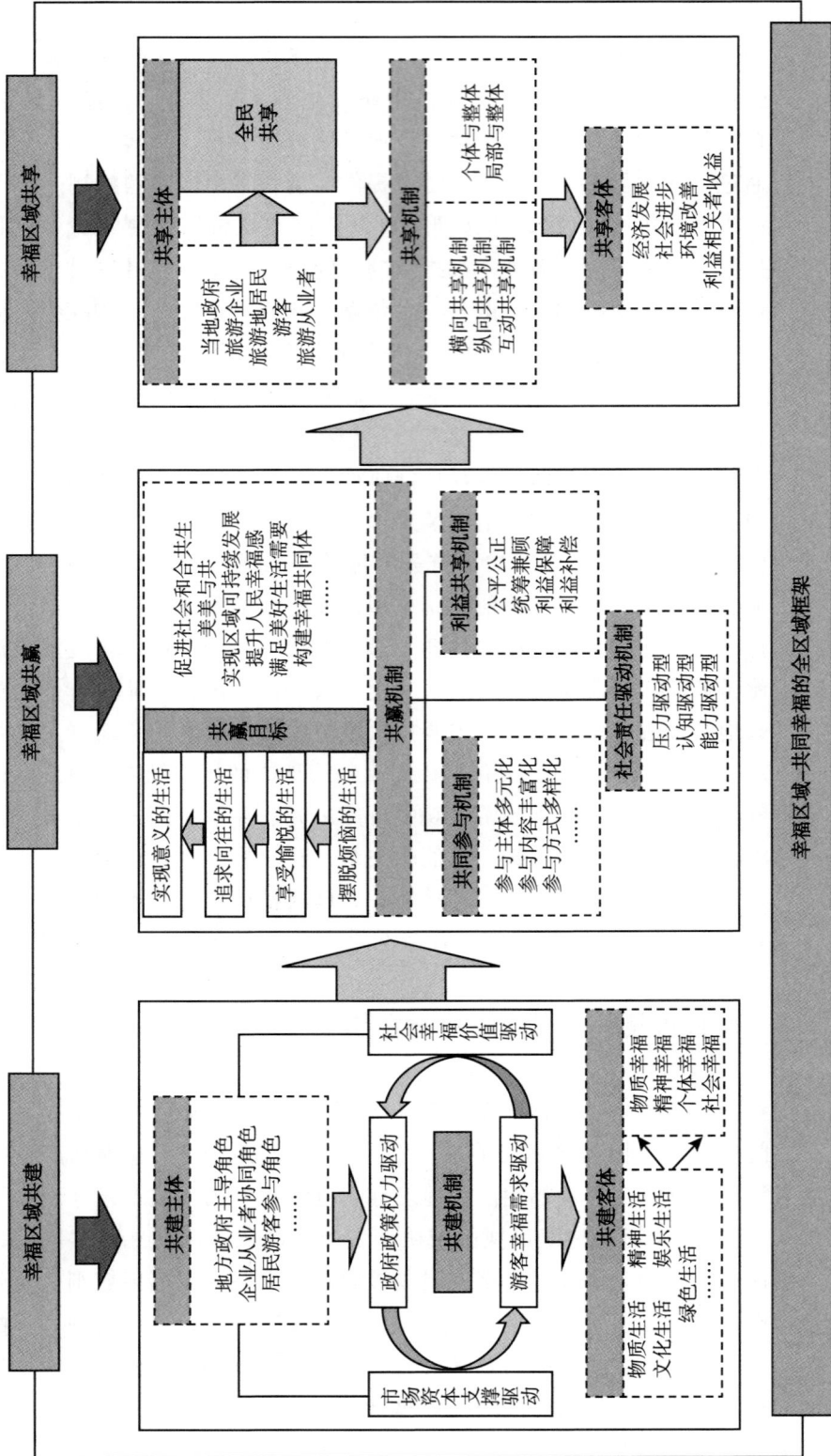

图6-8 幸福区域-共同幸福的全区域框架

第一，幸福区域—共同幸福的全区域框架依赖于多方主体共建，应明晰幸福区域的共建主体、共建客体和共建机制。旅游目的地主要涉及当地政府、旅游企业、旅游地居民、旅游者和旅游从业者等多方主体，其中旅游地居民和旅游从业者是最密切相关的利益相关者主体。未来研究应进一步探索当地政府在共建中的主导作用和角色、旅游企业和旅游从业者在共建中的协同作用和角色、旅游地居民和旅游者在共建中的参与作用和角色。幸福区域的共建客体具有层次性（马勇等，2023），基于社会经济发展现实，幸福区域共建应是包含物质幸福与精神幸福的统一、个体幸福与社会幸福的契合，应构建物质生活、精神生活、文化生活、娱乐生活和绿色生活等客体框架（梁学成，2019）。共建机制主要是如何将主体组织起来参与幸福区域共建过程，未来研究可以从政府政策权力主导驱动、市场资本支撑驱动、旅游者幸福需求驱动、社会幸福价值驱动等出发探索幸福区域共同体的共建机制。

第二，幸福区域—共同幸福的全区域框架需要考量多方共赢的共同目标，建立合作共赢的机制以推动幸福全区域的可持续性。一方面，在直接目标上，应更细致地探讨幸福全区域框架在帮助旅游利益相关者获得美好生活方面的可能性，探索摆脱烦恼的生活、享受愉悦的生活、追求向往的生活和实现意义的生活这四层追求美好生活的逻辑关系（冯晓华等，2021）。在间接目标上，应突破旅游幸福区域的局限，从更高层次上探索旅游幸福区域建设促进社会和合共生、美美与共（杨彬，2020）。另一方面，全区域框架的落地与发展依赖于良性的共赢机制，未来研究可以从共同参与机制、利益共享机制、社会责任驱动机制等方面探索多元共享机制的成效。

第三，幸福区域—共同幸福的全区域框架需以共享为原则，体现幸福区域人民至上的价值追求。为此，未来研究可从共享主体、共享客体、共享机制探究幸福全区域框架构建的共享原则。首先，基于共建共享的原则，应在共建主体的基础上，分析当地政府、旅游企业、旅游地居民、旅游者和旅游从业者等共享主体的作用和角色。其次，共享客体即共享幸福区域共同体的共建成果，根据美好生活的内涵阐释（汪青松等，2018），未来研究应从经济发展、社会进步、环境改善和利益相关者受益等方面揭示共享客体的维度。最后，完善的共享机制能够确保共同幸福的公平性，使得共建成果平等惠及区域内的所有个体（马勇等，2023），因此未来研究可以从个体、产业和区域的层面分别探索不同主体的横向共享机制、纵向共享机制和互动共享机制，重点探讨个体与整体、局部与整体之间如何协调幸福成果的分配，真正实现幸福区域人人共建，幸福成果人人共享。

6.2.4　跨层视角的"三位一体"旅游幸福管理框架提出

基于前文所述，跨层视角的"三位一体"旅游幸福管理框架主要是采用纵向视角，从个体到产业再到区域自下而上地构建了一套包含不同尺度主体的分析框架。尽管现有研究对不同尺度主体的旅游幸福研究进行了大量探讨，但大部分研究都聚焦于某一类主体，探索这一尺度主体幸福感的影响因素和形成机制，忽略了不同尺度主体之间能够通过要素流动和资源重组互相产生影响，对于产生幸福的不同尺度之间的关联和差异的研究相对不足。因此，本书通过综合考量旅游幸福管理的多维性与多尺度性，高度整合现有研究成果，结合当前幸福产业发展和定位的时代背景，构建了"幸福个体—幸福产业—幸福区域""三位一体"的旅游幸福管理框架（见图6-9），其目标不仅是梳理幸福在不同尺度主体之间的联系，更是在此基础上充分发挥旅游的福祉效应，实现个体幸福与整体幸福的统一，让旅游促进美好生活更加丰富和充实，助力"各美其美、美人之美、美美与共、天下大同"美好社会的实现。

"幸福个体—幸福产业—幸福区域"的旅游幸福管理框架具有层次递进性。具体而言，在个体层面上，需综合考量三大幸福感之间的主体差异和内在关联，建立"幸福主体差异—幸福主体共通—幸福主体互促"的幸福个体—个体幸福的全个体框架。未来研究应首先探索不同主体之间幸福感差异的内涵属性，分别从身份视角、认知视角、属性视角等揭示旅游幸福主体差异。在此基础上，通过多因素梳理寻找影响三大主体幸福感的共同因素，并基于目标导向、过程导向和结果导向等角度分析旅游利益相关者幸福感之间的内在联系，为分析不同主体幸福感的逻辑关联奠定基础。最后，可以从幸福感的多种类划分、多层次效益、多主体互动和多学科视角建立不同主体旅游幸福感的互促逻辑框架。

在产业层面上，鉴于旅游产业的丰富特征和幸福产业的多维内涵，借鉴旅游产业链的"供需链—企业链—空间链—价值链"的框架，本书提出"旅游幸福产业供需—旅游幸福产业融合—旅游幸福产业空间—旅游幸福产业价值"的幸福产业—产业幸福的全产业框架。未来研究首先可以从需求侧揭示旅游者感知和体验与幸福的关系，从供给侧建立多主体共创幸福价值的分析框架。在企业融合促进幸福创造的逻辑上，探索旅游产业价值体系、产业结构体系和产业业态体系提升幸福感的多重逻辑。在产业空间层面，借鉴空间地理学的理论框架分析旅游幸福企业各项要素在空间上的集聚和分散特征，通过空间分布特征、差异、布局的研究揭示旅游产业影响幸福感的空间效应。最后，从价值维度出发构建包括体验价值、情感价值、美学价值和健康价值在内的四维旅游幸福产业价值框架，探讨旅游产业增进社会福祉的逻辑内涵。

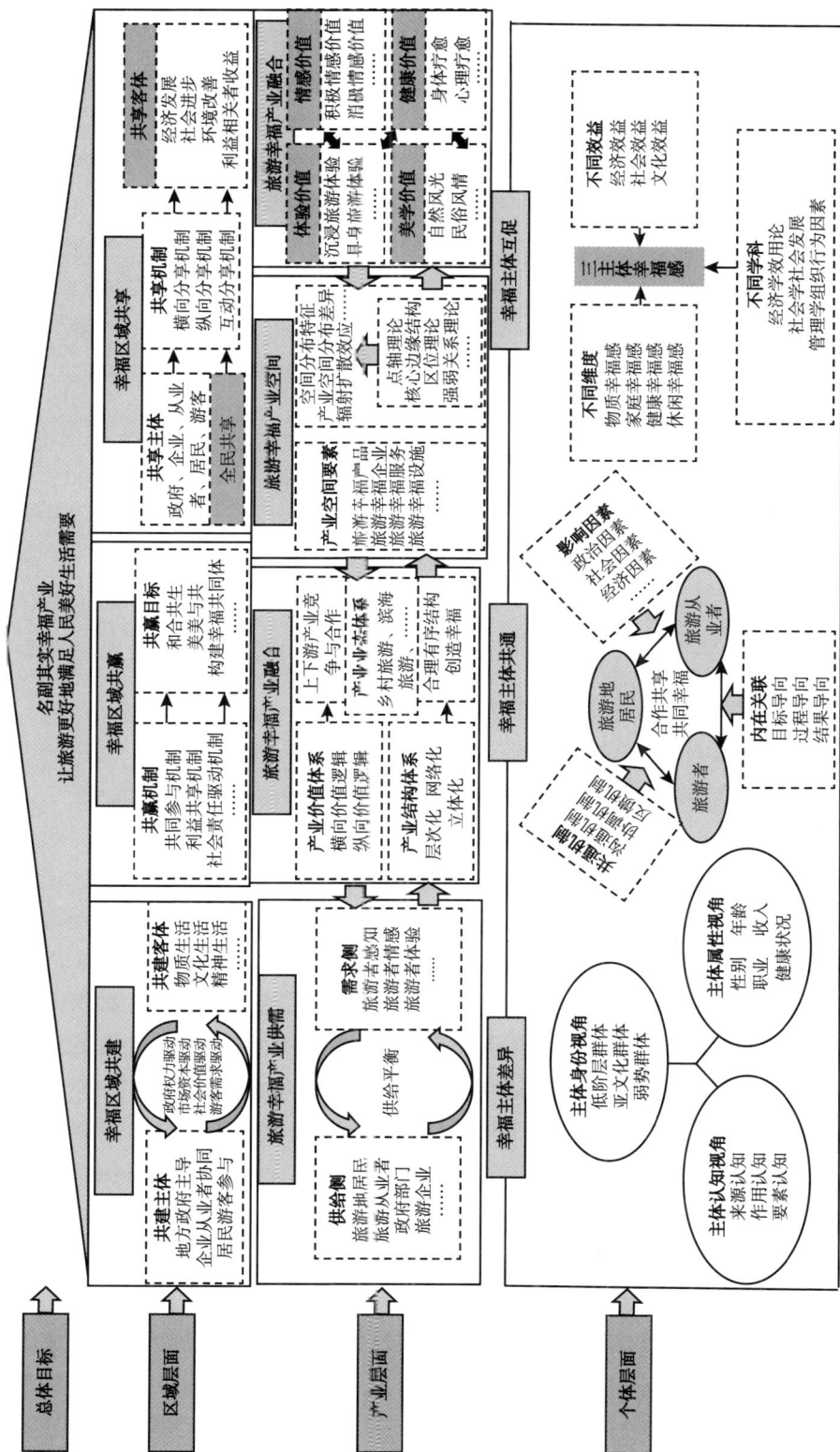

图6-9 跨层视角的"三位一体"旅游幸福管理框架

区域层面的旅游幸福管理框架侧重于对幸福整体的关注，考虑到旅游幸福管理的全面性和整体性，本书提出"多元共建—多方共赢—全面共享"的幸福区域—共同幸福—命运共同体的全区域框架。主体共建共包括共建主体、共建客体、共建机制三个方面。首先，旅游幸福全区域依赖于多方主体共建，未来研究应明晰建设旅游幸福区域的利益相关者主体，并探索各自在区域建设中的作用和角色；从经济发展、社会进步、环境改善和利益相关者受益等方面归纳旅游幸福区域的共建客体，进一步明确幸福区域的共建目标；从政府政策权力主导驱动、市场资本支撑驱动、旅游者幸福需求驱动、社会幸福价值驱动等方面探索旅游幸福区域的共建机制。其次，为推动幸福全区域的可持续发展，需要建立多方共赢的共同目标和共赢机制。未来研究可以从直接目标和间接目标两个层次明确旅游幸福区域的共赢目标，并从共同参与机制、利益共享机制、社会责任驱动机制探索多元共赢机制的成效。最后，旅游幸福区域建设以人民至上为价值追求，为此需要从共享主体、共享客体、共享机制三方面探究幸福全区域框架构建的共享原则。在多元共建主体的基础上，从物质生活、精神生活、社会生活、绿色生活等维度揭示共享客体的内涵，并从个体、产业和区域的层面探索横向共享机制、纵向共享机制和互动共享机制，真正实现旅游幸福区域人人共建，幸福成果人人共享。

6.3 "三位一体"的旅游幸福管理实践框架

旅游幸福管理学作为一门崭新的研究旅游者、旅游地居民和旅游从业者幸福感和幸福产业、幸福区域的学科，希望通过解析旅游幸福的内涵特征，厘清旅游幸福的影响要素和探明形成机制，并进一步探究幸福个体、产业和区域的尺度逻辑以构建旅游促进幸福的管理理论体系，最终让旅游更好地满足人民美好生活需要。前文在理论层面上分别构建了个体视角和跨层视角的"三位一体"旅游幸福管理框架，为旅游幸福管理的实践策略提供了理论指导。旅游幸福管理思想和理论的效果最终需要通过实践来检验，一系列管理制度、目标、方式的落地也必须依靠实践来推动。基于此，本书基于已有研究和产业实践，提出了以旅游者、旅游地居民和旅游从业者为核心的"三位一体"旅游幸福管理实践框架，旨在帮助旅游幸福管理理论更好地落地，让"旅游幸福管理"新理念能够真正落地生根，让旅游重构和贯穿当代人们的幸福新生活，更好地满足人民对美好生活的向往。

6.3.1 旅游者幸福管理策略体系

本书尝试构建针对旅游者体验、旅游者幸福感的管理策略体系，从而帮助旅游者"摆脱烦恼的生活，享受愉悦的生活，追求向往的生活，实现意义的生活"。具体而言，由于旅游者幸福感是旅游者在旅游体验前、中、后过程中的一系列认知、情感和态度反应，体验是产生旅游者幸福感的重要过程，因此本书制定"四维驱动提升"的旅游者体验优化策略和"五点合力增强"的旅游者幸福感实现路径（见图 6 - 10），全方位立体化地助力实现旅游者幸福感提升。

6.3.1.1 "四维驱动提升"的旅游者体验优化策略

本书通过"游前'四多'营销"、"游中'四新'驱动"、"游后'四全'维系"等提升旅游者不同阶段的体验，为旅游地全面提升旅游者体验及旅游者幸福感、实现人民对美好生活的向往制定"四维驱动提升"的旅游者体验优化策略。

（1）游前"四多"营销驱动提升旅游者预期体验

在游前阶段采取多渠道、多场景、多类别、多模式的"四多"营销方式，满足旅游者游前的预期体验需求，促使旅游者做出出游决策。具体来说，在旅游者需求不断呈现多元化、个性化的趋势下，构建多渠道融合的消费新格局，并持续不断用数字化技术，连接和优化旅游业生产、流通、消费、服务等各个供应链环节，满足 Z 世代、Alpha 世代等旅游者不断多样化、个性化需求，助力供应链的数实融合，降低社会成本、提高社会效率，做到不仅为旅游行业服务，也让广大旅游者实现无边界的消费体验。打造多场景覆盖，满足旅游者的核心需求，通过不断覆盖不同场景，让旅游者通过多维度体验来增加对旅游体验的认知。构建文旅数字化、产业互联网基底，采集、打通与应用多类别数据，推动旅游目的地文旅产品与服务的存量优化、增量做大、质量做优。推动多模式资源要素整合、产品服务创新，促进文化旅游工作各领域、多方位深度融合，实现资源共享、优势互补、协同并进，立足区位条件、资源禀赋和产业特征，因地制宜，走特色化、差异化发展道路，探索符合当地实际、形式多样、各具特色的文旅产业融合模式，形成可复制、可推广的经验等。

（2）游中"四新"互动驱动提升旅游者在场体验

在游中阶段向旅游者展示文旅新产品、新技术、新治理、新业态，满足旅游者在文旅实体场景下的在场体验需求，让旅游者留下深刻印象。具体来说，"四新"是以市场需求为导向，以技术创新和模式创新为内核的新型发展模式。

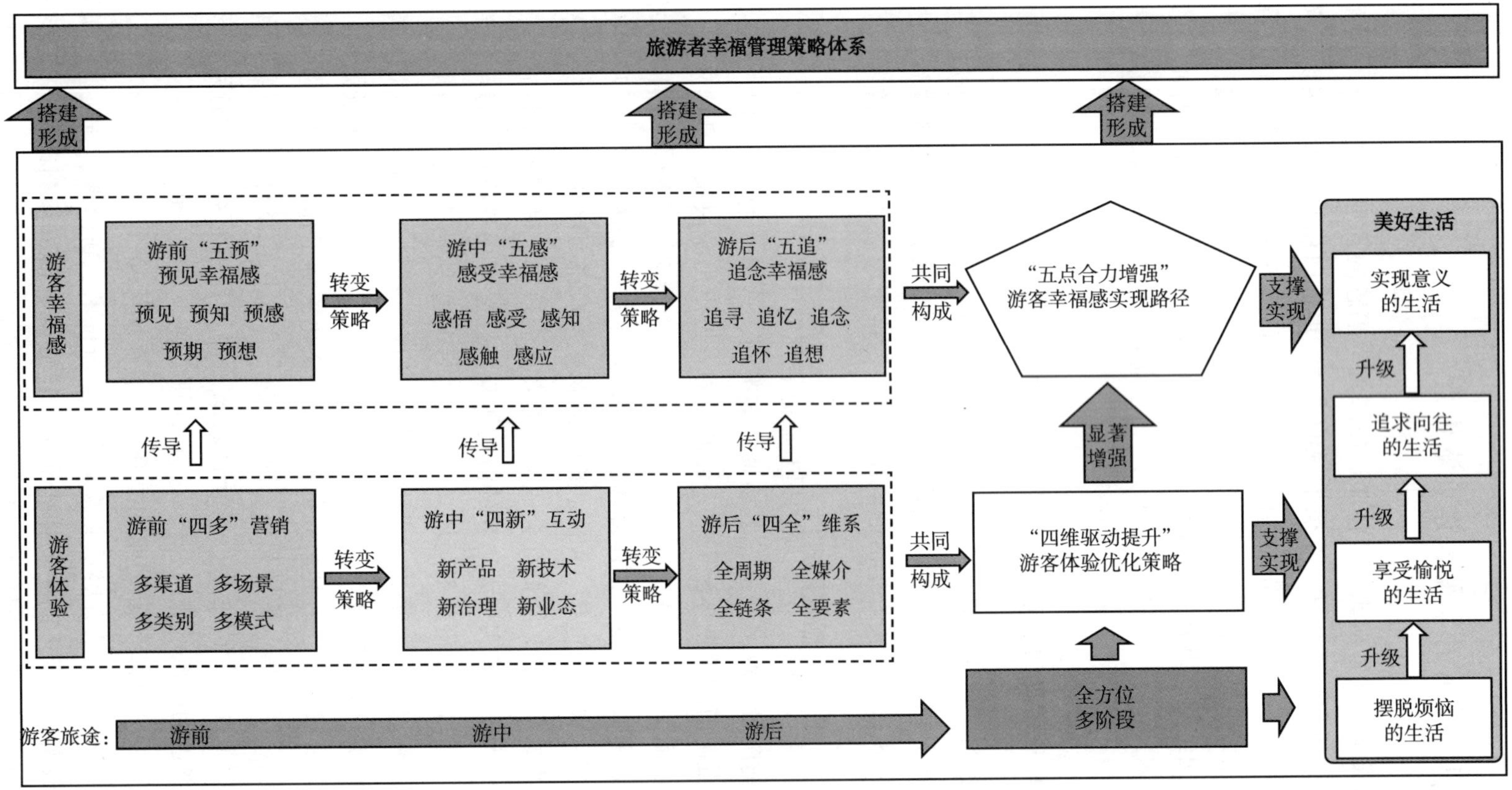

图6-10 旅游者幸福管理策略体系框架

"四新"的核心是以云计算、大数据、物联网、人工智能、5G 为代表的新一代数字技术，这些新技术的应用，改变了传统的生产方式和管理模式，促进了供需精准匹配，激发了众多新产品、新业态和新治理。"四新"的内涵分别是：新产品——基于新科技，依托新市场需求，实现产业重大变革，形成新的文旅融合产品；新技术——可实际推广、可替代传统应用、可形成市场力量；新治理——以需求为中心，打破原有价值链，实现文旅产业要素重组，用新的管理方法辅助文旅融合活动，让旅游者体验更好；新业态——伴随新信息技术应用，现有领域衍生新环节、新活动，如茶文旅：茶文化 + 旅游体验等。

（3）游后"四全"维系驱动提升旅游者追忆体验

在游后阶段通过全周期、全媒介、全链条、全要素的关系管理，促使旅游者在离开旅游地后能够产生追忆体验，促使旅游者能够传递积极口碑，培养旅游者忠诚，产生重游意向。具体来说，全周期是指游后关系维护的时间管理，尝试在游后一周、一个月、一年后定期进行维护回访；全媒介是指游后关系维护的媒介，通过自媒体、网红、形象大使等各种媒介做好客户关系管理，增强旅游者的追忆体验，提升旅游者幸福感；全链条是指关系维护的供应链管理，旅游地全链条做好服务工作使得旅游者终值体验提升，全链条包括餐馆、酒店、交通、景区、商店等；全要素是指游后关系维护的个性化管理，旅游者的共性体验与特性体验，在全面满足共性体验的基础上，抓住旅游者个性，针对性地提升旅游者幸福感，突出全面管理。

6.3.1.2 "五点合力增强"的旅游者幸福感实现路径

本书主张游前预见幸福感、游中感受幸福感、游后追念幸福感，由此分阶段剖析、多视角刻画、全要素把控，探索"五点合力增强"的旅游者幸福感实现路径。

（1）游前"五预"·预见幸福感

游前阶段，为了充分挖掘消费市场，以数字化、自媒体等为载体，抓住聚焦产品、服务营销、数字化发展三个触点，全视角展示、全系统发力、全维度传播、全方位"圈粉"，关注中国独特情境，在 Z 世代群体文化、东方相依型自我建构等方面下功夫。此外，要让潜在旅游者"预见抽离感、预想临场感、预知愉悦感、预感仪式感、预期获得感"，给予幸福感的画面，实现"身未动，心已远"，让旅游者完成从"生活态"到"旅游态"转化的预备，从而让身处惯常环境的旅游者对出游的期待产生溢出效应。

（2）游中"五感"·感受幸福感

游中阶段，鉴于以文化体验、情感体验、关系体验等为代表性的共性在场体验和以共创体验、沉浸体验、非凡体验、高峰体验等为代表性的特性在场体验会高度影响旅游者幸福感。因此，本书着力于旅游者的"感知积极情感、感受沉浸体验、感触社会联结、感应自我控制、感悟个人成长"，精细管理覆盖食、住、行、游、购、娱的旅游全要素，关注享乐型与实现型两类幸福感，全局性谋划、战略性布局、整体性推进，推出个性化旅游纪念品和本土化旅游故事，优化文旅互动模式与叙事机制，让旅游者更容易形成沉浸感，激发情感共鸣、引发深度思考，由此通过提升旅游者"五感"全方位提升旅游者幸福感。

（3）游后"五追"·追念幸福感

游后阶段，应通过追踪囊括旅游刺激物、旅游行为者、旅游地环境等的全链条产品与服务，打造旅游者反馈体系与多类型分享渠道，剖析各周期景区舆情，建设融政府及管理机构、旅游目的地/旅游企业、旅游从业者、旅游地居民、旅游者等为一体的共创提升机制，避免出现旅游者权利感较低、服务提供者采取信息社交互动不足、旅游地服务差评数量多、文旅产业发展态势恶化等情况而降低旅游者幸福感。同时，鉴于旅游活动带给旅游者的文化熏陶和教育意义在游后阶段可以带给旅游者个人成长，当旅游者回到惯常环境中旅游领域的幸福感可能外溢到生活领域中并对家庭幸福感、工作幸福感等产生积极影响，因此，可以通过旅游者追念畅爽感受、追忆心流体验、追想旅游地魅力、追怀成长体悟、追寻美好生活，在回想曾经在旅游地的多元活动和独特体验的过程中提升幸福感，再溢出到日常工作、生活中，提高自我认知、促进人际和谐、促就美满生活。

6.3.2 旅游地居民幸福管理策略体系

本章尝试通过"四维联动增强"旅游地居民旅游积极感知、"五措并举优化"旅游地居民幸福提升路径（见图 6 - 11）等方面来多维度、多层次、多形式构建旅游地居民幸福管理策略体系，不断提升旅游地居民幸福感。

6.3.2.1 "四维联动增强"旅游地居民旅游积极感知

本章聚焦"四感"、紧扣"四度"、围绕"四化"等方式"四维联动增强"旅游地居民旅游积极感知，从而全面提升旅游地居民幸福感。

（1）聚焦"四感"提升旅游地居民旅游积极感知

开展旅游地居民教育培训，助推旅游可持续发展，提高旅游地居民获得感、认同感、归属感、幸福感。第一，建立完善培训体系，增强居民职业素养。在抓好旅游项目建设的同时，应重点建设旅游地居民旅游队伍和人才培养，通过建立系统科学的培训体系，科学谋划培训内容，培训形式多样且创新，

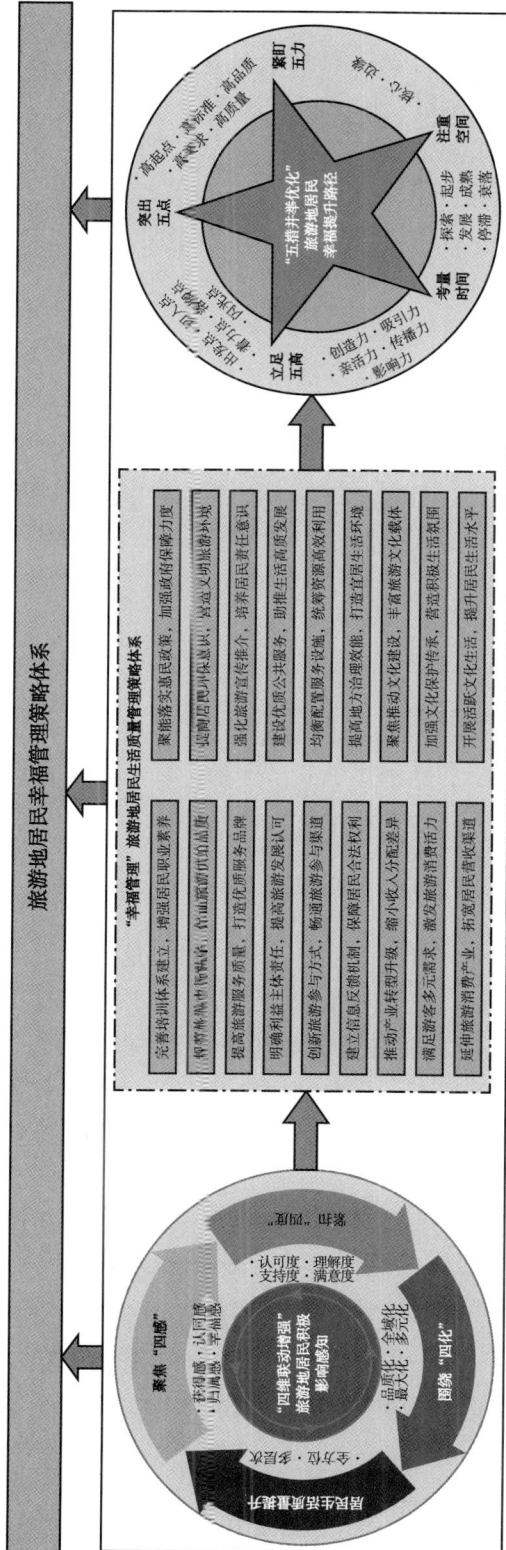

图6-11　旅游从业者幸福管理策略体系框架

使旅游地居民对当地旅游发展有更深刻的认识，从而提高他们参与旅游的积极性，为当地旅游发展提供智力支持和人才保障，促进当地旅游业更快、更好、更优发展。第二，规范旅游市场秩序，保证旅游供给品质。旅游市场秩序关乎当地旅游发展，不仅与旅游企业和旅游地居民切身利益密切相关，而且对增强旅游者消费信心、增加旅游地居民旅游收入至关重要。因此，应规范市场秩序、丰富旅游产品、提供优质产品，保证旅游地发展赢得良好口碑和旅游市场，促进当地旅游可持续发展。第三，提高旅游服务质量，打造优质服务品牌。服务是旅游业的本质属性，旅游地服务水平的高低决定当地旅游发展水平的高低，提高旅游服务水平是保证旅游地可持续发展的重要因素。旅游地居民作为当地旅游发展的重要主体，也是当地旅游业形象宣传的名片。因此，需要提高其主人翁意识，积极与旅游者互动交流，用热情服务让旅游者感受宾至如归的同时，也能在与旅游者互动中实现旅游地居民主人翁的个人价值，从而提升旅游地形象，旅游业得以持续健康发展。

（2）紧扣"四度"提升旅游地居民旅游积极感知

赋予旅游地居民决策权益，提高旅游地居民对旅游发展的认可度、理解度、支持度、满意度。第一，明确利益主体责任，提高旅游发展认可。提高居民对当地旅游业发展的认识，激发居民参与旅游发展的热情，鼓励居民有序参与旅游开发、经营活动、产品销售等旅游活动过程，使当地居民认识到旅游发展的意义与好处。此外，其他利益主体也应发挥作用，充分考虑当地居民利益和要求，积极维护和保障旅游地居民的相应权利，保证居民有效参与旅游发展。第二，创新旅游参与方式，畅通旅游参与渠道。旅游地居民是当地旅游发展和旅游地美好生活的参与者和受益者，他们对当地旅游发展的态度决定了当地旅游发展质量。可以通过提供政策帮扶、创业补贴、信贷支持等方式来为居民创造更多旅游就业机会，提高旅游地居民旅游参与程度，提高居民生活水平。第三，建立信息反馈机制，保障居民合法权利。建立完善的咨询、建议及反馈渠道，充分听取旅游地居民在旅游发展过程中的需求及建议，让旅游地居民及时了解当地旅游发展状况，提高旅游决策透明度。同时，应该呼吁并鼓励当地居民行使监督权利，保障自身在当地旅游发展中的合法权利。

（3）围绕"四化"提升旅游地居民旅游积极感知

发挥旅游产业优势，保证旅游供给品质化，推动旅游发展全域化，实现旅游效益最大化和旅游收入多元化。第一，推动产业转型升级，缩小收入分配差异。推动旅游产业与文化、体育、农业、康养等多领域融合，并将旅游地居民生活与旅游发展相结合，稳步推进旅游业态发展多元化、特色化，助力旅游产业转型升级的同时，避免旅游地居民分散经营、低价竞争，加快当地旅游产业发展，增加旅游地居民从旅游发展中获得的收益。第二，满足旅游者多元需求，激发旅游消费活力。满足旅游者需求是促进旅游高质量发展的内驱动力，应该以旅游者需求为导向，立足旅游者体验优化，丰富特色旅游产品文化，推进旅游与科技融合协同发展，实现旅游供需高水平动态平衡。同时，应不断创新文旅融合形式，打造"非遗＋旅游""节庆＋旅游""研学＋旅游""演艺＋旅游""露营＋旅游"等旅游新业态的发展，丰富旅游业态激发旅游消费新活力。第三，延伸旅游消费产业，拓宽旅游地居民营收渠道。为旅游产业投入打造良好的发展环境，建设和完善当地旅游项目，挖掘旅游相关产业内在联动潜力，创建旅游产业集群，吸引多个行业融入旅游产业，开发旅游服务产品，发展特色旅游产业经济圈，不断完善、延伸旅游产业链，多渠道增加旅游地居民收入。

6.3.2.2 "五措并举优化"旅游地居民幸福提升路径

本章立足"五高"来提升旅游地居民期待幸福感、突出"五点"来提升旅游地居民体验幸福感、紧盯"五力"来提升旅游地居民转化幸福感，从而全面优化旅游地居民幸福提升路径。

（1）立足"五高"——期待幸福感

期待幸福感是指旅游地居民对即将展开旅游休闲活动的憧憬与向往。因此，通过高起点规划、高标准设计、高品质打造、高要求落实、高质量发展来满足旅游地居民对即将展开的休闲旅游活动的美好向往与憧憬。第一，聚能落实惠民政策，加强政府保障力度。优化财政支出结构，聚焦"劳有所得""病有所医""弱有所扶"等民生领域，重点关注民生保障项目，持续提升旅游地居民幸福感和安全感。扎实落实居民创业就业补贴政策，提供有力资金保障；关注弱势群体，完善救助体系，全面落实城市低保、提升临时救助力度，做好特殊群体资助工作；全面落实惠民政策，推进分层、分类社会救助体系建设，强化民生保障。第二，提高旅游地居民环保意识，营造文明旅游环境。培育旅游地居民生态文化意识最直接有效的方式就是加强教育，提高旅游地居民环境意识。通过开展具有针对性的学校文明教育、各种形式的学习宣传，潜移默化地培养旅游地居民环保意识，引导旅游地居民形成健康绿色消费观念，支持并积极参与生态环保活动。此外，要充分发挥政府主导作用，完善相关环境保护政策法规，引导旅游地居民做出符合文明城市建设的行为，加强破坏环境行为的执法力度，营造良好秩序，宣传文明旅游观念，增强旅游地居民文明旅游意识。第三，强化旅游宣传推介，育养旅游地居民责任意识。统筹用好各类媒体平台定期推出特色文化旅游活动、地方旅游产品宣传推介。通过设置地方宣传海报和旅游手册，强化旅游传播推介，在酒店、景区、地铁站、火车站等地进行宣传，依托各类媒体平台开展线上宣传线下推广，提升地方吸引力。

（2）突出"五点"——体验幸福感

体验幸福感是指旅游地居民通过旅游生产、开发、发展过程体验与实践休闲活动的形式来实现个人社会价值。因此，通过锚定出发点、把握切入点、抓住着力点、夯实落脚点、打造闪光点，着力帮助旅游地居民通过旅游生产、休闲活动等方式来体验生活，从而对个人生活状态满意。第一，建设优质公共服务，助推生活高质量发展。高质量的公共服务是旅游地居民实现高品质生活的重要保障。旅游地居民幸福感和安全感会随着公共服务体系健全程度而日益增加。除了通过健全就业服务体系，为旅游地居民提供良好的就业或创业环境，实现高质量就业和稳定的收入以外，还要推进构建高效医疗卫生服务体系和养老保障体系，全面提升医疗保障和旅游地居民养老待遇水平。第二，均衡配置服务设施，统筹资源高效利用。配置优质设施、合理分布资源、完善公共服务是保证旅游地居民幸福生活的关键因素，也是提升地方知名度的重要名片。通过加大对公共设施宣传力度，明确设施公共属性，完善公共资源共享机制；优化公共资源配置模式，提升设施使用效能，降低资源运维成本；有效整合存量资源，提高资源使用效率，加强服务设施监管力度，有效保护设施资源。第三，提高地方治理效能，打造宜居生活环境。改善、强化、提升地方治理能力，为旅游地居民营造和谐、宜居的生活环境。健全完善各主体责任体系，不断细分工作任务，严格落实网格责任，不断提高旅游地居民参与度，共同维护生活环境。此外，还可通过智能化创新赋能现代化基层治理，全面提升地方治理效能，让旅游地居民更具获得感、幸福感、安全感。

（3）紧盯"五力"——转化幸福感

转化幸福感是指旅游地居民获得物质享受与精神满足，从而感知到社会认同与幸福。因此，通过激发创造力、增强吸引力、展现亲活力、提升传播力、发挥影响力，让旅游地居民感受到旅游发展带来的物质与精神文化生活的提升。第一，聚焦推动文化建设，丰富旅游文化载体。地方政府要加大财政投入，加强文化基础设施建设，坚持"立足地方、服务居民"的原则，不断完善文化服务资源，强化服务功能，实现资源共享最大化，以满足旅游地居民生活需求，提高旅游地居民精神文化生活水平。第二，加强文化保护传承，营造积极生活氛围。通过积极宣传和弘扬当地文化来提高旅游地居民对当地文化的认知水平和认同程度，使其有足够的热情参与旅游文活动。例如，通过线上建立公众号、短视频平台，线下设置公众宣传栏来宣传传统文化和风土人情，让旅游地居民对地方产生情感归属，从而不断提高旅游地居民文化认同感和幸福感。第三，开展活动活跃文化生活，提高居民文化生活水平。通过经常组建形式多样、各具特色的团体文化活动来拉近旅游地居民之间的关系，通过积极参与休闲活动来提高旅游地居民生活的趣味性。以春节、元宵节、端午节、中秋节等各类节日为契机，不断开展丰富的文娱活动。此外，地方政府也要鼓励和支持兴办图书馆、文化馆、博物馆等公益文化事业，为旅游地居民提供各种文化服务，提升居民文化生活水平。

6.3.3 旅游从业者幸福管理策略体系

本书尝试从"三位循环强化"和"两面统筹推进"两个方面提出旅游从业者幸福提升策略体系（见图 5-12），助力旅游从业者快乐地工作，幸福地生活。

6.3.3.1 "三位循环强化"旅游从业者幸福提升路径

旅游从业者幸福感的影响因素从总体上可概括为组织和个体两个层面，由于组织的领导者与从业者的幸福感密切相关（代向阳等，2021），因此，本书将领导者因素单独从组织层面划分出来，从组织、领导和个体三方面构建了"三位循环强化"旅游从业者幸福提升路径。

（1）立足"五建"完善良好组织环境

酒店、旅行社和旅游景区良好的组织环境可以为旅游从业者提供积极的工作体验，增强工作动力和激情，对旅游从业者工作绩效提高和幸福感提升至关重要。第一，应建立舒适企业物理环境，对酒店类型的办公场所，可以提供良好的通风设施，保持室内空气清新，通过添加绿色植物和自然元素提供自然视觉和生态氛围，改善办公环境的舒适度。由于旅游业员工的流动性较强，应通过设计合理的办公空间布局，确保员工有足够的私人空间和工作区域。第二，应建立良好的组织人际氛围。管理者可以构建相对灵活和开放的组织结构体系，减少因等级制度严格的结构体系造成的对员工的积极性抑制，鼓励员工敞开心扉，积极参与沟通交流，加强员工沟通技能的培训，并且制定适当的冲突管理机制，鼓励员工将冲突和问题直接沟通解决，避免组织内矛盾升级。第三，应建立合理人力资源体系。为了有效控制从业人员的合理流动，致力于为旅游产业的从业者创造更好的薪资条件，旅游企业需要建立与社会发展相适应的一套完整的"招才、选才、用才和留才"的人力资源体系，通过科学的管理来保证从业人员有序、合理地流动，促进市场的健康发展。第四，建立公平薪酬奖励制度。针对导游的职业现状，旅游企业在注重效率和业绩的同时，应及时了解导游生存现状，而且应在合理的范围内不断提升导游的福利待遇，不断增强旅行社导游的工作热情。针对入职不久的潜在旅游人才，旅游企业需要依据员工的特长和自身条件来制定科学合理的薪酬制度体系，同时加大对员工职业生涯规划的指引，提升员工技能的同时也增强他们对企业的忠诚度。针对旅游

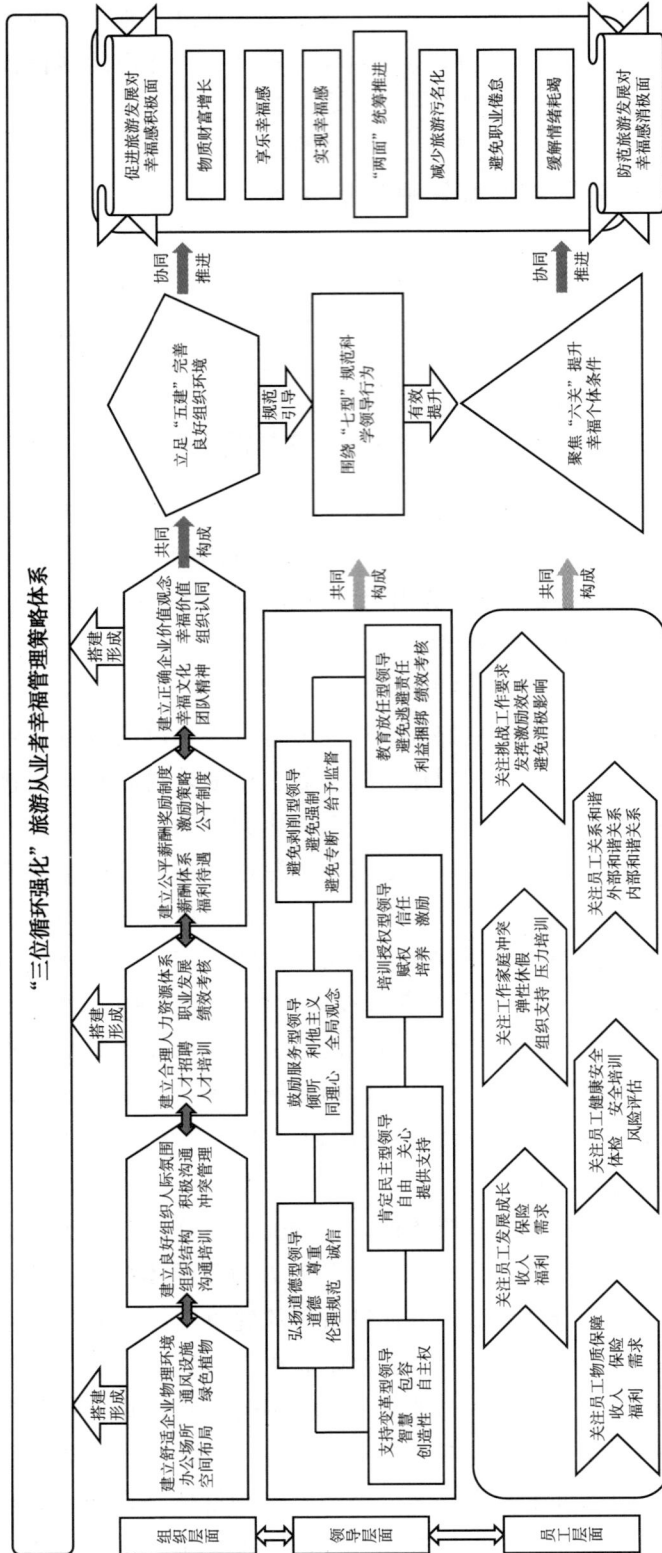

图6-12 旅游从业者幸福管理策略体系框架图

企业的老员工，应该通过适当的激励帮助员工找到认同感，提升员工的主动性，通过尝试建立多元化的激励策略来激发旅游从业人员的积极性和创造性。

第五，建立正确企业价值观念。浓厚的企业文化氛围和正确的企业价值观将会显著增强企业从业人员的凝聚力和团队精神，会明显增强员工的责任感，也能够调动工作积极性，从而强化旅游从业者幸福感。旅游企业在招聘员工的时候可以通过流程设置和指标筛选，保证入职员工的价值观水平和企业价值观水平相适应，使得企业能够招聘更多组织认同感和忠诚度高的员工，进而可以提升员工绩效和工作幸福感。

（2）围绕"七型"规范科学领导行为

领导者的领导风格和领导行为是影响员工幸福感的重要因素，不同的领导风格能够通过改变员工在认知、情感、社会关系、环境氛围等方面的态度对工作幸福感产生影响，因此在当前多元化的社会背景下，需要关注领导者的领导行为。据此，本书归纳了目前研究中常见的七种领导行为，并提出了相应的实践策略。

第一，支持变革型领导。变革型领导不同于传统的完全监管，而是赋予员工充分的信任和自主权（时勘等，2022）。在旅游企业中，管理者可以充分激发旅游从业者的自主性和创造性。例如，针对较为灵活的旅游线路设计、文创产品设计和品牌 IP 打造活动等，管理者应该激发员工的自主性和动机，让其全身心地参与这些创造性任务，多倾听员工的意见、需求和反馈，让他们感受到工作的意义和重要性。

第二，弘扬道德型领导。道德型领导主要是通过展现出符合伦理规范的个人行为促进下属的道德感知，提升员工的积极工作态度从而增加其工作幸福感。未来组织在进行领导选拔时应着重关注他们的领导特征和行为，针对领导的道德素质进行相关的培训。另外，管理者应带头促进正直、诚信和道德价值观在组织内的传播，通过建立一个诚信和公正的工作环境，让员工感到被尊重和信任，亦有助于提升员工幸福感。

第三，肯定民主型领导。民主型领导表现在领导者把职位和权力看作是为优化领导效能而提供的一种条件和需要（付卫华，2021）。伴随着越来越多 Z 世代群体进入旅游企业，旅游企业管理者应该为这一群体创造相对自由和轻松的环境，秉持对员工信任的态度，在其带队、讲解、酒店接待等各项服务中充分赋权，给予其处理工作和执行任务的自由权限和自主空间，满足 Z 世代群体的工作需求。另外，民主型领导应尽量规避组织支持不足的缺失，一方面既要关注员工的工作环境、工作负荷、福利待遇等方面的需求，同时也要适度为员工提供情感支持和精神支持。

第四，鼓励服务型领导。服务型领导是一种超越领导者个人利益的领导方式，强调把员工的成长、赋权、需要和兴趣放在领导者个人利益之上。因此，旅游企业应根据服务型领导的风格特点选拔、招聘和培训服务型领导，在情绪抚慰、说服引导、利他主义、智慧和社会责任感等方面着重提升其服务型能力。应为导游和酒店服务员提供专业且涵盖旅游目的地知识、沟通技巧、服务标准等方面的培训，提升他们的知识和技能。及时关注员工的物质需要，注重满足员工的心理和情感需求，帮助员工实现自身的潜能和目标。

第五，培训授权型领导。授权型领导是指向下属授予一定权力来提高员工的内在动机水平。因此旅游企业管理应该根据员工的工作情况和实际工作能力动态地赋予一定的决策权，详细制定不同决策权情况的台本和手册，对于日常事务中基本的决策事宜充分信任员工，向旅游从业者传递安全和信任等积极信号，这将有助于旅游从业者体会到较强烈的尊重感和归属感，收获工作中的幸福感。此外，旅游企业还应该积极营造和谐信任的组织文化和工作环境，这将有助于员工获得轻松舒适的工作体验，从而对工作的幸福感知更为强烈。

第六，避免剥削型领导。剥削型领导是指通过施压、操纵以及阻碍下属发展等手段实现个人私利目标的领导。在旅游企业中，剥削型领导的存在会诱发员工的消极情绪，使员工产生偏差行为、离职行为，不利于旅游企业的发展。因此，旅游企业在进行领导选拔和招聘时，应重点对其性格特征进行测试，并重点关注一些具有黑暗人格的候选者，如自恋、马基雅维利主义等，尽量从源头上杜绝剥削型领导的产生。除此以外，基于剥削型领导的权力属性，旅游企业应该制定明确的规章制度，并成立监督小组对管理者公权私用、以权谋私的现象进行监督，从制度上保护旅游从业者的权益。

第七，教育放任型领导。放任型领导是一种较为消极的领导风格，是指在工作中逃避做决策，不主动承担责任，对下属不关心的一种领导风格（付景涛等，2022）。这种领导风格实际上与管理者对工作的认知和态度有关，因此旅游企业可以对这类领导行为进行矫正，通过将员工对领导的评价和相应的绩效指标纳入管理者的考核标准，通过利益的捆绑改变放任型领导的责任行为。与此同时，旅游企业应通过多元化的培训和领导考核体系，提高管理者的担当与责任意识，尽量减少放任型领导对员工幸福感影响的消极效应。

（3）聚焦"六关"提升幸福个体条件

员工是企业最重要的资产和资源，他们的知识、技能和创造力是企业成功的关键因素。旅游从业者幸福的实现需要旅游企业以员工为导向，关注提升旅游从业者幸福感的个体因素。

第一，关注员工的物质保障。确保员工的工资收入水平合理且公平，动态调整旅游行业普遍的"底薪＋提成"制度，并且根据旅游行业淡旺季特征设计"兜底＋鼓励"的保障体系保障员工的工资收入。完善旅游从业者的医疗保险、养老保险、失业保险等保障体系，为员工提供符合法律法规的保险和福利计划，保障他们的基本需求。

第二，关注员工健康与安全。针对从事旅游业高风险项目类型的员工，旅游企业应该进行动态风险评估和管理，及时制定相应的风险控制和应急预案，帮助旅游从业者应对突发事件和危机情况。针对长时间从事旅游服务的员工，应关注员工的工作负荷和疲劳程度，合理安排工作时间和休假制度，提倡工作与休息的平衡。

第三，关注员工自我发展与成长。应为旅游从业者提供创新的工作环境，给予员工一定的工作自主性，允许员工能够根据自身的情况适当选择适合自己的工作方式和方法，使其在人际沟通、办事能力和团队合作方面均获得成长。对于经营跨国业务的旅行社，管理者可以利用跨国优势为员工提供国际化的培训，帮助旅游从业者不断提升语言沟通技能、跨文化沟通知识和能力，拓宽他们的视野和能力范围。另外，在当前文旅融合走向高质量发展的背景下，旅游组织内部还可以建立知识分享和文化学习的平台，在不断学习中增强文化认知和旅游者服务能力。

第四，关注员工工作—家庭冲突。对属于劳动密集型产业的旅游业而言，一线员工往往都是面对面为旅游者服务，节假日加班较为严重，解决旅游一线员工工作—家庭冲突对提升其幸福感至关重要。因此，旅游企业应为员工提供更多的组织支持，实施更加弹性的工作制度，鼓励工作—家庭平衡计划的实施，减轻其在工作和家庭角色上的冲突与压力。旅游企业还可以利用自身食、住、行、游、购、娱方面的资源优势，利用自身的项目为员工提供更多的家庭资源，缓解工作—家庭冲突。此外，考虑到中国文化情境下家庭观念尤为重要，特别是男性和女性在家庭与工作上的角色与责任存在差异，因此管理者应针对性别差异对员工进行特殊关注，通过培育家庭友好型组织文化从不同方向降低员工工作—家庭冲突。

第五，关注员工社会关系和谐。旅游从业者和谐的社会关系有利于提升其工作满意度和工作热情，对幸福感提升也至关重要。旅游业的面对面服务特点决定了旅游从业者既要面临组织内部人际关系，也要处理组织外部人际关系。在组织外部人际关系上，旅游企业可以利用组织身份为员工搭建多方沟通桥梁，使员工能与旅游地居民、当地政府和旅游者等保持积极沟通，并通过积极主办活动为员工创造沟通机会，促进外部和谐人际关系的建立。在内部人际关系上，一方面要建立良好的人际沟通机制，通过和谐人际氛围的营造使员工能积极融入组织；另一方面，管理者应该以身作则，带头营造和谐的社会关系。通过自身的行为和言行，传递积极的价值观和团队合作精神，引导员工建立和谐的社交关系。

第六，关注员工挑战性工作要求。管理者应该充分意识到挑战性工作要求对旅游从业者幸福感影响具有双刃剑效应。一方面，充分发挥挑战性工作要求的内在激励效果。管理者在日常管理中可以为员工设置具有挑战性的工作任务，提升员工的工作专注度，使其能够在完成工作任务后获得满足感、激发幸福感。另一方面，不能忽视挑战性要求的消极影响，管理者要适当地为员工提供组织帮助，如培训、增薪等，以帮助员工来缓解高水平的挑战所带来的工作压力。

6.3.3.2 "两面统筹推进"旅游从业者幸福提升路径

总体而言，影响旅游从业者的影响因素可以归纳为积极方面和消极方面，因此本书从促进旅游从业者幸福提升的积极方面和防范旅游从业者幸福提升的消极方面两个方面提出了"两面统筹推进"旅游从业者幸福提升路径。

（1）促进旅游发展对旅游从业者幸福感提升的积极方面

客观上说，旅游发展能够创造就业机会、提供多元化和挑战性的工作、促进人际交流与文化交流、提供学习和成长机会，能够对旅游从业者的幸福感产生显著积极影响，因此要促进旅游发展对旅游从业者幸福感提升的积极方面。第一，应关注旅游发展对旅游从业者物质财富影响的积极面。根据行业发展的现实背景，旅游企业可以通过提供合理的薪酬和福利制度、提供职业发展机会、提供激励和奖励机制、提倡公平的劳动条件、工作时间和提倡员工创业、合作等措施保证员工的工资收入。第二，关注旅游发展对旅游从业者享乐幸福感影响的积极面。旅游企业可以提供灵活的工作安排、弹性工时和假期制度，为员工提供充足的休闲时间以提升其生活满意度。通过团建活动、员工福利、薪酬奖励等为员工带来愉悦的工作环境，提升享乐幸福感。第三，关注旅游发展对旅游从业者实现幸福感影响的积极面。旅游企业可以通过为从业者分配与其技能相适应的挑战性活动、提供多样化的工作体验和机会，如参与新业务部门的项目、参与跨部门合作等让旅游从业者不断扩展自己的能力和视野，实现自我成长。

（2）防范旅游发展对旅游从业者幸福感提升的消极方面

不可否认，旅游发展也会对旅游从业者幸福感提升产生消极影响，如旅游从业者遭遇顾客辱虐、职业倦怠、情绪耗竭等，为此要防范旅游发展对旅游从业者幸福感提升的消极方面。第一，针对旅游业中普遍存在的导游污名化现象，旅游行业可以建立导游行业职业规范，落实导游欺客、宰客事件的惩罚制度，减少社会对导游素质低下的刻板印象认知，提升导游的公众形象。同时社会媒体应秉持客观公正的立场，不能为了获取流量而夸大、捏造事实，应采用积极、恰当的方式报道旅游负面事件，塑造社会大众群体对导游职业的真实认知。第二，针对旅游工作中的职业倦怠问题，一方面修炼内功，通过强化旅游从业者的职业认知改变其对旅游行业的看法，使其认识到旅游行业的价值，强化其职业认同感。另一方面进行组织干预，创造人性化的条件最大限度地满足旅游从业者的心理需求，通过对具体服务内容的调整和工作内容的丰富化和挑战化尽量消除因从事单调乏味工作而产生的枯燥厌倦情绪。另外，针对旅游从业者在工作中遭遇的顾客辱虐问题，管理者应为其提供申诉渠道，及时保障旅游从业者的合法权益，并为受到辱虐对待的员工提供心理援助和辅导，以减少辱虐管理带来的负面效应。第三，针对旅游从业者工作中出现的情绪耗竭问题，组织应该营造和谐互助的气氛，通过与员工的深入交流给予个性化和针对性的关怀，帮助其获得资源补充和恢复能量。尽快恢复正常的工作状态，以应对旅游服务中的过度情绪劳动产生的负面问题。

6.3.4 "三位一体"的旅游幸福管理实践框架的提出

基于前文所述，本书综合旅游者、旅游地居民和旅游从业者特点，结合既有研究成果，遵循国家对旅游幸福产业的重要指示精神，综合构建"三位一体"的旅游幸福管理实践框架（见图6-13），旨在让旅游幸福管理的理念真正落地生根，提升旅游地核心竞争力，为旅游地可持续发展提供实践方案。

具体而言，本研究分别从旅游者体验和旅游者幸福感两个层次构建"四维驱动提升"的旅游者体验优化策略和"五点合力增强"的旅游者幸福感实现路径。"四维驱动提升"是指游前多渠道、多场景、多类别、多模式的"四多"营销驱动提升旅游者预期体验；游中文旅新产品、新技术、新治理、新业态的"四新"互动驱动提升旅游者在场体验；游后全周期、全媒介、全链条、全要素的"四全"维系驱动提升旅游者追忆体验。"五点合力增强"是指游前给予潜在旅游者"预见抽离感、预想临场感、预知愉悦感、预感仪式感、预期获得感"的"五预"预见幸福感；游中给予旅游者"感知积极情感、感受沉浸体验、感触社会联结、感应自我控制、感悟个人成长"的"五感"·感受幸福感；游后给予旅游者"追念畅爽感受、追忆心流体验、追想旅游地魅力、追怀成长体悟、追寻美好生活"的"五追"·追念幸福感。这一框架体系综合考虑了旅游体验的全阶段，全要素、多视角地提出旅游者幸福管理实践框架，旨在帮助旅游者"摆脱烦恼的生活，享受愉悦的生活，追求向往的生活，实现意义的生活"。

此外，分别从旅游地居民感知和生活质量两个层次构建"四维联动增强"旅游地居民旅游积极感知和"五措并举优化"旅游地居民幸福提升路径。"四维联动增强"是指聚焦旅游地居灵获得感、认同感、归属感、幸福感的"四感"；

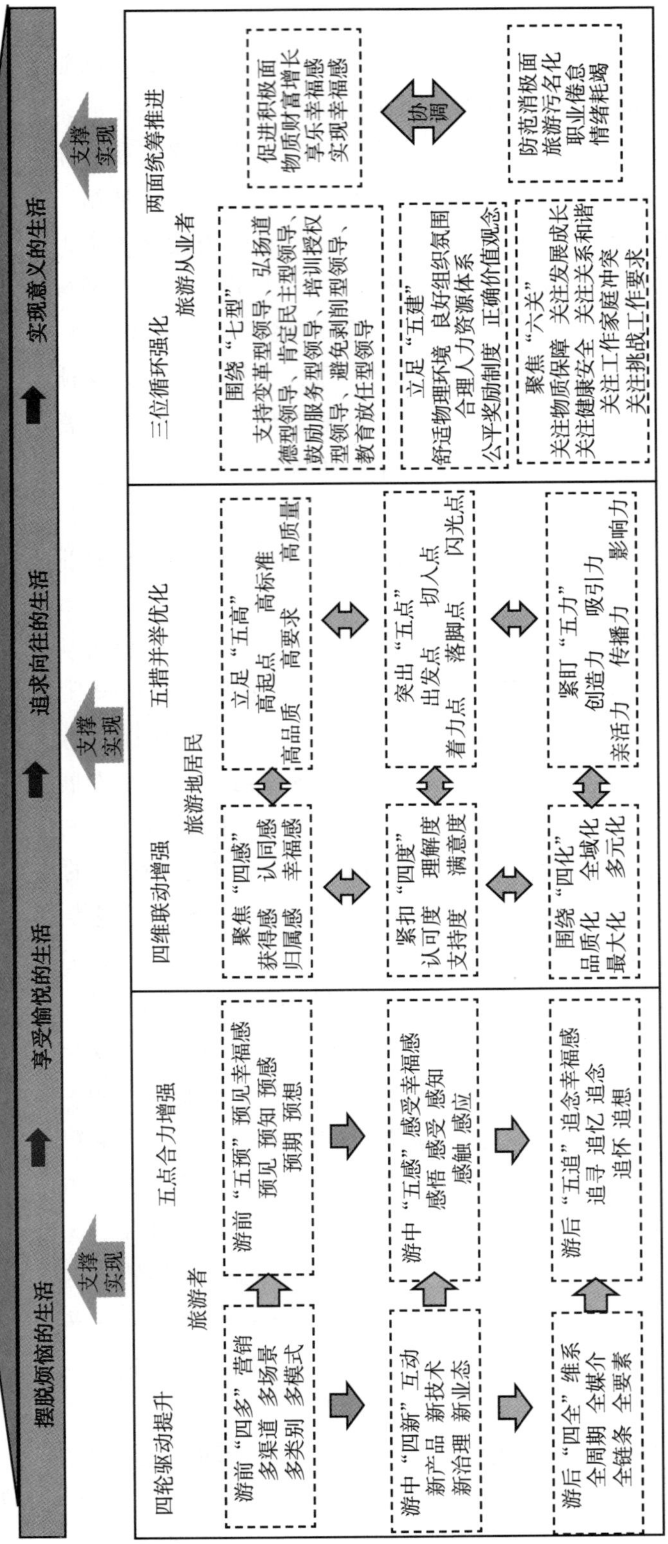

图6-13 "三位一体"旅游幸福管理实践策略框架

紧扣旅游地居民认可度、理解度、支持度、满意度的"四度";围绕旅游供给品质化,推动旅游发展全域化,实现旅游效益最大化、拓宽旅游收入多元化的"四化",提升旅游地居民旅游积极感知。"五措并举优化"是指立足高起点规划、高标准设计、高品质打造、高要求落实、高质量发展的"五高"来满足旅游地居民期待幸福感;突出锚定出发点、把握切入点、抓住着力点、夯实落脚点、打造闪光点的"五点"给予旅游地居民体验幸福感;紧盯激发创造力、增强吸引力、展现亲活力、提升传播力、发挥影响力的"五力"转化旅游地居民幸福感。这一框架体系从多维度、多层次、多形式来构建旅游地居民幸福管理策略体系,助力旅游地居民生活质量提高,促进旅游地实现可持续发展。

最后,从组织、领导和员工三个层面和积极、消极影响两方面分别构建了"三位循环强化"旅游从业者幸福管理策略和"两面统筹推进"的旅游从业者幸福提升路径。"三位循环强化"是指立足建立舒适企业物理环境、建立良好组织人际氛围、建立合理人力资源体系、建立公平薪酬奖励制度、建立正确企业价值观念的"五建"打造良好组织环境;围绕支持变革型领导、弘扬道德型领导、肯定民主型领导、鼓励服务型领导、培训授权型领导、避免剥削型领导、教育放任型领导的"七型"规范领导行为;聚焦关注员工物质保障、关注员工健康与安全、关注员工自我发展与成长、关注员工工作—家庭冲突、关注员工社会关系和谐、关注员工挑战性工作要求的"六关"提升幸福个体条件。"两面统筹推进"是指促进旅游发展对旅游从业者幸福感提升积极方面(物质财富增长、享乐幸福感、实现幸福感等);防范旅游发展对旅游从业者幸福感提升的消极方面(减少旅游污名化、避免职业倦怠、缓解情绪耗竭等)来综合提升旅游从业者幸福感。

第7章 旅游幸福管理学对旅游实践的启示

  基于前六章的理论研究和文献支撑，本章从旅游者幸福感管理、旅游地居民生活质量管理和旅游从业者幸福感管理等三方面出发，以旅游者、旅游组织、旅游地居民等视角总结提炼了旅游幸福管理学对旅游实践的启示，并提出了提高旅游者幸福感、旅游地居民生活质量和旅游从业者幸福感的相关建议（见图7-1）。

章 节 概 览

旅游者幸福感管理策略

旅游者自身幸福感管理策略

旅游组织针对提高旅游者幸福感的管理策略

旅游体验和旅游者幸福感提升机制及理念

旅游地居民生活质量管理策略

旅游社区视角下的管理策略

旅游地居民个体视角下的管理策略

旅游地经营管理视角下的管理策略

旅游从业者幸福感管理策略

关注员工状态，切实提升从业者幸福感

规范领导行为，积极提升从业者幸福感

重视组织影响，整体提升从业者幸福感

图 7-1　第 7 章研究内容结构

7.1　旅游者幸福感管理策略

　　通过探析旅游者幸福感的形成机制，本书提出了基于中介效应和调节效应的机制研究，明确了影响旅游者幸福感的几大变量，如服务质量、服务公平、旅游地声誉和旅游体验等。本节将通过介绍旅游者自身幸福感管理和旅游组织管理策略，研究旅游者幸福感提升机制来归纳总结旅游者幸福感管理策略。

7.1.1 旅游者自身幸福感管理策略

7.1.1.1 旅游者出行选择建议

旅游活动被认为与旅游者幸福感有关（Smith et al.，2017），不同的活动类型可能会不同程度地影响旅游者的幸福感（Lengieza et al.，2019；Smith et al.，2017）。与其他可能影响旅游者幸福感的旅游变量（如旅行距离、停留时间和旅游季节）相比，旅游活动类型被认为是在度假过程中影响旅游者幸福感最重要的关键因素（De Bloom et al.，2011；Gilbert et al.，2004；Nawijn，2010），正如史密斯和迪克曼（2017）所主张的那样，"假日期间所选择的活动在很大程度上影响旅游者的幸福感"。根据梅姆托格鲁（2007）、鲁克等（2006）和粟等（2020）的研究，本书将旅游活动分为两种类型：放松型和挑战型。放松型旅游活动具有低努力、低挑战、低风险的特点，如日光浴、观光等；而挑战型旅游活动则具有较高努力、高挑战、高风险的特点，如跳伞、漂流等。旅游者在旅行前根据旅游目标和个人风格，选择合适的旅游活动将有助于旅游者提升旅游满意度和自身幸福感。

同时，旅游者幸福感也受到旅游者出游的团队规模大小的影响。研究结果表明，小团体的旅游者往往比大团体的旅游者有更高的感知价值和满意度，特别是在旅游者之间不太熟悉的情况下（Su et al.，2020）。旅游者出行可以选择规模相对较小的旅游团体以提高旅游的幸福感。

此外，旅游者在旅游地停留时间的长短也会影响旅游者幸福感。根据信号理论，随着旅游者在旅游地时间的增加，其对旅游地各种情况会变得逐步了解和熟悉，减少了由于旅游异地而带来的信息不对称，增强了对旅游地的熟悉程度，随之导致旅游地的新奇感、吸引力下降。而根据匹配理论，新奇感、吸引力与外在因素（指除旅游者自身因素外，由于外部环境、条件而对旅游体验产生影响的因素）更加匹配，因而外在因素对旅游体验的影响随之减弱，而内在因素（指由于旅游者自身原因而对旅游体验产生影响的因素）对旅游体验的作用可能不变或增强。因此旅游者根据自身特性和旅游地的风俗特点，调整旅游时长，这对增强旅游者自身的幸福感也较为重要。

7.1.1.2 旅游者心理建设建议

旅游者在自身幸福感管理中，同时考虑幸福感的享乐主义和自我实现两个维度是很重要的。个人应该考虑将旅游假期与个人成长、自我实现甚至生活意义联系在一起，而不仅仅是与娱乐联系在一起，这要求旅游者在度假过程中考虑更多的幸福因素。例如，旅游者应该在度假前制定更详细的旅游策略，以增强旅游假期对环境的掌握意识，或者旅游者可以参与他人的活动，帮助其他旅游者或旅游地居民与他人建立积极的关系。

研究结果表明，旅游活动类型可能是旅游者在整个假期中获得更高幸福感的关键因素，研究证明了旅游者在挑战型（相对于放松型）活动中获得的幸福感更高。对于旅游者来说，如果他们注重自我成长、自我实现甚至人生意义，想在这些方面取得更多成就，他们可以考虑选择一项具有挑战性的旅游活动（如跳伞、滑雪和漂流）。另外，由于旅游者越来越希望通过度假获得一些有意义的东西（Filep et al.，2010；Lengieza et al.，2019），旅游目的地被鼓励提供更具挑战性、需要更多努力、风险更高的活动来吸引那些追求幸福感的旅游者。

7.1.2 旅游组织针对提高旅游者幸福感的管理策略

7.1.2.1 旅行社管理策略

【营销管理】

研究发现，旅游者幸福感受到整体幸福感、性格优势、感恩和幽默等积极心理变量的影响（Vada et al.，2020）。首先，旅游目的地营销者应该在营销和促销宣传中通过视觉（图像和文本）增强这些变量，因为这些可能会影响旅游者对旅游目的地的选择，从而影响旅游者的重访意图和积极的口碑。其次，旅游目的地营销者应该将旅游者或顾客满意度问卷调查扩大到满意度之外，其他指标（如积极的情绪、成就和个人成长等）也应该被考虑，因为这些变量也会影响幸福感（Vada et al.，2019）。这些收集到的信息将具有重要意义，因为它可以帮助开发旅游产品和服务，从而有助于提高旅游者满意度。再次，旅游营销者应该加强推广周末期间的住宿度假服务，将其作为一种健康的和负担得起的选择，有助于旅游者在较短的时间内获得幸福感，这类旅游产品和服务可能会影响旅游者行为意图和旅游目的地依恋。

【服务公平】

研究发现虽然旅游目的地的管理人员和营销人员应首先努力提供公平的服务，以帮助旅游者形成令人满意的体验，但管理人员应更为谨慎，并注意服务的公平性因素如何影响顾客的情绪（Su et al.，2013）。由于以公平的方式提供服务可以同时增加积极的情感体验并减少负面的情感体验，因此，在雇佣新的一线服务员工时，管理人员应在培训计划中强调服务公平的重要性。管理者还应鼓励服务员工在日常运营中与客户互动时，实践公平理念。服务质量研究表明，礼貌、耐心、有同理心、对客户需求及时响应以及知识渊博的服务员工有助于旅游者对服务提供商的积极评价。相反，缺乏以上高质量服务会引起旅游者负面情绪并降低其满意度。

【旅游体验】

粟路军等（2013）的研究结果表明，积极的情绪对满意度、重访意向和口碑（Word-Of-Mouth，WOM）有直接而显著的影响。与南宫和张（2010）的研究结果类似，负面情绪对客户的重访意图及其 WOM 行为没有显著影响。但是，人们发现，负面情绪会极大地影响人们的不满情绪，并会影响旅游者到访其他遗址类旅游目的地的可能性。消费者行为的一个被广泛接受的观念是，WOM 可以塑造消费者的态度和行为（Brown et al.，1987；Walker，2001）。根据本研究的结果，管理人员和营销人员应关注旅游者的情绪，并努力为旅游者创造积极的体验。引发人们对旅游目的地产生积极情绪的事物应引起管理者的特别注意，例如，在一项关于节日成功营销的研究中，李等（2008）发现食物（如可用的传统食物）、计划的内容（如各种活动、井井有条的管理和运营）以及设施质量（例如，节日场地的清洁度、氛围，节日地点，节日地点的布局）触发了积极的消费情绪。如果管理者希望将旅游者转变为忠实的客户，他们必须提供超出旅游者平均期望的出色体验。约翰逊等（2011）也提倡这种观点，他们指出"消费者正在寻找惊喜和喜悦，使他们参与到他们最有可能参与的渠道中"。

此外，满意度是旅游者重访意向的重要先决条件，也是 WOM 推荐率很高的原因。传统旅游目的地管理者应继续探索其旅游目的地的独特优势（如对有学龄儿童的家庭的教育价值），并研究时尚旅游者的需求，以期在首次访问时为旅游者提供难忘的服务体验。由于社交媒体使不满意的客户更容易与其直属社区之外的人（如家人、朋友和同事）分享其不满意的服务经验，因此管理者们必须考虑授权其服务员工及时改正服务失误，这将有助于鼓励旅游者产生积极情绪并减少消极情绪。

鉴于旅游者的感知价值和满意度也是旅游目的地成功的关键因素，了解小团体和大团体之间的差异将有利于旅游服务提供商提供适当的产品和资源，以改善基于这种理解的旅游体验（Su et al.，2020）。例如，旅游服务提供商可以使用价格围栏策略，根据小团体或大团体规模设计不同的折扣套餐。旅行社可以设计更多定制的旅游套餐，以满足小团体的特殊需求。由于成群结队的旅游者在沟通和达成团队协议方面可能会遇到更大的困难，旅游服务提供商应该提供更多的支持和资源，以促进与旅游者之间的沟通。例如，许多移动应用程序都具有群聊和民意调查功能，这使个人可以更有效地在更大的群体中交换信息和做出集体决策。这些实时沟通工具可用于团队旅行，以改善团队沟通和决策过程。此外，旅游服务提供商可以采取策略来控制旅行期间的团队规模。鉴于总体满意度是所有特定服务满意度的集合（Jones et al.，2000），在特定服务接触中的群体规模控制对于旅游者总体满意度的形成是重要的。举例来说，旅行社可考虑采用更多小型客车作为地面交通工具，将大型旅行团分成多个较小的旅行团，以缩短聚集一大群旅行团所需的轮候时间。在旅游目的地使用小型客车运输可以节省旅游者更多的等待时间，并在较小的群体中提供更好的旅游体验。除此之外，旅行社还可以与有包厢的餐厅合作，这样大的旅游团就会被分成几个较小的旅游团，在用餐时间有相对独立的空间。因此，旅游者可以在较小的群体中享受更高隐私的用餐。另外，研究结果显示，团体熟悉度会降低团体规模对旅游者感知价值和整体满意度的负面影响。尽管个人很难平衡自己的喜好，也很难在更大的群体中与其他人沟通，但如果成员彼此熟悉，获得更多的社会支持可以缓解群体规模扩大带来的负面影响。因此，我们建议旅游服务商实施各种策略，帮助旅游者在整个旅行过程中更好地了解其他旅伴。例如，在旅行前，旅游服务商可以鼓励旅游者在旅游目的地的在线旅游社区（如旅游论坛或微博粉丝页面）上进行互动，并找到志同道合的同行者。团队旅行社可以在旅行前举办虚拟团队会议，让旅游者进行自我介绍，并更好地了解其他同行者。在团队旅游期间，旅游服务提供商应该更多地关注那些与不熟悉的同伴结成大团的旅游者，并提供更多的资源和支持，以促进他们之间的沟通。例如，导游可以在旅行开始时组织有趣的破冰游戏或团队建设活动来帮助旅游者认识其他团队成员。

7.1.2.2 旅游地企业管理策略

【营销管理】

对于旅游目的地管理者来说，他们应该将幸福感相关的方法作为提升旅游者幸福感的有效工具（Su et al.，2020）。例如，他们应该为旅游者提供更多的互动机会，让旅游者能够向别人展示自己，发现自己的长处，并建立更多的关系，最终获得幸福感。此外，管理者应该针对不同的细分市场采取不同的策略（享乐主义和/或幸福主义），他们还应该在广告中加入反映幸福的故事情节和形象，以吸引相关的旅游者。

旅游者的幸福感不仅仅是一种身体活动，还会受到社会关系的增进、学习一种新文化或发展一种新技能的活动或经历的影响。旅游目的地企业通过在旅游目的地提供合理和具有成本效益的活动，如志愿活动或寄宿选择，能使旅游者了解一种新的文化，并与当地人建立联系，这些举措不仅能提升旅游者的幸福感，还能促进旅游目的地的可持续性发展（Vada et al.，2020）。

【服务质量管理】

提升服务质量是实现旅游者忠诚的重要手段和途径（Hutchinson et al.，2009；Su et al.，2017；Su et al.，2016a，2016b），因此，提升服务质量对提升旅游目的地发展绩效具有重要作用。研究结论表明，高质量服务有利于旅游者抵制负面信息，该结论进一步反映了服务质量的重要性，特别是在互联网、移动互联网普及的今天，旅游目的地的负面信息能在短时间内快速传播，因而服务质量对旅游者抵制负面信息影响的重要性可能远远超越了其对旅游者忠诚的影响。由于旅游者对旅游目的地服务质量感知是对整个旅游目的地各行业、不同企业提供服务的综合感知，同时旅游者的服务需求包括标准化和个性化服务需求，这给旅游目的地服务质量管理带来相当大的挑战。为此，对于标准化的旅游服务，旅游目的地经营管理者应制订标准化服务规范，对相应的旅游服务从业人员进行服务能力培训，达到客观评价的目标。而对于个性化旅游服务，旅游目的地经营管理者应分析旅游者个性化服务需求的特征，重点监控相应的旅游企业，防止个别旅游企业因个性化服务的借口而提供低水平服务。并对遭遇到服务失误的旅游者进行及时地弥补，防止负面信息的产生。

同时，研究发现，消费者情感和旅游者满意度在服务质量对旅游者抵制负面信息意愿的影响中起中介作用（Su et al.，2017），因此，旅游目的地管理者应高度重视旅游者消费情感状态，实施情感管理，同时监控旅游者满意情况，大力提升满意度。由于旅游动机是促使情感产生最直接的激发因素（Su et al.，2013），因此各旅游目的地经营管理者应充分了解和把握旅游者到旅游目的地的动机，根据旅游者的动机提供有针对性的产品和服务，从而激发旅游者产生积极情感体验，降低消极情感影响，进而促使旅游者形成抵制负面信息的意愿。在旅游者满意度管理方面，旅游目的地管理者可采取抽样调查方式对旅游者满意情况进行监控，根据抽样调查结果把握旅游者满意度情况和导致旅游者满意或不满意的因素，对旅游目的地能提升旅游者满意度的产品和服务应大力推广，而对于使旅游者不满意的产品和服务，应加以改进和提升。

管理者应考虑到质量认知对旅游者的影响，将重点放在持续改进服务质量上。因此，旅游目的地应该提供出色的旅游者体验，友好、有礼貌、乐于回应、愿意帮助旅游者、表现出专业精神和知识的员工能给旅游者提供良好的旅游体验（Hutchinson et al.，2009）。由于员工对旅游/酒店体验至关重要，旅游目的地管理者需要"在所担任的职位和员工的人文价值之间寻找某种程度的契合度，以提高员工的承诺水平和积极性"（Ariza-Montes et al.，2019）。可以使用各种技术来跟踪质量感知（如服务蓝图、投诉征集、交易后调查、需求研究、关键事件技术的利用），并确定表现良好或需要改进的领域，包括对物理环境和设施的测量也可以提升对质量认知的洞察力（Chua et al.，2017）。

旅游目的地经理需要监视和提供高质量的服务。一般而言，服务质量研究表明，礼貌、耐心、有同理心、对旅游者需求的迅速反应及知识渊博的服务员工有助于旅游者对服务提供商的积极评价（Su et al. , 2013）。在竞争激烈的旅游业中，旅游目的地经理提供的服务质量达到或超过研究得出的标准。在旅游目的地提供高质量服务的挑战是，许多公司在外部环境中运营，这些公司负责提供可创造整体旅游体验的不同组件。因此，没有组织可以控制旅游者在度假期间的经历。但是，旅游目的地组织的管理者应考虑一些重要的服务质量维度，以增强旅游者体验。响应能力是企业帮助客户并提供及时服务的意愿表现，在解决客户问题之前，绝不要求客户向几名员工重新陈述他们的要求。员工专注于处理客户要求、问题、投诉的专心和及时性，并有能力在面对旅游者的担忧时快速做出决策，从而可以提高响应能力。组织必须将对问题的预测和识别作为其文化的一部分，并将其与强大的员工培训相结合。员工必须提供贴心、个性化的关注，以表达同理心。旅游目的地经理可以通过征求访客的反馈以及增加后续交流来强化这一点。这项研究的结果强调了理解和改善消费体验以激发积极情绪的重要性（Namkung et al. , 2010）。如果旅游目的地经理想要将服务接受者/旅游者转变为高度满意的客人，那么他们必须提供出色的、超出旅游者平均期望的情感体验。与旅游者直接联系的服务提供商所提供的良好的服务质量对于提供积极的情感体验和提高旅游者满意度至关重要。实际上，服务质量的维度通常是由员工的行为决定的。因此，优质服务在很大程度上取决于能否招募、培训和留住能够提供优质服务的员工。这要求旅游目的地经理从事有针对性的招聘，强化培训，并提供有竞争力的薪水以培养更有动力的员工（He et al. , 2020）。

同样重要的是，旅游目的地经理须通过提供价格合理、有竞争力的商品和服务来管理价值认知。旅游目的地管理者须要记住，旅游者的价值认知是由他们对公平的评估驱动的。公平理论认为，旅游者会将目的地旅游体验的投入（贡献）、结果（补偿）与其他参考旅游目的地的投入（贡献）、结果（补偿）进行比较。因此，管理者需要评估旅游对旅游体验的投入和收到的产出。例如，管理者应该关注旅游者的有形和无形利益，重要的是创造和交付价值，如改善导游活动和维护有形资产。研究认为支付了合理的价格并获得了超高净值的旅游更有可能感到满意。

考虑到旅游者满意度的重要性，旅游目的地管理者必须努力提高令人满意的旅游体验并随着时间的推移监测旅游者的满意度水平。这首先就要通过研究清楚影响旅游者满意（不满意）最关键的因素，以便确定适当的战略和战术。

【服务公平】

此外，研究发现服务公平对行为意图的总体影响强于服务质量（Su et al. ,

2015）。首先，为吸引回头客，维持经济效益，旅游服务提供者不仅要不断提高服务素质，还要以顾客认为的更公平的方式提供服务。由于旅游经常涉及跨文化服务，不同文化背景的旅游者对服务公平的评价可能不同，旅游服务提供者也应采取谨慎的措施，向不同文化群体的顾客提供公平的服务。其次，在旅游服务语境中，管理者应重视帮助旅游者产生公平对待印象的服务互动。由于服务公平可能涉及顾客情绪，旅游服务提供者也应该提升在服务提供过程中创造积极情绪的管理策略和知识。

【旅游地声誉】

确定旅游者行为意向为旅游目的地管理组织（Destination Management Organizations，DMOs）和营销者提供了一个极好的机会来提高旅游目的地的相关性、声誉、情感依恋和品牌（Chi et al.，2008；Prayag et al.，2012；Yuksel et al.，2010）。此外，认识到这些因素在决定行为意图方面的相对重要性，有助于旅游目的地管理者更有效地配置稀缺资源，从而提高旅游者的停留意愿（Prayag et al.，2012）。

旅游目的地声誉被认为是地方依恋和旅游者满意度的关键驱动因素。这一发现表明，旅游目的地营销者必须仔细监测和管理旅游目的地声誉。近年来，社交媒体和在线客户生成内容的兴起，比如通过猫途鹰和雅虎普（TripAdvisor & Yelp）发现的内容，给声誉管理带来了新的挑战和机遇。随着社交媒体在公众中的普及，一个明显的行为或错误（如企业社会责任活动、环境破坏）可以迅速向公众传播，并可能对旅游目的地的声誉产生负面影响。

DMOs 应制定声誉管理计划（如 DMOs 可以培训内部人员以应对可能的危机），并聘请专家监控和管理线上和线下旅游目的地的声誉。该计划将确定具体目标，并制定一套旅游目的地声誉管理战略。许多工具和服务可用于实时跟踪声誉的变化，如 TrustYou、Internet Honey 和 IBM Watson。使用这些工具，旅游管理组织和旅游营销者可以监控旅游目的地的声誉状况和声誉变化的驱动因素（如大型活动和营销活动），一个可行的声誉管理计划对于培养和维持旅游者越来越重要。

研究结果还表明，调查旅游者的地方依恋程度将有助于旅游和户外娱乐服务的规划和营销。正如尤克塞尔（2010）等所说："依恋可能会影响旅游者的所见所感，增加其对一个地方的了解，以及一种情感联系，可能会提高个人对这个地方表现出良好评价和忠诚的可能性。"在当前的旅游市场中，提升旅游者依恋是打造旅游目的地品牌的关键因素（Veasna et al.，2013）。

意识到地方依恋的重要作用，旅游目的地管理者应该在社会性、功能性、情感性和象征性的旅游体验方面加强旅游者（如购买年票或经常重访旅游目的地的旅游者）与旅游目的地之间的联系。通过投资旅游基础设施，如网站和信息中心、提供优质的旅游服务或开展特定的娱乐活动，可以增强旅游者对地方的依赖性。为了加强地方认同，DMOs 和营销者应该考虑从大众旅游开发转向定制旅游体验设计。培养地方认同感需要一种共同创造和以旅游者为中心的视角。旅游体验的设计应符合旅游者的心理需求，培养自我发展和自我主张。高水平的地方依恋通常会激发更多的重访承诺，并使旅游者产生积极的行为意图（Lee et al.，2013）。因此，旅游目的地管理者应确保旅游目的地的住宿、服务供应与目标旅游者的期望、愿望和需求保持一致。在规划和管理旅游目的地时，旅游目的地管理组织应该结合各种观点，吸纳相关利益相关者的广泛参与。

【旅游地社会责任】

首先，研究发现，旅游地社会责任和其他旅游地特征变量诸如旅游地服务质量（Su et al.，2016）、旅游地声誉（Su et al.，2018）、旅游活动类型（Holm et al.，2017）等，能够对旅游者幸福感产生影响。相较于其他旅游地特征变量，旅游地社会责任的履行对于旅游地来说更具可操控性，因此旅游目的地经营管理者应当将旅游地社会责任嵌入旅游地长期发展战略的每一个阶段，以提升旅游地造福旅游者的能力。其次，通过研究发现，如何就旅游地社会责任与旅游者进行沟通，直接关系旅游地社会责任对旅游者幸福感作用的大小，尤其应该特别关注信息框架的作用，采用积极框架在前、消极框架在后的混合信息框架是提升旅游者幸福感的有效方式之一。再次，研究表明旅游地社会责任的道德属性通过旅游者自豪感影响旅游者幸福感，这是旅游地社会责任作用于旅游者幸福感的关键路径，因而旅游地经营管理者在与旅游者进行社会责任沟通时，应着力突出开展提升社会责任活动的道德动机及道德效果，从而使旅游者产生较高的自豪感和幸福感。最后，研究为旅游地经营管理者找到了一种细分市场的划分方法，旅游地营销人员可以通过向高自我旅游目的地联结的旅游者推送积极信息框架在前的旅游地社会责任信息来提升旅游者幸福感。

7.1.2.3 旅游地政府管理策略

【服务质量】

根据研究发现，政府可以通过与酒店/旅游企业合作，采用严格标准来更好地提供高质量的体验，间接鼓励旅游者的绿色行为。或者，政府可以鼓励以旅游为基础的企业制定和实施服务质量标准，以更好地确保旅游者获得高质量的服务。例如，政府可以为旅游中小企业提供教育材料和培训，以提高员工的服务提供技能。政府还可以采取更"亲力亲为"的方式，跟踪旅游目的地企业提供的服务质量，奖励（惩罚）那些持续被评为提供优秀（劣质）体验的企业。旅游目的地的快速增长带来的问题已经引起了政府的重视，奖惩方法结合可能会在培训过程中起到很大的作用。

旅游者的主观幸福感可以通过旅游者的满意度来提升，社会旅游项目应该由旅游者的母国政府来考虑和推广（Su et al.，2015）。长期以来，旅游在培养更快乐、更健康的公民，从而促进社会和谐方面的作用，被其在各种旅游话语（包括学术出版物和政府政策）中的经济作用掩盖。因此，对于旅游目的地政府和学术研究人员来说，不仅要解决旅游的经济效益，还要解决旅游在人们感到更加疏离和孤立的后现代社会中的社会心理困境（Deery et al.，2012；Dolnicar et al.，2012；McCabe et al.，2013；Perdue et al.，1999；Uysa et al.，2012）。

【环保呼吁】

旅游地政府也可能在旅游者从事更环保的行为方面发挥作用（He et al.，2019）。这需要旅游者认识到以生态友好的方式保护自然旅游目的地以供子孙后代享受的长期好处。尽管政府在解决环境问题方面的角色尚有争议，但减少旅游者对环境的潜在危害似乎是一个应该解决的问题。旅游者自愿以对社会负责的方式行动，可以减缓环境退化并减少相关成本。政府应该继续培养旅游者对绿色方式的认识，并对他们进行教育，以说服旅游者表现环境友好的行为。韩和黄（2015）报告说，对有害环境后果的更多认识将增加对环境保护的责任感知和更积极的环境友好行为。不幸的是，并不是所有的旅游者都会看到自愿参与环保行动的好处。

【交通规划】

政策制定者应努力使旅游者的幸福感最大化。但是如果只考虑提升自驾型旅游者的幸福感，而给他们尽可能多的开车旅行机会，就会导致社会幸福感的降低，因为汽车的使用会带来旅游地的交通拥堵和空气污染。所以为了提高旅行满意度（以及相关的整体幸福感）并减少拥堵和空气污染，政策制定者需要做两件事（De Vos et al.，2012）：①让公共交通更令人满意；②让人们更有能力步行/骑车到旅游目的地。艾特玛等（2011）指出，长时间的旅行，尤其是长时间的等待/步行时间会对旅行满意度和生活满意度产生负面影响。改善公共交通服务，通过增加可达性，尤其是增加公共交通的班次频率，可以对幸福感产生积极影响。由于步行和骑自行车对幸福感的贡献最大（Abou – Zeid，2009；Olsson et al.，2012），因此通过缩短出行距离使步行和骑自行车旅行更具前景非常重要。这就是空间规划发挥作用的地方，增加公共交通的密度和多样性将缩短旅行距离和减少社会排斥（De Vos et al.，2012），此外，它也将扩大人们进行日常活动的范围。面向非机动旅行的设计可以进一步提高步行/骑自行车的旅行满意度。公共交通服务的改进和空间规划的改进可以在一定程度上结合起来。例如，以公交为导向的开发（Transit Oriented Development，TOD），其中住房、就业、活动场所和公共服务的开发集中在现有或新的公共交通站点周围，这些站点由高频次、高质量和高效的城内铁路服务提供（Curtis et al.，2009），旨在创造一个相对高密度、紧凑和混合的城市形态（Knowles，2012；Loo et al.，2010）。

7.1.3　旅游体验和旅游者幸福感提升机制及理念

在营销学科，顾客体验已成为理论界和实践界共同关注的焦点，创造卓越的顾客体验是当前企业管理的首要目标和提升竞争力的核心抓手（Lemon et al.，2016），以往研究提出企业管理要从服务导向向体验导向转变，企业业务应围绕顾客体验来开展（Fernandes et al.，2016）。尽管旅游消费被认为是典型的体验消费（Chen et al.，2018），但由于对旅游体验的维度结构、特征等方面的研究尚未深入，对其影响因素及其作用机理尚处于理论探索阶段，因而相应的管理方法和策略相当缺乏。同时，尽管国家多次以文件的形式强调旅游业发展的社会功能，已经将旅游业列为"五大幸福产业"之首，但由于旅游者主观幸福感研究尚处于起步阶段（Uysal et al.，2016），因而没有研究提出提升旅游者主观幸福感的具体策略，导致在旅游地管理实践中，旅游行政管理部门和旅游地经营管理者无从下手。

鉴于此，考虑我国文化背景，并根据我国旅游业发展实际，结合当前社会形态和发展趋势，通过理论分析和实证检验，融合相应的研究结论，笔者提出了旅游体验的"三位一体"提升机制和旅途"接触点"管理新方法，同时结合旅游者主观幸福感的作用机理与传导机制，建构了"五方互联，五维提升，共创幸福"的旅游者主观幸福感提升机制，并在此基础上提出了"幸福管理"旅游者主观幸福感管理新理念。

7.1.3.1　"利益相关者共创"提升机制

①旅游体验的提升机制。建立"三位一体"的旅游体验提升机制。

结合旅游体验的特征，融合相关研究结论，从政府层面、企业层面、个体层面构建"三位一体"的旅游体验提升机制。

a. 政府/行政管理部门：落实国家相关文件精神，制订具体方案，全面倡导旅游业发展由服务导向向体验导向转变；

b. 旅游目的地/旅游企业：学习和领会国家相关文件精神，全面落实旅游企业管理由服务导向向体验导向转变；

c. 旅游从业者/旅游者/旅游地居民：旅游从业者积极与旅游者互动，为旅游者创造全方位的体验机会；旅游者积极参与旅游活动，与旅游从业者共创体验；旅游地居民热情好客，当好东道主。

②旅游者主观幸福感的提升机制。创立"五方互联，五维提升，共创幸福"的旅游者主观幸福感提升机制。

基于研究成果，综合从旅游者、旅游地居民、旅游从业者、旅游企业、政府及管理机构五个方面对旅游者的旅游体验和主观幸福感提升机制进行总结归纳，建构"五方互联，五维提升，共创幸福"的旅游者主观幸福感提升机制。

a. 政府及管理机构——以提升旅游者主观幸福感为发展理念；

b. 旅游目的地/旅游企业——以提升旅游者主观幸福感为重要发展目标；

c. 旅游从业者——以提升旅游者主观幸福感为重要工作使命；

d. 旅游地居民——以提升旅游者主观幸福感为重要生活态度；

e. 旅游者——以提升自身主观幸福感为重要旅游追求。

7.1.3.2　实施"幸福管理"新理念

①旅游体验。实施旅途"接触点"管理的旅游体验管理新方法。

基于旅游者的旅途过程，在旅游者与旅游目的地/旅游企业密切的接触点强化体验设计，全面实施旅途"接触点"管理方法。旅途"接触点"管理实施的基本步骤。

a. 规划和设置方向：设定目标、创建业务案例、协调和监督变化；

b. 研究和转变心态：开展旅游研究、定义特定情境下的旅游体验；

c. 助推新发展：确定优先发展领域、执行行动方案、发展和试点变化；

d. 执行和嵌入变化：改变支持系统、评估影响。

②旅游者主观幸福感。实施"幸福管理"的旅游者主观幸福感管理新理念。

在旅游地/企业发展过程中，旅游目的地发展方向由经济发展导向向经济、社会综合发展导向转变，全面强化旅游业发展的社会功能，以"幸福最大化"为重要目标，对旅游者、旅游从业者、旅游地居民等利益相关者全面实施"幸福管理"，通过"幸福管理"新理念来提升旅游目的地/旅游企业核心竞争力，以实现我国旅游目的地的可持续发展，提升人们主观幸福感，构建和谐旅游社区，实现中国梦，为全面建成小康社会和美丽中国建设作出贡献。

7.2　旅游地居民生活质量管理策略

在旅游发展过程中，以实现人民美好生活为导向，兼顾旅游发展所带来的社会、文化、经济、环境等各个方面的影响，强化旅游发展的社会功能，增强旅游发展对旅游地居民生活质量提高的促进作用，实现旅游地可持续发展。将旅游地居民幸福感作为重要的旅游资源，以"幸福管理"新理念吸引旅游者，提升旅游地核心竞争力的同时，提高旅游地居民生活质量，构建幸福和谐旅游社区，将提升旅游地居民生活质量作为化解当地社会主要矛盾的重要途径，为全面建成小康社会作出贡献。

7.2.1 旅游社区视角下的管理策略

社区是进行一定的社会活动、具有某种互动关系的共同文化维系的人类生活群体及其活动区域的系统综合体。综观现有研究成果，绝大多数学者都是基于旅游社区视角来探讨旅游地居民生活质量的影响因素，因此，从社区视角提出的旅游地居民生活质量管理策略具有一定的重要性。

7.2.1.1 促进正面旅游影响

基于社区视角的现有研究表明，积极的旅游影响（包括经济、社会、文化和环境）能够提升旅游地居民生活质量。

在经济上，旅游社区管理人员应该积极与旅游地居民分享利益信息，如就业机会，因旅游者涌入而提高的收入，或者旅游地居民参与投资社区旅游基础设施的机会等；同时应当拓宽信息分享渠道，根据旅游地居民的年龄、性别、受教育程度等因素，个性化地配置信息公开平台，如老龄化程度较高的社区，多增加社区广播、社区报刊宣传栏等数字化程度较低的传播平台，年轻居民较多的社区，则多推出社区线上宣传会、社区宣传公众号等信息交流平台。在信息井喷的时代背景下，要加强对信息的核实与把握，保证经济信息的价值，守护旅游地居民的利益。

地方政府也可以从政策、技术等方面予以扶持，如合理降低相关旅游岗位对旅游地居民的招聘条件，在社区内定期举办技能培训班等，帮助旅游地居民从事旅游关联行业并获益。旅游社区内的旅游企业在招聘从业人员时，同等条件下可以适当向旅游地居民倾斜。应制定社区生活质量指标，并将其纳入旅游发展和其他公共政策活动的总体规划（Budruk et al.，2011）。旅游因素的客观指标和旅游地居民的生活质量之间的联系需要得到加强，目的地不同利益相关方所表示的生活质量的主观指标也需要得到加强。生活质量指标的性质和相对重要性肯定会随着时间的推移而改变，生成和监控的数据应反映此类变化（Uysal et al.，2012）。如果没有社区生活质量指标及其对指标满意度的感知重要性（Sirgy et al.，2011），我们就没有足够的信息来完全理解旅游目的地旅游活动的真正价值。

在社会方面，旅游社区可以将社区娱乐设施安置在居民活动密集区域，同时加强娱乐设施的定期维护，提高其利用价值和效率；开辟和拓宽旅游地居民的建议通道，请专家小组提出改进措施，社区管理人员和旅游地居民代表进行评估并实施，促进社区整体发展规划的发展和完善；丰富社区内休闲设施和自然景观，满足旅游地居民从事休闲活动和亲近大自然的需求。

在文化方面，旅游社区在顺应建筑现代化发展趋势的同时，应注重当地特色建筑的保护，以特色建筑为亮点进行旅游宣传，使当地特色建筑的知名度得到提高；多平台、高频次、广宣传，积极弘扬旅游地文化保护意识，倡导旅游者尊重和保护当地的文化习俗；重视当地特色民族节日，为旅游地居民和旅游者的双向文化交流搭建平台，让旅游者体会到生活、情感、宗教等旅游地特色文化。

在环境方面，"旅游业发展给其赖以生存的环境带来了额外的压力，损害了当地可持续发展的未来前景，甚至损害了旅游者本身的期望"。因此，旅游目的地管理人员需要展示旅游业如何采取行动来保护环境。例如，设立环境保护基金，修缮基础设施和改善环境。此外，研究表明环境主要影响家庭关系感知，因此，可以采取如下措施：改善当地的居住环境，为旅游地居民营造舒适的户外空间；开发适宜开展亲子活动、娱乐健身活动等的设施和场地，为家庭成员之间的交流和活动提供环境条件。

7.2.1.2　削弱负面旅游影响

旅游的力量已经在文献中得到了很好的记录，大多数研究认为它的经济影响是旅游目的地最有价值的因素（Nunkoo et al.，2012）。旅游业也是如此，因为它是区域发展的一个可行的经济选择，能够带来新的投资，创造商业和就业机会，提高旅游地居民的生活质量（Dye et al.，2007）。然而，旅游业发展也可能对当地社区造成负面影响，例如，物价水平上涨、交通拥堵和污染（Dyer et al.，2007）。这些影响，无论是积极的还是消极的，都有很大的概率影响旅游地居民的生活，旅游地居民的支持与旅游目的地的可持续发展密切相关（Lee et al.，2009）。巴克利（2012）建议，可以采取技术、政治和个人措施来实现可持续旅游的目标，在可持续旅游中，社会责任被归类到个人层面。许多学者认识到旅游企业开展社会活动的好处，对企业社会责任倡议与旅游业利益相关者可能享受的潜在利益之间的关系进行了实证研究。然而，他们的努力主要集中在外部和内部客户（即旅游从业者）。与此同时，很少有学者尝试研究旅游地居民，不利于旅游目的地的可持续发展。

粟路军等（2016）从旅游地居民的角度，考察了旅游地社会责任（Destination Social Responsibility）对关系质量和经济发展的影响。许多学者认为，参与正确的社会责任项目可以提高公司的财务业绩（Luo et al.，2006）。亨德森（2007）提出，社会责任项目对财务结果的直接影响是值得商榷的，这些财务回报可能会因特定行业的情况而不同（Godfrey et al., 2007）。如上所述，以前的研究表明，关于社会责任和经济发展之间的关系，财务回报的结果是不同的（Margolis et al., 2001），这需要对这种联系进行背景调查。从旅游地居民的角度来看，旅游地社会责任对旅游目的地经济发展的直接影响在统计上并不显著。换句话说，居民并不觉得落实社会责任实践会直接促进当地经济发展。相反，他们相信这些慈善活动有助于与旅游地居民建立良好的关系，从而可能促进旅游目的地经济发展。也就是说，依靠社会活动在经济上发展旅游目的地，需要发展良好的旅游社区关系。这一发现与井上和李（2011）的研究结果一致，他们观察到旅游社区关系与酒店和餐饮业的短期和长期盈利能力之间存在正相关关系。了解旅游地居民在发展旅游目的地中发挥的关键作用，并与他们建立良好的关系，是更好地管理、战略规划和推动旅游业长期可持续发展的关键。因此，粟路军等（2016）研究得出结论：与旅游地居民发展良好的关系与经济发展本身同等重要。在某种程度上，能否成功实施企业社会责任战略投资取决于与当地居民的关系有多好。因此，旅游目的地管理组织应该将关系营销实践整合到企业社会责任（Corporate Social Responsibility）中，旨在培养旅游社区关系，这反过来可能会促进旅游目的地的发展。研究结果还表明，旅游目的地层面的社会责任的落实可以助力与旅游地居民良好关系的建立。特别的是社会责任可以确保旅游地居民满意，培养旅游地居民认同感，并建立其对旅游目的地发展的信任。

此外，研究确定与旅游社区建立高质量的关系将有助于旅游目的地在经济方面的发展（Su et al., 2017）。然而，关系质量的三个维度对旅游目的地发展的影响并不一致。具体地说，对旅游目的地满意并对旅游目的地有较高认同感的旅游地居民可能有助于推动旅游目的地的发展。相比之下，旅游地居民信任对经济发展的直接影响在研究中并不显著，但其间接影响在研究中得到支持。在中国文化中，伦理关系和其他以儒家思想为基础的传统概念，如礼和义，正在渗透到商业世界中。关系型社会资本（即社会关系）是运用社会资本的概念来理解中国农村旅游小企业的企业能力的代名词。这些发现也可以应用于其他情况下的旅游规划者。旅游企业追求利润最大化，而对社会负责的行为可能是一项很好的投资。

研究表明，旅游地社会责任对感知的旅游影响、旅游社区总体满意度和居民再平衡具有显著的影响，这进一步证实了旅游地社会责任活动在旅游目的地可持续发展中的重要性（Su et al., 2017）。旅游地社会责任应该被视为旅游目的地涉及的所有利益相关者（即政府、企业和旅游地居民）的"双赢"战略。因此，管理者应该在旅游地社会责任项目上投入更多资金，并通过各种渠道，特别是社交媒体，向当地居民宣传这些项目。这反过来会影响居民的观感，改善他们的环境责任行为（Environmentally Responsible Behavior）。

在与目的地及其利益相关者之间的对话中，旅游地社会责任可能是一个重要的话题。作为一项旅游地社会责任倡议，旅游目的地旅游管理部门可能会鼓励旅游公司和经营者为社区改善作出贡献。各国政府可以将部分收入转化为"社会责任管理基金（Social Responsibility Management Fund，SRMF）"，以执行社会责任倡议。当局可以就旅游发展与居民进行沟通，以确保旅游目的地的发展被认为会给当地社区带来更多的积极影响，而不是负面影响。研究结果表明，居民对旅游正面影响的感知可以促使他们采取环境责任行为。相反，对旅游业负面影响的感知会导致较少的环境责任行为。因此，应该制定相关的旅游目的地管理政策，在消除负面影响的同时，增强旅游的积极影响，以鼓励居民采取环境责任行为（Su et al.，2018）。

【案例】

Yasawa 岛链由 16 个岛屿和几个小岛组成（Yasawa Island History，2010）。该群岛位于斐济西北部，从一端到另一端向东北延伸约 50 英里，拥有白色沙滩和清澈的蓝色海水。2000 年，理查德·埃文森（Richard Evanson）注意到与新兴旅游业相关环境和社会影响的增加，发布了一份文件强调了区域旅游组织——the Nacula Tikina Tourism Association（NTTA）——在 Yasawas 的可能性（Kerstetter et al.，2012）。

自成立以来，NTTA 在多项举措方面取得了成功，包括开发宣传经济型度假村的小册子；引入"行为准则"；与斐济和当地社区的领导人会面，帮助 Yasawas 群岛进行信息交流、建议和宣传，以及帮助当地旅游企业从而间接增加就业机会。

7.2.2 旅游地居民个体视角下的管理策略

7.2.2.1 保障旅游地居民权益

当旅游地居民认为自己从社区的旅游中受益时，旅游地居民和旅游目的地之间的关系会增强，有助于提高他们的生活质量，并产生对旅游业发展更大支持。因此，旅游目的地管理者需要认识到，为了获得旅游地居民对进一步发展旅游业的支持，需要让旅游地居民从这些努力中看到个人利益（Su et al.，2019）。

旅游目的地管理者需要确认旅游地居民是否认为他们的投入和努力得到了回报（分配正义）（Su et al.，2019）。当旅游地居民评估他们的投入时，他们对社区分配奖励公平程度的看法决定了分配正义的程度。另外，为了提高互动公正性，旅游目的地管理者和社区负责人以公开、诚实和及时的方式与旅游地居民共享信息非常重要。因此，需要建立公开和透明的沟通渠道，无论是线上还是线下，目的是促进互动正义，增强旅游地居民对旅游社区的感知支持和认同，从而提高他们的生活质量。特别的，旅游目的地应该建立有效的利益分享机制，以确保大多数旅游地居民能够分享旅游发展的成果。这将增强人们对旅游业正面影响的看法，从而使旅游地居民更多地采取环境责任行为。考虑到旅游目的地总体满意度对旅游地居民环境责任行为的重要作用，旅游目的地管理者和营销者应该实施旅游地居民满意度战略。为了实施这一战略，管理者和营销人员应提供令人满意的旅游环境、基础设施和服务，并监测旅游地居民满意度的变化。同时，应找出不满意的原因并加以解决，以促进旅游地居民环境责任行为的发展（Su et al.，2018）。

旅游目的地管理者和领导者也应该发展并为旅游地居民提供更多的旅游社区支持（Su et al.，2019），以此作为有效提高旅游地居民生活质量的途径。开展一系列项目，以表彰旅游地居民对旅游目的地的贡献，并为旅游地居民提供有实际价值的奖励和生活条件。政策制定者应该考虑利用旅游假期来帮助人们成长，特别适用于那些幸福感水平低于普通人群的低收入群体（McCabe et al.，2013）。例如，政策制定者应该开发一系列新的旅游项目或扩大现有的项目（Su et al.，2020）。

7.2.2.2 提升旅游地居民权力

正如安德瑞克和麦基（2008）所主张的："旅游地居民最终应该在决定哪些旅游影响是可以接受的，哪些是不可接受的方面有发言权。"让旅游地居民和其他利益相关者参与影响他们生活质量的过程、活动和决策是至关重要的。社会资本是大多数旅游目的地最关心的问题——那些拥有更多资本的旅游目的地往往在许多方面表现得更好，这会影响个人和整体的生活质量。当旅游地居民参与流程和决策制定时，如果人们在项目、计划和政策中拥有利益（有利害关系），那么这些项目、计划和政策可能会得到更好的支持。生活质量是利益相关者和那些试图识别和衡量生活质量的人最关心的问题（Chase et al.，2012）。

为了提高旅游地居民的生活质量，旅游目的地管理者应该在旅游目的地的发展过程中公平对待旅游地居民（Su et al.，2019）。管理者应该加强程序公平，增强旅游地居民在资源分配方面的公平感，以及提高与旅游地居民互动的质量。当旅游地居民感觉到程序不公平时，他们可能会将行动导向旅游目的地。因此，旅游目的地管理人员需要清楚地解释程序，并确保流程清晰和公平。因为发言权是程序正义的关键组成部分，给予参与者发言权可以减少他们的不满。因此，管理者需要给予旅游地居民自治权，并允许他们在旅游目的地开发过程中表达自己的"声音"。旅游目的地管理者应该让所有旅游地居民参与正式的决策过程，这将影响旅游地居民对旅游社区支持的认知。

在设计旅游地社会责任活动时，旅游设计师和规划者应谨慎行事，并确保旅游地居民参与其中（Su et al.，2017）。旅游目的地与外部开发商之间缺乏高质量关系的现状，增加了旅游地居民对满意和信任的渴望，以及实现他们的身份的愿望，这可以通过旅游地社会责任活动来培养。满意的旅游地居民如果充分意识到自己在旅游发展浪潮中的角色，就会为旅游目的地的发展作出贡献。

旅游业发展的每个阶段都必须解决旅游地居民的基本需求和新增需求的问题，以提高旅游地居民的生活质量。如何获取资源（满足人类需求或动物放牧）、赋予个人权力（使他们能够做出自己想做的选择）以及如何为个人和当地企业创造机会，将是旅游业发展每个阶段讨论的核心问题。然而，随着时间的推移，结合旅游业发展的各个阶段来监测这些问题，对于决策者和旅游业发展者来说具有巨大的价值（Uysal et al.，2012）。

7.2.2.3 增强旅游社区意识

由于旅游地居民从旅游目的地发展中感受到的影响最大，因此告知他们相关方面的信息，考虑他们的意见，让他们参与决策过程的不同阶段，并确保他们获得实际利益，这是许多人倡导和推动可持续旅游业的基础（Shani et al.，2012）。考虑旅游目的地可以被视为一种平衡旅游地居民和其他主要利益相关者（如旅游开发商、企业、环境组织以及市政和政府当局）需求的手段。麦基彻（2003）回顾了旅游规划和旅游管理的可持续性原则，强调开发商应积极与旅游目的地领导人、少数群体合作，以确保旅游目的地保留对旅游业发展的控制权。

此外，研究结果表明，旅游社区认同能够提高旅游地居民的生活质量（Su et al.，2019）。因此，旅游目的地管理者应该培养旅游地居民的旅游目的地认同感。旅游目的地需要为持续、深入和有意义的旅游地居民/旅游目的地互动制定适当的战略，让居民融入旅游目的地建设，使他们感觉自己是局内人，并培养他们的主人翁意识。这样的互动可能会加强大多数旅游地居民/旅游目的地关系的功能性。

互联网营销和电子商务的发展趋势也为旅游目的地参与旅游发展提供了新的机会，包括利用网络和网上社区，鼓励和接收旅游地居民对旅游规划和发展的意见和反馈。例如，在线社区参与项目可以让旅游地居民更好地了解计划和政策，实时更新他们的最新发展和变化。通过使用信息系统，规划部门还可以开展在线调查和提供"意见箱"，让关心旅游项目的居民表达他们的意见和态度。此外，它可以在舒适的家中为旅游地居民提供更便捷的信息，节省不必要的交通费用和麻烦。网络技术也可能提高旅游社区中政治意识较低的人的参与率（Shani et al.，2012）。

在旅游地居民和旅游目的地之间建立牢固的关系可以带来对额外旅游开发的更积极的态度（Su et al.，2019）。更具体地说，旅游目的地管理者应该实时跟踪旅游地居民对旅游目的地的满意度水平，加强可以提高旅游社区满意度的因素，并删除或最小化降低旅游社区满意度的因素。此外，加强旅游地居民的归属感也很重要。这可以通过尊重旅游地居民的权利、价值、符号和习俗，同时让旅游地居民参与旅游发展过程来实现。

7.2.3 旅游地经营管理视角下的管理策略

7.2.3.1 旅游地声誉管理策略

在组织行为学文献中，企业声誉被视为企业有价值的战略资源，有助于提升企业的可持续竞争优势（Capozzi，2005）。在营销学文献中，研究发现顾客信任、顾客认同和顾客满意在企业声誉对消费者行为的影响模型中起中介作用（Keh et al.，2009；Su et al.，2016）。根据归因理论，当顾客将良好的声誉归因于企业时，他们对企业有更强的承诺（Einwiller et al.，2019）。旅游学研究者也发现，旅游地声誉显著影响旅游者满意度，并影响旅游者对旅游地的认同感，因而影响旅游者主观幸福感（Su et al.，2018）。旅游地竞争力的提高有助于提升居民生活质量，而旅游地竞争力则与旅游地声誉密切相关（Cillo et al.，2021）。

根据阿蒂加斯、维尔切斯－蒙特罗和伊里戈伊恩（2015），事实上，"一个声誉好的旅游目的地相较于一个声誉不好的旅游目的地会被认为更可信、更可靠。"因此，良好的在线声誉可以被认为是提高旅游目的地在旅游者心目中吸引力的差异化能力的体现（Cillo et al.，2021）。在信息化高度发达和大数据技术广泛应用的今天，网络声誉将会影响潜在旅游者对旅游目的地竞争力的四个决定因素的评价（Cillo et al.，2021）。如果旅游者对旅游目的地的核心资源和景点、支持因素和资源、旅游目的地管理战略和合作决定因素知之甚少，他们将不再有动力去旅游（Allameh et al.，2015）。得益于在线声誉管理（Online Reputation Management，ORM），管理者可以塑造旅游者从决策的第一个瞬间就会评估的内容。因此，ORM 带来的更好的声誉可以加强管理者的战略，以提高他们的竞争力。如果管理者能够调节影响他们在线声誉的用户所生成的内容，那么旅游者就会认为他们的旅游目的地更具吸引力。网上展示的正面体验能够让潜在的旅游者对所选旅游目的地更感兴趣，因为他们可以看到自己有机会获得的一系列潜在好处。同样，他们会对旅游目的地的资源、支持因素、战略和任何其他要素留下良好的第一印象。在这些前提下，旅游目的地应该始终投资 ORM 以保持竞争力。

目的地管理组织（Destination Management Organization，DMO）应为生态友好型声誉管理制订计划和流程（如促进生态友好型做法和活动、内部培训人员成为对社会负责任的旅游社区成员并避免声誉危机）。同样重要的是，确定具体的品牌管理目标，并通过营销和广告向利益相关者战略性地传达生态友好型保护实践。从技术上讲，DMO 应该考虑采用几种旅游目的地声誉管理工具和服务（例如，TrustYou、Revate 和 Travel 2.0）来跟踪声誉随时间的变化。只有充分了解生态友好型声誉对旅游者行为的作用和影响，旅游组织才能制订出可操作的声誉管理计划，以培养和留住潜在旅游者。

此外，居民人口学特征如年龄、性别、收入、职业、教育水平、民族、居住地、居住年限、居民身份等也会调节旅游地居民生活质量（Woo et al.，2018），如年轻或受过更多教育的人倾向于比其他人更深刻地认识到旅游业的发展给生活质量带来的积极影响。

7.2.3.2　旅游地营销管理策略

米洛尼奇和尤尔达纳（2008）曾提到过："旅游目的地竞争力战略的总体目标是提高生活质量，因此生活质量成为旅游目的地竞争力的关键要素。"旅游地竞争力的提高有助于提升居民生活质量，而旅游目的地竞争力可通过某些营销活动而增强。随着旅游目的地的流行将成为促进当地社会福祉、创造就业机会和财富，以及理解其他文化的强大力量，这些文化有助于提高旅游地居民的生活质量（Pırnar et al.，2012）。此外，旅游目的地的发展对当地人生活质量的积极影响可以通过能力建设计划、发展教育、提升文化自豪感、更好的主客理解、减少经济漏洞、各种培训计划等发展战略来实现。

目的地营销的目的是在正确的地点和时间将旅游目的地的个性和形象传达给目标市场。影响旅游目的地需求和供给的因素很多，因此旅游目的地形象可能具有多个维度。拥有独特的文化遗址、自然美景、宜人的气候、博物馆、可持续性、高质量的服务、有趣的当地艺术和遗产、独特的地理位置和文化历史环境都是潜在的值得旅游者青睐的旅游目的地要素（Pırnar et al.，2012）。随着旅游目的地管理的新趋势和旅游目的地管理组织角色的转变，旅游目的地的推广和开发付出的努力将被放大，获得协同效应并带来额外的好处。旅游目的地形象可以分为两部分：一是基本形象；二是旅游目的地的特殊形象（Özdemir et al.，2009）。基本形象可能基于娱乐活动、旅游目的地的一般基础设施、交通等因素而形成，而特殊形象可能基于该地区的历史、文化、政治、社会、财政、气候和自然资源而形成。如果这些因素可以放在旅游目的地的形象包装中，并传达给合适的市场，那么它可被用来影响潜在客户的选择和决定（Pırnar et al.，2012）。

节日和旅游事件可以预测居民幸福感（Yolal et al.，2016）。与大型活动相比，规模较小的事件活动产生的经济意义较小，因而对旅游地居民生活质量影响较小（Gursoy et al.，2019）。相对于一次性活动，经常性地举办活动可能会逐步累积起对旅游社区重大而持久的影响，而与企业社会责任相匹配的活动有利于消费者产生积极的感知。旅游事件可以通过社区归属感、社区关注、地方依恋、对政府的信任（Gursoy et al.，2019；Nunkoo et al.，2012；Gursoy et al.，2019）等因素影响旅游地居民的主观感知。

贝斯库利德斯等（2002）讨论了向他人展示自己的文化如何深化对生活在社区中、成为社区的一部分及为社区感到自豪的含义的理解。特别指出的是，节日庆典是让当地旅游社区都能参与规划和实施的合作活动，在宣扬文化方面发挥了突出的作用（Gursoy et al.，2004）。节日庆典活动的开展，也可以培养旅游社区的凝聚力和居民的参与度（Mckercher & Ho，2012），旅游目的地管理机构也提倡旅游社区参与旅游规划，以造福居民。

同时，莫加维米等（2017）、徐等（2016）分别研究了五大人格特质和个人兴趣对居民生活质量感知的效应，发现不同人格特质和个人兴趣会对居民生活质量感知产生影响。本书认为不同的人格特质和个人兴趣会在旅游事件对旅游地居民生活质量的影响机制中起调节作用，例如，对于外倾性和宜人性明显，以及个人兴趣浓厚的旅游地居民来说，旅游事件对其生活质量的影响程度更大。旅游地管理者可以通过大数据绘制居民的"用户画像"，针对旅游地内居民的普遍性和特殊性来举办活动进行营销。

一旦旅游社区成为旅游目的地，旅游地居民的生活就会受到旅游业的影响，而旅游社区全体居民的支持对于旅游业的发展、规划、成功运营和可持续性至关重要（Jurowski et al.，2004）。因此，旅游社区居民的生活质量应该成为旅游社区领导关注的主要问题。由于基础设施的完善、东道主态度的变化、旅游者数量和影响的显著性（无论是积极的还是消极的），旅游目的地面临着无数的机遇和挑战。为了跟踪旅游目的地的演变，产品生命周期模型可以用来帮助管理层决策和解决利益相关者的利益。发展旅游生命周期最重要的前提是认识到旅游目的地不是一成不变的；它会随着时间的推移而变化，营销策略也必须适应这种调整过程（Uysal et al.，2012）。

【案例】

吉布森和戴维森（2004）讨论了澳大利亚的 Tamworth 音乐节在培养居民的地方认同感和乡村自豪感方面发挥的关键作用，以至于该社区已经成为澳大利亚传统乡村身份的核心代表。费尔森斯坦和弗莱彻（2003）写到，节日有助于创造一个超越当地的地方形象。理查兹和威尔逊（2004）注意到鹿特丹举办的

"欧洲文化之都节"如何改善了它在旅游地居民中的形象并刺激了城市发展。普伦蒂斯和安德森（2003）讨论了爱丁堡艺术节积极地将这座城市定位为一个创造性的地方，这使得苏格兰看起来更加复杂，并在旅游地居民中产生了一种自豪感。德布雷斯和戴维斯（2001）研究了"沿河而下的罗林节"，该节日涉及美国中西部130英里（约209千米）长的堪萨斯河沿岸的20多个社区。他们观察到，这个节日使相关旅游地居民产生了积极的自我认同，超过了它的经济利益。

7.2.3.3 旅游地社会责任管理工具

旅游目的地的可持续发展实践日益引起各组织及其利益相关者的兴趣。旅游目的地往往依赖于环境和文化资源，这使得以一种对社会负责的方式行事成为旅游业发展的必要条件（Sheldon & Park，2011）。已经有很多研究聚焦于旅游/酒店行业的企业社会责任（Corporate Social Responsibility）（如 Font et al.，2016；Fu et al.，2014；Kim et al.，2016；Park et al.，2017；Su et al.，2017；Theodoulidis et al.，2017；Youn et al.，2018）。参与社会责任行为是实现旅游目的地可持续发展的关键部分（Su et al.，2017），以往的研究已经证实，旅游企业的企业社会责任活动可以提高公司绩效，并导向积极的员工和顾客行为，这涉及各个旅游产业，如酒店（如 Inoue et al.，2011；Su et al.，2017）、餐馆（如 Park et al.，2017）和赌场（如 Font et al.，2016；Youn et al.，2018）。然而，几乎没有研究从整个旅游目的地的角度对社会责任进行调查。

企业社会责任一词适用于组织如何履行影响深远的社会义务，即超越营利标准，以满足更广泛的社会和环境期望（Pomering et al.，2009）的研究过程。在大多数企业社会责任研究中，被调查的社会责任被理解为某一特定组织的责任。然而，旅游业发展的过程中目的地受到的影响不仅仅来自单一的旅游企业，而是许多与旅游相关的企业联合作用的结果，这些企业可以影响广泛的利益相关者（如住宿、航空公司、餐饮、地面运输、旅游提供商、旅行社），这些企业采取行动支持寻求旅游体验的旅游者的到达、停留和离开（Buhalis，2000）。这些组织面临着社会责任挑战，因为它们可能会影响旅游目的地的经济、自然资源、文化和他们所在的社区（Nunkoo et al.，2011；Su et al.，2018）。因此，粟等（2018）认为，这些旅游地居民将把旅游影响视为该地区所有利益相关者行为的累积。发生在旅游目的地的旅游发展的总结性影响表明，理解旅游目的地层面的社会责任需要一个基于研究的具体测量量表，以"将旅游地社会责任概念化并将其作为一个多维结构来操作"（Su et al.，2018）。

目的地居民作为一个重要的利益相关者群体，与其他利益相关者群体相比，受旅游业发展的影响更大（Gursoy et al.，2002；Nunkoo et al.，2011）。先前的研究（如 Coles et al.，2013；Mathew et al.，2017；Su et al.，2018；Su et al.，2018）已经开始探索旅游地社会责任的总体感知与居民行为之间的关系。如果居民的旅游地社会责任感知结果对理解他们对旅游的态度和支持旅游目的地发展的行为很重要，那么以居民为中心的旅游地社会责任测量工具应该：①通过提出更好的旅游地社会责任概念来帮助额外的学术研究；②提供一种测量工具来刺激更多的研究；③帮助旅游目的地营销者和管理者更好地理解旅游地居民的观点和他们的相关行为，为旅游目的地的管理者提供更好的决策依据。

粟路军等（2020）考察了企业社会责任在旅游目的地层面的应用，在对中国某热门旅游地居民进行深入访谈的基础上，构建了旅游地社会责任维度结构的理论反思性测量模型。遵循既定的量表开发程序，结合对中国某旅游地居民的调研结果编制了旅游地社会责任量表。此外，该研究还检验了旅游地社会责任与三个维度（即社区满意度、社区认同感和对旅游发展的支持）之间的关系。进一步验证了量表的信度和效度，同时论证了所提出的居民旅游地社会责任量表的因素结构具有普适性。

尽管人们呼吁建立一个特定背景的量表来概括旅游地社会责任的关键维度，并帮助研究人员和相关从业者更好地测量和理解旅游地社会责任，但还没有出现一致的方法来概念化旅游地社会责任维度或测量。据我们所知，目前还没有研究专门制定一个量表来衡量居民对旅游目的地的社会责任。少数对旅游地社会责任进行调查的研究使用了各种不同的企业社会责任维度来测量旅游地社会责任的结构，并且经常使用针对特定企业或行业的员工或客户的研究中的问题来制定量表。关于旅游地居民的文献中没有关于旅游地社会责任维度数量和捕捉这些维度的尺度的阐述。

在借鉴已有的企业社会责任文献和利益相关者理论的基础上，从旅游地居民的角度出发，本研究提出了由经济、环境、社会、利益相关者、自愿五个潜在维度构成的企业社会责任理论框架。遵循既定的量表开发程序（如 Chen et al.，2013；Churchill，1991），苏等（Su，Swanson & He，2020）成功地编制并验证了旅游地社会责任量表，确定了 5 个旅游地社会责任维度，其中 20 个项目最终被保留在纯化后的量表中（见表 7 - 1）。总体而言，此工具量表具有一定的实践意义。

表 7 - 1　　　　　　　　　　旅游地社会责任量表

维度	测量项目
经济	旅游地社会责任 1 旅游目的地对经济发展有积极的贡献
	旅游地社会责任 2 旅游目的地具有良好的盈利能力
	旅游地社会责任 3 旅游目的地创造了更强大的税收基础
	旅游地社会责任 4 旅游目的地在社会责任项目上与他人合作

维度	测量项目
环境	旅游地社会责任5 旅游目的地努力保持环境清洁
	旅游地社会责任6 旅游目的地实施对环境负责的行动
	旅游地社会责任7 旅游目的地关注环境问题
	旅游地社会责任8 旅游目的地进行投资以避免环境恶化
	旅游地社会责任9 旅游目的地实施了特殊的工程以最大限度地减少对环境的负面影响
社会	旅游地社会责任10 旅游目的地有助于社会的积极发展
	旅游地社会责任11 旅游目的地注重社会效益
	旅游地社会责任12 旅游目的地充分考虑了它对社区的影响
	旅游地社会责任13 旅游目的地保护社区的传统文化
利益相关者	旅游地社会责任14 旅游目的地与任何受其行为影响的群体或个人进行适当的交互
	旅游地社会责任15 旅游目的地保障在旅游目的地活动中投资人的权益
	旅游地社会责任16 旅游目的地对任何受旅游目的地成败影响的人都是有益的
自愿	旅游地社会责任17 旅游目的地的行为是建立在良好的伦理价值基础上的
	旅游地社会责任18 旅游目的地的行为超出了其法律义务
	旅游地社会责任19 旅游目的地自愿为社会做贡献
	旅游地社会责任20 旅游目的地向慈善机构提供足够的资金捐助

上述量表可能对旅游目的地管理组织（DMO）有所裨益，了解居民对社会责任的感知是成功制定 DMO 战略的基础。本研究的测量工具适用于收集有关居民感知的旅游目的地社会责任当前水平的基准数据，以及进行定期检查来跟踪旅游地社会责任的变化。从业者可以确定总体居民旅游地社会责任及其维度。旅游地社会责任量表可以作为一种诊断工具，使 DMO 能够确定旅游目的地社会责任的哪些相关领域存在不足和需要关注。

研究证实，社区居民对旅游地社会责任活动的认知包括五个维度：环境、经济、社会、利益相关者和自愿性。由此已经确定了需要跟踪和集中努力的关键领域。例如，可以鼓励社区内各种以旅游为业务的公司为旅游社区改善项目投入资金。DMO 还可以确定一种收费方法，以建立"社会责任管理基金（Social Responsibility Management Fund，SRMF）"，以便在旅游目的地执行社会责任倡议。社会责任管理基金可以用来启动旅游社区发展计划，支持传统文化，或处理当地的紧急情况。DMO 还可以分享有关旅游业如何促进旅游社区税基和刺激经济发展的信息。例如，在环境方面，设立地方环保基金或进行环保教育活动。DMO 还应该考虑旅游目的地对旅游社区的影响，这可能包括改善居民生活条件和提高他们的生活质量的活动。关键是，DMO 在旅游地社会责任量表的每个维度下确定的项目可以为寻求改善每个旅游地社会责任维度的绩效的潜在方法提供一些初步指导。

研究结果表明，旅游地社会责任影响居民对旅游目的地旅游社区的满意度和认同感，进而导向居民对旅游开发的积极态度。旅游目的地管理者需要关注旅游地居民对社区满意度的变化，加强（消除）可以提高（降低）旅游社区满意度的因素。研究结果还表明，制定一个有助于建立认同感的策略非常重要。然而，居民旅游地社会责任量表的实际意义超出了本研究所考察的特定关系，这些关系证明了旅游地社会责任量表的因素结构具有普适性，并检验了该结构在法理网络中的适用性。

本研究确定的旅游地社会责任维度也可以用来检查它们对旅游地发展重要结果的影响。研究开发的量表可以通过更好地对旅游地社会责任进行概念化，同时提供一个有效和可靠的测量工具，帮助旅游目的地营销者和管理者更好地理解旅游地居民及其相关行为，为管理决策提供更好的信息，从而有助于进一步的研究。通过分析这些维度及其与相关结果的关系，DMO 可以更好地决定关注哪些旅游地社会责任维度。因为居民的旅游地社会责任感知结果对于管理者了解他们对旅游的态度和对旅游目的地发展的支持行为非常重要。

7.3　旅游从业者幸福感管理策略

在现有的研究中，旅游从业者幸福感已被证实会影响旅游从业者效率、企业业绩等企业较为关心的几大数据结果，旅游从业者幸福感的提升一直被视为企业管理的重要组成部分。本节将结合企业现状，从旅游企业的员工层面、领导层面和组织层面提出相应的管理建议。

7.3.1　关注员工状态，切实提升旅游从业者幸福感

现有心理学研究注重从五个方面来提升员工幸福感（Grawitch et al.，2006），本节将结合旅游学现状对旅游企业如何从员工层面增强旅游从业者幸福感提出以下管理策略，如图 7－2 所示。

7.3.1.1　维持员工工作与生活平衡

希金斯、达克斯伯里和欧文（1992）发现，工作和家庭角色之间的冲突降低了员工对工作和家庭生活质量的评价，而这反过来又会影响组织的运行结果，如生产率、缺勤率和离职率。他们建议，组织可以通过提供其他工作安排

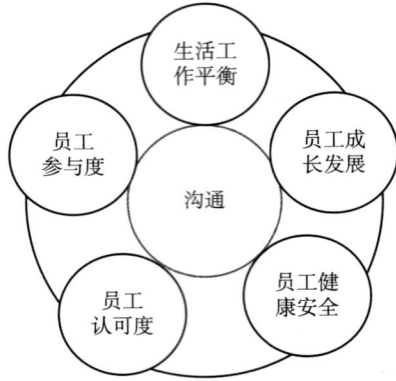

图 7 - 2   从员工层面提升员工幸福感的管理策略

来减少员工的工作家庭冲突。他们的研究表明，"工作结构对家庭生活有很大影响，雇主应该认识到工作环境对家庭的影响是真实存在的，需要对此因素加以考虑"。桑杜拉和兰考（1997）随后的研究表明，工作/生活计划的存在，如弹性工作时间的提供，与组织承诺和工作满意度呈正相关。克鲁克和格罗弗（1993）指出，针对雇员的需要，向雇员提供家庭福利等类似行动，会对他们的工作依恋产生积极的影响。研究结果表明，灵活的工作设置为员工更好地平衡工作/生活、提高工作自主性和更有效的沟通创造了机会（Ter Hoeven et al.，2015）。作为对弹性工作时间的回应，员工可能会以对雇主更高的忠诚度和更高的士气来回报。对于国内旅游从业者，企业可以根据旅游市场淡旺季灵活机动地安排工作时间，提倡弹性工作制，不把企业员工禁锢于办公桌前。现代技术已经能使员工跨越时间和空间的界限高效地访问和交换信息，使他们能够更好地控制白天的工作（Matusik et al.，2011）。对知识型员工可以实行弹性工作制，授予员工在"工作时间（计划灵活性）、工作地点（远程办公）和工作方式（智能电话、电子邮件、视频会议）"方面的自由度（Ten Brummelhuis et al.，2012），努力为知识型员工营造一种宽松、自主的工作环境，能使员工以最佳的工作状态来有效地安排工作时间，从而达到时间资源的合理配置。这种灵活性还为员工提供了更多的自主权，可以根据自己的喜好组织工作任务，并更好地协调工作和非工作活动。同时，企业给予员工更多的生活支持，考虑给工作/生活中冲突较多的员工以更多的合理关怀，以增加员工的忠诚度和工作满意度。

对于企业员工而言，多留些时间给自己和家人，多与管理者沟通他遇到的工作/生活冲突。证据表明（Phyllis et al.，2000）从事高要求工作的人尤其容易受到工作/生活冲突、超负荷和压力的影响。相比之下，那些得到上司支持的人，或者能够按照自己喜欢的时间工作的人，生活质量要高得多。在双职工家庭中让配偶双方都维持合理的工作时间，同时都符合当代工作的"全职"标准，也将有利于提升男性员工和女性员工的幸福感。

【案例】

①每个为惠普工作的人都可以使用笔记本电脑、移动电话和宽带等设备，这有助于并鼓励移动和灵活的工作。此外，惠普还提供了全球访问工具，无论员工身在何处，都可以方便而安全地访问工作文件和电子邮件。

②IBM 于 2003 年推出的移动性计划使员工能够随时随地访问信息并执行工作。它为员工提供了在任何位置（无论是客户办公室、机场、IBM 移动工作站还是家庭）都能使用工具，从而提高工作效率的机会。

7.3.1.2　注重员工成长与发展

获得学习工作外技能、知识和经验的机会，对企业员工来说是一种动力，而这可以对企业产生积极影响。此外，当组织致力于发展员工的技能和能力时，员工会对工作更满意，对组织的承诺水平更高，并且会降低他们离开组织的意愿（Lee et al.，2003）。在分析实践后，布朗（2000）发现培训和内部职业机会是组织效率和工作满意度的重要预测因素。培训也可以用来预测员工的工作压力。总体而言，培训能有效预测员工所在组织的有效性、员工工作满意度及工作压力。如果企业能为员工提供运用所获得知识和技能的机会，那么员工的成长和发展将成为企业竞争优势的源泉，使企业能区别于其他企业。旅游企业的服务通常对员工体力要求很高，要求工作表现能保证频率和一致性，这对员工来说是一个不小的挑战。在这种情况下，酒店组织需要改进管理和一线员工培训方法，使其具备真正的深度服务能力（Kim，2008；Shani et al.，2014）。如果培训和发展设计和实施得当，这些计划可以提高员工的技能水平和促进工作相关行为，减少事故，增加创新（Arthur et al.，2003；Barber，2004），使受训者能够在有压力的情况下始终如一地表现，提高组织生产率，并增加组织利润（Zwick，2006）。

企业要能正确地进行培训人员分析。人员分析涉及确定：是否需要培训或其他解决方案来提高绩效；如果确实需要培训，由谁培训受训者及是否为培训做好了准备（Noe，2008）。第一，人员分析应该通过观察评估到的需求的潜在原因或期望和实际情况之间的差距来确定培训是否合适（Brown et al.，2011）。例如，如果需要防止再次发生工业事故，而员工缺乏知识和技能是造成最初事故的原因，那么培训是适当的干预措施。然而，事故的发生还有许多其他原因，包括不当的激励和沟通（Roberts et al.，2001）。当这些都是导致员工表现不佳的原因时，培训可能是不必要的。因此，有效的人员分析可以识别培训和非培训需求，并有助于确定是否需要除培训之外的干预措施来提高企业绩效。第二，如果认为有培训需求，可以使用多种不同的方法来确定谁需要培训。其中最常见的两种是检查现有的员工记录和征求员工的自我评估结果，但每一种方法都存在潜在的偏差（Goldstein et al.，2002）。因为担心保留业绩不佳的记录，员工记录可能不够详细，或者可能会掩盖技能缺陷。而自我评估所体现的需求也可能是不准确的，因为它们受到个人特征的影响，且这些特征并不总是与实际的知识和技能水平相关（Ford et al.，1987；Ford et al.，1993）。评估员必须确定员工是否准备好接受培训。员工准备的概念是多方面的（Noe，2008）。研究表明，如果受训者具备培训所需的基本技能和能力，并有学习培训内容的动力，那么他们最有可能取得成功（Colquit et al.，2001）。当然，这并不意味着培训只应该提供给符合这一条件的人。如果评估员的分析确定了谁需要补救性基本技能培训，谁需要更多时间来学习材料，谁需要适当干预来增强学习动机，培训将更有可能改善员工的表现（Brown et al.，2011）。

同时，培训的设计非常重要。培训设计是指计划活动以促进学习的过程（Gagné et al.，1992）。现有研究主要探讨培训前、培训中和培训后应考虑的设计特征，企业还应考虑培训媒介和讲师授课的主题（Brown et al.，2011）这两个要素。研究表明，大多数组织主要依靠课堂活动来实现最大化学习（Saks et al.，2006）。为了最大限度地增强培训提高成绩的可能性，培训应该不仅仅是孤立的事件；它的设计应该包括培训前、培训中和培训后的干预措施（Burke et al.，2008；Broad et al.，1992；Machin，2002）。

企业可以加大对员工个人成长的投资，"员工发展投资"的概念意味着让员工掌握新的知识和技能，它可以被用来使人们预测并准备好迎接新的工作要求（Rothwell et al.，1989）。它属于人力资源开发的范畴，指的是雇主为提高绩效和个人成长而提供的有组织的学习经验（Nadler et al.，1989）。对员工发展的投资为组织提供了一种竞争优势——通过为员工提供持续的学习来发展员工现有技能、帮助员工获得新技能，然后员工可以适应这些技能，进而有效地执行这些技能（London，1989）。国内旅游企业可以建立员工培训和激励机制，应当充分考虑到员工的特点和成长需求，为不同部门的员工开辟合理的培训渠道，领导者与员工努力消除传统的、落后的管理理念，树立以企业员工培训的有效性为核心的正确的、现代性的旅游企业管理观念。发展成长激励、工作鼓励等非物质激励手段与物质激励手段相结合的综合激励模式，努力为企业员工创造有意义、有价值的工作，加强工作本身对员工的内在激励。工作的设定应适当地增加员工工作的挑战性、独立性、多样化和技术性，不断使工作内容丰富化、扩大化，利于员工展示和使用培训成果，提高参与培训和进行工作的积极性。

7.3.1.3 保障员工健康与安全

阿尔达纳（2001）对 72 项研究进行了全面的文献综述，调查了健康风险因素和组织生产率之间的关系。其结论是，医疗保健支出的增加和与疾病相关的缺勤、高水平的压力、超重以及多种危险因素的存在有关。此外，缺乏体育活动或健身与增加医疗保健支出有关，但与疾病相关的缺勤无关。研究表明，促进员工健康能提高组织的生产力（Aldana，2001）。促进员工健康能减少员工的缺勤率和医疗保健类的支出，员工健康状况与企业业绩明显相关。此外，调查表明，从医疗保健支出和缺勤情况来看，健康促进计划确实对组织的有效性产生了积极影响。除了健康风险因素、医疗保健支出和缺勤之外，健康和安全实践的影响还延伸到其他有关员工和组织。例如，琼斯、弗林和凯洛维（1995）的研究表明，员工对组织支持的感知与压力之间存在很强的负相关关系。

打造健康工作场所，关注员工的健康和安全，是一种提供组织支持的形式，提供这样的支持对员工来说是有益的，他们所感受到的压力会因此减轻。企业可以为员工提供压力管理帮助。研究表明，压力管理培训鼓励员工参与额外的角色行为，并提高员工的情绪幸福感。组织也将受益于压力管理计划，这些计划已被证明可以提高生产率，减少缺勤率。有效的沟通也将影响企业氛围，当员工觉得他们有一个平易近人的老板，管理层和员工之间的沟通是双向的、容易的、频繁的和尊重的时候，员工表示他们感到被重视，能够自信地表达自己的想法，并在日常工作中得到很好的支持。这被大多数员工认为是享受工作乐趣的一个特别重要的方面：能够真正与领导谈论很多私人事务，这有助于自己的心理健康。企业不仅要鼓励员工提出自己的想法，鼓励他们能够清晰地表达这些想法，有自信分享这些想法，还要让员工能够因为拥有这些想法并参与这些想法的实施而得到认可。员工援助计划的建立，如酒精滥用咨询，是组织展示其对员工的承诺和关注的另一个表现，愿意表现出对员工承诺的组织可能会从员工的互惠承诺中受益。此外，减少酒精滥用等破坏性行为会产生积极的组织结果，包括减少员工缺勤和事故。

此外，研究表明，企业还需要考虑员工福利政策。例如，企业需要寻找适合旅游行业的工作负载模型，以确保员工不会因工作而负担过重（McGuire et al.，2009）。为降低员工压力和改善员工健康状况，企业可以将工作设计和提高员工参与度作为增加感知控制的手段。企业还可以通过实施或改进以下措施来改善员工的健康和提高员工幸福感（Dickson–Swift et al.，2014）：领导力——用好的榜样来领导，让领导者成为正确价值观和美德的导师和捍卫者；使健康促进活动与组织的价值观保持一致——如果组织重视激情，就让计划变得有趣；

如果组织重视团队合作，就计划以团队竞赛为特色（Black，2008）。企业也可以设计一项促进健康的战略计划，每年对其进行审查，并划拨预算以支持战略计划中的倡议（Ackland et al.，2005）；所有员工都必须获得平等的参与机会——不排除偏远地区的员工（Ackland et al.，2005）；利用现有的公共活动——全国性或地方性旅游社区健康宣传活动，这将鼓励员工积极参与社区活动，并加强与社区的联系（IOSH，2011）。

7.3.1.4 提高对员工的认可度

布朗（2000）证明了认可是组织有效性、工作满意度和压力的重要预测因素。一种特殊类型的认可，即薪酬，是有助于健康工作场所建设的关键因素。在实施有关薪酬的政策时，企业必须认识到所提供的薪酬的水平和性质，绩效薪酬类型等细节必须由每个部门决定。如果一个组织能提供有吸引力的福利待遇，那么更多的潜在员工可能会被吸引到该企业来，企业因而能在雇佣新员工时有更大的选择性（Pfeffer，1998）。此外，更高的薪酬可能有助于留住现有员工。除了金钱补贴外，还有多种可以激励员工的表彰方式，比如颁奖典礼、表彰牌等。通过认可员工有效的努力，企业可以有效提高员工的满意度、士气和自尊（Rosen et al.，1991），这将对企业效率产生积极的影响。此外，只有金钱激励没有认可，企业员工会容易没有归属感，产生消极情绪；而员工得到企业的认可就会有朝气、有活力、充满创造力和热情。因此，认可对于旅游企业来说是必要的，对企业一线员工来说更是如此，对于这个敏感群体，企业应该做到关注员工的需求，及时给予员工认可，充分了解员工的贡献，尊重员工。只有做到这些才能让员工明白，企业的认可是实在的，彰显了企业对他们的信任和依赖。

企业可以通过创造利于员工发挥长处的氛围和提供相应的支持，来鼓励员工在工作中发挥自己的优势（Van Woerkom et al.，2016）。领导者应该意识到利用追随者长处的重要性，领导者要能感知员工的长处，并意识到发挥员工的优势和长处对于增加员工行为和绩效的重要性，能够利用员工的优势实际上也是衡量有效领导的一个重要方面。根据变革型领导理论（Bass et al.，2006），有效的领导者通过关注和满足追随者的需求来表现出对追随者的个体关怀。利用追随者优点的领导行为很可能比告诉追随者克服缺点的领导行为更有效（Bakker et al.，2019）。

企业如果想要制订切实有效的员工认可计划，可以遵循以下几个原则（Nelson，1995）：①应该立即予以认可。在期望的行为发生后，领导应该尽快给予认可，延长目标行为与奖励之间的时间会降低奖励的价值，并降低强化效果。②认可应该亲自传达。社会奖励的力量来自它们提供的方式，领导花时间认可或表扬员工的事实强调了员工在这项活动中的重要性。此外，同事或下属花时间来认可一项出色的工作也会非常有效。事实上，这些类型的向上认可可以作为更大的奖励，因为它们是意料之外的，并不是同事所必需的。③认可应该是有价的。奖励对接受奖励的个人应该是有价值和有意义的。例如，有些员工可能看重自己的自主权，希望得到私下的感谢。有些员工可能会有兴趣让认可高度可见，以增加他们的晋升机会。还有些员工可能更喜欢表彰团队或授予团队奖励。无论情况如何，根据接受者的需要来调整奖励是行之有效的。④认可应该是期望行为的直接强化因素。换句话说，认可不应该是虚假的或肤浅的。关键是要给予奖励，积极地加强期望的行为。

【案例】

在实际操作中，旅游服务公司（TRS）员工表彰计划的有效性在先前的研究中也有所提及。TRS 首先在公司内连续数周展示真人大小的海报，上面是一些知名人士的精彩事迹。然后，该公司开始在海报上宣传 TRS 员工，每个员工都有一份主要成就的声明。这项员工表彰计划的效果是非常积极的。根据 TRS 的数据，优秀员工在 11 年间帮助公司的净收入增长了 500%。此外，自该计划开始以来，该公司的净资产收益率（ROE）为 28%。

7.3.1.5　提高员工参与度

员工参与是一个企业授权组织内成员做出相应级别的决策，解决相应级别的问题的过程。员工参与度与员工幸福感如工作满意度、员工士气等密切相关，同时也与企业进步有关，如人员流动、缺勤减少和工作质量提高等。此外，弗里曼和罗杰斯（1999）的研究表明，参加企业计划的员工和未参与者之间存在显著差异。与未参与者相比，企业计划参与者对企业的忠诚度和承诺度更高，工作满意度更高，对管理和劳动关系的看法更积极。因此，员工如果能有效参与企业计划，将会对员工福利和组织效率产生积极影响。劳勒（1986）认为，在一个组织系统中，员工参与包括四个要素，分别是参与决策（如自我管理型团队或参与型团队）；组织信息的沟通；培养技术、社交和业务技能；以及对技能建设和组织成功的奖励。这四个方面对于员工参与的组织影响都是至关重要的。如果一个组织只专注于创建参与决策的机制，而没有与员工的信息沟通，参与将是不恰当的；没有技能，参与将是无效的；如果没有适当的奖励，员工就不会有动力做出双赢的决定。

信任和沟通被证明能够提高员工参与和工作绩效等组织结果（Dirks et al.，2002；Ellis et al.，2000；Kramer et al.，1996），同时研究表明（Thomas et al.，2009），为了增强同事和主管之间的信任，保障信息的及时、准确和有用是很重要的。企业应该提供足够的信息以支持员工判断，因为信任往往是由更大的组织系统的感知效率和公平性决定的，如绩效评估系统、专业发展机会、工作保障和奖励系统，而不是由高层管理者的具体个人特征或行为决定的。

企业可以尽力重新设计工作，以加强工人的责任和权威感知，利用赋权——更大的任务自由裁量权和参与决策——作为获得企业更高绩效的途径。企业管理层可能寻求更多的员工参与，以提高个人工作质量或改善组织流程，包括员工之间的协调，工作组织内部和团队之间的创新，或其与劳动力关系的质量，也可以寻求这些结果的某种混合。除了开辟和开放员工意见反馈渠道外，旅游企业也要大力鼓励员工有效、合理地参与企业的各项计划，赋予员工更多的权力和责任，将某些决策和行政权力下放给各级员工，允许并鼓励"百家争鸣"，在企业核心的领导下，做到群策群力、集思广益。

与此同时，企业在试图提高员工参与度的过程中会遇到不少困难，因此从业人员必须能够充分评估员工参与的障碍，要么制定战略和战术来减少这些障碍的影响，要么制定关于员工参与的战略和战术，使其能摆脱这些障碍所造成的约束。通过关注存在的特定障碍，从业人员可以与组织合作，设计可以在组织内制度化的员工参与的实践方案。因此，无论干预措施是什么，无论是关乎工作与生活的平衡实践、健康的计划，还是其他一些计划，从业者和管理者在制订和实施计划时都应该考虑现有的障碍，以便增加计划或政策取得预期效果的可能性（Grawitch et al.，2006）。

值得注意的是，当涉及员工参与度时，并不总是越高越好。这是因为员工的期望参与程度不同，低于员工期望的参与度可能会令人沮丧（Boxall et al.，2014）。此外，员工喜欢的参与程度是动态变化的。因此，采取措施定期评估员工期望的参与程度，并支持这种参与程度是企业成功的必要条件（Grawitch et al.，2009）。借用莱文森（1972）的观点，员工参与的成功发展需要认识到员工参与的重要性，正确评估组织能够支持何种类型的参与，以及组织采用参与机制的意愿。资源的分配应确保参与的成功（即激励员工参与并奖励这种参与行为），以及特别关注组织中员工参与的具体目标和战略。通过在员工参与的领域开发一套健全的员工参与管理策略，组织可以潜在地获得超出参与本身的利益。

7.3.2 规范领导行为，积极提升旅游从业者幸福感

7.3.2.1 弘扬和激励道德型领导

关于道德型领导的研究的重要性在从业者幸福感领域越来越凸显，主要有以下两个原因：第一，许多备受瞩目的公司丑闻揭露了公司领导人的"道德违

规行为"（Toor et al.，2009）。这些事件促使学者和实践者更多地关注组织中的道德环境和文化，并研究道德领导的前因和结果（Trevino et al.，2003）。第二，道德型领导的重要性已经得到充分认识，因为实证研究表明，这种领导形式与重要的追随者结果相关，例如更高的满意度和承诺、向主管报告问题的意愿、更大的工作奉献精神、更有组织公民行为和更好的绩效。有道德的领导者被认为是诚实正直的、公平和有原则的决策者。"此外，这些领导人对他们的追随者表现出真诚的关心和关注，并在职业和个人生活中都展现出符合道德标准的行为。他们还积极尝试通过树立道德行为榜样、传播道德准则，并激励追随者对自己的道德行为负责（Trevino，Brown，Hartman，2003）。"

主管的道德领导行为会增加员工对主管的信任（Chughtai et al.，2015）。社会交换理论认为，上司针对下属的积极和有益的行动导向了高质量交换关系的发展，从而产生了下属以同样积极的方式回报的义务（Blau，1964）。道德型领导是利他的、诚实的、正直的。他们真诚地关心下属的福祉，鼓励他们表达自己的关切，并在对他们重要的问题上做出公平和平衡的决定（Brown et al.，2005）。"道德领袖以实际行动践行他们所倡导的原则（Brown，Mitchell，2010），这种领导者的积极行为为下属建立了回报的期待，因为他们展现了更高的信任水平（Dirks，Ferrin，2002）。"

培养道德型领导在改善员工的工作健康和幸福感方面发挥了不可或缺的作用。通过与下属建立基于信任的关系，道德型领导者可以提高下属的工作敬业度，保护他们免受职业倦怠的不利影响。因此，为了创造和保持一支健康的劳动力队伍，企业必须制定和实施能够培养道德型领导者的战略。此外，在招聘和评估领导者时，可以更加强调品格，以创造一种以美德为基础的领导文化为目标（Hendriks et al.，2020）。企业可以考虑雇佣更多有道德的领导者，并为现有的领导者提供培训。例如，通过使用诚信测试、结构化面试和评估中心练习等工具，组织可以识别和选择有道德的领导者。企业也可以口头上赞许领导者的道德行为，树立道德行为的角色典范，鼓励领导者向员工解释他们道德决策背后的理由，以及提供培训计划和研讨会来促进和发展领导者的道德人格特质。此外，企业可以考虑使用道德培训项目来激励他们的领导者表现出道德行为。具体来说，培训项目可以侧重于强调道德的重要性，奖励和支持行为符合道德规范的领导者，并使他们成为道德榜样（Mayer et al.，2009）。对于（未来）员工来说，领导性格影响员工绩效，领导者的性格应该是其做出工作决策的重要影响因素（Hendriks et al.，2020）。

7.3.2.2 肯定和倡导赏识型领导

欣赏行为是良好领导行为的重要组成部分。赏识型领导通过情感、动机和自我相关的过程发挥作用，包括增强动机、加强信任和培养积极的自我概念（Liu et al.，2009）。日常的赞赏行为对员工幸福感的显著影响会鼓励领导表现出赞赏的行为，有很多方法可以做到这一点，表扬和感激是最常见的欣赏行为类型。然而，我们也应该记住尤克尔（Yukl，2013）的警告，那就是感激应该是真诚的，因为人们通常能够察觉到有人试图操控他们。在更广泛的层面来说，当涉及自我时，领导赞赏行为对员工健康和幸福感的影响更为强烈，因此，关心员工幸福感和健康的企业应该更关注组织生活各个领域的员工自我相关方面。积极心理学呼吁社会各界多多关注人和组织蓬勃发展所需的条件，即发扬欣赏文化，工作中的欣赏逐渐被视作触及人类基本需求的"载体"。通过认可员工在任务绩效和角色外绩效方面的贡献，主管领导以及其他人可能会为良好和健康的组织文化作出贡献。值得领导者注意的是，同事和客户也是相关的赞赏来源（Stocker et al.，2014），因此加强欣赏文化可以缓解领导人的一些压力。同时，企业应该不仅仅是将领导视为赞赏的来源，还应该将其也视为赞赏的接受者。

总而言之，赏识型领导行为是有效领导的一个重要因素，研究表明许多领导人都已经意识到了欣赏的必要性。然而，知道它的重要性并不等同于已经将这一知识运用到管理实践中，因此一些领导者可能不愿表扬，或者可能没有完美地将赞赏表达出来，赞赏行为不仅包括表扬，还包括对他人的问题表现出兴趣，或者确保他们在可接受的条件下工作。为了更好地表达赞赏，可能需要培训来帮助识别和运用赞赏行为。在具体实践中，还应该考虑到当领导者感到压力时，他们可能不会倾向于表现出赞赏。此外，鉴于领导者的工作要求和压力，也需要考虑到他们的晋升意愿。

7.3.2.3 支持和培训变革型领导

吉尔布雷斯和本森（2004）在一项横截面研究中发现，一系列的领导行为与员工幸福感相关，这些行为包括鼓励员工独立决策，认可员工，对员工表示关心等。在一项纵向研究中，范迪伦东克等（2004）发现，表现出指导行为并鼓励员工独立决策、尊重员工并对期望持开放态度的领导者提高了下属的工作相关幸福感和总体幸福感。变革型领导的行为可能也与积极的情感——幸福感有关。之前的研究发现，变革型领导者比其他领导者更乐观（Spreitzer et al.，1996），并且倾向于更积极地诠释他们周围的环境（Ashkanasy et al.，2000）。肯尼迪和安德森（2002）发现变革型领导与追随者的乐观情绪呈正相关。变革型领导者在制定策略时往往选择正确的而不是符合成本效益的，员工看到领导者们做了正确的事情，会信任和尊重他们，并对人际公正产生积极的感知（Turner et al.，2002）。

许多研究表明，变革型领导可能通过自我效能感知对下属产生影响（Jex et al.，1999；Stetz et al.，2006）。自我效能感知的主要决定因素是主动掌握（Bandura，1997）；这取决于来自他人的言语说服、替代性学习和情绪唤醒等因素——这些都可能是变革型领导者所带来的（Sivanathan et al.，2004）。有人认为，变革型领导者可以通过表达较高的期望来向下属灌输自我效能感知，从而使下属相信他们自己可以有效地应对挑战（Eden，1990）。萨顿和伍德曼（1989）的一项研究发现，领导者对他们认为具有高潜力的下属表达了更高的期望（Bass，1985）。随后，这些下属就报告了更高水平的自我效能。

同时，变革型领导者也有可能不仅通过高期望值，还通过智力刺激来培养下属的效能感以应对工作的要求，并找到更好的做事方法，从而使他们感到更有能力（Sivanathan et al.，2004；Turner et al.，2002）。因为下属开始相信他们可以在没有领导帮助的情况下解决难题和处理具有挑战性的情况。变革型领导者鼓励下属的持续发展并授权给下属，从而提高下属的能力和动力（Kark et al.，2003）。变革型领导者可能会通过传达一个有吸引力的愿景和设定明确的目标来影响员工的自我效能感知。这有助于下属确定他们在组织中的角色（Ilies et al.，2007），通过个性化的愿景和目标设置，变革型领导者能帮助下属发展自我价值感（Avolio et al.，1995）。

研究结果表明，培训管理者实施变革型领导行为可能会促进员工的健康。这可能会被证明是一种提高幸福感的经济有效的方法（Kovjanic et al.，2012）。这并不是说应该放弃以改善工作条件为重点的管理措施，只是通过支持管理者的变革性领导行为，或许可以对追随者的幸福感产生积极影响。随着时间的推移，自我效能感知和变革型领导风格之间的互惠关系也可能是实际相关的。自我效能水平高的员工可能会让领导者更容易实施变革性领导行为，或者可能会更容易从这些行为中受益，因为这些员工以积极的方式评估领导者的行为，或者他们会觉得自己更有能力迎接挑战。

7.3.3　重视组织影响，整体提升旅游从业者幸福感

7.3.3.1　改善组织人际氛围

组织氛围中的同事关系，即员工与员工或领导之间家庭成员般的关系有利于提升员工的组织归属感。组织人际关系亲密，员工在组织中会感到愉悦、融入和被接纳，在组织中拥有亲密的人际关系，能满足个体的归属需求，员工的需要被满足，就会产生积极的情感，进而提高工作幸福感。首先，研究发现，组织人际氛围是影响旅游从业者工作幸福感的重要因素，而员工的工作幸福感

又显著影响企业绩效。因而旅游企业的经营管理者应当提高对本企业内组织人际氛围的重视程度，采取积极措施帮助组织成员建立与其他成员间紧密的人际关系，营造积极友好的工作氛围，从而提高企业绩效。其次，研究表明不同类型的组织人际氛围通过对旅游从业者归属需求的满足程度不同，会使员工产生不同程度的组织归属感，进而影响其工作幸福感，这是组织人际氛围作用于旅游从业者工作幸福感的关键路径，因而旅游企业经营管理者在打造企业内组织人际氛围时，应重点关注员工归属需求的满足，从而使旅游从业者产生较高的组织归属感和工作幸福感。此外，团队规模的调节作用已在研究中得到验证。旅游企业经营管理者在对其企业员工进行管理时，相较于大规模团队作业，小规模团队更能促进员工工作满意度和幸福感，从而产生较高的组织绩效。

营造具有良好员工关系的支持性组织文化也是提高员工幸福感不可或缺的一部分。这些关系还可以帮助员工应对不断增长的组织变革。研究表明，支持性文化可以降低员工压力水平并增加员工承诺。组织人际氛围中的人际关系对人们参与人际社会行为以及协调和错误检测等核心过程都有重大影响。在工作环境中，高质量的人际关系是成员帮助组织实现其目标并进行学习的关键渠道。高质量的人际关系使成员能够交换更多不同的信息和想法，这些信息和想法对于创造和分享问题的解决方案以及改进工作过程和结果的新方法至关重要。与此同时，高质量的组织人际关系中的参与者会感觉到自己的价值和联系，这让他们能够克服解决问题和尝试解决方案所伴随的不确定性。因此，高质量的组织人际关系的文化氛围有助于导向更好的组织运作（Ogbonna et al.，2000）。

培养高质量的组织人际关系还有利于员工的学习（Carmeli et al.，2009），动态学习则是组织和个人发展和成功的重要过程（Spreitzer et al.，2005）。关于高质量组织人际关系的文献可以帮助管理者通过鼓励建立高质量人际关系的结构和过程来促进和支持员工学习过程，例如，贝克和达顿（2007）确定了促进建立高质量关系的五个实践集群，做法包括基于关系技能选择员工、参与式选择过程、关系社会化实践、奖励关系技能和使用关系会议实践。对这些实践的考虑使管理者意识到高质量的人际关系不是自发的，而寻常的工作做法可能会阻止这种有助于心理安全感和学习能力的关系结构的建立。

考虑领导行为和过程如何有助于建立和维持高质量的关系，会产生一系列不同的影响。领导者各种形式的人际交往，可能会加强或削弱高质量关系的建立。正如弗莱彻（2007）所指出的，"领导者通过建立关系行为模型来影响组织的关系氛围"，领导者也可以与下属进行特定形式的互动，更直接地建立高质量的组织人际关系，这有助于增加组织成员对更多人际关系的渴望（Fletcher，2007）。因此，领导行为可以影响建立高质量组织人际关系的能力。

7.3.3.2 改善企业物理环境

组织的物理环境及其设计和布局会影响员工在工作场所的行为（McGuire et al.，2009），企业需要打造满足组织需求的物理环境。史托沃斯和克莱纳（1996）认为，越来越多组织的物理布局是围绕员工需求设计的，以最大限度地提高生产率和满意度。布里尔（1992）估计，工作场所物理设计的改进可能会促使员工生产率提高 5%～10%。而恶劣的工作条件可能会导致员工的心理健康状况不佳，这表明企业需要投入资源以确保员工工作环境愉快且适合员工。通过确保工作设备正常运行，工作空间足够，员工会在周围环境中感到更加安全和安定，并对组织更加忠诚。事实证明，宜人的物理环境可以成为减轻压力、促进员工健康和职业健康的有效工具。

员工们经常提到他们工作的物理环境，主要是指与他们直接的工作岗位相关的因素（人机工程学和舒适度）。对于一些人来说，物理空间是他们工作环境中最看重的要素，干净、明亮的开放空间很重要。提供停车场、自行车车棚和淋浴设施也被认为是积极有效的。一些企业还制定了一些有关家庭友好环境的规定，包括员工子女独立房间做作业、与父母一起上班，以及母乳喂养、员工喂养婴儿等。制造企业已经认识到在一个有组织的环境中工作对心理健康的好处，他们在工厂实施了一套订账、储存和精简原材料的系统（Luthans，2000）。

企业可以建设具有新意的工作场所来鼓励员工间信息共享和联系，不必局限于工作界限，并允许跨部门小组的联系和自发沟通。赫奇（Hedge，1982）也认为，与私人封闭式办公室相比，开放式工作场所能提供更高水平的灵活度，能鼓励更多的团队互动，因为开放式工作场所使得人际交往和沟通更为便利。工作场所环境的设计和布局可以有效影响员工的幸福感。旅游企业如酒店等可以通过增加新家具，包括毛绒沙发和休闲桌椅，来改变员工休息区的布局，让员工在休息时间能够放松身心，并与同事建立社交联系。企业还可以在员工休息区设置一间冥想室，里面配上昏暗的灯光、瑜伽垫和按摩椅等休闲放松装备。企业需要邀请员工参与工作空间设计过程，以使员工对环境变化有一种控制感（Myerson et al.，2017）。

第8章　旅游幸福管理学未来发展方向

　　基于旅游幸福管理领域的研究现状，学界已从旅游者、旅游地居民和旅游从业者三大核心利益相关者出发，运用幸福感、生活质量、满意度等相关概念，对旅游幸福感的基础理论、影响机制、时空规律等进行了较为深入的探讨。然而，旅游幸福管理具有主体多样、概念丰富、过程复杂、情境多变的特征，同时又面临文旅融合、数字化发展等新业态、新形势、新挑战。因此，展望未来，该领域仍有一些重要问题有待深入研究。本章基于现有研究成果，结合旅游业最新实践，从旅游者幸福感管理、旅游地居民幸福管理、旅游从业者幸福感管理三方面，提出旅游幸福管理学的未来发展方向（见图8-1），以期为增进人类福祉贡献中国智慧、中国方案、中国力量。

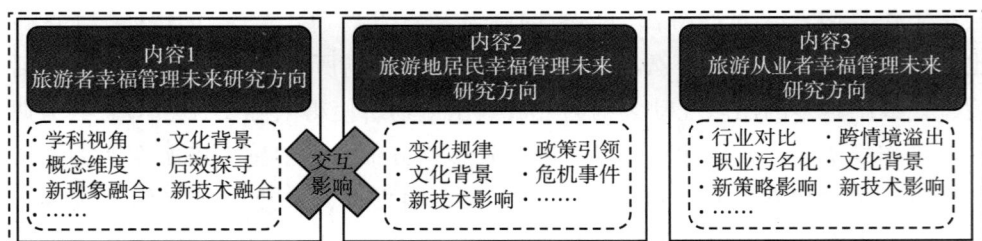

图8-1　第8章研究内容结构

章 节 概 览

旅游者幸福管理未来研究方向

交叉学科视角下的旅游者幸福感研究

不同文化背景下的旅游者幸福感对比研究

旅游者享乐幸福感和实现幸福感的对比研究

旅游者幸福感的积极后效研究

文旅融合发展对旅游者幸福感的影响研究

数字技术对旅游者幸福感的影响研究

旅游地居民幸福管理未来研究方向

文旅融合发展对旅游地居民生活质量的影响研究

旅游地居民生活质量的时空变化规律研究

旅游地居民生活质量的空间正义研究

中华文化对旅游地居民生活质量的影响研究

旅游地危机事件对旅游地居民生活质量的影响研究

旅游数字化对旅游地居民生活质量的影响研究

旅游地从业者幸福管理未来研究方向

旅游从业者幸福感的跨行业比较研究

旅游从业者幸福感的溢出效应研究

职业污名化与应对策略对旅游从业者幸福感的影响研究

中国传统文化对旅游从业者幸福感的影响研究

绿色人力资源管理对旅游从业者幸福感的影响研究

人工智能协助对旅游从业者幸福感的"双刃剑"影响研究

8.1 旅游者幸福管理未来研究方向

8.1.1 交叉学科视角下的旅游者幸福感研究

自 20 世纪 80 年代以来，幸福感研究在哲学、经济学、社会学、心理学、管理学等学科领域取得长足发展，形成了交叉融合的研究格局。不同学科基于自身视角，对幸福感提出独特见解。例如，哲学领域的享乐论和实现论奠定了日后对享乐幸福感和实现幸福感的讨论（Su et al.，2020）；经济学更关注宏观的幸福指数，将其作为衡量社会经济发展的指标；社会学更加强调社会连接，将个人幸福置于特定社会背景中考察；心理学从主观幸福感、心理幸福感、社会幸福感等角度开展丰富研究；管理学聚焦工作情境中的幸福感，对工作幸福感、职业幸福感和员工幸福感等概念进行了深入的探讨。尽管旅游研究借鉴心理学范式进行了大量研究，但尚未形成系统的理论体系。未来旅游者幸福感研究需要采用交叉学科视角，综合运用各学科成果，构建相对独立的旅游视域下的理论框架。具体而言，可从以下几个方面开展。

第一，交叉学科视角下的旅游者幸福感基础理论研究。未来研究需要在吸收经济学、社会学、心理学等学科成果的基础上，考虑旅游活动的特殊性，开展跨学科研究。从哲学层面，明确享乐与实现两种幸福感视角，准确定义旅游者幸福感的内涵，识别与其他领域的生活满意度、生活质量等概念的联系与差异；从心理层面，借鉴心理学中的生理和心理指标，完善旅游情境下旅游者幸福感的结构维度和测量方法；从管理层面，综合考虑旅游从业者、旅游地居民等利益相关者，深入探讨旅游者幸福感提升对旅游营销的作用；从社会经济层面，将宏观经济因素引入研究，构建旅游者幸福感的宏观指标体系，使其更好地服务于社会福祉。这将有助于系统准确地解释旅游者幸福感的内涵、特征、结构、机理等基础问题，为该领域研究奠定理论基础、贡献逻辑框架。

第二，交叉学科视角下的旅途全过程旅游者幸福感研究。旅游是一个连续动态的过程，在时间维度上经历游前、游中、游后三个阶段（Sirgy，2019），在空间维度上涉及惯常环境下的生活世界与非惯常环境的旅游世界的转化（张凌云，2023），因此，旅游者幸福感研究需要考虑时空阶段性。为全面掌握旅游者幸福感的时空变化规律，未来研究需要在哲学和心理学享乐幸福感与实现幸福感框架下，思考各阶段两种幸福感的关系和规律；基于管理学溢出理论，分析旅游幸福感对日常工作、家庭等生活领域的影响；运用经济学、地理学等相关学科的客观指标，分阶段测量和对比旅游者幸福感，分析不同时空条件下旅游者幸福感的变化特征及影响因素。这将有助于系统描绘旅游者幸福感的时空演化规律，深化对旅途全过程视角下旅游者幸福感的认识。

第三，开展旅游者幸福感的跨学科、多方法融合研究。针对旅游者幸福感的不同研究问题，应选择匹配的研究方法，发挥各学科方法的优势。例如，在概念界定和理论建构上，可以采用社会科学的田野调查和质性研究；在总体评价上，可以用经济学的宏观指标进行二手数据分析；在影响因素和机制方面，可以运用心理学和管理学的问卷调查和实验研究检验变量关系。特别是要采用纵向跟踪调查、生长曲线模型等纵向研究方法，揭示旅游全过程各阶段旅游者幸福感的时空动态变化规律。此外，未来研究应在现有理论和实证基础上，增加多学科研究方法的应用，推动定性和定量相结合的混合研究，为旅游情境下的幸福感研究奠定更加扎实的方法体系和研究范式。

8.1.2 不同文化背景下的旅游者幸福感对比研究

社会文化是个体幸福感研究的重要前提（丛晓波，2014），每个人都生活在特定的文化环境中，其幸福感会受该文化的影响（Markus et al.，1996）。当前，旅游领域的幸福感研究主要基于西方个人主义文化，与中国集体主义文化相差甚远（范秀成等，2023）。因此，未来研究需要在特定文化背景下探讨旅游者幸福感，并对比不同文化背景下旅游者幸福感的差异。具体而言，未来可以从以下几个方面开展旅游者幸福感研究。

第一，中华文化情境下的旅游者幸福感基础理论研究。在中华文化情境下，旅游者对幸福感的认知在很大程度上受到中国传统思想文化和"中庸"等传统观念的影响（丛晓波，2014）。"和谐""孝文化""面子"等价值观塑造了人们对幸福的定义和价值判断标准。为深层次理解旅游者幸福感内涵，需要将文化价值观和自我建构等因素纳入考虑范畴。在不同文化中，旅游者幸福感的来源可能不同。从内源性因素看，根植中华文化的旅游活动会给旅游者带来独特情绪体验，如怀旧、敬畏等社会情绪，这成为旅游者幸福感的重要来源。此外，在中国关系社会中，旅游者的社会角色和家庭观念影响其内在动机和行为，导致他们在不同情境下的情感诉求和体验过程存在差异。因此，探究旅游者幸福感影响因素时，应考虑其社会地位和同伴关系角色等变量（范秀成等，2023）。未来研究需要立足中国情境，建构适应中华文化的旅游者幸福感基础理论体系。

第二，亚文化群体的旅游者幸福感研究。随着社会发展，一些亚文化群体在旅游消费中占据重要地位，甚至影响消费趋势（罗教盛等，2022）。因此，有必要研究亚文化旅游者的幸福观和幸福感。例如，由于各个世代旅游消费者的成长环境存在很大差异，与 X 世代、Y 世代的旅游者相比，Z 世代、Alpha 世代旅游者更受网络和当代文化影响（范秀成等，2023），形成骑行族、冲浪族等旅游亚文化群体（罗教盛等，2022），和主流文化群体差异巨大的生长环境可能使他们的幸福感与主流文化群体相差甚远。因此，未来有必要对亚文化群体的幸福观及幸福感的影响机制展开深入研究。

第三，不同文化背景下旅游者幸福感的对比研究。如前文所述，不同文化背景下，旅游者可能因各自社会文化的影响，持有不同的幸福观。因此，有必要对不同文化背景下的旅游者幸福感进行对比，厘清差异。例如，中西方文化由于对个人主义和集体主义的不同倾向，可能导致两种文化背景下的旅游者幸福感有着巨大差异，未来研究可以对比中西方文化下旅游者幸福感的内在特质和外在表现；又比如，身处主流文化和亚文化下的旅游者由于各自的成长环境、流行文化等的差异，可能导致他们对幸福感的理解存在巨大差异，未来研究可以对比主流文化和亚文化旅游者的幸福感，揭示其差异。

8.1.3 旅游者享乐幸福感和实现幸福感的对比研究

虽然享乐幸福感和实现幸福感是并列的两大幸福感研究范式和取向，但就目前而言，旅游文献中对前者的研究要远远多于后者（Su et al.，2020）。享乐幸福感和实现幸福感作为两种不同类型的幸福感，在个体发展中占有同等重要的位置。享乐幸福感强调个人的情感，认为幸福就是对生活的满意度，拥有多的积极情感和少的消极情感，它追求的是个人享受、快乐和舒适，而实现幸福感强调人的潜能实现与人的发展，把自我实现、人类发展、个人目标、美德等多样化的指标与变量纳入幸福感研究视野（Ryan et al.，2001）。虽然享乐幸福感有着更高的情感强度，但是持续时间较短，而实现幸福感持续时间更长（Su et al.，2020），是一种更深层的、持久的幸福感（范秀成等，2023）。因此，未来研究有必要对这两种幸福感展开对比研究。

第一，实现幸福感的概念内涵、测量体系、影响机制等基础理论研究。现有研究主要关注实现幸福感的意义感维度，而其他维度如目标感、个人成长、人际关系、自我接纳、自我实现等仍缺乏深入探讨（范秀成等，2023）。并且，不同社会文化群体的实现幸福感也可能存在一定差异，其内涵、测量、影响机制等也会相应变化。因此，有必要针对实现幸福感的概念内涵、测量体系、影响机制等基础理论展开专门研究，并考虑特定文化背景的影响。

第二，享乐幸福感和实现幸福感的关系研究。作为取向不同的两种旅游者幸福感，享乐幸福感和实现幸福感在概念内涵、特征外延、结构维度等方面存在差异。但是，这两种幸福感是否存在相互影响的关系呢？如果是，哪种幸福感的影响占据主导地位？又受到哪些情境因素的影响？因不同旅游者个人特质，如人格、收入水平、社会地位、资源稀缺水平、社会文化背景等（范秀成等，2023）的影响，他们对两种幸福感可能有不同偏好。未来需研究不同特质旅游者的幸福感偏好，以及在旅游过程中如何平衡两种幸福感。

第三，享乐幸福感和实现幸福感的时空变化规律研究。旅游活动具有时空特殊性（Su et al.，2020），在时间上包含游前、游中、游后三个阶段（Yang et al.，2021；马天等，2015），在空间上涉及惯常环境和非惯常环境的转换，不同时空条件下旅游者享乐幸福感和实现幸福感的强度、影响机制等存在显著差异，并随着时空的转换呈现独特的动态变化规律（Bettencourt et al.，2022；Gardiner et al.，2022；Li et al.，2022；Su et al.，2020），且这一过程又会受到不同情境因素的影响，这导致旅游者享乐幸福感和实现幸福感相比于一般消费者在时空变化上更为复杂。因此，未来研究有必要探讨旅游者享乐幸福感和实现幸福感在不同时空条件下的特征及影响机制，并进行横向和纵向多层次、多维度的对比分析。

8.1.4 旅游者幸福感的积极后效研究

作为五大幸福产业之首，旅游产业发展的根本目的是增进人民福祉，增强人民幸福感（粟路军等，2019；妥艳婷等，2020）。旅游者幸福感是一种可达成的精神状态，而不是遥不可及的理想，旅游者幸福感的积极后效也同样值得探索，因为对旅游者最重要的不是短暂的幸福体验，而是整个生命历程的幸福（范秀成等，2023）。旅游学界和业界不仅需要关注旅游对于提升旅游者幸福感的重要作用，而且要关注旅游幸福感在旅游者的游前、游中、游后如何及何时会影响他们的旅游体验、行为决策、旅游偏好等，从而帮助旅游服务提供者更有效地制定产品和服务开发策略，进一步提升旅游者幸福感。从宏观层面来看，提升个体幸福感并不是最终目的，更重要的是通过提升个体幸福感增进人民福祉，促进整个社会的可持续发展。因此，未来研究可从以下几个方面探讨旅游者幸福感的积极后效。

第一，旅游者幸福感与旅游体验的关系研究。旅游活动是一个复杂的、连续的、动态的体验过程，既涉及游前、游中、游后的时间变化，又涉及惯常环境和非惯常环境的空间转换（Li et al.，2022；Su et al.，2020；马天等，2015；Yu et al.，2021），因此，不同时空条件下旅游者幸福感和旅游体验之间的影响关系、时空规律及其转化机制具有相当的研究价值。此外，旅游者幸福感和旅游体验的因果关系也同样值得研究。一方面，旅游体验对旅游者幸福感的影响已被现有研究证实（例如，贾慧敏 等，2022；Kim et al.，2015；Su et al.，2016），另一方面，持有不同幸福观和幸福感的旅游者在旅游体验的质量要求和偏好上也存在诸多差异。未来研究有必要厘清旅游者幸福感和旅游体验之间的因果关系。

第二，旅游者幸福感对旅游者行为决策的影响研究。幸福和不幸福的旅游者在行为决策上可能存在差异。具有幸福感的旅游者具有更高的积极情绪、控制感、成就体验和社会联结等（妥艳婻等，2020），而不幸福也是当下社会普遍存在的现象，在自然灾害、地缘冲突等负面事件频繁发生的背景下，个体的孤独、恐惧、焦虑、抑郁等负面情绪更为常见（范秀成等，2023）。旅游者幸福感和不幸福感作为一对正负概念，其影响结果大相径庭。未来需探究两者对旅游者行为决策如亲社会行为、环境责任行为、绿色行为、重游行为等的差异性影响，通过提升旅游者幸福感，降低不幸福感，促使旅游者做出更积极的行为决策以促进社会和谐。

第三，旅游者幸福感对旅游者日常生活世界的影响研究。旅游只是人生历程的一段短暂时期，大部分时间人们生活在日常世界中，旅游世界和生活世界是紧密相关的，旅游世界必然会影响生活世界（唐彬礼等，2022）。因此，未来研究需将旅游世界和生活世界联系起来，探索旅游世界的幸福感和生活世界的幸福感之间的关系，挖掘旅游者幸福感对于缓解个体在日常生活世界中的孤独、焦虑、抑郁等负面情绪的重要作用，厘清旅游者幸福感对于个体在日常生活世界中的积极情绪及行为，婚姻、亲子及代际关系，在工作学习中的上下级关系、学习效率、创造力、职业发展等的影响。

8.1.5　文旅融合发展对旅游者幸福感的影响研究

党的二十大科学研判国际国内形势，立足中国文化和旅游产业的发展实际，着眼中国式现代化建设的宏伟目标，明确提出"坚持以文塑旅、以旅彰文，推进文化和旅游深度融合发展"的方针。文旅融合不是文化和旅游的简单组合，而是文化、旅游产业及相关要素之间相互渗透、交叉重组，逐步突破原有的产业边界或要素领域，使产业边界收缩、模糊或消失，彼此交融、共生共赢所形成的新的文旅产品业态和产业体系（张朝枝等，2020；张圆刚等，2022）。这种旅游产业发展的新模式，意味着旅游产业的重构，促使旅游者幸福感的内涵更加复杂，相关理论亟待更新，同时，文旅融合发展对旅游者幸福感的影响机制仍是黑箱，有待未来探索。因此，未来研究可以从以下几个方面探讨文旅融合发展对旅游者幸福感的影响。

第一，文旅融合发展下的旅游者幸福感基础理论研究。文旅融合发展推动文旅产业转型升级，更好地满足旅游者的体验需求，其通过供给侧文旅产业的升级更好地匹配了需求侧旅游者的消费，实现了良性互动，进而提升了旅游者幸福感。由于文旅融合发展推动旅游要素的优化重构，促使旅游者的体验内容发生新的变化，进而推动旅游者幸福感也可能产生变化。因此，未来研究需系统阐释文旅融合发展模式下的旅游者幸福感的基础理论，包括概念、内涵、特征、结构维度、测量体系等诸多问题。

第二，文旅融合发展对旅游者幸福感的影响机制研究。文旅融合发展与旅游者幸福感之间存在有机联系（张圆刚等，2022）。从宏观层面看，文旅融合发展能够推动文化和旅游产业的资源、要素和空间的整合，促进文旅产业提质增效、优势互补、互促共赢，缩小人群差距、区域差距、城乡差距，从而有助于实现最广泛的社会幸福。从微观层面来看，文旅融合发展提供高质量的文旅产品供给，能够满足旅游者不断提升的消费需求，提升积极情绪，提升沉浸体验，从而有助于提升旅游者幸福感。因此，未来研究有必要探讨文旅融合发展对旅游者幸福感的影响机制，厘清其中的心理机制和边界条件，为文旅融合发展的现实实践提供参考。

第三，揭示文旅融合发展对旅游者幸福感影响的时空变化规律。基于旅游者旅途视角，旅游活动既包含游前、游中、游后三个阶段（马天等，2015），又涉及惯常环境和非惯常环境两种情境的转换（张凌云，2009）。不同时空条件下，文旅融合对旅游者感知和体验的影响存在差异，如游前预期体验、游中在场体验和游后追忆体验，不同时空条件下旅游者接受的文旅融合刺激以及自身的体验重点有所不同，从而可能导致其幸福感产生相应变化。因此，不同时空条件下文旅融合发展对旅游者幸福感的影响机制存在差异，并随着时空的转换呈现独特的动态变化规律，且这一过程又会受到不同情境因素的影响。因此，未来需采用纵向研究，从旅游者旅途全过程视角深入挖掘文旅融合发展对旅游者幸福感影响的时空变化规律，准确全面地刻画各阶段的影响机制。

8.1.6 数字技术对旅游者幸福感的影响研究

以 AI、AR、VR 为代表的数字技术日益改变着人们生活的方方面面（陈晓红等，2022），深刻改变着旅游产业（妥艳婧等，2023），诸如 VR 旅游、云直播、服务机器人等旅游数字技术的成熟应用，促使旅游更加便捷（孙盼盼等，2023）。但也带来了数据隐私和安全、数字不平等、种族偏见等伦理问题（妥艳婧等，2023）。因此，数字技术对旅游者幸福感的影响极为复杂，未来有必要从以下方面展开研究，以厘清数字技术对旅游者幸福感的影响。

第一，数字技术对旅游者幸福感影响的"双刃剑"效应研究。数字技术对旅游者幸福感的影响可能是好坏参半的。一方面，数字技术促进旅游业运营管理的变革，旅游从业者利用数字技术创新了旅游产品和服务，诸如网上预约、电子门票、移动支付、AI 解说、服务机器人、旅游直播等数字旅游技术有效创新和提升了旅游业服务供给，提高了资源利用效率，从而降低了旅游者的旅游支出，同时升级了旅游体验，使旅游者产生新奇、满足、惊喜、兴趣、喜悦、怀旧等与幸福感息息相关的积极情绪（孙盼盼等，2023）；另一方面，数字技术也可能造成数据安全、伦理道德等风险问题，可能引发旅游者的焦虑、紧张、担忧等负面情绪，对旅游者幸福感造成消极影响。因此，未来研究有必要探讨数字技术对旅游者幸福感的"双刃剑"效应，并挖掘潜在的边界条件。

第二，数字技术对旅游者享乐幸福感和实现幸福感的影响研究。从享乐幸福感出发，数字技术赋能旅游所带来的高效性、便捷性、个性化、互动性等属性深刻塑造着旅游者的沉浸体验、具身体验、高峰体验等（妥艳婧等，2023），能够提升旅游者的快乐、愉悦、享受、新奇等情感体验。从实现幸福感出发，在数字技术赋能下，旅游的信息性、知识性、智慧化等属性，能够影响旅游者的个人成长、自我实现、生命意义等。因此，数字技术属性、特征等会如何影响旅游者享乐幸福感和实现幸福感，是一个值得未来深入研究的话题。

第三，数字技术对旅游者幸福感影响的时空变化规律研究。由于旅游者旅途的复杂性、动态性和阶段性，旅游活动是旅游者从惯常环境的居住地出发，到非惯常环境的旅游地，再回到惯常环境的居住地的整个过程，涉及游前的预期体验、游中的在场体验和游后的追忆体验（马天等，2015）。在不同阶段，数字技术在旅游中的应用和旅游者的体验重点也不同，比如，游前的 VR 预览、AI 推荐，游中的 AI 伴游、服务机器人，游后的 AI 分享等，这导致旅游者在不同阶段的体验、感知存在差异，旅游者幸福感也可能随之变化。因此，数字技术对旅游者幸福感的影响强度、影响机制等很可能随时空变化呈现曲线规律，这有待未来研究进一步厘清。

8.2 旅游地居民幸福管理未来研究方向

8.2.1 文旅融合发展对旅游地居民生活质量的影响研究

作为旅游的第二大核心利益相关者，旅游地居民的幸福则体现在其生活质量的提高上（唐彬礼等，2022）。党的二十大明确提出"推进文化和旅游深度融合发展"，意味着文旅融合发展已上升到国家战略高度。文旅融合发展可能对旅游地居民生活质量产生影响。文旅融合发展能培育和发展当地文旅产业，辐射农业、手工制造业等其他产业，促进地区经济发展。这为当地居民提供了更多、更优质的就业机会，增加收入，推动居民参与文旅产业。从而盘活产业空间，集聚创新发展动能，进而实现人居环境和营商环境的持续改善，开拓区域层生态宜居、共商共治的美好局面，促进旅游地居民生活质量的稳步提升。但作为一种新发展模式，文旅融合发展对旅游地居民生活质量的影响尚未受到学者们的关注，以下几个方面值得未来深入探讨。

第一，旅游地居民生活质量随文旅融合发展阶段的动态变化规律研究。文旅融合发展是一个长期、动态的过程，具有阶段性特征。在不同发展阶段，文化和旅游的融合程度不同，资源开发和文旅产业发展也有差异。这可能导致旅游地居民生活质量呈现动态变化。因此，未来研究需要在合理划分文旅融合发展阶段的基础上，探究不同阶段下旅游地居民生活质量的动态变化规律。

第二，文旅融合发展对旅游地居民生活质量的影响机制研究。文旅融合发展是文化、旅游产业及相关要素之间相互渗透、交叉重组的过程，具有包容性、开放性等属性（单红波，2019；张圆刚等，2022），也存在不同模式，比如冰雪文化旅游、红色文化旅游、体育文化旅游、影视文化旅游、海洋文化旅游（朱虹等，2023）。文旅融合的特征和模式可能会影响居民对旅游地发展的感知，进而影响其生活质量。未来研究有必要厘清文旅融合发展的特征、属性、模式等对旅游地居民生活质量的影响机制，探明其中的中介机制和边界条件。

8.2.2 旅游地居民生活质量的时空变化规律研究

生活质量是旅游地居民对其生活总体满意度的一种评价或判断，由于旅游地发展的动态变化性，旅游地居民生活质量也可能呈现出相应的变化规律（唐彬礼等，2022）。旅游地居民的特质，如地方依恋、社会地位、幸福观、参与旅游业程度等都可能影响其生活质量，从而呈现出复杂的时空动态变化规律。准确把握旅游地居民生活质量的时空动态变化规律能够帮助当地政府、旅游地经营管理组织根据时间、空间、旅游地居民特质等，制定针对性的政策和措施以提升居民生活质量，从而增进旅游地整体的民生福祉，实现旅游地的可持续发展。具体而言，以下几个研究方向值得未来重点考虑。

第一，旅游地居民生活质量随旅游季节的时间变化规律研究。旅游地由于气候变化存在旅游淡旺季交替的季节性规律。相较淡季，旺季能够吸引更多旅游者，给旅游地居民带来更多收益，但也增加了旅游地安全、资源、环境遭受破坏的风险（Gursoy et al.，2002）。因而，旅游季节性可能是影响旅游地居民生活质量的重要因素（Jeon et al.，2016），且旅游淡季和旅游旺季对旅游地居民生活质量的影响存在显著差异（Bimonte et al.，2016），因此旅游地居民生活质量可能呈现季节性变化，但当前此类研究还十分缺乏。因此，未来研究可以通过跟踪调查，深入了解不同季节变化对旅游地居民生活各方面的影响，刻画旅游地居民生活质量的季节性规律。

第二，旅游地居民生活质量随旅游发展的时间变化规律研究。由于旅游地生命周期不同阶段会对旅游地的社会、经济、文化、环境等各个方面产生不同影响，因而旅游地居民生活质量在生命周期不同阶段具有差异（Joseph Sirgy，2019）。在初期发展阶段，旅游业带动居民收入增加，推动基础设施建设，居民生活质量提高。但后期旅游地可能出现环境污染、物价上涨、生活环境压缩等问题，也可能导致居民被剥夺感的增加，从而可能导致其生活质量下降。因此，未来研究有必要长期跟踪旅游发展不同阶段下旅游地居民生活质量的变化情况，考察旅游业发展与居民生活质量之间的时序关系及其原因。

第三，旅游地居民生活质量的空间变化规律研究。不同地区居民由于地理位置差异，生活质量水平可能存在差距（Su et al.，2022）。例如，景区内和景区边界地带居民生活质量可能存在明显差异。景区内居民可能直接从事旅游业，收入较高，但也直面旅游者压力；边界地带仅承受部分负面影响，生活较为平稳。通过对比不同地带居民在就业、收入、环境等方面的差异，可以判别空间因素的影响机制。另外，可以对比分析在旅游发展和非旅游发展地区，居民生活质量演变是否存在不同规律。例如，对比观察几个区域在同一时期内的生活质量变化趋势，分析各地居民在教育、医疗、环境等方面变化的异同，从而揭示旅游地居民生活质量随空间的变化规律。

8.2.3 旅游地居民生活质量的空间正义研究

党的二十大报告指出"扎实推进共同富裕"。作为中国式现代化的内在要求和重要特征，共同富裕是一项重大理论和现实命题，既涉及最广大人民群众的民生福祉，又关乎中国式现代化建设的成败。发展旅游业作为推动共同富裕的重要举措，在经济发展、社会民生、协同治理等多个领域对推动共同富裕起到关键作用。但是，随着我国旅游业的高速发展，旅游地的诸多不公平不公正现象随之出现，区域空间、管理空间、经济空间等多维度存在的"空间不正义"问题正成为我国实现共同富裕道路上面临的重大问题（张圆刚等，2022）。因此，未来有必要对旅游地居民生活质量的空间正义问题进行深入研究。

第一，旅游地居民生活质量空间正义的影响因素研究。旅游地居民生活质量可能由于区域的不同而存在差异，从而导致空间正义问题的出现。例如，不同区域由于资源禀赋、经济基础、基础设施、政策法规等发展条件存在一定差异，它们的旅游发展速度、规模、水平等大不相同（张圆刚等，2022），从而导致旅游地居民生活质量存在显著差异。并且，旅游地居民生活质量空间正义的影响因素是复杂的、多层面的，可能涉及微观、中观、宏观等多个层面的因素。因此，未来研究需要从更系统的视角出发，深入探索旅游地居民生活质量空间正义在微观、中观、宏观三个层面的影响因素，以及它们之间的相互作用，从而建构更加系统化、体系化、结构化的影响机制。

第二，旅游地居民生活质量空间正义的实现路径研究。随着党的二十大作出"扎实推进共同富裕"的战略部署，推进空间正义已成为旅游层面实现共同富裕的重要议题。为此，需要在准确识别和科学建构旅游地居民生活质量空间正义影响机制的基础上，从微观、中观、宏观三个层次构建全面化、系统化、精准化的旅游地居民生活质量空间正义的实现路径，从而为解决我国旅游发展过程中的空间不正义现象提供科学系统的对策建议，推动旅游地居民生活质量的空间正义，进而为实现共同富裕提供支持。

8.2.4 中华文化对旅游地居民生活质量的影响研究

如前所述，社会文化作为幸福感研究的重要前提（范秀成等，2023），会影响旅游地居民的生活质量感知。旅游地居民对生活质量的感知，在很大程度上是由其耳濡目染的中华传统思想文化决定的，诸如"守望相助""差序格局""乡土情结"等传统观念。然而，当前旅游地居民生活质量的研究主要探讨了旅游影响（如经济、文化、社会、环境等）、社区环境（如社区条件、社区互动、旅游地社会责任等）、居民自身（如就业状态、居民参与度、地方依恋等）等因素（粟路军等，2020）的影响，但对于中华文化因素的影响研究还远远不足。具体而言，未来研究可以从以下几个方面展开。

第一，"守望相助"对旅游地居民生活质量的影响研究。"守望相助"作为我国古代的一种社会道德规范或生活方式，被认为是处理邻里关系的重要价值取向，"守望相助"强调在遵循中华民族传统美德的基础上，以诚实守信为前提，以"帮扶弱者，患难相恤"为动机，以"亲仁善邻、置而不较"为核心要义，最终实现乡邻和睦与个体德行的提升。"守望相助"传统文化传承了中华民族传统美德，强调邻里之间的互助和诚信，倡导患难相恤、与邻为善、与邻为亲。"守望相助"传统文化对于激发个体道德，自觉构建新型邻里关系有着重要的作用（吴洁，2021），邻里关系作为一种占有重要地位的社会关系，很有可能影响旅游地居民生活质量（Woo et al.，2018）。未来研究有必要厘清"守望相助"传统文化是否及如何影响旅游地居民生活质量的过程和机制。

第二，"差序格局"对旅游地居民生活质量的影响研究。中国社会是一个典型的"差序格局"社会（费孝通，2007），"差序格局"发生在亲属关系、地缘关系等社会关系中，以自己为中心像水波纹一样推开，愈推愈远，愈推愈薄且能放能收，能伸能缩，且它随自己所处时空的变化而产生不同的圈子（刘珏，蒋敬，2011）。这种尊卑上下的差等先于个人而存在，并对个人产生强制性的约束力，即传统礼制秩序所要求的"亲亲、尊尊、长长、男女有别"。"差序格局"约束着个体的价值观念，塑造着圈子中的人的行为。因此，"差序格局"对旅游地居民生活质量的影响机理有待未来研究探明。

第三，"乡土情结"对旅游地居民生活质量的影响研究。"土地是中国人的精神家园，对土地的依恋使得中国人有着强烈的'故土情结'"（费孝通，2007）。"乡土情结"作为在中国人身上普遍存在的情感纽带，是中华民族的文化血脉，体现了人们对故土的眷恋和热爱。"乡土情结"来源于两方面：一是人们对故土自然环境的依恋，二是对乡村居民等的依恋（林明水等，2017）。旅游发展对"乡土情结"可能是一把"双刃剑"。一方面，发展乡村旅游能够提振地方经济，使得"故土"发展得越来越好，从而使持有"乡土情结"的居民对故土发展更加满意；另一方面，发展乡村旅游又难免破坏人们儿时记忆中的景观等，使得故土不再是他们记忆中的"故土"，从而可能破坏了居民的"乡土情结"。"乡土情结"对旅游地居民生活质量的影响机制及其边界条件有待未来研究进一步厘清。

8.2.5 旅游地危机事件对旅游地居民生活质量的影响研究

当前，国际格局和国际体系正在发生深刻调整，国际环境日趋复杂，不稳定、不确定性明显增加，经济全球化遭遇逆流，世界进入动荡变革期，全球治理体系正在发生深刻变革。特别是新冠疫情这一公共卫生危机事件的爆发，给全球经济社会发展带来了前所未有的影响和深刻变化。各种不稳定、不确定性因素不断涌现，叠加的"百年未有之大变局"，导致各种危机事件层出不穷，旅游地发展过程中的"黑天鹅"事件不断涌现且呈现广泛化、频繁化特征。旅游业由于具有综合性、关联性等特征，对危机事件更加敏感、更容易受到危机事件的重创。旅游业的综合属性导致旅游地危机事件更容易产生涟漪效应，进而威胁到旅游地居民生活质量。但旅游地危机事件对旅游地居民生活质量的影响仍有待未来深入研究。

首先，旅游地危机事件对旅游地居民生活质量的影响研究。现有研究表明，不同类型的危机事件对个体的心理和行为反应会产生差异性影响（Su et al.，2022，2023；粟路军等，2023）。例如，粟路军等（2022）将旅游地危机事件分为能力型和道德型，并发现道德型事件会导致旅游者出现更强烈的感知背叛和旅游抵制。但现有研究主要集中在探究旅游地危机事件类型对旅游者行为反应的影响，但其如何影响旅游地居民生活质量？这一问题仍有待未来研究解答。再者，面对不同类型的旅游地危机事件，旅游地管理组织可能采取不同的应对策略，以削弱危机带来的负面影响（Khamitov et al.，2020）。旅游地危机事件的诸多应对方式，如道歉、解释、即时响应、退款、赔偿、争辩、缄默等（Raithel et al.，2021），在旅游地危机事件对旅游地居民生活质量的影响过程中又扮演了何种角色？这些问题有待未来研究重点解决。

其次，旅游地危机事件全过程居民生活质量的动态变化规律研究。旅游地危机事件爆发后，危机事件的影响、曝光度、讨论度等会随着时间推移而产生变化，不同时间节点下，危机事件会呈现出不同的特征，从而可能对利益相关者产生不同的影响（Mair et al.，2016）。例如，胡家镜等（2020）将危机事件爆发后第1天、第2天、第6天、第21天作为追踪危机事件发展痕迹的时间节点，并发现了上述不同时间节点危机事件对旅游者旅游目的地的信任及评价具有差异性影响。旅游地居民作为与旅游地关系密切的利益相关者，不同节点下危机事件给旅游地经营、声誉等带来的不同影响，很可能会进一步导致旅游地居民生活质量也产生相应变化，从而呈现出动态变化规律。未来研究有必要结合大数据、实地调研、现场实验等方法来科学探索旅游地危机事件全过程下居民生活质量的动态变化规律。

8.2.6 旅游数字化对旅游地居民生活质量的影响研究

随着数字技术在旅游业中的应用日益广泛，AI、AR、VR、服务机器人、旅游直播等旅游数字技术蓬勃发展（范秀成等，2023），深刻改变着传统的旅游发展模式，推动旅游产业的数字化转型。作为旅游发展的重要基础设施，数字技术赋能旅游产业，大大提升了旅游的便捷性、体验性和科技感（孙盼盼等，2023），因此，数字技术在旅游产业的应用可能对旅游地居民生活质量产生积极影响。但同时，数字技术发展也带来了新的问题，如发展成本提升、传统文化难以传承、生态环境遭受破坏，以及一些伦理和隐私问题等（孙盼盼等，2023；妥艳婳等，2023），这些新问题可能会对旅游地居民生活质量产生消极影响。因此，如何发挥旅游数字化在提升旅游地居民生活质量方面的优势，削减或规避其劣势是未来研究的重点。

第一，旅游数字化对旅游地居民生活质量的影响研究。数字技术能够缓解个体压力改善精神状态，促进情绪和认知恢复从而对人的生理和心理发挥疗愈作用（妥艳婳等，2023）。例如，居民可以通过与 AI 聊天机器人的交流互动来获得情感支持。因此，旅游数字化对旅游地居民积极情绪的影响值得未来深入研究。此外，AI 聊天器人、旅游直播、元宇宙等数字技术也为旅游地居民和外界的交流提供了便捷，从而在拓展其社交边界、改善社交生态、增强社会联结等方面发挥了关键作用。旅游地居民作为社会中的一分子，增强社会联结对于提高其生活质量具有重要作用（Clark et al.，2018）。因此，旅游数字化对旅游地居民社会联结的影响机理有待未来深入探讨。

第二，旅游数字化的伦理问题及其对旅游地居民生活质量的影响。在数字技术赋能旅游产业的同时，数字技术应用也引发了居民的隐私风险、性别歧视等伦理问题（孙盼盼等，2023；妥艳婳等，2023），从而降低他们的生活质量。未来研究需深入探讨旅游数字化发展带来的各种伦理问题对旅游地居民生活质量的影响机理，从而提出针对性的管理对策。此外，数字鸿沟、数字不平等、数字剥夺等数字化带来的不公平现象也会对旅游地居民生活质量产生影响，未来研究需探明其中的影响机制，进而探索出更加符合道德标准的旅游数字化路径，在推动旅游经济发展的同时，促进社会公平，实现旅游地居民生活质量的稳步提升。

第三，旅游数字化在提升旅游地老年居民生活质量上的作用研究。老年人是数字化时代的"弱势群体"。第七次全国人口普查数据显示，2020 年，大陆地区 60 岁及以上的老年人口总量为 2.64 亿人，已占到总人口的 18.7%。这意味着中国面临着严峻的老龄化挑战。就旅游地而言，老年居民的比例也不在少数。因此，将旅游地老年居民作为特殊群体，来单独探讨旅游地数字化对其生活质量的影响显得很有必要。一方面，数字技术能够方便老年居民的日常生活，便利沟通和社交，丰富娱乐消遣形式，同时增强社会联结；另一方面，相对于中年、青年居民，旅游地的老年居民也面临着更高的数字技术使用障碍，有更严重的技术焦虑（范秀成等，2023），从而导致老年居民面临着严重的数字鸿沟困境。如何利用旅游数字化来提升旅游地老年居民的生活质量，是一个颇具时代温度的重要课题。

8.3　旅游地从业者幸福管理未来研究方向

8.3.1　旅游从业者幸福感的跨行业比较研究

旅游从业者是旅游目的地重要利益相关者之一，他们的幸福感对于旅游行业的可持续发展和旅游者满意度具有重要影响（郭凌等，2022）。作为旅游目的地的服务提供者和形象塑造者，旅游从业者的工作态度、专业知识和服务质量直接关系到旅游者的旅游体验和旅游目的地的声誉（Galeone et al.，2021；Wang et al.，2017）。只有当旅游从业者在工作中感到满足、受到尊重并获得良好的工作条件时，他们才能以积极的态度和更高的工作动力为旅游目的地提供卓越的服务，从而吸引更多旅游者，促进旅游目的地的可持续发展（He et al.，2022）。因此，旅游业界应该重视旅游从业者的幸福感提升，通过提供培训机会、良好的工作环境和合理的薪酬福利，为他们创造一个充满动力和满足感的工作环境，进而实现旅游业的共同繁荣（Reynolds et al.，2021）。旅游从业者这一概念可以进一步细化为：酒店员工、导游人员、旅行社员工等。尽管同为旅游从业者，但其工作环境、服务场景、薪酬结构等存在较大差异，进而导致不同行业旅游从业者幸福感的影响因素存在差异。然而，目前缺乏对不同行业旅游从业者幸福感的对比研究，因此未来可以在以下两方面进行进一步探索。

首先，可以进一步深入探讨导游这一重要旅游从业者幸福感的影响因素。导游是旅游服务从业人员中最为重要的一类人员，他们是旅游者在旅游过程中的向导和服务者（高燕等，2021）。目前，导游职业幸福感缺失问题严重，其原因包括职业污名化、从业人员素质良莠不齐、自我评价和价值取向低，缺乏自信心和社会认知度低等（朱松节等，2013）。特别的，旅游地污名化事件的发生对导游的幸福感和工作满意度产生首当其冲的负面影响，然而学术界对这一严峻的现实问题却关注甚少（黎耀奇等，2022）。面对严峻的现实形势，导游幸福感的相关研究却较为缺乏，因而未来研究可以进一步深入探讨导游从业者幸福感，特别是挖掘导游从业者不同于其他行业从业者幸福感的特质和影响因素（梁茹等，2021）。

其次，可以探讨文旅融合背景下旅游从业者幸福感的跨行业比较研究。当前，在文旅深度融合高质量发展背景下，以高质量文旅融合增强人民幸福感的要求尤为迫切，以文旅融合增进社会福祉的需求也日益旺盛（张圆刚等，2022）。然而现有关于文旅融合的相关研究多从宏观层面探讨文旅融合背景下旅游行业的整体发展，少有探讨因文旅融合这一概念的兴起而新增的相关从业者个体层面的研究。个体从业者幸福感的探讨对于该行业的可持续发展具有积极的动态下游效应，掌握了文旅产业个体从业者幸福感的影响因素即掌握了文旅行业未来发展的影响要素。因而，未来研究可以进一步探讨在文旅融合高质量发展背景下，文旅行业从业者幸福感的影响和形成机制与传统行业的差异，进而捕捉到关键影响因素，为文旅融合高质量发展提供理论支撑并奠定坚实的基础。

8.3.2 旅游从业者幸福感的溢出效应研究

旅游产业作为"五大幸福产业"之首，在促进人民身体健康、心灵愉悦、增长知识、快乐养老和生活幸福中发挥着重大作用。旅游从业者在其中不仅能够收获因物质财富、优美环境带来的享乐幸福感，亦可能因为能够为旅游者带来积极情绪和旅游知识而产生实现幸福感。并且工作中获得的幸福感亦可能跨情境、跨领域影响旅游从业者在生活域中的幸福感；同时旅游从业者的幸福感也可能对旅游者幸福感产生积极影响，即产生幸福感的溢出效应。然而现有研究对于旅游从业者幸福感的跨情境、跨个体溢出效应研究探讨较少，而这方面的研究可能为进一步加强旅游作为幸福产业之首的论证奠定更加坚实的理论基础，因而未来研究可以从以下两方面展开。

首先，从生命历程理论视角，可以探讨工作域旅游从业者幸福感对其生活域的溢出效应影响。最早提出"生命历程"观点的是社会学家，埃尔德和奥兰德（1995）认为"生命历程由贯穿生命周期的连锁轨迹或路径组成，这些轨迹或路径以一系列事件和社会转变为标志。"个人资源在不同领域的投资不可避免地影响到其他领域，一个生活领域的活动受到另一个领域早期活动的影响，反之亦然（Bernardi et al.，2019）。例如，工作领域的资源投资可能会阻碍或支持家庭领域的投资（Huinnk et al.，2014）。就结果而言，不同空间域的活动具有溢出效应，从而产生跨情境影响（Lutz，2014）。因此，根据生命历程理论，工作域中旅游从业者的幸福感极有可能影响其生活域中的幸福感，甚至反哺再次作用到工作域中，形成旅游从业者幸福感的正循环，因此未来研究可以探讨旅游从业者工作域和生活域中幸福感的正循环影响机制。

其次，旅游从业者幸福感可能通过与旅游者互动而发生人际间传染的溢出效应。旅游服务人员在塑造旅游者情感体验、认知和行为中发挥着关键作用（Jiang，2020；Purohit et al.，2022）。当旅游从业者展现出积极、友好和满意的态度时，这种情绪和情感可能会传达给旅游者，从而影响旅游者的体验和幸福感。具体来说，在旅游服务实践过程中，旅游企业非常重视旅游从业者的服务，多强调用微笑、真诚等暖心服务来提升旅游者的情感体验（Smith et al.，2016；Wang et al.，2017）。而具有幸福感的从业者更有可能提供真诚暖心的旅游服务。因此，旅游从业者幸福感对旅游者幸福感具有重要的积极影响，可能具有个体间的溢出效应。然而，目前对于旅游从业者幸福感的溢出效应的研究相对较少。特别是对于旅游从业者幸福感如何影响旅游者及相关的作用机制仍需要进一步深入研究。未来的研究可以探究旅游从业者幸福感与旅游者体验、满意度和幸福感之间的关系，进一步揭示这种溢出效应的具体影响过程。

8.3.3　职业污名化与应对策略对旅游从业者幸福感的影响研究

"污名化"是指某个职业或行业在公众认知中被贴上负面标签，导致公众对从业者形成偏见和歧视。在旅游业中，由于"宰客"、强制消费等旅游负面事件，导致旅游从业者常常面临污名化的现象，这可能对他们的幸福感和工作满意度产生严重的负面影响，然而学术界对这一严峻的现实问题却关注甚少（黎耀奇等，2022）。并且由于偶然突发的旅游负面事件无法掌控，因此旅游从业者如何应对负面事件带来的影响对其自身心理健康及工作发展都具有重要意义。因而未来研究可以从以下两方面展开。

首先，可以探讨旅游负面事件与旅游从业者应对策略的适配性研究。在旅游情境中，一些学者根据负面事件的性质界定了负面事件的不同类型：道德型和能力型（Einwiller et al.，2019；Liu et al.，2018）。具体来说，能力型负面事件可以概括为旅游地产品供给主体因管理能力与运营能力欠缺，无法履行对于旅游者承诺所形成的负面事件，而道德型负面事件可以概括为旅游地产品供给主体因违背社会规范和道德准则所形成的负面事件（Su et al.，2022）。由于不同类型的旅游负面事件会对旅游目的地造成差异化负面影响，因而也需要旅游从业者采取差异化应对策略。比如，针对能力型负面事件，采取问题聚焦应对策略，通过发现并解决问题以此来洗刷对旅游地及旅游从业者污名化的影响，从而削弱对从业者幸福感的影响，甚至良好的应对能够提升旅游从业者幸福感。而对于道德型负面事件，仅仅解决事件可能无法平复旅游者的负面情绪，也无法阻止其对旅游目的地的抵制和污名化。因而，采用情感聚焦的应对行为可能较问题聚焦的应对策略更能缓解旅游者的抵制情绪，从而削弱污名化，增强旅游从业者的幸福感。未来研究可以进一步探讨负面事件与应对策略的匹配机制及其中间过程。

其次，可以考虑开发设计旅游从业者独有的职业污名化应对策略研究。不同于其他行业，旅游从业者通常与旅游者互动密切，更易受到客人态度和评价的直接影响。被污名化标签影响的从业者常常面临压力，并产生焦虑和自卑情绪，他们会感受到来自社会的负面评价和歧视（孟威，2020）。因而提出有效的旅游从业者职业污名化应对策略是亟待解决的实践问题。设计和实施应对策略可以帮助旅游从业者提升心理资源和心理韧性，更好地应对职业污名化带来的压力和负面情绪（孙远林，2009），进而可以改善旅游从业者的精神健康状态，从而促进幸福感的提升（Sai et al.，2021）。

8.3.4 中国传统文化对旅游从业者幸福感的影响研究

立足于深入本土、传播中国文化的研究视角，我们探索中国传统文化精神内核中对旅游从业者幸福感的重要影响因素，以期为旅游行业的可持续发展与旅游从业者的幸福感作出中国提案，将论文写在祖国的大地上。由于受到无为、中庸、孝文化、面子意识等中国传统价值观念的影响，人们逐渐产生了具有中国特色的幸福感定义和原始的价值判断标准（粟路军等，2023）。因而，要深层次把握和理解旅游从业者幸福感的内涵，我们有必要将社会学和心理学当中的文化价值观念及自我建构等因素纳入考虑范畴。因此，未来对旅游从业者幸福感的研究需要立足中国本土情境，借鉴社会学、管理学、营销学等多学科视角，深入探讨不同中国文化对旅游从业者幸福感的影响机理，从而建构适应中华文化情境的旅游从业者幸福感理论框架。具体而言，可从以下两方面开展。

首先，可以将中国传统文化与旅游领导管理方式相结合，探讨其对旅游从业者幸福感的影响机制。中华文明上下五千年，传统文化博大精深，因此将中国传统文化与现代的旅游管理进行结合，可以显著提升旅游企业管理水平，为中国旅游业的发展注入更多积极因素（刘俊杰，2015；余莹莹，2015）。道家的无为，是老子道家文化中的重要概念，其核心并非要君主不求作为，而是指君主凡事要"顺天之时，随地之性，因人之心"，不要违反"天时、地性、人心"，不能仅凭主观愿望和想象行事（曾琦等，2022）。在现有研究中，从积极中立视角解读的放任型领导在一定程度上契合了中国传统文化中"无为而治"的思想。放任型领导是指在某些情境下，对下属事务的不参与及不干涉，或不把领导者的权力强加给下属的领导方式（Trevino et al.，2003）。根据自我决定理论，个体有一种天性，即相信他们是凭自己的意志力来活动的，他们行为的产生是因为他们想做，而不是他们不得不做（Deci，1975；Deci et al.，1985）。因此，在"无为"思想的领导下，旅游从业者可能具有更大的自主权和掌控感，从而提高其工作绩效，提升其幸福感。然而现有研究更多是采用国外既有概念，难以全然解释中国传统文化，因而未来可以进一步探讨具有中国本土化特色领导管理模式，从而更好契合本土旅游从业者，以提升其幸福感。

其次，可以对比探讨融入不同中国传统文化的旅游管理策略的特质和适配性。中国传统文化"百花齐放，百家争鸣"，涌现出"儒、墨、道、法"等众多思想流派。儒家的管理思想以"仁"为管理工作的原则和标准，以"德"为管理工作的归宿点；道家的管理思想认为管理者进入"无我"状态是前提，"少私寡欲"是确保管理者走正道的保障，进入"无为"状态是最高境界；佛家的管理思想认为德行是管理者能够实施有效管理的根本原因，"自度度他"是管理者的主要职责，"六和敬"是管理者必须共同遵循的准则（黎友，2015）。因此，未来研究可以探讨制定融入不同传统文化的旅游管理策略，适配各自特质与发展阶段，进而更好地提升旅游企业的管理水平，从而改善旅游从业者的幸福感。

8.3.5 绿色人力资源管理对旅游从业者幸福感的影响研究

旅游领域有大量绿色主题的相关研究，如绿色管理、绿色人力资源管理、绿色政策和实践、绿色创新、绿色工作态度和绿色成果等。在这些研究中，绿色人力资源管理实践在环境结果中的作用尤为突出（Darvishmotevali et al.，2022）。绿色人力资源管理（Green Human Resource Management，GHRM）是环境人力资源系统中最重要的方面之一。基于环境友好的角度，绿色人力资源管理旨在推动绿色组织文化，鼓励员工以尽可能对环境最友好的方式开展工作（Pham et al.，2019）。此外，绿色管理着重教育员工关于企业的环境标准，并基于环境考虑构建企业竞争优势，从而极大地促进了各组织对绿色和可持续业务的支持。然而现有研究对于绿色人力资源管理在旅游酒店中应用的研究成果较少（Pham et al.，2019），因而未来研究可以从以下两方面进一步探讨。

首先，绿色人力资源管理可能促使旅游从业者产生自豪感等积极情绪，进而提升其幸福感。研究表明，通过绿色人力资源管理的实践，旅游从业者可以得到更多关于保护环境、促进可持续发展的培训和发展机会，从而在今后的工作中实现对环境资源的保护，为环境可持续发展作出贡献（Pham et al.，

2019）。根据认知评价理论，旅游从业者可能因此产生自豪感，即他们可能认为自己执行绿色人力资源管理能够获得他人的积极评价（Zhang et al.，2017），从而增强自我认同，产生自豪等积极情绪（Barbalet，2001；Lazarus，2006）。积极情绪对于幸福感的促进作用众所周知，而自豪感这一具体的积极情绪可能提升旅游从业者的实现幸福感。具体来说，实现幸福感的形成与自我成长、自我实现的结果有关（Ryan et al.，2001；Ryff，1989），而这与自豪感的形成在某种程度上具有相似性。然而目前尚未有研究探索在绿色人力资源管理下，旅游从业者的积极情绪与其幸福感，特别是实现幸福感之间的关联，因而未来研究可以对此进行探讨。

其次，绿色人力资源管理可能会提升旅游企业的绩效，进而间接提升旅游从业者幸福感。研究显示，采取绿色人力资源管理措施的旅游企业往往表现出更高的环境绩效和社会责任意识（Shen et al.，2016）。这些企业在减少资源浪费、优化能源利用和保护自然环境方面取得了显著的成就（Darvishmotevali et al.，2022）。这种环境友好的经营模式可以为企业带来良好的声誉和竞争优势（Gürlek et al.，2018）。身在其中的旅游从业者自然也能感受到企业的成功和发展，并从中获得一种安全感和归属感。因此，未来研究可以进一步探讨在绿色人力资源管理的作用下，旅游企业绩效、企业声誉对旅游企业从业者幸福感的作用机制。

8.3.6 人工智能协助对旅游从业者幸福感的"双刃剑"影响研究

近年来，随着科技的发展和进步，人工智能技术越来越受到关注。人工智能技术也已经广泛应用于各个行业，为人类生活带来了极大的便利。与此同时，人工智能技术在旅游行业已得到广泛应用，旅游从业者通过人工智能技术打造"智慧旅游"，实现了景区智能讲解、智能路线规划等，从而实现了旅游者旅游过程中的个性化定制（宋海岩等，2022）。然而，将人工智能技术引入到旅游行业中对于旅游从业者的幸福感将产生怎样的影响尚缺乏详尽研究。旅游从业者作为旅游地关键利益相关者，其幸福感对旅游目的地竞争力增强和旅游发展具有重要作用（郭凌等，2022）。目前，关于这一问题的研究仍有待深入探讨，未来的研究可以从以下两方面进行拓展。

首先，人工智能技术对旅游从业者幸福感可能具有"双刃剑"效应。一方面，人工智能可以在很大程度上协助旅游从业者的工作，尤其是那些重复性的任务（Jia et al.，2023）。通过自动化和智能化的工具，人工智能能够提高从业者的工作效率，解放其更多的时间和精力（Wilson et al.，2018），使其能够更专注于创造性的工作和更有价值的旅游者互动，从而增加其工作绩效、工作满意度和幸福感（Jia et al.，2023）。另一方面，人工智能的发展也带来了一些不确定性和挑战（Felten et al.，2018；Tong et al.，2021）。随着技术的进步，人工智能能够替代一些旅游从业者的工作（McKendrick，2021）。例如，语音讲解系统能够提供实时的语音解说，机器人可以提供送餐等服务。这种替代性可能引发旅游从业者的危机感，导致旅游从业者担心自己的工作岗位受到威胁（Tong et al.，2021）。这种不确定性和焦虑可能会削弱旅游从业者的幸福感（Jia et al.，2023）。然而现有研究较少探讨人工智能技术对于旅游从业者幸福感的"双刃剑"效应，未来研究可以进一步深入探索。

其次，未来的研究可以着重探讨如何有效地应对人工智能技术可能带来的对旅游从业者幸福感的负面效应。虽然人工智能在提升工作效率和解放精力方面具有潜力，但也不可否认其可能对旅游从业者造成困扰和消极影响（Felten et al.，2018；Tong et al.，2021）。因此，未来研究需要深入探讨旅游从业者应对负面效应的措施和策略，以减轻这些负面效应并最大程度地增加旅游从业者的幸福感（Jia et al.，2023）。一种可能的研究方向是关注旅游从业者的人工智能技术培训和教育，促使旅游从业者获得与人工智能技术配合工作所需的相关技能和知识，帮助旅游从业者学会将人工智能技术作为提升其工作绩效的工具，从而放大人工智能技术所带来的积极效应并削弱其消极效应。然而现有研究少有探讨关于旅游从业者如何应对人工智能技术变革带来的影响，特别是消极影响。因而，未来研究可以进一步探索旅游从业者对人工智能技术消极影响的应对策略。

参 考 文 献

［1］白如彬，周国华．组织间人际关系作用机理评介研究［J］．商业研究，2012（1）：96－100．

［2］蔡礼彬，宋莉．旅游者幸福感研究述评：基于扎根理论研究方法［J］．旅游学刊，2020，35（5）：52－63．

［3］曹曼，席猛，赵曙明．高绩效工作系统对员工主动性行为的影响机制研究——基于社会情境理论视角的跨层次模型［J］．管理评论，2020，32（6）：244－254．

［4］陈建安，金晶．能动主义视角下的工作幸福管理［J］．经济管理，2013，35（3）：183－194．

［5］陈维政，陈玉玲．组织依恋的影响因素及其作用机理分析［J］．四川大学学报（哲学社会科学版），2017（2）：134－145．

［6］陈维政，李金平，吴继红．组织气候对员工工作投入及组织承诺的影响作用研究［J］．管理科学，2006（6）：18－23．

［7］陈晓红，李杨扬，宋丽洁，汪阳洁．数字经济理论体系与研究展望［J］．管理世界，2022，38（2）：208－224．

［8］陈欣，程振锋，王国戌．家庭旅游提升国民幸福感的实证研究［J］．首都经济贸易大学学报，2020，22（1）：10－20．

［9］陈欣，程振锋．体验价值视角下红色旅游游客公民行为影响机制研究［J］．旅游科学，2021，35（6）：50－66．

［10］陈燕飞．员工希望、幸福感与组织承诺的关系研究［D］．南昌大学，2011．

［11］陈晔，张辉，董蒙露．同行者关乎己？游客间互动对主观幸福感的影响［J］．旅游学刊，2017，32（8）：14－24．

［12］程占红，牛莉芹．基于环境认知的生态旅游者对景区管理方式的态度测量［J］．人文地理，2016，31（2）：136－144．

［13］崔春华，李春晖，三欣，等．Ryff心理幸福感量表在河北师范大学生中的试用［J］．中国心理卫生杂志，2005（2）：128－130．

[14] 代向阳，彭剑锋，尹奎．领导行为与领导幸福感：理论梳理与模型整合 [J]．现代管理科学，2021（8）：46－56．

[15] 戴斌，周晓歌，夏少颜．论当代旅游发展理论的构建：理念、框架与要点 [J]．旅游学刊，2012，27（3）：11－17．

[16] 杜旌，李难难，龙立荣．基于自我效能中介作用的高绩效工作系统与员工幸福感研究 [J]．管理学报，2014，11（2）：215－221．

[17] 杜跃平，王嘉彤．知识型员工个人期望、人际氛围与创新绩效关系研究 [J]．科技进步与对策，2015，32（7）：144－149．

[18] 段锦云，王娟娟，朱月龙．组织氛围研究：概念测量、理论基础及评价展望 [J]．心理科学进展，2014，22（12）：1964－1974．

[19] 范秀成，陈晓，阮艳雯．消费者幸福感：理论框架与未来展望 [J]．营销科学学报，2023，3（1）：78－97．

[20] 费孝通．乡土中国 [M]．上海：上海人民出版社，2007．

[21] 冯晓华，黄震方．新时代旅游美好生活内涵建构与实现路径 [J]．社会科学家，2021（7）：34－39．

[22] 付景涛，刘路瑶，张靓婷．放任型领导影响员工工作重塑的双刃剑效应 [J]．管理学报，2022，19（5）：666－675．

[23] 付卫华．新生代员工期待的领导风格及领导者的变革之道 [J]．领导科学，2021（20）：93－95．

[24] 高惠珠．价值论视域中的"劳动幸福" [J]．上海师范大学学报（哲学社会科学版），2019，48（1）：17－23．

[25] 高良，郑雪，严标宾．幸福感的中西差异：自我建构的视角 [J]．心理科学进展，2010，18（7）：1041－1045．

[26] 高燕，乔永平，张兵，等．导游自我认知与主观幸福感研究——基于领悟社会支持的中介作用 [J]．重庆文理学院学报（社会科学版），2021，41（1）：47－57．

[27] 高杨，白凯，马耀峰．赴藏旅游者幸福感的时空结构与特征 [J]．旅游科学，2019，33（5）：45－61．

[28] 高园．产业发展、民生幸福与地方政府治理的良性互动——旅游目的地居民幸福指数的价值探论 [J]．理论导刊，2012（9）：89－91．

[29] 高允锁，王小丹，郭敏，等．3295名旅游岛居民心理健康与总体幸福感典型相关分析 [J]．中国卫生统计，2016，33（5）：865－867．

[30] 郭安禧，郭英之，李海军，姜红．居民旅游影响感知对支持旅游开发的影响——生活质量和社区依恋的作用 [J]．经济管理，2018，40（2）：162－175．

［31］郭凌，赵书虹，王潇敏，赵盼．女性乡村旅游从业者主观幸福感的影响因素及提升策略研究［J］．西南林业大学学报（社会科学），2022，6（1）：85－90．

［32］郭英之，姜静娴，李雷，等．旅游发展对中国旅游成熟目的地居民生活质量影响的感知研究［J］．旅游科学，2007，21（2）：23－28．

［33］郭英之，叶云霞，李雷，等．中国旅游热点居民生活质量感知评价关联度的实证研究［J］．旅游学刊，2007，22（11）：58－65．

［34］何学欢，胡东滨，马北玲，等．旅游地社会责任对居民生活质量的影响机制［J］．经济地理，2017，37（8）：207－215．

［35］何学欢，胡东滨，粟路军．旅游地居民感知公平、关系质量与环境责任行为［J］．旅游学刊，2018，33（9）：117－131．

［36］黄克己，张朝枝，吴茂英．遗产地居民幸福吗？基于不同旅游扶贫模式的案例分析［J］．旅游学刊，2021，36（11）：122－132．

［37］黄亮．中国企业员工工作幸福感的维度结构研究［J］．中央财经大学学报，2014，1（10）：84－92．

［38］黄向．旅游体验心理结构研究——基于主观幸福感理论［J］．暨南学报（哲学社会科学版），2014，36（1）：104－111．

［39］贾慧敏，张运来．虚拟旅游产品体验中游客幸福感的生成机制研究——基于具身体验视角［J］．旅游科学，2022，36（3）：17－35．

［40］亢雄．旅游幸福及其研究之价值、视角与前景［J］．思想战线，2012，38（1）：105－109．

［41］亢雄．"旅游幸福"何以可能［J］．华中科技大学学报（社会科学版），2013（1）：36－40．

［42］孔德生，蔡丽．关于"幸福"的中西方哲学探讨［J］．理论探讨，2010（6）：156－158．

［43］黎耀奇，翁钰宁，潘敏敏，等．基于资源保存理论的旅游职业污名影响研究［J］．旅游学刊，2021，36（5）：93－104．

［44］李东，王玉清，陈玥彤，等．社区嵌入式目的地居民主观幸福感探测与亲旅游行为研究——正、负影响感知的调节效应［J］．地域研究与开发，2020，39（4）：109－114．

［45］李飞，李建伟，胡俊杰．组织文化氛围、心理资本与组织归属感关系的实证研究［J］．通化师范学院学报，2019，40（9）：103－109．

［46］李瑞，吴殿廷，殷红梅，等．民族村寨旅游地居民满意度影响机理模型与实证——以社区、政府和企业力量导向模式的比较研究［J］．地理学报，2016，71（8）：1416－1435．

［47］李瑞，郑超，银松，等．民族村寨旅游者主客互动仪式情感体验过程及其唤醒机制研究：以"高山流水"敬酒仪式为例［J］．人文地理，2022（2）：94 – 102.

［48］李燕萍，徐嘉．基于组织认同中介作用的集体主义对工作幸福感的多层次影响研究［J］．管理学报，2014，11（2）：198 – 205.

［49］李云，李锡元．上下级"关系"影响中层管理者职业成长的作用机理——组织结构与组织人际氛围的调节作用［J］．管理评论，2015，27（6）：120 – 127.

［50］梁茹，王媛，冯学钢，等．文体旅上市企业社会关系网络结构特征分析——同行业与跨行业比较视角［J］．旅游学刊，2021，36（10）：14 – 25.

［51］梁学成．全域旅游发展与旅游幸福感的增强逻辑［J］．社会科学家，2017（12）：90 – 94.

［52］梁学成．旅游产业增进社会福祉的逻辑诠释［J］．旅游学刊，2019，34（7）：3 – 4.

［53］梁增贤，黎结仪，文彤．城市旅游非正规就业者生活质量感知研究——以广州为例［J］．旅游学刊，2015，30（9）：75 – 84.

［54］梁增贤．旅游地社区居民生活质量评估——检验多重差异理论的适用性［J］．旅游学刊，2018，33（2）：38 – 47.

［55］刘金培，朱磊，倪清．组织氛围如何影响知识型员工敬业度：基于工作倦怠的中介效应研究［J］．心理与行为研究，2018，16（3）：394 – 401.

［56］刘雷，史小强．新冠肺炎疫情背景下体育旅游消费行为影响机制——基于 S – O – R 框架的 MOA – TAM 整合模型的实证分析［J］．旅游学刊，2021，36（8）：52 – 70.

［57］刘旺，蒋敬．旅游发展对民族社区社会文化影响的乡土视野研究框架［J］．经济地理，2011，31（6）：1025 – 1030.

［58］刘小平，王重鸣，Brigitte Charle – Pauvers．组织承诺影响因素的模拟实验研究［J］．中国管理科学，2002（6）：98 – 101.

［59］吕兴洋，刘涛，谢小凤，等．回忆疗愈：过往旅游经历对老年人不幸福感的治愈作用研究［J］．旅游学刊，2023（6）：74 – 89.

［60］"旅游业对国家经济社会发展的战略性作用"课题组．旅游提升国民幸福：一个分析框架及应用［J］．旅游学刊，2015，30（10）：18 – 27.

［61］麻学锋，胡双林．旅游城市韧性与居民幸福水平时空适配特征及影响因素——以张家界为例［J］．资源科学，2022，44（11）：2373 – 2385.

［62］马天，谢彦君．旅游体验的社会建构：一个系统论的分析［J］．旅游学刊，2015，30（8）：96 – 106.

［63］马勇，张瑞．旅游业高质量发展与国民幸福水平提升［J］．旅游学刊，2023，38（6）：12－13．

［64］毛泽东选集：第一卷［M］．北京：人民出版社，1991．

［65］孟威．旅游非正规就业者污名化研究［J］．旅游学刊，2020，35（6）：66－77．

［66］苗元江，冯骥，白苏妤．工作幸福感概观［J］．经济管理，2009，31（10）：179－186．

［67］苗元江，王旭光，陈燕飞．员工幸福感研究述评［J］．企业活力，2011（8）：92－96．

［68］苗元江．心理学视野中的幸福［D］．南京师范大学，2003．

［69］那梦帆，谢彦君，Dogan Gursoy．旅游目的地体验价值：维度辨识、量表开发与验证［J］．旅游学刊，2019，34（12）：48－60．

［70］倪鹏飞，李清彬，吾超．中国城市幸福感的空间差异及影响因素［J］．财贸经济，2012（5）：9－17．

［71］彭怡，陈红．基于整合视角的幸福感内涵研析与重构［J］．心理科学进展，2010，18（7）：1052－1061．

［72］冉雅璇，牛熠欣，陈斯允．"多"反而少：元认知推断视角下支付渠道数量对个体捐赠的影响［J］．心理学报，2021，53（4）：413－430．

［73］人民网．让人民生活幸福就是"国之大者"［EB/OL］．（2024.4.22）［2021－06－09］．http：//theory.people.com.cn/n1/2021/0609/c40531－32126067.html．

［74］邵明华，杨甜甜．场景赋能红色文化旅游发展的理论逻辑与多维路径［J］．兰州大学学报（社会科学版），2022，50（6）：95－104．

［75］邵士庆．幸福的生成机制与特性［J］．学术论坛，2012，35（4）：1－4．

［76］时勘，宋旭东，周瑞华，等．变革型领导对员工工作幸福感的影响机制：工作重塑的中介作用与领导成员交换的调节作用［J］．心理研究，2022，15（6）：526－535．

［77］宋海岩，吴晨光．新一轮科技革命与旅游需求分析和预测创新：理论探讨与实践前沿［J］．旅游学刊，2022，37（10）：1－3．

［78］苏涛，陈春花，宋一晓，等．基于Meta检验和评估的员工幸福感前因与结果研究［J］．管理学报，2018，15（4）：512－522．

［79］粟路军，何学欢，胡东滨．旅游者主观幸福感研究进展及启示［J］．四川师范大学学报（社会科学版），2019（2）：83－92．

［80］粟路军，胡萱．交叉学科视角下的旅游者幸福感研究［J］．旅游学

刊，2023，38（6）：1-3.

[81] 粟路军，黄福才. 旅游地社会责任、声誉、认同与旅游者忠诚关系 [J]. 旅游学刊，2012，27（10）：53-64.

[82] 粟路军，贾伯聪. 旅游地危机事件研究回顾、述评与展望 [J]. 湖南师范大学自然科学学报，2023，46（1）：57-69.

[83] 粟路军，唐彬礼. 旅游地居民生活质量：研究回顾与未来展望 [J]. 旅游学刊，2020，35（6）：78-95.

[84] 粟路军，唐彬礼. "先扬后抑，还是先抑后扬"？旅游地社会责任的信息框架效应研究 [J]. 旅游科学，2020，34（6）：86-105.

[85] 孙健敏，李秀凤，林丛丛. 工作幸福感的概念演进与测量 [J]. 中国人力资源开发，2016（13）：38-47.

[86] 孙佼佼，郭英之. 疫情防控中身体距离作用下旅游者幸福感影响路径——基于模糊集的定性比较分析（fsQCA）[J]. 旅游学刊，2021，36（8）：41-51.

[87] 孙盼盼，林志斌. 数字科技驱动旅游创新发展和居民幸福感提升 [J]. 旅游学刊，2023，38（6）：6-7.

[88] 谭贤政，卢家楣，张敏，等. 教师职业活动幸福感的调查研究 [J]. 心理科学，2009，32（2）：288-292.

[89] 唐彬礼，粟路军. 经常旅游的人更有创造力吗？——旅游频率、旅游目标定向与工作创造力 [J]. 旅游学刊，2022，37（7）：65-79.

[90] 唐晓云，吴忠军. 农村社区生态旅游开发的居民满意度及其影响：以广西桂林龙脊平安寨为例 [J]. 经济地理，2006，26（5）：879-883.

[91] 妥艳媜. 旅游者幸福感为什么重要？ [J]. 旅游学刊，2015，30（11）：16-18.

[92] 妥艳媜，白长虹，王琳. 旅游者幸福感：概念化及其量表开发 [J]. 南开管理评论，2020，23（6）：166-178.

[93] 妥艳媜，秦蓓蓓. 人工智能技术赋能旅游者幸福感的现实困境与实现路径 [J]. 旅游学刊，2023，38（6）：3-6.

[94] 万玲. 归属感匮乏：构建和谐城市的心理困境 [J]. 中共乐山市委党校学报，2007（5）：31-32.

[95] 汪丽，刘阳，刘慕华. 家在旅途：家庭旅游对城市居民生活质量感知的影响研究 [J]. 旅游学刊，2022，37（10）：117-130.

[96] 汪青松，林彦虎. 美好生活需要的新时代内涵及其实现 [J]. 上海交通大学学报（哲学社会科学版），2018，26（6）：5-13.

[97] 汪侠，吴小根，章锦河，等. 贫困地区旅游开发居民满意度：差异

及其成因——以桂林市的 5 个贫困村落为例 [J]. 旅游科学，2011，25（3）：45 – 56.

[98] 王纯阳，李文俊，冯芷菁. 旅游地社会责任对旅游地品牌资产的影响——中介与调节作用机制 [J]. 旅游学刊，2020，35（286）：113 – 128.

[99] 王佳艺，胡安安. 主观工作幸福感研究述评 [J]. 外国经济与管理，2006（8）：49 – 55.

[100] 王锦. 归属感探析 [J]. 西安文理学院学报（社会科学版），2011，14（4）：88 – 90.

[101] 王进，周坤. 旅游扶贫中贫困人口的权力认知研究——基于"赋权 – 限权"角度 [J]. 旅游科学，2017，31（5）：32 – 45.

[102] 王荣，鲁峰嵘，蒋奖. 工作场所排斥与员工角色内外行为：归属感的中介作用 [J]. 心理科学，2013，36（5）：1176 – 1180.

[103] 王舒媛，白凯. 西安回坊旅游劳工移民的地方依恋与幸福感 [J]. 旅游学刊，2017，32（10）：12 – 27.

[104] 王艺. 试论幸福的本质 [J]. 青海社会科学，2012（6）：52 – 56.

[105] 王咏，陆林. 基于社会交换理论的社区旅游支持度模型及应用——以黄山风景区门户社区为例 [J]. 地理学报，2014，69（10）：1557 – 1574.

[106] 卫旭华，王傲晨，江楠. 团队断层前因及其对团队过程与结果影响的元分析 [J]. 南开管理评论，2018，21（5）：139 – 149.

[107] 魏遐，潘益听. 湿地公园游客体验价值量表的开发方法——以杭州西溪湿地公园为例 [J]. 地理研究，2012（6）：1121 – 1131.

[108] 翁清雄，席酉民. 职业成长与离职倾向：职业承诺与感知机会的调节作用 [J]. 南开管理评论，2010，13（2）：119 – 131.

[109] 吴艾凌，姚延波，吕兴洋. 旅游者幸福感的持续性机制研究——基于理论竞争的研究方法 [J]. 旅游科学，2020（6）：1 – 15.

[110] 吴悦芳，徐红罡. 幸福在他处：退休流动者的深度休闲与心理幸福感 [J]. 旅游学刊，2022，37（6）：69 – 78.

[111] 向科衡，吴茂英，王龙杰. 印记的延续性影响：老年人旅游福祉发生的积极机制 [J]. 旅游学刊，2023，38（6）：90 – 104.

[112] 谢俊，严鸣. 积极应对还是逃避？主动性人格对职场排斥与组织公民行为的影响机制 [J]. 心理学报，2016，48（10）：1314 – 1325.

[113] 邢占军，黄立清. Ryff 心理幸福感量表在我国城市居民中的试用研究 [J]. 健康心理学杂志，2004（3）：231 – 233.

[114] 许龙，高素英，刘宏波，等. 中国情境下员工幸福感的多层面模型 [J]. 心理科学进展，2017，25（12）：2179 – 2191.

[115] 许龙."混合型"HRM 感知对员工建言的影响机理：员工幸福感与人力资本的链式中介效应 [D]. 河北工业大学, 2017.

[116] 严标宾, 郑雪, 邱林. SWB 和 PWB：两种幸福感研究取向的分野与整合 [J]. 心理科学, 2004, 27 (4)：836 - 838.

[117] 杨金华, 章锦河, 储光. 新冠疫情下旅游品质感知与幸福感增强逻辑——基于衡阳居民本地出游的调查及主体间性自省 [J]. 人文地理, 2021, 36 (3)：167 - 174.

[118] 杨露. 员工工作幸福感研究综述 [J]. 现代商贸工业, 2014, 26 (3)：99 - 101.

[119] 杨松. 中国工作组织中的象征主义——下属 - 上级的性别组合和员工的组织归属感 [J]. 学术研究, 2017 (6)：41 - 48.

[120] 杨秀秀, 胡惠闵. 个体特征和工作环境对教研员工作投入的影响：自我效能感的中介作用 [J]. 全球教育展望, 2021, 50 (8)：116 - 128.

[121] 叶南客, 陈如, 饶红, 等. 幸福感、幸福取向：和谐社会的主体动力、终极目标与深层战略——以南京为例 [J]. 南京社会科学, 2008 (1)：87 - 95.

[122] 余润哲, 黄震方, 鲍佳琪, 等. 怀旧情感下乡村旅游者的主观幸福感与游憩行为意向的影响 [J]. 旅游学刊, 2022 (7)：107 - 118.

[123] 袁俊, 刘艳红. 旅游业发展的效率评价与转型升级 [J]. 重庆社会科学, 2017 (3)：40 - 46.

[124] 曾红, 郭斯萍."乐"——中国人的主观幸福感与传统文化中的幸福观 [J]. 心理学报, 2012, 44 (7)：986 - 994.

[125] 曾琦, 刘昕. 无为而治：一种合理的管理艺术？——放任型领导的机制探讨与量表开发 [J]. 当代经济管理, 2022, 44 (4)：58 - 67.

[126] 张必春, 雷晓丽. 夜生活场景提升城市发展新动力的作用机制研究——基于 35 个城市样本数据的实证分析 [J]. 现代城市研究, 2022 (10)：23 - 31.

[127] 张朝枝, 朱敏敏. 文化和旅游融合：多层次关系内涵、挑战与践行路径 [J]. 旅游学刊, 2020, 35 (3)：62 - 71.

[128] 张海洲, 陆林, 贺亚楠. 产业链旅游：概念内涵与案例分析 [J]. 世界地理研究, 2020, 29 (5)：1006 - 1016.

[129] 张浩然. 城市规模与主观幸福感——基于认知主体异质性的视角 [J]. 社会科学战线, 2022 (5)：83 - 91.

[130] 张辉, 阮华莉. 旅游目的地场景与幸福价值创造 [J]. 旅游学刊, 2023, 38 (6)：7 - 9.

[131] 张辉，徐红罡．触"景"会生"情"吗？——旅游体验场景和目的地熟悉度对游客地方依恋的影响［J］．旅游学刊，2023，38（6）：122－135.

[132] 张江驰，谢朝武．酒店分散型激励机制：内涵结构与作用机制研究［J］．旅游学刊，2020，35（3）：97－112.

[133] 张进，马月婷．主观幸福感概念、测量及其与工作效能变量的关系［J］．中国软科学，2007（5）：60－68.

[134] 张凌云．旅游：非贯常环境下的特殊体验［J］．旅游学刊，2019，34（9）：3－5.

[135] 张凌云．可持续发展：旅游业高质量发展的新议程［J］．旅游学刊，2023，38（1）：1－2.

[136] 张陆，佐斌．自我实现的幸福——心理幸福感研究述评［J］．心理科学进展，2007（1）：134－139.

[137] 张天问，吴明远．基于扎根理论的旅游幸福感构成——以互联网旅游博客文本为例［J］．旅游学刊，2014，29（10）：51－60.

[138] 张晓，白长虹．快乐抑或实现？旅游者幸福感研究的转向——基于国外幸福感研究的述评［J］．旅游学刊，2018，33（9）：132－144.

[139] 张晓，刘明，白长虹．自然主义视角下旅游者幸福感的构成要素研究［J］．旅游学刊，2020，35（5）：37－51.

[140] 张兴贵，郭杨．工作满意度研究的特质取向［J］．心理科学进展，2008，16（1）：143－153.

[141] 张兴贵，罗中正，严标宾．个人－环境（组织）匹配视角的员工幸福感［J］．心理科学进展，2012，20（6）：935－943.

[142] 张圆刚，郝亚梦，郭英之，等．共同富裕视域下乡村旅游空间正义：内涵属性与研究框架［J］．经济地理，2022，42（11）：195－203.

[143] 张振刚，陈文悦，叶宝升，等．电子沟通即时响应压力对工作情绪幸福感的影响机制研究：认知效能与心理韧性的作用［J］．中国人力资源开发，2023，40（6）：22－34.

[144] 张征．下属－主管匹配与员工的工作幸福感：领导－成员交换和政治技能的作用［J］．心理科学，2016，39（5）：1204－1209.

[145] 赵东喜．度假旅游与旅游者生活质量关系研究［J］．重庆工商大学学报（社会科学版），2015，32（6）：29－37.

[146] 郑晓明，刘鑫．互动公平对员工幸福感的影响：心理授权的中介作用与权力距离的调节作用［J］．心理学报，2016，48（6）：693－709.

[147] 郑晓明，王倩倩．伦理型领导对员工助人行为的影响：员工幸福感

与核心自我评价的作用 [J]. 科学学与科学技术管理, 2016, 37 (2): 149 - 160.

[148] 中央政府门户网站. "旅游+" 打造中国旅游升级版 [EB/OL]. (2024 - 4 - 22) [2015 - 09 - 16]. https: //www. gov. cn/zhengce/2015 - 09/16/content_2932728. htm.

[149] 中央政府门户网站. 人民要论: 加快从旅游大国向旅游强国迈进 [EB/OL]. (2024 - 4 - 22) [2015 - 09 - 16]. https: //www. gov. cn/xinwen/2015 - 09/16/content_2932347. htm.

[150] 周长城, 刘红霞. 生活质量指标建构及其前沿述评 [J]. 山东社会科学, 2011 (1): 26 - 29.

[151] 朱海艳, 孙根年, 杨亚丽. 旅游恩格尔系数对我国城乡居民生活质量和幸福度的跟踪试验 [J]. 社会科学家, 2018 (2): 93 - 98.

[152] 朱虹, 宋丹丹. 红色文化与旅游融合发展的实现路径 [J]. 旅游学刊, 2023, 38 (1): 10 - 11.

[153] 朱欢, 王鑫. 空气质量、相对剥夺与居民生活满意度 [J]. 软科学, 2022, 36 (2): 71 - 77.

[154] 朱松节, 李缓. 导游员职业幸福感的缺失与思考 [J]. 对外经贸, 2013, 11: 116 - 117.

[155] 朱月乔, 周祖城. 企业履行社会责任会提高员工幸福感吗? ——基于归因理论的视角 [J]. 管理评论, 2020, 32 (5): 233 - 242.

[156] 庄贵军. 关系在中国的文化内涵: 管理学者的视角 [J]. 当代经济科学, 2012, 34 (1): 18 - 29.

[157] 邹琼, 佐斌, 代涛涛. 工作幸福感: 概念、测量水平与因果模型 [J]. 心理科学进展, 2015, 23 (4): 669 - 678.

[158] 左冰, 保继刚. 从 "社区参与" 走向 "社区增权" ——西方 "旅游增权" 理论研究述评 [J]. 旅游学刊, 2008, 23 (4): 58 - 63.

[159] AAKER J L. (1999). The malleable self: The role of self-expression in persuasion [J]. *Journal of Marketing Research*, 36 (1), 45 - 57.

[160] AAKER J L, VOHS K D, MOGILNER C. (2010). Non-profits are seen as warm and for-profits as competent: Firm stereotypes matter [J]. *Journal of Consumer Research*, 37 (2), 224 - 237.

[161] ABSON E, SCHOFIELD P. (2022). Exploring the antecedents of shared leadership in event organisations [J]. *Journal of Hospitality and Tourism Management*, 52, 439 - 451.

[162] ABUSEILEEK A F. (2012). The effect of computer - assisted coopera-

tive learning methods and group size on the EFL learners' achievement in communication skills [J]. *Computers and Education*, 58 (1), 231 – 239.

[163] AGUINIS H, GLAVAS A. (2012). What we know and don't know about corporate social responsibility: A review and research agenda [J]. *Journal of Management*, 38 (4), 932 – 968.

[164] AHEARNE M, BHATTACHARYA C B, GRUEN T. (2005). Antecedents and consequences of customer-company identification: Expanding the role of relationship marketing [J]. *Journal of Applied Psychology*, 90 (3), 574 – 585.

[165] AHN J, BACK K – J. (2019). The role of autonomy, competence and relatedness: Applying self-determination theory to the integrated resort setting [J]. *International Journal of Contemporary Hospitality Management*, 31 (1), 87 – 104.

[166] AIKEN L S, WEST S G. (1991). *Multiple regression: Testing and interpreting interactions* [M]. Beverly Hills, CA: Sage.

[167] AKCAOGLU M, LEE E. (2016). Increasing social presence in online learning through small group discussions [J]. *The International Review of Research in Open and Distributed Learning*, 17 (3), 1 – 17.

[168] AKTER S, D'AMBRA J, RAY P, HANI U. (2013). Modelling the impact of health service quality on satisfaction, continuance and quality of life [J]. *Behavior and Information Technology*, 32 (12), 1225 – 1241.

[169] ALESHINLOYE K D, WOOSNAM K M, TASCI A D A, RAMKISSOON H. (2022). Antecedents and outcomes of resident empowerment through tourism [J]. *Journal of Travel Research*, 61 (3), 656 – 673.

[170] ALI F, RYU K, HUSSAIN K. (2016). Influence of experiences on memories, satisfaction and behavioral intentions: A study of creative tourism [J]. *Journal of Travel & Tourism Marketing*, 33 (1), 85 – 100.

[171] ALLAMEH S M, POOL J K, JABERI A, et al. (2015). Factors influencing sport tourists' revisit intentions: The role and effect of destination image, perceived quality, perceived value and satisfaction [J]. *Asia Pacific Journal of Marketing & Logistics*, 27 (2), 191 – 207.

[172] ALLAMEH S M, POOL J K, JABERI A, SALEHZADEH R, ASADI H. (2015). Factors influencing sport tourists' revisit intentions: The role and effect of destination image, perceived quality, perceived value and satisfaction [J]. *Asia Pacific Journal of Marketing & Logistics*, 27 (2), 191 – 207.

[173] ALMEIDA – GARCíA F, PELAEZ – FERNANDEZ M A, BALBUENA – VAZQUEZ A, et al. (2016). Residents' perceptions of tourism development in

Benalmádena（Spain）[J]. *Tourism Management*, 54, 259 – 274.

[174] ANDERECK K L, NYAUPANE G P. (2011). Exploring the nature of tourism and quality of life among residents [J]. *Journal of Travel Research*, 50 (4), 248 – 260.

[175] ANDERECK K, VALENTINE K, KNOPF R, et al. (2005). Residents' perceptions of community tourism impacts [J]. *Annals of Tourism Research*, 32 (4), 1056 – 1076.

[176] ANDERSON E W, SULLIVAN M W. (1993). The antecedents and consequences of customer satisfaction for firms [J]. *Marketing Science*, 12 (2), 125 – 143.

[177] ANDERSON J C, GERBING D W. (1988). Structural equation modeling in practice: A review and recommend two-step approach [J]. *Psychological Bulletin*, 103 (3), 411 – 423.

[178] ANDERSON M H, SUN P Y. (2017). Reviewing leadership styles: Overlaps and the need for a new 'full-range' theory [J]. *International Journal of Management Reviews*, 19 (1), 76 – 96.

[179] ANDERSON N H. (1981). *Foundations of information integration theory* [M]. New York: Academic Press.

[180] ANDREW F M, WITHEY S B. (1976). *Social indicators of well-being* [M]. New York and London: Plenum, 20 (31), 696 – 717.

[181] ANDREWS F M. (1974). *Social indicators of perceived life quality* [M]. Social Indicators Research, 1 (3), 279 – 299.

[182] ANNARELLI A, NONINO F. (2016). Strategic and operational management of organizational resilience: Current state of research and future directions [J]. *Omega*, 62, 1 – 18.

[183] ARGYLE M, KAHNEMAN D, DIENER E, et al. (1999). *Causes and correlates of happiness well-being: the foundations of hedonic psychology* (pp. 353 – 373) [M]. New York, NY US: Russell Sage Foundation.

[184] ARIANI D W. (2012). Leader-member exchanges as a mediator of the effect of job satisfaction on affective organizational commitment: An empirical test [J]. *International Journal of Management*, 29 (1), 46.

[185] ARIZA – MONTES A, HERNáNDEZ – PERLINES F, HAN H, et al. (2019). Human dimension of the hospitality industry: Working conditions and psychological well-being among European servers [J]. *Journal of Hospitality and Tourism Management*, 41, 138 – 147.

［186］ARNOLD, OLD K A. (2017). Transformational leadership and employee psychological well-being: A review and directions for future research ［J］. *Journal of Occupational Health Psychology*, 22 (3), 381.

［187］ARWAB M, ADIL M, NASIR M, et al. (2022). Task performance and training of employees: the mediating role of employee engagement in the tourism and hospitality industry ［J］. *European Journal of Training and Development*, 47 (9), 900－920.

［188］ARYEE S, BUDHWAR P S, CHEN Z X. (2002). Trust as a mediator of the relationship between organizational justice and work outcomes: Test of a social exchange model ［J］. *Journal of Organizational Behavior*, 23 (3), 267－285.

［189］ASHFORTH B E, HARRISON S H, CORLEY K G. (2008). Identification in organizations: An examination of four fundamental questions ［J］. *Journal of Management*, 34 (3), 325－374.

［190］ASHFORTH B E, MAEL F. (1989). Social identity theory and the organization ［J］. *Academy of Management Review*, 14 (1), 20－39.

［191］ATHANASOPOULOU P. (2009). Relationship quality: A critical literature review and research agenda ［J］. *European Journal of Marketing*, 43 (5－6), 533－610.

［192］AVANZI L, VAN DICK R, FRACCAROLI F, et al. (2012). The downside of organizational identification: Relations between identification, work a holism and well-being ［J］. *Work & Stress*, 26 (3), 289－307.

［193］AVOLIO B J, GARDNER W L, WALUMBWA F O, et al. (2004). Unlocking the mask: A look at the process by which authentic leaders impact follower attitudes and behaviors ［J］. *The Leadership Quarterly*, 15 (6), 801－823.

［194］BABALOLA S S. (2016). The effect of leadership style, job satisfaction and employee-supervisor relationship on job performance and organizational commitment ［J］. *Journal of Applied Business Research (JABR)*, 32 (3), 935－946.

［195］BABIN B J, LEE Y, KIM E, et al. (2005). Modeling consumer satisfaction and word-of-mouth: restaurant patronage in Korea ［J］. *Journal of Services Marketing*, 19 (3), 133－139.

［196］BACKER E. (2019). VFR travel: Do visits improve or reduce our quality of life? ［J］ *Journal of Hospitality and Tourism Management*, 38, 161－167.

［197］BAER M, LEENDERS R T A, OLDHAM G R, et al. (2010). Win or lose the battle for creativity: The power and perils of intergroup competition ［J］. *Academy of Management Journal*, 53 (4), 827－845.

［198］BAGHI I, GABRIELLI V. (2019). The role of crisis typology and cultural belongingness in shaping consumers' negative responses towards a faulty brand ［J］. *Journal of Product and Brand Management*, 28 (5), 53 – 70.

［199］BAGOZZI R P. (1986). *Principles of marketing management* ［M］. Chicago, I L: Science Research Associates.

［200］BAGOZZI R P, YI Y, PHILLIPS L W. (1991). Assessing construct validity in organizational research ［J］. *Administrative Science Quarterly*, 36 (3), 421 – 458.

［201］BAKA V. (2016). The becoming of user-generated reviews: Looking at the past to understand the future of managing reputation in the travel sector ［J］. *Tourism Management*, 53, 148 – 162.

［202］BAKER D A, CROMPTON J L. (2000). Quality, satisfaction and behavioral intentions ［J］. *Annals of Tourism Research*, 27 (3), 785 – 804.

［203］BAKKER A B, BAL P M. (2010). Weekly work engagement and performance: A study among starting teachers ［J］. *Journal of Occupational and Organizational Psychology*, 83 (1), 189 – 206.

［204］BAKKER A B, DEMEROUTI E. (2007). The Job Demands – Resources model: State of the art ［J］. *Journal of Managerial Psychology*, 22 (3), 309 – 328.

［205］BAKKER A B. DEMEROUTI E. (2007). The Job Demands – Resources model: state of the art ［J］. *Journal of Managerial Psychology*, 22 (3), 309 – 328.

［206］BAKKER A B, DEMEROUTI E, BRUMMELHUIS L. (2012). Work engagement, performance, and active learning: The role of conscientiousness ［J］. *Journal of Vocational Behavior*, 80 (2), 555 – 564.

［207］BAKKER A B. (Ed.). (2013). *Advances in Positive Organization* ［M］. Emerald Group Publishing.

［208］BAKKER A B, HETLAND J, OLSEN O K, et al. (2019). Daily strengths use and employee well-being: The moderating role of personality ［J］. *Journal of Occupational and Organizational Psychology*, 92 (1), 144 – 168.

［209］BAKKER A B, OERLEMANS W G M. (2011). *Subjective well-being in organizations* ［M］. In K. S. Cameron & G. M. Spreitzer (Eds.), *The oxford handbook of positive organizational scholarship* (pp. 178 – 189). New York: Oxford University.

［210］BAKKER A, DEMEROUTI E, SCHAUFELI W. (2003). Dual processes at work in a call centre: An application of the job demands-resources model [J]. *European Journal of Work and Organizational Psychology*, 12 (4), 393 – 417.

[211] BALOGLU S, BUSSER J, CAIN L. (2019). Impact of experience on emotional well-being and loyalty [J]. *Journal of Hospitality Marketing & Management*, 28 (4), 427 – 445.

[212] BANKER R, POTTER G, SRINIVASAN D. (2000). An empirical investigation of an incentive plan that includes nonfinancial performance measures [J]. *The Accounting Review*, 75 (1), 65 – 92.

[213] BARNETT M L, JERMIER J M, LAFFERTY B A. (2006). Corporate reputation: The definitional landscape [J]. *Corporate Reputation Review*, 9 (1), 26 – 38.

[214] BARON R M, KENNY D A. (1986). The moderator-mediator variable distinction in social psychological research: Conceptual, strategic, and statistical considerations [J]. *Journal of Personality and Social Psychology*, 51 (6), 1173 – 1182.

[215] BARRICK M R, MOUNT M K. (1991). The big five personality dimensions and job performance: A meta-analysis [J]. *Personnel Psychology*, 44 (1), 1 – 26.

[216] BARTIKOWSKI B, WALSH G, BEATTY S E. (2011). Culture and age as moderators in the corporate reputation and loyalty relationship [J]. *Journal of Business Research*, 64 (9), 966 – 972.

[217] BASTIAANSEN M, LUB X D, MITAS O, et al. (2019). Emotions as core building blocks of an experience [J]. *International Journal of Contemporary Hospitality Management*, 31 (2), 651 – 668.

[218] BATEMAN T S, ORGAN D W. (1983). Job satisfaction and the good soldier: The relationship between affect and employee "citizenship" [J]. *Academy of Management Journal*, 26 (4), 587 – 595.

[219] BAUMEISTER R F, LEARY M R. (1995). The need to belong: Desire for interpersonal attachments as a fundamental human motivation [J]. *Psychological Bulletin*, 117 (3), 497 – 529.

[220] BECERRA E P, BADRINARYANAN V. (2013). The influence of brand trust and brand identification on brand evangelism [J]. *The Journal of Product and Brand Management*, 22 (5 – 6), 371 – 383.

[221] BECKMAN E, WHALEY J E, KIM Y K. (2017). Motivations and experiences of whitewater rafting tourists on the Ocoee River, USA [J]. *International*

Journal of Tourism Research, 19 (2), 257 – 267.

［222］BEDFORD O, HWANG K K. (2003). Guilt and shame in Chinese culture: A cross-cultural framework from the perspective of morality and identity ［J］. *Journal for the Theory of Social Behaviour*, 33 (2), 127 – 144.

［223］BELISLE F J, HOY D R. (1980). The perceived impact of tourism by residents a case study in Santa Marta, Colombia ［J］. *Annals of Tourism Research*, 7 (1), 83 – 101.

［224］BELK R W. (1988). Possessions and the extended self ［J］. *Journal of Consumer Research*, 15 (2), 139 – 168.

［225］BELL S J, MENGUC B. (2002). The employee-organization relationship, organizational citizenship behaviors, and superior service quality ［J］. *Journal of Retailing*, 78 (2), 131 – 146.

［226］BENTLER P M, BONNET D C. (1980). Significance tests and goodness of fit in the analysis of covariance structures ［J］. *Psychological Bulletin*, 88 (3), 588 – 606.

［227］BERBEKOVA A, UYSAL M, ASSAF A G. (2021). Toward an Assessment of Quality of Life Indicators as Measures of Destination Performance ［J］. *Journal of Travel Research*, 61 (6), 1424 – 1436.

［228］BERGAMI M, BAGOZZI R P. (2000). Self-categorization, affective commitment, and group self-esteem as distinct aspects of social identity in the organization ［J］. *British Journal of Social Psychology*, 39, 555 – 577.

［229］BERGKVIST J P. (2006). BEST Education network think tank Ⅵ: Corporate social responsibility for sustainability tourism ［J］. *Anatolia*, 17 (2), 334 – 337.

［230］BERNARDI L, HUININK J, SETTERSTEN JR R A. (2019). The life course cube: A tool for studying lives ［J］. *Advances in Life Course Research*, 41, 100258.

［231］BERRY L L. (1983). Relationship marketing ［J］. In L. L. Berry, L. K. Shostack, & G. D. Upah (Eds.), *Emerging perspectives on services marketing* ［M］ (pp. 25 – 28). Chicago: American Marketing Association.

［232］BERRY L, MIRABITO A M, BAUN W B. (2010). What's the hard return on employee wellness programs? ［J］. *Harvard Business Review*, 88 (2), 105 – 112.

［233］BERTHELSEN H, HAKANEN J J, WESTERLUND H. (2018). Copenhagen psychosocial questionnaire-a validation study using the job demand-resources model [J]. *PloS one*, 13 (4), e0196450.

[234] BETTENCOURT L A, HARMELING C, BHAGWAT – RANA Y, et al. (2022). Consumer job journeys [J]. *Journal of Service Research*, 25 (3), 347 – 370.

[235] BHATTACHARYA C B, SEN S. (2003). Consumer-company identification: A framework for understanding consumers' relationships with companies [J]. *Journal of Marketing*, 67 (2), 76 – 88.

[236] BIES R J. (1986). Interactional justice: Communication criteria of fairness [J]. *Research on negotiation in organizations*, 1, 43 – 55.

[237] BIGGS D. (2011). Understanding resilience in a vulnerable industry: The case of reef tourism in Australia [J]. *Ecology and Society*, 16 (1), 30.

[238] BIMONTE S, FARALLA V. (2016). Does residents' perceived life satisfaction vary with tourist season? A two-step survey in a Mediterranean destination [J]. *Tourism Management*, 55, 199 – 208.

[239] BINCI D, CERRUTI C, BRAGANZA A. (2016). Do vertical and shared leadership need each other in change management? [J] *Leadership & Organization Development Journal*, 37 (5), 558 – 578.

[240] BIRAGLIA A, GERRATH M H, USREY B. (2018). Examining how companies' support of tourist attractions affects visiting intentions: The mediating role of perceived authenticity [J]. *Journal of Travel Research*, 57 (6), 811 – 823.

[241] BISSING – OLSON M J, IYER A, FIELDING K S, et al. (2013). Relationships between daily affect and pro-environmental behavior at work: The moderating role of pro-environmental attitude [J]. *Journal of Organizational Behavior*, 34 (2), 156 – 175.

[242] BITNER M J. (1990). Evaluating service encounters: The effects of physical surroundings and employee responses [J]. *Journal of Marketing*, 54 (2), 69 – 82.

[243] BLACK H G, KELLEY S W. (2009). A storytelling perspective on online customer reviews reporting service failure and recovery [J]. *Journal of Travel & Tourism Marketing*, 26 (2), 169 – 179.

[244] BLAU P M. (1964). *Exchange and power in social life* [M]. New York: John Wiley & Sons.

[245] BLODGETT J G, HILL D K, TAX S S. (1997). The effects of distributive, procedural, and interactional justice on post-complaint behavior [J]. *Journal of Retailing*, 73 (2), 185 – 210.

［246］BODET G, BERNACHE – ASSOLLANT I. (2011). Consumer loyalty in sport spectatorship services: The relationships with consumer satisfaction and team identification ［J］. *Psychology and Marketing*, 28 (8), 781 – 802.

［247］BOENIGK S, HELMIG B. (2013). Why do donors donate? Examining the effects of organizational identification and identity salience on the relationships among satisfaction, loyalty, and donation behavior ［J］. *Journal of Service Research*, 16 (4), 533 – 548.

［248］BOHDANOWICZ P, ZIENTARA P, NOVOTNA E. (2011). International hotel chains and environmental protection: An analysis of Hilton's we care! Programme (Europe, 2006 – 2008) ［J］. *Journal of Sustainable Tourism*, 19 (7), 797 – 816.

［249］BORROTT N, DAY G E, LEVETT – JONES T, et al. (2016). Nursing students' belongingness and workplace satisfaction: Quantitative findings of a mixed methods study ［J］. *Nurse Education Today*, 45, 29 – 34.

［250］BOWEN H R, JOHNSON F E. (1953). *Social responsibility of the businessman* ［M］. New York: Harper.

［251］BOWLBY J. (1969). *Attachment and Loss: Attachment* (Vol. 1) ［M］. New York: Basic Books.

［252］BOWLING A. (1995). What things are important in people's lives? A survey of the public's judgements to inform scales of health-related quality of life ［J］. *Social Science & Medicine*, 41 (10), 1447 – 1462.

［253］BOXALL P, MACKY K. (2014). High-involvement work processes, work intensification and employee well-being ［J］. *Work, Employment and Society*, 28 (6), 963 – 984.

［254］BRAMMER S, MILLINGTON A, RAYTON B. (2007). The contribution of corporate social responsibility to organizational commitment ［J］. *International Journal of Human Resource Management*, 18 (10), 1701 – 1719.

［255］BRANCO M, RODRIGUES L. (2006). Corporate social responsibility and resource-based perspectives ［J］. *Journal of Business Ethics*, 69 (2), 111 – 132.

［256］BREITSOHL J, GARROD B. (2016). Assessing tourists' cognitive, emotional and behavioural reactions to an unethical destination incident ［J］. *Tourism Management*, 54, 209 – 220.

［257］BREWER M B. (1991). The social self: On being the same and different at the same time ［J］. *Personality and Social Psychology Bulletin*, 17 (5), 475 –

482.

[258] BROWN J J, REINGEN P. (1987). Social ties and word-of-mouth referral behavior [J]. *Journal of Consumer Research*, 14 (3), 350 – 362.

[259] BROWN J T, COWLES D L, TUTEN T L. (1996). Service recovery: Its value and limitations as a retail strategy [J]. *International Journal of Service Industry Management*, 7 (5), 32 – 46.

[260] BROWN K W, RYAN R M. (2003). The benefits of being present: Mindfulness and its role in psychological well-being [J]. *Journal of Personality and Social Psychology*, 84 (4), 822 – 848.

[261] BRUHN J. (2018). Ecology as pretext? The paradoxical presence of ecological thematics in contemporary Scandinavian quality TV [J]. *Journal of Aesthetics and Culture*, 10 (2), 1438729.

[262] BUCKLEY R. (2012). Sustainable tourism: Research and reality [J]. *Annals of Tourism Research*, 39 (2), 528 – 546.

[263] BUDRUK M, PHILLIPS R. (Eds.). (2010). Quality-of-life community indicators for parks, recreation and tourism management [J]. *Springer Science & Business Media*, 43.

[264] BUHALIS D. (2000) Marketing the competitive destination of the future [J]. *Tourism Management*, 21 (1), 97 – 116.

[265] BUZINDE C N. (2020). Theoretical linkages between well-being and tourism: The case of self-determination theory and spiritual tourism [J]. *Annals of Tourism Research*, 83, 102920.

[266] BYUN J, JANG S C. (2015). Effective destination advertising: Matching effect between advertising language and destination type [J]. *Tourism Management*, 50, 31 – 40.

[267] CAMISóN C, MONFORT – MIR V M. (2012). Measuring innovation in tourism from the Schumpeterian and the dynamic-capabilities perspectives [J]. *Tourism Management*, 33 (4), 776 – 789.

[268] CAMPBELL A, CONVERSE P E, Rodgers W L. (1976). *The quality of American life: Perceptions, evaluations, and satisfactions* [M]. Russell Sage Foundation.

[269] CANTOR N. (1994). Life task problem solving: Situational affordances and personal needs [J]. *Personality and Social Psychology Bulletin*, 20 (3), 235 – 243.

[270] CAPOZZI L. (2005). Corporate reputation: Our role in sustaining and building a valuable asset [J]. *Journal of Advertising Research*, 45 (3), 290 – 293.

［271］CARNEIRO M J, EUSÉBIO C, CALDEIRA A. (2018). The influence of social contact in residents' perceptions of the tourism impact on their quality of life: A structural equation model ［J］. *Journal of Quality Assurance in Hospitality & Tourism*, 19 (1), 1 – 30.

［272］CARR C L. (2007). The FAIRSERV model: Consumer reactions to services based on a multidimensional evaluation of service fairness ［J］. *Decision Sciences*, 38 (1), 107 – 130.

［273］CARROLL A B. (1979). A three-dimensional conceptual model of corporate social performance ［J］. *Academy of Management Review*, 4 (4), 497 – 505.

［274］CARSON J B, TESLUK P E, MARRONE J A. (2007). Shared leadership in teams: An investigation of antecedent conditions and performance ［J］. *Academy of Management Journal*, 50 (5), 1217 – 1234.

［275］CARUANA A, EWING M T. (2010). How corporate reputation, quality, and value influence online loyalty ［J］. *Journal of Business Research*, 63 (9 – 10), 1103 – 1110.

［276］CHANCELLOR C, YU C S, COLE S T. (2011). Exploring quality of life perceptions in rural midwestern (USA) communities: An application of the core-periphery concept in a tourism development context ［J］. *International Journal of Tourism Research*, 13 (5), 496 – 507.

［277］CHANG K C. (2013). How reputation creates loyalty in the restaurant sector ［J］. *International Journal of Contemporary Hospitality Management*, 25 (4), 536 – 557.

［278］CHANG S J, WITTELOOSTUIJN A, EDEN L. (2010). From the Editors: Common method variance in international business research ［J］. *Journal of International Business Studies*, 41 (2), 178 – 184.

［279］CHANG W, KIM K K. (2022). Appropriate service robots in exchange and communal relationships ［J］. *Journal of Business Research*, 141, 462 – 474.

［280］CHAN S C. (2019). Participative leadership and job satisfaction: The mediating role of work engagement and the moderating role of fun experienced at work ［J］. *Leadership & Organization Development Journal*, 40 (3), 319 – 333.

［281］CHARK R, WANG J Q. (2023). Relationship Norm Moderates Observers' Reaction to Unearned Preferential Treatment ［J］. *Journal of Travel Research*, 004728752311175076.

［282］CHASE L C, AMSDEN B, PHILLIPS R G. (2012). *Stakeholder Engagement in Tourism Planning and Development* ［M］. Springer Netherlands.

[283] CHATHOTH P K, MAK B, SIM J, et al. (2011). Assessing dimensions of organizational trust across cultures: A comparative analysis of US and Indian full service hotels [J]. *International Journal of Hospitality Management*, 30 (2), 233 –242.

[284] CHAUDHARY R, RANGNEKAR S, TANLAMAI U, et al. (2018). Work engagement in India and Thailand: A comparative analysis [J]. *Global Business Review*, 19 (1), 162 –174.

[285] CHEN C C, PETRICK J F. (2013). Health and wellness benefits of travel experiences: A literature review [J]. *Journal of Travel Research*, 52 (6), 709 –719.

[286] CHEN C C, YOON S. (2019). Tourism as a pathway to the good life: Comparing the top-down and bottom-up effects [J]. *Journal of Travel Research*, 58 (5), 866 –876.

[287] CHEN C F, CHEN F S. (2010). Experience quality, perceived value, satisfaction and behavioral intentions for heritage tourists [J]. *Tourism Management*, 31 (1), 29 –35.

[288] CHEN C F, TSAI M H. (2008). Perceived value, satisfaction, and loyalty of TV travel product shopping: involvement as a moderator [J]. *Tourism Management*, 29 (6), 1166 –1171.

[289] CHENG S T, CHAN A C M. (2005). Measuring psychological well-being in the Chinese [J]. *Personality and Individual Differences*, 38 (6), 1307 –1316.

[290] CHEN X P, EBERLY M B, CHIANG T J, et al. (2014). Affective trust in Chinese leaders: Linking paternalistic leadership to employee performance [J]. *Journal of Management*, 40 (3), 796 –819.

[291] CHEN Y, HUNG M, WANG Y. (2018). The effect of mandatory CSR disclosure on firm profitability and social externalities: Evidence from China [J]. *Journal of Accounting and Economics*, 65 (1), 169 –190.

[292] CHEN Y, LEHTO X Y, CAI L. (2013). Vacation and well-being: A study of Chinese tourists [J]. *Annals of Tourism Research*, 42, 284 –310.

[293] CHEN Y, LI X R. (2018). Does a happy destination bring you happiness? Evidence from Swiss inbound tourism [J]. *Tourism Management*, 65, 256 –266.

[294] CHEW E, JAHARI S A. (2014). Destination image as a mediator between perceived risks and revisit intention: A case of post-disaster Japan [J].

Tourism Management, 40, 382 – 393.

［295］CHIANG C F, HSIEH T S. (2012). The impacts of perceived organizational support and psychological empowerment on job performance: The mediating effects of organizational citizenship behavior ［J］. *International Journal of Hospitality Management*, 31 (1), 180 – 190.

［296］CHI C G Q, CAI R, LI Y. (2017). Factors influencing residents' subjective well-being at world heritage sites ［J］. *Tourism Management*, 63, 209 – 222.

［297］CHI C G Q, QU H. (2008). Examining the structural relationships of destination image, tourist satisfaction and destination loyalty: An integrated approach ［J］. *Tourism Management*, 29 (4), 624 – 636.

［298］CHIEN P M, RITCHIE B W, SHIPWAY R, et al. (2012). I am having a dilemma factor affecting resident support of event development in the community ［J］. *Journal of Travel Research*, 51 (4), 451 – 463.

［299］CHIN W W. (1998). The partial least squares approach to structural equation modeling ［J］. *Modern Methods for Business Research*, 295 (2), 295 – 336.

［300］CHIU C M, CHENG H L, HUANG H Y, et al. (2013). Exploring individuals' subjective well-being and loyalty towards social network sites from the perspective of network externalities: The Facebook case ［J］. *International Journal of Information Management*, 33 (3), 539 – 552.

［301］CHOI O – K, CHO E. (2019). The mechanism of trust affecting collaboration in virtual teams and the moderating roles of the culture of autonomy and task complexity ［J］. *Computers in Human Behavior*, 91, 305 – 315.

［302］CHOI S B, TRAN T B H, KANG S – W. (2017). Inclusive leadership and employee well-being: The mediating role of person-job fit ［J］. *Journal of happiness studies*, 18, 1877 – 1901.

［303］CHON K S. (1992). Self-image/destination image congruity ［J］. *Annals of Tourism Research*, 19 (2), 360 – 363.

［304］CHO Y J, PARK H. (2011). Exploring the relationships among trust, employee satisfaction, and organizational commitment ［J］. *Public Management Review*, 13 (4), 551 – 573.

［305］CHUA B L, LEE S, KIM H C, et al. (2017). Investigating the key drivers of traveler loyalty in the airport lounge setting ［J］. *Asia Pacific Journal of Tourism Research*, 22 (6), 651 – 665.

［306］CHUGHTAI A, BYRNE M, FLOOD B. (2015). Linking ethical leadership to employee well-being: The role of trust in supervisor [J]. *Journal of Business Ethics*, 128 (3), 653 –663.

[307] CHURCHILL G A. (1991). *Marketing Research: Methodological Foundations* (5th ed.) [M]. Chicago: Dryden Press.

[308] CILLO V, RIALTI R, DEL GIUDICE M, et al. (2021). Niche tourism destinations' online reputation management and competitiveness in big data era: Evidence from three Italian cases [J]. *Current Issues in Tourism*, 24 (2), 177 –191.

[309] CLARKE T. (2001). Balancing the triple bottom line: Financial, social and environmental performance [J]. *Journal of General Management*, 26 (4), 16 –27.

[310] CLARK J L, ALGOE S B, GREEN M C. (2018). Social network sites and well-being: The role of social connection [J]. *Current Directions in Psychological Science*, 27 (1), 32 –37.

[311] CLARK M S, MILLS J, POWELL M C. (1986). Keeping track of needs in communal and exchange relationships [J]. *Journal of Personality and Social Psychology*, 51 (2), 333 –338.

[312] CLAUZEL A, GUICHARD N, RICHÉ C. (2019). Dining alone or together? The effect of group size on the service customer experience [J]. *Journal of Retailing and Consumer Services*, 47, 222 –228.

[313] COCKSHAW W D, SHOCHET I. (2010). The link between belongingness and depressive symptoms: An exploration in the workplace interpersonal context [J]. *Australian Psychologist*, 45 (4), 283 –289.

[314] COGHLAN A. (2015). Tourism and health: Using positive psychology principles to maximise participants' wellbeing outcomes-a design concept for charity challenge tourism [J]. *Journal of Sustainable Tourism*, 23 (3), 382 –400.

[315] COHEN E. (2012). Medical travel and the quality-of-life [M]. *Handbook of Tourism and Quality-of-Life Research* (pp. 169 –191). Springer, Dordrecht.

[316] COHEN J. (1988). *Statistical Power Analysis for the Behavioral Sciences* (2nd ed.) [M]. Hillsdale, NJ: Lawrence Erlbaum Associates.

[317] COLBERT A E, BARRICK M R, BRADLEY B H. (2014). Personality and leadership composition in top management teams: Implications for organizational effectiveness [J]. *Personnel Psychology*, 67 (2), 351 –387.

[318] COLE S. (2006). Information and empowerment: The keys to achieving sustainable tourism [J]. *Journal of sustainable tourism*, 14 (6), 629 –644.

[319] COLES T, FENCLOVA E, DINAN C. (2013). Tourism and corporate

social responsibility: A critical review and research agenda [J]. *Tourism Management Perspectives*, 6, 122 – 141.

[320] CONNELLY B L, CERTO S T, IRELAND R D, et al. (2011). Signaling theory: A review and assessment [J]. *Journal of Management*, 37 (1), 39 – 67.

[321] COTTERELL N, EISENBERGER R, SPEICHER H. (1992). Inhibiting effects of reciprocation wariness on interpersonal relationships [J]. *Journal of Personality and Social Psychology*, 4, 658 – 668.

[322] COYLE – SHAPIRO J A, SHORE L M. (2007). The employee-organization relationship: Where do we go from here? [J]. *Human Resource Management Review*, 17 (2), 166 – 179.

[323] CREMER D D, LEONARDELLI G J. (2003). Cooperation in social dilemmas and the need to belong: The moderating effect of group size [J]. *Group Dynamics: Theory, Research, and Practice*, 7 (2), 168 – 174.

[324] CROES R, RIDDERSTAAT J, VAN NIEKERK M. (2018). Connecting quality of life, tourism specialization, and economic growth in small island destinations: The case of Malta [J]. *Tourism Management*, 65, 212 – 223.

[325] CRONIN J J, JR, BRADY M K, HULT G T M. (2000). Assessing the effects of quality, value, and customer satisfaction on consumer behavioral intentions in service environments [J]. *Journal of Retailing*, 76 (2), 193 – 218.

[326] CRONIN J J, TAYLOR S A. (1992). Measuring service quality: A re-examination and extension [J]. *Journal of Marketing*, 56 (3), 55 – 68.

[327] CROSBY L A, EVANS K A, COWLES D. (1990). Relationship quality in services selling: An interpersonal influence perspective [J]. *Journal of Marketing*, 54 (3), 68 – 81.

[328] CUDDY A J C, GLICK P, BENINGER A. (2011). The dynamics of warmth and competence judgments, and their outcomes in organizations [J]. *Research in Organizational Behavior*, 31, 73 – 98.

[329] CUMMINS R A. (1996). The domains of quality of life: An attempt to order the chaos [J]. *Social Indicators Research*, 38 (3), 303 – 328.

[330] CUMMINS R A. (2000). Objective and subjective quality of life: An interactive model [J]. *Social Indicators Research*, 52 (1), 55 – 72.

[331] CUNHA M, MATOS M, FARIA D, et al. (2012). Shame memories and psychopathology in adolescence: The mediator effect of shame [J]. *International Journal of Psychology and Psychological Therapy*, 12 (2), 203 – 218.

[332] CUNNINGHAM K C, LOSAVIO S T, DENNIS P A, et al. (2019). Shame as a mediator between posttraumatic stress disorder symptoms and suicidal ideation among veterans [J]. *Journal of Affective Disorders*, 243, 216 – 219.

[333] CURTIS C, RENNE J L, BERTOLINI L. (2009). Transit Oriented Development: making it happen [M]. Ashgate Publishing, Farnham, UK and Burlington, Vermont, USA.

[334] DAGENAIS – DESMARAIS V, SAVOIE A. (2012). What is psychological well-being, really? A grassroots approach from the organizational sciences [J]. *Journal of Happiness Studies*, 13 (4), 659 – 684.

[335] DAGGER T, SWEENEY J C. (2006). The effect of service evaluations on behavioral intentions and quality of life [J]. *Journal of Service Research*, 9 (1), 3 – 18.

[336] DAHLSRUD A. (2008). How corporate social responsibility is defined: An analysis of 37 definitions [J]. *Corporate Social Responsibility and Environmental Management*, 15 (1), 1 – 13.

[337] DANNA K, GRIFFIN R W. (1999). Health and well-being in the workplace: A review and synthesis of the literature [J]. *Journal of Management*, 25 (3), 357 – 584.

[338] DARVISHMOTEVALI M, Altinay L. (2022). Green HRM, environmental awareness and green behaviors: The moderating role of servant leadership [J]. *Tourism Management*, 88, 104401.

[339] DAUB C H, ERGENZINGER R. (2005). Enabling sustainable management through a new multi-disciplinary concept of customer satisfaction [J]. *European Journal of Marketing*, 39 (9 – 10), 998 – 1012.

[340] DAWAR N, PILLUTLA M M. (2000). Impact of product-harm crises on brand equity: The moderating role of consumer expectations? [J]. *Journal of Marketing Research*, 37 (2), 215 – 226.

[341] DóCI E, HOFMANS J. (2015). Task complexity and transformational leadership: The mediating role of leaders' state core self-evaluations [J]. *The Leadership Quarterly*, 26 (3), 436 – 447.

[342] DE BLOOM J, GEURTS S A E, TARIS T W, et al. (2010). Effects of vacation from work on health and well-being: Lots of fun, quickly gone [J]. *Work & Stress*, 24 (2), 196 – 216.

[343] DE BLOOM J, GEURTS S A, SONNENTAG S, et al. (2011). How does a vacation from work affect employee health and well-being? [J]. *Psychology &*

Health, 26 (12), 1606 – 1622.

[344] DECI E L, RYAN R M. (2008). Hedonia, eudaimonia, and well-being: An introduction [J]. *Journal of Happiness Studies*, 9 (1), 1 – 11.

[345] DEERY M, JAGO L, FREDLINE L. (2012). Rethinking social impacts of tourism research: A new research agenda [J]. *Tourism Management*, 33 (1), 64 – 73.

[346] DE GRANDPRE F, LEBLANC M, ROYER C. (2017). How various segments of visitors perceive L'accueil in the places where they eat, sleep, and play [J]. *Journal of Quality Assurance in Hospitality & Tourism*, 18 (3), 308 – 327.

[347] DEKHILI S, HALLEM Y. (2020). An examination of the relationship between co-creation and well-being: An application in the case of tourism [J]. *Journal of Travel & Tourism Marketing*, 37 (1), 33 – 47.

[348] DEMEROUTI E, BAKKER A B, NACHREINER F, et al. (2001). The job demands-resources model of burnout [J]. *Journal of Applied psychology*, 86 (3), 499.

[349] DENIZCI B, LI X. (2009). Linking marketing efforts to financial outcome: An exploratory study in tourism and hospitality contexts [J]. *Journal of Hospitality & Tourism Research*, 33 (2), 211 – 226.

[350] DE ROECK K, FAROOQ O. (2017). Corporate social responsibility and ethical leadership: Investigating their interactive effect on employees'socially responsible behavior [J]. *Journal of Business Ethics*, 151 (4), 923 – 939.

[351] DE ROECK K, MAON F. (2016). Building the theoretical puzzle of employees' reactions to corporate social responsibility: An integrative conceptual framework and research agenda [J]. *Journal of Business Ethics*, 149 (3), 609 – 625.

[352] DESIVILYA H S, EIZEN D. (2005). Conflict management in work teams: The role of social self-efficacy and group identification [J]. *International Journal of Conflict Management*, 16 (2), 183 – 208.

[353] DEVINE I, HALPERN P. (2001). Implicit claims: The role of corporate reputation in value creation [J]. *Corporate Reputation Review*, 4 (1), 42 – 49.

[354] DE VOS J, SCHWANEN T, VAN ACKER V, et al. (2012). The influence of travel, residential location choice and leisure activities on well-being [M]. *In Innovation for Sustainable Production: i – SUP* 2012 (pp. 6 – 11). VITO (Flemish Institute for Technological Research).

[355] DEWALL C N, BAUMEISTER R F, VOHS K D. (2008). Satiated with belongingness? Effects of acceptance, rejection, and task framing on self-regulatory

performance [J]. *Journal of Personality & Social Psychology*, 95 (6), 1367 – 1382.

[356] DEWALL C N, DECKMAN T, POND R S, et al. (2011). Belongingness as a core personality trait: How social exclusion influences social functioning and personality expression [J]. *Journal of Personality*, 79 (6), 979 – 1012.

[357] DEWALL C N, TWENGE J M, GITTER S A, et al. (2009). It's the thought that counts: The role of hostile cognition in shaping aggressive responses to social exclusion [J]. *Journal of Personality & Social Psychology*, 96 (1), 45 – 59.

[358] DEWALL C N, TWENGE J M, KOOLE S L. (2011). Automatic emotion regulation after social exclusion: Tuning to positivity [J]. *Emotion*, 11 (3), 623 – 636.

[359] DIAMANTOPOULOS A, SIGUAW J A. (2000). *Introducing LISREL* [M]. London: Sage Publications.

[360] DIEKMANN A, HANNAM K. (2012). Touristic mobilities in India's slum spaces [J]. *Annals of Tourism Research*, 39 (3), 1315 – 1336.

[361] DIENER E. (1994). Assessing subjective well-being: Progress and opportunities [J]. *Social Indicators Research*, 31 (2), 103 – 157.

[362] DIENER E. (2000). Subjective well-being: The science of happiness and a proposal for a national index [J]. *American Psychologist*, 55 (1), 34 – 43.

[363] DIENER E, DIENER M. (1995). Cross-cultural correlates of life satisfaction and self-esteem [J]. *Journal of Personality and Social Psychology*, 68 (4).

[364] DIENER E, EMMONS R A, LARSEN R J, et al. (1985). The satisfaction with life scale [J]. *Journal of Personality Assessment*, 49 (1), 71 – 75.

[365] DIENER E, OISHI S, LUCAS R E. (2003). Personality, culture, and subjective well-being: Emotional and cognitive evaluations of life [J]. *Annual Review of Psychology*, 54 (1), 403 – 425.

[366] DIENER E, SAPYTA J J, SUH E. (1998). Subjective well-being is essential to well-being [J]. *Psychological Inquiry*, 9 (1), 33 – 37.

[367] DIENER E, SUH E. (1997). Measuring quality of life: economic, social, and subjective indicators [J]. *Social Indicators Research*, 40 (1 – 2), 189 – 216.

[368] DIENER E, SUH E M, LUCAS R E, et al. (1999). Subjective well-being: Three decades of progress [J]. *Psychological Bulletin*, 125 (2), 276 – 302.

[369] DINNER E. (1984). Subjective Well – Being [J]. *Psychological Bulletin*, 95 (3), 542 – 575.

［370］DIRKS K T, FERRIN D L. (2002). Trust in leadership: meta-analytic findings and implications for research and practice [J]. *Journal of Applied Psychology*, 87 (4), 611 – 628.

［371］DOLNICAR S, YANAMANDRAM V, CLIFF, K. (2012). The contribution of vacations to quality of life [J]. *Annals of Tourism Research*, 39 (1), 59 – 83.

［372］DU J G, FAN X C, FENG T J. (2014). Group emotional contagion and complaint intentions in group service failure: the role of group size and group familiarity [J]. *Journal of Service Research*, 17 (3), 326 – 338.

［373］DURKO A M, PETRICK J F. (2016). Travel as relationship therapy: Examining the effect of vacation satisfaction applied to the investment model [J]. *Journal of Travel Research*, 55 (7), 904 – 918.

［374］DU S, BHATTACHARYA C B, SEN S. (2007). Reaping relational rewards from corporate social responsibility: The role of competitive positioning [J]. *International Journal of Research in Marketing*, 24 (3), 224 – 241.

［375］DUTTA D, MISHRA S K, VARMA A. (2021). Predictors of job pursuit intention across career stages: A multi-phase investigation [J]. *The International Journal of Human Resource Management*, 32 (20), 4215 – 4252.

［376］DUTTON J E, DUKERICH J M, HARQUAIL C V. (1994). Organizational images and member identification [J]. *Administrative Science Quarterly*, 39, 239 – 263.

［377］DWYER F R, SCHURR P H, OH S. (1987). Developing buyer-seller relationships [J]. *Journal of Marketing*, 51 (2), 11 – 27.

［378］DYER P, GURSOY D, SHARMA B, et al. (2007). Structural modeling of resident perceptions of tourism and associated development on the Sunshine Coast, Australia [J]. *Tourism Management*, 28 (2), 409 – 422.

［379］EASTWICK P W, LUCHIES L B, FINKEL E J, et al. (2014). The predictive validity of ideal partner preferences: A review and meta-analysis [J]. *Psychological Bulletin*, 140 (3), 623 – 665.

［380］EATOUGH E M, MEIER L L, IGIC I, et al. (2016). You want me to do what? Two daily diary studies of illegitimate tasks and employee well-being [J]. *Journal of Organizational Behavior*, 37 (1), 108 – 127.

［381］EINARSEN S, AASLAND M S, SKOGSTAD A. (2007). Destructive leadership behaviour: A definition and conceptual model [J]. *The Leadership Quarterly*, 18 (3), 207 – 216.

[382] EINWILLER S, LIS B, RUPPEL C, et al. (2019). When CSR - based identification backfires: Testing the effects of CSR - related negative publicity [J]. *Journal of Business Research*, 104, 1 - 13.

[383] EISENBERGER R, COTTERELL N, MARVEL J. (1987). Reciprocation ideology [J]. *Journal of Personality and Social Psychology*, 53 (4), 743 - 750.

[384] EKEH P P. (1974). *Social exchange theory: The two traditions* [M]. London: Heinemann Educational.

[385] ELLEN P S, Webb D J, Mohr L A. (2006). Building corporate associations: Consumer attributions for corporate socially responsible programs [J]. *Journal of the Academy of Marketing Science*, 34 (2), 147 - 157.

[386] ENCALADA - ABARCA L, FERREIRA C C, ROCHA J. (2022). Measuring tourism intensification in urban destinations: An approach based on fractal analysis [J]. *Journal of Travel Research*, 61 (2), 394 - 413.

[387] EPSTEIN S. (1980). The self-concept: A review and the proposal of an integrated theory of personality [J]. *Personality: Basic aspects and current research*, 81132.

[388] ERDOGAN B, BAUER T N, TAYLOR S. (2015). Management commitment to the ecological environment and employees: Implications for employee attitudes and citizenship behaviors [J]. *Human Relations*, 68 (11), 1669 - 1691.

[389] ERREYGERS S, VANDEBOSCH H, VRANJES I, et al. (2019). Feel good, do good online? Spillover and crossover effects of happiness on adolescents' online prosocial behavior [J]. *Journal of Happiness Studies*, 20 (4), 1241 - 1258.

[390] ESER Z. (2012). Inter-organizational trust in franchise relationships and the performance outcomes: The case of fast-food restaurants in Turkey [J]. *International Journal of Contemporary Hospitality Management*, 24 (5), 774 - 790.

[391] ETTINGER A, GRABNER - KRäUTER S, OKAZAKI S, et al. (2021). The desirability of CSR communication versus greenhushing in the hospitality industry: The customers' perspective [J]. *Journal of Travel Research*, 60 (3), 618 - 638.

[392] EVANS K, SANNER B, CHIU C - Y. (2021). Shared leadership, unshared burdens: how shared leadership structure schema lowers individual enjoyment without increasing performance [J]. *Group & organization management*, 46 (6), 1027 - 1072.

[393] FALK A, FISCHBACHER U. (2006). A theory of reciprocity [J]. *Games and Economic Behavior*, 54 (2), 293 - 315.

［394］FAROOQ O, PAYAUD M, MERUNKA D, et al. (2014). The impact of corporate social responsibility on organizational commitment: Exploring multiple mediation mechanism ［J］. *Journal of Business Ethics*, 125, 563 – 580.

［395］FARRINGTON T, CURRAN R, GORI K, et al. (2017). Corporate social responsibility: Reviewed, rated, revised ［J］. *International Journal of Contemporary Hospitality Management*, 29 (1), 30 – 47.

［396］FAUL F, ERDFELDER E, BUCHNER A, et al. (2009). Statistical power analyses using G * Power 3. 1: Tests for correlation and regression analyses ［J］. *Behavior research methods*, 41 (4), 1149 – 1160.

［397］FEIN E C, TZINER A. (2021). The future of the leader-member exchange theory ［J］. *Frontiers in psychology*, 12, 736710.

［398］FELTEN E W, RAJ M, SEAMANS R. (2018). A method to link advances in artificial intelligence to occupational abilities ［J］. *In AEA Papers and Proceedings*, 108, 54 – 47.

［399］FERNANDES T, CRUZ M. (2016). Dimensions and outcomes of experience quality in tourism: The case of port wine cellars ［J］. *Journal of Retailing & Consumer Services*, 31, 371 – 379.

［400］FERRIN D L, DIRKS K T, SHAH P P. (2006). Direct and indirect effects of third-party relationships on interpersonal trust ［J］. *Journal of Applied Psychology*, 91 (4), 870 – 883.

［401］FILEP S. (2014). Moving beyond subjective well-being: A tourism critique ［J］. *Journal of Hospitality and Tourism Research*, 38 (2), 266 – 274.

［402］FILEP S, DEERY M. (2010). Towards a picture of tourists' happiness ［J］. *Tourism Analysis*, 15 (4), 399 – 410.

［403］FILEP S, LAING S J. (2019). Trends and directions in tourism and positive psychology ［J］. *Journal of Travel Research*, 58 (3), 343 – 354.

［404］FISHER C D. (2010). Happiness at work ［J］. *International Journal of Management Reviews*, 12 (4), 384 – 412.

［405］FISKE S T. (2019). *Social beings: Core motives in social psychology* (4th ed.) ［M］. Hoboken: John Wiley & Sons.

［406］FISKE S T, CUDDY A J C, GLICK P, et al. (2002). A model of (often mixed) stereotype content: Competence and warmth respectively follow from perceived status and competition ［J］. *Journal of Personality and Social Psychology*, 82 (6), 878 – 902.

［407］FOLKE C. (2006). Resilience: The emergence of a perspective for social-ecological systems analyses [J]. *Global Environmental Change*, 16 (3), 253 – 267.

[408] FOMBRUN C J. (1996). *Reputation: Realizing value from the corporate image* [M]. Boston, MA: Harvard Business School Press.

[409] FONT X, GUIX M, BONILLA – PRIEGO M J. (2016). Corporate social responsibility in cruising: Using materiality analysis to create shared value [J]. *Tourism Management*, 53, 175 – 186.

[410] FORGAS J P, GEORGE J M. (2001). Affective influences on judgments and behavior in organizations: An information processing perspective [J]. *Organizational Behavior & Human Decision Processes*, 86 (1), 3 – 34.

[411] FORNELL C, JOHNSON M D, ANDERSON E W, et al. (1996). The American customer satisfaction index: Description, findings, and implications [J]. *Journal of Marketing*, 60 (4), 7 – 18.

[412] FORNELL C, LARCKER D F. (1981b). Structural equation models with unobservable variables and measurement error: Algebra and statistics [J]. *Journal of Marketing Research*, 18 (3), 382 – 388.

[413] FORNELL C, LARCKER D F. (1981). Evaluating structural equation models with unobservable variables and measurement error [J]. *Journal of Marketing Research*, 18 (1), 39 – 50.

[414] FREDRICKSON B L. (1998). What good are positive emotions? [J]. *Review of General Psychology*, 2 (3), 300 – 319.

[415] FREDRICKSON B L. (2001). The role of positive emotions in positive psychology: The broaden-and-build theory of positive emotions [J]. *American Psychologist*, 56 (3), 218 – 226.

[416] FREDRICKSON B L. (2013). Positive emotions broaden and build [J]. *In Advances in experimental social psychology* (Vol. 47, pp. 1 – 53). Academic Press.

[417] FREEMAN R E, HARRISON J S, WICKS A C, et al. (2010). *Stakeholder theory: The state of the art* [M]. Cambridge, UK: Cambridge University Press.

[418] FREUD S. (1930). *Civilization and Its Discontents* (J. Riviere, Trans.) [M]. London: Hogarth Press.

[419] FREY B S, STUTZER A. (2002). What can economists learn from happiness research? [J]. *Journal of Economic literature*, 40 (2), 402 – 435.

[420] FRITZ C, SONNENTAG S. (2006). Recovery, well-being, and performance-relate and outcomes: the role of workload and vacation experiences [J].

Journal of Applied Psychology, 91 (4), 936 - 945.

[421] FüRSTENBERG N, ALFES K, KEARNEY E. (2021). How and when paradoxical leadership benefits work engagement: The role of goal clarity and work autonomy [J]. *Journal of Occupational and Organizational Psychology*, 94 (3), 672 - 705.

[422] FU H, YE B H, LAW R. (2014). You do well and I do well? The behavioral consequences of corporate social responsibility [J]. *International Journal of Hospitality Management*, 40, 62 - 70.

[423] GAILLIOT M T, BAUMEISTER R F. (2007). Self-esteem, belongingness, and worldview validation: Does belongingness exert a unique influence upon self-esteem? [J]. *Journal of Research in personality*, 41 (2), 327 - 345.

[424] GAI P J, PUNTONI S. (2021). Language and consumer dishonesty: A self-diagnosticity theory [J]. *Journal of Consumer Research*, 48 (2), 333 - 351.

[425] GALBREATH J, SHUM P. (2012). Do customer satisfaction and reputation mediate the CSR - fp-link? Evidence from Australia [J]. *Australian Journal of Management*, 37 (2), 211 - 229.

[426] GALEONE A, SEBASTIANI R. (2021). Transformative Service Research in Hospitality [J]. *Tourism Management*, 87, 104366.

[427] GANNON M, RASOOLIMANESH S M, TAHERI B. (2021). Assessing the mediating role of residents' perceptions toward tourism development [J]. *Journal of Travel Research*, 60 (1), 149 - 171.

[428] GAO J, KERSTETTER D L, MOWEN A J, HICKERSON B. (2018). Changes in tourists' perception of well-being based on their use of emotion regulation strategies during vacation [J]. *Journal of Travel & Tourism Marketing*, 35 (5), 567 - 582.

[429] GAO Y L, ZHANG L, WEI W. (2021). The effect of perceived error stability, brand perception, and relationship norms on consumer reaction to data breaches [J]. *International Journal of Hospitality Management*, 94, 102802.

[430] GARBARINO E, JOHNSON M S. (1999). The different roles of satisfaction, trust and commitment in customer relationships [J]. *Journal of Marketing*, 63 (2), 70 - 87.

[431] GARDINER S, VADA S, YANG E C L, et al. (2022). Recreating history: The evolving negotiation of staged authenticity in tourism experiences [J]. *Tourism Management*, 91, 104515.

[432] GATZERT N. (2015). The impact of corporate reputation and reputation

damaging events on financial performance: Empirical evidence from the literature [J]. *European Management Journal*, 33 (6), 485 – 499.

[433] GERSHON R, CRYDER C. (2018). Goods donations increase charitable credit for low-warmth donors [J]. *Journal of Consumer Research*, 45 (2), 451 – 469.

[434] GERSTNER C R, DAY D V. (1997). Meta-analytic review of leader-member exchange theory: Correlates and construct issues [J]. *Journal of Applied Psychology*, 82, 827 – 844.

[435] GETTY J M, GETTY R L. (2003). Lodging quality index (LQI): Assessing customers' perceptions of quality delivery [J]. *International Journal of Contemporary Hospitality Management*, 15 (2), 94 – 104.

[436] GILAL F G, ZHANG J, PAUL J, et al. (2019). The role of self-determination theory in marketing science: An integrative review and agenda for research [J]. *European Management Journal*, 37 (1), 29 – 44.

[437] GILBERT D, ABDULLAH J. (2004). Holiday taking and the sense of wellbeing [J]. *Annals of Tourism Research*, 31 (1), 103 – 121.

[438] GINDER W, KWON W S, BYUN S E. (2021). Effects of internal-external congruence-based CSR positioning: An attribution theory approach [J]. *Journal of Business Ethics*, 169 (2), 355 – 369.

[439] GODFREY P C, HATCH N W. (2007). Researching corporate social responsibility: An agenda for the 21st century [J]. *Journal of Business Ethics*, 70 (1), 87 – 98.

[440] GOSSLING S. (2015). New performance indicators for water management in tourism [J]. *Tourism Management*, 46, 233 – 244.

[441] GOSSLING S, HUMPE A, BAUSCH T. (2020). Does 'flight shame' affect social norms? Changing perspectives on the desirability of air travel in Germany [J]. *Journal of Cleaner Production*, 266, 122015.

[442] GRANT A M, CHRISTIANSON M K, PRICE R H. (2007). Happiness, health, or relationships? Managerial practices and employee well-being tradeoffs [J]. *Academy of management perspectives*, 21 (3), 51 – 63.

[443] GRAPPI S, MONTANARI F. (2011). The role of social identification and hedonism in affecting tourist re-patronizing behaviours: The case of an Italian festival [J]. *Tourism Management*, 32 (5), 1128 – 1140.

[444] GRAWITCH M J, GOTTSCHALK M, MUNZ D C. (2006). The path to a healthy workplace: A critical review linking healthy workplace practices, employee well-being, and organizational improvements [J]. *Consulting Psychology Journal*:

Practice and Research, 58（3）, 129.

［445］GREENING D W, TURBAN D B.（2000）. Corporate social performance as a competitive advantage in attracting a quality workforce ［J］. *Business & Society*, 39（3）, 254 – 280.

［446］GREGORY B T, ALBRITTON M D, OSMONBEKOV T.（2010）. The mediating role of psychological empowerment on the relationships between P – O fit, job satisfaction, and in-role performance ［J］. *Journal of business and psychology*, 25, 639 – 647.

［447］GREUBEL J, KECKLUND G.（2011）. The impact of organizational changes on work stress, sleep, recovery and health ［J］. *Industrial Health*, 49（3）, 353 – 364.

［448］GREWAL R, CHANDRASHEKARAN M, CITRIN A V.（2010）. Customer satisfaction heterogeneity and shareholder value ［J］. *Journal of Marketing Research*, 47（4）, 612 – 626.

［449］GüRLEK M, TUNA M.（2018）. Reinforcing competitive advantage through green organizational 831 culture and green innovation ［J］. *The Service Industries Journal*, 38（7 – 8）, 467 – 491.

［450］GROVER S L, CROOKER K J.（2010）. Who appreciates family-responsive human resource policies: The impact of family-friendly policies on the organizational attachment of parents and non-parents ［J］. *Personnel Psychology*, 48（2）, 271 – 288.

［451］GROZA M D, PRONSCHINSKE M R, WALKER M.（2011）. Perceived organizational motives and consumer responses to proactive and reactive CSR ［J］. *Journal of Business Ethics*, 102（4）, 639 – 652.

［452］GRZESKOWIAK S, SIRGY J M, WIDGERY R.（2003）. Residents' satisfaction with community services: Predictors and out-comes ［J］. *Journal of Regional Analysis and Policy*, 33（2）, 1 – 36.

［453］GUEST D E.（2002）. Perspectives on the study of work-life balance ［J］. *Social Science Information*, 41, 255 – 279.

［454］GUO Y, ZHANG J, ZHANG Y, et al.（2018）. Examining the relationship between social capital and community residents' perceived resilience in tourism destinations ［J］. *Journal of Sustainable Tourism*, 26（6）, 973 – 986.

［455］GUPTA V, SINGH S, BHATTACHARYA A.（2017）. The relationships between leadership, work engagement and employee innovative performance: Empirical evidence from the Indian R&D context ［J］. *International Journal of Innovation*

Management, 21 (07), 1750055.

[456] GURSOY D, JUROWSKI C, UYSAL M. (2002). Resident attitudes: A structural modeling approach [J]. *Annals of Tourism Research*, 29 (1), 79 – 105.

[457] GURSOY D, OUYANG Z, NUNKOO R, et al. (2019). Residents' impact perceptions of and attitudes towards tourism development: A meta-analysis [J]. *Journal of Hospitality Marketing & Management*, 28 (3), 306 – 333.

[458] GURSOY D, RUTHERFORD D G. (2004). Host attitudes toward tourism: An improved structural model [J]. *Annals of Tourism Research*, 31 (3), 495 – 516.

[459] HADI N U, CHAUDHARY A. (2021). Impact of shared leadership on team performance through team reflexivity: examining the moderating role of task complexity [J]. *Team Performance Management: An International Journal*, 27 (5/6), 391 – 405.

[460] HAGERTY B M, LYNCH – SAUER J, PATUSKY K L, et al. (1992). Sense of belonging: A vital mental health concept [J]. *Archives of Psychiatric Nursing*, 6 (3), 172 – 177.

[461] HAIR J F, JR, BLACK W C, et al. (2010). *Multivariate data analysis* (7th ed.) [M]. Englewood Cliffs: Prentice Hall.

[462] HALBESLEBEN J R B, BUCKLEY M R. (2004). Burnout in organizational life [J]. *Journal of Management*, 30 (6), 859 – 879.

[463] HALBESLEBEN J R, NEVEU J – P, PAUSTIAN – UNDERDAHL S C, et al. (2014). Getting to the "COR" understanding the role of resources in conservation of resources theory [J]. *Journal of Management*, 40 (5), 1334 – 1364.

[464] HALLBERG U E, SCHAUFELI W B. (2006). "Same same" but different? Can work engagement be discriminated from job involvement and organizational commitment? [J]. *European psychologist*, 11 (2), 119 – 127.

[465] HAN H, KIM Y. (2010). An investigation of green hotel customers' decision formation: Developing an extended model of the theory of planned behavior [J]. *International Journal of Hospitality Management*, 29 (4), 659 – 668.

[466] HAN H, YOON H J. (2015). Hotel customers' environmentally responsible behavioral intentions: Impact of key constructs on decision in green consumerism [J]. *International Journal of Hospitality Management*, 45, 22 – 33.

[467] HANSEN H, SAMUELSEN B M, SILSETH P R. (2008). Customer perceived value in B – to – B service relationships: Investigating the importance of

corporate reputation ［J］. *Industrial Marketing Management*, 37 （2）, 206 – 217.

［468］HANSEN S D, DUNFORD B B, BOSS A S, et al. （2011）. Corporate social responsibility and the benefits of employee trust: A cross-disciplinary perspective ［J］. *Journal of Business Ethics*, 102 （1）, 29 – 45.

［469］HAN Y, YANG Y, MOHAMED R. （2022）. A bibliometric analysis of work engagement in the hospitality and tourism industry ［J］. *Journal of Hospitality and Tourism Insights*, 6 （5）, 1946 – 1966.

［470］HAO F, XIAO H. （2021）. Residential tourism and eudaimonic well-being: A 'value-adding' analysis ［J］. *Annals of Tourism Research*, 87, 103150.

［471］HARRILL R, POTTS T D. （2003）. Tourism planning in historic districts: Attitudes toward tourism development in Charleston ［J］. *Journal of the American Planning Association*, 69 （3）, 233 – 244.

［472］HARRISON – WALKER L J. （2001）. The measurement of word-of-mouth communication and an investigation of service quality and customer commitment as potential antecedents ［J］. *Journal of Service Research*, 4 （1）, 60 – 75.

［473］HASSAN S B, SOLIMAN M. （2021）. COVID – 19 and repeat visitation: Assessing the role of destination social responsibility, destination reputation, holidaymakers' trust and fear arousal ［J］. *Journal of Destination Marketing & Management*, 19, 100495.

［474］HAUMANN T, QUAISER B, WIESEKE J, et al. （2014）. Footprints in the sands of time: A comparative analysis of the effectiveness of customer satisfaction and customer-company identification over time ［J］. *Journal of Marketing*, 78 （6）, 78 – 102.

［475］HAYES A F. （2013）. *Introduction to mediation, moderation, and conditional process analysis: A regression-based approach* ［M］. New York, NY: The Guilford Press.

［476］HE H, LI Y. （2011）. CSR and service brand: The mediating effect of brand identification and moderating effect of service quality ［J］. *Journal of Business Ethics*, 100 （4）, 673 – 688.

［477］HE H, LI Y, HARRIS L. （2012）. Social identity perspective on brand loyalty ［J］. *Journal of Business Research*, 65 （5）, 648 – 657.

［478］HE M, LI J, LI J, et al. （2019）. A comparative study on the effect of soundscape and landscape on tourism experience ［J］. *International Journal of Tourism Research*, 21 （1）, 11 – 22.

［479］HENDERSON J. （2007）. Corporate social responsibility and tourism:

Hotel companies in Phuket, Thailand, after the Indian Ocean Tsunami [J]. *International Journal of Hospitality Management*, 26 (1), 228 – 239.

[480] HENDERSON L W, KNIGHT T. (2012). Integrating the hedonic and eudaimonic perspectives to more comprehensively understand wellbeing and pathways to wellbeing [J]. *International Journal of Wellbeing*, 2 (3), 196 – 221.

[481] HENNIG – THURAU T, KLEE A. (1997). The impact of customer satisfaction and relationship quality on customer retention: A critical reassessment and model development [J]. *Psychology & Marketing*, 14 (8), 737 – 764.

[482] HERBIG P, MILEWICZ J. (1993). The relationship of reputation and credibility to brand success [J]. *Journal of Consumer Marketing*, 10 (3), 18 – 24.

[483] HE W, HAO P, HUANG X, et al. (2020). Different roles of shared and vertical leadership in promoting team creativity: Cultivating and synthesizing team members' individual creativity [J]. *Personnel Psychology*, 73 (1), 199 – 225.

[484] HE X, SU L, SWANSON S R. (2020). The service quality to the subjective well-being of Chinese tourists connection: a model with replications [J]. *Current Issues in Tourism*, 23 (16), 2076 – 2092.

[485] HE Y, SONG H. (2009). A mediation model of tourists' repurchase intentions for packaged tour services [J]. *Journal of Travel Research*, 47 (3), 317 – 331.

[486] HE Z, HAO X. (2022). Emotional labor and employee well-being in cross-cultural contexts: A Disney frontline staff's autoethnography [J]. *Tourism Management*, 91, 104518.

[487] HOBFOLL S E. (1989). Conservation of resources: A new attempt at conceptualizing stress [J]. *American Psychologist*, 44 (3), 513 – 523.

[488] HOBSON J, DIETRICH U. (1994). Tourism, health and quality of life: Challenging the responsibility of using the traditional tenets of sun, sea, sand, and sex in tourism marketing [J]. *Journal of Travel & Tourism Marketing*, 3 (4), 21 – 38.

[489] HOCH J E, PEARCE C L, WELZEL L. (2010). Is the most effective team leadership shared? [J]. *Journal of Personnel Psychology*, 9 (3), 105 – 116.

[490] HOCK S J, RAITHEL S. (2020). Managing negative celebrity endorser publicity: How announcements of firm (non) responses affect stock returns [J]. *Management Science*, 66 (3), 1473 – 1495.

[491] HOFMAN P S, NEWMAN A. (2014). The impact of perceived corporate social responsibility on organizational commitment and the moderating role of col-

lectivism and masculinity: Evidence from China [J]. *International Journal of Human Resource Management*, 25 (5), 631 – 652.

[492] HOGG M A, TERRY D J. (2000). Social identity and self-categorization processes in organizational contexts [J]. *Academy of Management Review*, 25 (1), 121 – 140.

[493] HOGG M A, TURNER J C. (1985). Intergroup attraction, social identification and psychological group formation [J]. *European Journal of Social Psychology*, 15 (1), 51 – 66.

[494] HOLLING C S. (1973). Resilience and stability of ecological systems [J]. *Annual Review of Ecology and Systematics*, 4 (1), 1 – 23.

[495] HOLM M R, LUGOSI P, CROES R R, et al. (2017). Risk-tourism, risk-taking and subjective well-being: A review and synthesis [J]. *Tourism Management*, 63, 115 – 122.

[496] HOMBURG C, WIESEKE J, HOYER W D. (2009). Social identity and the service-profit chain [J]. *Journal of Marketing*, 73 (2), 38 – 54.

[497] HONG S Y, YANG S U. (2009). Effects of reputation, relational satisfaction, and customer-company identification on positive word-of-mouth intentions [J]. *Journal of Public Relations Research*, 21 (4), 381 – 403.

[498] HOOPER D, COUGHLAN J, MULLEN M. (2008). Structural equation modeling: Guidelines for determining model fit [J]. *The Electronic Journal of Business Research Methods*, 6 (1), 53 – 60.

[499] HOPWOOD C J. (2007). Moderation and mediation in structural equation modeling: Applications for early intervention research [J]. *Journal of Early Intervention*, 29 (3), 262 – 272.

[500] HOSMER L T. (1995). Trust: The connecting link between organizational theory and philosophical ethics [J]. *Academy of Management Review*, 20 (2), 379 – 403.

[501] HSU J S – C, LI Y, SUN H. (2017). Exploring the interaction between vertical and shared leadership in information systems development projects [J]. *International Journal of Project Management*, 35 (8), 1557 – 1572.

[502] HUANG M, CHEN Z, CHEN I. (2017). The importance of CSR in forming customer-company identification and long-term loyalty [J]. *Journal of Services Marketing*, 31 (1), 63 – 72.

[503] HUANG W H, LIN Y C, WEN Y C. (2010). Attributions and Outcomes of Customer Misbehavior [J]. *Journal of Business and Psychology*, 25 (1),

151 – 161.

［504］ HUANG W H, WANG Y C. (2014). Situational Influences on the Evaluation of Other – Customer Failure ［J］. *International Journal of Hospitality Management*, 36 (1), 110 –119.

［505］ HUI L, QUN W, NAZIR S, et al. (2021). Organizational identification perceptions and millennials' creativity: testing the mediating role of work engagement and the moderating role of work values ［J］. *European Journal of Innovation Management*, 24 (5), 1653 –1678.

［506］ HU J, MA X, XU X, et al. (2022). Treat for affection? Customers' differentiated responses to pro-customer deviance ［J］. *Tourism Management*, 93, 104619.

［507］ HU L – T, BENTLER P M. (1999). Cutoff criteria for fit indexes in covariance structure analysis: Conventional criteria versus new alternatives ［J］. *Structural Equation Modeling: A Multidisciplinary Journal*, 6 (1), 1 –55.

［508］ HUNTLEY J K. (2006). Conceptualization and measurement of relationship quality: Linking relationship quality to actual sales and recommendation intention ［J］. *Industrial Marketing Management*, 35 (6), 703 –714.

［509］ HUONG L, ZHENG C, FUJIMOTO Y. (2016). Inclusion, organisational justice and employee well-being ［J］. *International Journal of Manpower*, 37 (6), 945 –964.

［510］ HUTA V, RYAN R M. (2010). Pursuing pleasure or virtue: The differential and overlapping well-being benefits of hedonic and eudaimonic motives ［J］. *Journal of Happiness Studies*, 11 (6), 735 –762.

［511］ HUTCHINSON J, LAI F, WANG Y. (2009). Understanding the relationship of quality, value, equity, satisfaction, and behavioral intentions among golf travelers ［J］. *Tourism Management*, 30 (2), 298 –308.

［512］ HWANG J, HYUN S. (2012). The antecedents and consequences of brand prestige in luxury restaurants ［J］. *Asia Pacific Journal of Tourism Research*, 17 (6), 656 –683.

［513］ HWANG J, LYU S O. (2015). The antecedents and consequences of well-being perception: An application of the experience economy to golf tournament tourists ［J］. *Journal of Destination Marketing & Management*, 4 (4), 248 –257.

［514］ ILIES R, AW S S Y, PLUUT H. (2015). Intraindividual models of employee well-being: What have we learned and where do we go from here? ［J］ *European Journal of Work and Organizational Psychology*, 24, 827 –838.

［515］IMAM H，ZAHEER M K. （2021）. Shared leadership and project suc-cess：The roles of knowledge sharing，cohesion and trust in the team ［J］. *Interna-tional Journal of Project Management*，39 （5），463 – 473.

［516］INCEOGLU I，THOMAS G，CHU C，et al. （2018）. Leadership be-havior and employee well-being：An integrated review and a future research agenda ［J］. *The Leadership Quarterly*，29 （1），179 – 202.

［517］INESON E M，BENKE E，LASZLO J. （2013）. Employee loyalty in Hungarian hotels ［J］. *International Journal of Hospitality Management*，32，31 – 39.

［518］INOUE Y，LEE S. （2011）. Effects of different dimensions of corporate social responsibility on corporate financial performance in tourism-related industries ［J］. *Tourism Management*，32 （4），790 – 804.

［519］ISLAM T，AHMED I，ALI G，et al. （2016）. Behavioral and psycho-logical consequences of corporate social responsibility：Need of the time ［J］. *Social Responsibility Journal*，12 （2），307 – 320.

［520］ISO – AHOLA S E. （1982）. Toward a social psychological theory of tourism motivation：A rejoinder ［J］. *Annals of Tourism Research*，9 （2），256 – 262.

［521］ITTNER C，LARCKER D. （1998）. Innovations in performance meas-urement：Trends and research implication ［J］. *Journal of Management Accounting Research*，10 （1），205 – 238.

［522］JAGO A S，PFEFFER J. （2019）. Organizations appear more unethical than individuals ［J］. *Journal of Business Ethics*，160 （1），71 – 87.

［523］JANSSEN O. （2001）. Fairness perceptions as a moderator in the curvi-linear relationships between job demands，and job performance and job satisfaction ［J］. *Academy of Management Journal*，44 （5），1039 – 1050.

［524］JEON M M，KANG M M，DESMARAIS E. （2016）. Residents' per-ceived quality of life in a cultural-heritage tourism destination ［J］. *Applied Research in Quality of Life*，11 （1），105 – 123.

［525］JIANG Y. （2020）. A Cognitive Appraisal Process of Customer Delight：The Moderating Effect of Place Identity ［J］. *Journal of Travel Research*，59，1029 – 1043.

［526］JIA N，LUO X，FANG Z，et al. （2023）. When and How Artificial In-telligence Augments Employee Creativity ［J］. *Academy of Management Journal*. https：//doi. org/10. 5465/amj. 2022. 0426

［527］JI L, YE Y, DENG X. (2022). From shared leadership to proactive customer service performance: a multilevel investigation ［J］. *International Journal of Contemporary Hospitality Management*, 34 (11), 3944 – 3961.

［528］JIN L, HE Y. (2018). How the frequency and amount of corporate donations affect consumer perception and behavioral responses ［J］. *Journal of the Academy of Marketing Science*, 46, 1072 – 1088.

［529］JIZI M I, SALAMA A, DIXON R, et al. (2014). Corporate governance and corporate social responsibility disclosure: Evidence from the US banking sector ［J］. *Journal of Business Ethics*, 125 (4), 601 – 615.

［530］JOHNSON A, NGUYEN H, GROTH M, et al. (2018). Workplace aggression and organisational effectiveness: The mediating role of employee engagement ［J］. *Australian Journal of Management*, 43 (4), 614 – 631.

［531］JOHNSON A R, MATEAR M, THOMSON M. (2011). A coal in the heart: Self-relevance as a post-exit predictor of consumer anti-brand actions ［J］. *Journal of Consumer Research*, 38 (1), 108 – 125.

［532］JONES M A, SUH J. (2000). Transaction-specific satisfaction and overall satisfaction: an empirical analysis ［J］. *Journal of Services Marketing*, 14 (2), 147 – 159.

［533］JOO B – K, YIM J – H, JIN Y S, et al. (2022). Empowering leadership and employee creativity: The mediating roles of work engagement and knowledge sharing ［J］. *European Journal of Training and Development*, 47 (9), 881 – 899.

［534］JOSE P E. (2013). *Doing statistical mediation and moderation* ［M］. New York: Guilford Press.

［535］JUNG K B, KANG S – W, CHOI S B. (2022). Paradoxical leadership and involvement in creative task via creative self-efficacy: a moderated mediation role of task complexity ［J］. *Behavioral Sciences*, 12 (10), 377.

［536］JUROWSKI C, BROWN D O. (2001). A comparison of the views of involved versus noninvolved citizens on quality of life and tourism development issues ［J］. *Journal of Hospitality & Tourism Research*, 25 (4), 355 – 370.

［537］JUROWSKI C, GURSOY D. (2004). Distance effects on residents' attitudes toward tourism ［J］. *Annals of Tourism Research*, 31 (2), 296 – 312.

［538］KAFASHPOR A, GHASEMPOUR GANJI S F, SADEGHIAN S, et al. (2018). Perception of tourism development and subjective happiness of residents in Mashhad, Iran ［J］. *Asia Pacific Journal of Tourism Research*, 23 (6), 521 – 531.

［539］KAHN W A. (1990). Psychological conditions of personal engagement and disengagement at work ［J］. *Academy of Management Journal*, 33 （4）, 692 – 724.

［540］ KAHN W A, BARTON M A, FISHER C M, et al. （2018）. The geography of strain: Organizational resilience as a function of intergroup relations ［J］. *Academy of Management Review*, 43 （3）, 509 – 529.

［541］ KAMMANN R, FLETT R. （1983）. Affectometer 2: A scale to measure current level of general happiness ［J］. *Australian Journal of Psychology*, 35 （2）, 259 – 265.

［542］ KANG K H, LEE S, HUH C. （2010）. Impacts of positive and negative corporate social responsibility activities on company performance in the hospitality industry ［J］. *International Journal of Hospitality Management*, 29 （1）, 72 – 82.

［543］ KANG K H, LEE S, YOO C. （2016）. The effect of national culture on corporate social responsibility in the hospitality industry ［J］. *International Journal of Contemporary Hospitality Management*, 28 （8）, 1728 – 1758.

［544］ KARASEK R A. （1979）. Job demands, job decision latitude, and mental strain: Implications for job redesign ［J］. *Administrative Science Quarterly*, 24, 285 – 308.

［545］ KARATEPE O M. （2006）. Customer complaints and organizational responses: The effects of complainants' perceptions of justice on satisfaction and loyalty ［J］. *International Journal of Hospitality and Management*, 25 （1）, 69 – 90.

［546］ KARNITIS E. （2006）. Increasing quality of life as the goal for development of Latvia ［J］. *Applied Research in Quality of Life*, 1 （1）, 125 – 138.

［547］ KEH H T, XIE Y. （2009）. Corporate reputation and customer behavioral intentions: The roles of trust, identification and commitment ［J］. *Industrial Marketing Management*, 38 （7）, 732 – 742.

［548］ KELLEY, H. H. , & MICHELA, J. L. （1980）. Attribution theory and research ［J］. *Annual Review of Psychology*, 31 （1）, 457 – 501.

［549］ KERSTETTER D L, BRICKER K S. （2012）. *Relationship between carrying capacity of small island tourism destinations and quality-of-life* ［M］. Handbook of tourism and quality-of-life research, 445 – 462.

［550］ KHAMITOV M, GRÉGOIRE Y, SURI A. （2020）. A systematic review of brand transgression, service failure recovery and product-harm crisis: integration and guiding insights ［J］. *Journal of the Academy of Marketing Science*, 48, 519 – 542.

［551］ KHAN M M, MUBARIK M S, AHMED S S, et al. （2021）. My meaning is my engagement: exploring the mediating role of meaning between servant leadership and work engagement [J]. *Leadership & Organization Development Journal*, 42 (6), 926 – 941.

[552] KIM B, LEE S, KANG K H. (2018). The moderating role of CEO narcissism on the relationship between uncertainty avoidance and CSR [J]. *Tourism Management*, 67, 203 – 213.

[553] KIM G, DUFFY L N, MOORE D. (2023). Importance of residents' perception of tourists in establishing a reciprocal resident-tourist relationship: An application of tourist attractiveness [J]. *Tourism Management*, 94, 104632.

[554] KIM H, JOHN D R. (2008). Consumer response to brand extensions: Construal level as a moderator of the importance of perceived fit [J]. *Journal of Consumer Psychology*, 18 (2), 116 – 126.

[555] KIM H, KIM Y G, WOO E. (2020). Examining the impacts of touristification on quality of life: The application of the bottom-up spillover theory [J]. *The Service Industries Journal*, 41 (11 – 12), 787 – 802.

[556] KIM H L, RHOU Y, UYSAL M, et al. (2017). An examination of the links between corporate social responsibility and its internal consequences [J]. *International Journal of Hospitality Management*, 61, 26 – 34.

[557] KIM H, WOO E, UYSAL M. (2015). Tourism experience and quality of life among elderly tourists [J]. *Tourism Management*, 46, 465 – 476.

[558] KIM J, KIM H R, LACEY R, et al. (2018). How CSR impact meaning of work and dysfunctional customer behavior [J]. *Journal of Service Theory and Practice*, 28 (4), 507 – 523.

[559] KIM J, SONG H J, LEE C – K. (2016). Effects of corporate social responsibility and internal marketing on organizational commitment and turnover intentions [J]. *International Journal of Hospitality Management*, 55, 25 – 32.

[560] KIM J, SONG H, LEE C – K, et al. (2017). The impact of four CSR dimensions on a gaming company's image and customers' revisit intentions [J]. *International Journal of Hospitality Management*, 61, 73 – 81.

[561] KIM K. (2002). *The effects of tourism impacts upon quality of life of residents in the community* [M]. Doctoral Dissertation, Virginia Polytechnic Institute & State University.

[562] KIM K, UYSAL M, SIRGY M J. (2013). How does tourism in a community impact the quality of life of community residents? [J]. *Tourism management*, 36, 527 – 540.

[563] KIM M – J, CHUNG N, LEE C – K. (2011). The effect of perceived trust on electronic commerce: Shopping online for tourism products and services in South Korea [J]. *Tourism Management*, 32 (2), 256 – 265.

[564] KIM M, KIM Y. (2014). Corporate social responsibility and shareholder value of restaurant firms [J]. *International Journal of Hospitality Management*, 40, 120 – 129.

[565] KIM T, KIM W G, KIM H B. (2009). The effects of perceived justice on recovery satisfaction, trust, word-of-mouth, and revisit intention in upscale hotels [J]. *Tourism Management*, 30 (1), 51 – 62.

[566] KIM W G, CHA Y. (2002). Antecedents and consequences of relationship quality in hotel industry [J]. *International Journal of Hospitality Management*, 21 (4), 321 – 338.

[567] KIM W G, CHO M, BRYMER R A. (2013). Determinants affecting comprehensive property-level hotel performance: The moderating role of hotel type [J]. *International Journal of Hospitality Management*, 34, 404 – 412.

[568] KIRILLOVA K, FU X X, KUCUKUSTA D. (2020). Workplace design and well-being: Aesthetic perceptions of hotel employees [J]. *The Service Industries Journal*, 40 (1 – 2), 27 – 49.

[569] KIRILLOVA K, LEHTO X. (2015). An existential conceptualization of the vacation cycle [J]. *Annals of Tourism Research*, 55, 110 – 123.

[570] KLAUS P, MAKLAN S. (2011). Bridging the gap for destination extreme sports: A model of sports tourism customer experience [J]. *Journal of Marketing Management*, 27 (13 – 14), 1341 – 1365.

[571] KLINE R B. (1998). *Principles and practice of structural equation modeling* [M]. New York: Guilford.

[572] KNAPP M. (2003). Hidden costs of mental illness [J]. *British Journal of Psychiatry*, 183 (6), 477 – 478.

[573] KNOBLOCH U, ROBERTSON K, AITKEN R. (2017). Experience, Emotion, and Eudaimonia: A Consideration of Tourist Experiences and Well-being [J]. *Journal of Travel Research*, 56 (5), 651 – 662.

[574] KNOWLES R D. (2012). Transit oriented development in Copenhagen, Denmark: from the finger plan to Orestad [J]. *Journal of Transport Geography*, 22, 251 – 261.

[575] KNUTSON B, STEVENS P, WULLAERT C, et al. (1990). LODG-SERV: A service quality index for the lodging industry [J]. *Hospitality Research*

Journal, 14 (2), 277 – 284.

[576] KO D, STEWART W P. (2002). A structural equation model of residents' attitudes for tourism development [J]. *Tourism Management*, 23 (5), 521 – 530.

[577] KOH Y, LEE S, BOO S. (2009). Impact of brand recognition and brand reputation on firm performance: U. S. – based multinational restaurant companies' perspective [J]. *International Journal of Hospitality Management*, 28 (4), 620 – 630.

[578] KONU A, VIITANEN E. (2008). Shared leadership in Finnish social and health care [J]. *Leadership in Health Services*, 21 (1), 28 – 40.

[579] KOPELMAN S, ROSETTE A S, THOMPSON L. (2006). The three faces of eve: Strategic displays of positive, negative, and neutral emotions in negotiations [J]. *Organizational Behavior and Human Decision Processes*, 99 (1), 81 – 101.

[580] KOTLER P, ADAM S, BROWN L, ARMSTRONG G. (2003). *Principles of marketing* (2nd ed.) [M]. Sydney: Pearson Education Australia.

[581] KOTLER P, BOWEN J, MAKENS J. (1999). *Marketing for hospitality and tourism* [M]. Englewood Cliffs, NJ: Prentice – Hall.

[582] KOVJANIC S, SCHUH S C, JONAS K, et al. (2012). How do transformational leaders foster positive employee outcomes? A self-determination-based analysis of employees' needs as mediating links [J]. *Journal of Organizational Behavior*, 33 (8), 1031 – 1052.

[583] KOZAK M, RIMMINGTON M. (2000). Tourist satisfaction with Mallorca, Spain, as an off-season holiday destination [J]. *Journal of Travel Research*, 38 (3), 260 – 269.

[584] KOZMINSKI A K, BACZYńSKA A K, SKOCZEń I, et al. (2022). Towards leadership effectiveness: the role of leadership individual competencies and constraints. Introduction of the Bounded Leadership Model [J]. *Leadership & Organization Development Journal*, 43 (4), 596 – 611.

[585] KRICK A, FELFE J, PISCHEL S. (2022). Health-oriented leadership as a job resource: can staff care buffer the effects of job demands on employee health and job satisfaction? [J]. *Journal of Managerial Psychology*, 37 (2), 139 – 152.

[586] KRUGLANSKI A W. (1996). Goals as knowledge structures [C]. In P. M. Gollwitzer & J. A. Bargh (Eds.), *The psychology of action: Linking cognition and motivation to behavior* (pp. 599 – 618). The Guilford Press.

[587] KUBEš J, CHVOJKOVá A. (2020). Back to peripheries based on remoteness. Human capital in the peripheral municipalities of South Bohemia [J]. *Jour-*

nal of Rural Studies, 79, 116 – 124.

[588] KUBICKOVA M, CROES R, RIVERA M. (2017). Human agency shaping tourism competitiveness and quality of life in developing economies [J]. *Tourism Management Perspectives*, 22, 120 – 131.

[589] KUENZEL S, HALLIDAY V. (2008). Investigating antecedents and consequences of brand identification [J]. *Journal of Product & Brand Management*, 17 (5), 293 – 304.

[590] KULIKOWSKI K, SEDLAK P. (2020). Can you buy work engagement? The relationship between pay, fringe benefits, financial bonuses and work engagement [J]. *Current Psychology*, 39 (1), 343 – 353.

[591] KUMAR N, SCHEER L K, STEENKAMP J – B E M. (1995). The effects of supplier fairness on vulnerable resellers [J]. *Journal of Marketing Research*, 32 (1), 54 – 65.

[592] KUWABARA K, HILDEBRAND C A, ZOU X. (2018). Lay theories of networking: How laypeople's beliefs about networks affect their attitudes toward and engagement in instrumental networking [J]. *Academy of Management Review*, 43 (1), 50 – 64.

[593] KUZMINSKA A O, SCHULZE D, KOVAL A. (2019). Who Doesn't Want to Share Leadership? The Role of Personality, Control Preferences, and Political Orientation in Preferences for Shared vs. Focused Leadership in Teams [J]. *Management Challenges*, 11.

[594] KWON J, LEE H. (2020). Why travel prolongs happiness: Longitudinal analysis using a latent growth model [J]. *Tourism Management*, 76, 103944.

[595] KWON J, VOGT C A. (2010). Identifying the role of cognitive, affective, and behavioral components in understanding residents' attitudes toward place marketing [J]. *Journal of Travel Research*, 49 (4), 423 – 435.

[596] LADHARI R. (2009). Service quality, emotional satisfaction, and behavioral intentions: A study in the hotel industry [J]. *Managing Service Quality*, 19 (3), 308 – 331.

[597] LAGES C, LAGES C R, LAGES L F. (2005). The RELQUAL scale: A measure of relationship quality in export market ventures [J]. *Journal of Business Research*, 58 (8), 1040 – 1048.

[598] LAI F – Y, TANG H – C, LU S – C, et al. (2020). Transformational leadership and job performance: The mediating role of work engagement [J]. *Sage Open*, 10 (1), 2158244019899085.

［599］LAI H K, PINTO P, PINTASSILGO P. (2021). Quality of life and emotional solidarity in residents' attitudes toward tourists: The case of Macau ［J］. *Journal of Travel Research*, 60 (5), 1123 – 1139.

［600］LAING J H, FROST W. (2017). Journeys of well-being: Women's travel narratives of transformation and self-discovery in Italy ［J］. *Tourism Management*, 62, 110 – 119.

［601］LAM S K, AHEARNE M, SCHILLEWAERT N. (2012). A multinational examination of the symbolic-instrumental framework of consumer-brand identification ［J］. *Journal of International Business Studies*, 43 (3), 306 – 331.

［602］LAM T, ZHANG H Q, BAUM T. (2001). An investigation of employees' job satisfaction: The case of hotels in Hong Kong ［J］. *Tourism Management*, 22 (2), 157 – 165.

［603］LAND K, MICHALOS A, SIRGY M J. (2011). *Prologue: The development and evolution of research on social indicators and quality of life* ［M］. In K. Land, A. Michalos, & M. J. Sirgy (Eds.). Handbook of Social Indicators and Quality of Life Research. Netherlands: Springer.

［604］LANDON JR E L. (1974). Self-concept, ideal self-concept, and consumer purchase intentions ［J］. *Journal of Consumer Research*, 1 (2), 44 – 51.

［605］LARSON R W, ALMEIDA D M. (1999). Emotional transmission in the daily lives of families: A new paradigm for studying family processes ［J］. *Journal of Marriage and Family*, 61 (1), 5 – 20.

［606］LATANÉ B. (1981). The Psychology of Social Impact ［J］. *American Psychologist*, 36 (4), 343 – 356.

［607］LAZARUS R S. (2006). Emotions and interpersonal relationships: Toward a person-centered conceptualization of emotions and coping ［J］. *Journal of Personality*, 74 (1), 9 – 46.

［608］LEARY M R, KOWALSKI R M, SMITH L, et al. (2003). Teasing, rejection, and violence: Case studies of the school shootings ［J］. *Aggressive Behavior*, 29 (3), 202 – 214.

［609］LEARY M R, SPRINGER C, NEGEL L, et al. (1998). The causes, phenomenology, and consequences of hurt feelings ［J］. *Journal of Personality and Social Psychology*, 74 (5), 1225 – 1237.

［610］LEE C H, BRUVOLD N T. (2003). Creating value for employees: investment in employee development ［J］. *The International Journal of Human Resource Management*, 14 (6), 981 – 1000.

［611］LEE C K, KIM J S, KIM, J. S. (2018). Impact of a gaming company's CSR on residents' perceived benefits, quality of life, and support ［J］. *Tourism Management*, 64, 281 – 290.

［612］LEE C K, SONG H J, LEE H M, et al. (2013). The impact of CSR on casino employees' organizational trust, job satisfaction, and customer orientation: An empirical examination of responsible gambling strategies ［J］. *International Journal of Hospitality Management*, 33, 406 – 415.

［613］LEE D J, SIRGY M J, LARSEN V, et al. (2002). Developing a subjective measure of consumer well-being ［J］. *Journal of Macromarketing*, 22 (2), 158 – 169.

［614］LEE J – S, BACK K – J. (2009). An examination of attendee brand loyalty: Understanding the moderator of behavioral brand loyalty ［J］. *Journal of Hospitality & Tourism Research*, 33 (1), 30 – 50.

［615］LEE K, ALLEN N J. (2002). Organizational citizenship behavior and workplace deviance: The role of affect and cognitions ［J］. *Journal of Applied Psychology*, 87 (1), 131 – 142.

［616］LEE L, PETTER S, FAYARD D, et al. (2011). On the use of least squares path modeling in accounting research ［J］. *International Journal of Accounting Information Systems*, 12 (4), 305 – 328.

［617］LEE S, SEO K, SHARMA A. (2013). Corporate social responsibility and firm performance in the airline industry: The moderating role of oil prices ［J］. *Tourism Management*, 38, 20 – 30.

［618］LEE T H. (2013). Influence analysis of community resident support for sustainable tourism development ［J］. *Tourism Management*, 34 (1), 37 – 46.

［619］LEE T H, JAN F H. (2019). Can community-based tourism contribute to sustainable development? Evidence from residents' perceptions of the sustainability ［J］. *Tourism Management*, 70, 368 – 380.

［620］LEE T H, SHEN Y L. (2013). The influence of leisure involvement and place attachment on destination loyalty: Evidence from recreationists walking their dogs in urban parks ［J］. *Journal of Environmental Psychology*, 33, 76 – 85.

［621］LEE Y K, KIM Y, LEE K H, et al. (2012). The impact of CSR on relationship quality on relationship outcomes: A perspective of service employees ［J］. *International Journal of Hospitality Management*, 31 (3), 745 – 756.

［622］LEE Y K, SON M H, LEE D J. (2011). Do emotions play a mediating role in the relationship between owner leadership styles and manager customer orientation, and performance in service environment? [J]. *International Journal of Hospitality Management*, 30 (4), 942 – 952.

[623] LEE Y L, SPARKS B. (2007). Appraising tourism and hospitality service failure events: A Chinese perspective [J]. *Journal of Hospitality and Tourism Research*, 31 (4), 504 – 529.

[624] LEMON K N, VERHOEF P C. (2016). Understanding customer experience throughout the customer journey [J]. *Journal of Marketing*, 80 (6), 69 – 96.

[625] LENGIEZA M L, HUNT C A, SWIM J K. (2019). Measuring eudaimonic travel experiences [J]. *Annals of Tourism Research*, 74, 195 – 197.

[626] LEVENTHAL G S. (1980). What should be done with equity theory? [J]. In *Social exchange*, 27 – 55. Boston, MA: Springer.

[627] LEVETT – JONES T, LATHLEAN J. (2008). Belongingness: A prerequisite for nursing students' clinical learning [J]. *Nurse Education in Practice*, 8 (2), 103 – 111.

[628] LEVETT – JONES T, LATHLEAN J. (2009). The ascent to competence conceptual framework: An outcome of a study of belongingness [J]. *Journal of Clinical Nursing*, 18 (20), 2870 – 2879.

[629] LEVETT – JONES T, LATHLEAN J, HIGGINS I, et al. (2010). Staff-student relationships and their impact on nursing students' belongingness and learning [J]. *Journal of Advanced Nursing*, 65 (2), 316 – 324.

[630] LEVETT – JONES T, LATHLEAN J, MAGUIRE J, et al. (2007). Belongingness: A critique of the concept and implications for nursing education [J]. *Nurse Education Today*, 27 (3), 210 – 218.

[631] LEVI L. (1972). Stress and distress in response to psychosocial stimuli. Laboratory and real life studies on sympatho-adrenomedullary and related reactions [J]. *Acta medica Scandinavica. Supplementum*, 528, 1 – 166.

[632] LEW A A, CHEER J M. (2017). Tourism resilience and adaptation to environmental change: Definitions and frameworks [M]. New York, NY: Routledge.

[633] LEWIS M. (2003). The role of the self in shame [J]. *Social Research*, 70 (4), 1181 – 1204.

[634] LIANG Z, LUO H, BAO J. (2021). A longitudinal study of residents' attitudes toward tourism development [J]. *Current Issues in Tourism*, 24 (23), 3309 – 3323.

[635] LIANG Z X, HUI T K. (2016). Residents' quality of life and attitudes toward tourism development in China [J]. *Tourism Management*, 57, 56 – 67.

[636] LIAO H. (2007). Do it right this time: The role of employee service recovery performance in customer-perceived justice and customer loyalty after service failures [J]. *Journal of Applied Psychology*, 92 (2), 475.

[637] LICHTENSTEIN D R, DRUMWRIGHT M E, BRAIG B M. (2004). The effect of corporate social responsibility on customer donations to corporate-supported nonprofits [J]. *Journal of Marketing*, 68 (4), 16 – 32.

[638] LI J, MA F, DIPIETRO R B. (2022). Journey to a fond memory: How memorability mediates a dynamic customer experience and its consequent outcomes [J]. *International Journal of Hospitality Management*, 103, 103205.

[639] LIN C P, CHEN S C, CHIU C K, et al. (2011). Understanding purchase intention during product-harm crises: Moderating effects of perceived corporate ability and corporate social responsibility [J]. *Journal of Business Ethics*, 102 (3), 455.

[640] LINLEY P A, MALTBY J, WOOD A M, et al. (2009). Measuring happiness: The higher order factor structure of subjective and psychological well-being measures [J]. *Personality and Individual Differences*, 47 (8), 878 – 884.

[641] LIN Z, CHEN Y, FILIERI R. (2017). Resident-tourist value co-creation: The role of residents' perceived tourism impacts and life satisfaction [J]. *Tourism Management*, 61, 436 – 442.

[642] LI T E, CHAN E T H. (2017). Diaspora tourism and well-being: A eudaimonic view [J]. *Annals of Tourism Research*, 63, 205 – 206.

[643] LIU J C, VAR T. (1986). Resident attitudes toward tourism impacts in Hawaii [J]. *Annals of Tourism Research*, 13 (2), 193 – 214.

[644] LIU J Y, SIU O L, SHI K. (2009). Transformational leadership and employee well-being: The mediating role of trust in the leader and self-efficacy [J]. *Applied Psychology*, 59 (3), 454 – 479.

[645] LIU M T, WONG A, CHU R, Et al. (2014). Do perceived CSR initiatives enhance customer preference and loyalty in Casinos? [J] *International Journal of Contemporary Hospitality Management*, 26 (6), 1024 – 1045.

[646] LIU W. (2016). Effects of positive mood and job complexity on employee creativity and performance [J]. *Social Behavior and Personality: an international journal*, 44 (5), 865 – 880.

[647] LIU X, LISCHKA H M, KENNING P. (2018). Asymmetric cognitive, emotional and behavioural effects of values-related and performance-related negative brand publicity [J]. *Journal of Product and Brand Management*, 27 (2), 128 –

145.

［648］LI X R, WANG Y, ZHANG Y, et al. (2018). Examining the role of corporate social responsibility in resident attitude formation: A missing link? ［J］. *Journal of Travel Research*, 58 (7), 1105 – 1122.

［649］LLORENS S, SCHAUFELI W, BAKKER A, et al. (2007). Does a positive gain spiral of resources, efficacy beliefs and engagement exist? ［J］. *Computers in Human Behavior*, 23 (1), 825 – 841.

［650］LOCKE E A, LATHAM G P, EREZ M. (1988). The determinants of goal commitment ［J］. *Academy of Management Review*, 13 (1), 23 – 39.

［651］LOCKE E A, MENTO A J, KATCHER B L. (1978). The interaction of ability and motivation in performance: An exploration of the meaning of moderators1 ［J］. *Personnel Psychology*, 31 (2), 269 – 280.

［652］LOEWE N, BAGHERZADEH M, ARAYA – CASTILLO L, et al. (2014). Life domain satisfactions as predictors of overall life satisfaction among workers: Evidence from Chile ［J］. *Social Indicators Research*, 118 (1), 71 – 86.

［653］LOUNSBURY J W, HOOPES L L. (1986). A vacation from work: Changes in work and nonwork outcomes ［J］. *Journal of Applied Psychology*, 71 (3), 392 – 401.

［654］LOUREIRO S M C, KASTENHOLZ E. (2011). Corporate reputation, satisfaction, delight, and loyalty towards rural lodging units in Portugal ［J］. *International Journal of Hospitality Management*, 30 (3), 575 – 583.

［655］LUNDGREN D C, BOGART D H. (1974). Group size, member dissatisfaction, and group radicalism ［J］. *Human Relations*, 27 (4), 339 – 355.

［656］LUO X, BHATTACHARYA C B. (2006). Corporate social responsibility, customer satisfaction, and market value ［J］. *Journal of Marketing*, 70 (4), 1 – 18.

［657］LUTHANS F. (2002). The need for and meaning of positive organizational behavior ［J］. *Journal of Organizational Behavior*, 23 (6), 695 – 706.

［658］LUTZ K. (2014). Compensating dissatisfaction in the job by turning to the family? The impact of current occupation on timing of first births in Germany ［J］. *Advances in Life Course Research*, 21, 43 – 58.

［659］LYUBOMIRSKY S, KING L, DIENER E. (2005). The benefits of frequent positive affect: Does happiness lead to success? ［J］. *Psychological bulletin*, 131 (6), 803.

［660］LYUBOMIRSKY S, LEPPER H S. (1999). A measure of subjective happiness: Preliminary reliability and construct validation [J]. *Social Indicators Research*, 46 (2), 137 – 155.

[661] MACCALLUM R C, BROWNE M W, SUGAWARA H M. (1996). Power analysis and determination of sample size for covariance structure modeling [J]. *Psychological Methods*, 1 (2), 130 – 149.

[662] MACHO S, LEDERMANN T. (2011). Estimating, testing, and comparing specific effects in structural equation models: The Phantom model approach [J]. *Psychological Methods*, 16 (1), 34 – 43.

[663] MACTAVISH J B, MACKAY K J, IWASAKI Y, et al. (2007). Family caregivers of individuals with intellectual disability: Perspectives of life quality and the role of vacations [J]. *Journal of Leisure Research*, 39 (1), 127 – 156.

[664] MAEL F, ASHFORTH B E. (1992). Alumni and their alma mater: A partial test of the reformulated model of organizational identification [J]. *Journal of Organizational Behavior*, 13 (2), 103 – 123.

[665] MAHESWARAN D, CHAIKEN S. (1991). Promoting systematic processing in low-motivation settings: Effect of incongruent information on processing and judgment [J]. *Journal of Personality and Social Psychology*, 61 (1), 13 – 25.

[666] MAHMOOD M, UDDIN M A, FAN L. (2019). The influence of transformational leadership on employees' creative process engagement: A multi-level analysis [J]. *Management Decision*, 57 (3), 741 – 764.

[667] MAIR J, RITCHIE B W, WALTERS G. (2016). Towards a research agenda for post-disaster and post-crisis recovery strategies for tourist destinations: A narrative review [J]. *Current Issues in Tourism*, 19 (1), 1 – 26.

[668] MANNELL R C, ISO – AHOLA S E. (1987). Psychological nature of leisure and tourism experiences [J]. *Annals of Tourism Research*, 14 (3), 314 – 331.

[669] MANSFELD Y. (1992). Group-differentiated perceptions of social impacts related to tourism development [J]. *The Professional Geographer*, 44 (4), 377 – 392.

[670] MANTHIOU A, KANG J, CHIANG L, et al. (2015). Investigating the effects of memorable experiences: An extended model of script theory [J]. *Journal of Travel & Tourism Marketing*, 33 (3), 362 – 379.

[671] MARCEVOVA K, COLES T, SHAW G. (2010). Young holidaymakers in groups: Insights on decision-making and tourist behaviour among university students [J]. *Tourism Recreation Research*, 35 (3), 259 – 268.

[672] MARGOLIS J, WALSH J. (2001). People and profits? The search for a link between company's social and financial performance [M]. Mahwah, NJ: Psychology Press.

[673] MARIN L, RUIZ S, RUBIO A. (2009). The role of identify salience in the effects of corporate social responsibility on consumer behavior [J]. *Journal of Business Ethics*, 84 (1), 65 – 78.

[674] MARINOVA S V, PENG C, LORINKOVA N, et al. (2015). Change-oriented behavior: A meta-analysis of individual and job design predictors [J]. *Journal of Vocational Behavior*, 88, 104 – 120.

[675] MARKUS H R, KITAYAMA S. (1991). Culture and the self: Implications for cognition, emotion, and motivation [J]. *Psychological Review*, 98 (2), 224.

[676] MARLOW S L, LACERENZA C N, PAOLETTI J, et al. (2018). Does team communication represent a one-size-fits-all approach? A meta-analysis of team communication and performance [J]. *Organizational Behavior and Human Decision Processes*, 144 (1), 145 – 170.

[677] MARTíNEZ P, RODRIGUEZ DEL BOSQUE I. (2013). CSR and customer loyalty: The roles of trust, customer identification with the company and satisfaction [J]. *International Journal of Hospitality Management*, 35, 89 – 99.

[678] MASLOW A H. (1968). *Toward a Psychology of Being* [M]. New York: Van Nostrand.

[679] MATHEW P V, SREEJESH S. (2017). Impact of responsible tourism on destination sustainability and quality of life of community in tourism destinations [J]. *Journal of Hospitality and Tourism Management*, 31, 83 – 89.

[680] MAUNO S, KINNUNEN U, RUOKOLAINEN M. (2006). Job demands and resources as antecedents of work engagement: A longitudinal study [J]. *Journal of Vocational Behavior*, 70 (1), 149 – 171.

[681] MAXHAM J G, NETEMEYER R G. (2002). A longitudinal study of complaining customers' evaluations of multiple service failures and recovery efforts [J]. *Journal of Marketing*, 66 (4), 57 – 71.

[682] MAYER R C, DAVIS J H, SCHOORMAN F D. (1995). An integrative model of organizational trust [J]. *Academy of Management Review*, 20 (3), 709 – 734.

[683] MCCABE S, JOHNSON S. (2013). The happiness factor in tourism: Subjective wellbeing and social tourism [J]. *Annals of Tourism Research*, 41 (1),

42 – 65.

[684] MCCABE S, JOLDERSMA T, LI C. (2010). Understanding the benefits of social tourism: Linking participation to subjective well-being and quality of life [J]. *International Journal of Tourism Research*, 12 (6), 761 – 773.

[685] MCGUIRE D, MCLAREN L. (2009). The impact of physical environment on employee commitment in call centres: The mediating role of employee well-being [J]. *Team Performance Management*, 15 (1/2), 35 – 48.

[686] MCHUGH M. (1997). The stress factor: Another item for the change management agenda? [J]. *Journal of Organizational Change Management*, 10 (4), 345 – 362.

[687] MCKERCHER B, HO, P. (2012). *Cultural tourism and the enhancement of quality-of-life* [M]. Springer Netherlands, 341 – 357.

[688] MEADOW H L. (1988). The satisfaction attitude hierarchy: Does marketing contribute [C]. *In Proceedings of the 1988 American Marketing Association Winter Educators' Conference*, 482 – 483. Chicago, IL: American Marketing Association.

[689] MEHMETOGLU M. (2007). Typologising nature-based tourists by activity—Theoretical and practical implications [J]. *Tourism Management*, 28 (3), 651 – 660.

[690] MEHRABIAN A, RUSSELL J A. (1974). *An approach to environmental psychology* [M]. The MIT Press.

[691] MEI A W O, DEAN A M, WHITE C J. (1999). Analyzing service quality in the hospitality industry [J]. *Managing Service Quality*, 9 (2), 136 – 143.

[692] MELNYK B M, HRABE D P, SZALACHA L A. (2013). Relationships among work stress, job satisfaction, mental healthy lifestyle behaviors in new graduate nurses attending the nurse athlete program: A call to action for nursing leaders [J]. *Nursing Administration Quarterly*, 37 (4), 278 – 285.

[693] MEN C, JIA R. (2021). Knowledge-oriented leadership, team learning and team creativity: the roles of task interdependence and task complexity [J]. *Leadership & Organization Development Journal*, 42 (6), 882 – 898.

[694] MENG F, LI X, UYSAL M. (2010). Tourism development and regional quality of life: The case of China [J]. *Journal of China Tourism Research*, 6 (2), 164 – 182.

[695] MENG J, ELLIOTT K M. (2008). Predictors of relationship quality for

luxury restaurants [J]. *Journal of Retailing and Consumer Services*, 15 (6), 509 – 515.

[696] MEYER J P, MALTAIN R R. (2010). Employee commitment and well-being: A critical review, theoretical framework and research agenda [J]. *Journal of Vocational Behavior*, 77 (2), 323 –337.

[697] MILMAN A. (1998). The impact of tourism and travel experience on senior travelers' psychological well-being [J]. *Journal of Travel Research*, 37 (2), 166 –170.

[698] MIRABITO A M, BERRY L L. (2015). You say you want a revolution? Drawing on social movement theory to motivate transformative change? [J]. *Journal of Service Research*, 18 (3), 336 –350.

[699] MKONO M, HUGHES K. (2020). Eco-guilt and eco-shame in tourism consumption contexts: Understanding the triggers and responses [J]. *Journal of Sustainable Tourism*, 28 (8), 1223 –1244.

[700] MöLLER C, WANG J, NGUYEN H T. (2018). Strongerthanwinston: Tourism and crisis communication through Facebook following tropical cyclones in Fiji [J]. *Tourism Management*, 69, 272 –284.

[701] MüLLER E, PINTOR S, WEGGE J. (2018). Shared leadership effectiveness: perceived task complexity as moderator [J]. *Team Performance Management: An International Journal*, 24 (5/6), 298 –315.

[702] MOLM L D, COLLETT J L, SCHAEFER D R. (2007). Building solidarity through generalized exchange: A theory of reciprocity [J]. *American Journal of Sociology*, 113 (1), 205 –242.

[703] MONTANO D, REESKE A, FRANKE F, et al. (2017). Leadership, followers' mental health and job performance in organizations: A comprehensive meta-analysis from an occupational health perspective [J]. *Journal of Organizational Behavior*, 38 (3), 327 –350.

[704] MORGAN M, XU F. (2009). Student travel experiences: Memories and dreams [J]. *Journal of Hospitality Marketing and Management*, 18 (2 – 3), 216 –236.

[705] MORGAN N, PRITCHARD A, SEDGLEY D. (2015). Social tourism and well-being in later life [J]. *Annals of tourism Research*, 52, 1 – 15.

[706] MORGAN R M, HUNT S D. (1994). The commitment-trust theory of relationship marketing [J]. *Journal of Marketing*, 58 (3), 20 –38.

[707] MOZUMDER N A. (2016). A multilevel trust-based model of ethical

public leadership [J]. *Journal of Business Ethics*, 153 (1), 167 – 184.

[708] MULLEN M R. (1995). Diagnosing measurement equivalence in cross-national research [J]. *Journal of International Business Studies*, 26 (3), 573 – 596.

[709] MURPHY L, BENCKENDORFF P, MOSCARDO G. (2007). Linking travel motivation, tourist self-image and destination brand personality [J]. *Journal of Travel & Tourism Marketing*, 22 (2), 45 – 59.

[710] MURPHY P E, ANDRESSEN B. (1988). Tourism development on Vancouver Island: An assessment of the core-periphery model [J]. *The Professional Geographer*, 40 (1), 32 – 42.

[711] MURPHY P, PRITCHARD M P, SMITH B. (2000). The destination product and its implications on traveler perceptions [J]. *Tourism Management*, 21 (1), 43 – 52.

[712] NAKRA R. (2006). Relationship between communication satisfaction and organizational identification: An empirical study [J]. *Vision: The Journal of Business Perspective*, 10 (2), 41 – 51.

[713] NAMKUNG Y, JANG S C. (2010). Effects of perceived service fairness on emotions, and behavioral intentions in restaurants [J]. *European Journal of Marketing*, 44 (9 – 10), 1233 – 1259.

[714] NAWIJN J. (2010). The holiday happiness curve: A preliminary investigation into mood during a holiday abroad [J]. *International Journal of Tourism Research*, 12 (3), 281 – 290.

[715] NAWIJN J. (2011). Determinants of daily happiness on vacation [J]. *Journal of Travel Research*, 50 (5), 559 – 566.

[716] NAWIJN J, DAMEN, Y. (2014). Work during vacation: Not so bad after all [J]. *Tourism Analysis*, 19 (6), 759 – 767.

[717] NAYLOR J C, ILGEN D R. (1984). Goal setting: A theoretical analysis of a motivational technology [J]. *Research in Organizational Behavior*, 6, 95 – 140.

[718] NEAL J D, SIRGY M J, UYSAL M. (1999). The role of satisfaction with leisure travel/tourism services and experience in satisfaction with leisure life and overall life [J]. *Journal of Business Research*, 44 (3), 153 – 163.

[719] NEAL J D, SIRGY M J, UYSAL M. (2004). Measuring the effect of tourism serviceson travelers' quality of life: Further validation [J]. *Social Indicators Research*, 69 (3), 243 – 277.

[720] NEAL J D, UYSAL M, SIRGY M J. (2007). The effect of tourism serv-

ices on travelers' quality of life [J]. *Journal of Travel Research*, 46 (2), 154 – 163.

[721] NUNKOO R, GURSOY D. (2012). Residents' support for tourism: An identity perspective [J]. *Annals of Tourism Research*, 39 (1), 243 – 268.

[722] NUNKOO R, RAMKISSOON H. (2011). Developing a community support model for tourism [J]. *Annals of Tourism Research*, 38 (3), 964 – 988.

[723] NUNKOO R, SMITH S L J. (2013). Political economy of tourism: Trust in government actors, political support, and their determinants [J]. *Tourism Management*, 36, 120 – 132.

[724] NUNKOO R, SMITH S L, RAMKISSOON H. (2013). Residents' attitudes to tourism: A longitudinal study of 140 articles from 1984 to 2010 [J]. *Journal of Sustainable Tourism*, 21 (1), 5 – 25.

[725] NUNKOO R, SO K K F. (2016). Residents' support for tourism: Testing alternative structural models [J]. *Journal of Travel Research*, 55 (7), 847 – 861.

[726] NUNNALLY J C. (1978). Psychometric theory [J]. *American Educational Research Journal*, 5 (3), 83.

[727] O'BRIEN H L, ARGUELLO J, CAPRA R. (2020). An empirical study of interest, task complexity, and search behaviour on user engagement [J]. *Information Processing & Management*, 57 (3), 102226.

[728] OGBONNA E, HARRIS L C. (2000). Leadership style, organizational culture and performance: Empirical evidence from UK companies [J]. *The International Journal of Human Resource Management*, 11 (4), 766 – 788.

[729] OGUNFOWORA B, STACKHOUSE M, OH W. (2018). Media depictions of CEO ethics and stakeholder support of CSR initiatives: The mediating roles of CSR motive attributions and cynicism [J]. *Journal of Business Ethics*, 150 (2), 525 – 540.

[730] OISHI S, DIENER E. (2001). Goals, culture, and subjective well-being [J]. *Personality and Social Psychology Bulletin*, 27 (12), 1674 – 1682.

[731] OKOYE A. (2009). Theorising corporate social responsibility as an essentially contested concept: Is a definition necessary? [J]. *Journal of Business Ethics*, 89 (4), 613 – 627.

[732] OLIVER R L. (1980). A cognitive model of the antecedents and consequences of satisfaction decisions [J]. *Journal of Marketing Research*, 17 (4), 460 – 469.

［733］OLIVER R L. (1997). *Satisfaction: A behavioral perspective on the consumer* ［M］. New York NY: Irwin – McGraw – Hill.

［734］O'REILLY C. (1989). Corporations, culture, and commitment: Motivation and social control in organizations ［J］. *California Management Review*, 31 (4), 9 – 25.

［735］OREL F D, KARA A. (2014). Supermarket self-checkout service quality, customer satisfaction, and loyalty: Empirical evidence from an emerging market ［J］. *Journal of Retailing and Consumer Services*, 21 (2), 118 – 129.

［736］ORGAN D W. (1988). A Restatement of the Satisfaction – Performance Hypothesis ［J］. *Journal of Management*, 14 (4), 547 – 557.

［737］ORGAN D W, RYAN K. (2010). A meta-analytic review of attitudinal and dispositional predictors of organizational citizenship behavior ［J］. *Personnel Psychology*, 48 (4), 775 – 802.

［738］OTTO J E, RITCHIE J R B. (1996). The service experience in tourism ［J］. *Tourism Management*, 17 (3), 165 – 174.

［739］OUYANG Z, GURSOY D, SHARMA B. (2017). Role of trust, emotions and event attachment on residents' attitudes toward tourism ［J］. *Tourism Management*, 63, 426 – 438.

［740］OUYANG Z, ZHANG Y, HU X. (2020). Negative publicity and potential applicants' intention to apply amid a discrimination scandal: A moderated mediation model ［J］. *Personnel Review*, 50 (1), 129 – 142.

［741］OZTURK A, KARATEPE O M, OKUMUS F. (2021). The effect of servant leadership on hotel employees' behavioral consequences: Work engagement versus job satisfaction ［J］. *International Journal of Hospitality Management*, 97, 102994.

［742］OZYILMAZ A, CICEK S S. (2015). How does servant leadership affect employee attitudes, behaviors, and psychological climates in a for-profit organizational context? ［J］ *Journal of Management & Organization*, 21 (3), 263 – 290.

［743］PAGE K M, VELLA – BRODRICK D A. (2009). The 'what', 'why' and 'how' of employee well-being: A new model ［J］. *Social Indicators Research*, 90, 441 – 458.

［744］PAGLIARO S, ELLEMERS N, BARRETO M, et al. (2016). Once dishonest, always dishonest? The impact of perceived pervasiveness of moral evaluations of the self on motivation to restore a moral reputation ［J］. *Frontiers in Psychology*, 7, 586.

[745] PAI D, LAI C, CHIU C, et al. (2015). Corporate social responsibility and brand advocacy in business-to-business market: The mediated moderating effect of attribution [J]. *Journal of Business Ethics*, 126 (4), 685 – 696.

[746] PAJIC S, BUENGELER C, DEN HARTOG D N, et al. (2021). The moderating role of employee socioeconomic status in the relationship between leadership and well-being: A meta-analysis and representative survey [J]. *Journal of Occupational Health Psychology*, 26 (6), 537.

[747] PARASURAMAN A, ZEITHAML V A, BERRY L. (1988). SERVQUAL: A multiple-item scale for measuring consumer perceptions of service quality [J]. Journal of Retailing, 64 (1), 12 – 40.

[748] PARKER C P, BALTES B B, YOUNG S A, et al. (2003). Relationships between psychological climate perceptions and work outcomes: A meta-analytic review [J]. *Journal of Organizational Behavior*, 24 (4), 389 – 416.

[749] PARK S, SONG S, LEE S. (2017). Corporate social responsibility and systematic risk of restaurant firms: The moderating role of geographical diversification [J]. *Tourism Management*, 59, 610 – 620.

[750] PARK S Y, LEVY S E. (2014). Corporate social responsibility: Perspectives of hotel frontline employees [J]. *International Journal of Contemporary Hospitality Management*, 26 (3), 332 – 348.

[751] PARZEFALL M R. (2008). Psychological contracts and reciprocity: A study in a Finnish context [J]. *International Journal of Human Resource Management*, 19 (9), 1703 – 1719.

[752] PATTON M, STEVENS P, KNUTSON B J. (1994). Internationalizing LODGSERV as a measurement tool: A pilot study [J]. *Journal of Hospitality and Leisure Marketing*, 2 (2), 39 – 55.

[753] PEARCE C L, CONGER J A, Locke E A. (2008). Shared leadership theory [J]. *The Leadership Quarterly*, 19 (5), 622 – 628.

[754] PEARCE C L, HERBIK P A. (2004). Citizenship behavior at the team level of analysis: The effects of team leadership, team commitment, perceived team support, and team size [J]. *Journal of Social Psychology*, 144 (3), 293 – 310.

[755] PEARCE C L, SIMS JR H P. (2002). Vertical versus shared leadership as predictors of the effectiveness of change management teams: An examination of aversive, directive, transactional, transformational, and empowering leader behaviors [J]. *Group Dynamics: Theory, Research, and Practice*, 6 (2), 172.

[756] PEARCE P L. (2009). The relationship between positive psychology and

tourist behavior studies [J]. *Tourism Analysis*, 14 (1), 37 – 48.

[757] PERDUE R R, LONG P T, KANG Y S. (1999). Boomtown tourism and resident quality of life: The marketing of gaming to host community residents [J]. *Journal of Business Research*, 44 (3), 165 – 177.

[758] PERKS K J, FARACHE F, SHUKLA P, et al. (2013). Communicating responsibility-practicing irresponsibility in CSR advertisements [J]. *Journal of Business Research*, 66 (10), 1881 – 1888.

[759] PESONEN J, KOMPPULA R. (2010). Rural wellbeing tourism: Motivations and expectations [J]. *Journal of Hospitality and Tourism Management*, 17 (1), 150 – 157.

[760] PETRICK J F. (2004). The roles of quality, value, and satisfaction in predicting cruise passengers' behavioral intentions [J]. *Journal of Travel Research*, 42 (4), 397 – 407.

[761] PHAM N T, HOANG H T, PHAN Q P. (2019). Green human resource management: A comprehensive review and future research agenda [J]. *International Journal of Manpower*, 41 (7), 845 – 878.

[762] PHYLLIS M, YU Y. (2000). Effective work/life strategies: working couples, work conditions, gender, and life quality [J]. *Social Problems*, 47 (3), 291 – 326.

[763] PODSAKOFF P M, MACKENZIE S B, LEE J Y, et al. (2003). Common method biases in behavioral research: A critical review of the literature and recommended remedies [J]. *Journal of Applied Psychology*, 88 (5), 879 – 903.

[764] POLS J, KROON H. (2007). The importance of holiday trips for people with chronic mental health problems [J]. *Psychiatric Services*, 58 (2), 262 – 265.

[765] POMERING A, JOHNSON L W. (2009). Constructing a corporate social responsibility reputation using corporate image advertising [J]. *Australasian Marketing Journal*, 17 (2), 106 – 114.

[766] PORTER M E, KRAMER M R. (2006). Strategy and society: The link between competitive advantage and corporate social responsibility [J]. *Harvard Business Review*, 84 (12), 78 – 92.

[767] PRADHAN R K, HATI L. (2022). The measurement of employee wellbeing: development and validation of a scale [J]. *Global Business Review*, 23 (2), 385 – 407.

[768] PRAYAG G, RYAN C. (2012). Antecedents of tourists' loyalty to Mauritius: The role and influence of destination image, place attachment, personal in-

volvement, and satisfaction [J]. *Journal of Travel Research*, 51 (3), 342 – 356.

[769] PÉREZ A, RODRIGUEZ DEL BOSQUE I. (2013). The effect of corporate associations on consumer behavior [J]. *European Journal of Marketing*, 47 (1 – 2), 218 – 238.

[770] PÉREZ A, RODRIGUEZ DEL BOSQUE I. (2015). An integrative framework to understand how CSR affects customer loyalty through identification, emotions and satisfaction [J]. *Journal of Business Ethics*, 129 (3), 571 – 584.

[771] PıRNAR I, GüNLü E. (2012). *Destination management and quality-of-life* [M]. Handbook of tourism and quality-of-life research (pp. 529 – 545). Springer, Dordrecht.

[772] PULLIG C, NETEMEYER R G, BISWAS A. (2006). Attitude basis, certainty, and challenge alignment: A case of negative brand publicity [J]. *Journal of the Academy of Marketing Science*, 34 (4), 528 – 542.

[773] PUROHIT S, ARORA R, NUNKOO R, et al. (2022). Airbnb Experiences: Travelers' Purchase Behavior and Word-of – Mouth [J]. *Journal of Travel Research*, 62 (7), 1569 – 1587.

[774] PYKE J, PYKE S, WATUWA R. (2019). Social tourism and well-being in a first nation community [J]. *Annals of Tourism Research*, 77, 38 – 48.

[775] PYKE S, HARTWELL H, BLAKE A, et al. (2016). Exploring well-being as a tourism product resource [J]. *Tourism Management*, 55, 94 – 105.

[776] QIU H Z, LAM T. (2004). Human resources issues in the development of tourism in China: Evidence from Heilongjiang Province [J]. *International Journal of Contemporary Hospitality Management*, 16 (1), 45 – 51.

[777] QUADRI – FELITTI D, FIORE A M. (2012). Experience economy constructs as a framework for understanding wine tourism [J]. *Journal of Vacation Marketing*, 18 (1), 3 – 15.

[778] RADIC A, ARJONA – FUENTES J M, ARIZA – MONTES A, et al. (2020). Job demands-job resources (JD – R) model, work engagement, and well-being of cruise ship employees [J]. *International Journal of Hospitality Management*, 88, 102518.

[779] RAFFERTY A E, GRIFFIN M A. (2006). Perceptions of organizational change: A stress and coping perspective [J]. *Journal of Applied Psychology*, 91, 1154 – 1162.

[780] RAHIMNIA F, SHARIFIRAD M S. (2015). Authentic leadership and employee well-being: The mediating role of attachment insecurity [J]. *Journal of*

Business Ethics, 132, 363 – 377.

[781] RAHMANI K, GNOTH J, MATHER K. (2018). Hedonic and eudaimonic well-being: A psycholinguistic view [J]. *Tourism Management*, 69, 155 – 166.

[782] RAINERI N, PAILLÉ P. (2016). Linking corporate policy and supervisory support with environmental citizenship behaviors: The role of employee environmental beliefs and commitment [J]. *Journal of Business Ethics*, 137 (1), 129 – 148.

[783] RAITHEL S, HOCK S J. (2021). The crisis-response match: An empirical investigation [J]. *Strategic Management Journal*, 42 (1), 170 – 184.

[784] RAMKISSOON H. (2020). Perceived social impacts of tourism and quality-of-life: A new conceptual model [J]. *Journal of Sustainable Tourism*, 31 (2), 442 – 459.

[785] RANDEL A E, GALVIN B M, SHORE L M, et al. (2017). Inclusive leadership: Realizing positive outcomes through belongingness and being valued for uniqueness [J]. *Human Resource Management Review*, 28 (2), 190 – 203.

[786] RAPPAPORT J. (1987). Terms of empowerment/exemplars of prevention: Toward a theory for community psychology [J]. *American Journal of Community Psychology*, 15 (2), 121 – 148.

[787] RATHER R A, CAMILLERI M A. (2019). The effects of service quality and consumer-brand value congruity on hospitality brand loyalty [J]. *Anatolia*, 30 (4), 547 – 559.

[788] RAUYRUEN P, MILLER K E. (2007). Relationship quality as predictor of B2B customer loyalty [J]. *Journal of Business Research*, 60 (1), 21 – 31.

[789] REICHHELD F, SASSER W E. (1990). Zero defections: Quality comes to services [J]. *Harvard Business Review*, 68 (5), 105 – 111.

[790] RETTAB B, BRIK A B, MELLAHI K. (2009). A study of management perceptions of the impact of corporate social responsibility on organisational performance in emerging economies: The case of Dubai [J]. *Journal of Business Ethics*, 89 (3), 371 – 390.

[791] REYNOLDS A C, PABEL A, FERGUSON S A, et al. (2021). Causes and consequences of sleep loss and fatigue: The worker perspective in the coral reef tourism industry [J]. *Annals of Tourism Research*, 88, 103160.

[792] RIDDERSTAAT J, CROES R, NIJKAMP P. (2016). The tourism development-quality of life nexus in a small island destination [J]. *Journal of Travel Re-*

search, 55 (1), 79 –94.

[793] RIITTA V, JUSSI T, RISTO S. (2015). The connection between organizational climate and well-being at work [J]. *International Journal of Organizational Analysis*, 23 (4), 606 –620.

[794] RIKETTA M. (2005). Organizational identification: A meta-analysis [J]. *Journal of Vocational Behavior*, 66 (2), 358 –384.

[795] RINDOVA V P, PETKOVA A P, KOTHA S. (2007). Standing out: How new firms in emerging markets build reputation [J]. *Strategic Organization*, 5 (1), 31 –70.

[796] RITCHIE B J, CROUCH G I. (2003). *The competitive destination: A sustainable tourism perspective* [M]. Wallingford, UK: CABI Publishing.

[797] RITTICHAINUWAT B, LAWS E, MAUNCHONTHAM R, et al. (2020). Resilience to crises of Thai MICE stakeholders: A longitudinal study of the destination image of Thailand as a MICE destination [J]. *Tourism Management Perspectives*, 35, 100704.

[798] ROBERTSON I T, FLINT – TAYLOR J. (2009). Leadership, Psychological Well – Being, and Organizational Outcomes [M]. In S. Cartwright & C. L. Cooper (Eds.), *The Oxford handbook of organizational well-being*, 159 – 179. New York: Oxford University Press.

[799] ROBERTSON M, ROGERS P. (2009). Festivals, Cooperative Stakeholders and the Tole of the Media: A Case Analysis of Newspaper Media [J]. *Scandinavian Journal of Hospitality and Tourism*, 9 (2 –3), 206 –224.

[800] ROBINSON S L. (1996). Trust and breach of the psychological contract [J]. *Administrative Science Quarterly*, 41 (4), 574 –599.

[801] ROFÉ Y. (1984). Stress and affiliation: A utility theory [J]. *Psychological Review*, 91, 235 –250.

[802] ROJAS – MÉNDEZ J I, DAVIES G. (2023). Promoting Country Image and Tourism in New or Underdeveloped Markets [J]. *Journal of Travel Research*, 00472875231164967.

[803] ROOK J W, ZIJLSTRA F R. (2006). The contribution of various types of activities to recovery [J]. *European Journal of Work and Organizational Psychology*, 15 (2), 218 –240.

[804] ROSE C, THOMSEN S. (2004). The impact of corporate reputation on performance: Some Danish evidence [J]. *European Management Journal*, 22 (2), 201 –210.

［805］ ROSENBERG M. （1979）. *Conceiving the Self* ［M］. New York： Basic Books.

［806］ ROUSSEAU D M, SITKIN S B, BURT R S, et al. （1998）. Not so different after all： A cross-discipline view of trust ［J］. *Academy of Management Review*, 23 （3）, 393 – 404.

［807］ ROVAI A P. （2002）. Building sense of community at a distance ［J］. *International Review of Research in Open & Distance Learning*, 3 （1）, 1 – 16.

［808］ ROWOLD J, HEINITZ K. （2007）. Transformational and charismatic leadership： Assessing the convergent, divergent and criterion validity of the MLQ and the CKS ［J］. *The Leadership Quarterly*, 18 （2）, 121 – 133.

［809］ RUBIN D C, SCHRAUF R W, GREENBERG D L. （2003）. Belief and recollection of autobiographical memories ［J］. *Memory & Cognition*, 31 （6）, 887 – 901.

［810］ RUPP D E, GANAPATHI J, AGUILERA R V, et al. （2006）. Employee reactions to corporate social responsibility： An organizational justice framework ［J］. *Journal of Organizational Behavior*, 27 （4）, 537 – 543.

［811］ RUPP D E, MALLORY D B. （2015）. Corporate social responsibility： Psychological, person-centric, and progressing ［J］. *Annual Review of Organizational Psychology and Organizational Behavior*, 2 （1）, 211 – 236.

［812］ RUSTING C L, LARSEN R J. （1997）. Extraversion, neuroticism, and susceptibility to positive and negative affect： A test of two theoretical models ［J］. *Personality and Individual Differences*, 22 （5）, 607 – 612.

［813］ RYAN C D. （2000）. Tourist experiences, phenomenographic analysis, post-postivism and neural network software ［J］. *International Journal of Tourism Research*, 2 （2）, 119 – 131.

［814］ RYAN R M, DECI E L. （2000a）. Intrinsic and extrinsic motivations： Classic definitions and new directions ［J］. *Contemporary Educational Psychology*, 25 （1）, 54 – 67.

［815］ RYAN R M, DECI E L. （2000b）. Self-determination theory and the facilitation of intrinsic motivation, social development, and well-being ［J］. *American Psychologist*, 55 （1）, 68 – 78.

［816］ RYAN R M, DECI E L. （2001）. On happiness and human potentials： A review of research on hedonic and eudemonic well-being ［J］. *Annual Review Psychology*, 52, 141 – 166.

［817］ RYAN R M, DECI E L. （2017）. Self-determination theory： Basic psychological needs in motivation, development, and wellness [J]. *Guilford Publications*.

[818] RYAN R M, KUHL J, DECI E L. (1997). Nature and autonomy: Organizational view of social and neurobiological aspects of self-regulation in behavior and development [J]. *Development and Psychopathology*, 9 (4), 701 –728.

[819] RYFF C D. (1989). Happiness is everything, or is it? Explorations on the meaning of psychological well-being [J]. *Journal of Personality and Social Psychology*, 57 (6), 1069 –1081.

[820] RYFF C D. (2014). Psychological well-being revisited: Advances in the science and practice of eudaimonia [J]. *Psychotherapy and Psychosomatics*, 83 (1), 10 –28.

[821] RYFF C D, KEYES C L. (1995). The structure of psychological well-being revisited [J]. *Journal of Personality and Social Psychology*, 69 (4), 719 – 727.

[822] RYFF C D, SINGER B H. (2008). Know thyself and become what you are: A eudaimonic approach to psychological well-being [J]. *Journal of Happiness Studies*, 9 (1), 13 –39.

[823] SAEIDI S P, SOFIAN S, SAEIDI P, et al. (2015). How does corporate social responsibility contribute to firm financial performance? The mediating role of competitive advantage, reputation, and customer satisfaction [J]. *Journal of Business Research*, 68 (2), 341 –350.

[824] SAKO M, HELPER S. (1998). Determinants of trust in supplier relations: Evidence from the automotive industry in Japan and the United States [J]. *Journal of Economic Behavior & Organization*, 34 (3), 387 –417.

[825] SALANCIK G R, PFEFFER J. (1978). A social information processing approach to job attitudes and task design [J]. *Administrative Science Quarterly*, 23 (2), 224 –253.

[826] SALANOVA M, AGUT S, PEIRó J M. (2005). Linking organizational resources and work engagement to employee performance and customer loyalty: the mediation of service climate [J]. *Journal of applied Psychology*, 90 (6), 1217.

[827] SALVATORE R, CHIODO E, FANTINI A. (2018). Tourism transition in peripheral rural areas: Theories, issues and strategies [J]. *Annals of Tourism Research*, 68, 41 –51.

[828] SAYER A. (2000). Moral economy and political economy [J]. *Studies in Political Economy*, 61 (1), 79 –103.

［829］SCHAUFELI W B. (2015). Engaging leadership in the job demands-resources model ［J］. *Career Development International*, 20 (5), 446 – 463.

［830］SCHAUFELI W B, BAKKER A B, SALANOVA M. (2006). The measurement of work engagement with a short questionnaire: A cross-national study ［J］. *Educational And Psychological Measurement*, 66 (4), 701 – 716.

［831］SCHAUFELI W B, MARTINEZ I M, PINTO A M, et al. (2002). Burnout and engagement in university students: A cross-national study ［J］. *Journal of Cross – Cultural Psychology*, 33 (5), 464 – 481.

［832］SCHEMBRI S, MERRILEES B, KRISTIANSEN S. (2010). Brand consumption and narrative of the self ［J］. *Psychology & Marketing*, 27 (6), 623 – 637.

［833］SCHIMMACK U, RADHAKRISHNAN P, OISHI S, et al. (2002). Culture, personality, and subjective well-being ［J］. *Journal of Personality and Social Psychology*, 82 (4), 582 – 593.

［834］SCHNEIDER B, BOWEN D E. (1999). Understanding customer delight and outrage ［J］. *Sloan Management Review*, 41 (1), 35 – 45.

［835］SCHUTTE N S, MALOUFF J M, BOBIK C, et al. (2001). Emotional intelligence and interpersonal relations ［J］. *Journal of Social Psychology*, 141 (4), 523 – 536.

［836］SCOTT S G, LANE V R. (2000). A stakeholder approach to organizational identity ［J］. *The Academy of Management Review*, 25 (1), 43 – 62.

［837］SEIDER K, BERRY L L. (1998). Service fairness: What it is and why it matters ［J］. *Academy of Management Executive*, 12 (2), 8 – 20.

［838］SELIGMAN M, WELLIK J J, HOOVER J H. (2004). Authentic Happiness ［J］. *Reclaiming Children and Youth*, 13 (1), 59 – 60.

［839］SELLGMAN M E P. (2002). *Authentic happiness: Using the new positive psychology to realize your potential for lasting fulfillment* ［M］. New York, NY: Free Press.

［840］SEN S, BHATTACHARYA C B, KORSCHUN D. (2006). The role of corporate social responsibility in strengthening multiple stakeholder relationships: A field experiment ［J］. *Journal of the Academy of Marketing Science*, 34 (2), 158 – 166.

［841］SHALLEY C E, ZHOU J, OLDHAM G R. (2004). The effects of personal and contextual characteristics on creativity: Where should we go from here? ［J］ *Journal of Management*, 30 (6), 933 – 958.

[842] SHANI A, PIZAM A. (2012). *Community participation in tourism planning and development* [M]. Handbook of tourism and quality-of-life research, 547 – 564.

[843] SHAPIRO D L, BUTTNER E H, BARRY B. (1991, August). Explanations: when are they judged adequate? [J]. In *Academy of Management Proceedings* (Vol. 1991, No. 1, pp. 395 – 399). Briarcliff Manor, NY 10510: Academy of Management.

[844] SHARMA P, KONG T T C, KINGSHOTT R P J. (2016). Internal service quality as a driver of employee satisfaction, commitment and performance: Exploring the focal role of employee well-being [J]. *Journal of Service Management*, 27 (5), 773 – 797.

[845] SHEEN M, KEMP S, RUBIN D. (2001). Twins dispute memory ownership: A new false memory phenomenon [J]. *Memory & Cognition*, 29, 779 – 788.

[846] SHELDON K M, KASSER T. (1998). Pursuing personal goals: Skills enable progress, but not all goal progress is beneficial [J]. *Personality and Social Psychology Bulletin*, 24 (12), 1319 – 1331.

[847] SHELDON P J, PARK S. (2011). An exploratory study of corporate social responsibility in the U. S. travel industry [J]. *Journal of Travel Research*, 50 (4), 392 – 407.

[848] SHELDON P J, VAR T. (1984). Resident attitudes to tourism in North Wales [J]. *Tourism Management*, 5 (1), 40 – 47.

[849] SHEN J, BENSON J. (2016). When CSR is a social norm: How socially responsible human resource management affects employee work behavior [J]. *Journal of Management*, 42 (6), 1723 – 1746.

[850] SHERRELL D L, REIDENBACH R E. (1986). A consumer response framework for negative publicity: Suggestions for response strategies [J]. *Akron Business and Economic Review*, 17 (2), 37 – 43.

[851] SHETH J N, PARVATIYAR A. (1995). The evolution of relationship marketing [J]. *International Business Review*, 4 (4), 397 – 418.

[852] SHIMAZU A, SCHAUFELI W B, KAMIYAMA K, et al. (2015). Workaholism vs. work engagement: The two different predictors of future well-being and performance [J]. *International journal of behavioral medicine*, 22, 18 – 23.

[853] SHI X, GORDON S, TANG C H. (2021). Momentary well-being matters: Daily fluctuations in hotel employees' turnover intention [J]. *Tourism Management*, 83, 104212.

[854] SHOCKLEY – ZALABAK P, ELLIS K, WINOGRAD G. (2000). Organizational trust: What it means, why it matters [J]. *Organization Development Journal*, 18 (4), 35 – 48.

[855] SHUCK B, REIO JR T G. (2014). Employee engagement and well-being: A moderation model and implications for practice [J]. *Journal of Leadership & Organizational Studies*, 21 (1), 43 – 58.

[856] SIA S K, APPU A V. (2015). Work autonomy and workplace creativity: Moderating role of task complexity [J]. *Global Business Review*, 16 (5), 772 – 784.

[857] SIE L, PHELAN K V, PEGG S. (2018). The interrelationships between self-determined motivations, memorable experiences and overall satisfaction: A case of older Australian educational tourists [J]. *Journal of Hospitality and Tourism Technology*, 9 (3), 354 – 379.

[858] SILTALOPPI M, KINNUNEN U, FELDT T. (2009). Recovery experiences as moderators between psychosocial work characteristics and occupational well-being [J]. *Work & Stress*, 23 (4), 330 – 348.

[859] SIRAKAYA E, JAMAL T B, CHOI H S. (2001). Developing indicators for destination sustainability [J]. *The encyclopedia of ecotourism*, 411 – 432.

[860] SIRGY M J. (1986). *Self-congruity: Toward a theory of personality and cybernetics* [M]. Praeger Publishers/Greenwood Publishing Group.

[861] SIRGY M J. (2010). Toward a quality-of-life theory of leisure travel satisfaction [J]. *Journal of Travel Research*, 49 (2), 246 – 260.

[862] SIRGY M J. (2018). Self-congruity theory in consumer behavior: A little history [J]. *Journal of Global Scholars of Marketing Science*, 28 (2), 197 – 207.

[863] SIRGY M J. (2019). Promoting quality-of-life and well-being research in hospitality and tourism [J]. *Journal of Travel & Tourism Marketing*, 36 (1), 1 – 13.

[864] SIRGY M J, KRUGER P S, LEE K, et al. (2011). How does a travel trip affect tourists' life satisfaction? [J] *Journal of Travel Research*, 50 (3), 261 – 275.

[865] SIRGY M J, LEE D J. (2006). Macro measures of consumer well-being (CWB): a critical analysis and a research agenda [J]. *Journal of Macromarketing*, 26 (1), 27 – 44.

[866] SIRGY M J, LEE D J, KRESSMANN F. (2006). A need-based meas-

ure of consumer well-being (CWB) in relation to personal transportation: Nomological validation [J]. *Social indicators research*, 79 (2), 337 – 367.

[867] SIRGY M J, SU C. (2000). Destination image, self-congruity, and travel behavior: Toward an integrative model [J]. *Journal of Travel Research*, 38 (4), 340 – 352.

[868] SIRGY M J, UYSAL M, KRUGER S. (2017). Towards a Benefits Theory of Leisure Well-being [J]. *Applied Research Quality Life*, 12 (1), 205 – 228.

[869] SIRGY M J, WIDGERY R N, LEE D J, et al. (2010). Developing a measure of community well-being based on perceptions of impact in various life domains [J]. *Social Indicators Research*, 96 (2), 295 – 311.

[870] SKOWRONSKI J J, CARLSTON D E. (1987). Social judgment and social memory: The role of cue diagnosticity in negativity, positivity, and extremity biases [J]. *Journal of Personality and Social Psychology*, 52 (4), 689 – 699.

[871] SLACK R E, CORLETT S, MORRIS R. (2015). Exploring employee engagement with (corporate) social responsibility: A social exchange perspective on organizational participation [J]. *Journal of Business Ethics*, 127 (3), 537 – 548.

[872] SMIT E, BRONNER F, TOLBOOM M. (2007). Brand relationship quality and its value for personal contact [J]. *Journal of Business Research*, 60 (6), 627 – 633.

[873] SMITH M K, DIEKMANN A. (2017). Tourism and Well-being [J]. *Annals of Tourism Research*, 66, 1 – 13.

[874] SMITH M K, PUCZKó L. (2009). *Health and Wellness Tourism* [M]. Routledge.

[875] SO K K F, KING C, SPARKS B A, et al. (2013). The influence of customer brand identification on hotel brand evaluation and loyalty development [J]. *International Journal of Hospitality Management*, 34, 31 – 41.

[876] SONG H J, LEE H M, LEE C K, et al. (2015). The role of CSR and responsible gambling in casino employees' organizational commitment, job satisfaction, and customer orientation [J]. *Asia Pacific Journal of Tourism Research*, 20 (4), 455 – 471.

[877] SONG H, Y WANG, B A SPARKS. (2018). How Do Young Chinese Friendship Groups Make Travel Decisions? A Content and Interaction Process Analysis [J]. *Journal of Travel and Tourism Marketing*, 35 (6), 772 – 785.

[878] SONNENTAG S. (2001). Work, recovery activities, and individual well-being: A diary study [J]. *Journal of Occupational Health Psychology*, 6 (3),

196 – 210.

[879] SONNENTAG S, LLIES R. (2011). Intra-individual processes linking work and employee well-being: Introduction into the special issue [J]. *Journal of Organizational Behavior*, 32 (4), 521 – 525.

[880] SPENCER – RODGERS J, PENG K, WANG L, et al. (2004). Dialectical Self – Esteem and East – West Differences in Psychological Well – Being [J]. *Personality and Social Psychology Bulletin*, 30 (11), 1416 – 1432.

[881] SPRADLEY J P. (1976). *The revitalization of American culture: An anthropological perspective* [M]. In E. J. Logue (Ed.), Qualities of life: Critical choices for Americans (Vol. 7, pp. 99 – 121). Lexington, MA: Lexington Books.

[882] STAMOLAMPROS P, KORFIATIS N, CHALVATZIS K, et al. (2019). Job satisfaction and employee turnover determinants in high contact services: Insights from Employees' Online reviews [J]. *Tourism Management*, 75, 130 – 147.

[883] STEIGER J H. (2007). Understanding the limitations of global fit assessment in structural equation modeling [J]. *Personality and Individual Differences*, 42 (5), 893 – 898.

[884] STEINER I D. (1972). *Group Process and Productivity* [M]. New York: Academic Press.

[885] STHAPIT E, COUDOUNARIS D N. (2018). Memorable tourism experiences: Antecedents and outcomes [J]. *Scandinavian Journal of Hospitality & Tourism*, 18 (1), 72 – 94.

[886] STOCKER D, JACOBSHAGEN N, KRINGS R, Et al. (2014). Appreciative leadership and employee well-being in everyday working life [J]. *German Journal of Human Resource Management*, 28 (1 – 2), 73 – 95.

[887] STOKBURGER – SAUER N, RATNESHWAR S, SEN S. (2012). Drivers of consumer-brand identification [J]. *International Journal of Research in Marketing*, 29 (4), 406 – 418.

[888] STOVERINK A C, UMPHRESS E E, GARDNER R G, et al. (2014). Misery loves company: Team dissonance and the influence of supervisor-focused interpersonal justice climate on team cohesiveness [J]. *Journal of Applied Psychology*, 99 (6), 1059 – 1073.

[889] STRAUSS – BLASCHE G, EKMEKCIOGLU C, MARKTL W. (2000). Does vacation enable recuperation? Changes in well-being associated with time away from work [J]. *Occupational Medicine*, 50 (3), 167 – 172.

[890] STRONZA A, GORDILLO J. (2008). Community views of ecotourism

[J]. *Annals of Tourism Research*, 35, 448 – 468.

[891] STYLOS N, VASSILIADIS C A, BELLOU V, et al. (2016). Destination images, holistic images and personal normative beliefs: Predictors of intention to revisit a destination [J]. *Tourism Management*, 53, 40 – 60.

[892] SUESS C, BALOGLU S, BUSSER J A. (2018). Perceived impacts of medical tourism development on community wellbeing [J]. *Tourism Management*, 69, 232 – 245.

[893] SUH E, DIENER E, OISHI S, et al. (1998). The shifting basis of life satisfaction judgments across cultures: Emotions versus norms [J]. *Journal of Personality and Social Psychology*, 74 (2), 482 – 493.

[894] SUIFAN T S, ABDALLAH A B, AL JANINI M. (2018). The impact of transformational leadership on employees' creativity: The mediating role of perceived organizational support [J]. *Management Research Review*, 41 (1), 113 – 132.

[895] SU L, CHENG J, HUANG Y. (2020). How do group size and group familiarity influence tourist satisfaction? the mediating role of perceived value [J]. *Journal of Travel Research*, 60 (8), 1821 – 1840.

[896] SU L, CHENG J, SWANSON S R. (2020). The impact of tourism activity type on emotion and storytelling: The moderating roles of travel companion presence and relative ability [J]. *Tourism Management*, 81, 104138.

[897] SU L, HSU M K. (2013). Service fairness, consumption emotions, satisfaction, and behavioral intentions: The experience of Chinese heritage tourists [J]. *Journal of Travel & Tourism Marketing*, 30 (8), 786 – 805.

[898] SU L, HSU M K, BOOSTROM R E. (2020). From recreation to responsibility: Increasing environmentally responsible behavior in tourism [J]. *Journal of Business Research*, 109, 557 – 573.

[899] SU L, HSU M K, MARSHALL K P. (2014). Understanding the relationship of service fairness, emotions, trust, and tourist behavioral intentions at a city destination in China [J]. *Journal of Travel & Tourism Marketing*, 31 (8), 1018 – 1038.

[900] SU L, HSU M K, SWANSON S. (2017). The effect of tourist relationship perception on destination loyalty at a world heritage site in China: The mediating role of overall destination satisfaction and trust [J]. *Journal of Hospitality & Tourism Research*, 41 (2), 180 – 210.

[901] SU L, HUANG S S, CHEN X. (2015). Effects of service fairness and service quality on tourists' behavioral intentions and subjective well-being [J]. *Journal*

of Travel & Tourism Marketing, 32 (3), 290 – 307.

[902] Su L, HUANG S S, HUANG J. (2018). Effects of destination social responsibility and tourism impacts on residents' support for tourism and perceived quality of life [J]. *Journal of Hospitality & Tourism Research*, 42 (7), 1039 – 1057.

[903] SU L, HUANG S S, NEJATI M. (2019). Perceived justice, community support, community identity and residents' quality of life: Testing an integrative model [J]. *Journal of Hospitality and Tourism Management*, 41, 1 – 11.

[904] SU L, HUANG S S, PEARCE J. (2018). How does destination social responsibility contribute to environmentally responsible behavior? A destination resident perspective [J]. *Journal of Business Research*, 86, 179 – 189.

[905] SU L, JIA B, HUANG Y. (2022). How do destination negative events trigger tourists' perceived betrayal and boycott? The moderating role of relationship quality [J]. *Tourism Management*, 92, 104536.

[906] SU L, LIAN Q, HUANG Y. (2020). How do tourists' attribution of destination social responsibility motives impact trust and intentions to visit? The moderating role of destination reputation [J]. *Tourism Management*, 77, 103970.

[907] SU L, SWANSON R S, HSU M, et al. (2017). How does perceived corporate social responsibility contribute to green consumer behavior of Chinese tourists: A hotel context [J]. *International Journal of Contemporary Hospitality Management*, 29 (12), 3157 – 3176.

[908] SU L, SWANSON S R. (2017). The effect of destination social responsibility on tourist environmentally responsible behavior: Compared analysis of first-time and repeat tourists [J]. *Tourism Management*, 60, 308 – 321.

[909] SU L, SWANSON S R. (2019a). Perceived corporate social responsibility's impact on the well-being and supportive green behaviors of hotel employees: The mediating role of the employee-corporate relationship [J]. *Tourism Management*, 72, 437 – 450.

[910] SU L, SWANSON S R. (2020). The effect of personal benefits from, and support of, tourism development: The role of relational quality and quality-of-life [J]. *Journal of Sustainable Tourism*, 28 (3), 433 – 454.

[911] SU L, SWANSON S R, CHEN X. (2016a). The impact of perceived service fairness and quality on the behavioral intentions of Chinese hotel guests: The mediating role of consumption emotions [J]. *Journal of Travel & Tourism Marketing*, 33 (S1), 88 – 102.

[912] SU L, SWANSON S R, CHEN X. (2016b). The effects of perceived

service quality on repurchase intentions and subjective well-being of Chinese tourists: The mediating role of relationship quality [J]. *Tourism Management*, 52 (1), 82 – 95.

[913] SU L, SWANSON S R, CHEN X. (2018). Reputation, subjective well-being, and environmental responsibility: The role of satisfaction and identification [J]. *Journal of Business Research*, 26 (8), 1344 – 1361.

[914] SU L, SWANSON S R, CHINCHANACHOKCHAI S, et al. (2016). Reputation and intentions: The role of satisfaction, identification, and commitment [J]. *Journal of Business Research*, 69 (9), 3261 – 3269.

[915] SU L, TANG B, NAWIJN J. (2020). Eudaimonic and hedonic well-being pattern changes: Intensity and activity [J]. *Annals of Tourism Research*, 84, 103008.

[916] SU L, TANG B, NAWIJN J. (2021). How tourism activity shapes travel experience sharing: Tourist well-being and social context [J]. *Annals of Tourism Research*, 91, 103316.

[917] SU L, TANG B, NAWIJN J. (2023). How destination social responsibility shapes resident emotional solidarity and quality of life: Moderating roles of disclosure tone and visual messaging [J]. *Journal of Travel Research*, 62 (1), 105 – 120.

[918] SU L, WANG L, LAW R, et al. (2017). Influences of destination social responsibility on the relationship quality with residents and destination economic performance [J]. *Journal of Travel & Tourism Marketing*, 34 (4), 488 – 502.

[919] SU L, YANG X, SWANSON S R. (2022). The impact of spatial-temporal variation on tourist destination resident quality of life [J]. *Tourism Management*, 93, 104572.

[920] SU L, YANG X, SWANSON S R. (2022). The influence of motive attributions for destination social responsibility on residents' empowerment and quality of life [J]. *Journal of Travel Research*, 62 (8), 1737 – 1754.

[921] SUN K – A, KIM D – Y. (2013). Does customer satisfaction increase firm performance? An application of American customer satisfaction index (ACSI) [J]. *International Journal of Hospitality Management*, 35 (1), 68 – 77.

[922] SUPANTI D, BUTCHER K, FREDLINE L. (2015). Enhancing the employer-employee relationship through corporate social responsibility engagement [J]. *International Journal of Contemporary Hospitality Management*, 27 (7), 1479 – 1498.

［923］SWOBODA B, BERG B, SCHRAMM – KLEIN H. (2013). Reciprocal effects of the corporate reputation and store equity of retailers ［J］. *Journal of Retailing*, 89 (4), 447 – 459.

［924］TAJFEL H. (1978). The achievement of group differentiation ［J］. In H. Tajfel (Ed.). *Differentiation between social groups: Studies in the social psychology of intergroup relations* (pp. 77 – 98). London: Academic Press.

［925］TAJFEL H, TURNER J C. (1979). An integrative theory of intergroup conflict ［J］. In W. G. Austin, & S. Worchel (Eds.), *The social psychology of intergroup relations*. Monterey, CA: Brooks – Cole.

［926］TAJFEL H, TURNER J C. (1985). The social identity theory of intergroup behavior ［J］. In S. Worchel & W. G. Austin (Eds.), *Psychology of intergroup relations* (pp. 6 – 24). Chicago: Nelson – Hall.

［927］TAN H H, TAN C S. (2000). Toward the differentiation of trust in supervisor and trust in organization ［J］. *Genetic, Social, and General Psychology Monographs*, 126 (2), 241 – 260.

［928］TAX S S, BROWN S W, CHANDRASHEKARAN M. (1998). Customer evaluations of service complaint experiences: Implications for relationship marketing ［J］. *Journal of Marketing*, 62 (2), 60 – 76.

［929］TEO S T, BENTLEY T, NGUYEN D. (2020). Psychosocial work environment, work engagement, and employee commitment: A moderated, mediation model ［J］. *International Journal of Hospitality Management*, 88, 102415.

［930］TER HOEVEN C L, VAN ZOONEN W. (2015). Flexible work designs and employee well-being: Examining the effects of resources and demands ［J］. *New Technology, Work and Employment*, 30 (3), 237 – 255.

［931］THEODOULIDIS B, DIAZ D, CROTTO F, et al. (2017). Exploring corporate social responsibility and financial performance through stakeholder theory in the tourism industries ［J］. *Tourism Management*, 62, 173 – 188.

［932］THOMAS G F, ZOLIN R, HARTMAN J L. (2009). The central role of communication in developing trust and its effect on employee involvement ［J］. *The Journal of Business Communication*, 46 (3), 287 – 310.

［933］THOMAS J G, GRIFFIN R W. (1989). The power of social information in the workplace ［J］. *Organizational Dynamics*, 18 (2), 63 – 75.

［934］TOMO A, DE SIMONE S. (2019). Using the job demands-resources approach to assess employee well-being in healthcare ［J］. *Health Services Management Research*, 32 (2), 58 – 68.

［935］TONG S, JIA N, LUO X, et al. (2021). The Janus face of artificial intelligence feedback: Deployment versus disclosure effects on employee performance [J]. *Strategic Management Journal*, 42 (9): 1600 – 1631.

［936］TOURIGNY L, HAN J, BABA V V, et al. (2017). Ethical leadership and corporate social responsibility in China: a multilevel study of their effects on trust and organizational citizenship behavior [J]. *Journal of Business Ethics*, 2 (158), 427 – 440.

［937］TRACY J L, ROBINS R W. (2006). Appraisal antecedents of shame and guilt: Support for a theoretical model [J]. *Personality and Social Psychology Bulletin*, 32 (10), 1339 – 1351.

［938］TSAI S P. (2021). Driving destination loyalty via separate impact of hedonia and eudaimonia [J]. *Current Issues in Tourism*, 24 (8), 1048 – 1053.

［939］TSCHOPP D. (2003). It's time for triple bottom line reporting [J]. *CPA Journal*, 73 (12), 11.

［940］TSE H H M, LAM C K, LAWRENCE S A, et al. (2013). When my supervisor dislikes you more than me: The effect of dissimilarity in leader-member exchange on coworkers' interpersonal emotion and perceived help [J]. *The Journal of applied psychology*, 98 (6), 974 – 988.

［941］TSENG Y M. (2005). How can marketing tactics build behavioral loyalty? [J]. *The Business Review*, 3 (2), 298 – 302.

［942］TUGADE M M, FREDRICKSON B L. (2004). Resilient individuals use positive emotions to bounce back from negative emotional experiences [J]. *Journal of Personality and Social Psychology*, 86 (2), 320 – 333.

［943］TUMMERS L G, BAKKER A B. (2021). Leadership and job demands-resources theory: A systematic review [J]. *Frontiers in psychology*, 12, 722080.

［944］TUNG V S, RITCHIE J B. (2011). Exploring the essence of memorable tourism experiences [J]. *Annals of Tourism Research*, 38 (4), 1367 – 1386.

［945］TURKER D. (2009). How corporate social responsibility influences organizational commitment [J]. *Journal of Business Ethics*, 89 (2), 189 – 204.

［946］TURNER J C. (1985). Social categorization and the self-concept: A social cognitive theory of group behavior [J]. In E. J. Lawler (Vol. Ed.), *Advances in group processes* (Vol. 2, pp. 77 – 122). Greenwich, CT: JAI Press.

［947］TURNER J C, HOGG M A, OAKES P J, et al. (1987). *Rediscovering the social group: A self-categorization theory* [M]. Basil Blackwell.

［948］TUZOVIC S, KABADAYI S. (2021). The influence of social distancing on employee well-being: a conceptual framework and research agenda [J]. *Journal of Service Management*, 32 (2), 145 – 160.

[949] TWENGE J M, BAUMEISTER R F, DEWALL C N, et al. (2007). Social exclusion decreases prosocial behavior [J]. *Journal of Personality & Social Psychology*, 92 (1), 56 – 66.

[950] TWENGE J M, BAUMEISTER R F, TICE D M, et al. (2001). If you can't join them, beat them: Effects of social exclusion on aggressive behavior [J]. *Journal of Personality and Social Psychology*, 81 (6), 1058 – 1069.

[951] TWENGE J M, CATANESE K R, BAUMEISTER R F. (2003). Social exclusion and the deconstructed state: Time perception, meaninglessness, lethargy, lack of emotion, and self-awareness [J]. *Journal of Personality and Social Psychology*, 85 (3), 409 – 423.

[952] UNDERWOOD R L, KLEIN N M, BURKE R R. (2001). Packaging communication: Attentional effects of product imagery [J]. *Journal of Product and Brand Management*, 10 (7), 403 – 422.

[953] URTASUN A, GUTIÉRREZ I. (2006). Tourism agglomeration and its impact on social welfare: An empirical approach to the Spanish case [J]. *Tourism Management*, 27 (5), 901 – 912.

[954] UYSAL M, PERDUE R R, SIRGY M J. (2012). *Handbook of tourism and quality-of-life research* [M]. International Handbooks of Quality-of – Life.

[955] UYSAL M, SIRGY M J, WOO E, et al. (2016). Quality of life and well-being research in tourism [J]. *Tourism Management*, 53, 244 – 261.

[956] UYSAL M, WOO E, SINGAL M. (2012). *The Tourist Area Life Cycle (TALC) and Its Effect on the Quality-of – Life of Destination Community* [M]. Handbook of Tourism and Quality-of – Life Research, 423 – 443.

[957] VACCARO A, NEWMAN B M. (2017). A sense of belonging through the eyes of first-year LGBPQ students [J]. *Journal of Student Affairs Research and Practice*, 54 (2), 137 – 149.

[958] VADA S, PRENTICE C, HSIAO A. (2019a). The influence of tourism experience and well-being on place attachment [J]. *Journal of Retailing and Consumer Services*, 47, 322 – 330.

[959] VADA S, PRENTICE C, HSIAO A. (2019b). The role of positive psychology in tourists' behavioural intentions [J]. *Journal of Retailing and Consumer Services*, 51, 293 – 303.

[960] VADA S, PRENTICE C, SCOTT N, et al. (2020). Positive psychology

and tourist well-being: A systematic literature review [J]. *Tourism Management Perspectives*, 33, 100631.

[961] VALLACHER R R, WEGNER D M. (1989). Levels of personal agency: Individual variation in action identification [J]. *Journal of Personality and Social Psychology*, 57 (4), 660 – 671.

[962] VAN DEN HEUVEL M, DEMEROUTI E, PEETERS M C. (2015). The job crafting intervention: Effects on job resources, self-efficacy, and affective well-being [J]. *Journal of Occupational and Organizational Psychology*, 88 (3), 511 – 532.

[963] VAN D F, SPRUYT B, VANROELEN C. (2014). Burnout among senior teachers: Investigating the role of workload and interpersonal relationships at work [J]. *Teaching & Teacher Education*, 43, 99 – 109.

[964] VAN DICK R, HASLAM S A. (2012). Stress and well-being in the workplace: Support for key propositions from the social identity approach [J]. In J. Jetten, C. Haslam, & S. A. Haslam (Eds.), *The social cure: Identity, health, and well-being* (pp. 175 – 194). Hove and New York, NY: Psychology Press.

[965] VAN HORN J E, TARIS T W, SCHAUFELI W B, et al. (2004). The structure of occupational well-being: A study among Dutch teachers [J]. *Journal of occupational and Organizational Psychology*, 77 (3), 365 – 375.

[966] VAN PRAAG B M S, FRIJTERS P, FERRER – I – CARBONELL A. (2003). The anatomy of subjective well-being [J]. *Journal of Economic Behavior & Organization*, 51 (1), 29 – 49.

[967] VAN VIANEN A E M, SHEN C T, CHUANG A. (2011). Person-organization and person-supervisor fits: Employee commitments in a Chinese context [J]. *Journal of Organizational Behavior*, 32 (6), 906 – 926.

[968] VEASNA S, WU W Y, HUANG C H. (2013). The impact of destination source credibility on destination satisfaction: The mediating effects of destination attachment and destination image [J]. *Tourism Management*, 36, 511 – 526.

[969] VIDAL M. (2013). Low-autonomy work and bad jobs in postfordist capitalism [J]. *Human Relations*, 66 (4), 587 – 612.

[970] VLACHOS P A, PANAGOPOULOS N G, RAPP A A. (2013). Feeling good by doing good: Employee CSR – induced attributions, job satisfaction, and the role of charismatic leadership [J]. *Journal of Business Ethics*, 118 (3), 577 – 588.

[971] VLACHOS P A, PANAGOPOULOS N G, RAPP A A. (2014). Em-

ployee judgments of and behaviors toward corporate social responsibility: A multi-study investigation of direct, cascading, and moderating effects [J]. *Journal of Organizational Behavior*, 35 (7), 990 – 1017.

[972] VLACHOS P A, THEOTOKIS A, PANAGOPOULOS N G. (2010). Sales force reactions to corporate social responsibility: Attributions, outcomes, and the mediating role of organizational trust [J]. *Industrial Marketing Management*, 39 (7), 1207 – 1218.

[973] VLACHOS P A, TSAMAKOS A, VRECHOPOULOS A P, et al. (2009). Corporate social responsibility: attributions, loyalty, and the mediating role of trust [J]. *Journal of the Academy of Marketing Science*, 37 (2), 170 – 180.

[974] WALSH G, BARTIKOWSKI B. (2013). Exploring corporate ability and social responsibility associations as antecedents of customer satisfaction cross-culturally [J]. *Journal of Business Research*, 66 (8), 989 – 995.

[975] WALSH G, BEATTY S E. (2007). Customer-based corporate reputation of a service firm: Scale development and validation [J]. *Journal of the Academy of Marketing Science*, 35 (1), 127 – 143.

[976] WALSH G, HENNIG – THURAU T, SASSENBERG K, et al. (2010). Does relationship quality matter in e-services? A comparison of online and offline retailing [J]. *Journal of Retailing and Consumer Services*, 17 (2), 130 – 142.

[977] WAN C K B, CHOW K K N, BONT C J P M D, et al. (2020). Finding synergy between oral and visual narratives on memorable and meaningful tourism experiences [J]. *Information Technology & Tourism*, 22 (1), 107 – 130.

[978] WANG S, BERBEKOVA A, UYSAL M. (2022). Pursuing justice and quality of life: Supporting tourism [J]. *Tourism Management*, 89, 104446.

[979] WANG S, QU H. (2004). A comparison study of Chinese domestic tourism: China vs the USA [J]. *International Journal of Contemporary Hospitality Management*, 16 (2), 108 – 115.

[980] WANG X. (2011). The role of anticipated guilt in intentions to register as donors and to discuss organ donation with family [J]. *Health Communication*, 26 (8), 603 – 610.

[981] WANG X, LI H, YIN H. (2020). Antecedents and consequences of creativity in teams: When and how leader humility promotes performance via team creativity [J]. *The Journal of Creative Behavior*, 54 (4), 843 – 856.

[982] WANG Y, PFISTER R E. (2008). Residents' attitudes toward tourism and perceived personal benefits in a rural community [J]. *Journal of Travel Research*,

47, 84 – 93.

[983] WANG Z, MAO H, LI Y J, et al. (2017). Smile Big or Not? Effects of Smile Intensity on Perceptions of Warmth and Competence [J]. *Journal of Consumer Research*, 43, 787 – 805.

[984] WARR P. (1987b). *Work, unemployment, and mental health* [M]. New York, USA: Oxford University Press.

[985] WARR P. (1987). Job characteristics and mental health [J]. *Psychology at work*, 247 – 268.

[986] WARR P. (1994). A conceptual framework for the study of work and mental health [J]. *Work & Stress*, 8 (2), 84 – 97.

[987] WARR P B. (2005). *Handbook of Work Stress* [M]. Thousand Oaks, CA: Sage.

[988] WARSHAWSKY N E, HAVENS D S, KNAFL G. (2012). The influence of interpersonal relationships on nurse managers' work engagement and proactive work behavior [J]. *The Journal of Nursing Administration*, 42 (9), 418 – 425.

[989] WATERMAN A S. (1993). Two conceptions of happiness: Contrasts of personal expressiveness (eudaimonia) and hedonic enjoyment [J]. *Journal of Personality and Social Psychology*, 64 (4), 678 – 691.

[990] WEI F, LI Y, ZHANG Y, et al. (2018). The interactive effect of authentic leadership and leader competency on followers' job performance: The mediating role of work engagement [J]. *Journal of Business Ethics*, 153, 763 – 773.

[991] WEINER B. (1980). The role of affect in rational (attributional) approaches to human motivation [J]. *Educational Researcher*, 9 (7), 4 – 11.

[992] Weiner B. (1985). An attributional theory of achievement motivation and emotion [J]. *Psychological Review*, 92 (4), 548 – 573.

[993] WEINER B. (1986). *An attributional theory of motivation and emotion* [M]. New York: Springer – Verlag.

[994] WEINER B. (1995). *Judgments of responsibility* [M]. New York: Guilford.

[995] WEI S, MILMAN A. (2002). The impact of participation in activities while on vacation on seniors' psychological well-being: A path model application [J]. *Journal of Hospitality & Tourism Research*, 26 (2), 175 – 185.

[996] WEISS A M, ANDERSON E, MACINNIS D J. (1999). Reputation management as a motivation for sales structure decisions [J]. *Journal of Marketing*, 63 (4), 74 – 89.

［997］WELLS V K, TAHERI B, GREGORY – SMITH D, et al. (2016). The role of generativity and attitudes on employees home and workplace water and energy saving behaviors ［J］. *Tourism Management*, 56, 63 – 74.

［998］WHEELAN S A. (2009). Group Size, Group Development, and Group Productivity ［J］. *Small Group Research*, 40 (2), 247 – 262.

［999］WHITE C J, THOMPSON M. (2009). Self-determination theory and the wine club attribute formation process ［J］. *Annals of Tourism Research*, 36 (4), 561 – 586.

［1000］WILLIAMS – BURNETT N, SKINNER H, FALLON J. (2018). Reality television portrayals of Kavos, Greece: Tourists behaving badly ［J］. *Journal of Travel and Tourism Marketing*, 35 (3), 336 – 347.

［1001］WILLIAMS K D, SOMMER K L. (1997). Social Ostracism by Coworkers: Does Rejection Lead to Loafing or Compensation? ［J］. *Personality and Social Psychology Bulletin*, 23 (7), 693 – 706.

［1002］WILSON H J, DAUGHERTY P R. (2018). Collaborative intelligence: Humans and AI are joining forces ［J］. *Harvard Business Review*, 96 (4), 114 – 123.

［1003］WONG A, SOHAL A. (2002). An examination of the relationship between trust, commitment and relationship quality ［J］. *International Journal of Retail & Distribution Management*, 30 (1), 34 – 50.

［1004］WOO E. (2013). The Impacts of Tourism Development on Stakeholders' Quality of Life: A Comparison between Community Residents and Employed Residents in the Hospitality and Tourism Industry ［J］. Virginia: Virginia Polytechnic Institute & State University.

［1005］WOO E, KIM H, UYSAL M. (2015). Life satisfaction and support for tourism development ［J］. *Annals of Tourism Research*, 50, 84 – 97.

［1006］WOO E, UYSAL M, SIRGY M J. (2018). Tourism impact and stakeholders' quality of life ［J］. *Journal of Hospitality and Tourism Research*, 42 (2), 260 – 286.

［1007］WOO K – S, ENNEW C T. (2004). Business-to-business relationship quality: An IMP interaction-based conceptualization and measurement ［J］. *European Journal of Marketing*, 38 (9 – 10), 1252 – 1271.

［1008］WU E C, MOORE S G, FITZSIMONS G J. (2019). Wine for the table: Self-construal, group size, and choice for self and others ［J］. *Journal of Consumer Research*, 46 (3), 508 – 527.

［1009］WU L R, MATTILA A. (2013). Investigating Consumer Embarrassment in Service Interactions ［J］. *International Journal of Hospitality Management*, 33, 196 – 202.

［1010］WYATT M, SILVESTER J. (2018). Do voters get it right? A test of the ascription-actuality trait theory of leadership with political elites ［J］. *The Leadership Quarterly*, 29 (5), 609 – 621.

［1011］XANTHOPOULOU D, BAKKER A B, DEMEROUTI E, et al. (2009). Reciprocal relationships between job resources, personal resources, and work engagement ［J］. *Journal of Vocational Behavior*, 74 (3), 235 – 244.

［1012］XANTHOPOULOU D, BAKKER A B, ILIES R. (2012). Everyday working life: Explaining within-person fluctuations in employee well-being ［J］. *Human Relations*, 65 (9), 1051 – 1069.

［1013］XU Y. (2014). Understanding CSR from the perspective of Chinese diners: The case of McDonald's ［J］. *International Journal of Contemporary Hospitality Management*, 26 (6), 1002 – 1020.

［1014］YAKOVLEVA M, REILLY R R, WERKO R. (2010). Why do we trust? Moving beyond individual to dyadic perceptions ［J］. *Journal of Applied Psychology*, 95 (1), 79 – 91.

［1015］YANG J, GE Y, GE Q, et al. (2016). Determinants of island tourism development: The example of Dachangshan Island ［J］. *Tourism Management*, 55, 261 – 271.

［1016］YANG W, ZHANG Y, SO K K F. (2021). Tourism experiences vs. Material purchases: Effects of eudaimonic consumption motive on consumers' reactions to invidious comparisons ［J］. *Tourism Management*, 83, 104247.

［1017］YANG X, FENG Y, MENG Y, et al. (2019). Career adaptability, work engagement, and employee well-being among Chinese employees: The role of guanxi ［J］. *Frontiers in Psychology*, 10, 1029.

［1018］YANG Y, LI D, LI X. (2019). Public transport connectivity and intercity tourist flows ［J］. *Journal of Travel Research*, 58 (1), 25 – 41.

［1019］YEE R W, YEUNG A C, CHENG T E. (2010). An empirical study of employee loyalty, service quality and firm performance in the service industry ［J］. *International Journal of Production Economics*, 124 (1), 109 – 120.

［1020］YOLAL M, GURSOY D, UYSAL M, et al. (2016). Impacts of festivals and events on residents' well-being ［J］. *Annals of Tourism Research*, 61, 1 – 18.

［1021］ YOON D, JANG J, LEE J. (2016). Environmental management strat-egy and organizational citizenship behaviors in the hotel industry: The mediating role of organizational trust and commitment ［J］. *International Journal of Contemporary Hospitality Management*, 28 (8), 1577 – 1597.

［1022］ YOUN H, LEE K, LEE S. (2018). Effects of corporate social respon-sibility on employees in the casino industry ［J］. *Tourism Management*, 68, 328 – 335.

［1023］ YU C E, WEN J, GOH E, et al. (2019). "Please help me die": applying self-determination theory to understand suicide travel ［J］. *Anatolia*, 30 (3), 450 – 453.

［1024］ YU C P, COLE S T, CHANCELLOR C. (2014). Assessing communi-ty quality of life in the context of tourism development ［J］. *Applied Research in Quality of Life*, 11 (1), 147 – 162.

［1025］ YU G B, SIRGY M J, BOSNJAK M. (2021). The effects of holiday leisure travel on subjective well-being: The moderating role of experience sharing ［J］. *Journal of Travel Research*, 60 (8), 1677 – 1691.

［1026］ YU H, LEE L, POPA I, et al. (2021). Should I leave this industry? The role of stress and negative emotions in response to an industry negative work event ［J］. *International Journal of Hospitality Management*, 94 (2), 102843.

［1027］ YU J, LI H, XIAO H. (2020). Are authentic tourists happier? Exami-ning structural relationships amongst perceived cultural distance, existential authentic-ity, and wellbeing ［J］. *International Journal of Tourism Research*, 22 (1), 144 – 154.

［1028］ YUKL G. (2008). How leaders influence organizational effectiveness ［J］. *The Leadership Quarterly*, 19 (6), 708 – 722.

［1029］ YUKSEL A, YUKSEL F, BILIM Y. (2010). Destination attachment: Effects on customer satisfaction and cognitive, affective and conative loyalty ［J］. *Tourism Management*, 31 (2), 274 – 284.

［1030］ YU M, LIU F, LEE J A. (2019). Consumers' responses to negative publicity: The influence of culture on information search and negative word-of-mouth ［J］. *Journal of Brand Management*, 26 (2), 141 – 156.

［1031］ ZABKAR V, BRENCIC M M, DMITROVIC T. (2010). Modeling perceived quality, visitor satisfaction and behavioral intentions at the destination level ［J］. *Tourism Management*, 31 (4), 537 – 546.

［1032］ ZEITHAML V A. (2000). Service quality, profitability, and the economic worth of customers: What we know and what we need to learn [J]. *Journal of the Academy of Marketing Science*, 28 (1), 67 – 85.

[1033] ZEITHAML V, BERRY L, PARASURAMAN A. (1996). The Behavioral Consequences of Service Quality [J]. *Journal of Marketing*, 60 (2), 31 – 46.

[1034] ZHANG L. (2014). How effective are your CSR messages? The moderating role of processing fluency and construal level [J]. *International Journal of Hospitality Management*, 41, 56 – 62.

[1035] ZHANG Y, GUO Y, NEWMAN A. (2017). Identity judgements, work engagement and organizational citizenship behavior: The mediating effects based on group engagement model [J]. *Tourism Management*, 61 (1), 190 – 197.

[1036] ZHAO S N, TIMOTHY D J. (2015). Governance of red tourism in China: Perspectives on power and guanxi [J]. *Tourism Management*, 46, 489 – 500.

[1037] ZHENG D, LUO Q, RITCHIE B W. (2021). Afraid to travel after COVID – 19? Self-protection, coping and resilience against pandemic 'travel fear' [J]. *Tourism Management*, 83, 104261.

[1038] ZHENG D, RITCHIE B W, BENCKENDORFF P J, et al. (2019). Emotional responses toward Tourism Performing Arts Development: A comparison of urban and rural residents in China [J]. *Tourism Management*, 70, 238 – 249.

[1039] ZHENG X, ZHU W, ZHAO H, et al. (2015). Employee well-being in organizations: Theoretical model, scale development, and cross-cultural validation [J]. *Journal of Organizational Behavior*, 36 (5), 645 – 647.

[1040] ZHONG Y Y S, BUSSER J, BALOGLU S. (2017). A model of memorable tourism experience: The effects on satisfaction, affective commitment, and storytelling [J]. *Tourism Analysis*, 22 (2), 201 – 217.

[1041] ZHU L, HE Y, CHEN Q, et al. (2017). It's the thought that counts: The effects of construal level priming and donation proximity on consumer response to donation framing [J]. *Journal of Business Research*, 76, 44 – 51.

[1042] ZIVDIR P, SOHBET S. (2017). Effect of feelings of guilt and shame on life quality of women in menopause [J]. *Journal of Menopausal Medicine*, 23 (1), 5 – 14.

后　记

幸福是人类永恒的追求，古往今来，无数先哲们不断探索什么是幸福，人类幸福的途径有哪些等问题，但众说纷纭，各抒己见，一直没有定论。时至今日，幸福仍然是一个"每个人都知道其含义，但无人能精确定义"的概念。似乎每个人都有对幸福独特的理解，每个人都按照自己的方式去追求幸福，幸福的多元价值和丰富内涵毋庸置疑。

旅游是人类追求和实现幸福的重要途径。旅游业作为五大幸福产业之首，肩负着增进人民福祉的历史使命和时代重任。旅游业不仅是经济增长的引擎，更是社会发展的重要推动力，是增进人类福祉的重要手段。旅游发展能够促进文化交流和理解，提高人民幸福生活水平，促进身心健康，有助于实现人的全面发展和社会全面和谐，其社会功能和福祉效应日益显现。

如何通过旅游提升人民幸福是中国式现代化建设的应有之义。中国式现代化提出要坚持以人民为中心的发展思想，以实现人民对美好生活的向往为出发点和落脚点，坚定不移维护人民根本利益，全心全意增进民生福祉。让人民生活幸福是"国之大者"。在中国式现代化的进程中，旅游业在利民、富民、乐民方面发挥着关键作用，积极助力提升人民生活水平和生活质量，不断满足人民对美好生活的向往，是推进中国式现代化的重要基础和有力支撑。

本书在整合已有研究的基础上提出了"三位一体"的旅游幸福管理思想。从个体横向视角和跨层纵向视角建立了"三位一体"的旅游幸福管理理论框架。在对旅游者、旅游地居民、旅游从业者三个核心利益相关者幸福的含义、构成、影响因素、形成机理、变化规律等系统化实证研究的基础上，提出了"三位一体"旅游幸福管理理论和实践框架，旨在助力旅游学科体系建设和为后续相关研究提供借鉴和启示。

尽管我们做了很多努力，但本书在文字凝练、语言生动活泼、案例介绍与剖析和幸福感普适规律总结提升等方面还存在不足与缺陷，未来将会在语言文字风格、整体内容设计和不同章节内在逻辑等方面进一步提升，特别针对旅游幸福管理内容中的不同主体幸福感的差异特征和时空规律总结、跨学科和跨文化背景融入、旅游幸福感的溢出效应和演化规律、数智技术对旅游幸福感的影响等方面开展系统化、体系化研究，进一步建构游幸福管理理论体系，搭建旅游幸福管理实践框架，计划完成"旅游幸福管理三部曲"，即《旅游者幸福管理》《旅游地居民幸福管理》《旅游从业者幸福管理》。

　　未来我们将更深层地挖掘旅游幸福感属性特征、深度融合交叉学科理论成果、深入探索中国特色旅游情境，以让旅游更好地满足人民美好生活需要为价值旨归，从而帮助不同主体"摆脱烦恼的生活，享受愉悦的生活，追求向往的生活，实现意义的生活"。在此基础上，让旅游成为满足人民美好生活的重要途径和手段，为实现人类美好生活贡献中国旅游智慧和中国旅游方案，助力"各美其美，美人之美，美美与共，天下大同"美好社会的实现。

　　本著作是幸福旅研团队长期研究、集体智慧的结晶。旅游和幸福感的互动关系是幸福旅研团队多年来一直关注的焦点，杨勇、杨小杰、贾伯聪、陈惠璇、叶成志、纪颖超、胡萱、吴则悦、何怡、勾思、李梦圆、于姗姗、王秀姗、龚丽琴、汪子懿、黄静云、杨雨曦、罗儒志、唐宇东、孙曦媛等相继参与了这个过程。感谢幸福旅研团队的海内外合作者斯科特·斯旺森教授（Scott R. Swanson）、黄颖华教授（Yinghua Huang）、林志斌教授（Zhibin Lin）、黄松山教授（Songshan（Sam）Huang）、潘越教授（Yue Pan）、徐国宣教授（Maxwell K. Hsu）、文俊（Jun Wen）教授、陈宁教授（Ning Chen）、罗伯特·布斯特罗姆教授（Robert E. Boostrom, Jr）、耶罗恩·纳维恩教授（Jeroen Nawijn）、梅廷·科扎克教授（Metin Kozak）等。感谢游碧竹先生的谆谆教诲，悉心指导，并时常叮嘱、关注著作的进展工作；感谢本著作负责人粟路军的博士后合作导师陈晓红院士、博士生导师黄福才教授、硕士生导师许春晓教授，感谢工作单位中南大学商学院领导们的大力支持！

　　本著作负责人参加了多个学术会议（2020年《旅游科学》专刊，2021、2022、2023年《旅游学刊》年会，"一带一路"与旅游发展国际会议、国家公园与人民福祉学术研讨会、第三届中国青年旅游论坛、第四届中国青年旅游论坛等）；受邀在复旦大学、中南大学、南开大学、东南大学、厦门大学、华东师范大学和中国海洋大学等30余所国内一流高校作旅游产业的幸福效应等主题报告，引起了热烈反响，得到了诸多学界同仁的支持和帮助。相应的诸多成果也已实际应用于张家界、常德市、桃源县、新邵县等近20家国内外知名旅游地的社会实践，并取得了显著成效。由于篇幅关系，在此不一一列举，对所有关心和支持幸福旅研团队的朋友们表示衷心的感谢！

全体作者

2024年6月